BIBLIOTHECA

*Biblioteca di studi giuridici politici e sociali*

18

Tito Marci

# Pascal e la genealogia

## Prolegomeni ad una sociologia concettuale del diritto

G. Giappichelli Editore – Torino

VIA PO 21 - TEL. 011-81.53.111 - FAX: 011-81.25.100
http://www.giappichelli.it

ISBN/EAN 978-88-921-3132-3

*Stampa:* Stampatre s.r.l. - Torino

*A Simona e Andrea,*
*per l'aiuto, il sostegno, l'affetto e la cura*
*che hanno sempre permesso al mio studio*
*di procedere con serenità e piacevolezza*

# Indice

delle sue valorizzazioni ("naturalizzazioni") storiche, simboliche e culturali.

Su quest'ultimo piano, il sociologo ha interrogato la storia come esperienza e come orizzonte del vivere sociale degli uomini; e su questo piano, come per certi versi lo storico, è diventato un genealogista. Dopo aver demolito, sotto i colpi della sua critica genealogica, ogni idea di "origine" pura, metafisica e astratta, dopo aver discusso la validità dei principi di natura e messo in questione il carattere costitutivo della ragione, ha cercato cioè di ricondurre la formazione dei processi giuridici al contesto storico-sociale, esponendo, però, in questa sua immersione in territori dove tutto può apparire contingente, cangiante, incerto, incostante e mutevole, un paradosso che sempre attraversa la dimensione giuridica: se anche il diritto non ha fondamento che in condizioni che ne attestano la mancanza di origine, di principio assoluto, lo stesso ha comunque bisogno di essere, in qualche modo, (antropologicamente od ontologicamente) fondato. Ne va della sua stabilità che è base, e condizione simbolica, dell'ordine sociale che tende, al contempo, a istituire e rappresentare.

Per tali ragioni non possiamo, da sociologi, almeno per un momento, non ripercorrere e ripensare criticamente, sul piano dell'interrogazione genealogica, i presupposti e le precondizioni (politiche, sociali, culturali e valoriali) a partire dalle quali il diritto trova storicamente le sue giustificazioni.

* * *

Max Weber, discutendo nella conferenza del 1917, *La scienza come professione*, i «presupposti» (etici, valoriali, ideologici, gnoseologici) della conoscenza scientifica – presupposti che non potevano essere a loro volta dimostrati «con i mezzi della scienza» (Weber 1948, pp. 25-7) – faceva eco a Nietzsche (al suo "prospettivismo" e alla sua "genealogia"), che nell'aforisma 344, libro quinto, di *La gaia scienza* (1887) ricordava che «non esiste affatto scienza "scevra di presupposti"», e «che è pur sempre una *fede metafisica* quella su cui riposa la nostra fede nella scienza» (Nietzsche 1984, pp. 206-7).

Attraverso la critica del modello positivistico delle scienze (sia naturali che storico-sociali), prima ancora che la fenomenologia e l'ermeneutica parlassero di «pregiudizio» e «pre-comprensione», si evidenziava così il carattere costitutivo dei «presupposti» in quanto punti di partenza del processo di comprensione e di ogni attività conoscitiva.

Nell'ultima fase della sua riflessione, Norbert Elias, mediante una sociologia «processuale» (o «delle configurazioni»), avrebbe, a suo modo, ricondotto l'esperienza conoscitiva alla storicità, giungendo a risultati non del tutto dissimili da quelli raggiunti dall'ermeneutica.

> «Gli esseri umani – scriveva – si sono sviluppati *dentro* al mondo. Le loro funzioni cognitive si sono sviluppate in un contatto continuo con oggetti del conoscere. L'emancipazione simbolica nel corso della quale mezzi di comunicazione acquisiti socialmente hanno prevalso su quelli determinati geneticamente ha reso gli uomini capaci di adattare il loro giudizio e le loro azioni a una varietà di situazioni pressoché infinita. Gli uomini non sono entrati nel mondo come alieni. Soggetto e oggetto fanno parte dello stesso mondo. La predisposizione biologicamente determinata degli uomini a formare simboli sonori di tutto ciò che essi esperiscono e su cui possono provare il desiderio di comunicare, testimonia questo fatto. Le categorie che usano in ogni momento nelle loro comunicazioni si sono sviluppate e possono ulteriormente svilupparsi nella ininterrotta comunicazione con il mondo non-umano» (Elias 1998, p. 159).

Tracciando un quadro socio-biologico della capacità umana di creare simboli (ridefinendo così i confini tra sfera naturale e sfera sociale), Elias, in altri termini, accordava una centralità al carattere processuale del linguaggio (terreno, in diverso modo, già solcato da Wittgenstein, Cassirer, Heidegger, Benjamin) nel suo rapporto essenziale con il mondo: oltre la critica del trascendentalismo kantiano, si trattava anche qui di ripensare la dimensione esperienziale della comprensione.

> «Ho cercato di descrivere – leggiamo ancora – il duplice carattere del mondo che esperiamo come mondo indipendente da noi ma nel quale siamo compresi e come mondo in cui la nostra comunicazione è mediata da una rete di rappresentazioni simboliche create dall'uomo e predeterminate dalla propria struttura naturale, che si materializza soltanto con l'aiuto di processi di apprendimento sociale» (*Ibid.*, p. 199).

* * *

Scopo di questo lavoro, come già si è accennato, è quello di ridiscutere, problematicamente, il rapporto che la sociologia giuridica intrattiene con quei presupposti ideologici, etici e gnoseologici che definiscono il sottosuolo del suo processo costitutivo; è quello di ripensare criticamente le condizioni di legittimazione, e di giustificazione, che organizzano il suo discorso; e, soprattutto, è quello di indagare genealogicamente la relazione che il diritto stabilisce con il suo scaturire storico e con la sua provenienza sociale.

È in tale prospettiva che si giustifica allora il sottotitolo posto al volume che qui introduciamo, alludendo con il termine "prolegomeni" ad una esposizione preliminare delle precondizioni e delle proposizioni che sottendono all'apparato di sapere e alla strumentazione "concettuale" della sociologia del diritto.

Con questo intento si è dunque cercato di risalire una "linea genealogica" del pensiero che, a mio giudizio, da Foucault e Nietzsche ci conduce a Pascal, o meglio, trova nei *Pensées* di Pascal un importante momento di sviluppo teorico. Proprio per questo si è dovuto allargare le maglie della genealogia, allentarne la trama, fino a giungere a quell'orizzonte concettuale entro il quale si è data una più risalente elaborazione del suo percorso esplorativo. Un percorso – uno scavo semantico, critico – condotto sul terreno della storia (della storicità), dove dietro ogni tentativo di razionalizzazione (e mediazione) dialettica o giustificazione (e legittimazione) naturale, si smaschera il rapporto irriducibile tra forza e giustizia, violenza e potere, legge e usurpazione, e dove proprio a partire da tale relazione irrompe il problema del fondamento (convenzionale e arbitrario) del diritto[2]. Il diritto appare allora – ed è questa la sua fenomenologia paradossale – come una struttura infondata che ha bisogno, comunque, di un fondamento per esistere come tale e manifestarsi, appunto, in quanto diritto; altrimenti rimane soltanto la forza, l'arbitrario, la convenzione, la violenza, l'usurpazione, ciò che, pertanto, non è affatto diritto.

Dal nostro punto di vista, la riformulazione di questo problema ci riconduce verso una sociologia «concettuale» (devo questa categoria ad Andrea Bixio, che qui ringrazio) incline ad assumere e a valorizzare i concetti come forme dell'esperienza sociale: i concetti come elementi del vissuto sociale, come «fatti», potremmo anche dire, che rimandano riflessivamente ad una costituzione e organizzazione «mentale» della società («fatti», dunque, da non assumere come semplici «dati», ma come esperienza sociale vivente nel suo carattere di riflessività). E ciò se, appunto, affidiamo a questa sociologia il compito di interrogare la formazione sociale dei concetti, la loro genesi storica, la loro genealogia[3].

---

[2] In realtà il lavoro genealogico mette proprio in guardia rispetto ad ogni pretesa di articolare in termini naturali istituzioni culturali.

[3] Si tratta di qualcosa di simile a quanto percorso anche da Axel Honneth nel

Tali concetti affiorano dall'esperienza storica, da un ordine di elaborazione del senso dispiegato nella sua storicità, dal processo di simbolizzazione e concettualizzazione, collettiva e individuale, dell'agire sociale, dalle costruzioni semantiche dei saperi istituzionali. Trovano una loro elaborazione e definizione nelle formazioni culturali, nelle pratiche e nelle rappresentazioni religiose, nelle dottrine filosofiche, politiche, economiche e sociali, nelle sistemazioni, nelle normalizzazioni e nelle codificazioni giuridiche, nelle formulazioni scientifiche e nel pensiero visivo (per usare un'espressione di Rudolf Arnheim); emergono nelle mentalità, nei comportamenti, nelle etiche, nei discorsi scientifici, nei processi identitari collettivi, nelle dinamiche conflittuali e associative, nei movimenti di associazione e dissociazione.

Si tratta, dunque, di ripensare i concetti (le formazioni concettuali) come "forme-idee" attraverso cui si articola il rapporto tra mente e società, tra pensiero e storicità; si tratta di ripensare, oltre la mera speculazione metafisica e astratta (basata sull'astrazione – e sul feticismo – del calcolo numerico)[4], la correlazione tra processi storici e

---

suo tentativo – potremmo dire genealogico – di ripensare la genesi ovvero, di «ricostruire storicamente le origini e l'evoluzione di un certo pensiero» (Honneth 2019, p. 17).

[4] Non si vuol certo dire con questo che una sociologia costruita su dati numerici (secondo, dunque, un altro orientamento "filosofico") non sia altrettanto valida e in grado di produrre ottimi risultati (del resto, anche i dati numerici sono costruzioni concettuali). Non si vuol certo negare l'apporto utile dell'indagine statistica (anche se spesso la statistica così come impiegata nelle scienze sociali vale in generale a controllare piuttosto che a creare conoscenze veramente produttive). E non si vuole altrettanto svalutare la ricerca sociale empirica, ma solo mettere in guardia i sociologi, come fecero già Horkheimer e Adorno (preoccupati dell'unità di teoria e prassi), sul rischio dello «specialismo tecnico», sul «pericolo della riduzione della sociologia a semplice tecnica» utile soltanto a fini informativi e amministrativi, senza più rapporto con la teoria (con questioni teoricamente rilevanti). Perché proprio l'elemento di critica sociale immanente alla sociologia sembrava ormai espunto – ai loro occhi – da questa deriva della ricerca sociale empirica. «La limitazione a fatti sperimentali e controllabili, l'esclusione virtuale di ogni pensiero speculativo – scrivevano – sembrano mettere in pericolo non solo la comprensione di ciò che è sociale nel suo specifico significato, ma lo spirito stesso della sociologia» (Horkheimer – Adorno 1956, p. 134). Molte volte – avvertivano ancora Horkheimer e Adorno riferendosi ai sondaggi d'opinione – quel che risulta empiricamente è solo l'epifenomeno. «Lo sforzo di attenersi a dati certi e sicuri, la tendenza a screditare ogni indagine sull'essenza dei fenomeni come "metafisica" minacciano di condurre la ricerca sociale empirica a restringersi precisamente all'inessenziale in nome della validi-

forme mentali, in tutta la sua concretezza. Si tratta, allora, di riformulare la sociologia come critica della società vivente nel suo processo storico: una "sociologia della prassi", potremmo anche dire, capace di ridefinire il rapporto tra mente, azione e società nei termini di una correlazione reciproca (per cui se la prassi precede il pensiero, quest'ultimo, a sua volta, condiziona e realizza le pratiche di cui è il correlato).

Ed è proprio in questi termini che la prospettiva sociologica si apre al campo della critica "genealogica", attraverso una genealogia dei concetti capace, appunto, di ricondurre le formazioni concettuali alla loro condizione storica e sociale.

A partire dall'esame del percorso genealogico che attraversa il pensiero di Foucault, Nietzsche e Pascal, e dopo una breve ricostruzione delle diverse prospettive che articolano la genealogia, questo lavoro si interroga sulle possibilità dell'etica e cerca, in conclusione, di rilanciare al pensiero sociologico-giuridico la sfida dell'immaginazione.

---

tà e incontrovertibilità. [...] Senza una riflessione critica sul carattere infinitamente mediato dei contenuti di coscienza e dei comportamenti degli individui come prodotto sociale la ricerca sociale empirica finisce nell'impotenza di fronte ai suoi propri risultati» (*Ibid.*, p. 137). Per questo, affermavano ancora i sociologi, la teoria della società è necessaria affinché gli stessi reperti empirici diano affidamento. Ed è la stessa, in fin dei conti, che consente alla ricerca empirica di «mettere in evidenza con rigore e senza idealizzazioni» l'obbiettività della «fattispecie sociale», che sfugge in larga misura alla coscienza individuale e anche alla consapevolezza collettiva (*Ibid.*, p. 138).

# Prima Parte
# Archeologia della genealogia

# 1
# Il concetto di genealogia

## a) *Brevi indicazioni di metodo*

Questo studio, come si è già anticipato nell'introduzione, mira a ricostruire una serie di categorie introno alle quali si è elaborato il moderno concetto "filosofico" di "genealogia", e ciò allo scopo di chiarirne la genesi, o meglio, la stessa genealogia. Quando diciamo "genesi" non ci riferiamo, però, ad un principio primo, astratto e ideale al quale riferire (e adeguare) la configurazione semantica di un fenomeno per stabilirne la derivazione concreta, e neanche al costituirsi inziale di un evento suscettibile di continuazione nel tempo; ci riferiamo, al contrario, ad una fase di elaborazione storica, sociale, culturale e teorica attraverso la quale il concetto di genealogia, da strumento di misurazione generazionale che si occupa dell'origine e della discendenza di famiglie e di stirpi, è venuto ad assumere il significato più astratto di una "disciplina" o di un "metodo" che intende rimandare la formazione dei concetti al loro concreto sviluppo storico.

Il tentativo, dunque, di ripercorrere storicamente il concetto di genealogia non muove dall'idea di stabilire un'origine certa e precisa di un'espressione linguistica che renda ragione a un determinato modo di vedere e considerare i fenomeni a partire dalla loro genesi ideale, né tantomeno dal presupposto storicistico di verificare l'autentico significato di tale concetto secondo uno sviluppo storico coerente, lineare e continuo. Non si tratta neanche di ricostruire la storia del concetto di genealogia nel senso stretto del termine, ma piuttosto di indagare i presupposti culturali entro i quali quel dato concetto ha cominciato ad assumere una specifica significazione "filosofica".

Come sanno gli storici delle idee, nel corso del tempo si sono elaborati diversi modelli circa il modo corretto di ricostruire storicamente l'origine e l'evoluzione di un certo concetto o di un dato pensiero. A tal proposito, si deve subito dire che questo lavoro non intende conformare il proprio percorso di analisi alla storia delle idee o dei concetti in un senso disciplinare; e non ambisce neanche a formulare una storia delle idee in cui si parte da un nucleo concettuale di base, cercando poi di seguirne gli sviluppi, gli accrescimenti e gli arricchimenti semantici.

Diversamente poi da un approccio dogmatico e normativo di tipo filosofico che considera i concetti per come dovrebbero disporsi nel quadro di insieme di un dato sistema teorico, e non per ciò che concretamente hanno espresso o che esprimono adesso, questo studio cerca di proporre una lettura critica, basata proprio su una prospettiva genealogica, per tentare di comprendere il significato e il valore che, a partire da un dato momento e a determinate condizioni, ha assunto il concetto stesso di genealogia.

Ciò che in realtà ci interessa è comprendere come il concetto di genealogia, nel significato che perlopiù oggi gli attribuiscono le scienze storico-sociali, abbia trovato una sua elaborazione embrionale in un determinato contesto culturale, e si sia poi sviluppato in varie direzioni assumendo significati diversi. Si tratta perciò di seguire non le sequenze causali ma l'andamento argomentativo di una prospettiva di indagine che a partire da un certo momento ha acquisito una sua specifica tonalità concettuale; si tratta, quindi, di indagare i presupposti storici e mentali entro i quali si è formato il metodo genealogico. Di qui, dunque, e in questa direzione, il tentativo di proporre una genealogia archeologica del concetto di genealogia; e in questo percorso centrali sono i *Pensieri* di Pascal, soprattutto quelli dedicati alla critica della legge e della giustizia.

### b) *Accenni di un profilo storico: dalla discendenza genealogica dell'ordine feudale al primato della razionalità individuale moderna*

Nella storia della civiltà occidentale, prima che il *logos* filosofico greco (con i pensatori della scuola di Mileto: Talete, Anassimandro, Anassimene), indagando il principio delle cose, avesse sostituito all'idea del cominciamento nel tempo delle cosmogonie antiche (che ponevano uno stato primitivo appartenente a un passato remoto, mitico), il concetto di origine (*arché*) come causa sostanziale, come "primo principio", logico piuttosto che cronologico, da cui discende un ordine regolare inviolabile secondo regole inalterabili e generali,

Esiodo (VIII-VII sec. a.C.), dopo aver scritto la *Teogonia*, per spiegare l'origine del male e per dare ragione del perché esso è quello che è, riproponeva, negli *Erga*, la costruzione genealogica; si serviva, detto altrimenti, dei legami genealogici, gli stessi capaci di definire e individuare le stirpi, il *genos*, i piccoli gruppi parentali che identificavano se stessi come un'unità contraddistinta da un unico nome e discendenti dallo stesso antenato, per risalire alle vicende iniziali da cui derivano i mali che affliggono gli uomini[1].

Più avanti nel tempo, e in un contesto culturale diverso, ritroviamo, per certi versi, la stessa struttura utilizzata, però, in funzione sociale, per giustificare un determinato assetto societario basato sulla discendenza e sulla trasmissione ereditaria delle cariche politiche, dei titoli nobiliari e delle posizioni patrimoniali.

A ben vedere, infatti, sul piano sociologico, la genealogia, in età premoderna, ha rappresentato una delle principali forme di legittimazione del potere, del diritto e delle istituzioni politiche, economiche e sociali. La regalità, la sovranità, le successioni, la proprietà ed altri istituti giuridici (come la vendetta e la faida) trovavano una loro giustificazione nella discendenza lineare dei gruppi familiari. La *gens* romana riconosceva l'assoluto primato della linea mascolina nella discendenza e la forza del lignaggio fu uno degli elementi portanti della società feudale, essenzialmente cementata dal sentimento, vero o falso che fosse, del valore della discendenza.

Tra le stirpi germaniche (come ricorda Tacito) vi era la radicata credenza che la società politica costituiva un'unità organica tenuta insieme da forze oggettive: ciò stava a significare la convenzione "mitica" che tutti i membri di una stirpe discendevano da uno stesso progenitore divino, e partecipavano perciò di una stessa sostanza che li identificava e distingueva rispetto al mondo esterno. La funzione regale aveva un carattere marcatamente sacrale; nel gruppo dei "consanguinei" risiedeva la sovranità, connaturata con la stessa sostanza divina. Tale capacità era insita in famiglie costituenti una nobiltà antichissima, in cui si riteneva concentrata la potenza magica della stirpe, per cui il re veniva scelto fra esse e la regalità tendeva a trasmettersi ereditariamente nella stessa famiglia, almeno finché non si fosse constatata la perdita delle capacità prodigiose del "sangue".

Il "sangue", dunque, elemento essenziale per la discendenza genealogica, definiva una realtà capace di operare un legame inscindi-

---

[1] Si vedano, a tal proposito, le *Opere e giorni* (Esiodo 1985).

bile fra soggetti, di dispensare un patrimonio di virtù, sostanze, beni, funzioni, facoltà non comunicabili all'esterno e di assicurare la trasmissione ereditaria. Detto altrimenti, il "sangue" acquistava un valore simbolico collegandosi alla famiglia, al gruppo, all'aggregato sovrafamiliare di coloro che discendevano da uno stesso ceppo e formavano una stessa stirpe[2]. E ciò si riconnetteva ad una concezione del tempo sentito come durata nel *continuum* delle generazioni, ove il singolo (l'individuo) non poteva che apparire residuale rispetto al primato sociale, politico, giuridico ed economico universalmente riconosciuto alla comunità (vera "soggettività" della civiltà feudale)[3].

---

[2] Su tali questioni si rimanda essenzialmente a Marc Bloch (1987), Paolo Delogu (1983) e Paolo Grossi (2003).

[3] È stato senza dubbio Ernst H. Kantorowicz, attraverso la sua suggestiva analisi del nuovo atteggiamento verso il tempo nel pensiero occidentale del Basso Medioevo, a restituirci, con maggior chiarezza questo tipo di temporalità (Kantorowicz, pp. 234-268). Ricostruendo il rapporto tra la concezione averroista (derivata da Aristotele) del tempo mondano, mutevole e infinito, e la concezione scolastica dell'*aevum* degli angeli celesti (categoria indicante un'indefinita e illimitata estensione temporale), egli ha mostrato proprio come a partire dal basso Medioevo il pensiero giuridico sia riuscito a dare una elaborazione del tempo valorizzandone il principio di continuità. Scrive Kantorowicz: «È vero che esisteva un equivalente ultraterreno del tempo mutevole e infinito attribuito dagli averroisti a questo mondo: l'*aevum* degli angeli celesti. Il fatto è meno sorprendente di quanto sembri considerato che le intelligenze celesti – gli spiriti privi di corpo materiale – erano le idee create o i prototipi di Dio. Esse erano la derivazione cristiana in senso trascendentale, non delle idee platoniche che avevano uno status autonomo, ma degli aristotelici *eidon*, le attualizzazioni immanenti dei tipi separati. La riscoperta dell'"eternità del mondo" aristotelica, che presupponeva l'immortalità dei generi e delle specie separate, e ne derivava, era quindi una vera versione 'secolarizzata' dell'*aevum* angelico: un'infinita continuità temporale era, per così dire, trasferita dal cielo alla terra e riacquisita dall'uomo» (*Ibid.*, p. 241). Si legge poi in un altro passo: «In breve, con il XIV secolo le teorie aristoteliche sulla perpetuità erano profondamente penetrate nel pensiero giuridico. Nessuna meraviglia quindi se lo studio padovano e i giuristi in genere – in gran parte, pare, a causa di un pregiudizio popolare – fossero sinistramente noti per il loro "averroismo"» (*Ibid.*, p. 258). Le collettività personificate e deindividualizzate dei giuristi, che dal punto di vista giuridico erano specie immortali, finirono, dunque, per vedersi attribuiti tutti i caratteri per altri versi riconosciuti agli angeli; le «persone fittizie» giuridiche, secondo la ricostruzione di Kantorowicz, non erano che «attualizzazioni pure apparendo così strettamente imparentate con le finzioni angeliche» (*Ibid.*, p. 241). In tal senso, al centro delle dottrine corporative dei giuristi vi erano collettività astratte o specie immateriali, immortali e immutabili a paragone delle quali i singoli componenti, mortali e sostituibili, parevano di minore importanza e per certi versi trascurabi-

li. Per questo aspetto, può quindi anche dirsi che il tradizionale modo di sentire il carattere limitato del tempo e la provvisorietà delle istituzioni e delle opere umane, a partire dal sapere giuridico-politico del basso Medioevo, cedeva il passo ad una nuova valutazione della temporalità, sostenuta senz'altro dalle personificazioni «angelomorfe» dei giuristi. La continuità, l'invariabilità e la stabilità delle "forme" e delle istituzioni degli uomini, esigenze già sentite nel pensiero filosofico del tempo, trovavano così un valido sostegno nelle costruzioni giuridiche. Non vi è dubbio, come scrive ancora Kantorowicz, «che i giuristi attingessero abbondantemente dal lessico della filosofia scolastica e si muovessero liberamente lungo i confini tra teologia, filosofia e giurisprudenza applicando, più o meno eclетticamente, la matrice scolastica per esprimere le loro idee. Dal punto di vista linguistico e contenutistico, ad esempio, non è facile distinguere le persone 'fittizie' o 'intellettuali' dei giuristi dagli universali che i nominalisti usavano chiamare *fictiones intellectuales*» (*Ibid.*, p. 259). Non è del resto un caso che questo nuovo rapporto con il tempo cominciò, a partire da questo periodo, a permeare anche la tecnica quotidiana dell'amministrazione pubblica, finanziaria e giuridica, e che, per altri versi, le necessità pratiche dei regni e delle comunità politiche trovassero nelle teorie aristoteliche dell'eternità mondana, un sostegno filosofico alla finzione di una continuità quasi infinita delle istituzioni pubbliche (principalmente ispirata dal diritto romano e canonico), capace di affermare la massima dell'inalienabilità del demanio reale insieme all'idea di un fisco impersonale (*Ibid.*, p. 243). Lo stesso si dica per le vicende della Chiesa, ove la finzione di una continuità infinita del corpo politico poteva servire a rafforzare il dogma spirituale dell'eternità dell'*Ecclesia*, esercitando così un'influenza anche su questioni riguardanti l'amministrazione e il diritto ecclesiastico (*Ibid.*, p. 250). Anche qui, dunque, le nozioni aristoteliche (ripristinate dagli averroisti) dovevano risultare utili a quei giuristi intenti a difendere la perpetuità dei corpi politici e l'immortalità delle persone fittizie. In effetti, ancor prima che i civilisti personificassero l'*universitas* (come entità immateriale e immutabile, anche se non priva, come gli angeli, di individuazione), i canonisti avevano applicato il concetto giuridico di *universitas* ai vari *collegia* ecclesiastici così come all'intera Chiesa. E l'idea di un'*universitas* personificata rispondeva a qualcosa di incorporeo, a un'immaginaria «persona rappresentata» o «fittizia»: una persona intellettuale che non poteva morire come le persone reali. Una persona, dunque, perpetua, scandita dal succedersi dei suoi membri. In tal senso, il distacco dell'*universitas* dai suoi singoli componenti rendeva relativamente insignificanti i membri mortali che in un dato momento costituivano la collettività; essi erano privi di importanza se paragonati al corpo politico (o al *corpus mysticum*) immortale che gli sopravviveva. Occorre, in effetti, ricordare che il carattere più significativo delle collettività personificate era quello, come ha evidenziato Kantorowicz, «di proiettarsi nel passato e nel futuro, di preservare la propria identità nonostante i mutamenti, di divenire dunque immortali dal punto di vista giuridico» (*Ibid.*, p. 267). Le persone «fittizie» dei giuristi medievali avevano, dunque, la temporalità degli angeli. Si può allora affermare che i canonisti medievali, e i giuristi in genere, per risolvere il problema della continuità e perpetuità nel tempo delle istituzioni umane – per risolvere dunque il problema della temporalità – elaborarono

Ora, in età moderna, quando l'affermazione delle forze (economiche) borghesi è ormai arrivata la punto di mandare in crisi il sistema feudale (e l'ordine dei privilegi su di esso fondato), il valore simbolico attribuito alla dimensione sociale e politica della genealogia viene, inevitabilmente, messo in discussione.

A loro modo, pensatori giusnaturalistici come Hobbes e Locke elaborarono un'idea del diritto soggettivo (visto come diritto naturale di ciascun individuo riferibile alla sua personale potenza e capacità) che, rappresentando un superamento della precedente concezione "cetuale", consentiva tra l'altro di liberare concettualmente il singolo dai legami di appartenenza alle formazioni sociali istituite su base genealogica. Non si appartiene più a una "discendenza" sociale perché non c'è più alcuna essenza cetuale cui si possa "legittimamente" appartenere, alcuna realtà esteriore, oggettiva e comune, di cui si possa essere organica parte. Nello Stato, fondato sul riconoscimento della potenza soggettiva, il nuovo ordine va ricercato nelle forme disciplinate del lavoro che fanno capo esclusivamente alle capacità personali elevate a valore giuridico ovvero, ai "meriti" individuali a cui si riconducono i diritti (alla proprietà, alla libertà, ecc.).

Nelle elaborate teorizzazioni di Hobbes e di Locke si registra, dunque, il passaggio dal sistema medievale dei privilegi (presunti "naturali") fondati sulla trasmissione ereditaria (per linea genealogica), all'ordine (artificiale) moderno organizzato sul riconoscimento dei "meriti" individuali. E ciò registra anche lo sviluppo di una scienza politica razionalmente fondata capace di indicare la forma di organizzazione politica che deve costituirsi affinché gli uomini realizzino con certezza il proprio bene. Lo Stato, soprattutto nella versione hobbesiana, diviene il prodotto della volontà di tutti i suoi membri. E tale volontà deve risultare dall'assimilazione della moderna scienza politica da parte degli uomini che fondano lo Stato. Questa scienza deve essere autenticamente razionale ovvero, formulata su basi certe, "geometriche", quali soltanto la ragione è in grado di stabilire. E la scienza politica razionalmente fondata ("geometricamente" fondata, come spiega Hobbes nella lettera dedicatoria del *De cive*) è proprio quella scienza che, liberata dal metodo gradualistico aristotelico, sulla base di una analisi della "natura" umana, indica, at-

---

un concetto di persona fittizia e deindividualizzata, attribuendole, in tal senso, i caratteri riconosciuti agli angeli (in quanto creature immortali, incorporee, poste tra Dio e gli uomini, destinate a sopravvivere alla fine del mondo). Solo in tal modo si poteva spiegare l'"immortalità" degli universali giuridici.

traverso il metodo dimostrativo tipico delle scienze naturali, la forma di organizzazione politica più conforme a tale natura.

In realtà, la lenta dissoluzione concettuale del tradizionale sistema di trasmissione ereditaria basata sul modello genealogico, avviata a partire dai secoli XV e XVI attraverso un faticoso processo costruito sul primato del calcolo razionale e sul primato *dell'interesse* del Principe, raggiunge già il suo apice concettuale nella nuova scienza della politica di Machiavelli (che taglia i ponti con la tradizione scolastica). Astraendo dal piano delle stratificazioni sociali e proiettando il suo ordine su differenti esigenze di razionalizzazione giuridica e intellettualizzazione politica, una nuova "forma-piramide" può ora servire a descrivere le nuove gerarchie normative e le diverse geometrie degli sguardi sulle stesse ordinate. Si tratti ancora dell'ordinamento cristiano-medievale teocraticamente fondato o del concetto moderno di Stato teorizzato da Bodin, del *Leviatano* di Hobbes o delle teorie dello Stato radicate sul diritto naturale (quali quelle, ad esempio, che attraversano il XVII e il XVIII secolo con Grotius, Pufendorf o Locke), l'orizzonte della rappresentazione politica rimane comunque ordinato, nelle relative differenze, all'artificio prospettico di una razionalità verticale astrattamente fondata sul primato di un soggetto sovrano assoluto (che sia il principe o il popolo) tendenzialmente slegato dal tessuto sociale. Una rappresentazione politica, però, che nella riflessione filosofica dei giusnaturalisti moderni, non poggia più su un'idea "gradualistica" (e "genealogica") della società naturale (come ancora nell'aristotelismo medievale), ma sull'idea astratta di individuo (dell'individuo svincolato dai legami sociali, emancipato dai vincoli dell'ordinamento feudale) e sull'artificio razionalistico del contratto.

Aristotele, nel Primo Libro della *Politica*, poneva all'origine della *polis* non una costruzione razionale, ma una realtà "naturale" ordinata secondo una graduazione di stadi (famiglia, villaggio, comunità politica) attraverso la cui successione si sarebbe giunti alla società perfetta e autosufficiente in quanto "Stato". Un modello, questo, che, fin dalla riscoperta del filosofo greco, attraversa l'età di mezzo sino al costituirsi dell'età moderna, ovvero, sino alla costruzione razionalistica proposta dal pensiero giusnaturalista. È a partire da questo momento, infatti, che al paradigma "gradualistico" e "genealogico" tradizionale (e feudale), si sostituisce il paradigma razionalistico giusnaturalista; e cioè da quando, per dare una spiegazione "scientifica" e una legittimità razionale allo Stato (quale *idea* dell'intelletto), non si ricorre più all'ordine storico e fattuale (dotato di continuità e progressione) che rinvia a una originaria società "naturale" (la società familiare come nucleo di tutte le forme sociali successive), ma all'individuo astratto (sciolto dal tessuto dei legami sociali) e al "contratto sociale" (verità di ragione) quale prodotto volontaristico e artificiale di soggetti individui (essenzialmente "non sociali"), in origine, liberi e uguali. Quando, dunque, alla concezione naturalistica e organicistica della comunità politica si contrappone, specialmente con Hobbes, l'ipotesi razionalistica, individualistica e contrattualistica dello Stato moderno. Ed è a partire da qui, dallo sviluppo di questo particolare momento, che si registra quella trasformazione decisiva che vede nell'istituzione dello Stato un'idea regolativa per il progetto di quella futura società giuridica universale cui tende l'uomo nel suo graduale avvicinamento a una forma di esistenza sempre più conforme a ragione.

La nuova piramide astratta, artificio geometrico sciolto dall'ordine della stratificazione sociale, ora fondata sulla razionalità della legge – e presto (formalisticamente) ordinata sul complesso sistema delle gerarchie normative – è l'immagine tipica che ancora oggi possiamo ricondurre al concetto di Stato nazionale moderno. Un concetto abbondantemente studiato e associato ad una formazione storica particolare della quale, in questa sede, non ci possiamo ulteriormente occupare.

A grandi linee, tale riformulazione concettuale della scienza politica moderna trova, sul piano gnoseologico, una significativa corrispondenza in quel processo di "razionalizzazione" sorretto, come prima si è visto, dall'affermarsi di un'idea di ragione "soggettivamente" orientata. Una ragione, potremmo anche dire, *cogitante* e ordinante, che proprio attraverso Cartesio (e più in là fino a Kant) troverà, poco più tardi, la sua formulazione adeguata sul piano filosofico[4]. Non è, infatti, difficile comprendere, dal lato dell'interpretazione sociologica, come, per certi versi, l'impianto epistemologico della filosofia cartesiana ripercorra e, in parte, traduca in termini concettuali, il passaggio dall'ordine dei privilegi cetuali (e della loro trasmissione ereditaria) al sistema politico moderno organizzato sul riconoscimento dei "meriti" individuali. Il tratto che con maggiore evidenza per-

---

[4] Del resto, sostituendo il "razionale" al "ragionevole", Cartesio riuscì ad affermare il dominio del "segno" sul "simbolo", dello "spirito geometrico" (dell'algoritmo matematico) sullo "spirito di finezza" (ed è proprio a partire da qui che si inaugura quella concezione "semiologia' destinata a trionfare con il positivismo scientifico del XIX secolo).

corre la trama di questo intreccio semantico è, appunto, la progressiva emersione di una razionalità soggettiva ordinante il reale: la razionalità universalistica di un soggetto *ab-solutus,* posto fuori dalla "storia" (dal contesto storico) e disciolto dai vincoli sociali, che dà ordine al mondo e alla sua conoscenza "scientifica" (come il legislatore sul piano giuridico e il sovrano assoluto su quello politico). Sul terreno della storicità, questo tragitto rispecchia, dunque, le esigenze politiche, giuridiche ed etiche (quelle, ad esempio, fatte proprie dal pensiero giusnaturalista) di una società che vuol liberarsi dai rapporti feudali per istaurare un uovo ordine sociale basato sul primato della ragione (come avviene, ad esempio, nel commercio); una ragione "geometrica", universale e, appunto, *ordinante*, posta a garanzia di individualità "extra-sociali" rinviabili a "costruzioni normative", capaci di cogliere riflessivamente, nell'esercizio del proprio intelletto (e a discapito della loro particolare posizione sociale), la prova della propria esistenza (*cogito ergo sum*); una ragione, pertanto, funzionale ed astratta, capace di desostanzializzare i rapporti reali (correlati essenziali delle sostanze patrimoniali): gli stessi rapporti (e le stesse sostanze) che costituiscono la trama e l'ordito giuridico dell'organizzazione feudale.

### c) *Crisi e critica del giusnaturalismo*

Di fronte a questi nuovi postulati della ragione, l'istituto della trasmissione ereditaria delle funzioni non può che apparire irrazionale, soprattutto nella sua pretesa di avere un fondamento naturale. L'argomentazione genealogica, sia come legittimazione giuridica e sociale delle funzioni politiche, sia come argomentazione "storicistica" per dedurre concettualmente la necessità di una continuità ("naturale") delle istituzioni e la fondazione delle cariche pubbliche, non può più servire a giustificare l'ordine politico e sociale vigente. La nuova scienza politica esige uno Stato fondato sulle capacità dei singoli individui.

Nell'ordine feudale dei privilegi, l'assegnazione dei ruoli e delle funzioni è predeterminata perché fondata, in base genealogica, sulla loro trasmissione ereditaria. A tale concezione i pensatori politici della modernità, come si è visto, hanno sostituito il criterio del "merito" come correlato razionale della capacità individuale quale titolo di accesso al godimento dei diritti soggettivi garantiti dallo Stato.

In altre parole, per il pensiero giusnaturalistico moderno, lo Stato, fondato sulle basi "certe" fornite e stabilite dalla ragione, è il prodotto della volontà di tutti i suoi componenti (anche di coloro che limitano parte della propria sovranità – come nel modello hobbesiano – per attribuirla ad un'entità superiore). E solo entro questa cornice politica è possibile sviluppare (come appare in Hobbes e Locke) il principio della capacità e della potenzialità personale come fondamento del diritto soggettivo. Se l'ordine cetuale (basato sui privilegi) faceva dipendere la partecipazione o l'esclusione dal possibile godimento di diritti dall'appartenenza o meno del singolo soggetto a un dato ceto sociale, adesso, nelle teorie politiche della modernità, è dall'appartenenza o meno dell'individuo al genere umano che dipende la sua stessa capacità di accedere al godimento di tali diritti. È tale accesso può essere garantito soltanto dallo Stato (di qui la sua necessità politica).

Tuttavia, le capacità e le potenzialità umane se, da un lato, si pongono alla base dello Stato (e rendono necessaria la sua edificazione), dall'altro possono sempre tradursi in egoismi che minacciano la dissoluzione dello Stato stesso e la fine della pace sociale. Questa tensione, che non può trovare adeguate soluzioni, attraversa già le prime teorizzazioni dello Stato moderno. E proprio questa stessa tensione non sembra sfuggita a Pascal, pensatore che vive in una Francia (quella della metà del XVII secolo) che è appena uscita da un lungo periodo di guerre esterne e interne, da forti tensioni politiche e conflitti sociali anche di natura religiosa.

Pascal, detto altrimenti, anche in virtù del suo credo religioso, sembra avere una netta consapevolezza dei rischi connessi alla carica potenzialmente distruttiva degli egoismi individuali. Per questo, in alcuni frammenti dei suoi *Pensieri*, sembra indugiare verso la conservazione dell'istituto di trasmissione ereditaria delle funzioni, almeno nella misura in cui questo appare come un argine stabile e sicuro nei confronti delle spinte individualistiche e del conseguente rischio della guerra civile. Certo, in altri frammenti, ammette che vi siano funzioni che non possono essere ragionevolmente svolte se non da chi ne è capace (la conduzione di una nave non può essere affidata ad un nobile per il semplice fatto che è nobile, ma ad un esperto nocchiero), tuttavia l'idea che un diritto soggettivo naturalmente fondato diventi il principio attraverso il quale compensare, retribuire, premiare, in termini di proprietà o accesso a titoli o riconoscimenti sociali, non rientra affatto entro il suo ordine di idee modulate secondo una concezione cristiana per la quale l'uguaglianza dei beni è assolutamente giusta, come la carità e la vita povera.

I *Pensieri* di Pascal, detto in maniera schematica, si collocano, dunque, nell'intersezione di due epoche (e di due mentalità), quella feudale, radicata nel costume, che continua a esercitare una sua presa sugli strati profondi della società, e quella moderna che tende ad affermare la nuova ideologia borghese basata sulle capacità e potenzialità individuali. La prima, come si è detto, pone al suo centro il sistema dei privilegi presunti "naturali" e ordinati su base genealogica, la seconda tende ad affermare (e a teorizzare nel pensiero giusnaturalistico) il riconoscimento dei "meriti" quale fonte razionale di legittimazione politica e sociale.

Pascal parteggia per il vecchio sistema, ma solo perché lo considera più efficace nell'evitare i conflitti che rischiano di accendere faide sull'attribuzione dei meriti e che in alcuni casi possono degenerare nella guerra civile (il peggiore dei mali); ma anche, e soprattutto, perché diffida della capacità della ragione di fondare, di per sé, un ordine sociale stabile e duraturo. Non attribuisce, vale a dire, alcun valore "naturale" al sistema dei privilegi, alla trasmissione ereditaria, o ai titoli nobiliari, ma è più incline a pensare che solo attraverso questo sistema tradizionale (minore dei mali) sia possibile garantire stabilità e durevolezza all'ordine sociale.

Per altri versi, la posizione negativa di Pascal rispetto alla validità etica e giuridica dell'ordine naturale è talmente radicale da confutare non solo i fondamenti naturalistici dell'ordinamento feudale, ma anche le teorie giusnaturalistiche moderne che proprio sull'idea di un diritto e di una legge naturali avevano basato, razionalmente, il loro sistema. Gli uomini, nell'antropologia pascaliana, non sono in grado di adeguarsi agli ideali di giustizia promossi dalla legge naturale. Come vedremo più tardi, per la sua visione agostiniana (che lo avvicina al giansenismo) l'uomo vive, infatti, nella corruzione della sua natura ed è incapace di attingere alla "vera giustizia" (sempre smentita dalla storia). Gli ordini sociali stabiliti dagli uomini sono ingiusti come non è giusto nessuno dei sistemi che si potrebbero opporre a quelli passati e presenti. La storia dell'umanità non è che il susseguirsi di egoismi, violenze, sopraffazioni, usurpazioni, mascherati dietro l'"illusione", l'"immaginazione" e la "convenzione" della giustizia. È questa la vera catena genealogica che riposa dietro le istituzioni umane. La giustizia degli uomini è ciò che giustifica questa negatività storica, questa ingiustizia reale, occultandone (e dissimulandone), appunto, la genealogia ovvero, non lasciandola apparire come negatività, come ingiustizia.

In tal senso, la giustizia degli uomini storicamente concretizzata non è affatto giustizia: ingiusta non è soltanto la violazione dell'ordine istituito, ma anche l'istituzione di quest'ordine stesso in quanto opera umana. Vi è solo "immaginazione" di giustizia, ed è proprio a questa "immaginazione" che gli uomini devono la propria stabilità sociale. Come vedremo, affermandone l'utilità politica, Pascal, al contempo, ne denuncia l'illusione, ne smaschera la finzione e ciò, paradossalmente, proprio attraverso quel procedimento genealogico in base al quale, sul piano dei rapporti sociali, ingiuste istituzioni trovano la loro giustificazione.

Solo storicamente, attraverso la giustificazione dell'ingiustizia (unico criterio di "giustizia" appartenente all'uomo), si è stabilita, secondo Pascal, la pace sociale: sottoposti ad ordini sociali fondati sulla forza, l'arbitrarietà, la violenza e l'usurpazione (e dunque razionalmente infondati), gli uomini, grazie all'opera giustificatrice e legittimatrice della giustizia, hanno accettato tali ordini, vi si sono adattati, trovandoli giusti, legittimi, razionali, non percependo la loro ingiustizia come ingiustizia, ma come, appunto, giustizia. E tale giustizia trova il suo reale fondamento soltanto sull'immaginazione e la forza e, dunque, rimane giuridicamente infondata. Sono gli ingiusti che hanno vinto la lotta contro gli altri ingiusti coloro che hanno voluto la giustizia (che è realmente tale in quanto ingiustizia) per giustificare il loro dominio, la loro sopraffazione, la loro usurpazione. È la forza che prevale, che trova affermazione; è la potenza vincente nel conflitto tra ordini di per sé ingiusti che stabilisce i criteri di ciò che è giusto. Su questo piano Pascal ricostruisce anche la genesi della costituzione e della stabilizzazione dell'ordine sociale. Gli uomini vogliono esercitare il dominio gli uni sugli altri e, su questa base, si stabilisce una gerarchia. La gerarchia, dunque, anziché avere un fondamento naturale, è frutto di una "guerra" combattuta attraverso la pura forza; una "guerra" in cui, alla fine, gli uni prevalgono sugli altri. Principi e regole di giustizia sono solo "ideali" elaborati dalla parte vincente (prodotti della forza vincente) e diffusi nel tessuto sociale fino a diventare (e a radicarsi nella) coscienza collettiva; sono ciò che consente ai vincitori (come nel sistema faidale feudale) di non impegnarsi più in un'ulteriore lotta contro la parte sconfitta e, dunque, di evitare la continuazione della guerra. La parte sconfitta arriva a credere nei principi e nelle regole di giustizia imposti dalla parte vincente per giustificare i rapporti di forza stabiliti dall'esito della lotta, e attraverso l'accettazione di tali principi si consolida (e riproduce) l'assetto sociale vigente. In tal senso la giustizia non è che giustificazione e legittimazione del dominio.

Come si può ben capire, alla genesi della giustizia e dell'ordine sociale, come più tardi in Nietzsche, ritroviamo la potenza, la volontà di dominio (negazione della "vera" giustizia"); e per Pascal tali pulsioni non si traducono in "meriti", ma rispecchiano l'ordine corrotto (e dissimulato) della concupiscenza. I "meriti", nella visione pascaliana, rimandano al piano delle finzioni, delle illusioni che concernono le cariche, i riconoscimenti, i ruoli sociali entro i quali si organizza gerarchicamente la società.

In altri termini, la ricostruzione della genesi del diritto e della legge suggerisce a Pascal che l'ordine sociale rappresenta soltanto la stabilizzazione dei rapporti di potere determinati dalla lotta degli uomini per il dominio: la legge che sorregge l'ordine si giustifica soltanto per la forza che la pone, e non è che l'espressione della concupiscenza, dell'usurpazione e della volontà di dominio di chi, nella lotta per l'autoaffermazione (individuale o di gruppo) esercita il potere.

Da questo punto di vista, la genealogia delle molteplici forme che, nei diversi tempi storici, e in luoghi diversi contemporanei nel tempo, giustifica la continuità delle istituzioni, acquista ora un significato diverso, o meglio, appare ingiustificata e infondata. Esistono giustizie diverse, spesso inconciliabili fra loro; esistono, cioè, configurazioni giuridiche storicamente rivestite dalla "falsa" giustizia degli uomini che mai corrispondono alla "vera" giustizia (quella rivelata da Dio). Non esistono leggi naturali, perché «la ragione dell'uomo ha corrotto ogni cosa». All'origine della giustizia ci sono atti di forza, arbitrarietà, usurpazioni; all'origine del concetto di giustizia vi è l'ingiustizia.

Ecco, adesso, cosa scopre la genealogia: per ciò che riguarda l'agire umano, non vi è alcuna giustizia originaria ed eterna, che sarebbe stata in seguito dimenticata, stravolta o tradita. Non esistono leggi fondamentali o primitive dello Stato. Non esiste un "contratto" originario fondato in se stesso, e poi magari occultato o disatteso dalle consuetudini vigenti (il contratto è reale sopraffazione che ha ricevuto il crisma della validità generale). Non c'è alcun passato da recuperare o rimpiangere. L'irragionevolezza (l'arbitrarietà) della legge è divenuta razionale grazie alla forza che l'ha posta in essere ed è per questo che viene ubbidita. Gli uomini sono disposti a sottomettersi a ciò che a loro "appare" giusto o razionale, ma in realtà si sottomettono soltanto alla forza arbitraria di chi pone le leggi (e la forza deve sempre apparire giusta a chi vi si sottopone): questa diventa "senso comune" che fa perdere completamente di vista le circostanze (contingenti) e il luogo (arbitrario) della sua genesi ovvero, la sua nascita in un gruppo sociale preciso con intenti precisi (di parte e non comuni), tale da indurre nel popolo la convinzione che si tratta dell'idea eterna e assoluta di giustizia. La giustizia è forza giustificata e, al contempo, giustificazione del dominio. Smascherare questa relazione diviene il compito della genealogia; mascherarla quello dei governanti.

Al paradigma moderno che vuole che sia la giustizia a regolare l'uso della forza, la genealogia di Pascal contrappone il modello feudale per cui è la forza che determina ciò che è giusto. E questa contrapposizione gli serve a smascherare l'ideale dei pensatori moderni che vogliono ricondurre razionalmente il diritto a una giustizia pura, originale ed eterna. La forza, che dovrebbe sostenere la giustizia, e che dalla giustizia dovrebbe essere legittimata, rivela soltanto che la giustizia fornisce una giustificazione alla forza rendendola accettabile. Nel ricondurre genealogicamente la giustizia alla forza (e lo Stato moderno agli ordinamenti feudali), Pascal fa vedere che tra i due termini è prevalsa la forza (lo sviluppo dei rapporti fra gli uomini va inteso come sviluppo dei rapporti di forza): «Non essendosi potuto fare in modo che quel che è giusto fosse forte, si è fatto in modo che quel che è forte fosse giusto».

In altri termini, secondo la visione genealogica di Pascal, la giustizia fa apparire giusto ciò che giustizia non è: la "verità" storica dell'usurpazione viene occultata e mistificata, la forza legittimata; l'"immaginazione" della giustizia nasconde l'ingiustizia reale. Perché l'"immaginazione" (che presenta il falso come vero) prevale sempre sulla ragione.

In fin dei conti, Pascal mette in discussione i presupposti del giusnaturalismo: alla pretesa "verità" del diritto naturale contrappone la "falsità" delle leggi positive. Le leggi naturali hanno solo un'esistenza puramente "ideale", né reale né attuale. Ciò che storicamente (e positivamente) esiste è soltanto la "manchevole" giustizia degli uomini, che non ha niente di naturale e nulla di razionale. È inutile cercare una convergenza tra diritto positivo e diritto naturale. L'indagine genealogica del "vero" diritto permette solo di scoprire che dietro ogni diritto vi è soltanto ingiustizia. La storia della giustizia degli uomini (perché la giustizia ha una storia, non è niente di puro, astratto e ideale) e sempre la storia di una "incoincidenza" tra leggi positive e le leggi naturali. La natura si veste di abitudine (è la «prima abitudine»), è un prodotto della storia, una valorizzazione storica: per quanto riguarda le istituzioni umane possiamo parlare soltanto di processi di naturalizzazione. Il giusnaturalismo non è che idealizzazione di rapporti storici concreti, sublimazione della storia nell'idealità.

Nella contrapposizione tra l'ordine sociale medievale (quello basato sui privilegi presunti naturali) e l'ordine sociale moderno fondato sul riconoscimento dei "meriti" (ciò che sostenevano, ad esempio, Hobbes e Locke), Pascal, come si è visto, percorre una via intermedia: ammette la stabilità politico-sociale dell'ordine feudale ma ragiona da moderno. Nel momento stesso in cui accoglie l'istituto della trasmissione ereditaria ne denuncia (attraverso un gioco barocco) l'illusione, negando in tal modo ogni valore "naturale" e "sostanziale" ai privilegi su tale sistema genealogicamente fondati. Nel ripercorrere l'ordine feudale della forza come potenza che definisce ciò che è giusto svela, al contempo, l'origine "bassa" del concetto moderno di giustizia cosi come idealizzato dai giusnaturalisti (ed è proprio dalla consapevolezza della condizione di "bassezza" umana che prende avvio il nuovo corso della ricerca genealogica). Pascal, detto altrimenti, pensa da moderno, ma da genealogista estende fino ai limiti la critica radicale della modernità, mostrando dietro le teorie del diritto naturale l'incarnazione storica dell'usurpazione.

Di qui la genealogia, da legittimazione storica delle cariche, dei privilegi, del potere e dell'ordine sociale diventa metodo di riflessione critica e di indagine storiografica.

### d) *Critica della Ragione*

La critica radicale della modernità non può non passare per il razionalismo Cartesiano. Pascal conosce bene la filosofia di Cartesio ma, più che altro, né conosce i limiti, soprattutto per ciò che riguarda la comprensione dell'essere umano. Nel suo pensiero vi è in gioco una diversa concezione della "modernità" che coincide con una diversa visione dell'"uomo moderno", della sua condizione esistenziale e del suo destino.

L'uomo moderno, nei sui tratti essenziali, prolunga le linee ideali gettate dall'uomo rinascimentale, ma nella visione di Pascal ciò non significa un potenziamento o un completamento della Ragione. In aperta polemica con Descartes, Pascal percorre una diversa via dell'età moderna, una via che apre la strada alle filosofie esistenzialiste. Lontano da ogni sviluppo di tipo dialettico, Pascal afferma la dualità, il paradosso e l'iperbole, l'alterità irriducibile, l'alternanza, l'antagonismo e il dissidio, la sfida, la scommessa e l'azzardo.

Si comprende, così, la critica a Cartesio e al suo «metodo corretto» condotta nei *Pensieri*. Cartesio, secondo Pascal, avrebbe sbagliato nel pretendere di applicare universalmente un metodo nato dalla matematica (da quelle concatenazioni di ragioni semplici e facili di cui si servono i geometri). Esperto di geometria, l'autore dei *Pensées*, considerava la progressione matematica (senza dubbio insostituibile nel suo campo) inutile, difettosa, incerta e inadatta alla comprensione dell'esistenza umana e della complessità "inaccessibile" del reale. E si burlava del «romanzo della natura» del filosofo del *Discorso sul metodo*, «simile pressappoco alla storia di Don Chisciotte». La sua ironia si adattava bene al razionalismo di Descartes, non tanto alla sua fisica meccanicistica, ma alla sua assolutizzazione, perché proprio questa assolutizzazione finiva con il comprometterne lo stesso valore scientifico. Per Pascal (che in ciò sostiene lo spirito delle scienze sperimentali) non si può ricondurre ogni spiegazione a un fenomeno unico e dare così alla scienza un valore di certezza esauriente e assoluta e un carattere di sistematicità totale e completa. La scienza non esaurisce il suo oggetto, non può giungere alla certezza totale, ma solo a certezze parziali e frammentarie; non può ricondursi a un principio assoluto, non può cogliere un primo principio, perché la ricerca, disposta ad una regressione infinita, non permette di arrestarsi a un solo principio che possa pretendere di dichiararsi ultimo.

Se l'uomo è fatto per pensare, la sua esistenza non si dà soltanto nel pensiero puro, chiaro e distinto. Il *cogito*, per Cartesio, è un principio metafisico su cui ricostruire tutta la realtà, che è poi la realtà in cui si realizza il pensiero e da cui il pensiero non può prescindere senza negare se stesso. Sia pur accettando, come si è visto, la stratificazione del mondo feudale per motivi di carattere partico e politico, vi è certo in Pascal, come in Cartesio, la tendenza (moderna) a cogliere riflessivamente il reale nell'esercizio del pensiero (a discapito della posizione sociale, cetuale): è il pensiero l'unica prova effettiva della propria esistenza; e il pensiero è ciò che è capace di desostanzializzare i rapporti reali (correlati essenziali delle sostanze patrimoniali): gli stessi rapporti (e le stesse sostanze) che costituiscono la trama e l'ordito giuridico dell'organizzazione feudale.

Tuttavia, è proprio qui che Pascal introduce, a differenza di Cartesio, la sua piega esistenziale: il pensiero, infatti, non è un'astratta funzione; è concreta espressione esistenziale dell'uomo (compreso nella sua storicità). E l'uomo non è sempre lo stesso, ma è anzi «bizzarro», «mutevole», in continuo cambiamento da un giorno all'altro, da un minuto all'altro; è «un essere pieno di errore: errore naturale e ineliminabile senza la grazia. Niente gli mostra la verità. Tutto lo inganna». La condizione dell'uomo, espressa in questi termini, trova una sua riduzione all'esistente e non alla ragione astratta.

Su questo piano la scienza, secondo la visione di Pascal, rimane inchiodata alle sue astratte asserzioni, ai suoi assiomi ideali. Per ciò che riguarda il conoscere (per una teoria della conoscenza) il mondo viene lasciato alla sua storicità e ordinato all'esperienza concreta, incostante, mutevole, bizzarra e arbitraria dell'esistenza morale dell'uomo. Contro il metodo universale di Cartesio (che pretende di servire tutte le scienze), contro la sua "metafisica", contro l'intellettualismo del suo sistema (che perde di vista la realtà nel tentativo di dedurla tutta dal pensiero) Pascal rivendica la singolarità dell'esistente: la realtà è varietà infinita di singolarità non riducibili all'astratto universale matematico, spoglio di tutte le differenze che costituiscono l'essere stesso del singolare. E in tal modo rivendicava la storia. E la rivendicava nel conflitto irriducibile tra l'individuale e il generale (da non assumersi sul piano metafisico, ma su quello storico concreto appunto), nel dissidio tra le pretese dell'io e le esigenze dell'ordine sociale, della vita associata. Perché la storia, lungi dall'essere il progresso di una ragione universale, non è che un terreno di errori, di conflitti, di prove.

Sul piano antropologico, l'uomo appare dunque a Pascal come soggetto all'errore naturale (ineliminabile senza la grazia); tutto lo inganna, niente – tanto meno la ragione – gli mostra la verità. Ciò che più definisce la nostra condizione esistenziale è uno stato di "difetto", di "mancanza" gnoseologica e morale. «Noi siamo incapaci sia del vero che del bene».

A questo livello, la ragione non può stabilire nulla, non può essere a fondamento di niente. «L'ultimo passo della ragione – scriveva Pascal – è riconoscere che c'è un'infinità di cose che la sorpassano; essa è debole se non arriva a conoscere questo. Se le cose naturali la sorpassano, che dire delle cose soprannaturali?».

Questa presa di coscienza dei limiti della ragione e dell'impossibilità di comprendere l'uomo nell'«ordine della geometria» e proprio ciò che fa di Pascal il "perno" (almeno uno dei più importanti) da cui si dirama tutta una linea del pensiero moderno (antitetico rispetto al razionalismo cartesiano) che giunge fino a Kierkegaard, a Nietzsche e all'esistenzialismo. L'uomo «non agisce con la ragione che costituisce il suo essere». L'umana intelligenza non può dare risposte sicure.

In altri termini, procedendo attraverso i suoi stessi strumenti, la ragione può dimostrare soltanto se stessa. La perfezione del ragionamento geometrico non può dominare il campo della morale e della metafisica. La ragione è incapace di fondare i "principi primi" partendo dai quali la stessa procede. La ragione non ha fondamento e, al contempo, per ciò che riguarda la vita degli uomini, non riesce a fondare alcunché: l'infinità dei fenomeni naturali è definitivamente inaccessibile alla conoscenza razionale. Come più tardi Nietzsche, Pascal giunge fino alla comprensione dell'instabilità che definisce la condizione umana, fino all'intuizione della mancanza di principi (ultimi e primi) su cui fondare la conoscenza razionale dell'uomo. «La nostra ragione è sempre delusa dall'incostanza delle apparenze; nulla può fissare il finito in mezzo ai due infiniti che lo incarcerano e lo fuggono».

Se la ragione non può offrirci quei principi ideali attraverso i quali ricondurre la comprensione dell'essere umano (e della sua precaria esistenza), allora la stessa non sarà capace di darci spiegazioni circa l'origine delle condizioni valoriali e istituzionali a partire dalle quali l'uomo orienta il proprio agire. In tal senso, l'unica strada che possiamo gnoseologicamente percorrere per ricostruire la genesi dei fenomeni morali, sociali, giuridici e politici che organizzano e ordinano l'esistenza dell'uomo, è quella genealogica. Perché la genealogia, diffidando dei "primi principi" e screditando gli assunti posti dalla ragione, intreccia il suo percorso alla storia, non intesa però (in senso storicistico) come dispiegamento progressivo di una ragione universale, ma come terreno in cui si annidano quegli "errori", quelle false apparenze, da cui appunto prende avvio ogni processo di razionalizzazione umana del reale. Non siamo più, dunque, nello spirito di quelle *Etymologie* od *Origines*, composte tra il 624-636, dove Isidoro di Siviglia, scavando il terreno accidentato del linguaggio cercava ancora, in venti libri, di cogliere non solo l'unicità originaria della lingua, ma anche la realtà intera attraverso la determinazione dell'origine dei vocaboli che ne costituiscono il corpo visibile e caduco e ciò al fine di approdare al regno luminoso dell'unità (di parola e pensiero) (Isidoro di Siviglia, 2004). E non siamo più nella concezione naturalistica della genealogia come base naturale dell'ordine di trasmissione ereditaria delle cariche pubbliche e dei privilegi sociali.

Per certi versi, è proprio nello scarto tra la critica del razionalismo cartesiano e il disvelamento delle basi convenzionali del sistema di trasmissione ereditaria feudale che si elabora la concezione genealogica come metodo di indagine storiografica. Pascal riconosce la genealogia come ordine sociale, ma ne denuncia il valore arbitrario (non naturale), ed è proprio in tal senso che ne riconfigura il significato euristico. Detto altrimenti, con Pascal si registra quel momento in cui a una genealogia intesa come forma (pratica) di legittimazione del potere si sostituisce una genealogia come demistificazione del potere stesso.

### e) *Genealogia e soteriologia*

Non possiamo, però, comprendere fino in fondo la concezione genealogica sviluppata da Pascal senza riferirla all'orizzonte teologico-religioso entro il quale ha preso le sue mosse.

Vicino al giansenismo, Pascal sostiene e difende la teologia agostiniana della grazia. Lasciato a se stesso, l'uomo rimane in balia dell'errore, sviato dalla corrente delle passioni, e solo la grazia "medicinale" del Cristo lo può risanare. Di qui, tutta una teologia della caduta e della grazia, della corruzione e della redenzione, che percorre i *Pensées* (originario progetto di un'*Apologia del cristianesimo*) e che conduce alla visione dell'essere umano, abbandonato alle sue sole forze, smarrito in un mondo vertiginoso dove nulla è stabile e dove la ragione, lungi dal presentarsi come fondamento di certezza e conoscenza, fluttua secondo le ideologie, le pulsioni, le malattie, le abitudini. Dopo la caduta (e per effetto di questa), l'umanità, prigioniera della sua finitezza, rimane dunque sospesa a una condizione esistenziale che la espone alla contraddizione, alla non coincidenza, alla scissione.

La visione che anima l'antropologia, l'etica e il pensiero politico di Pascal (e che è alla base della sua svalutazione della giustizia terrena) rimanda, in tal senso, a posizioni essenzialmente teologiche: la corruzione della natura umana a partire dal peccato originale ha gettato l'uomo in una condizione di bassezza, l'ha fatto cadere dallo stato di perfezione. L'unica "grandezza" che conserva l'uomo dopo la caduta sta nel riconoscimento della sua "miseria".

Su questo piano, orientato alla teologia giansenista-agostiniana della caduta e della grazia, per cui la precarietà umana rende la ragione incapace di fondare sia una conoscenza corretta che una morale («la ragione non può stabilire nulla»), Pascal matura una visione scettica che incontra il relativismo antropologico di Montaigne; ovvero, incontra il pirronismo che, come riformulato appunto da Montaigne, trova un metodo nella pura interrogazione, senza sostituire a un'opinione che si dimostra sbagliata la certezza dell'opinione opposta. Su questa via la conclusione non tarda ad arrivare: non può esistere nel mondo una vera giustizia.

Ed è per questo che, a prima vista, i *Pensieri* pascaliani che hanno per oggetto la critica della giustizia e del diritto, dimostrano uno scetticismo per certi versi non dissimile a quello professato dai libertini; tuttavia, ad uno sguardo più profondo, ci si accorge che tali pensieri presuppongono, al contrario, una vocazione tutt'altro che libertina, in quanto orientata a una ricerca esistenziale ispirata a temi profondamente religiosi (nel progetto dell'*Apologia*, rivolta ai non credenti, vi era l'intenzione di scardinare le pretese gnoseologiche della ragione per arrivare all'evidenza della fede e della grazia). Se, infatti, i libertini giungevano a conclusioni scettiche sul presupposto di un razionalismo radicale che li portava a constatare la relatività di ogni conclusione razionale, Pascal vi arrivava attraverso una sfiducia nella ragione alimentata dal credo cristiano (agostiniano e giansenista). In altri termini, al contrario dei libertini che si servivano della ragione come vero ed unico strumento di conoscenza posseduto dall'uomo e, verificandone i limiti, procedevano verso l'ammissione dell'inesistenza di valori universali (detto altrimenti, la ragione, nel loro pensiero, non poteva sfuggire, paradossalmente, al tribunale e alla critica della ragione stessa), Pascal rifiutava alla ragione le sue pretese di certezza circa la verità assoluta, perché vedeva nella fede, ispirata non dagli strumenti della natura, non dai metodi offerti dalla deduzione razionale ma da quelli della grazia, l'unica possibile via per accedere alla conoscenza del giusto e del vero. Considerato lo stato di corruzione dell'uomo dopo la caduta, misurata la contraddittorietà dei molteplici punti di vista che disorientano la conoscenza umana, valutata la relatività delle proposizioni scientifiche, Pascal non poteva certo affidare alla ragione la capacità di determinare, da se stessa, i fondamenti della morale e del diritto, ed è in tal modo che la sua critica della possibilità di conoscere la legge naturale attraverso la ragione, squalifica ogni tentativo di formulare una teoria razionale del diritto naturale. La ragione non può, da se stessa, fondare il diritto, l'ordine politico e il legame sociale.

Per certi versi, questo scetticismo di Pascal verso diritto e giustizia non era del tutto condiviso dall'ambiente giansenista (Arnauld e il giurista Domat non lo condividevano, e i curatori dei *Pensées* di Port Royal soppressero i frammenti sospetti di relativismo giuridico e quelli in cui si denunciava il rapporto tra giustizia e forza). Ma è proprio attraverso questo atteggiamento che si prepara quella prospettiva genealogica che scopre dietro la genesi dei concetti gli errori (e gli inganni) della storia. Il lavoro genealogico interroga, infatti, le fondamenta delle istituzioni giuridiche, politiche e sociali, non per accedere ad una presunta purezza originaria, ma soltanto per provocare una rottura con l'evidenza.

Detto altrimenti, Pascal, modulando il suo pensiero all'interno dell'orizzonte teologico agostiniano e agganciando lo scetticismo gnoseologico e morale di Montaigne, arriva alla genealogia per giustificare, sul piano storico, l'incapacità dell'uomo di fondare il reale attraverso l'ausilio della sola ragione. L'ottimismo rinascimentale cede il passo ad una concezione critica rispetto alle rappresentazioni umanistiche dell'autonomia e libertà del soggetto.

Su questo piano, la genealogia di Pascal è comprensibile soltanto entro un orizzonte religioso (agostiniano e giansenista): non è che una decostruzione delle argomentazioni fallibili e astratte della ragione (nelle sue pretese costitutive della conoscenza e dell'etica) in vista di una rifondazione, riaffermazione e riappropriazione della morale come superamento concreto della condizione precaria (misera e corrotta) della natura umana. Lo scavo genealogico, l'indagine "esistenziale" che va ad esplorare lo *scarto* tra storicità e natura, tra contingenza e ragione, tra *cuore* e intelletto, per l'*apologeta* non è che un metodo per porre finalmente l'uomo di fronte a se stesso nel suo rapporto con la miseria umana e l'infinità di Dio; non è che uno strumento per ricondurre l'uomo alla propria responsabilità nei confronti del suo destino dopo la morte, oltre gli schemi generali e rigidi della scolastica o le giustificazioni flessibili della casistica gesuita.

In altri termini, Pascal non può ammettere una conoscenza razionale della giustizia, un diritto naturale acquisibile razionalmente; la «grandezza» dell'uomo sta solo nella consapevolezza della sua «miseria», che rende indispensabile la grazia divina.

Dunque, l'atteggiamento scettico di Pascal verso la giustizia e il diritto va ricercato nella svalutazione della ragione e del mondo morale degli uomini. A confronto del problema religioso della salvezza, i problemi politici e giuridici, che riguardano l'agire sociale dell'uomo, assumono un interesse minore. Per questo, e non per lo scetticismo radicale dei libertini (che nega tutti i valori), il mondo può essere svelato e, al contempo, accettato per ciò che è, senza tentare di restituirgli un valore naturale e un ordine razionale: ostinarsi in questa direzione è come voler «dar norme a un manicomio» (la condizione degli uomini dopo la caduta) dove non vige la ragione, ma soltanto follia, abitudine, credenza, concupiscenza, forza, abuso, arbitrarietà e usurpazione.

Il problema della salvezza (riferito alla grazia) rimane, dunque, svincolato dalle vicende terrene che riguardano la precarietà e fallibilità della natura umana. Da questo punto di vista, la genealogia rimane, in Pascal, un problema residuale che solo più tardi, con lo sviluppo di altre condizione del pensiero, finisce per dar luogo a un concetto autonomo e centrale, base strumentale di un "metodo" che verrà a caratterizzare gran parte della riflessione filosofia e sociale tra '800 e '900.

In tal senso, dal nostro punto di vista, la genealogia trova la sua prima emersione, come critica della ragione e del concetto di diritto naturale, in un orizzonte essenzialmente teologico e religioso, e diviene poi un metodo utilizzato per porre in questione quello stesso orizzonte da cui, appunto, aveva mosso i suoi primi passi. È proprio sul terreno teologico che il metodo genealogico ha trovato il suo più proficuo nutrimento, salvo poi ripiegare nella critica di quello stesso contesto concettuale dal quale aveva preso la sua alimentazione.

Nei *Pensieri* di Pascal, detto altrimenti, troviamo soltanto una genealogia in embrione, che riprende e riformula temi propri della tradizione scettica e del cristianesimo agostiniano. Pascal non aveva intenzione di elaborare un metodo gnoseologico per le scienze storico-sociali o una metodologia di carattere filosofico. Non arriva alla genealogia come esito del suo pensiero, ma parte dalla genealogia per giungere ad una comprensione della condizione di caducità dell'uomo in relazione al problema della salvezza. Il suo ragionamento rimane tutto interno alla teologia e ruota intorno al suo progetto di *Apologia* del cristianesimo: occorre far comprendere al non credente l'esperienza contraddittoria della sua esistenza inquieta, combattuta tra disperazione e approssimazione al divino, tra assuefazione alle abitudini consuetudinarie e slancio verso Dio. Non siamo altro che esseri malleabili e fluttuanti, in balia delle nostre passioni e pulsioni, condizionati dai luoghi, dalle situazioni e dagli usi. I nostri costumi morali sono tanto contingenti quanto quelli degli altri popoli.

Partendo da due assunti del pensiero agostiniano (l'incertezza dell'esistenza umana dopo la caduta e il peso delle abitudini), l'«apologeta» si limita nel dimostrare, genealogicamente, l'inconsistenza storica delle certezze costruite attraverso le consuetudini e le abitudini del costume; tutto sta nel decostruire le pretese esplicative e omnicomprensive della ragione. Mentre, però, lo scetticismo si arresta dopo aver fatto tabula rasa di tutto (Montaigne), l'«apologeta» fa un passo in avanti per convincere l'interlocutore che solo nella fede (nel presentimento della fede) può vivere un autentico destino, che solo nella capacità di accoglienza della trascendenza può sfuggire alla sua condizione corrotta e precaria. È la salvezza dell'uomo il vero problema di Pascal, la sua è, prima di tutto, una soteriologia.

L'uomo è misero e grande: la visione antropologica di Pascal non è certo rassicurante, non si basa sull'ottimismo (illuminista) della ragione. Solo la «scommessa», il salto nella fede, può sollevare l'uomo dalla sua inquietudine, dalla sua condizione precaria. La ragione non fonda nulla, ed è anche per questo che non può essere posta alla base dell'ordine sociale. Proprio per dimostrare questa inconsistenza della ragione Pascal recupera allora la genealogia come "forma mentale" da opporre al razionalismo cartesiano: il senso delle istituzioni umane non può essere astrattamente dedotto da principi razionali ma va ricercato nella pluralità dei processi storici concreti. Alla base del diritto, della morale e del potere non ci sono che rapporti di forza.

Tutto sta allora nello spiegare la storia attraverso la storia; tutto sta nello sviluppare una "filosofia" storica in senso antimetafisico, non attribuendo alcun valore all'origine e non curandosi del problema del fondamento. Al contrario del pensiero metafisico, rivolto alla ricerca dell'origine come fondamento, ragion sufficiente, causa, principio primo, la prospettiva genealogica si libera da ogni esigenza di fondazione, interessandosi ai fenomeni indagati nella loro storicità. Non si tratta, pertanto, di ricercare l'origine dei concetti e delle istituzioni, ma di ripercorrere la storia del loro divenire, gli accidenti, le contingenze, le convenzioni e gli "errori" da cui hanno preso luogo. Nessun progresso della ragione (razionalismo), nessuna storia del dispiegamento universale della ragione (storicismo), nessuna provvidenzialità della natura o della storia. A Pascal rimane solo una soteriologia aperta all'intervento della Grazia.

## f) *Genealogia e critica della metafisica*

Ora, non è un caso che questa concezione della genealogia, depurata dal suo orizzonte teologico-religioso, finisca per diventare più tardi, all'epoca della modernità riflessiva (o meglio, della modernità critica), un "metodo" (o il principale metodo) per risalire alla genesi del pensiero metafisico e della morale; un metodo, però, non concepito esso stesso in termini metafisici ovvero, non rivolto alla ricerca dell'origine come fondamento assoluto («Dio è morto»), ma interessato, come per le scienze sperimentali, all'accadere dei fenomeni.

Nietzsche, profondo lettore di Pascal, «la vittima più istruttiva del cristianesimo», il «cristiano autentico», pur no citandolo, estrapola, consapevolmente o inconsapevolmente dai *Pensieri* il "concetto" di genealogia sottraendolo alla sua soteriologia. «Perché mi ritorna sempre questo pensiero e mi arride in colori sempre più vari? Il pensiero che *una volta* i pensatori, quando erano sulla strada diretta all'origine delle cose, credevano di trovare sempre qualcosa di ciò che avrebbe avuto per ogni agire e giudicare un significato inestimabile; che fosse anzi costantemente *presupposta* una dipendenza della *salvezza* umana da una *piena cognizione dell'origine delle cose*: mentre noi oggi al contrario, quanto più perseguiamo l'origine, tanto meno ne siamo partecipi con i nostri interessi; anzi, tutte le valutazioni e gli "interessi" che abbiamo posto nelle cose cominciano a perdere il loro senso, quanto più regrediamo con la nostra conoscenza fino a giungere alle cose stesse» (*Aurora*, 44).

Si chiarisce così che la genealogia non è ricerca dell'origine del pensiero ma storia del suo divenire e della sua formazione (non secondo processi causali, ma attraverso trasformazioni da uno stato all'altro); si traduce, dunque, in "filosofia storica" (ma non in "filosofia della storia") contrapposta alla metafisica, incurante dell'origine e del problema del fondamento. «*Con la piena cognizione dell'origine aumenta l'insignificanza dell'origine*: mentre la *realtà più vicina*, quel che è intorno e dentro di noi, comincia a poco a poco a mostrare colori e bellezze ed enigmi e ricchezze di significato, cose, queste, di cui l'umanità più antica non sognava neppure» (*Aurora*, 44).

L'inchiesta genealogica in Nietzsche trova una strada per sottrarre la comprensione dei fenomeni dalla metafisica dell'origine. Ed è su questa linea che in *Genealogia della morale* (1887), nella terza dissertazione svilupperà una critica della nascita degli «ideali ascetici», dopo aver indagato la relazione genealogica tra i concetti di «buono» e «malvagio» (prima dissertazione) e tra quelli di «debito» e «castigo» (seconda dissertazione). Il lavoro genealogico diventa ora una filosofia del sospetto e dell'interpretazione; la sua prospettiva (il *prospettivismo* genealogico) diviene lo strumento euristico per demistificare la stabilità delle posizioni metafisiche e disvelare l'arbitrarietà di ogni processo di valorizzazione. Trasvalutazione di tutti i valori: la genealogia approda al disincanto pragmatista e sancisce il primato dell'ermeneutica. «Non esistono affatto fenomeni morali, ma soltanto una interpretazione morale dei fenomeni» (*Al di là del bene e del male*).

Articolato e complesso è, dunque, il percorso della genealogia;

un percorso che si dirama e acquista nuovi nutrimenti e articolazioni specialmente sul finire della seconda decade del XX secolo, quando la crisi di ogni progetto di fondazione (razionale o naturale) del reale, il decentramento del soggetto (non più pensato nei termini puri della costituzione trascendentale della ragione kantiana) e la rinuncia del pensiero ad ogni pretesa totalizzante, finiscono per mettere definitivamente in questione lo stesso fondamento antropologico della ragione.

Da qualunque prospettiva teorica – idealismo o umanismo, filosofia della vita o filosofia del linguaggio, fenomenologia o logicismo (solo per citare gli indirizzi più rilevanti nel dibattito filosofico dell'epoca) – la riflessione sulle condizioni di possibilità del pensiero e del comportamento morale sembra ruotare su una stessa questione: il fondamento epistemologico e ideologico su cui Kant aveva edificato il suo sistema filosofico si era dissolto o richiedeva una riforma radicale (la stessa analisi wittgensteiniana del rapporto tra giochi di linguaggio e forme di vita rispondeva, in parte, a questa dissoluzione, evidenziando la diversità e frammentarietà degli innumerevoli sistemi di riferimento costitutivi della realtà, ciascuno dei quali poteva e doveva essere interpretato secondo le sue proprie relazioni interne).

Aspetti riconducibili alla prospettiva genealogica nietzschiana si ritrovano soprattutto in Heidegger, nella nozione di «distruzione», condotta alla luce della «problematica della temporalità», quale esposizione dei «certificati di nascita» dei concetti metafisici (*Essere e tempo*, § 6), e si prolungano, in qualche modo, nella svolta della «decostruzione» derridiana. Ma si ritrovano, adesso, entro l'orizzonte ontologico della filosofia heideggeriana aperta all'evento dell'«abisso» e del «nulla» come autentica ed unica condizione di possibilità del vero filosofare. Se l'esperienza autentica per l'esserci sta alla base, secondo Heiddegger, della domanda ontologica connessa alla forma specifica di una temporalità in continuo divenire (la temporalità umana come esperienza della finitezza), tale esperienza è proprio quella della propria infondatezza e abissalità esistenziale (l'esperienza dell'angoscia connessa alla prossimità della morte). In tal senso, l'unico e autentico fondamento che sta alla base del nostro domandare metafisico (e perciò della metafisica stessa) non è un vero fondamento, ma un "non-fondamento", un abisso, il Nulla. La nostra esistenza, detto altrimenti, di per sé metafisica, si fonda su una fondamentale infondatezza: è ontologicamente abissale, come lo è l'esistenza di ogni esserci. Perché l'esperienza concreta del nulla è la vera condizione di possibilità di ogni senso dell'esserci.

In questo senso, la genealogia, sul piano ontologico, riscopre l'assenza di fondamento al fondamento dell'esserci. Nietzsche aveva già indicato la strada: «No crediamo più che la verità resti ancora verità quando le si tolgono di dosso i veli – abbiamo vissuto abbastanza per credere a questo» (*La gaia scienza*, prefazione).

Il lavoro genealogico, come già si intuisce in Pascal, ribalta ogni "fondamento" non solo perché ribalta la Natura come fondamento ma anche in quanto impedisce di pensare un possibile fondamento, privando il pensiero (e la Ragione) di ogni supporto o garanzia. La genealogia detronizza la Natura (come ultimo "adeguamento" all'Essere, suo fondamento e garante) non tanto perché la contraddice, ma in quanto ne denuncia la rassicurante legalità. Rimodulata su una filosofia del sospetto, l'indagine genealogica faceva concludere a Nietzsche che quanto noi assumiamo come l'adeguamento costitutivo della verità non è altro, in fin dei conti, che un adattamento alla vita: prendiamo per vero soltanto ciò che corrisponde ai nostri bisogni di vita, alla nostra conservazione in quanto specie, e ciò che soddisfa, in ultimo, la volontà di potenza. Ciò che noi crediamo (o vogliamo credere) che sia conoscenza obiettiva non è altro che adattamento ai bisogni organici della specie, al punto tale che la verità non è più verità ma «valore», o meglio, «errore» pragmatico, utile alla nostra sopravvivenza e dunque, soltanto in tal modo, giustificabile in sé.

Pascal, partendo da un problema teologico, aveva tracciato la strada sul piano gnoseologico e morale («errore», «illusione», «immaginazione», «abitudine», «convenzione», sono termini che costellano la sua genealogia). Nietzsche radicalizza la sua posizione spingendola nei territori di un pragmatismo esistenziale. Heidegger introduce la differenza ontologica: l'essere non è l'ente. Critica della metafisica tradizionale che ha sempre pensato l'essere sul modello della semplice presenza. La genealogia, rispondendo ora al carattere ermeneutico di una comprensione affidata ad un "io" sempre situato, sempre compreso nella sua situazione storico-sociale, diventa presupposto di una analitica esistenziale. E siamo così giunti al XX secolo, al periodo in cui in Europa viene messa in discussione ogni possibilità di adeguamento della verità all'essere. Ormai rimane solo una storia, costellata di errori, di questa "verità".

## g) *Genealogia e positività della storia*

E in questo clima culturale che, provenendo da esperienze poststrutturaliste, verso la fine degli anni '60 del secolo scorso, Michel Foucault, a partire dalla sua *Archeologia del sapere* (1969), elabora, riferendosi a Nietzsche (ma trascurando Pascal), il suo concetto di genealogia. A differenza della storia delle idee, la quale «segue la genesi che, partendo dalle rappresentazioni note o acquisite, dà vita a sistemi o opere», l'archeologia cerca di definire i discorsi in quanto pratiche che obbediscono a regole, senza pretendere di restituirne l'origine. Detto altrimenti, l'archeologia, per Foucault, non è «il ritorno al segreto dell'origine», ma un riscrittura, ovvero una trasformazione regolata di ciò che è già stato scritto (*Archeologia del sapere*, La descrizione archeologica).

In *Che cos'è l'Illuminismo?*, testo del 1984, riformulando i compiti della critica come esercizio non più della ricerca di strutture formali che hanno valore universale, ma come indagine storica attraverso gli eventi che ci hanno condotto a costituirci e a riconoscerci come soggetti di ciò che facciamo, pensiamo e diciamo, così affermava:

> «In questo senso, tale critica non è trascendentale e non si propone di rendere possibile una metafisica: è genealogica nella sua finalità e archeologica nel suo metodo. Archeologica – e non trascendentale – nel senso che non cercherà di cogliere le strutture universali di ogni azione morale possibile; ma cercherà di trattare i discorsi che articolano ciò che noi pensiamo, diciamo e facciamo come altrettanti eventi storici. E tale critica sarà genealogica nel senso che non dedurrà quello che ci è impossibile fare o conoscere dalla forma di ciò che noi siamo; ma coglierà, nella contingenza che ci ha fatto essere quello che siamo, la possibilità di non essere più, di non fare o di non pensare più quello che siamo, facciamo o pensiamo» (Foucault 1998, p. 228).

Questo atteggiamento «storico-critico» è presentato, in termini etici, da Foucault come un atteggiamento «sperimentale», capace di aprire, da un lato, un ambito di indagini storiche e, dall'altro, di mettere noi stessi alla prova della realtà e dell'attualità, per afferrare i punti in cui il cambiamento è possibile e auspicabile e, al contempo, per determinare la forma precisa da dare a questo cambiamento. «Vale a dire che questa ontologia storica di noi stessi – precisa Foucault – deve distogliersi da tutti quei progetti che pretendono di essere globali e radicali» (*Ibid.*, p. 229).

La genealogia, in questi termini, non evoca alcuna continuità metastorica attraverso il tempo, né segue le sue variazioni, ma permette di cogliere le forme di potere che vengono esercitate e l'esperienza che facciamo di noi stessi al suo interno, si tratti delle figure storiche determinate da una certa problematizzazione che definisce degli oggetti, delle regole d'azione e dei modi di rapportarci a noi stessi.

Tuttavia, come presto vedremo, Foucault, attraverso l'atteggiamento genealogico, finiva per giungere alla pura positività (ai meri rapporti di forza, di dominio, di potere). La genealogia, in qualche modo, diventava una sorta di "dinastia" organizzando l'indagine storiografica intorno al discorso del potere e delle relative articolazioni della soggettività.

Disarticolata dall'orizzonte teologico entro il quale l'aveva articolata Pascal, la genealogia, passando per la trasvalutazione nietzschiana di tutti i valori, giungeva così entro i margini di un "positivismo" radicale ricondotto ai termini della pura storicità, oltre ogni tentazione di rifondazione metafisica o apertura trascendentale. Ma si affrancava, allo stesso tempo, da quell'altra visione positivistica che in termini evoluzionisti[5] recuperava il concetto genealogico di "ereditarietà" trasferendolo dal piano storico dei rapporti giuridici e sociali a quello biologico (genetico). È in questo spostamento, operato soprattutto dal darwinismo sociale[6], che il concetto di "eredità" (di trasmis-

---

[5] Il concetto di "evoluzione" è stato uno dei maggiori contributi offerti dal pensiero sociologico della seconda metà dell'Ottocento. Alle sue origini si colloca, sia l'idea "illuministica" di progresso inteso come processo di civilizzazione, che ha trovato forse la sua più importante espressione nell'*Abbozzo di un quadro storico dei progressi dello spirito umano*, opera scritta da Condorcet tra il 1792 e il 1793, e che traccia un quadro del cammino della storia umana composto di nove periodi ascendenti culminanti nella fondazione della Repubblica francese (opera che ha esercitato una notevole influenza sul pensiero sociologico positivista), e sia, soprattutto, l'idea di evoluzione biologica che ancor prima di trovare la sua celebre elaborazione in *Le origini della specie* (1859) di Charles Darwin ha fornito importanti suggestioni ai primi sociologi specialmente di cultura anglosassone (come ad esempio Herbert Spencer). A tali posizioni è corrisposta rispettivamente, da un lato, una filosofia teleologica della storia segnata dalla credenza nel destino ascendente della civiltà e, dall'altro, una determinazione della storia prodotta da alcuni fattoti predominanti (come quello biologico appunto).

[6] Con il trionfo del darwinismo, nella sua forma applicata o "sociale", negli anni successivi al 1860 si registrarono dei cambiamenti nel modo di riflettere lo stesso concetto di "positivismo" così come in precedenza formulato. Lo spiega bene H. Stuart Hughes: «Alcuni dei primi sostenitori di Darwin erano stati seguaci di Auguste Comte, ed il secondo dei grandi sacerdoti del positivismo, Herbert Spencer, si era presto avvicinato al darwinismo, intuendo la possibilità di trovarvi un sostegno delle proprie posizioni. L'alleanza con il darwinismo produsse, nel modo di pensare dei positivisti, strane modificazioni. Nella sua

sione ereditaria) ridiventa, infatti, un fattore determinante delle azioni umane, riconfigurando una linea genealogica che, rimandando ad una presunta "origine" della specie" (la scimmia al posto di Dio), valorizza il patrimonio biologico al posto di quello economico e sociale. E non è appunto questo concetto di "genealogia" che aveva in mente Foucault, e non è neanche ciò di cui si occupa il presente lavoro.

In questo lavoro, infatti, cercheremo di ricostruire "archeologicamente" la riflessione concettuale che ruota intorno al problema della genealogia come metodo che, se possiamo dirlo in maniera semplice, si serve della dimensione storica per spiegare la storia nelle sue emergenze, discontinuità e fratture. In tal senso, dopo aver dato il quadro complessivo della questione genealogica, nei capitoli seguenti si cercherà di sviluppare il tema della genealogia attraverso un andamento (e uno "scavo") archeologico che a partire dalla riflessione di Foucault, passando per Nietzsche, risale a Pascal.

Dopo questa prima parte storico-archeologica dedicata, appunto,

---

originaria veste illuministica ed utilitaristica, il positivismo era stata una filosofia intellettualistica fondata sulla convinzione che i problemi dell'uomo nella società fossero suscettibili di una soluzione razionale. Sotto l'influenza del darwinismo sociale, invece, il credo positivista cominciò a perdere la sua fisionomia razionalistica; l'"eredità" e l'"ambiente" sostituirono la scelta logica e consapevole, come fattori determinanti delle azioni umane. Un hobbesiano stato di natura, ora denominato "lotta per l'esistenza", venne sostituito, come concezione caratteristica delle relazioni tra uomo e uomo, all'antico, civile ordine sociale. Il risultato fu una sorta di fatalismo scientifico, che era proprio l'antitesi dell'atteggiamento di esuberante ottimismo, che aveva caratterizzato i filosofi del XVIII secolo, o gli utilitaristi inglesi della prima parte del secolo successivo. Il paradosso del positivismo consisteva in ciò, che quel che era nato come una dottrina ultraintellettualistica, si era poi tramutato in una forma di radicale antintellettualismo» (Hughes 1967, p. 45). Sta di fatto, dunque, che il concetto di evoluzione, associato a quelli di "selezione naturale" e di "lotta per l'esistenza", finisce, in ambiente anglosassone, per dominare la scena delle scienze sociali. Di quest'ultima vicenda, troveremo la formulazione sociologica più esplicita proprio nel pensiero di Herbert Spencer, un pensiero teso, appunto, a rileggere lo sviluppo sociale in termini evoluzionistici. Ed è, tuttavia, proprio a tale vicenda che si deve, a partire dal primo Novecento, un declino delle teorie evoluzionistiche (identificate con il darwinismo sociale e con il paradigma biologico), soltanto più tardi riattualizzate e rivalorizzate (dall'inizio degli anni '60 del secolo scorso) da nuovi corsi di studi più o meno orientati a riconnettere il concetto di evoluzione ad analisi di lungo periodo del mutamento sociale (si pensi soltanto al "neo-evoluzionismo" funzionalista di autori, ad esempio, come Goldshmidt, Eisenstadt e Parsons, o, in modo diverso, alla sociologia "processuale" di Norbert Elias) ormai, però, del tutto critiche e distanti dalle teorie darwiniane e spenceriane.

alla "archeologia della genealogia" lo studio seguirà un andamento più "sistematico", volto a cogliere le prospettive aperte dallo scavo genealogico e concentrato, in ultimo, sulla questione dell'etica della responsabilità che caratterizza, come vedremo, l'ermeneutica e la decostruzione promossa dall'indagine genealogica.

# 2

# Foucault, la genealogia, il potere

## a) *Ripartire da Nietzsche*

La storia del pensiero filosofico del XIX e del XX secolo ha assegnato un significato specifico al concetto di "genealogia"; un significato preciso che, in riferimento al pensiero di Nietzsche (letto e studiato a partire dal 1959), gli ha restituito essenzialmente Michel Foucault.

Proprio la lettura di Nietzsche, in effetti, ha rappresentato una cesura nel pensiero di Foucault. Alla «morte dell'uomo» proclamata con convinzione "strutturalista" alla fine di *Le parole e le cose*, succede una concezione del soggetto sottomessa alla diversità e alla rottura, all'alterità e alla non-permanenza. Il soggetto non sparisce, dice Blanchot: «è la sua unità troppo determinata che diventa discutibile, poiché ciò che suscita interesse e ricerca è in realtà la sua sparizione (vale a dire questa nuova maniera di essere che è il non esserci più) o ancora la sua dispersione che, ben lungi dall'annientarlo, non fa che offrirci una sua pluralità di posizioni e una sua discontinuità di funzioni» (Blanchot 1988, p. 22) [1].

In altri termini, invece di sopprimere il soggetto per sostituirlo con un'altra struttura (per rimpiazzarlo con un'altra entità astorica, con un'altra forma di presupposizione astratta), Foucault, sulla scia di Nietzsche, ha preferito pensare al suo posto una forma emancipata dall'identità e dallo stesso, «una categoria multipla, frantumata,

---

[1] E leggiamo in un altro passo: «È alle scienze umane che egli pensa quando annuncia, con una sorta di malevolenza divertita, la prossima o probabile scomparsa dell'uomo che tanto ci preoccupa, dal momento che noi stessi, fino ad oggi, facciamo di tutto per renderlo postumo attraverso una nostra curiosità che lo riduce a un semplice *oggetto* di indagine, di statistica, se non addirittura di sondaggi» (Blanchot 1988, p.24).

capace di introdurre il diverso come principio e l'eccedente come legge» (Revel 1996, p. 66). Di qui l'incontro con il concetto nietzschiano di «genealogia», che gli ha permesso di rifiutare il discorso fenomenologico sull'origine, sull'«identità originaria», su «quel che era già», su «lo "stesso" di un'immagine esattamente adeguata a sé». Una svolta questa, testimoniata soprattutto nel testo del 1971, *Nietzsche, la genealogia, la storia*, dove, appunto, si chiarisce l'intento critico (e la presa di distanza) di Foucault, sia rispetto alla metafisica (sulla linea dell'argomentazione nietzschiana), sia rispetto allo strutturalismo. Se la metafisica si perdeva in una rete di significati ideali e in una teleologia senza fine e se lo strutturalismo sosteneva il principio di una causalità inglobante capace di rendere una ragione totale al senso, la genealogia permetteva, al contrario, di rifiutare l'assoluto, l'universalità, l'uniformità, tutte figure che rimandavano a un punto di vista unico e sopra-storico. Dietro le cose non c'è il loro «segreto essenziale e senza data», l'«identità ancora preservata della loro origine», ma «tutt'altra cosa»: vi è la «discordia delle altre cose, il disparato»; vi è «il segreto che sono senza essenza». Possiamo, dunque, opporre l'evento alla creazione, la serie all'unità, la regolarità all'originalità e la condizione di possibilità alla significazione, «al tesoro sotterraneo dei significati riposti» (Blanchot 1988, p. 21). Se la genealogia si pone il problema del terreno che ci sorregge, delle pratiche e dei discorsi che ci governano, ciò ci consente di chiarire che non vi è alcuna identità originaria, alcuna «radice» che non sia storicamente "decostruibile".

> «La genealogia – scriveva Foucault – non si oppone alla storia come la vista altera e profonda del filosofo allo sguardo di talpa del dotto; s'oppone al contrario al dispiegamento metafisico dei significati ideali e delle indefinite teleologie. S'oppone alla ricerca dell'origine» (Foucault 1977, pp. 29-30).

Prima di tutto, dunque, un'opposizione: la genealogia si oppone al «dispiegamento metafisico dei significati ideali» e alla «ricerca dell'origine»; poiché in tale ricerca ci si sforza di «raccogliere l'essenza esatta della cosa, la sua possibilità più pura, la sua identità accuratamente ripiegata su se stessa, la sua forma immobile e anteriore a tutto ciò che è esterno, accidentale e successivo» (*Ibid.*, p. 31). Ricercare una tale origine vuol dire tentare di ritrovare «quel che era già», «lo stesso d'un'immagine esattamente adeguata a sé»; vuol dire «considerare avventizie tutte le peripezie che hanno potuto aver luogo, tutte le astuzie e tutte le simulazioni»; vuol dire «cominciare a togliere tutte le maschere, per svelare infine un'identità originaria» (*Ibid.*, pp. 31-2).

Nietzsche genealogista rifiuta tale ricerca, e piuttosto che prestar fede alla metafisica prende cura d'ascoltare la storia. Così apprende – spiega Foucault – che dietro le cose c'è «tutt'altra cosa»: «non il loro segreto essenziale e senza data, ma il segreto che sono senza essenza, o che la loro essenza fu costruita pezzo per pezzo, a partire da figure che le erano estranee» (*Ibid.*, p. 32). «Là dove le cose iniziano la loro storia, quel che si trova non è l'identità ancora preservata della loro origine, – ma la discordia delle altre cose, il disparato» (*Ibid.*). Non vi è fondamento, non vi sono radici. La critica genealogica vuole scoprire soltanto quale è stata la nascita empirica dei fenomeni che prende in esame, non quali sono le origini e il fondamento. Il soggetto, la ragione e la verità hanno una storia, non sono il dispiegamento di un'origine.

La genealogia dunque, con Nietzsche, incontra la storia, che è sempre una storia di «errori», una storia che vanifica ogni ricerca di «verità», di «origine».

> «La storia insegna anche a sorridere delle solennità dell'origine. L'alta origine è il "germoglio metafisico che rispunta nella considerazione della storia e che fa ogni volta credere che al principio di tutte le cose si trovi il più perfetto e il più essenziale": piace credere che all'inizio le cose erano nella loro perfezione; che uscirono scintillanti dalle mani del creatore, o nella luce senz'ombra del primo mattino. L'origine è sempre prima della caduta, prima del corpo, del mondo e del tempo; è dal lato degli dèi, e a raccontarla si canta sempre una teogonia. Ma l'inizio storico è basso. Non nel senso di modesto, o di discreto come il passo della colomba, ma derisorio, ironico, atto a distruggere tutte le infatuazioni» (*Ibid.*).

Dietro la verità c'è sempre la «proliferazione millenaria degli errori»; la verità stessa è una sorta di errore: errore utile, pragmatico, così lo chiamava Nietzsche. Si tratta dunque di ripensare, genealogicamente, la «storia d'un errore che ha il nome verità», perché «la verità e il suo regno originario hanno avuto la loro storia nella storia» (*Ibid.*, p. 33).

Fare la genealogia dei concetti, dei valori, della morale, del diritto, dell'ascetismo, della conoscenza, non significa, pertanto, ricercare la loro «origine» al di là della storia; significa, al contrario, sapersi addentrare nella loro storicità; significa, come spiega Foucault, «attardarsi sulle meticolosità e sui casi degl'inizi; prestare un'attenzione scrupolosa alla loro risibile cattiveria; aspettarsi di vederli sorgere, maschere finalmente cadute, col volto dell'altro» (*Ibid.*, pp. 33-34). Vuol dire, quindi, «andare a cercarli senza pudore laddove sono – "frugando i bassifondi"»; vuol dire «lasciar loro il tempo di risalire dal labirinto dove nessuna verità li ha mai tenuti sotto la sua guardia» (*Ibid.*, p. 34). Perché «il genealogista ha bisogno della storia per scongiurare la chimera dell'origine» (*Ibid.*).

> «Bisogna saper riconoscere gli avvenimenti della storia, le sue scosse, le sue sorprese, le vacillanti vittorie, le sconfitte mal digerite, che rendono conto degl'inizi, degli atavismi e delle eredità. [...] La storia, colle sue intensità, cedimenti, furori segreti, le sue grandi agitazioni febbrili come le sue sincopi, è il corpo stesso del divenire. Bisogna essere metafisico per cercarle un'anima nell'idealità lontana dell'origine» (*Ibid.*).

La genealogia non cerca di risalire indietro nel tempo per ristabilire una continuità con il passato e per restituire a tale percorso una forma designata sin dall'inizio; le interessa, al contrario, la «provenienza» (*Herkunft* è il termine che usa Nietzsche), ciò che permette di ritrovare sotto l'aspetto unico di un carattere o di un concetto la proliferazione degli avvenimenti attraverso i quali – grazie ai quali o contro i quali – si sono formati. Seguire la complessa trafila della provenienza vuol dire «mantenere ciò che è accaduto nella dispersione che gli è propria»; significa ritrovare gli accidenti, gli errori che hanno generato ciò che esiste e ha valore: è scoprire che alla radice di quel che conosciamo e di quel che siamo «non c'è la verità e l'essere, ma l'esteriorità dell'accidente» (*Ibid.*, p. 35). La ricerca della provenienza non è ricerca di un fondamento, di un principio immobile ed eterno; al contrario essa frammenta ciò che si pensava unito, «mostra l'eterogeneità di quel che s'immaginava conforme a se stesso» (*Ibid.*, p. 36). Per questo non ha alcun interesse per l'identità dell'Io, ma ha a che fare con il corpo: il corpo come «superficie d'inscrizione degli avvenimenti (laddove il linguaggio li distingue e le idee li dissolvono)»; il corpo come «luogo di dissociazione dell'Io (al quale cerca di prestare la chimera di un'unità sostanziale)», come «volume in perpetuo sgretolamento». «La genealogia, come analisi della provenienza, è dunque – continua Foucault – all'articolazione del corpo e della storia: deve mostrare il corpo tutto impresso di storia, e la storia che devasta il corpo» (*Ibid.*, p. 37). Si apre così la strada per una ricerca che, abbandonando il primato dell'Io (e la sua psicologia), dissolvendo l'illusione dell'identità, può occuparsi delle relazioni che intercorrono tra corpo, sapere e potere (indagine privilegiata, specialmente, in *Sorvegliare e punire*, testo del 1975).

Il corpo diventa cosi, in questa traiettoria che Foucault fa risalire a Nietzsche, il luogo (docile, malleabile) in cui le più infime e circostanziate pratiche sociali si congiungono con la più vasta organizzazione del potere. Di qui la possibilità per genealogia di ripercorrere la storia del corpo, di mostrare che «il corpo è anche direttamente immerso in un campo politico: i rapporti di potere operano su di lui una presa immediata, l'investono, lo marchiano, lo addestrano, lo suppliziano, lo costringono a certi lavori, l'obbligano a delle cerimonie, esigono da lui dei segni» (Foucault 1976, p. 29). E qui, oltre al riferimento a Nietzsche, Foucault sembra rimandare alla fenomenologia del corpo sviluppata nel dopoguerra da Merlau-Ponty (Dreyfus-Rabinow 1989, p. 136).

## b) *Prospettiva, interpretazione, soggetto*

Foucault individua un altro termine, nel vocabolario nietzschiano, che designa l'oggetto specifico della genealogia: *Entstehung*, l'*emergenza*, il momento della nascita. «È il principio e la legge singolare di un'apparizione», «l'entrata in scena delle forze», la loro irruzione (Foucault 1977, pp. 38-9).

L'emergenza, detto in altri termini, «si produce sempre in un certo stato delle forze», designa un luogo di scontro, «si produce sempre nell'interstizio» (*Ibid.*).

> «Le diverse emergenze che si possono individuare – scrive Foucault – non sono le figure successive di uno stesso significato; sono altrettanti effetti di sostituzioni, scambi e spostamenti, conquiste simulate, rovesciamenti sistematici. Se interpretare, fosse mettere lentamente in luce un significato nascosto nell'origine, solo la metafisica potrebbe interpretare il divenire dell'umanità. Ma se interpretare è impadronirsi, attraverso violenza o surrezione, di un sistema di regole che non ha un significato essenziale in sé, ed imporgli una direzione, piegarlo ad una volontà nuova, farlo entrare in un altro gioco e sottometterlo ad altre regole, allora il divenire dell'umanità è una serie d'interpretazioni. E la genealogia deve esserne la storia: storia delle morali, degl'ideali, dei concetti metafisici, storia del concetto di libertà o della vita ascetica, come emergenze d'interpretazioni diverse. Si tratta di farle apparire come avvenimenti sul teatro delle procedure» (*Ibid.*, p. 41).

Ciò che la genealogia decostruisce è il punto di vista «soprastorico», «punto d'appoggio fuori del tempo», «sguardo da fine del mondo», che vorrebbe raccogliere, in una totalità richiusa in se stessa, la diversità del tempo e ordinarla nella forma della riconciliazione secondo il presupposto di una verità eterna, di una coscienza sempre identica a sé. Al contrario il senso storico (la «storia effettiva»), in prospettiva genealogica, deve sfuggire alla metafisica, all'assoluto, deve abbandonare la filosofia nella sua pretesa di riconoscere la nascita necessaria della verità e del valore, deve ammettere la discontinuità, prendere posizione: «non deve essere altro che l'acutezza di uno sguardo che distingue, distribuisce, disperde, lascia giocare le differenze ed i margini» (*Ibid.*, p. 42). Al posto delle verità ideali (Platone), devono emergere le «umili origini», le cause irrilevanti, i conflitti, gli scontri, le vendette. Contro la filosofia si afferma la storia, che non è la storia della verità, ma soltanto la storia dell'errore, dell'arbitrarietà e dell'interpretazione. Tutto è storico, anche la verità.

La genealogia si apre, pertanto, a un sapere prospettico, consapevole della posizione da cui prende luogo il suo sguardo, consapevole del suo punto di vista. «Il senso storico, come Nietzsche l'intende, sa di essere prospettiva, e non rifiuta il sistema della propria ingiustizia. Guarda sotto un certo angolo, e col deliberato proposito d'apprezzare, di dire sì o no, di seguire tutte le tracce del veleno, di trovare il migliore antidoto» (*Ibid.*, p. 46).

Detto altrimenti, la genealogia, nel significato nietzschiano che le attribuisce Foucault, è consapevolezza storica, prospettiva, interpretazione. È la posizione della storia effettiva nei confronti della filosofia e della metafisica. È ciò che libera il senso storico dalla «storia sovrastorica», ciò che, dunque, lo rimanda ad un «uso rigorosamente antiplatonico», e pertanto lo oppone al tema della storia-reminiscenza, della storia-continuità, della storia-conoscenza. Non esistono invarianti transtoriche, come non ci sono né essenze, né oggetti naturali. La storia non è il progresso di una ragione universale, ma il gioco dei rapporti di potere, un gioco che avanza da una dominazione all'altra.

> «La storia, genealogicamente diretta, non ha per fine di ritrovare le radici della nostra identità, ma d'accanirsi al contrario a dissiparla; non si mette a cercare il luogo unico da dove veniamo, questa prima patria dove i metafisici ci promettono che faremo ritorno; essa si occupa di far apparire tutte le discontinuità che ci attraversano» (*Ibid.*, p. 51).

Da ultimo dunque, nella ricostruzione proposta da Foucault, la genealogia nietzschiana comporta il «sacrificio del soggetto della conoscenza» e la decostruzione del rapporto «volere-sapere». Si scopre allora che non c'è conoscenza che non riposi sull'ingiustizia (che non c'è alcun diritto alla verità o un fondamento del vero), e che lo stesso «istinto di conoscenza» è malvagio, cattivo. Il «volere-sapere» non si accosta ad una verità universale, non dà all'uomo una padronanza esatta della natura; al contrario non cessa di moltiplicare i rischi e di accrescere i pericoli, abbattendo ogni protezione illusoria e disfacendo l'unità del soggetto, perché «libera in lui tutto ciò che si accanisce a dissociarlo e a distruggerlo». Su questo punto insiste Foucault:

> «Il sapere, invece di distaccarsi a poco a poco dalle sue radici empiriche, o dai primi bisogni che l'hanno fatto nascere, per diventare pura speculazione sottomessa alle sole esigenze della ragione, invece di essere legato nel suo sviluppo alla costituzione ed all'affermazione di un soggetto libero, porta con sé un accanimento più grande; la violenza istintiva si accelera in lui e si accresce; le religioni un tempo chiedevano il sacrificio del corpo umano; il sapere chiama oggi a fare esperienze su noi stessi, al sacrificio del soggetto della conoscenza. "In noi la conoscenza s'è mutata nella passione che non teme nessun sacrificio, e in fondo di nulla ha paura se non del suo proprio estinguersi ... Forse potrà anche darsi che l'umanità perisca per questa passione della conoscenza ... E infine, se l'umanità non trova per una passione la sua distruzione, la troverà per una sua debolezza" ...» (*Ibid.*, pp. 52-3).

Il senso di questa critica – ricorda Foucault – non è tanto che la volontà di verità trova i suoi limiti nella finitezza della conoscenza; ma, piuttosto, che «essa perde ogni limite, ed ogni intenzione di verità nel sacrificio che deve fare del soggetto della conoscenza» (*Ibid.*, p. 53). Si tratterebbe quindi di rischiare la distruzione del soggetto della conoscenza nella volontà, indefinitivamente dispiegata, di sapere (*Ibid.*, p. 54). La genealogia, dalla critica delle ingiustizie del passato in nome della verità che si detiene oggi, dalla decostruzione del passato dell'umanità in vista dello smascheramento delle ideologie del progresso, finisce così, paradossalmente, per minacciare la distruzione del soggetto della conoscenza «attraverso l'ingiustizia propria alla volontà di sapere» (*Ibid.*).

Foucault conclude, dunque, il suo saggio con il problema del sapere nel suo rapporto con il potere: il sapere non può esistere separatamente dal potere. Per il genealogista, infatti, il sapere è completamente irretito nelle piccole astuzie dei rapporti di dominio: non offre alcuna via d'uscita, alcun vantaggio cognitivo, ma tende a far aumentare i pericoli per il soggetto. Se ogni ambito della conoscenza rimane potenzialmente aperto all'indagine scientifica, ne consegue che ogni cosa risulta potenzialmente imprigionata nelle reti del potere, le quali diventano sempre più connesse man mano che il potere aumenta.

Potere e sapere, detto altrimenti, si implicano l'un l'altro: non esiste relazione di potere senza correlativa costituzione di un campo di sapere, né esiste un sapere che non supponga o non costituisca, al contempo, delle relazioni di potere. Si potrà pertanto concludere che questi rapporti di «potere-sapere» non dovranno essere analizzati a partire da un soggetto di conoscenza che sia libero o no in relazione al sistema di potere, ma occorrerà tener conto, al contrario, che «il soggetto che conosce, gli oggetti da conoscere e le modalità della conoscenza sono altrettanti effetti di queste implicazioni fondamentali del potere-sapere e delle loro trasformazioni storiche» (Foucault 1976, p. 31). Si dovrà, in altri termini, ammettere che non è l'attività del soggetto di conoscenza a produrre un sapere utile o ostile al potere, ma sono il «potere-sapere» e i «processi e le lotte che lo attraversano e da cui è costituito» che determinano le forme ed i possibili campi della conoscenza (*Ibid.*).

### c) *Conoscenza e verità*

Foucault è tornato sulla prospettiva genealogica di Nietzsche in un testo del 1973 (trascrizione di cinque conferenze tenute presso la Pontificia Università Cattolica di Rio de Janeiro). E vi è tornato a partire dalla messa in questione del rapporto tra conoscenza e verità, così come posto nella storia del pensiero, e per dimostrare, dal punto di vista storico-genealogico, come la separazione potere/sapere non sia stata che una mera illusione della filosofia occidentale, mentre ogni conoscenza ha continuato a presentarsi come una lotta per il potere.

> «Sarebbe interessante cercare di vedere – così scriveva – come si produce, attraverso la storia, la costituzione di un soggetto che non è stato prodotto definitivamente, che non è quello a partire dal quale la verità si dà nella storia, ma di un soggetto che si è costituito all'interno di questa e che in ogni istante ne è fondato e rifondato. Dobbiamo spin-

gerci dunque nel senso di questa critica radicale del soggetto umano così come si presenta nella storia. [...]

Proprio questo è, secondo la mia opinione, ciò che bisogna portare a termine: la costituzione storica di un soggetto di conoscenza attraverso un discorso preso come un insieme di strategie che fanno parte delle pratiche sociali» (Foucault 1994, pp. 28-9).

Il senso di questa critica radicale del soggetto, Foucault non lo trovava nella tradizione universitaria o accademica del marxismo, ma appunto nell'analisi genealogica della formazione del soggetto proposta da Nietzsche ovvero, in quell'analisi storica della nascita di un certo tipo di sapere che non ha mai ammesso la preesistenza di un soggetto di conoscenza.

Questa volta il termine utilizzato da Nietzsche, e commentato da Foucault, è *Erfindung*, «invenzione»; un termine, anch'esso, che si oppone alla parola «origine» (*Ursprung*) e che appare di frequente negli scritti nietzschiani per indicare, genealogicamente, il processo storico che determina l'emersione di concetti come quelli di «ideale», «morale» e «conoscenza».

Proprio la conoscenza, nella riflessione di Nietzsche, appare come un'invenzione che non ha origine; come qualcosa di non-istintivo (ma come effetto di istinti), di non-naturale, come un evento casuale, un effetto di superficie o il risultato di un lungo compromesso, come «una scintilla che nasce dall'urto tra due spade».

«La conoscenza fu, pertanto, inventata. Dire che fu inventata vuol dire che non ebbe origine, o, il che è lo stesso e in modo più preciso benché sembri paradossale, che la conoscenza non è in assoluto iscritta nella natura umana. La conoscenza non costituisce l'istinto più antico dell'uomo, o, al contrario, non c'è nel comportamento umano, negli appetiti, nell'istinto umano, qualcosa che si avvicini al germe della conoscenza. Dice Nietzsche che la conoscenza è di fatto in relazione con gli istinti, ma non può essere presente in essi e neanche essere un istinto tra gli altri; la conoscenza è semplicemente il risultato del gioco, il raffronto, la confluenza, la lotta e il compromesso tra gli istinti. E precisamente dovuto al fatto che gli istinti si urtano, si battono e giungono infine al termine delle loro battaglie, che c'è un compromesso e qualcosa si produce. Questo qualcosa è la conoscenza» (*Ibid.*, pp. 34-5).

Per Nietzsche, in fin dei conti, non c'è alcuna affinità originaria tra la conoscenza e ciò che sarebbe necessario conoscere: può soltanto esserci un rapporto di violenza, dominio, potere e forza, una «relazione di violazione». «La conoscenza può essere solo una violazione delle cose da conoscere e non percezione, riconoscimento, identificazione di o con esse» (*Ibid.*, p. 37). È qui che si dà una rottura con la tradizione della filosofia occidentale, quella di Cartesio e Kant per intenderci, quella che ancora poneva Dio come garante di un'armonia tra la conoscenza e le cose da conoscere, tra le condizioni dell'esperienza e le condizioni dell'oggetto dell'esperienza. Ed è attraverso questa rottura che si frantuma la stessa unità del soggetto.

Ciò che rimarca Foucault è che nella visione nietzschiana non si dà conoscenza in sé: non c'è nella conoscenza un adeguamento all'oggetto (l'oggetto della conoscenza non rimane lo stesso attraverso i discorsi successivi); non c'è un rapporto di assimilazione, ma c'è al contrario un rapporto di distanza e di dominio, di lotta e di potere. Il conflitto, e non la ragione, è una relazione essenziale del potere. «Non vi è natura, né essenza, né condizioni universali per la conoscenza»; questa è, ogni volta, «il risultato storico e puntuale di condizioni che non sono dell'ordine della conoscenza» (*Ibid.*, p. 43).

> «La conoscenza è un effetto o un avvenimento che può essere collocato sotto il segno del conoscere, non è una facoltà e tanto meno una struttura universale. Anche quando utilizza certi elementi che possono passare per universali questa conoscenza sarà per sempre dell'ordine del risultato, dell'avvenimento, dell'effetto» (*Ibid.*).

Fine del kantismo, della critica kantiana. Si comprende così perché in Nietzsche, specialmente nella *Genealogia della morale*, la conoscenza assuma un carattere prospettico.

> «Quando Nietzsche dice che la conoscenza è sempre una prospettiva, non vuol dire, e ciò sarebbe una confusione di Kantismo ed empirismo, che si trova limitata nell'uomo da certe condizioni, limiti, derivati dalla natura umana, il corpo o la stessa struttura della conoscenza. Quando Nietzsche parla del carattere prospettico della conoscenza vuole indicare che c'è conoscenza solo sotto forma di certi atti che sono differenti in sé e multipli nella loro essenza, atti per mezzo dei quali l'essere umano s'impossessa violentemente di certe cose, reagisce a certe situazioni imponendo loro relazioni di forza. Ossia, la conoscenza è sempre una certa relazione strategica nella quale l'uomo è situato. È proprio questa relazione strategica che in effetti definirà l'effetto della conoscenza e, per questa ragione, sarebbe completamente contraddittorio immaginare una conoscenza che non fosse per sua natura parziale, obliqua, prospettica. Il carattere prospettico della conoscenza non deriva dalla natura

umana ma sempre dal carattere polemico e strategico della conoscenza. Si può parlare del carattere prospettico della conoscenza perché c'è battaglia e perché la conoscenza è l'effetto di questa battaglia» (*Ibid.*, p. 43).

Per sapere cosa sia la conoscenza bisognerebbe avvicinarsi ad essa non come filosofi, ma «come politici». Si tratterebbe, infatti, di mettere a punto una «politica della verità», un modello di analisi storica, una prospettiva analitica capace di capire che la conoscenza è sempre reattiva, è sempre un effetto che emerge attraverso relazioni di conflitto e di potere (*Ibid.*, p. 42). Così, la ricerca genealogica diventerebbe ricerca dinastica.

Per certi versi, in questa direzione, Foucault radicalizzava, superandola, la tradizionale concezione marxista di ideologia, o almeno quella concezione del marxismo che lui definiva «accademica» (diffusa negli ambienti universitari). Secondo questa concezione le condizioni economiche, le relazioni di forza, i rapporti sociali, si danno sempre anteriormente agli individui, benché allo stesso tempo s'impongano ad un soggetto di conoscenza che rimane identico, tranne che in relazione alle ideologie considerate come errori.

In tale concezione l'ideologia si presenta, dunque, come un elemento negativo, come un velo che turba e oscura il rapporto di conoscenza, la relazione del soggetto con la verità. L'ideologia sarebbe, infatti, il marchio, lo stigma dei rapporti economici e sociali, delle forme politiche imposte dall'esterno, che si applica ad un soggetto di conoscenza che di diritto dovrebbe essere aperto alla verità. Al contrario, lo sforzo di Foucault era quello di dimostrare che «le condizioni politiche ed economiche dell'esistenza non sono un velo o un ostacolo per il soggetto di conoscenza ma ciò attraverso cui si formano i soggetti di conoscenza e di conseguenza i rapporti di verità» (*Ibid.*, p. 45). La prospettiva genealogica aperta da Nietzsche, colui che aveva restituito al discorso filosofico il rapporto con il potere, gli consentiva quindi di evidenziare come le condizioni politiche e sociali non siano altro che il terreno su cui si costituiscono i soggetti, si formano i domini di sapere e si stabiliscono gli ordini di verità; non sia altro che il suolo su cui si articolano discorsi senza origine e senza fine. E gli consentiva anche di porre in discussione ogni metafisica dell'origine, ogni discorso filosofico basato sul principio universale di verità (e sulla nozione di verità adeguata). Su questo piano la filosofia si ricongiungeva alla storia ovvero, ogni frontiera tra filosofia e storia poteva essere abbattuta: la storia diventava genealogia del concetto di verità e la filosofia, a sua volta, diventava ricerca sui modi dispersi di apparizione della verità e del soggetto.

## d) *Archeologia e genealogia*

Vale la pena, a questo punto, di spendere alcune parole sul rapporto che, nello sviluppo del pensiero di Foucault, si stabilisce tra il concetto di «genealogia» e quello di «archeologia»; un rapporto che, in qualche modo, tende a problematizzare la relazione che intercorre tra teoria e pratica e che, specialmente nelle sue ultime opere, finisce per segnare il primato di quest'ultima rispetto alla prima.

L'archeologia cercava di definire, secondo Foucault, non i pensieri, le rappresentazioni, le immagini, i temi, le ossessioni che si celano o si manifestano nei discorsi; «ma proprio questi discorsi, questi discorsi in quanto pratiche che obbediscono a regole» (Foucault 1980, p. 184). Non doveva esserci alcun riferimento a un cogito, né a un soggetto individuale, né a qualcosa come la coscienza collettiva e neppure a una soggettività trascendentale, sovrana. La storia del pensiero non rivela in sé alcuna possibilità di momenti trascendentali, così come la storia politica e sociale non rivela alcun senso immanente della storia. Su questa strada, la descrizione archeologica abbandonava la storia delle idee (i suoi postulati, le sue procedure, il suo passare attraverso le discipline esistenti, di trattarle e di interpretarle) e cercava di «fare una storia completamente diversa di ciò che hanno detto gli uomini» (*Ibid.*, p. 183): non era una «disciplina interpretativa»; non cercava «un "altro discorso" più nascosto»; non voleva «essere "allegorica"» (*Ibid.*, p. 184). E non cercava un «ritorno al segreto dell'origine» (*Ibid.*, p. 185). Il suo problema, al contrario, era quello di definire i discorsi nella loro specificità, di mostrare in che senso il complesso di regole che essi mettono in opera sia irriducibile a qualunque altro; il suo scopo era «la descrizione sistematica di un discorso-oggetto» (*Ibid.*), l'analisi delle «positività» (*Ibid.*, p. 237).

> «Invece di percorrere l'asse coscienza-conoscenza-scienza (che non si può liberare dall'indice della soggettività), l'archeologia percorre l'asse pratica discorsiva-sapere-scienza. E mentre la storia delle idee trova il punto di equilibrio della propria analisi nell'elemento della conoscenza (trovandosi così costretta, anche contro la sua volontà, a scontrarsi con la domanda trascendendola), l'archeologia trova il punto di

equilibrio della sua analisi nel sapere, cioè in un campo in cui il soggetto è di necessità situato e dipende, senza che possa mai comparire come titolare (sia come attività trascendente, sia come coscienza empirica)» (*Ibid.*, p. 239).

A ben vedere, però, nella sua lezione inaugurale al Collège de France, tenuta nel 1970 (*L'archeologia del sapere* era uscita nel 1969), Foucault aveva brevemente accennato al problema della genealogia nel suo rapporto con l'archeologia.

> «Così devono alternarsi – scriveva –, vicendevolmente sorreggersi e completarsi le descrizioni critiche e le descrizioni genealogiche. La parte critica dell'analisi si rivolge ai sistemi d'avvolgimento del discorso; essa cerca di rintracciare, di individuare tali principi di ordinamento, di esclusione, di rarità del discorso. Diciamo, per giocare sulle parole, ch'essa pratica una disinvoltura applicata. La parte genealogica dell'analisi si rivolge, in compenso, alle serie della formulazione effettiva del discorso: essa cerca di coglierlo nel suo potere d'affermazione; e con ciò intendo non un potere che si opporrebbe a quello di negare, ma il potere di costruire ambiti d'oggetti, a proposito dei quali si potranno affermare o negare proposizioni vere o false. Chiamiamo positività questi ambiti d'oggetti; e diciamo, per giocare una seconda volta sulle parole, che se lo stile critico è quello della studiosa disinvoltura, l'umore genealogico sarà quello d'un positivismo felice» (Foucault 1972, pp. 52-3).

A partire da qui Foucault stabiliva una complementarietà tra la rarità degli enunciati discorsivi (per i quali aveva fornito un insieme di regole nell'*Archeologia del sapere*) e la formazione effettiva del discorso da parte delle pratiche non-discorsive. Su questo piano poteva allora registrare una combinazione tra metodo archeologico e genealogico. A quel tempo, in effetti, Foucault pensava ancora di poter utilizzare la propria teoria archeologica, integrandola con la genealogia: come "archeologo" assegnava alle regolarità della formazione discorsiva una sorta di autonomia *post hoc*; come "genealogista", dopo aver mostrato che non c'è niente al di sotto delle apparenze e che non è più possibile fare ricorso alla metafisica, traeva per conclusione che niente ha realmente significato (Dreyfus-Rabinow 1989, p. 130). In tal senso, se l'archeologia gli consentiva di chiedersi in che modo un essere è stato pensato in una determinata epoca, la genealogia (nel senso nietzschiano) gli permetteva di analizzare e descrivere le diverse pratiche sociali, scientifiche, etiche, punitive, mediche, ecc. che hanno come correlato il fatto che l'essere sia stato pensato in quel modo. «L'archeologia non vuole far emergere strutture universali o *a priori*, ma ridurre tutto a eventi non universalizzabili. E la genealogia fa discendere ogni cosa da una contingenza empirica: la contingenza ci ha sempre fatto essere ciò che eravamo o siamo» (Veyne 2010, pp. 120-1).

Nelle sue ultime opere (a partire specialmente da *Sorvegliare e punire* e fino alla *Storia della sessualità*) Foucault si rese conto che il metodo adottato nell'*Archeologia del sapere* era ancora fortemente influenzato dallo strutturalismo, e a ciò si accompagnava anche una maggior consapevolezza del coinvolgimento dello studioso nelle pratiche sociali da esso stesso studiate. Per cogliere, dunque, e decifrare il significato delle pratiche sociali dal loro interno (ciò di cui la sola teoria non avrebbe potuto rendere conto), Foucault introdusse il metodo genealogico. In tal senso l'archeologia, come strumento usato per ottenere un certo grado di distacco dalle pratiche e dalle teorie delle scienze umane, pur mantenendo un ruolo ancora importante, finiva per essere subordinata alla genealogia. Quest'ultima, restituendo un primato alla pratica rispetto alla teoria, si mostrava come una delle diverse componenti essenziali attraverso le quali operano le pratiche storiche, le stesse che producono gli oggetti umani sistematizzati dallo strutturalismo e i soggetti umani di cui l'ermeneutica compie l'esegesi (Dreyfus-Rabinow 1989, p. 128). Detto altrimenti, se l'archeologia era una tecnica in grado di sospendere verità e significato (di vincere la «tirannia del referente») e di smontare l'illusione di un accesso diretto agli oggetti, la genealogia permetteva di cogliere i ruoli politici e storici svolti dalle scienze e l'insieme delle regole secondo le quali si produce un determinato discorso intorno alla verità. Su questo piano, il lavoro storico, sulla linea tracciata da Nietzsche, assumeva essenzialmente un ruolo demistificatore.

Priorità, dunque, della genealogia. L'archeologo può ancora svolgere un suo compito: dimostrare la discontinuità e i mutamenti di significato delle pratiche culturali, isolare e indicare l'arbitrarietà dell'orizzonte ermeneutico di significato, evidenziare le formazioni discorsive discontinue (la continuità, per Foucault, non rivela, infatti, alcuna finalità, alcuna significazione nascosta o soggiacente a nessuna certezza metafisica). La genealogia si fonda sull'archeologia, le è in qualche modo complementare. Ma permette a Foucault, nella rilettura "antiplatonica" di Nietzsche, di fare un passo in avanti verso la descrizione dei fenomeni «dall'interno» e verso la comprensione del rapporto tra sapere, corpo e potere.

Se «tutti i concetti sono divenuti» – secondo le parole di Nietzsche – occorre indagare la genesi delle nostre elevate convinzioni nella loro costituzione storica, occorre scavare negli archivi dell'umanità. E se i concetti «sono divenuti», lo stesso vale per le realtà, che non derivano affatto da un'origine, da una pre-formazione, da qualcosa di pre-esistito secondo una crescita naturale, ma si sono formate, nel corso del tempo, per addizioni e modificazioni, per gradi imprevedibili, incidenti, reazioni, casualità storiche.

Come si è visto, al contrario del metodo storico tradizionale, per la genealogia non si danno essenze fisse, leggi soggiacenti, finalità metafisiche: evitando la ricerca delle profondità (ma cercando di fare apparire gli eventi di superficie, i dettagli più sottili e i mutamenti più impercettibili), essa cerca di mostrare delle discontinuità, dove gli storici hanno visto solo regolarità e progresso.

Dall'interno dei fenomeni, il genealogista osserva le cose da lontano, e scopre che i problemi tradizionalmente considerati più oscuri e profondi sono in realtà i più superficiali, o meglio, delle maschere, dei puri artifici. Su questo piano, la filosofia non ha più nulla da dire. Non ha più nulla da dire sull'origine, come non ha più nulla da dire sul soggetto. Per la genealogia non c'è alcun soggetto preesistente alla conoscenza, non c'è alcun soggetto, né individuale né collettivo, da cui dipenda il movimento della storia: la storia non è il prodotto dell'attività creatrice dei soggetti. La stessa coscienza, in senso nietzschiano, è soltanto reattiva. Soggetti ed oggetti compaiono insieme: la genealogia li coglie nella loro genesi reciproca.

### e) *Positivismo ermeneutico*

Il genealogista non cerca di scoprire entità sostanziali (soggetti, forze, ecc.); egli cerca, piuttosto, di rilevare l'apparizione dei conflitti che definiscono un dato spazio sociale, un dato spazio di potere. I soggetti non esistono prima della comparizione dei rapporti che li costituiscono; essi compaiono in quello spazio di tensione sul quale svolgono la loro funzione. «Il mondo non è una rappresentazione che consenta di mascherare una realtà più vera dietro le quinte. Il mondo è così come esso appare. In ciò sta la profondità dell'intuizione della genealogia» (*Ibid.*, p. 134).

In definitiva, la ricerca di Foucault, su questo piano, è una continuazione della *Genealogia della morale* di Nietzsche: cerca di mostrare come ogni concezione che crediamo eterna abbia invece una storia, sia «diventata», e come la sua genesi sia bassa, non abbia nulla di sublime. Non vi è alcuna trascendenza fondatrice, nessuna ambizione della Ragione; esiste solo la verità dei fatti storici. E con le parole di Gilles Deleuze, possiamo anche dire che per Foucault la storia non è una storia delle mentalità «ma delle condizioni in cui si manifesta tutto ciò che ha un'esistenza mentale, gli enunciati e i regimi di linguaggio». La sua non è «una storia dei comportamenti ma delle condizioni in cui si manifesta tutto ciò che ha un'esistenza visibile, in un regime di luce»; non è una storia delle istituzioni «ma delle condizioni in cui esse integrano rapporti differenziali di forze nell'orizzonte di un campo sociale». Non è, infine, una storia del soggetto «ma dei processi di soggettivazione, nei piegamenti che si attuano in questo campo ontologico e al tempo stesso sociale» (Deleuze 1987, p. 117).

Come ha evidenziato Paul Veyne, oltre che a Nietzsche, il metodo di Foucault rimanda a posizioni scettiche (le stesse, come vedremo, in parte percorse da Pascal). «Al pari di Montaigne e agli antipodi di Heidegger, Foucault ritiene che "non abbiamo alcuna comunicazione con l'Essere"» (Veyne 2010, p. 9). E rimanda anche, in qualche modo, alla sociologia di Max Weber (che, anche lui, conosceva bene il pensiero di Nietzsche), al suo «nominalismo» (*Ibid.*, p. 16). Sul piano euristico, invece di partire da un'idea generale e nota, Foucault partiva dalla specificità delle pratiche, da ciò che si fa e si dice, cercando poi di esplicitarne il discorso. «Tutti i fenomeni sono singolari, ogni fatto storico o sociologico rappresenta una singolarità; Foucault pensa che non esistano verità generali, transtoriche, dal momento che i fatti umani, atti o parole, non provengono da una natura, da una ragione che ne sarebbe l'origine, né riflettono fedelmente l'oggetto a cui rimandano» (*Ibid.*, p. 17). E ciò perché il corso della storia non implica problemi eterni, di carattere essenziale o dialettico, ma «valorizzazioni» che variano da una cultura all'altra e anche da un individuo all'altro (come non riconoscere in questo ancora la traccia di Weber, altro pensatore nietzschiano appunto). Valorizzazioni, come ricorda Paul Veyne, che non sono né vere né false: «sono, ecco tutto, e ognuno è il partigiano dei propri valori» (Veyne 1998, p. 69).

Tuttavia, nella misura in cui ammetteva solo l'esistenza del dato empirico, del dato storico, svincolato da ogni soggezione trascendentale, Foucault, si riallineava su posizioni positiviste. Da «buon positivista» – come ha ancora sottolineato Paul Veyne – cercava le condizioni particolari di realtà, «cioè i discorsi e il loro dispositivo» (Veyne 2010, p. 122). Il suo scetticismo, detto altrimenti, lungi dall'approdare alla vanità di tutte le cose, gli consentiva di affermare, sulla base di un'«ermeneutica storica», «la positività del divenire» (*Ibid.*, p. 47).

Troviamo, dunque, in Foucault, una specie di «positivismo ermeneutico» (e si trovano anche alcune analogie con quanto, ad esempio, in modo diverso tra loro, Wittgenstein, Heidegger, Cassirer e Benjamin, intorno agli anni '20 del secolo scorso, avevano detto circa l'impossibilità per il pensiero di risalire ed accedere immediatamente – oltre la mediazione linguistica – alla vita nella sua totalità, alla pura realtà originaria, al mondo[2]). Non possiamo conoscere nulla di certo sul mondo e sull'Io: invece di partire dagli universali come griglia di intelligibilità delle pratiche concrete, si parte da queste e dal discorso singolare che esse presuppongono. Scopriamo allora che l'unica verità della storia è «l'inesistenza degli universali» (*Ibid.*, p. 23).

È pertanto la pratica a determinare i suoi oggetti; gli oggetti ai quali si applica sono tali solo in relazione alla pratica. La relazione determina l'oggetto ed esiste soltanto ciò che è determinato. Le cose sono oggettivazioni di pratiche determinate. Non esistono oggetti naturali, non esistono cose. «L'oggetto non è che il correlato della pratica», dice Paul Veyne (1998, p. 21). La pratica viene per prima e si dà nella sua unicità. L'errore sta nello scambiare l'oggetto della pratica per un oggetto naturale, noto, conosciuto, sempre uguale (la collettività, lo Stato, ecc.); l'errore sta, quindi, nel reificare le oggettivazioni in oggetti naturali. Di qui hanno inizio i falsi problemi dualisti e con essi i razionalismi.

Per Foucault, dunque, esistono soltanto molteplici oggettivazioni correlative a pratiche eterogenee: su questa via la critica genealogica incontra un positivismo radicale. Ogni pratica dipende da tutte le altre pratiche e dalle loro trasformazioni. Tutto è storico e tutto dipende da tutto; nulla è indeterminato e nulla è inspiegabile. «Questo mondo, lungi dall'essere sospeso alla nostra coscienza, la determina» (*Ibid.*, p. 47). Su questo piano, l'interesse della storia non risiede nell'elaborazione d'invarianti, sia filosofiche sia organizzate nelle scienze umane, «ma nell'utilizzare le invarianti, qualsiasi esse siano, per dissolvere i razionalismi sempre risorgenti. La storia come genealogia nietzschiana» (*Ibid.*, p. 53).

---

[2] Per tali problemi si veda la bella ed agile ricostruzione di Wolfram Eeilenberger (2018).

La genealogia si conforma in tal modo alla storia. Non lascia da parte la società, l'economia, ecc., ma struttura diversamente questa materia: non i secoli, i popoli e le civiltà, ma le pratiche. «Gli intrecci che racconta si presentano come storia delle pratiche in cui gli uomini hanno visto delle verità e delle lotte intorno a quelle verità» (*Ibid.*, p. 63). Si tratta allora di un modello di storia che, come si è visto, intreccia la genealogia all'archeologia: spiegare la storia significa ricondurre i pretesi oggetti naturali alle pratiche che li oggettivano. «Chiamiamo positività questi ambiti d'oggetti», ricordava Foucault: «l'umore genealogico sarà quello d'un positivismo felice» (Foucault 1972, pp. 52-3). Come chiosava ancora Paul Veyne, «Foucault propone il positivismo: eliminare gli ultimi oggetti non storicizzati, le ultime tracce di metafisica; e il materialismo: la spiegazione non va più da un oggetto all'altro ma da tutto a tutto, oggettivando oggetti datati su una materia senza volto» (Veyne 1998, p. 62).

Detto altrimenti, l'ermeneutica genealogica di Foucault rimaneva circoscritta ai dati empirici positivi. Il suo metodo consisteva in una specie di «positivismo ermeneutico»: non possiamo conoscere nulla di certo sull'Io, sul mondo e sul Bene, «ma ci intendiamo tra noi, vivi o morti» (Veyne 2010, p. 23). Il genealogista riconosce che i significati profondi e nascosti, le inaccessibili altezze della verità, le essenze immutabili ed eterne, sono tutte dei puri artifici, delle maschere. La filosofia non ha più nulla da dire: l'interpretazione non porta al disvelamento di alcun significato profondo. Non c'è nulla di assolutamente primo da interpretare perché tutto è già interpretazione. Solo la genealogia può registrare positivamente la storia di queste interpretazioni, di questi errori, di queste maschere.

Ricapitolando dunque, in breve, il percorso fin qui tracciato da Foucault, il compito del genealogista, in linea con la sua lettura nietzschiana, è di ripensare, sul piano positivo, la storia attraverso la storia. E ciò vuol dire annientare il primato delle origini ovvero, delle verità immutabili; vuol dire aggirare le dottrine dello sviluppo e del progresso. Una volta demolite le significazioni ideali e le verità originarie, Foucault prende in esame il gioco delle valorizzazioni e ciò che questo comporta: dominazione e conflitto. Come Nietzsche, ogni volta che sente parlare di significato e di valore, di virtù e di bontà, va alla ricerca di strategie di potenza e dominazione. Tuttavia, a differenza di Nietzsche, invece di ricondurre la moralità, le istituzioni sociali e il diritto alle tattiche degli individui che agiscono, invece di procedere nello scavo psicologico, Foucault, da "positivista" «depsicologizza totalmente questo approccio, e considera ogni motivazione psicologica non come la fonte ma come il risultato di strategie senza strateghi» (Dreyfus-Rabinow 1989, p. 134). Al posto delle origini, dei significati nascosti o di un'esplicita intenzionalità, la genealogia di Foucault scopre rapporti di forza che si manifestano in eventi particolari, in movimenti storici e nella storia stessa. La verità, il potere, non dipendono da motivazioni psicologiche: piuttosto rimandano a strategie che chiamano in causa rapporti di dominazione, disposizioni, tattiche e tecniche che si dispiegano attraverso una vasta rete di relazioni. Tutto è storico: non ci sono motori nascosti, istanze misteriose. Tutto rimanda alla positività effettuale dei rapporti sociali, alla positività immanente: trionfo del positivismo assoluto come dell'"immanentismo assoluto" (e qui s'incontrano Deleuze e Guattari); trionfo del "positivismo immanentistico".

## f) *Il potere disciplinare*

Cercheremo, a questo punto, di dare un esempio sul modo in cui Foucault ha utilizzato, concretamente, il metodo genealogico nelle sue analisi storiche del potere. Ci occuperemo, in particolare, dei suoi studi su un'esperienza di «organizzazione dal basso» avviatasi in Inghilterra alla fine del XVII secolo e trasformatasi nel corso del XVIII secolo. La ricostruzione di questa vicenda (condotta sulla base dei suoi lavori sul «panottismo» e sui fenomeni di sorveglianza e controllo), ha dato luogo ad una lettura illuminate delle pratiche di associazione spontanea in rapporto al costituirsi del potere politico e della sua legislazione penale (Foucault 1994, pp. 95-116).

Secondo le ricerche di Foucault, dopo la seconda metà del XVIII secolo, si formarono spontaneamente in Inghilterra, ai livelli relativamente bassi della scala sociale, delle associazioni che si attribuivano, senza alcuna delega da parte di un potere superiore, il compito di mantenere l'ordine e di creare da sé strumenti per assicurare il controllo degli strati subalterni della popolazione. Queste associazioni erano composte soprattutto da comunità religiose dissidenti dall'anglicanesimo – i quaccheri, i metodisti – che si erano incaricati di organizzare una propria polizia. Tutti i casi di disordine (ebbrezza, adulterio, vagabondaggio, prostituzione, rifiuto di lavorare, ecc.) venivano sottoposti al loro controllo, e coloro che non possedevano adeguati mezzi di sussistenza potevano usufruire del loro aiuto. Si trattava quindi di associazioni di sorveglianza e assistenza spontanea, portatrici di un'ideologia profondamente religiosa, composte da ceti popolari e piccolo-borghesi e organizzate per consentire ai gruppi svantaggiati di sfuggire al potere politico centrale, dato che quest'ultimo deteneva lo strumento, terribile, della legislazione penale (erano più di trecento i reati puniti con la pena capitale).

Per sottrarre, pertanto, la popolazione dei disadattati e degli emarginati a tale potere giudiziario, le comunità religiose cominciarono ad organizzarsi in società di riforma morale, proibendo l'ubriachezza, il gioco d'azzardo, la prostituzione, il furto, tutto ciò che consentiva agli organismi centrali di servirsi di un pretesto qualsiasi per spedire gli individui dei bassi strati sociali alla forca. Più che di associazioni di autodifesa contro la legge, si trattava pertanto di gruppi di sorveglianza effettiva. Il rafforzamento della penalità autonoma era un modo di sfuggire alla penalità statale.

Ora, secondo sempre la ricostruzione genealogica di Foucault, nel corso del tempo, queste società di riforma morale abbandonarono sempre di più i ceti popolari o piccolo-borghesi. Alla fine del XVIII secolo erano l'aristocrazia, i vescovi, le persone più ricche a dare impulso a questi gruppi di autodifesa morale, a queste leghe per la soppressione dei vizi (società "paramilitari" propriamente economiche, costituite in forma di polizia privata per difendere gli interessi patrimoniali e mercantili del capitale e organizzate in risposta alle prime grandi agitazioni sociali). Si ha così uno spostamento sociale che indica come l'impresa di riforma morale cessi di essere un'autodifesa penale per divenire, al contrario, un rafforzamento dell'autorità penale stessa, un meccanismo di statalizzazione dei gruppi di controllo.

Ecco il punto: le associazioni spontanee sorte tra la fine del XVII e l'inizio del XVIII secolo si erano adoperate per far regnare un ordine morale differente dalla legge (che avrebbe permesso agli individui di sfuggire al potere legale). Con il passare del tempo le funzioni di tali associazioni furono assunte da altri gruppi (ormai controllati da aristocratici, alto-borghesi, dalle classi superiori detentrici del potere), ma con uno spirito completamente diverso: stabilire, con l'aiuto del potere politico statale, nuove leggi capaci di ratificare (dall'alto) quello stesso sforzo morale che, poco prima, sorgeva dal basso. Con il XIX secolo, e l'avvento di quella che

Foucault ha chiamato la «*società disciplinare*», la moralità si era ormai trasforma in penalità.

In questa statalizzazione progressiva, in questo spostamento dei dispositivi di assistenza e controllo dal basso verso l'alto, si può dunque vedere, attraverso la ricostruzione genealogica di Foucault, come un modello di autorganizzazione e autodifesa spontanea finisca per diventare, alle soglie del XIX secolo, uno strumento di controllo centrale esercitato dall'alto verso il basso. Grazie alla genealogia riusciamo a cogliere il senso di questa trasformazione: la costituzione e l'affermazione storica del potere nella sua funzione di controllo sociale.

Sempre su questo stesso versante possiamo anche arrivare a comprendere il significato che Foucault ha attribuito al concetto di «governamentalità». È noto, infatti, come egli avesse sostenuto che una delle caratteristiche fondamentali dell'attuale regime di potere sia una certa «governamentalizzazione dello Stato»: un regime in grado di assicurarsi la legittimità non attraverso la partecipazione dei cittadini alle questioni statali, ma attraverso la presunta capacità dello Stato di garantire il benessere della popolazione (non, quindi, per mezzo dell'assemblea repubblicana, ma per mezzo di un elaborato reticolo di sorveglianza e controllo – basato sul calcolo economicistico e strumentale – idoneo a raccogliere informazioni su ogni aspetto della vita della popolazione)[3]. E qui, ci viene sempre in aiuto la genealogia, nella sua capacità, questa volta, di ricostruire il processo di affermazione storica delle «forme moderne di tecnologia di governo». In un passo della lezione tenuta al Collège de France il 4 aprile del 1979 ("*Nascita della biopolitica*", Foucault diceva:

> «A partire dal XVI e XVII secolo, la regolazione dell'esercizio del potere mi sembra non avvenga più secondo la saggezza, ma secondo il calcolo, inteso come calcolo delle forze, calcolo delle relazioni, calcolo delle ricchezze, calcolo dei fattori di potenza. Il che equivale a dire che non si cerca più di regolare il governo secondo la verità, ma si cerca di regolarlo in base alla razionalità. E regolare il governo secondo la razionalità dà luogo, mi sembra, a quelle che potremmo chiamare le forme moderne di tecnologia di governo» (Foucault 2005, p. 257).

---

[3] Si rimanda a tal proposito a "*La Governamentalità*" (Foucault 1994b) e a "*Sicurezza, territorio, popolazione*" (Foucault 2005).

Qui, come appare chiaro, Foucault eredita da Max Weber l'interesse per i processi di razionalizzazione (sotto forma di burocratizzazione e di pensiero calcolante) e di oggettivazione (forma prevalente di comprensione della realtà nell'epoca moderna, capace di dominare sia le pratiche che la conoscenza di noi stessi); processi questi, che costituiscono una delle tendenze principali della nostra cultura e uno dei problemi più importanti delle nostre società capitalisticamente avanzate. Ciò che, infatti, costituisce la fondamentale minaccia del nostro tempo, per Foucault, non è la Ragione in sé, ma le diverse forme di razionalità, vale a dire, come dice Maurice Blanchot, «un'accumulazione accelerata di apparati razionali, una vertigine logica delle razionalizzazioni che agiscono e sono utilizzate tanto nel sistema penale che in quello ospedaliero e perfino nel sistema scolastico» (Blanchot 1988, p. 25).

Tuttavia, come si è detto all'inizio del nostro percorso, l'analisi di Foucault non si riduce soltanto allo Stato e al suo apparato coercitivo e repressivo. Il potere non è limitato alle sole istituzioni politiche: non opera soltanto a partire dall'alto, ma proviene, come si è visto, anche dal basso. Ha ragione, pertanto, ancora Blanchot quando, commentando *La volontà di sapere*[4] (primo volume della *Storia della sessualità* del 1977), afferma che «mai Foucault si è espresso tanto chiaramente nei confronti del Potere che non si esercita a partire da un Luogo unico e sovrano, ma che proviene dal basso, dalla profondità del corpo sociale e che traendo origine da forze locali, mobili e transitorie, a volte minuscole, arriva a organizzarsi in potenti omogeneità che l'attuarsi di convergenze rendono egemoniche» (*Ibid.*, pp. 39-40).

In contrasto con l'ipotesi repressiva (che nel potere non vede altro che costrizione, negatività e coercizione, per cui la verità, in opposizione, svolgerebbe un ruolo liberatorio), come si è già ricordato, specialmente a partire dai sui scritti degli anni settanta (e soprattutto in *Sorvegliare e punire* del 1975 e poi nella *Storia della sessualità*), Foucault sviluppa un'interpretazione radicalmente diversa delle relazioni che intercorrono fra sapere e potere, corpo e individuo e organizza le sue ricerche attorno al concetto di «potere bio-tecnico» (ossia il «bio-potere»).

In *Sorvegliare e punire*, mostrando il gioco delle relazioni che si stabilisce fra una tecnologia disciplinare (una tecnica di controllo che

---

[4] Si veda appunto Foucault (1988).

si sviluppa all'interno del capitalismo) e una scienza sociale normativa, Foucault espone la genealogia dell'individuo moderno considerato come «corpo docile», analizzabile e manipolabile, «oggetto e bersaglio del potere» (Foucault 1976, p. 148), soggetto a tecniche minuziose capaci di investirlo politicamente attraverso una nuova «microfisica» del potere (*Ibid.*, p. 151).

Questo «potere disciplinare» – sviluppato, organizzato e perfezionato nelle prigioni, nelle fabbriche, nelle caserme, nelle scuole, nei manicomi e negli ospedali – ha come fine quello di produrre un essere umano a sua volta utile, funzionale e produttivo: «la disciplina "fabbrica" degli individui» (*Ibid.*, p. 186).

Il «bio-potere» si concentra allora sul corpo, non in quanto strumento di riproduzione umana, bensì come oggetto atto ad essere manipolato. Su questo piano, le ricerche storiche di Foucault, sebbene volte a dimostrare che punizione e prigione più che semplici meccanismi repressivi sono funzioni sociali, si concentrano soprattutto sulla tecnologia disciplinare e sul rapporto che questa stessa istituisce tra sapere (l'esame) e potere.

> «Tradizionalmente, il potere è ciò che si vede, ciò che si mostra, ciò che si manifesta, e, in modo paradossale, trova il principio della sua forza nel gesto con cui la ostenta. Coloro sui quali si esercita, possono rimanere nell'ombra; essi non ricevono luce che da quella parte di potere che è loro concessa, o dal riflesso che essi ne portano per un istante. Il potere disciplinare si esercita rendendosi invisibile; e, al contrario, impone a coloro che sottomette un principio di visibilità obbligatoria. Nella disciplina sono i soggetti a dover essere visti. L'illuminazione assicura la presa del potere che si esercita su di loro. È il fatto di essere visto incessantemente, di poter sempre essere visto, che mantiene in soggezione l'individuo disciplinare. E l'esame è la tecnica con cui il potere, in luogo di emettere i segni della sua potenza, in luogo di imporre il marchio ai suoi soggetti, li capta in un meccanismo di oggettivazione. Nello spazio in cui domina, il potere disciplinare manifesta la sua potenza, essenzialmente, sistemando degli oggetti. L'esame si pone come la cerimonia di questa oggettivazione» (*Ibid.*, p. 205).

Come esempio paradigmatico della tecnologia disciplinare Foucault sceglie il progetto elaborato da Jeremy Bentham per la costruzione del *Panopticon* (1791). Questo progetto mostra il modo in cui opera il potere «normalizzatore»: è un modello generale di funzionamento, un modo per definire i rapporti del potere con la vita quotidiana degli uomini. Non a caso (*Ibid.*, p. 272), «il tema del *Panopti-*

*con* – nello stesso tempo sorveglianza e osservazione, sicurezza e sapere, individualizzazione e totalizzazione, isolamento e trasparenza – ha trovato nella prigione il suo luogo privilegiato di realizzazione» (e, in effetti, intorno agli anni 1830-40 divenne il programma architettonico della maggior parte dei progetti di prigione). Ma ciò che tale progetto pone ancor più in evidenza è che proprio la prigione, luogo di esclusione ed eccezione, finisce per diventare, paradossalmente, il modello ideale di controllo, disciplina e sorveglianza su cui si articola ed organizza la società moderna.

Foucault ci dà ancora un altro esempio genealogico del potere disciplinare in quanto dispositivo, «sistema di registrazione permanente», e lo va a cercare proprio nella città appestata. Durante il XVII secolo, quando la peste si manifestava in una città, venivano immediatamente prese delle misure di sorveglianza, disciplina e sicurezza. Si procedeva a un censimento e a un controllo capillare della popolazione. Veniva fatta una rigorosa divisione spaziale in settori della città; di seguito, città e terreno agricolo circostante venivano chiusi con l'interdizione di uscirne. Ogni famiglia aveva delle sue provviste e per fare transitare i viveri venivano preparate delle piccole condutture in legno tra strada e case. In città non circolavano che gli intendenti, i sindaci, i soldati della guardia e i becchini che trasportavano i cadaveri e li seppellivano.

In tal senso – scrive Foucault – la peste «come forma, insieme reale e immaginaria, del disordine ha come correlativo medico e politico la disciplina. Dietro i dispositivi disciplinari si legge l'ossessione dei "contagi", della peste, delle rivolte, dei crimini, del vagabondaggio, delle diserzioni, delle persone che appaiono e scompaiono, vivono e muoiono nel disordine» (*Ibid.*, p. 216).

Intorno allo stato di peste, dunque, si articola tutto un potere di controllo, tutta una serie di schemi disciplinari. «La città appestata, tutta percorsa da gerarchie, sorveglianze, controlli, scritturazioni, la città immobilizzata nel funzionamento di un potere estensivo che preme in modo distinto su tutti i corpi individuali – è l'utopia della città perfettamente governata» (*Ibid.*).

L'utopia del politico, del potere disciplinare generalizzato, del controllo capillare e della sorveglianza totale, trova nella città appestata, nello stato di emergenza veicolato dalla peste, il suo paradigma fondamentale ovvero, la sua genealogia. «Per veder funzionare le discipline perfette, i governanti postulavano lo stato di peste» (*Ibid.*, p. 217). E tutti i dispositivi di sorveglianza e controllo che ancora nel

XVII secolo costituivano uno stato d'eccezione (rispetto allo svolgimento "regolare" della via sociale), con il potere disciplinare che prende piede all'inizio del XIX secolo, diventano regola, funzione ordinaria e "normale".

Ciò che è allora essenziale in *Sorvegliare e punire* – come ricorda Deleuze – è la definizione di società moderna come società «disciplinare»; ma la disciplina «non può identificarsi né con un'istituzione né con un apparato, proprio perché è un tipo di potere, una tecnologia, che attraversa ogni sorta d'apparato e di istituzione per ricollegarli, prolungarli, farli convergere, far sì che si esercitino in un modo completamente nuovo» (Deleuze 1987, p. 34).

Da questo punto di vista, il potere, più che una proprietà (e un'appropriazione) appare come una strategia, i cui effetti sono attribuibili a disposizioni, manovre, tattiche, tecniche, funzionamenti[5];

---

[5] Nella famosa *Lezione* inaugurale tenuta al «Collège de France» nel 1977, Barthes tornava a riflettere sul potere in un modo che, per certi versi lo accostava a Foucault: «Noi abbiamo creduto che il potere fosse un oggetto eminentemente politico; oggi crediamo che esso sia anche un oggetto ideologico, che si insinua dove non risulta facile individuarlo di primo acchito (nelle istituzioni, nell'insegnamento), ma che in definitiva continui ad essere sempre uno solo. [...]; ovunque, in ogni dove, vi sono capi, centri di potere, siano questi imponenti o minuscoli, gruppi di oppressione o di pressione; ovunque si odono voci "autorizzate", che si autorizzano a farsi portavoce del discorso di ogni potere: il discorso dell'arroganza. Ecco allora intuiamo che il potere è presente anche nei più delicati meccanismi dello scambio sociale: non solo nello Stato, nelle classi, nei gruppi, ma anche nelle mode, nelle opinioni comuni, negli spettacoli, nei giochi, negli sport, nelle informazioni, nei rapporti familiari e privati, e persino nelle spinte liberatrici che cercano di contestarlo: io chiamo discorso di potere ogni discorso che genera la colpa, e di conseguenza la colpevolezza, di colui che lo riceve. [...] Il potere è il parassita d'un organismo trans-sociale, legato all'intera storia dell'uomo, e non solamente alla sua storia politica, storica. Questo oggetto in cui, da che mondo è mondo, s'inscrive il potere è: il linguaggio – ovvero, per essere più precisi, la sua espressione obbligata: la lingua» (Barthes 1981, pp. 6-7). E più avanti ricordava ancora la sua idea di semiologia, attribuendole quel ruolo di critica sociale così trascurato dalla linguistica tradizionale: «La linguistica mi è sembrata allora come un lavorare su un'immensa illusione, su un oggetto che essa rendeva abusivamente pulito e puro, asciugandosi le dita con la matassa del discorso, come Trimalcione coi capelli dei suoi schiavi. La semiologia sarebbe perciò quel lavoro che raccoglie l'impuro della lingua, lo scarto della linguistica, la corruzione immediata del messaggio: né più né meno che i desideri, i timori, i malumori, le intimidazioni, le *avances*, le affettuosità, le rimostranze, le scuse, le aggressioni, le musiche di cui è fatta la lingua attiva. So bene quanto una

non ha omogeneità, ma si definisce in base alle singolarità, «ai punti singolari attraverso cui passa» (*Ibid.*). Non sbaglia, pertanto, ancora Deleuze nel considerare Foucault (come definì se stesso in un'intervista) più che uno storico, «un nuovo cartografo» (*Ibid.*, p. 32): un disegnatore di mappe fatte per essere usate e non per rispecchiare un territorio.

Ed ha avuto ragione, per certi versi, anche Baudrillard quando ha affermato che «il discorso di Foucault è uno specchio dei poteri che descrive» (Baudrillard 1977, p. 66). Qualcosa è avvenuto al livello del potere «che Foucault non può riafferrare dal fondo della sua genealogia: per lui non c'è un fine per il politico, soltanto le metamorfosi, dal dispotico al disciplinare e da qui, al micro cellulare, secondo lo stesso processo che fu quello delle scienze fisiche e biologiche» (*Ibid.*, p. 67).

Così, nel superare le vecchie teorie finalistiche, dialettiche o repressive, si finisce, di nuovo, per supporre una «positività totale, una teleonomia ed una microfisica del potere» che guadagnano una «strana complicità con la cibernetica che contesta esattamente gli stessi schemi precedenti» e che si risolvono, paradossalmente, contro «il dispositivo originale della sua genealogia» (*Ibid.*, pp. 85-6)[6].

---

simile definizione ha di personale. E so anche ciò che essa mi obbliga a tacere: in un certo senso, e assi paradossalmente, tutta la semiologia, quella che si vuole e s'impone già come scienza positiva dei segni, e che si sviluppa in alcune riviste, associazioni, università e centri di studi. [...] Orbene, per quel che mi concerne, la semiologia ha preso le mosse da un movimento propriamente passionale: mi era parso (intorno al 1954) che una scienza dei segni potesse attivare la critica sociale e che Sartre, Brecht e Saussure potessero trovarsi uniti in questo progetto; si trattava in fondo di capire (o di descrivere) in che modo una società produce degli stereotipi, ossia degli eccessi di artificio, che essa poi consuma come dei sensi innati, ossia come degli eccessi di natura. La semiologia (la mia, almeno) è nata da una intolleranza nei confronti di questo miscuglio di malafede e di coscienza tranquilla che caratterizza la moralità in generale, e che Brecht ha chiamato, criticandola aspramente, il Grande Uso. *La lingua travagliata dal potere*: ecco qual è stato l'oggetto di questa prima semiologia» (*Ibid.*, pp. 24-25).

[6] Potremmo anche dire che, alla fine, dopo la disarticolazione, la dispersione, la dislocazione e la decostruzione del soggeto pensante (e del soggettivismo trascendentale cartesiano che, passando per Kant, arriva fino ad Husserl), non siamo ancora riusciti a superare Cartesio, non siamo ancora usciti dall'orizzonte delle sue categorie, ma, paradossalmente, lo abbiamo recuperato dall'altro lato, quello della *res extensa*, che ora si presenta nei termini di una pura immanenza, di una pura positività fattuale.

Tutto, detto altrimenti, si equilibra in un discorso che descrive con rigore «la sola vera spirale, quella del suo proprio potere» (*Ibid.*, p. 87)[7].

---

[7] In realtà, per Baudrillard, dietro il discorso di Foucault si tratta sempre di afferrare l'indeterminatezza radicale del politico, la sua inesistenza e la sua simulazione, ciò che infine rimanda al potere come specchio del vuoto. Da quando il potere ha cessato di essere un «potere simbolico» per ridursi a un potere soltanto politico, «la sfida simbolica» (quella del *potlach*, per intenderci) non ha cessato di insidiarlo nella sua definizione politica, di disfare la verità del politico. Così, la "perfezione" formale del discorso foucaultiano contribuisce soltanto a restaurare immagini che sbiadiscono. «Il potere in Foucault resta, benché atomizzato, una nozione *strutturale*, polare, perfetta nella sua genealogia, inesplicabile nella sua presenza, insuperabile nonostante una sorta di denuncia latente, completa in ognuno dei suoi punti o punteggiature microscopiche e di cui non si vede ciò che potrebbe prenderla in contropiede» (Baudrillard 1977, p. 88). Ciò che, allora, sfugge a Foucault è che «il potere sta crepando (anche il potere infinitesimale), che il potere non è soltanto polverizzato, ma polverulento, che è minato da una reversione, travagliato da una reversibilità ed una morte che non possono apparire nel mero processo genealogico» (*Ibid.*, p. 89). Così, se Foucault smaschera tutte le illusioni finali o causali circa il potere, «non ci dice niente *circa il simulacro del potere stesso*» (*Ibid.*). In altri termini, «ciò che egli non vede è che il potere non è mai presente; che la sua istituzione non è altro, come quella dello spazio prospettico e "reale" del Rinascimento, che una simulazione di prospettiva; che non ha maggior realtà dell'accumulazione economica» (*Ibid.*, p. 90). Ecco ciò che, in fin dei conti, si nasconde dietro il discorso di Foucault: se tutto è potere, se tutto si spiega con il potere perché tutto è riducibile al potere, allora non c'è più potere; se il potere è fine a se stesso, se non è più strumentale a qualche suo fine che non sia il potere stesso, ad un fine, dunque, esteriore al potere, tutto si riduce al potere, tutto si ordina al discorso del potere e, pertanto, si ordina al suo venire a mancare in quanto potere, al suo essere assente rispetto ad una mancanza di scopo (ciò per cui dovrebbe, infine, esistere). Il potere per il potere è l'assenza del potere. Se tutto si spiega con il potere allora il potere non spiega più niente. «Inutile dunque – scrive ancora Baudrillard – correre dietro al potere o dibatterne all'infinito, poiché esso pure fa ormai parte dell'orizzonte sacro delle apparenze, esso pure è là soltanto per nascondere che non ve n'è più o, piuttosto, che essendo stata varcata la linea di apogeo del politico, comincia l'altro versante del ciclo, la reversione del potere nel suo stesso simulacro. Non si perde il potere più di quanto non se ne strappi il segreto. Poiché il segreto del potere è come il segreto del segreto: vale a dire che non c'è» (*Ibid.*, p. 97).

# 3

# Nietzsche, la genealogia, la morale

## a) *Critica della metafisica*

Nel quadro d'indagine sviluppato da Foucault, il concetto di genealogia rimanda dunque inequivocabilmente a Nietzsche, il pensatore che fece proprio di questo concetto il tratto di svolta della sua filosofia in direzione di una nuova organizzazione delle scienze e della filosofia. Gilles Deleuze, in un suo importante testo del 1962, aveva ricondotto il significato profondo di questa svolta ad un «metodo» di per sé comprensibile soltanto entro la filosofia dei valori da Nietzsche istituita e intesa come vera realizzazione della critica.

> «La nozione di valore implica infatti un sovvertimento *critico*. Da una parte i valori sembrano o si fanno passare per principi: una valutazione presuppone determinati valori sulla cui base stimare i fenomeni. D'altra parte però, se si và più a fondo, sono i valori a presupporre valutazioni, "punti di vista di apprezzamento" da cui proviene il loro stesso valore. Il problema critico sta nel valore dei valori, nella valutazione dalla quale deriva il loro valore; è il problema della loro *creazione*. La valutazione si profila quale elemento differenziale dei valori ad essa corrispondenti: elemento critico e creativo al tempo stesso. Le valutazioni, restituite al loro proprio elemento, non sono valori ma modi di essere, di esistere, da parte di chi giudica e valuta: fungono così da principi a quei valori in base a cui si giudica» (Deleuze 1992, pp. 31-2).

In tale direzione, la filosofia di Nietzsche si sviluppa in polemica sia con Kant e Schopenhauer, filosofi che hanno sottratto la valorizzazione alla critica, fondando appunto quest'ultima sulla base di valori già consolidati ed acriticamente assunti, sia con gli utilitaristi, che hanno ricondotto i valori a semplici fatti oggettivi. La sua riflessione critica, pertanto, si leva al contempo tanto contro «la suprema idea di fondamento», quanto contro l'idea di semplice derivazione causale o di «mero inizio», per cui l'origine rimane indifferente ai valori. Di qui la sua formulazione del concetto di genealogia per una filosofia critica in grado di compiere due inseparabili movimenti: «ricondurre ogni cosa e l'origine di qualunque valore a dei valori; ma anche ricondurre questi valori a qualcosa che ne sia l'origine, che decida il loro valore» (*Ibid.*, p. 32).

Genealogia allora, in quest'accezione, vuol dire valore dell'origine e, contemporaneamente, origine dei valori; vuol dire «elemento differenziale dei valori da cui deriva il loro stesso valore»; vuol dire dunque «origine e nascita, ma anche differenza o distanza nell'origine» (*Ibid.*). Su questo piano il nobile e il vile, l'alto e il basso, la decadenza nell'origine, diventano gli elementi propriamente genealogici o critici. «Ecco l'essenziale: *l'alto e il basso, il nobile e il vile* non sono – spiega Deleuze – valori, ma rappresentano l'elemento differenziale da cui deriva il valore dei valori stessi» (*Ibid.*). Così intesa, la critica genealogica è «quanto di più positivo ci sia», poiché l'elemento differenziale «non è mai critica del valore dei valori senza essere anche elemento positivo di una creazione» (*Ibid.*, p. 33). È *azione* più che *reazione*, espressione attiva di un modo attivo di esistere, ciò che si contrappone alla vendetta, al risentimento o al rancore. Ed è anche una ricerca che, riflettendo sulla normatività essenziale dell'interpretazione (e facendo così compiere un ulteriore passo alla critica dell'ontologia metafisica), mira a «*valutare il valore dei valori* così prodotti, a fare cioè la critica delle valutazioni dominanti in un momento storico dato» (Granier 1984, p. 73). E tale valutazione è, appunto, genealogica, nella misura in cui non solo risale alla genesi degli atti normativi, orientando la critica sul «centro di interpretazione» da cui emanano i valori, ma rimanda altresì alle condizioni di esistenza che, a loro volta, si traducono in tavole di valori particolari, in una morale specifica (*Ibid.*).

In realtà, secondo Gianni Vattimo, l'interpretazione di Deleuze rischia di concepire la genealogia nietzschiana ancora sul modello (che pure, esplicitamente rifiuta) della fondazione metafisica, e la considera oltretutto come un semplice "metodo" invece di pensarla come un momento dello sviluppo della sua filosofia verso la costruzione dell'oltreuomo (Vattimo 1983, p. 143). Vattimo, in effetti, segue un altro percorso, che dal problema dello smascheramento conduce, appunto, alla genealogia come metodo di pensiero alternativo alla metafisica e alla sua tendenza alla fondazione.

Le linee fondamentali di questa svolta vengono individuate da

Vattimo in una serie di aforismi del primo libro di *Umano troppo umano* (testo uscito nel 1878), dove il metodo genealogico viene messo chiaramente in connessione con una diversa posizione nei confronti del problema del rapporto verità-apparenza. Vale la pena citare per intero l'aforisma di Nietzsche (il numero 16, intitolato *Fenomeno e cosa in sé*) da cui prende avvio l'analisi di Vattimo.

«I filosofi sogliono porsi davanti alla vita e all'esperienza – davanti a ciò che essi chiamano il mondo fenomenico – come davanti a un quadro, che è svolto una volta per tutte, e che mostra in modo invariabile e fisso lo stesso processo: questo processo, essi pensano, deve essere rettamente interpretato, per trarne una conclusione sull'essere che ha prodotto il quadro: vale a dire sulla cosa in sé, che suol essere sempre considerata come la ragione sufficiente del mondo fenomenico. Per contro, logici più rigorosi, dopo aver acutamente definito il concetto del metafisico come quello di ciò che non è condizionato e che quindi, anche, non condiziona, hanno negato ogni connessione fra l'incondizionato (il mondo metafisico) e il mondo a noi noto: sicché nel fenomeno appunto *non* si manifesta affatto la cosa in sé e bisogna rifiutare ogni conclusione da quello a questa. Da ambedue le parti non è stata comunque tenuta in considerazione la possibilità che quel quadro – ciò che per noi oggi si chiama vita ed esperienza – sia *divenuto* a poco a poco, che sia anzi ancora in pieno *divenire*, e che non debba perciò essere considerato come grandezza fissa, in base alla quale si possa formulare o anche soltanto negare un giudizio sull'autore (la ragione sufficiente). Per il fatto che da millenni abbiamo scrutato il mondo con pretese morali, estetiche e religiose, con cieca inclinazione, passione o paura, e abbiamo straviziato negli eccessi del pensiero non logico, questo mondo è *diventato* a poco a poco così meravigliosamente variopinto, terribile, profondo di significato, pieno d'anima e ha acquistato colore – ma i coloristi siamo stati noi: l'intelletto umano ha fatto comparire il fenomeno e ha trasferito nelle cose le sue erronee concezioni fondamentali. Tardi, molto tardi – egli riflette: e ora il mondo dell'esperienza e la cosa in sé gli appaiono così straordinariamente diversi e separati, che rifiuta di concludere da quello a questa; oppure, in maniera orridamente misteriosa, invita a *rinunciare* al nostro intelletto, alla nostra volontà personale: per giungere all'essenziale attraverso il *diventare essenziali*. Altri hanno dal canto loro raccolto insieme tutti i tratti caratteristici del nostro mondo fenomenico – cioè della rappresentazione del mondo fabbricata con errori intellettuali e tramandataci in eredità – e, *invece di accusare come colpevole l'intelletto*, hanno accusato l'essenza delle cose come causa di questo oggettivo e molto inquietante carattere del mondo, e hanno predicato la liberazione dall'essere. Di tutte queste concezioni si sbarazzerà in maniera decisiva il continuo e laborioso processo della scienza, che finirà col celebrare un giorno il suo più alto trionfo in una *storia della genesi del pensiero*, il cui risultato potrebbe forse comprendersi in questa proposizione: ciò che noi ora chiamiamo il mondo, è il risultato di una quantità di errori e di fantasie che sono sorti a poco a poco nell'evoluzione complessiva degli esseri organici, e che sono cresciuti intrecciandosi gli uni alle altre e ci vengono ora trasmessi in eredità come tesoro accumulato in tutto il passato – come tesoro: perché il valore della nostra umanità riposa su di esso. Da questo mondo della rappresentazione la severa scienza può in realtà liberarci solo in piccola misura, – e del resto non è affatto una cosa da augurarsi, – in quanto essa non può essenzialmente infrangere il potere di antichissime abitudini della sensazione; ma essa può gradatamente e progressivamente rischiarare la storia della nascita di quel mondo come rappresentazione: e sollevarci, almeno per qualche momento, al di sopra dell'intero processo. Forse riconosceremo allora che la cosa in sé è degna di un'omerica risata: che essa *sembrò* tanto, anzi, tutto, e in realtà è vuota, cioè vuota di significato» (Nietzsche 1982, pp. 25-7).

Contro ogni credenza metafisica nella cosa in sé si fa strada la coscienza genealogica del carattere divenuto e in divenire del mondo e la scoperta della varietà e ricchezza delle apparenze nate dall'intrecciarsi di errori e interpretazioni coltivate ed ereditate per millenni. Quello che noi chiamiamo mondo apparente – commenta Vattimo – «non può essere prodotto della cosa in sé, rispetto alla quale è così eterogeneo; esso è invece prodotto degli “errori” dell'intelletto» (Vattimo 1983, p. 146).

Ciò che evidenzia Vattimo, ciò che per lui è decisivo nella svolta genealogica nietzschiana, è la concezione della «processualità aperta dell'essere», il che comporta l'idea di un divenire del mondo come sistema che esclude la contrapposizione rigida tra oggetto e soggetto, giacché per stabilire questa contrapposizione bisognerebbe che fossero fissati almeno i confini (stabili) tra due aspetti dell'essere. «Ma questi stessi confini, invece, sono coinvolti nel divenire generale delle cose. La storia della genesi del pensiero, non come storia della sua *origine* ma del suo *divenire*, è quindi la vera liquidazione della nozione di cosa in sé, e implica la nascita di un pensiero nuovo, non più orientato dall'impulso metafisico della fondazione in nessuna delle sue forme» (*Ibid.*).

Questo pensiero nuovo è, appunto, il pensiero genealogico, alla cui base sta la scoperta dell'errore, o meglio, dell'inevitabilità e necessità vitale dell'errore. «L'errore è necessario nel senso che non possiamo rinunciarvi senza rinunciare alla ricchezza della nostra umanità» (*Ibid.*, p.149). Tuttavia, avverte subito Vattimo, davanti a questa riconosciuta necessità dell'errore, la conoscenza non può limitarsi allo smascheramento, «alla "fondazione" di tipo metafisico dell'errore nelle sue origini, che equivarrebbe alla soppressione di esso» (*Ibid.*, p. 150). Se dagli errori è venuta la ricchezza simbolica dell'umanità, sono proprio questi errori che vanno storicamente compresi (e non solo smascherati) nella loro genealogia. Il che vuol dire, al di là della metafisica, riposizionare il pensiero in rapporto alla storicità dell'esserci, ricostituire un metro di giudizio. Il pensiero genealogico non è, infatti, solo un fatto metodologico, ma «è l'evento decisivo per il passaggio a una nuova forma di vita» (*Ibid.*, p. 151). Perché proprio il problema della definizione di questa diversa forma di vita si pone a Nietzsche come problema della «sopravvivenza dell'uomo che abbia scoperto l'inscindibile connessione tra vita ed errore» (*Ibid.*).

In realtà, secondo la ricostruzione di Vattimo, quel che Nietzsche si sforza di definire è, in ultima analisi, la liberazione del simbolico, che costituisce il senso ultimo del tramonto della metafisica e la forma stessa del nuovo mondo nato con il pensiero genealogico. Da un lato la società tende a sopprimere ogni residua autonomia del simbolico, mentre all'opposto proprio il mondo simbolico, anche nelle contraddizioni che mette in luce e di cui va prendendo coscienza, tende a rivolgersi contro quell'ordine sociale e produttivo in funzione del quale in origine era nato. Di qui il contrasto tra l'impulso di sapere e esigenze della vita: l'impulso di sapere è il simbolico divenuto autonomo che non si piega più a funzionare solo come strumento di altro da sé, e anzi, nella sua tensione smascherante, si rivolge positivamente contro la vita stessa e le sue condizioni.

Una volta smascherata l'opposizione metafisica tra vero e falso, la genealogia recupera così un'autentica disponibilità al reale come tale, nella sua concreta e multiforme esistenza.

> «Il pensiero metafisico è sempre pensiero riduttivo, che nel risalire ai fondamenti e ai principi si lascia sfuggire l'esistenza concreta (come del resto teorizza esso stesso, per esempio nella dottrina scolastica dell'ineffabilità dell'individuo, che in qualche misura percorre tutta la metafisica occidentale). Liberatosi da questo istinto della fondazione, il pensiero genealogico si apre invece alla pienezza della presenza di ciò che appare. A questa disponibilità al reale, esso arriva proprio attraverso l'itinerario, che Nietzsche ripercorre, della fondazione e della ricerca metafisica dei

principi. Alla base del pensiero genealogico sta la scoperta dell'*insignificanza dell'origine*» (*Ibid.*, p. 156).

## b) *Riflessione storica e speculazione filosofica*

Dobbiamo allora adesso comprendere, attraverso Nietzsche, cosa vuol dire *insignificanza dell'origine* da un punto di vista genealogico. Possiamo partire da *Su verità e menzogna in senso extramorale*, testo del 1873, dove appunto, all'inizio, si svolgono queste considerazioni:

> «In un qualche angolo remoto dell'universo che fiammeggia e si estende in infiniti sistemi solari, c'era una volta un corpo celeste sul quale alcuni animali intelligenti scoprirono la conoscenza. Fu il minuto più tracotante e menzognero della "storia universale": e tuttavia non si trattò che di un minuto. Dopo pochi sussulti della natura, quel corpo celeste si irrigidì, e gli animali intelligenti dovettero morire. – Ecco una favola che qualcuno potrebbe inventare, senza aver però ancora illustrato adeguatamente in che modo penoso, umbratile, fugace, in che modo insensato e arbitrario si sia atteggiato l'intelletto umano nella natura: ci sono state delle eternità, in cui esso non era; e quando nuovamente non sarà più, non sarà successo niente. Per quell'intelletto, infatti, non esiste nessuna missione ulteriore, che conduca al di là della vita dell'uomo. Esso è umano, e soltanto il suo possessore e produttore può considerarlo con tanto *pàthos*, come se in lui girassero i cardini del mondo. Se fosse per noi possibile comunicare con la zanzara, verremmo a scoprire che anch'essa con lo stesso *pàthos* nuota nell'aria dove si sente come il centro che vola di questo mondo. Non c'è niente in natura di così spregevole e dappoco che con un piccolo soffio di quella facoltà conoscitiva non si possa gonfiare come un otre; e allo stesso modo in cui qualsiasi facchino vuole avere i suoi ammiratori, anche il più orgoglioso degli uomini, il filosofo, è convinto che da ogni lato gli occhi dell'universo siano puntati telescopicamente sul suo fare e sul suo pensare» (Nietzsche 1981, p. 125).

Già in questo testo, come possiamo capire, si possono cogliere alcuni dei motivi fondamentali che caratterizzano la prospettiva genealogica messa a punto da Nietzsche: la conoscenza come invenzione, menzogna ed arbitrio; la sua provvisorietà, limitatezza e illusorietà; l'accidentalità dell'intelletto umano, la sua piccolezza e autoreferenzialità.

Tuttavia, come è già stato notato, gli sviluppi delle linee fondamentali della svolta genealogica del pensiero nietzschiano, possono essere reperiti soprattutto in alcuni aforismi che compongono il primo libro di *Umano, troppo umano*, testo pubblicato nel 1878. È a partire, infatti, da questo «libro per spiriti liberi» – come leggiamo nelle prime pagine di *Genealogia della morale* – che i suoi pensieri «sull'*origine* dei nostri pregiudizi morali» hanno ricevuto la loro «prima sobria e provvisoria espressione». Ed è sempre a partire da questo «scritto polemico» che, con più forza e maggior consapevolezza critica, viene elaborata quella distinzione tra speculazione filosofica astratta (metafisica) e riflessione storica (distinzione che ruota tutta a vantaggio dell'ultima opzione) che è alla base del pensiero genealogico (a partire già da Pascal, come presto vedremo). Si consideri, ad esempio, il secondo aforisma della prima parte del testo (*Delle prime e ultime cose*) intitolato *Difetto ereditario dei filosofi*:

> «Tutti i filosofi hanno il comune difetto di partire dall'uomo attuale e di credere di giungere allo scopo attraverso un'analisi dello stesso. Inavvertitamente "l'Uomo" si configura alla loro mente come una *eterna veritas*, come un'entità fissa in ogni vortice, come una misura certa delle cose. Ma tutto ciò che il filosofo enuncia sull'uomo, non è in fondo altro che una testimonianza sull'uomo di un periodo *molto limitato*. La mancanza di senso storico è il difetto ereditato da tutti i filosofi; molti addirittura prendono di punto in bianco la più recente configurazione dell'uomo, quale essa si è venuta delineando sotto la pressione di determinate religioni, anzi di determinati avvenimenti politici, come la forma fissa dalla quale si debba partire. Non vogliono capire che l'uomo è divenuto e che anche la facoltà di conoscere è divenuta; mentre alcuni di loro si fanno addirittura fabbricare, da questa facoltà di conoscere, l'intero mondo. Ora tutto l'*essenziale* dell'evoluzione umana è avvenuto in tempi remotissimi, assai prima di quei quattromila anni che all'incirca conosciamo e durante i quali l'uomo non può essere gran che cambiato. Ma nell'uomo attuale il filosofo vede "istinti" e suppone che essi appartengano ai fatti immutabili dell'uomo e possano quindi fornire una chiave alla comprensione del mondo in generale: tutta la teologia è basata sul fatto che dell'uomo degli ultimi quattro millenni si parla come di un uomo *eterno*, al quale tendono naturalmente dalla loro origine tutte le cose del mondo. Ma tutto è divenuto; non ci sono *fatti eterni*: così come non ci sono verità assolute. Per conseguenza il *filosofare storico* è da ora in poi necessario, e con esso la virtù della modesti» (Nietzsche 1982, p. 16).

Ecco, dunque, il problema: tutto è divenuto, l'uomo, la conoscenza, la verità. L'uomo è un processo (avrebbe affermato più tardi Norbert Elias), come la conoscenza e la verità. Non esistono verità assolute ed eterne, come vuole il pensiero metafisico, non esiste un fondamento assoluto, una forma fissa, fatti immutabili ed eterni. Così come non ci sono definizioni adeguate, costanti, per fenomeni che non si prestano alle astrazioni meta-storiche. Più tardi, in *Genealogia della morale*, pubblicato nel 1887, Nietzsche scriveva: «Tutte le nozioni, in cui si condensa semioticamente un intero processo, si sottraggono alla definizione; definibile è solo tutto ciò che non ha storia» (Nietzsche 1984b, p. 69).

Se tutto è storico, allora tutto va spiegato attraverso la storia. Se tutto è divenuto, allora tutto va spiegato genealogicamente. L'uomo, la conoscenza, la verità, vanno compresi nella loro storicità. Alla storicità non si sfugge, perché lo spirito di un'epoca non solo è *su* colui che la vive, ma anche *in* lui. «Lo spirito del tempo fa resistenza a se stesso, porta se stesso» (Nietzsche 1981b, p. 125). Nell'aforisma 117 di *Aurora*, testo pubblicato nel 1881, leggiamo:

> «Le abitudini dei nostri sensi ci hanno irretiti nella frode e nell'inganno della sensazione: questi sono ancora una volta i fondamenti "di tutti i nostri giudizi e di tutte le nostre conoscenze" – non esiste assolutamente scampo, né alcuna strada per scivolare e sgattaiolarsene via nel *mondo reale*! Siamo nella nostra rete, noi ragni, e qualunque cosa venga da noi imprigionato qua dentro, non la potremmo acchiappare se non in quanto è ciò che si fa appunto prendere nella *nostra* rete» (Nietzsche 1984c, p. 89).

La storia va, dunque, compresa attraverso la storia e non attraverso la riduzione metafisica della filosofia che rimanda la comprensione del mondo ad un'origine immutabile ed eterna. La comprensione storica, al contrario della spiegazione filosofica (metafisica), sta alla base della genealogia. Leggiamo ancora dall'aforisma n.18 (*Problemi fondamentali della metafisica*) di *Umano, troppo umano. Volume primo*:

> «Se un giorno sarà scritta la storia della genesi del pensiero, vi sarà anche, illuminata da una nuova luce, la seguente proposizione di un eccellente logico: "La legge generale originaria del soggetto conoscente consiste nell'intima necessità di conoscere ogni oggetto in sé, nel proprio essere, come un oggetto identico a se se stesso, che esiste quindi di per sé e rimane in fondo sempre uguale e immutabile, insomma come una sostanza". Anche questa legge, che viene qui detta "originaria", è divenuta» (Nietzsche 1982 p. 28).

La storia genealogica è sempre una storia prospettica, è sempre una storia d'interpretazioni e di errori. Tuttavia, ancora nella *Gaia scienza* (testo pubblicato nel 1882), Nietzsche si stupiva del fatto che fino a quel tempo, uno studio sui fatti morali, su tutto ciò che «ha dato colore all'esistenza», non avesse avuto una storia (ci avrebbe più tardi pensato Foucault). Scriveva: «Dove mai si è avuta una storia dell'amore, della cupidigia, dell'invidia, della coscienza, della pietà, della crudeltà? Perfino una storia comparata del diritto o anche soltanto della pena è fino ad oggi completamente mancata» (*La gaia scienza*, Adelphi, Milano, 1984, p. 41). E poco dopo aggiungeva: «Ed ancora un nuovo lavoro è quello che stabilisca l'erroneità di tutti questi fondamenti e l'essenza integrale del giudizio morale fino ad oggi. Posto che siano effettuate tutte queste operazioni, comparirebbe in primo piano il più scabroso di tutti i problemi: se la scienza, cioè, sia in grado di *fornire* obiettivi all'agire, una volta che essa ha dimostrato di poterli assumere e distruggere» (*Ibid.*, p. 42).

## c) *Scienza e conoscenza*

Del resto, per Nietzsche il problema della scienza, e più in generale della conoscenza, non poteva risolversi (metafisicamente) nell'opposizione tra soggetto e oggetto e neanche nel contrasto tra «cosa in sé» e fenomeno.

> «Non abbiamo appunto nessun organo per il *conoscere*, per la "verità": noi "sappiamo" (o crediamo, o c'immaginiamo) precisamente tanto quanto può essere *vantaggioso* sapere nell'interesse del gregge umano, della specie, e anche ciò che qui è detto "vantaggio" è infine nient'altro che una credenza, un'immaginazione, e forse esattamente quella quanto mai funesta stoltezza per cui un giorno precipiteremo in rovina» (*Ibid.*, p. 223).

Conoscere vuol dire soltanto che qualcosa d'ignoto deve essere ricondotto a qualcosa di noto (*Ibid.*). Ma ancor di più la conoscenza si dà come «*un certo rapporto degli impulsi tra loro*» (*Ibid.*, p. 191), come processo e conflitto di istinti. Niente di «conciliante», di «giusto», di «buono», nessuna ricerca della «verità», nessun adeguamento al «vero»: la conoscenza è soltanto in rapporto agli errori. In un lungo aforisma, il 110, intitolato «*Origine della conoscenza*», leggiamo:

> «Per immensi periodi di tempo, l'intelletto non ha prodotto nient'altro che errori: alcuni di questi si dimostrarono utili e atti alla conservazione della specie: chi s'imbatté in essi o li ricevette in eredità, combatté con maggior fortuna la sua battaglia per se stesso e per la sua prole. Tali erronei articoli di fede, che furono sempre ulteriormente tramandati e

divennero infine quasi il contenuto specifico e basilare dell'umanità, sono per esempio questi: che esistono cose durevoli, che esistono cose uguali, che esistono oggetti, materie, corpi, che una cosa sia quel che essa appare, che il nostro volere sia libero, che quanto è per me bene, lo sia anche in sé e per sé. Solo molto tardi apparve chi negò e mise in dubbio tali proposizioni: solo molto tardi si fece innanzi la verità, come la forma più depotenziata della conoscenza. Parve che con essa non si fosse più in grado di vivere, il nostro organismo era strutturato per il suo opposto; tutte le sue più elevate funzioni, le percezioni dei sensi e in generale ogni specie di sensazione collaboravano con questi primordiali errori di base che erano stati incorporati. Non solo: quelle proposizioni divennero, anche all'interno della conoscenza, norme secondo le quali si misurava il "vero" e il "non vero" – fin nelle più lontane regioni della logica pura. Cosicché la *forza* della conoscenza non sta nel loro grado di verità, bensì nella loro età, nel loro essere state incorporate, nel loro carattere di condizione di vita. Laddove vita e conoscenza sembravano venire in contraddizione l'una con l'altra, non si dètte mai seriamente battaglia: a quel punto negazione e dubbio erano ritenuti assurdità. Quei pensatori d'eccezione – come gli Eleati – che tuttavia perseverarono nel sostenere i principi opposti agli errori naturali, credettero che fosse anche possibile *vivere* quest'opposto: così inventarono il saggio, l'uomo dall'intuizione immutabile, impersonale, universale, uno e tutto al tempo stesso, con una facoltà sua propria per quella conoscenza rovesciata; erano indotti a credere che la loro conoscenza fosse insieme il principio della *vita*. Per poter asserire tutto questo, dovettero *illudersi* sul loro proprio stato: dovettero erroneamente attribuirsi impersonalità e invariabile permanenza, fraintendere la natura di colui che conosce, negare il potere degli istinti nella conoscenza, e concepire in generale la ragione come attività pienamente libera scaturita da se stessa; non vollero vedere che essi stessi erano giunti alle loro formulazioni sia contraddicendo ciò che è valido, sia per desiderio di quiete o di possesso esclusivo o di dominio. La più raffinata evoluzione della rettitudine e della scepsi determinò infine l'impossibilità anche di questi uomini; anche la loro vita e i loro giudizi mostrano la loro dipendenza dagli istinti primordiali e dai basilari errori di ogni esistenza sensibile. Quella più raffinata rettitudine e scepsi trovava la suo origine ovunque due opposti principi *apparivano* applicabili alla vita; e similmente ovunque nuovi principi, anche se non effettivamente utili alla vita, non si mostravano d'altro canto nemmeno nocivi, essendo estrinsecazioni di un intellettuale istinto del giuoco, innocenti e felici come tutti i giuochi. Gradatamente il cervello umano fu zeppo di siffatti giudizi e convincimenti, in questo groviglio nacque fermento, lotta e brama di potere. Non soltanto utilità e piacere, ma istinti d'ogni specie presero posizione nella battaglia per "le verità", la battaglia individuale divenne un'occupazione, un'attrattiva, una vocazione, un dovere, un merito: la conoscenza e l'aspirazione al vero trovarono finalmente il loro posto nel sistema, come un bisogno tra gli altri bisogni. Da quel momento non solo la credenza e il convincimento, ma anche l'esperimento, la negazione, la diffidenza, la contraddizione furono una *potenza*, tutti gli istinti "malvagi" furono subordinati al conoscere e posti al suo servizio e s'ebbero lo splendore di quel che è permesso, onorato, utile e, in definitiva, lo sguardo e l'innocenza del *bene*. La conoscenza divenne dunque un frammento della vita stessa, e come vita si trasformò in una potenza continuamente crescente: finché da ultimo le conoscenze e quei primitivi errori di base vennero in urto tra di loro, tutti insieme come vita, tutti insieme come potenza, tutti insieme nello stesso uomo. Il pensatore: questo è ora l'essere in cui l'istinto della verità e quegli errori utili alla conservazione dell'esistenza si scontrano nella prima battaglia, essendosi *dimostrato* che anche l'istinto della verità è una potenza intesa alla conservazione della vita. In rapporto all'importanza di questa battaglia tutto il resto è indifferente: qui si pone il problema ultimo sulla condizione della vita e si fa il primo tentativo per rispondere con l'esperimento a questo problema. Fino a che punto la verità sopporta di essere incorporata? Questo è il problema, questo l'esperimento» (*Ibid.*, pp. 117-21).

Dunque potenza, lotta e dominio, sono alla base della conoscenza. Così come «il discorso dei pensieri e delle deduzioni logiche nel nostro cervello di oggi corrisponde a un processo e a un conflitto di istinti che presi per sé, nella loro rispettiva singolarità, sono tutti molto illogici e ingiusti» (*Ibid.*, p. 121). Il problema è che «noi sperimentiamo di consueto solo il risultato della lotta, tanto rapido e nascosto si svolge oggi il funzionamento di questo primordiale meccanismo» (*Ibid.*, pp. 121-2). «Qualsiasi uomo impara a conoscersi quasi soltanto in relazione alle sue forze di difesa e d'attacco» (Nietzsche 1984c, p. 159).

Dietro la conoscenza, dietro i suoi "errori pragmatici", si dispiega dunque la lotta, il conflitto e, in ultima istanza, una volontà di dominio, di potere. Come più tardi avrebbe compreso Foucault (altro genealogista, appunto) il sapere è essenzialmente potere: ciò che aveva, a suo modo, già dichiarato Auguste Comte quando nel suo *Discorso* del 1844 affermava che «l'autentico spirito positivo consiste soprattutto nel *vedere per prevedere*, nello studiare ciò che è per concludere ciò che sarà» (Comte 2001, p. 21). Nessuna innocenza, dunque, nel conoscere, nessuna intenzione puramente gnoseologica nelle scienze positive: Nietzsche lo aveva compreso bene. Dietro il sapere, dietro la "razionalizzazione" dei processi cognitivi (ed uso qui l'espressione di Weber, altro nietzschiano), si nasconde una volontà di potere tesa al dominio e al controllo.

Al fondo della conoscenza troviamo allora la volontà di potenza, e con essa soltanto errori primordiali, illusioni, rappresentazioni. È necessario, quindi, un «*movimento all'indietro*» per capire la «giustificazione storica, come pure quella psicologica», delle rappresentazioni che sono dietro agli errori; è necessario «riconoscere – leggiamo nell'aforisma 20 di *Umano, troppo umano. Volume primo* – come sia di là venuto il maggior progresso dell'umanità e come, senza un tale movimento all'indietro, ci si priverebbe dei migliori risultati finora ottenuti dall'umanità» (Nietzsche 1982, p. 30). È necessario, dunque, un sapere genealogico, prospettico, capace di smascherare gli schermi logici, i filtri razionali attraverso i quali procede l'attività conoscitiva. È necessario il «buono storico» – scriveva Nietzsche in *Aurora* – per *contraddire* continuamente ogni pretesa di origine autentica, di verità e di ragione. «Tutte le cose che vivono a lungo, s'impregnano gradualmente di ragione, a tal punto che la loro provenienza dall'irrazionale diventa perciò improbabile. Non risultano quasi tutte paradossali ed empie, per il sentimento, le storie precise di una genesi?» (Nietzsche 1984c, p. 11).

## d) *Errore e visione prospettica*

La genealogia è visione prospettica, o meglio, è storia di prospettive. Leggiamo in *Genealogia della morale*, libro del 1887: «Esiste *soltanto* un vedere prospettico, *soltanto* un "conoscere" prospettico; e *quanti più* affetti lasciamo parlare sopra una determinata cosa, *quanti più* occhi, differenti occhi sappiamo impegnare in noi per questa stessa cosa, tanto più completo sarà il nostro "concetto" di essa, la nostra "obiettività"» (Nietzsche 1984b, p. 113). Ma già nella *Gaia scienza*, a proposito del *Nostro nuovo "infinito"* (aforisma 374) Nietzsche scriveva:

> «Fino a che punto si estenda il carattere prospettico dell'esistenza, o essa forse non abbia un altro carattere qualsiasi, se un'esistenza senza spiegazione, senza "senso", non diventi appunto un "assurdo", se, d'altra parte, non già ogni esistenza sia essenzialmente un'esistenza *che spiega*: tutto questo, com'è giusto, non può essere deciso nemmeno attraverso la più diligente e la più penosamente coscienziosa analisi e auto indagine dell'intelletto; infatti, in questa analisi, l'intelletto umano non

può fare a meno di vedere se stesso sotto le sue forme prospettiche e di vedere *soltanto* in esse. Non possiamo girare con lo sguardo il nostro angolo: è una curiosità disperata voler sapere che cosa *potrebbe* esserci ancora per altre specie d'intelletto e di prospettive: per esempio, se chissà quali esseri possono avvertire il tempo a ritroso, oppure alternativamente in senso progressivo e regressivo (con la qualcosa sarebbe data un'altra direzione della vita e un altro concetto di causa ed effetto). Ma io penso che oggi per lo meno siamo lontani dalla ridicola presunzione di decretare dal nostro angolo che solo a partire da questo angolo si *possono* avere prospettive. Il mondo è piuttosto divenuto per noi ancora una volta "infinito": in quanto non possiamo sottrarci alla possibilità che esso *racchiuda in sé interpretazioni infinite*. Ancora una volta il grande brivido ci afferra: ma chi mai avrebbe voglia di divinizzare ancora immediatamente, alla maniera antica, *questo* mostruoso mondo ignoto? E di adorare forse, da questo momento, *questa cosa* ignota come "colui che è ignoto"? Ah, in questo ignoto sono comprese troppe *non divine* possibilità d'interpretazione, troppa stregoneria, scempiaggine, bizzarria d'interpretazione: questa nostra umana, anche troppa umana, interpretazione, che noi conosciamo...» (Nietzsche 1984, pp. 253-4).

Come si è visto, la prospettiva genealogica va dunque vista, e costruita, in opposizione alla metafisica filosofica. Il genealogista è un «"essere sotterraneo", uno che perfora, scava, scalza di sottoterra» (*Aurora*, cit., p. 3). In *Genealogia della morale* (pubblicato nel 1887) si dice che il suo colore è il «*grigio*, il documentato, l'effettivamente verificabile, l'effettivamente esistito, insomma tutta la lunga, difficilmente decifrabile, scrittura geroglifica del passato morale dell'uomo» (Adelphi, Milano, 1984, p. 10). La metafisica, al contrario, è «la scienza che tratta degli errori fondamentali dell'uomo – però come se fossero verità fondamentali» (Nietzsche 1982, p. 29).

Nietzsche insiste sull'imprescindibilità dell'errore nella storia dell'esistenza umana, sulla necessità dell'errore per la vita. «Tutta la vita umana è profondamente immersa nella non verità» (*Ibid.*, p. 41). Fondamentale non è la verità, ma l'errore; originario è l'errore e non la verità. «La storia dei sentimenti morali è la storia di un errore» (*Ibid.*, pp. 50-1), perché «la bestia in noi vuol essere ingannata; la morale è la menzogna necessaria per non esserne sbranati. Senza gli errori che si trovano nelle ipotesi della morale, l'uomo sarebbe rimasto animale» (*Ibid.*, p. 52). Ed è l'*errore* che «ha reso l'uomo così profondo, delicato e inventivo, da produrre un tal fiore come le religioni e le arti» (*Ibid.*, p. 37). Nell'aforisma 11 della *Gaia scienza*, Nietzsche chiarisce il rapporto dell'errore con la coscienza:

«La coscienza è l'ultimo e più tardo sviluppo dell'organico e di conseguenza anche il più incompiuto e il più depotenziato. Nella coscienza hanno radice innumerevoli errori che provocano la morte di una bestia o di un uomo prima del tempo necessario, "al di là del destino", come dice Omero. Se il vincolo conservatore dell'istinto non fosse così assolutamente potente, se non servisse, nel complesso, da regolatore, l'umanità dovrebbe perire per i suoi errati giudizi e il suo fantasticare ad occhi aperti, per la sua superficialità e la sua credulità: o piuttosto, senza di quello, essa sarebbe già scomparsa da un bel pezzo! Prima che una funzione sia compiutamente formata e matura, costituisce un pericolo per l'organismo: è un bene se viene così a lungo e validamente tiranneggiata! Così è la coscienza a essere validamente tiranneggiata: e in misura non indifferente dall'orgoglio che se ne ha. Si pensa che qui sia il *nocciolo* dell'essere umano: ciò che di esso è durevole, eterno, ultimo assolutamente originario! Si considera la coscienza una stabile grandezza data! Si negano il suo sviluppo, le sue intermittenze! La si intende come "unità dell'organismo"! Questa ridicola sopravvalutazione, questo travisamento della coscienza hanno come corollario un grande vantaggio, consistente nel fatto che con ciò è stato *impedito* un troppo celere perfezionarsi della medesima. Perché gli uomini ritenevano di possedere già la conoscenza, si sono dati senza premura per acquistarla, e anche oggi le cose non stanno diversamente! È ancora sempre un *compito* del tutto nuovo, proprio in questo momento baluginante all'occhio umano e a stento non riconoscibile con chiarezza, quello di *incarnare in se stessi il sapere* e di farlo istintivo: un compito scorto soltanto da chi è giunto a comprendere che fino ad oggi si sono incarnati in noi solo i nostri *errori* e che tutta la nostra coscienza è in rapporto ad errori!» (Nietzsche 1984, pp. 44-5).

Per Nietzsche, detto altrimenti, la coscienza non appartiene propriamente all'esistenza individuale, ma piuttosto a ciò che in esso è dimensione comunitaria e gregaria: «essa si è sottilmente sviluppata solo in rapporto ad una utilità comunitaria e gregaria» (*Ibid.*, p. 222). Per questo il pensiero, lungi dal comprendere l'individualità, rende oggetto di coscienza solo il non individuale, adeguandosi alla maggioranza e traducendosi nella prospettiva del gregge (anche Durkheim non si allontanava tanto da questa posizione quando, riformulando in termini dualistici la sua sociologia, affermava che i concetti rimandano sempre, ed esclusivamente, ad una realtà sociale). In generale, la coscienza si è «*sviluppata soltanto sotto la pressione del bisogno di comunicazione*» (*Ibid.*, p. 221), si è costituita in relazione al rapporto sociale e in virtù dell'utilità arrecata a quest'ultimo. L'uomo solitario non ne avrebbe avuto bisogno. Il pensiero che diviene cosciente è, dunque, soltanto la parte più piccola, superficiale e peggiore del sapere: soltanto il pensiero consapevole, infatti, quello che si sviluppa insieme alla lingua, si determina in parole, cioè in «*segni di comunicazione*», il che «rivela l'origine della coscienza medesima» (*Ibid.*). Così leggiamo ancora dall'aforisma 354 di *La gaia scienza* (e come non pensare ancora al Durkheim del *Il dualismo della natura umana e le sue condizioni sociali*, testo del 1914):

> «Tutte quante le nostre azioni sono in fondo incomparabilmente personali, uniche, sconfinatamente individuali, non v'è dubbio; ma appena le traduciamo nella coscienza, *non sembra che lo siano più* ... Questo è il vero fenomenalismo e prospettivismo, come lo intendo *io*: la natura della *coscienza animale* implica che il mondo, di cui possiamo aver coscienza, è solo un mondo di superficie di segni, un mondo generalizzato, volgarizzato; che tutto quanto si fa cosciente, *diventa* perciò stesso piatto, esiguo, relativamente stupido, generico, segno, segno distintivo del gregge; che a ogni farsi della coscienza è collegata una grande fondamentale alterazione, falsificazione, riduzione alla superficialità e generalizzazione. Lo svilupparsi della coscienza non è, infine, senza pericolo, e chi vive tra gli ipercoscienti europei sa che è una malattia» (*Ibid.*, p. 222).

Se la coscienza è, dunque, soltanto alterazione, errore, falsificazione, tutto ciò che su essa si articola – il pensiero, la verità, la conoscenza, la ragione, la scienza, la filosofia, i valori, la morale – rimane infondato, inautentico, falso. «La fede nella verità comincia col dubbio su tutte le "verità" fino ad allora credute» (Nietzsche 1981b, p. 17). «Credete voi che tutte le cose buone abbiano avuto in tutti i tempi una buona coscienza?» – chiedeva Nietzsche nell'aforisma 90 di *Umano troppo umano* –. E così proseguiva: «la scienza, ossia certamente qualcosa di molto buono, è entrata nel mondo senza di essa, e del tutto priva di ogni *pathos*, piuttosto clandestinamente, per vie traverse, avanzando col capo velato o mascherato, simile a un delinquente e sempre almeno col *sentimento* di una contrabbandiera. La buona coscienza ha la cattiva coscienza come primo grado – non come contrapposto: giacché ogni cosa buona è stata una volta nuova, per conseguenza inusitata, contro il costume, *immorale* e ha roso il cuore come un verme al fortunato inventore» (*Ibid.*, p. 37).

Allo stesso modo, «ogni fede nel valore e nella dignità della vita è basata su un pensiero non puro» (Nietzsche 1982, p. 39). Così come ogni rapporto filosofico con la verità non è che una prospettiva, un'interpretazione erronea e mendace che solo la genealogia può smascherare: «in ogni filosofare non si è trattato per nulla, fino ad oggi, di "verità", ma di qualcos'altro, come salute, avvenire, sviluppo, potenza, vita ...» (Nietzsche 1984, p. 16). In un passo di *Al di là del bene e del male*, libro pubblicato nel 1886, Nietzsche affermava: «non c'è nel filosofo un bel nulla d'impersonale; e particolarmente la sua morale offre una risoluta e decisiva testimonianza di *quel che egli è* – vale a dire in quale disposizione gerarchica i più intimi istinti della natura siano posti gli uni rispetto agli altri» (Nietzsche 1983, p. 12).

Lo storico genealogista si oppone allora al filosofo metafisico. Anzi, la genealogia decostruisce la metafisica, la sua pretesa di approdare all'*origine*, alla *cosa in sé*. «Col cercare le origini – scriveva Nietzsche nel *Crepuscolo degli idoli*, testo stampato nel 1888 –, si diventa gamberi. Lo storico guarda a ritroso; e finisce anche per *credere* a ritroso» (Nietzsche 1983b, p. 28). La genealogia non *crede a ritroso*, come la storia antiquaria, non pensa l'origine come qualcosa di dato, di stabilito, di fondato, di eterno. La genealogia si chiede, sempre di nuovo, da dove provengano i fenomeni, i valori: «in quali condizioni l'uomo è andato inventando quei giudizi di valore: buono e cattivo? *e quale valore hanno in se stessi?*» (Nietzsche 1984b, p. 5); si interroga sulla mancanza di origine, di scopo, sulla non fondatezza della ragione (sulla sua incapacità di fondare alcunché), sull'irragionevolezza di ogni ragione, sul carattere interpretativo, ermeneutico, delle forme di razionalità e di razionalizzazione. «Glorificare l'origine – è questo il germoglio metafisico che rispunta nella considerazione della storia e che fa ogni volta credere che al principio di tutte le cose si trovi il più perfetto e il più essenziale» (Nietzsche 1981b, p. 134). Indicativo a tal riguardo è l'aforisma 44 di *Aurora*, dal titolo *Origine e significato*:

> «Perché mi ritorna sempre questo pensiero che mi arride in colori sempre più vari? Il pensiero che *una volta* i pensatori, quando erano sulla strada diretta all'origine delle cose, credevano di trovare sempre qualcosa di ciò che avrebbe avuto per ogni agire e giudicare un significato inestimabile; che fosse anzi costantemente *presupposta* una dipendenza della *salvezza* umana da una *piena cognizione dell'origine delle cose*: mentre noi oggi al contrario, quanto più perseguiamo l'origine, tanto meno ne siamo partecipi con i nostri interessi; anzi, tutte le valutazioni e gli "interessi" che abbiamo posto nelle cose cominciano a perdere il loro senso, quanto più regrediamo con la nostra conoscenza fino a giungere alle cose stesse. *Con la piena cognizione dell'origine aumenta l'insignifi-*

*canza dell'origine*: mentre la *realtà più vicina*, quel che è intorno e dentro di noi, comincia a poco a poco a mostrare colori e bellezze ed enigmi e ricchezze di significato, cose, queste, di cui l'umanità più antica non sognava neppure» (Nietzsche 1984c, pp. 38-9).

Il genealogista deve, allora, ammettere la «non verità» come condizione della vita; e ciò vuol dire mettersi «pericolosamente» in contrasto con i consueti sentimenti di valore. La filosofia che intraprende questo passo, già soltanto per questo, si pone «al di là del bene e del male». E proprio in un passo del primo capitolo di *Al di là del bene e del male* troviamo un'indicazione importante:

> «"Come potrebbe qualcosa nascere dal suo contrario? Per esempio la verità dall'errore? O la volontà di verità dalla volontà d'illusione? O l'azione disinteressata dal proprio tornaconto? O la pura solare contemplazione dei saggi dalla concupiscenza? Una tale origine è impossibile; chi sogna una cosa del genere è un folle, anzi qualcosa di peggio; le cose di valore supremo devono avere un'origine diversa, un'origine *loro propria* – non possono essere derivate da questo mondo effimero, seduttore, ingannevole, irrilevante, da questo guazzabuglio di delirio e bramosia! Piuttosto la loro origine deve essere in seno all'essere, nel non transeunte, nel nascosto Iddio, nella 'cosa in sé' – *là* e in nessun altro luogo!". – Questa maniera di giudicare costituisce il tipico pregiudizio, da cui si rendono riconoscibili i metafisici di tutti i tempi; questa specie di apprezzamenti di valore sta sullo sfondo di tutti i loro procedimenti logici; prendendo questa loro "fede" come punto di partenza, essi si sforzano di raggiungere il loro "sapere", qualcosa che alla fine viene battezzato come "la verità". La credenza fondamentale dei metafisici è la *credenza nelle antitesi dei valori*. [...] Sarebbe inoltre persino possibile che *quanto* costituisce il valore di quelle buone e venerate cose consista proprio nel fatto che esse sono capziosamente imparentate, annodate, agganciate a quelle cattive, apparentemente antitetiche, e forse anzi sono a queste essenzialmente simili. Forse! – Ma chi mai vorrà preoccuparsi di siffatti pericolosi "forse"! Per questo occorre aspettare l'arrivo di un nuovo genere di filosofi, tali che abbiano gusti e inclinazioni diverse ed opposte rispetto a quelle fino a oggi esistite – filosofi del pericoloso "forse" in ogni senso. – E per dirla con tutta serietà: io vedo che si stanno avvicinando questi filosofi» (Nietzsche 1983, pp. 7-9).

## e) *Simulacri*

Del resto, gli scritti dopo lo *Zarathustra* sono dominati dal pensiero del «rovesciamento di tutti i valori». Il pensiero nietzschiano sembra svolgersi in una direzione stabilita: i problemi della filosofia sono per lui problemi di valore. L'essere del valore non è più problematico; se la filosofia del passato pensava l'essere, la stessa, per Nietzsche, si trova già sotto la guida dei punti di vista di valore, vuol sfuggire al divenire, considera ciò che è stabile e fisso come la cosa più rilevante, più preziosa più genuina (Fink 1977, pp. 137-8). Al problema della verità dei valori si sostituisce quello del valore della verità. Ecco il programma ribadito, in modo solenne, alla fine di *L'anticristo*, testo del 1888: «Trasvalutazione di tutti i valori!» (Nietzsche 1984d, p.97).

Il metodo genealogico (prospettiva degli «spiriti liberi») procede secondo la rotta della morte di Dio, della trasvalutazione dei valori, dell'avvento dell'otreuomo, ma si lega essenzialmente al tema del simulacro.

Gli ultimi due punti, il 5 e il 6, che concludono la *Storia di un errore*, ovvero, il breve capitolo del *Crepuscolo degli idoli* (1888) dedicato a *Come il "mondo vero" finì per diventare favola*, suonano così: «Il "mondo vero" – un'idea, che non serve più a niente, nemmeno più vincolante – un'idea divenuta inutile e superflua, *quindi* un'idea confutata: eliminiamola! [...] Abbiamo tolto di mezzo il mondo vero: quale mondo ci è rimasto? Forse quello apparente? ... Ma no! *Col mondo vero abbiamo eliminato anche quello apparente!*» (Nietzsche 1983b, p. 46).

Commentando il passo nel suo saggio del 1936-7 dedicato a Nietzsche e intitolato *La volontà di potenza come arte*, Heidegger scriveva: «Il titolo "Come il 'mondo vero' finì per diventare favola" dice che qui deve essere esposta la storia nel corso della quale il soprasensibile, posto da Platone come il vero ente, non soltanto fu trasferito dal rango superiore a quello inferiore, ma sprofondò nell'irrealtà e nel nulla» (Heidegger 1994, p. 199). E Derrida, più tardi, ritornando sullo stesso passo, che ai suoi occhi assumeva il senso di una «narrazione favolosa su di una fabulazione, sulla verità come affabulazione, un colpo di scena», così commentava: «Ora, il favoloso e il fantasmatico hanno un tratto comune: *stricto sensu*, nel senso classico e prevalente di questi termini, essi non appartengono né al registro del verace né del menzognero. Somigliano piuttosto a una specie irriducibile di simulacro, se non di simulazione, nella penombra di una virtualità: né essere né niente, non rientrano neppure nel dominio del possibile del quale un'ontologia o una micetologia potrebbe rendere conto o avere ragione. Non più del mito, la favola o il fantasma indubbiamente non sono delle verità né degli enunciati veri in quanto tali. Ma a maggior ragione non sono degli errori, degli inganni, delle false testimonianze o degli spergiuri» (Derrida 2006, pp. 5-6).

Nel prologo di *Ecce homo* (anch'esso del 1988 ma pubblicato postumo solo nel 1908), Nietzsche era tornato sul tema:

> «Non sarò io a elevare nuovi idoli, e quanto ai vecchi, comincio a imparare che vuol dire avere i piedi di argilla. *Rovesciare idoli* (parola che uso per dire "ideali") – questo sì è affar mio. La realtà è stata destituita del suo valore, del suo senso, della sua veracità, nella misura in cui si è dovuto *fingere* un mondo ideale ... Il "mondo vero" e il "mondo apparente" – in altre parole: il mondo *finto* e la realtà ... Fino a oggi pesava sulla realtà la *menzogna* dell'ideale, la maledizione che ha penetrato l'umanità fin nei suoi istinti più riposti per farla diventare menzognera e falsa – fino al punto di farle adorare i valori *inversi* di quelli che soli le potrebbero garantire la crescita, l'avvenire, il sovrano *diritto* all'avvenire» (Nietzsche 1983c, p. 12).

Ogni metafisica, da Parmenide a Platone, dal cristianesimo a Kant, elabora una «teoria dei due mondi»: oltre il nostro mondo terreno della finitezza, della temporalità, dell'apparenza, c'è il mondo dell'essere in se stesso, dell'infinitezza e dell'eternità, dell'atemporalità e della verità (l'effetto di questa divisione è perciò la svalutazione del mondo e della vita). Qualunque sia il diverso valore attribuito a tale opposizione, la critica di Nietzsche è sempre la stessa: egli respinge il fatto – così commenta Jaspers nel 1936 – «che si contrapponga il mondo dell'aldilà al mondo terreno, un mondo vero ad un mondo apparente, un mondo invisibile a quello visibile, un mondo della beatitudine al mondo del dolore» (Jaspers 1996, p. 291). Questa contrapposizione è per Nietzsche soltanto un'interpretazione (ogni sapere dell'essere è per lui nient'altro che interpretazione): «Quando egli combatte la teoria dei due mondi, non combatte dunque l'interpretare in quanto interpretare, ma un principio del tutto determinato dell'interpretazione. Le interpretazioni non sono equivalenti, perché una si impone sulle altre» (*Ibid.*). Vi è sempre lotta tra interpretazioni, irriducibile asimmetria.

Detto altrimenti, secondo la prospettiva nietzschiana, il «mondo vero», comunque lo si sia finora concepito, è stato sempre soltanto «ancora una volta» il mondo apparente. Il raddoppiamento è dunque superfluo se l'altro è ignoto e se è possibile esprimerne la sussistenza solo mediante la ripetizione delle categorie e dei contenuti del mondo conosciuto. Occorre, pertanto, distruggere la copia (e, con essa, la copia della copia, la rappresentazione di un modello) ed affermare la potenza del simulacro: occorre rovesciare radicalmente ciò che egli chiama, per semplificazione, il platonismo.

È così giunto il momento in cui il mondo vero può essere finalmente tolto di mezzo. Ma questa sparizione coinvolge anche il mondo apparente, perché con il mondo vero si elimina anche quello apparente, lasciando così aperto l'orizzonte del simulacro.

Ecco, dunque, il problema: occorre sovvertire la lettura filosofica che definisce il mondo delle copie, che pone il mondo come icona, è affermare definitivamente il mondo del simulacro. Si tratta, in altre parole, di uscire dall'universo della rappresentazione (platonica), di ribaltare l'esigenza del simile e del medesimo. E ciò significa – come ricorda ancora Deleuze – «rovesciare il platonismo»: «far risalire i simulacri, affermare i loro diritti tra le icone o le copie» (Deleuze 1984, p. 230). Il problema, allora, non riguarda più la distinzione Essenza-apparenza o Modello-copia. «Tale distinzione nel suo insieme – spiega ancora Deleuze – opera nel mondo della rappresentazione; si tratta di mettere il sovvertimento in tale mondo, "crepuscolo degli idoli". Il simulacro non è una copia degradata, esso racchiude una potenza positiva che nega *sia l'originale sia la copia*, *sia il modello sia la riproduzione*. Delle due serie divergenti, quanto meno interiorizzate nel simulacro, nessuna può essere fissata come originale, nessuna come copia. Nemmeno basta invocare un modello dell'Altro, poiché nessun modello resiste alla vertigine del simulacro. Non c'è punto di vista privilegiato più di quanto non ci sia oggetto comune a tutti i punti di vista. Nessuna gerarchia è possibile: né secondo, né terzo ... La somiglianza sussiste, ma è prodotta come l'effetto esteriore del simulacro, in quanto si costituisce sulle serie divergenti e le fa risuonare tutte in ciascuna nel corso del movimento forzato» (*Ibid.*, pp. 230-1).

Siamo, dunque, nell'ordine della simulazione, nel dispiegamento della potenza del falso (del falso in quanto potenza) come ordine del simulacro, come gioco di continua sovrapposizione di maschere, senza più riferimenti originali, senza più somiglianze autentiche o appartenenze ideali. Emergendo in superficie, destituendo la gerarchia stabilita sul fondamento, provocando la «de-generazione» dell'originario, il simulacro, lungi dal porsi, a sua volta, come nuovo fondamento, dissolve sotto la potenza fantasmagorica del falso, il modello e la copia (*Ibid.*, p. 231). Tutto rimane «gioiosamente» infondato: l'essenza come l'apparenza, il vero come il falso, l'originale come la copia, il modello come l'immagine. In uno degli ultimi aforismi di *Al di là del bene e del male*, Nietzsche, come si è visto, scorgeva «dietro ogni caverna, una caverna ancora più profonda», un «abisso sotto ogni fondo, sotto ogni "fondazione"»: rovesciamento della verità nella finzione, nella menzogna, nell'errore; rovesciamento del platonismo. «Quest'arte della trasfigurazione è la filosofia». Nella prefazione alla seconda edizione (1886) della *Gaia scienza* leggiamo: «Non crediamo più che verità resti ancora verità, se le si tolgono i veli di dosso; abbiamo vissuto abbastanza per credere in questo» (Nietzsche 1984, p. 19). «*Incipit parodia*, non c'è dubbio» (*Ibid.*, p. 14).

«Con il mondo vero – così, nel 1963, Pierre Klossowski commentava il *Crepuscolo degli idoli* – abbiamo soppresso anche il mondo apparente; essendo scomparso il mondo vero (platonico, cristiano, spiritualista, idealista, trascendente), che serviva da riferimento al mondo apparente, anche l'apparenza scompare; il mondo, da apparente che era, non può divenire il mondo reale del positivismo scientista: il mondo diviene favola, il mondo in quanto tale è favola: favola significa qualcosa che si racconta e che esiste solo nel racconto; il mondo è qualcosa che si racconta, un evento narrato e dunque un'interpretazione: la religione, l'arte, la scienza, la storia sono interpretazioni diverse del mondo, o piuttosto delle varianti della favola» (Klossowski 1999, p. 17). Nell'aforisma 54 della *Gaia scienza* Nietzsche scriveva:

> «Che cos'è ora, per me, "apparenza"! In verità, non l'opposto di una qualche sostanza: che cos'altro posso asserire di una qualche sostanza, se non appunto i soli predicati della sua apparenza? In verità, non una maschera inanimata che si potrebbe applicare ad una X sconosciuta e pur anche togliere! Apparenza è per me ciò stesso che realizza e vive, che va tanto lontano nella sua autodecisione da farmi sentire che qui tutto è apparenza e fuoco fatuo e danza di spiriti e niente di più; che tra tutti questi sognatori anch'io, l'"uomo della conoscenza", danzo la mia danza; che l'uomo della conoscenza è un mezzo per tirare in lungo la danza terrena ed in questo senso fa parte dei soprintendenti alle feste dell'esistenza; e che la sublime consequenzialità e concomitanza di tutte le conoscenze è, forse, e sarà il mezzo più alto *per mantenere* l'universalità delle loro chimere di sogno e la generale comprensione reciproca di questi sognatori e con ciò appunto la *durata del sogno*» (Nietzsche 1984, pp. 75-6).

La conoscenza, come si è visto, non è altro che errore che conserva la vita: falsificazione, simulazione. Sotto il segno del simulacro, Nietzsche giunge a dissolvere, fin nelle operazioni dell'intelletto che costituiscono la ragione logica e la conoscenza razionale, sia il concetto di pensiero cosciente sia quello di verità. La verità è soltanto un errore necessario. L'ordine etico della verità cede il passo a quello estetico dell'illusione: al dominio del vero si sostituisce il dominio del simulacro. Come dire: possiamo liberarci delle apparenze (e, con queste, delle sostanze) solo attraverso le apparenze. Gioco paradossale e sottile della simulazione, del simulacro, dell'impostura: primato dell'arte sulla speculazione filosofica e, al contempo, su ogni concetto di natura.

In un libro del 1969 dedicato allo studio degli scritti nietzschiani degli ultimi anni, e condotto in gran parte sull'analisi dei *frammenti postumi*, Pierre Klossowski ripercorreva ancora il tema del simulacro attraverso le figure della «mistificazione», dell'«impostura» e della «simulazione». Un ruolo centrale veniva accordato a questo frammento: «*A noi i bei simulacri! Dobbiamo essere gli impostori che abbelliscono* l'umanità! – proprio *questo* è *esser filosofi*» (Klossowski 1981, p. 196). Si demistifica per mistificare meglio. Il concetto «positivo» di simulazione decostruisce le nozioni morali e ontologiche di vero e di falso. Il suo compito non è quello di ingannare nuovamente (come se nella «rimistificazione» fosse in opera una nuova morale) ma di favorire la potenza creatrice degli impulsi ormai svincolati dai valori dopo la demistificazione scientifica (e la disillusione illuminista). Scrive ancora Klossowski: «Affermare che "*il solo essere che ci sia garantito è quello che si rappresenta, quindi che muta, che non è identico a sé, che è affatto relativo*", e cioè che l'esistenza è mantenuta soltanto dall'affabulazione, è come dire che l'esistenza stessa è un'affabulazione: e infatti il proposito di Nietzsche, che teme l'estendersi della *nirvanizzazione* in Occidente, è appunto di invertire questa nirvanizzazione nella prassi del simulacro: l'attrazione del nulla può essere superata solo con lo sviluppo dei fantasmi che il Budda si sforza di liquidare. "*Il nichilismo (in senso passivo) si manifesta appena si esaurisce la forza che inventa nuove finzioni e quella che le interpreta*"» (*Ibid.*, pp. 198-9). È questa la lettura che Nietzsche trae dalla situazione morale e culturale contemporanea: «le *morali* da cui nascono i *criteri* della conoscenza e del comportamento, criteri che a loro volta generano nuove morali, dipendono esclusivamente dalle interpretazioni dell'uomo a un determinato livello del suo psichismo, dove i suoi fantasmi si esteriorizzano in simulacri. Quando i simulacri esistenti agonizzano e non ve ne sono di nuovi, il fantasma impulsionale e l'intelletto si fronteggiano disperatamente, ed è dalla loro reciproca incomunicabilità che Nietzsche arriva alla conclusione che l'*intelletto è la caricatura della sragione*. (Poiché non si è riconosciuto come tale, nell'assenza di un nuovo simulacro, l'intelletto diventa lui stesso un fantasma: il "naturalismo", l'"oggettività" scientista sono solo forme di ciò). L'impotenza a inventare simulacri non è dunque altro che un sintomo di degenerazione: situazione che infirma una forza di invenzione sostenuta da un determinato impulso che non soltanto produca i suoi fantasmi ma che anche sappia interpretarli» (*Ibid.*, p. 199). Sembra quasi che si riproduca, in termini diversi e su un piano spostato (quello della psiche e degli impulsi), la dialettica tragica dionisiaco/apollineo, ove la tensione alle «belle forme armoniose», alle immagini «rassicuranti» (nella comprensione estetica dell'esistenza) diventa ora simulazione impulsionale, creazione prospettica, necessario simulacro ermeneutico. «Non esiste nulla all'infuori degli *impulsi* essenzialmente *generatori* di *fantasmi*. Il simulacro – scrive ancora Klossowski – non è il prodotto del fantasma, bensì la sua ingegnosa riproduzione, ed è in esso che l'uomo trova la capacità di *prodursi* da sé. Nelle forze dell'impulso esorcizzante e dominante. Il *Trugbild* – il simulacro – diventa, nelle mani del filosofo 'impostore', la riproduzione *voluta* di fantasmi non-voluti, nati dalla vita impulsionale» (*Ibid.*).

In questa prospettiva, solamente l'arte, capace (con i suoi procedimenti non interamente assoggettati alla funzione di continuità – alla logica di causa e effetto) di riprodurre nelle sue figure le condizioni di intensità impulsionali che compongono il fantasma, è quel mediatore essenziale che può esprimere ciò che il fantasma «vuole». «Il simulacro è, in rapporto all'intelletto, la licenza da questo concessa all'arte: una sospensione *ludica* del principio di realtà» (*Ibid.*, p. 200).

L'intelletto è censura: la mistificazione che opera dietro il principio di realtà per ragioni di sicurezza e per la continuità «gregaria» dell'esistenza. Il simulacro è ciò che, dall'interno di questa stessa dimensione, sospende tale funzione, ciò che spezza la gregarietà. «*Fissare uno scopo*, *dare* un senso – non solo per orientare le forze vive, ma anche per creare *nuovi centri di forze*, ecco dunque in cosa consiste il proposito del simulacro: un simulacro di scopo, di senso – *da inventare*! Partendo da cosa? Dai fantasmi della vita pulsionale – dato che l'impulso, in quanto "*volontà di potenza*" è già il primo interprete» (*Ibid.*, p. 201).

Detto altrimenti, è come se si scontrassero due prospettive, due "interpretazioni" risalenti alla volontà di potenza: quella gregaria (la conoscenza che reinventa ogni volta il reale a seconda del modo in cui concepisce e poi manipola i suoi oggetti) e quella che, attraverso l'iniziativa individuale, spezza la gregarietà. La specie, secondo Nietzsche, è l'errore più grossolano, l'individuo l'errore più sottile, quello che viene per ultimo. In questi termini Klossowski interpreta l'ultima fase del pensiero nietzschiano: «Per Nietzsche, è stato l'*impulso gregario a resistere, nella scienza, come principio di realtà* – punto limite, a partire dal quale la conoscenza *si apre sul Caos* in cui sprofonda la specie. Non ha ripetuto mille volte Nietzsche che la nozione di questo "*spalancarsi*" rimaneva inassimilabile, in quanto "*verità*", alla funzione del vivere, e che il nome di "verità" non è che un *errore* indispensabile a una specie di viventi per poter sussistere? Ma che importa la sicurezza della specie!» (*Ibid.*, p. 202).

La conoscenza non è che la volontà di potenza gregaria che interpreta le condizioni di esistenza per conservare la specie. E visto che la simulazione è l'attributo dell'essere stesso, essa diventa anche il principio attraverso il quale la conoscenza si costituisce. Non si tratta, dunque, di pensare il fittizio, la copia della copia (come se vi operasse sempre un rapporto mimetico); per chi afferma un concetto positivo del falso si tratta di spingere la copia fino al punto in cui essa muta di natura e si rovescia in simulacro. E il simulacro, a partire da qui, espone il mondo della pura immanenza. O meglio, il mondo come pura immanenza – ciò che rimane dopo che si sono tolti di mezzo i «due mondi» (una volta rovesciato il platonismo e, insieme ad esso, il positivismo) – diventa il mondo del simulacro: ciò che ha come sfondo il solo divenire, la vita, la natura, quel che propriamente esiste nella totale instabilità. Che si parli, infatti, del divenire o della vita della natura, il processo dell'essere che comunque vi si svolge è per Nietzsche soltanto un «interpretare» o un «essere-interpretato» (una volontà ermeneutica): una *prospettiva* (come creazione interpretativa del mondo) che fa capo alla visione *prospettivistica* del nostro intelletto.

## f) *La questione del soggetto*

A questo mondo immanente, insieme instabile e creativo, occorre allora riferire anche la dissoluzione del soggetto (del «*mondo fittizio*» del soggetto): del soggetto, prima di tutto, quale garante dell'unità della coscienza, e del soggetto quale «sostanza». In un frammento postumo (il 481) raccolto e ordinato da Peter Gast e Elisabeth Förster-Nietzsche nel volume intitolato *La volontà di Potenza* (1906)

Nietzsche ritornava sui problemi ermeneutici e sulla visione prospettica dell'esistenza:

> «Contro il positivismo, che si ferma ai fenomeni dicendo "ci sono soltanto fatti", io direi: no, appunto i fatti non esistono, esistono solo interpretazioni. Non possiamo stabilire nessun fatto "in sé": forse è assurdo il volere qualcosa del genere. Voi dite: "tutto è *soggettivo*"; ma già questo è una *interpretazione*. Il "soggetto" non è un che di dato, ma un che di immaginato in aggiunta, di posto sullo sfondo. E infine, è necessario porre anche un interprete dietro l'interpretazione? Già questo è immaginazione poetica, ipotesi. Nella misura in cui la parola "conoscenza" ha in genere un senso, il mondo è conoscibile; ma lo si può *interpretare* in altro modo: esso non ha un senso dietro di sé, ma innumerevoli sensi. "Prospettivismo". Sono i nostri bisogni che *interpretano il mondo*: i nostri istinti, il loro pro e contro. Ogni istinto è una sorta di avidità di potenza, ognuno ha la sua prospettiva che vorrebbe imporre come norma a tutti gli altri» (Nietzsche 2005, pp. 271-2).

L'«io» viene «posto dal pensiero» come orizzonte della nostra conoscenza, ma non si tratta di affermare alcuna «verità». Nell'ottica dell'antipositivismo nietzschiano (che nel rovesciamento del platonismo diviene, paradossalmente, un positivismo radicale, come più tardi in Foucault), l'«io», il «soggetto», non è niente di sostanziale: «Porre come *causa del vedere* una specie di prospettiva visuale. Questo – scrive Nietzsche – è stato il trucco nell'invenzione del "soggetto", dell'"io"» (*Ibid.*, p. 299). Non è a necessario ammettere *un soggetto*; il *soggetto*, se mai, è una «molteplicità»: «Forse è altrettanto lecito – leggiamo ancora – supporre una molteplicità di soggetti, il cui gioco d'insieme e la cui lotta stanno alla base del nostro pensiero e in generale della nostra coscienza. Una specie, forse, di *aristocrazia* di "cellule" in cui riposa la potenza?» (*Ibid.*, p. 275).

Il «soggetto», così come assunto nella storia del pensiero filosofico occidentale, non è altro che *finzione*, errore prospettico. La decostruzione del principio metafisico che, tutto interno al platonismo, sorregge la distinzione fra un «mondo vero» e un «mondo apparente» trova, dunque, un supporto radicale nella critica del concetto di «sostanza». In un lungo passo di un frammento dell'autunno 1887, dedicato a «combattere il *determinismo*», troviamo scanditi questi punti:

> «A) La necessità non è un fatto, ma un'interpretazione.
>
> B) Una volta che si sia capito che il "soggetto" non è niente che *produca effetto*, ma solo una finzione, molte cose ne seguono.

Solo in base al modello del soggetto abbiamo inventato *le cose* e le abbiamo introdotte nel guazzabuglio delle sensazioni. Se non crediamo più al soggetto *agente*, cade anche la credenza nelle cose *agenti*, nell'azione reciproca, nella causa ed effetto fra quei fenomeni che chiamiamo cosc.

Cade con ciò naturalmente anche il mondo degli ATOMI AGENTI, che si postulano sempre presupponendo che si abbia bisogno di soggetti.

Cade infine anche la "COSA IN SÉ": perché questa è in fondo la concezione di un "soggetto in sé". Ma noi abbiamo capito che il soggetto è finzione. La contrapposizione fra "cosa in sé" e "apparenza" è insostenibile; ma con essa cade anche il concetto di "apparenza".

C) Se rinunciamo al *soggetto* agente, rinunciamo anche all'*oggetto* su cui si opera. La durata, il restare uguale a sé, l'essere non ineriscono né a ciò che si chiama soggetto, né a ciò che si chiama oggetto: sono complessi dell'accadere, apparentemente duraturi in relazione ad altri complessi – cioè per esempio una diversità nel ritmo dell'accadere (quiete-movimento, denso-rado: tutte antitesi che non esistono in sé e con cui effettivamente si esprimono solo *diversità di grado*, che si presentano come antitesi per una certa misura prospettica).

Non esistono antitesi: solo da quelle della logica ricaviamo il concetto di antitesi – e solo muovendo da quelle le abbiamo introdotte falsamente nelle cose.

D) Se abbandoniamo il concetto di "soggetto" e "oggetto", rinunciamo anche a quello di "sostanza" – e quindi anche alle varie modificazioni di quest'ultimo, per esempio "materia", "spirito" e altri esseri ipotetici, "eternità e immutabilità della materia", ecc. Ci siamo sbarazzati della *materialità*.

Espresso in termini morali, *il mondo è falso*. Ma, in quanto la morale stessa è una parte di questo mondo, la morale è falsa.

La volontà di verità è un *rendere* vero-durevole, un eliminare dalla nostra presenza quel carattere *falso*, una reinterpretazione dello stesso nel senso dell'*essere*.

La verità non è pertanto qualcosa che esista e che sia da trovare, da scoprire, – ma qualcosa *che è da creare* e che dà il nome di un *processo*, anzi di una volontà di soggiogamento, che di per sé non ha mai fine: introdurre la verità, come un *processus in infinitum*, un *attivo determinare*, *non* un prendere coscienza di qualcosa 'che' sia 'in sé' fisso e determinato. È una parola per la "volontà di potenza"» (Nietzsche 1971, pp. 42-3).

Come si può ben capire, il «rovesciamento del platonismo» operato da Nietzsche, segna irrimediabilmente il crepuscolo del "soggetto" così come pensato nella tradizione filosofica occidentale. «Il vero nemico dell'eterno ritorno dell'uguale, cioè della coincidenza di esistenza e valore, evento e senso, è il soggetto della metafisica e della morale tradizionale, che non riesce a pensare tale coincidenza se non con terrore e disgusto, come mancanza di senso (giacché non riesce a pensare il senso se non come trascendente)» (Vattimo 1983, p. 213).

In altri termini, sullo sfondo della «morte di Dio» e sulla base della dottrina dell'eterno ritorno, Nietzsche giunge a compiere, secondo il suo punto di vista, il definitivo smascheramento del soggetto. Il soggetto e la coscienza non sono che maschere dei rapporti di dominio, i quali – come annota ancora Vattimo – «ne costituiscono *interamente* la sostanza e ne garantiscono la relativa stabilità» (*Ibid.*, p. 246). Se resta ancora qualcosa dopo questo smascheramento, dopo questa cancellazione, si tratta forse soltanto di un'«esistenza *provvisoria*» o «*postuma*»; si tratta soltanto di sperimentazione. «Noi siamo esperimenti: sia questo anche il nostro volere!» scriveva Nietzsche in *Aurora* (Nietzsche 1984c., p. 223).

## g) *Genealogia dei fenomeni morali*

Non possiamo, in effetti, comprendere a pieno la prospettiva genealogia nietzschiana se non collocandola entro questo orizzonte. È a partire da qui, infatti, che si rimodula il lavoro dello storico-genealogista in contrapposizione alle astrazioni filosofiche-metafisiche; ed è sempre a partire da qui che l'attività di decostruzione dell'origine e della «cosa in sé» acquista il suo specifico significato accedendo ad un «*sentire in modo diverso*». «Discesi nella profondità – scriveva Nietzsche ancora in *Aurora* –, perforai il fondo, cominciai a sondare e a scalzare un'antica *fiducia*, sulla quale noi filosofi, da un paio di millenni, eravamo soliti edificare come sul più sicuro fondamento» (Nietzsche 1984c, p. 4).

Innanzitutto, ciò che veniva sondata e scalzata era la «*fiducia nella morale*»: primo compito della genealogia.

> «Enunciamola questa *nuova esigenza*: abbiamo bisogno di una *critica* dei valori morali, *di cominciare a porre una buona volta in questione il valore stesso di questi valori* – e a tale scopo è necessaria una conoscenza delle condizioni e delle circostanze in cui sono attecchiti, poste le quali si sono andate sviluppando e modificando (morale come conseguenza, come sintomo, come maschera, come tartuferia, come malattia, come fraintendimento; ma anche morale come causa, come terapia, come *stimulans*, come inibizione, come veleno), non essendo esistita fino a oggi

una tale conoscenza e non essendo stata neppure soltanto desiderata» (Nietzsche 1994b, cit., pp. 8-9).

Il genealogista non cerca più le origini, il fondamento, ma le «condizioni» e le «circostanze» storiche a partire dalle quali si sviluppa il sentimento morale. È in questo lavoro di scavo che emerge la provenienza sociale della morale: «la moralità è l'istinto del gregge nel singolo» (Nietzsche 1984, p. 124). Per arrivare a ciò, al fondo storico che, suscitandolo, denuncia la contingenza e l'arbitrarietà di ogni fondamento eterno e astratto della moralità, occorre un nuovo metodo, una nuova prospettiva. Una prospettiva capace di denunciare l'ordine illusorio dei "fatti" morali, il carattere "ermeneutico" dei giudizi morali:

> «È noto quel che esigo dai filosofi, porsi, cioè, *al di là* del bene e del male – avere *sotto* di sé l'illusione del giudizio morale. Questa esigenza consegue a una idea che è stata da me formulata per la prima volta: *che non esistono per nulla fatti morali.* Il giudizio morale ha in comune con quello religioso la credenza in realtà che non lo sono. La moralità è soltanto un'interpretazione di determinati fenomeni, o per parlare con maggiore precisione, una *falsa* interpretazione» (Nietzsche 1983b, cit., p. 66).

Una prospettiva capace di dissodare il terreno storico, culturale, semantico da cui emerge il significato dell'ideale ascetico, «ciò che sta nascosto dietro di lui, sotto di lui, in lui, ciò di cui esso è l'espressione provvisoria, non chiara sovraccarica d'interrogativi e fraintendimenti» (Nietzsche 1984b, p.141): «L'ideale ascetico è uno stratagemma nella *conservazione* della vita» (*Ibid.*, p. 114). Una prospettiva, soprattutto, in grado di ripercorrere in modo critico la genealogia dei valori giuridici e morali, dei concetti di giustizia e di ragione. Su questo piano si concentra essenzialmente la decostruzione nietzschiana, svelando alla base delle costruzioni giuridiche orientate a posizioni di valore, l'emergere di forze contraddittorie e contrarie, irriducibili al senso morale che le stesse avrebbero voluto esprimere: «quanto sangue e orrore è nel fondo di tutte le "buone cose"!» (*Ibid.*, p. 50).

> «In *questa* sfera, nel diritto dunque delle obbligazioni, il mondo dei concetti morali "colpa", "coscienza", "dovere", "sacralità del dovere" ha il suo focolare d'origine – i suoi inizi, come gli inizi di ogni grandezza terrena, sono stati in fondo e lungamente irrorati nel sangue» (*Ibid.*, p. 53).

E ancora, più avanti, leggiamo:

> «Il "diritto" è stato a lungo un *vetitum*, un'empietà, un'innovazione, si fece innanzi con violenza, *come* violenza a cui si adattò unicamente con vergogna dinanzi a se stessi. Ogni più piccolo passo sulla terra è stato conquistato un giorno a prezzo di martìri dello spirito e della carne: questo intero punto di vista, "che non soltanto l'andare avanti, ma il camminare, il muoversi, il trasformarsi abbiano avuto bisogno dei loro innumerevoli martiri", ha per noi proprio oggi un accento così strano. L'ho messo in luce in "Aurora", p. 17 sgg. "Niente è stato pagato a più caro prezzo, si dice qui a p. 19, di quel poco di ragione umana e di senso della libertà che oggi costituisce la nostra fierezza. Ma è questa fierezza ciò per cui ora ci diventa quasi impossibile concordare nel sentimento con quegli immensi periodi di tempo dell'"eticità del costume", i quali precedono la "storia universale", in quanto reale e decisiva storia primaria che ha stabilito il carattere dell'umanità: quando il soffrire era stimato virtù, la crudeltà virtù, la dissimulazione virtù, la vendetta virtù, la negazione della ragione virtù; mentre invece il benessere era stimato pericolo, l'avidità di sapere pericolo, la pace pericolo, la compassione pericolo, l'essere compassionati oltraggio, il lavoro oltraggio, la filosofia divinità, il *mutamento* mancanza di eticità e realtà gravida di distruzione!» (*Ibid.*, pp. 107-8).

Da un punto di vista storico (al di là di ogni spiegazione filosofico-metafisico) il diritto si basa sulla stessa violenza da cui prende distanza. Il «sentimento della giustizia» non è che la forma tardiva, «anzi raffinata del giudicare e dell'inferire umano» (*Ibid.*, p. 51). Non è che la consacrazione della vendetta, un effetto di reazione, uno strumento dell'uomo del *ressentiment*, «un ulteriore sviluppo del sentimento proprio di chi si sente offeso» (*Ibid.*, p. 62). L'equivalenza di danno e dolore – su cui si fonda l'idea della pena – ha la sua origine «nel rapporto contrattuale tra *creditore* e *debitore*, che è tanto antico quanto l'esistenza di "soggetti di diritto", e rimanda ancora una volta, dal canto suo, alle forme fondamentali della compera, della vendita, dello scambio, del commercio» (*Ibid.*, pp. 51-2). Gli alti ideali del diritto, della giustizia hanno un'origine infima, bassa. Dietro il canone morale della giustizia, dietro il principio della «bontà d'animo» si nasconde l'idea che «ogni cosa ha il suo prezzo» e «tutto può essere comprato» (*Ibid.*, p. 59). Per il più lungo tratto di tempo della storia umana non si sono inflitti castighi perché si ritenesse l'autore del male responsabile della sua azione. Si punisce soltanto per «ira di un danno sofferto, alla quale si dà sfogo sul danneggiante». Una collera questa, mantenuta, tuttavia, nei limiti e «modificata dall'idea che ogni danno abbia in qualche modo il suo *equivalente* e realmente possa essere soddisfatto, sia pure mediante una *sofferenza* di chi lo ha provocato» (*Ibid.*, p. 51). Di ciò i moralisti non si accorgono.

> «Questi genealogisti della morale si sono mai, sino a oggi, anche solo lontanamente immaginati che, per esempio, quel basilare concetto morale di "colpa" ha preso origine dal concetto molto materiale di "debito"? O che la pena come *compensazione* si è sviluppata completamente a parte da ogni presupposto sulla libertà e non libertà del volere?» (*Ibid.*).

Qual è allora, dal punto di vista genealogico, l'origine e lo scopo della pena (due problemi che si dissociano o dovrebbero essere dissociati, perché erroneo è il collocare lo scopo all'origine della pena)? La sua «evoluzione» (come l'evoluzione di ogni cosa) non ha nulla a che vedere con il «*progressus* verso una meta» e, ancor meno, con un progresso logico.

> «"Il fine del diritto" è tra tutti l'ultimo elemento utilizzabile per la storia genetica del diritto: anzi per ogni specie di storia non esiste alcun principio più importante di quello che a prezzo di tanta fatica è stato conquistato, e che altresì *deve essere* conquistato – il principio, cioè, che la causa genetica di una cosa e la sua finale utilità, nonché la sua effettiva utilizzazione e inserimento in un sistema di fini, sono fatti *toto coelo* disgiunti l'uno dall'altro; che qualche cosa d'esistente, venuta in qualche modo a realizzarsi, è sempre nuovamente interpretata da una potenza a essa superiore in vista di nuovi propositi, nuovamente sequestrata, rimanipolata e adattata a nuove utilità: che ogni accadimento nel mondo organico è un *sormontare*, un *signoreggiare* e a sua volta ogni sormontare e signoreggiare è un reinterpretare, un riassettare, in cui necessariamente il "senso" e lo "scopo" esistiti sino a quel momento devono offuscarsi o del tutto estinguersi. Per bene che si sia compresa l'*utilità* di un qualsiasi organo fisiologico (o anche di una istituzione giuridica, di un costume sociale, di un uso politico, di una determinata forma nelle arti o nel culto religioso), non si è perciò stesso ancora compreso nulla relativamente alla sua origine: comunque ciò possa suonare molesto e sgradevole a orecchie più vecchie – da tempo immemorabile, infatti, si è creduto di comprendere nello scopo comprovabile, nell'utilità di una cosa, di una forma, di un'istituzione, anche il suo fondamento d'origine, e così l'occhio sarebbe stato fatto per vedere, la mano per afferrare. Così ci si è raffigurata la pena come fosse stata inventata per castigare. Ma tutti gli scopi, tutte le utilità sono unicamente *indizi* del fatto che una volontà di potenza ha imposto la sua signoria su qualcosa di meno potente e gli ha impresso, sulla base del proprio arbitrio, il senso di una funzione; e l'intera storia di una "cosa", di un organo, di un uso può essere in tal modo

un'interrotta catena di segni che accenna a sempre nuove interpretazioni e riassestamenti, le cui cause non hanno neppure bisogno di essere in connessione tra loro, anzi talvolta si susseguono e si alternano in giusa meramente casuale» (*Ibid.*, pp. 65-6).

Guardando alla storia, per Nietzsche, il diritto assume tutt'altro significato rispetto a ciò che pensano i moralisti. Caso esemplare è la statuizione della *legge*, «la chiarificazione imperativa di quel che deve in generale valere ai suoi occhi come permesso e legittimo e di quel che invece deve valere come proibito e illegittimo». Una volta statuita la legge, infrazioni o atti di arbitrio vengono percepiti come una rivolta contro la sua stessa «suprema potestà». Solo a partire da qui – e non a partire dall'atto lesivo – esiste «diritto» e «torto». In sé, «offendere, far violenza, sfruttare, annientare non può naturalmente essere nulla di "illegittimo", in quanto la vita si adempie *essenzialmente*, cioè nelle sue funzioni fondamentali, offendendo, facendo violenza, sfruttando, annientando e non può essere affatto pensata senza questo carattere» (*Ibid.*, p. 65). Dal punto di vista biologico, «stati di diritto possono essere sempre soltanto *stati eccezionali*, essendo parziali restrizioni della peculiare volontà di vivere che ha di mira la potenza» (*Ibid.*). Un ordinamento giuridico, pensato come sovrano e generale, come strumento «*contro* ogni lotta in generale» – e non come strumento nella lotta di complessi di potenza – «sarebbe un principio *ostile alla vita*» (*Ibid.*).

In altri passi di *Aurora* Nietzsche ricordava come gli inizi della giustizia fossero «*animaleschi*» (Nietzsche 1984c, p. 26), e riconduceva l'origine dei diritti al definirsi di «gradi di potenza» (*Ibid.*, p. 80). E già nella seconda parte (*Il viandante e la sua ombra*) del *Volume secondo* di *Umano, troppo umano*, il genealogista, sempre a proposito dell'*origine del diritto* (aforisma 39) scriveva:

> «I diritti risalgono in primo luogo a un'*usanza*, l'usanza di un *accordo* di una sola volta. Una certa volta si fu contenti da ambedue le parti sulle conseguenze dell'accordo concluso, e in seguito troppo indolenti per rinnovarlo formalmente; così si continuò a vivere come se esso fosse stato sempre rinnovato, e a poco a poco, quando la dimenticanza stese le sue nebbie sulle origini, si credette di possedere una situazione sacra e immutabile, su cui ogni generazione *dovesse* continuare a costruire. L'usanza era ora *costrizione*, anche se non portava più l'utilità per cui era stato fatto l'accordo. – I *deboli* hanno qui trovato in ogni tempo la loro salda rocca: essi inclinano ad *eternare* l'accordo di una volta, la grazia loro usata» (Nietzsche 1981b, p. 160).

Non vi è, dunque, alcuna natura originale, alcuna ragione eterna e universale alla base dei diritti e del concetto (sentimento) di giustizia. Tanto più risaliamo genealogicamente verso una "pretesa origine" quanto più ritroviamo abitudini, costrizioni; tanto più percorriamo, a ritroso, la storia, quanto più ritroviamo errori. «Giacché gli uomini credono alla verità di tutto ciò che viene manifestamente creduto con forza» (Nietzsche 1982, p. 58, § 52). Prospettiva questa che, come vedremo, già troviamo in Pascal.

> «Non si vuole ammettere che tutto quello che gli uomini hanno difeso nei secoli passati, con sacrificio di felicità e di vita, non era che errore: forse si dice che sono stati gradi di verità. Ma in fondo si pensa che, se qualcuno ha onestamente creduto in qualcosa e ha combattuto ed è morto per la sua fede, sarebbe troppo *ingiusto* che proprio soltanto un errore lo avesse animato. Un fatto del genere sembra contraddire l'eterna giustizia; perciò il cuore degli uomini sensibili torna sempre a decretare contro il loro cervello l'assioma che fra azioni morali e giudizi intellettivi deve sempre esserci un legame necessario. Purtroppo le cose stanno diversamente; giacché non esiste un'eterna giustizia» (*Ibid.*, § 53).

Se mai lo scambio è il carattere originario della giustizia. La giustizia (equità) prende origine fra uomini di *forza* uguale: è compensazione e scambio in base al presupposto di una pari posizione di forza. «Così la vendetta rientra originariamente nella sfera della giustizia, è uno scambio. Così pure la gratitudine. La giustizia si riconnette naturalmente col punto di vista di una intelligente conservazione di sé» (*Ibid.*, p. 71).

Detto altrimenti, la genealogia scopre che il diritto, come gli altri ordinamenti della società, si fonda sull'assenza di ragioni, «o per lo meno nel rifiuto delle indagini sulle ragioni» (*Ibid.*, p. 164); alla sua base non vi è ragionamento ma, come aveva già compreso molto prima Pascal (lo vedremo in seguito), solo abitudine, perché «gli uomini si assoggettano per abitudine a tutto ciò che vuole avere potenza» (*Ibid.*, p. 183).

> «Così agisce il violento, il potente, l'originario fondatore dello Stato, che si sottomette i più deboli. Egli ha cioè il diritto che ancora oggi lo Stato si arroga; o piuttosto: non esiste alcun diritto che possa impedire ciò. Il terreno per ogni moralità può essere approntato solo quando un individuo più grande o un individuo collettivo, come per esempio la società o lo Stato, sottomette i singoli, ossia li trae fuori dal loro isolamento e li ordina in un'associazione. Alla moralità precede la *costrizione*, anzi essa stessa è ancora per un certo tempo costrizione, a cui ci si conferma per evitare il dolore. Più tardi diviene costume, ancora più tardi libera obbedienza e finalmente

quasi istinto: allora, come ogni cosa divenuta da gran tempo abituale e naturale, è collegata al piacere – e si chiama ora *virtù*» (*Ibid.*, pp. 76-7).

La genealogia delle istituzioni giuridiche, dei valori morali, nel suo procedere a ritroso non trova principi assoluti, cose in sé, ma, come prima in Pascal, riconosce soltanto abitudine, costrizione, costume, tradizione. L'eticità non è nient'altro che «obbedienza ai costumi, di qualunque specie essi possano essere. I costumi peraltro sono il modo *tradizionale* di agire e di valutare» (Nietzsche 1984c, p. 13). Così l'«oggettività», la «*neutralità del sentire*», non è che «la *filiazione del sistema educativo e dell'abitudine*» (*Ibid.*, p.79). E ancora, in un altro passo del primo volume di *Umano, troppo umano*, leggiamo:

> «Come la tradizione sia *sorta*, qui non interessa; in ogni caso, essa non è nata avendo riguardo al bene e al male o a qualche imperativo categorico immanente, bensì soprattutto è nata allo scopo della conservazione di una *comunità*, di un popolo; ogni usanza superstiziosa, che sia sorta in seguito a un caso falsamente interpretato, determina una tradizione, seguire la quale è morale; staccarsi da essa è cioè pericoloso; per la *collettività* è ancor più dannoso che per il singolo (perché la divinità, nel punire il sacrilegio e ogni violazione dei suoi privilegi, colpisce la collettività e solo in questo senso anche l'individuo). Ora ogni tradizione diventa sempre più veneranda, quanto più la sua origine è lontana, quanto più questa viene dimenticata; l'ossequio tributatole si accumula di generazione in generazione, la tradizione diviene alla fine sacra e suscita venerazione» (Nietzsche 1982, p. 74).

Lungo la linea della tradizione, al posto dell'origine troviamo qualcosa senza scopo e senza ragione. La ragione stessa non ha niente di fondamentale e non è fondata. La fiducia nella ragione non è che «un fenomeno *morale*»: «Com'è venuta la ragione nel mondo? Com'è giusto che arrivasse, in un modo irrazionale, attraverso il caso» (Nietzsche 1984c, p. 93). Così ancora leggiamo nel *Crepuscolo degli idoli*:

> «La "ragione" è la causa del nostro falsificare la testimonianza dei sensi. In quanto i sensi ci mostrano il divenire, lo scorrere, il cangiamento, non mentono ... Ma Eraclito avrà ragione in eterno nell'affermare che l'essere è una vuota finzione. Il mondo "apparente" è l'unico mondo: il "vero mondo" è solo *un'aggiunta mendace* ...» (Nietzsche 1983b, p. 41).

# 4
# Pascal, la genealogia, il diritto

## a) *Nietzsche e Pascal*

Ora, per comprendere meglio la prospettiva genealogica di Nietzsche, dobbiamo fare un passo indietro, e ricondurre parte delle sue intuizioni a ciò che, apparentemente, potrebbe sembrare lontano dal (se non del tutto estraneo al) suo temperamento filosofico. Dobbiamo cioè tornare alle sue letture pascaliane.

Come già riconosciuto da Franz Overbeck, Nietzsche ha sempre dimostrato un interesse particolare per la personalità di Pascal: fra i due c'era una notevole affinità spirituale, specialmente in relazione ad un certo "scetticismo" e all'avversione verso l'"autorità" (Frigo 2010, p. 275). Di quest'affinità se ne era accorto anche Thomas Mann che, appunto, definiva Nietzsche «il più sensibile moralista che mai fosse vissuto, un ossesso della morale, fratello di Pascal» (Mann 1997, p. 538).

Nietzsche aveva un'edizione tedesca delle *Pensées* condotta sulla base dell'edizione Faugère del 1844 e si può ipotizzare che consultasse anche un'edizione originale, probabilmente quella di Havet del 1852 (Frigo, p. 280). I suoi primi approcci al pensiero di Pascal sono comunque da imputare alla mediazione della lettura di Lange (*Storia del materialismo*) e di Schopenhauer (*Il mondo come volontà e rappresentazione*) e risalgono, sicuramente, agli stimoli suscitati dal suo rapporto con Franz Overbeck (*Ibid.*, pp. 277-8).

Di rilievo, oltre le differenze profonde tra i due pensatori, sono le affinità biografiche e stilistiche: tra queste, la capacità di alimentare il proprio pensiero con la malattia e la dedizione alla forma aforistica (*Ibid.*, p. 275) [1]. Non per niente, la malattia per Pascal era la condi-

---

[1] Come scrive Henri Birault, Pascal e Nietzsche condividevano una stessa sofferenza, una stessa inquietudine, una stessa insoddisfazione di fronte all'uo-

zione naturale del cristiano e la sua fede una «scommessa» in cui tutto veniva impegnato, senza restrizioni.

Molti sono i riferimenti a Pascal presenti nell'opera di Nietzsche, a partire dalla prima *Inattuale* fino a *Ecce Homo* (1888) dove, appunto, il filosofo tedesco confessa il suo "amore" paradossale per il pensatore francese: «io non leggo ma *amo* Pascal come la vittima più istruttiva del cristianesimo, assassinato a poco a poco, prima fisicamente, poi psicologicamente, secondo la logica di questa forma, terrificante fra tutte, della crudeltà inumana» (Nietzsche 1983c, p. 42). Ed ha ragione Philippe Sellier quando afferma che Nietzsche ha perfettamente percepito la «nostalgia della regalità» in Pascal, la nostalgia di uomini che vagano come «re spodestati» e perduti (Sellier 2013, p. 395). Ma pensiamo anche ad altri passi disseminati nei testi nietzschiani dove il nome di Pascal è citato:

> «Anch'io sono stato agli inferi, come Odisseo, e ci tornerò ancora più volte; e non solo montoni ho sacrificato per poter parlare con alcuni morti; bensì non ho risparmiato il mio stesso sangue. Quattro furono le coppie che a me, il scarificante, non si negarono: Epicuro e Montaigne, Goethe e Spinoza, Platone e Rousseau, Pascal e Schopenhauer» (Nietzsche 1981b, p. 129).

In *Aurora* i riferimenti a Pascal sono numerosi: si parla del Pascal «giudeo», «cristiano», «francese»; si accenna al «*Deus absconditus*», al «tormento», all'«odio di sé» o alla «disperazione». «Pascal fece il tentativo, se non fosse possibile ridurre ognuno alla disperazione con l'aiuto della conoscenza più tagliente: il tentativo fallì, causando la sua seconda disperazione» (Nietzsche 1984c, p. 48). E qui Pascal compare (aforisma 192) tra i suoi «*perfetti avversari*»: «Ecco Pascal, il primo tra tutti i cristiani nell'aver fatto del suo ardore, della sua intelligenza ed onestà una cosa sola» (*Ibid.*, p. 136).

Nel *Crepuscolo degli idoli* Pascal appare come il «cristiano autentico» (Nietzsche 1983b, p. 88), e in *Al di là del bene e del male* come il prototipo dell'«essere religioso»:

> «Se si volesse, per esempio, decifrare e mettere in chiaro che genere di storia sino a oggi ha avuto il problema della *scienza* e della *conoscenza* nell'anima degli *homines religiosi*, bisognerebbe forse essere noi stessi

mo, di fronte ad una certa immagine dell'uomo. Per l'uno come per l'altro tutta la metafisica dell'uomo non è che un vano prodotto dell'amor proprio (Birault 1978, p. 292).

tanto profondi, piagati e immensi, come lo era la coscienza intellettuale di Pascal – e occorrerebbe sempre, allora, quell'aperto cielo di chiara, maliziosa spiritualità che riesce ad abbracciare dall'alto in basso, a ordinare, a costringere in formule questo brulichio di esperienze vive, pericolose e dolorose» (Nietzsche 1983, p. 53).

In effetti, i nuclei maggiori attorno ai quali Nietzsche ha concentrato le sue letture pascaliane sono il *divertissement*, l'ideale ascetico e lo scetticismo (la «scepsi *moralistica*» di Pascal). Ma ancor di più, ciò che, in fine, Nietzsche sembra aver riconosciuto in Pascal non è soltanto il cristiano perfetto, ma anche la perfezione del cristianesimo ovvero, il suo compimento e la sua fine (Frigo 2010, p. 287). Di qui, come si è visto, l'elezione del pensatore francese a suo «avversario perfetto» e, al contempo, il riconoscimento, nella sua persona, di un «destino» (*Ibid.*, p. 288).

Tuttavia, al di là dei riferimenti espliciti vi sono immagini, percorsi, tratti che, in diversi significativi momenti, rimandano i testi nietzschiani all'esperienza filosofica ed esistenziale di Pascal. Non si tratta soltanto di una particolare e spiccata tensione verso lo stile polemico, ironico, paradossale e iperbolico del suo "amato avversario", ma anche di una sviluppata sensibilità per quel modo di concepire il destino della ragione e della scienza, di percepire la precaria condizione dell'uomo moderno, di indagare la condizione "corporea" (la "corporeità") del pensiero (la malattia, l'afflizione, l'inquietudine, l'incostanza, la noia, l'angoscia – temi, per così dire – esistenzialisti), che fecero di Pascal (il matematico, lo scienziato, il teologo) uno tra i pensatori più problematici della modernità. La passione intellettuale per il problema della "verità" e per la comprensione (spesso insoddisfatta) della condizione umana (per la "miseria" dell'uomo), lo spinsero in quegli stessi territori della conoscenza psicologica (dell'indagine sulle passioni dell'uomo) e dell'etica (fino ad assumere i tratti del moralista) percorsi più tardi da Nietzsche.

Ricondurre, in affetti, il pensiero di Pascal ai margini delle linee portanti del pensiero scientifico moderno e al percorso di uno dei possibili diversi sviluppi della filosofia cartesiana (come voleva Cassirer[2]) è un'operazione troppo riduttiva[3]. Pascal non è un semplice

---

[2] Ernst Cassirer, nella sua *Storia della filosofia moderna* aveva collocato Pascal nel capitolo dedicato a «Lo sviluppo della filosofia cartesiana». Tuttavia, come giustamente puntualizzava, Pascal «non è stato mai un seguace di Cartesio, nel senso che abbia accettato i risultati definitivi della sua filosofia. Egli ha

epigono di Cartesio ovvero, «un cartesiano non quanto al contenuto materiale del sistema, ma per l'ambiente intellettuale dal quale è

---

sempre riconosciuto e affermato la contraddizione tra l'orientamento filosofico moderno e il contenuto dei dogmi che egli sostiene. L'accordo tra Cartesio e Agostino, anche là dove egli lo considera per la prima volta, viene subito ricondotto alle sue giuste proporzioni. Il principio del "cogito ergo sum" non è lo stesso nello spirito di Cartesio, dove costituisce lo stabile fondamento di tuta una fisica e di una serie straordinaria di conseguenze, e in quello di Agostino, per il quale invece ha solo il significato di un *aperçu*; c'è la stessa differenza tra i due che tra un uomo pieno di vita e di forza e un morto» (Cassirer 1952, p. 559). Poco prima, ripercorrendo una tendenza di pensiero che prosegue nei «seguaci» di Cartesio, scriveva: «L'unione di cartesianismo e agostinismo diventa ora uno degli aspetti caratteristici e spiccati dell'atteggiamento spirituale e religioso che impronta di sé tutta l'epoca. In essa trovano un punto di contatto le diverse tendenze, che all'interno della scuola erano in conflitto: in essa i giansenisti, e soprattutto Antoine Arnauld, concordano con il Malebranche, che pur era il loro più accanito oppositore. Il contrasto degli individui e delle loro mentalità si rivela solo nella diversa maniera di accingersi al compito comune di cercar di conciliare i due opposti indirizzi di pensiero. Mentre Arnauld accetta nella sua teologia sia le idee di Cartesio che quelle di Agostino, collegandole tra loro con una certa ingenuità, Malebranche cerca di arrivare a una superiore sintesi filosofica dei due sistemi per mezzo di un rifacimento critico della dottrina cartesiana delle idee. Ma il fondamentale contrasto filosofico giunge a completa chiarezza e alla massima determinatezza individuale in Pascal, che, nella sua duplice natura spirituale, rappresenta e rivive il conflitto dei due sistemi. Mentre, da un lato, la dottrina agostiniana del peccato originale e della predestinazione, nella formulazione che ha ricevuto dell'opera di Giansenio, determina tutto il suo sviluppo religioso, dall'altro il modello del nuovo metodo e la sua espressione nella geometria condizionano la sua definizione di "pensiero". Agostino gli offre il contenuto della sua filosofia, ma solo la scuola della logica cartesiana gli dà le armi per sostenerla e difenderla. Ma quanto più i due aspetti si compenetrano nella sua vita e nella sua personalità, tanto più chiara ne risulta la reale inconciliabilità nel rigore della sua dialettica inesorabile, che non teme la contraddizione, ma che anzi la cerca e l'approfondisce. Il suo conflitto spirituale non ha soltanto un significato psicologico, individuale: è un simbolo universale nel quale possiamo intuire il contrasto delle epoche e il diverso valore del problema della conoscenza nella concezione medievale del mondo e in quella moderna» (*Ibid.*, pp. 558-9). Cassirer, in effetti, coglie bene il problema di Pascal, ma finisce per rilegarlo essenzialmente al margine di ciò che egli considera debba essere, in senso troppo riduttivo (e secondo la tendenza lineare, evolutiva e progressiva della sua filosofia della storia), «l'orientamento filosofico moderno».

[3] Come scrive Michel Villey, Pascal, pur essendo francese dalla testa ai piedi, non volle essere cartesiano; «aveva troppo il gusto dell'esperienza e perfino dell'esperienza vitale ed "esistenziale"», ed «appartiene al ristretto circolo degli inventori della scienza moderna» (Villey 1986, p. 480).

uscito» (Cassirer 1952, pp. 559-60)[4]; nel suo pensiero vi è in gioco una diversa concezione della "modernità" che coincide con una diversa visione dell'"uomo moderno", del suo destino e della sua drammatica esistenza (precaria, finita, contingente)[5].

L'uomo moderno, nei sui tratti essenziali, prolunga ed affina le basi ideali gettate dall'uomo rinascimentale. Dal suo canto Pascal è

---

[4] Scrive ancora Cassirer: «Dal punto di vista storico, la dottrina di Pascal è anche qui un sintomo di un difetto interno, generale, del sistema cartesiano. In esso la rigorosa distinzione tra ragione e autorità rimaneva limitata al campo teoretico: la dottrina di Cartesio manca di una fondazione autonoma e particolare dell'etica. La morale provvisoria sviluppata nel *Discours de la méthode*, che esige da parte dell'individuo l'accettazione incondizionata degli usi e delle prescrizioni vigenti, non è mai stata abolita e sostituita definitivamente. Quando, in seguito, Cartesio si volge al problema delle passioni, parla anche qui più da fisiologo che da moralista. Perciò anche nel concetto di volontà e nel suo rapporto con l'intelletto rimangono insolute varie difficoltà interne. E poiché già in Cartesio è la volontà a confermare e sanzionare la verità dei giudizi intellettuali chiari e distinti, è facile comprendere come in Pascal le due categorie fondamentali della verità teoretica e della verità morale vengano riportate entrambe alla stessa origine del senso interno e, quindi, fuse l'una nell'altra. Il vero pericolo, però, non è costituito da questa soggettivazione: qui infatti è ancora la psicologia, e perciò la coscienza, che viene chiamata a decidere. Solo nella dottrina giansenistica della grazia, che abbandona al peccato natura e io, va perduta anche quest'ultima base. Così Pascal finisce col ricorrere per necessità interna al principio d'autorità, che nelle *Provinciales* aveva combattuto e criticato. Al posto della fede mistica che l'io deve attendere passivamente dal di fuori, le "opere" e gli atti di culto diventano il vero scopo della sua attività pratica. Poiché la grazia viene data liberamente, come un dono, e non è determinata e acquistata necessariamente dall'attività morale dell'io. Per questa non rimane altro scopo che quello di guidare e rendere docile la "macchina" esterna, l'automatismo del pensiero» (Cassirer 1952, pp. 575-6).

[5] In realtà, Cassirer riconosce al pensiero di Pascal la capacità di aver espresso in modo esplicito e consapevole il conflitto tra l'antica concezione medievale del mondo e le esigenze poste dalla filosofia moderna. «Sebbene in essa si ritrovino i tratti fondamentali della concezione medievale del mondo, la filosofia di Pascal significa tuttavia, almeno indirettamente, un importante progresso verso la distinzione tra la vecchia e la nuova concezione. Il conflitto tra la teologia scolastica e la scienza moderna, che nel sistema di Cartesio era stato intenzionalmente dissimulato, risulta ora in tutta la sua evidenza e la sua asprezza. È merito precipuo di Pascal aver tratto alla luce tale conflitto con la franchezza e la coerenza implacabile del suo pensiero, mentre i suoi compagni di Port-Royal, l'Arnauld soprattutto, si affannavano ancora ad adattare la dottrina della fede alla posizione della filosofia cartesiana e a dimostrare la possibilità di accordare la fisica moderna alla dottrina della transustanziazione» (*Ibid.*, p. 578).

un uomo antirinascimentale: ai suoi occhi non esiste saggezza antica. Le sue considerazioni sui filosofi condannano le pretese dello stoicismo (la «giustizia» di Epitteto non è altro che «una idiozia»), e «i discorsi di Seneca e di Socrate non hanno niente di persuasivo». Il sapere antico è spesso definito futile e ridicolo. E ciò spiega perché Pascal, come afferma Sellier, abbia giudicato inutile darsi una cultura antica (Sellier 2013, p. 381).

Da scienziato, Pascal parla come un uomo venuto dopo il Rinascimento, un uomo che si basa sull'esperimento anziché sull'autorità, che pone il suo orizzonte nell'infinità e che non può quindi arrestarsi mai, né trovare dei limiti, nell'autorità di filosofi vissuti nell'antichità (Gentile 1927, pp. 21-117). Ma ancor di più, per alcuni tratti, il suo pensiero giunge ad una sorta di radicale antiumanesimo[6].

---

[6] Nel suo saggio del 1964, *Il problema Pascal e l'ateismo contemporaneo*, Augusto del Noce, esponendo la sua critica all'interpretazione proposta da Lucien Goldmann (*Le Dieu caché, Ètude sur la vision tragique dans les pensées de Pascal et dans le théâtre de Racin*, Paris, Gallimard, 1955), riconduceva il pensiero di Pascal ad una «estrema radicalizzazione di un "antiumanesimo", che è intrinseco al cartesianesimo religioso» (Del Noce 2010, p. 507). Secondo Del Noce, detto altrimenti, Goldmann avrebbe sbagliato nell'individuazione di una «visione tragica» che avrebbe unito pensatori come Pascal e Kant ovvero, che avrebbe ricondotto la loro antropologia alla situazione paradossale dell'uomo tragico «che vive *unicamente* per la *realizzazione* di valori *rigorosamente irrealizzabili*» (*Ibid.*, p. 386). Ma ancor di più, secondo Del Noce, la pascaliana critica religiosa della metafisica (che porta alle estreme conseguenze la critica dello stato di pura natura estremizzando, così, la posizione dei portorealisti) non è che lo sviluppo più rigoroso di quanto c'era di più nuovo nella filosofia di Cartesio. «Non c'è dunque paradosso – scrive Del Noce – nel domandarsi se l'estremizzazione pascaliana del portorealismo non coincida pure con una posizione di pensiero centrata sulla teoria cartesiana della libertà e dell'infinità divina: nel senso che questa teoria, spinta alle sue conseguenze ultime, può condurre a una critica della metafisica speculativa e a un passaggio dalla ragione metafisica alla ragione critica, che è del tutto diverso da quello kantiano, e che spiega pure perché per il pensiero di Pascal non possano venire usati i termini di fideismo e di scetticismo» (*Ibid.*, p. 453). A dire il vero, Del Noce non ha voluto affatto diminuire l'originalità di Pascal rappresentandolo come un semplice discepolo di Cartesio. Ha voluto soltanto dimostrare che in lui si palesa una definizione nuova e originale di ateismo, non dipendente dal portorealismo (anche se non in contraddizione con esso) né dal cartesianismo. «Con ciò – continua Del Noce – si rende giustizia all'impressione che nel suo pensiero ci sia *più* che il giansenismo. Ma egli l'ha ripensata in relazione alla dottrina portorealista, dunque alla riduzione della problematica teologica nei termini dell'opposizione di giansenismo e molinismo; perciò essa prende il senso della correlatività tra la critica di ogni metafi-

Tuttavia, il pensiero di Pascal, in aperta polemica con Descartes, percorre una diversa via dell'età moderna, una via che apre la strada alle filosofie esistenzialiste[7]. Lontano da ogni sviluppo di tipo dialettico (che tende a trovare una composizione degli opposti), Pascal percorre la via della dualità e della differenza, del paradosso e dell'iperbole, dell'alterità irriducibile, dell'alternanza e dell'antagonismo, della sfida e dell'azzardo (si pensi soltanto alla "scommessa"), della scelta e del dissidio (figure, in parte, sviluppate nel Barocco); una via ripercorsa in seguito, in modi diversi, da pensatori come, ad esempio, Kierkegaard, Bataille, Blanchot, Lyotard, Derrida e Baudrillard.

Per usare la terminologia di François Jullien, potremmo anche dire che Pascal anticipa il pensiero "moderno" della «*de-coincidenza*»,

---

sica speculativa e quella dell'idea dello stato di pura natura; e, in questo senso, diventa giustissima l'idea che vede nel suo pensiero l'estremizzazione del portorealismo. Ma il fatto più singolare è che questa estremizzazione coincide con la più radicale estensione del momento nuovo cartesiano, e insieme con la dissociazione del cartesianismo dalla sottostruttura molinista» (*Ibid.*, p. 465). In tal senso, dunque, la posizione di Pascal assume l'aspetto di un *antiumanesimo* radicale: «Critica dell'ateismo e critica dell'umanesimo sono in Pascal, di fatto, collegate. Il problema della conversione dell'ateo l'ha portato all'idea di una purificazione del pensiero cristiano, in cui esso si dissocia dalle contaminazioni umanistiche» (*Ibid.*, p. 469). Ma si interroga ancora Del Noce: «Non si può anzi chiederci se proprio in virtù di questa associazione Pascal abbia configurato l'incredulo nella posizione scettica e pessimista del libertino (nella posizione del semplice ateismo negativo), senza prevedere un futuro ateismo positivo che avrebbe preteso di parlare in nome del senso della storia? E la scarsa fortuna che i *Pensieri* hanno conosciuto nel settecento, non si spiega anche perché Pascal, in ragione del suo antiumanesimo, non ha previsto il passaggio dal libertinismo all'illuminismo?» (*Ibid.*).

[7] Oltre l'oggettivismo scolastico, lo spirito rinascimentale aveva finito per dare spazio, nel corso del tempo, a nuovi impulsi soggettivistici che, in certi casi, finirono per ripiegare sia verso posizioni scettiche (si pensi a Montaigne), sia verso una rifioritura del sentimento religioso (si pensi alla Riforma ma anche, appunto, al Giansenismo, sorto in Francia nella prima metà del XVII secolo). Queste nuove spinte, lo vedremo presto, agiteranno il pensiero di Pascal, erede sì della nuova mentalità scientifica del Rinascimento, ma anche spirito profondamente religioso. Tali tratti, visti anche alla luce della loro contraddizione, definiscono il profilo di un uomo gettato nel nuovo corso dell'età moderna. Un nuovo corso che proprio attraverso Pascal trova un'interpretazione originale, non riducibile agli aspetti portanti del giusnaturalismo o del razionalismo moderni, ma capace di aprire il pensiero, nel recupero di alcuni temi agostiniani, non tanto all'astratta conoscenza del mondo e dei sistemi d'idee, ma alla comprensione della condizione esistenziale dell'uomo.

mostrando che l'adeguamento (della verità al pensiero) non si fonda più sull'Essere (ovvero che non vi sia più un adeguamento da fondare) e detronizzando, altresì, la Natura come oggetto ultimo di ogni adeguamento, allo stesso tempo suo fondamento e garante (Jullien 2019, p. 106)[8]. Non c'è più una "Natura" a cui si possa conformare il proprio comportamento, non si può più cercare nella "Natura" un'origine, un inizio a cui adeguare il pensiero («Pascal aveva dentro di sé un abisso che mai l'abbandonava», scriveva appunto Baudelaire, come riportato in epigrafe). Si tratta soltanto di mostrare la «*de-coincidenza*» del soggetto (pensante) con il protocollo della ragione.

Proprio nella riflessione sui limiti della ragione e sull'impossibilità di ricondurre l'uomo all'ordine della razionalità geometrica – problemi che attraversano i *Pensieri* – la sua "critica" anticipa non solo temi sviluppati più tardi da Dostoevskij e Haidegger[9], ma anche al-

---

[8] In realtà Jullien colloca la "modernità" fra la fine del XIX e l'inizio del XX secolo, quando in Europa vengono messe in discussione (soprattutto sul piano dell'arte, della filosofia, della poesia e della letteratura, della psicoanalisi) non tanto le equazioni precedenti quanto la possibilità di un adeguamento d'insieme (Jullien 2019, p. 104); quando si scopre che la vita avviene nella de-coincidenza, in quanto "ex-sistenza" data dal tenersi fuori rispetto al proprio mondo.

[9] Così Philippe Sellier ricordava nella prefazione all'edizione italiana del suo *Pascal e Port-Royal*: «Pascal è stato per me infinitamente più di un oggetto di studio. Lui che insiste tanto giustamente sull'incostanza e l'inconsistenza umane, proprio lui mi ha in certo qual modo armato, nel significato in cui si parla di cemento armato. All'inizio degli anni 1950, la mia generazione respirava il clima sprigionato dal più grande massacro della storia. Regnava allora nell'aria ciò che si era chiamato, spesso nell'imprecisione, l'esistenzialismo. Avevo letto l'*Introduzione agli esistenzialismi* che Emmanuel Mounier aveva pubblicato nel 1947. In quell'opera erano passati in rassegna i temi che preoccupavano la nostra gioventù: l'appello a una conversione filosofica incentrata bensì sulle caratteristiche esistenziali dell'uomo, e non già sulla conoscenza del mondo o sui sistemi d'idee; una concezione drammatica dell'esistenza umana, nella piena coscienza della sua contingenza, del suo essere derelitto, del suo essere-per-la-morte, della debolezza della ragione, del fatto che però "l'uomo oltrepassa l'uomo" e che l'angoscia non basta a paralizzare una capacità di balzo in avanti, di pro-getto. L'esistente autentico deve sottrarsi alla distrazione, all'impaniatura nell'artificiosità del "si" impersonale; egli è destinato alla solitudine e alla segretezza, all'incomunicabile, ma paradossalmente è chiamato all'incontro dell'altro come libertà, all'impegno. Sulla soglia del suo libro, Mounier aveva disegnato quel che chiama "l'albero esistenzialista", il cui tronco comprende Pascal, Maine de Biran e Kierkegaard; e poteva scrivere, a proposito dell'esistenzialismo moderno, che Pascal "ne ha aperto tutte le piste, ha coniato quasi ogni idea". In realtà, lungo tutto il lavoro, Pascal e Kierkegaard sono continuamente citati. Mounier è stato il mio introdut-

cuni dei fondamentali problemi affrontati e discussi, appunto, da Nietzsche. A tal proposito, solo per fare un esempio, possiamo stabilire un rapporto tra un passo dei *Pensées* e alcuni aforismi della *Gaia scienza*. Scriveva Pascal:

> «Ecco il nostro vero stato. È ciò che ci rende incapaci di sapere con certezza e di ignorare in modo assoluto. Vaghiamo su di un vasto mezzo, sempre incerti e ondeggianti, spinti da un'estremità all'altra; qualsiasi termine al quale pensiamo di attaccarci e di tenerci fermi, vacilla, e ci abbandona e, se lo seguiamo, sfugge alla nostra presa, ci scivola e fugge, di una fuga eterna; nulla si ferma per noi. È lo stato che ci è naturale e tuttavia il più contrario alla nostra inclinazione. Ardiamo dal desiderio di trovare un assetto fermo, ed un'ultima base costante per edificarvi una torre che si innalzi all'infinito, ma tutte le nostre fondazioni crollano e la terra si spalanca fino agli abissi» (Pascal 1983, vol. I, pp. 267-9).

Su quella stessa «nave» si era imbarcato Nietzsche nella *Gaia scienza*. Vivere vuol dire essere già in mare aperto, entro l'orizzonte del rischio, della "scommessa": la vera esperienza è solo quella del naufragio. Al limite, «se dovessi avere una casa – Nietzsche continuava così l'aforisma 240 nel quale si compiaceva di non averne alcuna – la costruirei, come certi romani, fin dentro il mare: vorrei avere in comune con questo bel mostro qualche segreto» (Nietzsche 1984, p. 154). E così leggiamo dal frammento 46 (*La nostra meraviglia*):

> «Esiste una profonda e fondamentale fortuna nel fatto che la scienza verifichi cose che hanno una loro *stabilità* e che sempre forniscono la base per nuovi accertamenti; ma potrebbe ben essere diversamente! E come no? Siamo così persuasi di tutta l'insicurezza e la stravaganza dei nostri giudizi, come pure dell'eterna metamorfosi di tutte le leggi e i concetti umani, che desta in noi una vera e propria meraviglia il constatare a *che punto* di stabilità giungano i risultati della scienza! In antico si era

---

tore a Pascal, nel momento in cui praticavo una lettura dei *Pensieri*, gratuita, ossia estranea a ogni lavoro universitario. Solamente più tardi ho compreso la parte che toccava ad Agostino in quella tematica esistenzialistica, con l'inquietudine, il vuoto e la noia, la distrazione, la contingenza e la fragilità umane. Ancora più tardi ho letto Haidegger e ho ritrovato in lui delle esperienze tutte pascaliane: il fatto che siamo gettati nel mondo (la *Geworfenheit*), che ci constatiamo qui, senza sapere da dove veniamo né dove andiamo (fr. 681), come cadenti nel "terrore" della nostra irruzione in mezzo agli altri essenti (fr. 229). Questo terrore è un "esistenziale" che noi scansiamo per mezzo della distrazione. Questa panoplia di temi esistenzialistici ha costituito in me la prima durevole impronta di Pascal» (Sellier 2013, pp. 31-2).

all'oscuro di questa incostanza d'ogni cosa umana, il costume dell'eticità era di sostegno alla credenza che l'intera vita interiore degli uomini fosse fissata con eterni agganci alla bronzea necessità; forse allora si provava una simile voluttà di stupore, quando ci si faceva raccontare fiabe e novelle fatate. Il meraviglioso dava a quegli uomini un tal senso di benessere e talvolta essi potevan ben stancarsi della regola e dell'eternità. Non avere più per una volta tanto i piedi in terra! Liberarsi! Vagabondare! Folleggiare! Queste sono cose che appartengono al paradiso e alle delizie di altri tempi: mentre la nostra beatitudine è come quella del naufrago che ha raggiunto la terra ferma e si pianta con tutti e due i piedi sulla vecchia, salda terra meravigliandosi che non vacilli» (*Ibid.*, pp. 70-1).

«Noi senza patria siamo per razza e provenienza troppo multiformi ed ibridi, come uomini moderni» leggiamo ancora nell'aforisma 377 (*Ibid.*, p. 254). Come non riconoscere un debito verso Pascal, come non riconoscere una stessa linea d'onda, la traiettoria di una stessa antropologia esistenzialista! Certo, lo scetticismo morale di Pascal rimanda alla teologia agostiniana della caduta e della grazia. L'uomo fu creato innocente e perfetto; dopo la caduta, nel mondo, vive una condizione di tenebra e precarietà. Non siamo che esseri malleabili, precari e fluttuanti, in balia delle nostre pulsioni, dei climi e dei luoghi, di ciò che è in noi o fuori di noi. Non abbiamo alcuna possibilità di sfuggire a questi limiti, a quest'angoscia, nessuna ragione ci illumina, nessuna verità. Solo la fede, o il presentimento della fede, ci può guidare.

Questa, si sa, non è la strada percorsa da Nietzsche, il "trasvalutatore di tutti i valori". Dal suo punto di vista, questa non è che la via della *décadence*, non è che la «*guerra mortale*» condotta dal cristianesimo contro un «*superiore* tipo umano». E, appunto, scriveva: «L'esempio più deprecabile è la rovina di Pascal, che credeva al corrompimento della sua ragione a causa del peccato originale mentre era stato soltanto il suo cristianesimo a corromperla!» (Nietzsche 1984d, pp. 6-7). Siamo ancora nella «*psicologia dell'errore*», qualcosa che ha a che fare con l'errata interpretazione della nostra corporeità: si scambia la causa con l'effetto, o la verità con l'effetto di ciò che è creduto vero, «oppure si scambia uno stato della coscienza con la casualità di questo stato». La fiducia in Dio, la fede e la speranza, l'esito fortunato delle proprie imprese non procura «a un Pascal comuni sentimenti piacevoli» (Nietzsche 1983b, pp. 62-3).

«Qualunque cosa provenga dallo stomaco, dagli intestini, dal battito cardiaco, dai nervi, dalla bile, dallo sperma – tutti quei disturbi, quelle debilitazioni, quelle sovreccitazioni, l'intera casualità della macchina a noi tanto ignota – tutto questo un cristiano come Pascal deve prenderlo per un fenomeno morale-religioso, sollevando il problema se qui dentro ci sia Dio o il diavolo, il bene o il male, la salvezza o la dannazione. Ahimè, sventurato interprete! Come deve torcere e torturare il suo sistema! Come deve contorcersi e torturarsi per aver ragione!» (Nietzsche 1984c, p. 63).

Sembra quasi che, sul piano psicologico, Nietzsche interpreti Pascal attraverso Pascal, e se stesso attraverso Pascal. Di qui un'affinità nella profonda differenza di prospettiva morale. Ma è il "prospettivismo" stesso che Nietzsche, in qualche modo, eredita dal pensatore francese. Si pensi al frammento 9 dei *Pensieri* (secondo una versione condotta sul testo dell'edizione Brunschvicg):

> «Quando si vuole riprendere utilmente qualcuno e mostrargli che si inganna, bisogna osservare da che punto di vista egli considera la cosa, perché da quel lato ordinariamente la cosa è vera; bisogna, quindi, dargli atto di questa verità, ma bisogna anche scoprirgli il lato falso. Ed egli è lieto di questo, perché vede che non s'ingannava ma che soltanto non aveva considerato la cosa sotto tutti gli aspetti. Ora, nessuno si vergogna di non arrivare a vedere tutto, ma nessuno vuole riconoscere di essersi ingannato; e ciò deriva dal fatto che naturalmente l'uomo non può vedere tutto e non si può naturalmente sbagliare osservando un aspetto solo, perché ciò che è appreso dai sensi è sempre vero» (Pascal, 2013, p. 121).

O al frammento 99: «Le cose sono vere o false secondo il lato da cui si considerano» (*Ibid.*, p. 156). E, infine, al frammento 381, dove si fa esplicito riferimento alla prospettiva pittorica:

> «Se si è troppo giovani, non si giudica bene; troppo vecchi, è lo stesso. Se non ci si pensa abbastanza, se ci si pensa troppo, ci si intestardisce e si prende una cotta. Se si considera l'opera subito dopo che è stata compiuta, si hanno ancora troppe prevenzioni; se molto dopo non ce ne immedesimiamo più. Così i quadri, visti da troppo lontano o da troppo vicino; soltanto un punto indivisibile è il giusto posto di osservazione; gli altri sono troppo vicini, troppo lontani, troppo alti, troppo bassi. Nella pittura è la prospettiva a determinare questo punto. Ma nella verità e nella morale, chi lo determinerà?» [10] (*Ibid.*, p. 250).

---

[10] Leggiamo ancora al frammento 114 dei *Pensées*: «Non saprei giudicare d'una stessa cosa in un modo esattamente identico. Non posso giudicare la mia opera mentre la faccio; è necessario che mi comporti come i pittori, e che me ne allontani; non troppo però. Quanto allora? Vattelapesca» (Pascal 2013, p. 162).

È l'orizzonte barocco quello in cui, in fin dei conti, si muove Pascal: vero e falso, inganno e convinzione, finzione e verità, luce ed ombra, illusione e rivelazione, piega e vertigine. «Noi abbiamo la verità e il bene soltanto in parte, e mescolato di male e di falso» (fr. 385, *ibid.*, p. 251). «Perché la vita è un sogno poco meno incostante» (fr. 386, *ibid.*).

Considerando la posizione dell'uomo rispetto alla natura, a Dio, all'infinito, Pascal trae importanti conseguenze per ciò che riguarda l'attività conoscitiva. «Naturalmente l'uomo non può vedere tutto», non può arrivare a scoprire i «principi delle cose»: il suo vedere è un vedere prospettico, limitato a un punto di osservazione (e ancora qui è in anticipo rispetto al pensiero nietzschiano). E se, per i limiti del nostro sapere, non possiamo giungere ai "principi primi", alle essenze immutabili o al fondamento dell'essere, allora, come presto vedremo, non ci rimane che il procedimento genealogico, l'approssimazione prospettica che storicizza lo sguardo.

Su questa via, la riflessione di Pascal non rimanda soltanto alla storia e alla tradizione teologica, ma il suo metodo – lo stesso che, più tardi, farà proprio anche Nietzsche – lo riconduce essenzialmente all'analisi psicologica. Dobbiamo scoprire in noi stessi i tratti che definiscono la nostra condizione; i problemi non si presentano a noi dal di fuori, «ma ci vengono imposti dalle contraddizioni della nostra stessa natura» (Cassirer, 1952, p. 567).

Se però guardiamo più in profondità, possiamo forse scorgere un debito ancor più importante contratto da Nietzsche verso l'autore dei *Pensées*: mi riferisco appunto alla prospettiva genealogica. Certo, non troviamo in Pascal una formulazione e una concettualizzazione del metodo genealogico, e non vi è alcun tentativo esplicito di categorizzare il suo pensiero entro l'ordine (e le sequenze) della genealogia. Tuttavia, specialmente sul fronte delle categorie filosofiche del diritto e della morale, nella misura in cui, nei *Pensées*, Pascal pone il problema della genesi dei concetti di legge, di forza e di giustizia, non possiamo non riconoscere ciò che più tardi, specialmente a partire da Nietzsche, si è ascritto al campo della riflessione genealogica.

### b) *Una prospettiva teologico-antropologica*

Per comprendere a pieno i termini di questa riflessione, dobbiamo tornare in breve all'antropologia e alla teologia pascaliana, tenendo sempre a mente che «antropologia e teologia fanno una sola cosa nei *Pensieri*» (Sellier 2013, p. 394)[11]. Sul piano antropologico, l'uomo appare a Pascal come soggetto all'errore naturale (ineliminabile senza la grazia); tutto lo inganna, niente – tanto meno la ragione – gli mostra la verità. Ciò che più definisce la nostra condizione esistenziale è uno stato di "difetto", di "mancanza" gnoseologica e morale. «Noi siamo incapaci sia del vero che del bene» (Pascal 2013, fr. 436, p. 273)[12].

La realtà non è che un incessante divenire, il territorio malfermo, infido e precario che non permette di costruire niente di certo, stabile e sicuro né alla scienza, né alla morale, né al diritto. Ed è questo divenire che trascina Pascal verso lo scetticismo di Montaigne e «sin quasi all'attracco nel porto del pirronismo storico» (Sellier 2013, p. 7)[13]. Sul versante teologico, un ruolo importante lo svolgono il cristianesimo agostiniano e la lettura di Giansenio. Come giansenista, Pascal si distingue per un'instancabile difesa della teologia agostiniana della grazia e del misticismo cristiano. Lasciato a se stesso, l'uomo rimane in balia dell'errore, sviato dalla corrente delle passioni, e solo la grazia "medicinale" del Cristo, una volta scivolata nel suo *cuore,* come principio di amore, lo può risanare. Di qui, tutta una teologia della caduta e della grazia, della corruzione e della redenzione, che percorre i *Pensées* (il piano di quest'opera si formò probabilmente intorno al 1660 e riguardava un progetto, rimasto incompiuto, di un'*Apologia del cristianesimo* che avrebbe dovuto anche essere la sua autobiografia spirituale) e che conduce alla visione dell'essere umano, abbandonato alle sue sole forze, smarrito in un mondo vertiginoso dove nulla è stabile e dove la ragione, lungi dal presentarsi come fondamento di certezza e conoscenza, fluttua secondo le ideologie, le pulsioni, le malattie, le abitudini.

---

[11] Scrive ancora Sellier: «In quanto all'antropologia, abbiamo visto sino a qual punto essa derivi dalla teologia della grazia. In poche parole, l'insieme dei *Pensieri* poggia su un basamento propriamente teologico. Ciò equivale a una presentazione "laica" di Pascal, così come è potuta scaturire dalle edizioni di Bossut (1779) e Brunschvicg (1897). L'apologista appare oggi come un teologo-scrittore, che riprende – al di là dei secoli della scolastica – una teologia letteraria. La novità della sua strategia apologetica fa anzi di lui uno dei capofila della teologia fondamentale» (Sellier 2013, p. 407).

[12] Ancora al frammento 425 leggiamo: «Un'esperienza così lunga, continua e uniforme avrebbe dovuto convincerci della nostra impotenza a raggiungere il bene con le nostre forze» (Pascal 2013, p. 261).

[13] Tuttavia, al frammento 64 dei *Pensées* leggiamo: «Non in Montaigne ma in me trovo tutto quello che leggo in lui» (*Ibid.*, p. 136).

La ragione non può stabilire nulla, non può essere a fondamento di niente. «L'ultimo passo della ragione – scriveva Pascal – è riconoscere che c'è un'infinità di cose che la sorpassano; essa è debole se non arriva a conoscere questo. Se le cose naturali la sorpassano, che dire delle cose soprannaturali?» (Pascal 2013, fr. 267, p. 216). E poi, al frammento 272, leggiamo: «Niente è così conforme alla ragione come questa rinunzia della ragione» (*Ibid.*, p. 217). Questa presa di coscienza dei limiti della ragione e dell'impossibilità di comprendere l'uomo nell'«ordine della geometria» è proprio ciò che fa di Pascal il "perno" (almeno uno dei più importanti) da cui si dirama tutta una linea del pensiero moderno (antitetico rispetto al razionalismo cartesiano) che giunge fino a Nietzsche e all'esistenzialismo.

L'uomo, afferma Pascal con la sottigliezza dell'acuto osservatore della paradossale condizione umana, «non agisce con la ragione che costituisce il suo essere» (*Ibid.*, fr. 439, p. 274). L'umana intelligenza non può dare risposte sicure. «Due eccessi: escludere la ragione, non ammettere che la ragione» (*Ibid.*, fr. 253, p. 212); ovvero, ponendosi sul piano della riflessione filosofica: «Abbiamo un'incapacità di dimostrare, che nessun dommatismo può vincere. Abbiamo un'idea della verità che nessun pirronismo può vincere»[14] (*Ibid.*, fr. 395, p. 254). Di fronte a tale incongruenza, a tale incertezza, la filosofia non può rispondere con argomentazioni fondate. La strategia di Pascal (come più tardi di Nietzsche) sarà, allora, l'ironia:

> «*Geometria, intuizione.* – La vera eloquenza si burla dell'eloquenza; la vera morale si burla della morale; voglio dire che la morale del giudizio se la ride della morale della mente essendo la prima senza regole.
>
> Infatti al giudizio appartiene il sentimento, come alla mente appartengono le scienze. L'intuizione fa parte del giudizio, la geometria della mente.
>
> Ridersela della filosofia significa filosofare per davvero» (*Ibid.*, fr. 4, p. 120).

Tutte le stranezze degli uomini – e tra queste il loro filosofare – suscitano in Pascal una risata (e la risata pascaliana, spesso mescolata d'indignazione o di sconforto, è assai diffusa nei *Pensieri*, assumendo diverse sfumature con termini come «ridicolo», «facezia», «diverten-

---

[14] Ancora alla fine del frammento 374 leggiamo: «Niente dà maggior forza al pirronismo quanto il fatto che ci siano alcuni che non sono pirroniani: se lo fossero tutti, i pirroniani avrebbero torto» (*Ibid.*, p. 248).

te»); l'essere umano, come il magistrato o il filosofo, tende spesso verso la «marionetta» o il «fantoccio»[15]. Ed è per questo che Pascal ride della filosofia (della filosofia antica greco-romana che apprende essenzialmente dai *Saggi* di Montaigne, e del razionalismo filosofico moderno). «In Pascal, come pure in La Rochefoucauld, i termini "filosofia" e "filosofo" – scrive Sellier – sono sempre peggiorativi. La filosofia propone lo sciocchezzaio della ragione umana» (Sellier 2013, p. 382).

Pascal irride la filosofia perché in questa non vede altro che astratto intellettualismo, per cui si ipostatizzano, oggettivizzano, sistematizzano (e, dunque, si reificano) esperienze e sentimenti che vivono solo in una vita singolare, in quanto sono esistenzialmente vissuti. La vita non è che contrasto e contraddizione, essere e non essere insieme, grandezza e miseria. La filosofia (sarebbe meglio dire il razionalismo filosofico), trascurando la singolarità delle esistenze storiche in cui tali contrasti trovano la loro concreta espressione, perde di vista la realtà e se ne costruisce una sua, astratta, artefatta, schematizzata, scissa: «La vera natura dell'uomo, il suo vero bene, la vera virtù, la vera religione sono cose che non si possono conoscere separatamente» (Pascal 2013, fr. 442, p. 274).

Il problema morale, umano, per Pascal, è essenzialmente un problema religioso. La religione, infatti, è in grado di comprendere la natura umana, spiegarne il dualismo (la grandezza e la bassezza, l'eccellenza e la corruzione), indicare i rimedi. Per questo è al centro

---

[15] Scrive Sellier: «Fantoccio, marionetta: si riconosce lo stile del buon padre gesuita delle prime *Provinciali*, anche lui vittima della risata pascaliana, ma di una ristata che qui è più forte e, a poco a poco, più violenta. Una tale parentela non è casuale. Il gesuita sembra ignorare che, moralmente, l'uomo è una banderuola. Ignora una delle più salde certezze dell'agostinismo pascaliano: *la ragione umana, abbandonata a se stessa, è incapace di elaborare una morale*. È importante non attenuare il radicalismo di una tale posizione, che colpisce con forza gli ideali dell'umanesimo dei secoli che vanno dal XVI sino al XIX. I casisti corrotti delle *Provinciali* sono, in materia morale, dei teologi che credono di potersi affidare alla ragione per piegare la Legge divina rivelata dalla Scrittura. Pascal si beffa a buon diritto delle loro "bizzarre decisioni": "I casisti sottomettono la decisione alla ragione corrotta, affinché tutto ciò che vi è di corrotto nella natura dell'uomo abbia una parte nel suo comportamento". I casisti lassisti sono stati contaminati dall'umanesimo del Rinascimento, da un'epoca che esaltava la scoperta dell'eredità greco-latina, considerata come un tesoro di saggezza morale. Non c'è dunque da sorprendersi di vedere Pascal fustigare non solo il razionalismo gesuita, ma anche l'insieme delle filosofie morali dell'Antichità» (Sellier 2013, p. 381).

della vita. La filosofia, al contrario, è un vano esercizio. I filosofi cambiano opinione con il passare delle mode, senza presa sull'esistenza, e le nuove scienze, matematica e fisica, ci dicono sì come le cose funzionano, ma non apportano conoscenze essenziali. Da matematico Pascal si rende conto che la progressione lineare ed astratta dell'argomentazione scientifica (che procede per principi e dimostrazioni) nulla può dirci sull'esperienza storica concreta, sull'esistenza reale. La matematica «è inutile nella sua profondità» (*Ibid.*, fr. 61, p. 135). Il razionalismo ottimista e conquistatore, che con audacia prosegue lo spirito rinascimentale, ripiega di fronte alle ragioni del *cuore*. Famosa è la sentenza di Pascal: «Il cuore ha le sue ragioni che la ragione non conosce» (*Ibid.*, fr. 277, p. 218). «Spirito di geometria» (*esprit géométrique*) contro «spirito di finezza» (*esprit de finesse*); conoscenza scientifica e analitica, ottenuta con procedimenti perfettamente geometrici e razionali, contro la conoscenza esistenziale dell'uomo, dei moti della sua anima, dei principi che governano la sua sfera spirituale: la scienza non è sufficiente per comprendere la sottigliezza della vita, poiché non arriva a capire i fondamenti dell'esistenza umana. Per comprendere i temi esistenziali dell'uomo occorre ricorrere al «cuore», che per Pascal non è nulla di irrazionale, ma è il centro pulsante dell'interiorità umana, lo strumento, appunto, dello «spirito di finezza». Ci sembra sentire ancora l'eco di questi *pensieri* in una frase di Roland Barthes: «La scienza è grossolana, mentre invece la vita è sottile» (Barthes 1981, pp. 12-3).

Per quanto esatta, la scienza è limitata a processi di pensiero che non esauriscono l'intera e concreta realtà spirituale dell'uomo (ci sono anche le "ragioni del cuore".[16]); appartiene ad un campo di ricerca delimitato e distinto nel quale è possibile il progresso all'infinito; ed proprio su questo piano (ed entro questi limiti) che la scienza si dà, pertanto, in quanto creazione e prodotto dello spirito umano, del suo genio e, al contempo, dalla sua debolezza, della sua manchevolezza. Ecco l'esperienza di Pascal (così vicina, se ben l'intendiamo, allo spirito d'osservazione nietzschiano):

> «Avevo trascorso molto tempo nello studio delle scienze astratte, ma me n'ero disgustato per la poca comunicabilità che se ne poteva ricavare. Appena ho cominciato lo studio dell'uomo, ho visto che quelle scien-

---

[16] Leggiamo al frammento 238 dei *Pensées*: «Il cuore ha il suo ordine; l'intelletto ha il suo, che procede per principi e deduzioni; il cuore ne ha un altro» (Pascal 2013, p. 220).

ze astratte non sono proprie dell'uomo, e che mi sviavo più io dalla mia condizione studiandole, che gli altri ignorandole. Ho perdonato agli altri di saperne poco. Però ho creduto di trovare almeno molti compagni nello studio dell'uomo, e che questo fosse il vero studio che gli sia proprio. Mi sono ingannato: la gente che se ne occupa è ancora meno di quella che si occupa di geometria. Soltanto perché non si sa studiare l'uomo, ci si dà alla ricerca del resto; ma non è forse vero che neppur questa è la scienza che l'uomo deve avere e che è meglio per lui ingannarsi se vuole essere felice?» (Pascal 2013, fr. 366, p. 245).

Siamo dunque lontani dalla concezione scolastica che vedeva nella scienza il profilarsi di una verità già rivelata alla quale l'intelletto si doveva soltanto adeguare [17]. Invertendo l'ordine delle dimostrazioni

---

[17] Su questo piano, quale scienziato, Pascal non è che l'erede dello spirito rinascimentale, come dimostrano i suoi studi sul vuoto, sull'equilibrio dei fluidi, sul calcolo delle probabilità. Tali studi sono posteriori a quella che comunemente i biografi del pensatore francese chiamano la sua "prima conversione" (il suo primo contatto con il giansenismo specialmente attraverso il pensiero Saint-Cyraniano), avvenuta nel 1646 (quando Pascal aveva 23 anni) ed anteriori alla famosa "notte di fuoco" (o "illuminazione" notturna) del 23 novembre 1654. Appartengono dunque a quel periodo che si può considerare di preparazione alla conversione vera e propria (alla svolta mistica, se così si può dire): preparazione lenta, intima, frutto di un processo di pensiero di cui la conversione non è che una tappa decisiva e non un momento di frattura (Gentile 1927, pp. 31-67). Tuttavia, la distanza dall'intellettualismo scolastico è dimostrata anche dal costante tentativo di Pascal di tenere separato l'ambito dell'autorità da quello della ragione. L'autorità deve essere seguita nelle scienze storiche, che dipendono dalla memoria, come la storia, la giurisprudenza e la teologia (soprattutto quest'ultima, dove l'autorità è inseparabile dalla verità rivelata nei testi sacri e irraggiungibile con gli sforzi della sola ragione), ma non è affatto utile per le scienze "dogmatiche", come la fisica, la geometria, la medicina, che hanno bisogno del ragionamento e per le quali solo la ragione ha il diritto di decidere. La ragione stessa, secondo l'ottica assunta da Pascal, deve tenere separati i due ambiti. Per ciò che attiene alla fede, occorre mantenere il massimo rispetto verso l'insegnamento dei profeti e degli antichi Padri, ma per ciò che riguarda la scienza le cose sono ben diverse. Anticipando di secoli ciò che avrebbe detto più tardi, con linguaggio diverso, Max Weber, Pascal assegnava al lavoro scientifico il compito (e l'etica) del superamento. Nella scienza, sosteneva Pascal, se gli antichi avessero avuto lo stesso rispetto per i loro predecessori e fossero rimasti in adorazione dinanzi ai risultati ottenuti prima, noi oggi non avremmo mai ottenuto i frutti che essi ci hanno dato. Le conquiste dello spirito scientifico sono "mezzi" per andare avanti, non "fini" (*Ibid.*, p. 40). Molto più tardi, sulla stessa linea, proprio Max Weber, in un contesto di indagine diverso e nell'ambito delle scienze sociali, avrebbe aperto agli studi sociologici una strada antimetafisica e essenzialmente metodologica. E ciò nella misura in cui veniva a sostituire a un criterio

"ontologico" di "verità" filosofica (metafisica) un criterio "metodologico" di "oggettività" scientifica. Come spiegava, nietzschianamente nel suo *Wissenschaft als Beruf* (1918), la scienza non può decidere in base a se stessa, ma soltanto in base ai valori. Non potendo attingere al «vero essere», la scienza può soltanto garantire la «validità delle regole della logica e del metodo» ovvero, i presupposti della sua stessa oggettivazione; la *sua* "verità" è soltanto un'"oggettività" *idealtipica*, una "validità" metodologica costruita selettivamente e processualmente secondo le regole della sua logica intrinseca. Da questo punto di vista, la validità della scienza riposa su *presupposti* metodologici (fondamenti generali del nostro stesso orientamento nel mondo) e *valoriali* (le condizioni di *valore* sottese alla ricerca scientifica stessa) che non possono essere, a loro volta, dimostrati con i mezzi della scienza. Norme ed ideali non possono essere in alcun modo giustificati scientificamente. «Tutte le scienze naturali – è Weber che scrive – danno una risposta a questa domanda: che cosa dobbiamo fare *se* vogliamo dominare *tecnicamente* la vita? Ma se vogliamo e dobbiamo dominarla tecnicamente, e se ciò, in definitiva, abbia veramente un significato, esse lo lasciano del tutto in sospeso oppure lo presuppongono per i loro fini» (Weber 1948, pp. 26-7). La scienza, pertanto, in base ai suoi stessi presupposti e al suo stesso procedere, non avrebbe potuto stabilire il fondamento del proprio valore né avrebbe potuto definire e *decidere* circa le posizioni ultime rispetto alla vita; essa poteva soltanto offrire «nozioni sulla tecnica per padroneggiare la vita, rispetto agli oggetti esterni e rispetto all'azione umana, mediante il calcolo» (*Ibid.*, p. 35). Essa, in altri termini, poteva predisporre soltanto «i metodi del pensare, gli strumenti e la preparazione a quello scopo» (*Ibid.*). Dal suo canto Pascal, sul piano della ricerca scientifica, in quanto erede del Rinascimento e, in quest'ambito, vicino anche a Cartesio, considerava l'uomo come creatura volta all'infinito, come spirito sempre creatore, capace di superare il passato e di progredire continuamente. L'uomo è nato per l'infinità, sosteneva Pascal; «ma questa infinità non è nel soggetto, bensì nell'oggetto, infinitamente esteso, la cui conoscenza aumenta sempre con un progresso *quantitativo* più che *qualitativo*, estensivo più che intensivo» (Gentile 1927, p. 42). La verità della scienza, si potrebbe anche dire, è il progresso; ma un progresso non dettato, però (come appare in Cartesio), da un'astratta ragione e da un metodo valido nella sua universalità, ma conseguito (in pieno spirito baconiano) sperimentalmente e, dunque, storicamente e convenzionalmente (secondo Pascal vi sono diversi ordini nella conoscenza della realtà, e ad ogni ordine corrisponde un metodo). Anche la matematica, che spinge il progresso nell'ordine della conoscenza scientifica, non ha un suo fondamento oggettivo nella realtà, ma è rappresentazione convenzionale di ciò che, al di là del pensiero, poniamo come reale. Per cui l'uomo, nato sì per l'infinità, non potrà mai conoscere in senso assoluto, sfuggendogli sempre quella realtà naturale che pone ad oggetto della sua conoscenza. Per quanto esatta, la scienza è, dunque, limitata a processi di pensiero che non esauriscono l'intera e concreta realtà spirituale dell'uomo (ci sono anche le "ragioni del cuore"); appartiene ad un campo di ricerca delimitato e distinto nel quale è possibile il progresso all'infinito (ed è in tal modo che Pascal può conciliare la libertà della ricerca scientifica con la religione, in quanto, dal suo punto di vista, si tratta di due

scientifiche e religiose, la Scolastica finiva per trasporre l'autorità (della Scrittura e dei Padri) nella filosofia e la ragione (della scienza) nella teologia, snaturando sia l'una che l'altra. Siamo lontani dall'ontologia tomistica che affidava alla conoscenza il compito di scoprire nella realtà esterna al soggetto le verità in essa contenute, ovvero l'ordine razionale progettato e attuato da Dio. Seguace a suo modo – già in una fase del suo pensiero precedente l'"illuminazione mistica" del 1654 – della teoria giansenistica, che parla di un Dio ignoto (*Deus absconditus*)[18], incommensurabile, infinitamente grande e lontano da noi, e quindi non conoscibile se non per mezzo della grazia che non è opera di ragionamento, ma dono d'amore di Dio, Pascal non poteva ammettere alcuna conformità tra mente e realtà, ovvero non poteva porre il problema della verità come dominio conoscibile e raggiungibile attraverso i semplici mezzi dell'intelletto. I disegni di Dio rimangono misteriosi e nascosti e non si dà conoscenza – sia pur essa scientifica – come scoperta dell'ontologia del creato. «La sola scienza, che è contro il senso comune e la natura degli uomini, è la sola che sia sempre esistita» (*Ibid.*, fr. 604, p. 333). Dopo la caduta (e per effetto di questa), l'umanità, prigioniera della sua finitezza, rimane sospesa a una condizione esistenziale che la espone alla contraddizione, alla non coincidenza, alla scissione. La Scrittura, sostiene Pascal, dice che «Dio è un Dio nascosto, e che, dopo la corruzione della natura, egli ha lasciato gli uomini in un accecamento da cui non possono uscire se non per mezzo di Gesù Cristo, fuori del quale ogni comunicazione con Dio è impossibile» (*Ibid.*, fr. 242, pp. 207-8)[19]. I

campi essenzialmente distinti). Proprio su questo piano (ed entro questi limiti) la scienza si dà, pertanto, in quanto creazione e prodotto dello spirito umano. Siamo dunque lontani dalla concezione scolastica che vedeva nella scienza il profilarsi di una verità già rivelata alla quale l'intelletto si deve soltanto adeguare.

[18] Al tema del *Deus absconditus* (*Is.* 45,15) Niccolò Cusano aveva dedicato un piccolo testo composto in forma di dialogo (tra un Cristiano e un Gentile) tra il 1440 e il 1445, dunque tra il *De docta ignorantia* e il *De quaerendo deum*. Secondo la tesi sostenuta da Cusano, per gli uomini che sono a conoscenza solo di ciò che è loro simile e conforme, Dio, che è al di sopra di tutto, rimane sempre indecifrabile e nascosto (Cusano 1995, pp. 3-10).

[19] Per Pascal, in fin dei conti, Dio non è così manifesto ed evidente da non poterlo non riconoscere o conoscere, né così occulto e segreto da doverlo negare e ignorare, ma è un *Deus absconditus*, il quale si nasconde e si rivela insieme, celandosi e svelandosi al tempo stesso. Detto altrimenti, Dio è presente nei veli che lo nascondono (non occultandolo del tutto) come si manifesta in un'evidenza

paradossi e le iperboli che attraversano i *Pensieri* hanno come sfondo questa tragica incommensurabilità. «Gli uomini sono nel medesimo tempo indegni di Dio e capaci di Dio: indegni per la loro corruzione, capaci per la loro primitiva natura» (*Ibid.*, fr. 557, p. 318)[20].

Non a caso, per Pascal, la «condizione dell'uomo» è segnata da «incostanza, noia, inquietudine» (*Ibid.*, fr. 127, p. 165). Mutiamo sempre, non siamo mai la stessa persona (*Ibid.*, fr. 122, p. 164). «La nostra natura sta nel movimento; il completo riposo è la morte» (*Ibid.*, fr. 129, p. 165). Anche nel *Discours sur les passions de l'amour* (piccolo testo attribuito a Pascal) si affermava che la vita passionale, tumultuosa, era tutto movimento: «interiormente tutto è in movimento» (Pascal 2007, p. 45). Probabilmente la lettura di Montaigne gli aveva suggerito questo concetto dell'uomo, ma Pascal va più nel profondo, fino ad arrivare a quell'idea di "mancanza ontologica" su cui, più tardi, avrebbe ruotato anche la psicoanalisi di Jacques Lacan. L'uomo è in continuo mutamento, sempre in cerca di qualcosa, di una pienezza che non riesce mai a colmare. «Niente ci piace tanto quanto la lotta, ma non la vittoria. [...] Così nel giuoco, così nella

---

che può nasconderlo. Come spiega Luigi Pareyson, Dio «si palesa in forme che lo rivelano chiaramente a chi ve lo sa vedere e lo celano inesorabilmente a chi non vuole vederlo; e si consegna nell'ambigua significanza della "figura", cioè dell'allegoria, del simbolo, della cifra, che dev'esser interpretata per diventare eloquente, ma rimane muta se non è saputa interpretare; e si comporta in tal maniera proprio per non togliere il merito a chi lo cerca e il demerito a chi non lo cerca, cioè in maniera che il modo suo di rivelarsi per un verso non sopprima ma stimoli e alimenti la ricerca che se ne fa, e per l'altro verso non risulti evidente a chi lo fugge e anzi lo confermi nel suo accecamento» (Pareyson 1966, p. 119). In altri termini, Pascal muove dal presupposto che il Dio della scrittura sia il *Deus absconditus* secondo il verso di Isaia (45,15), che è l'unico luogo in cui la Bibbia si serve di questa espressione. Tuttavia, questa unità paradossale di luce ed oscurità si trova anche, in tutta la sia evidenza, nella figura di Gesù Cristo, il quale non si è fatto riconoscere se non per segni che potevano anche nasconderlo, ed è stato conoscibile solo a coloro che hanno saputo riconoscerlo. «Gesù Cristo – scrive ancora Pareyson – è veramente il modello della rivelazione che prende la forma del nascondimento» (*Ibid.*, p. 130). Se allora Dio è nascosto, cercarlo e conoscerlo non è più soltanto una questione filosofica e speculativa, ma è prima di tutto una questione morale, che impegna la volontà dell'uomo prima che la sua intelligenza.

[20] Ancora al frammento 409 leggiamo: «La grandezza dell'uomo è così evidente che si deduce anche dalla sua miseria. Infatti ciò che è natura negli animali lo chiamiamo miseria nell'uomo; dal che deduciamo che essendo oggi la sua natura simile a quella degli animali, egli è decaduto da una migliore natura che un tempo gli era propria» (Pascal 2013, p. 256).

ricerca della verità. [...] Così nelle passioni; ci piace vedere il contrasto di due passioni, ma se una prende il sopravvento non è che brutalità. Non cerchiamo mai le cose, ma la ricerca delle cose» (Pascal 2013, fr. 135, p. 166). La vita sta nel divenire e, al contempo, nel mancare; non vi è niente di oggettivo, di dato, di adeguato, di perfetto, ma tutto sposta l'essere verso il suo continuo mancare[21]. «L'uomo vuole essere felice e sicuro di qualche verità; e intanto non può né sapere né non desiderare di sapere; non può neanche dubitare» (*Ibid.*, fr. 389, p. 252). E ancora leggiamo nel frammento 464 intitolato *Filosofi* (riferito agli stoici):

> «Noi siamo pieni di cose che ci spingono fuori di noi. Il nostro istinto ci fa sentire che bisogna cercare la felicità fuori di noi. Le nostre passioni ci spingono verso l'esterno, anche quando non ci si offrono degli oggetti esterni per eccitarle; gli oggetti stessi ci tentano da sé e ci invitano, anche quando non ci pensiamo. E così i filosofi hanno voglia di dire: "Ritraetevi in voi stessi e troverete il vostro bene": nessuno ci crede, e coloro che ci credono sono i più vuoti e i più stupidi» (*Ibid.*, p. 281).

Dietro questa concezione, vi è sempre il cristianesimo (il "fondamento profetico" del cristianesimo) di Pascal[22], che di fronte alla filosofia greca essenzialmente intellettualistica, contemplatrice della verità, annuncia che la verità è quella che si cerca sempre e non si raggiunge mai, perché quando si crede di averla raggiunta, proprio allora si è perduta. Il cristianesimo, così come lo concepisce Pascal, è «la sola religione contro la natura, contro il senso comune, contro i nostri piaceri» (*Ibid.*, fr. 605, p. 333). Si è affermato nel mondo, «così fortemente e così dolcemente», pur essendo contrario alla natura (*Ibid.*, fr. 289, p. 222). «Tutte le religioni e sètte del mondo – scrive ancora Pascal in polemica con i casisti, con i «buoni padri» – hanno avuto la ragione naturale come guida. Soltanto i cristiani sono stati costretti a prendere le loro regole fuori di loro e a informarsi di quel-

[21] Come ricorda Federico Gentile, «la virtù, dice Pascal, è essere e non essere insieme: sentirsi sempre non essere e desiderare di raggiungere l'essere, senza riposo, senza stanchezza; con la coscienza sempre viva che quel che si è fatto non è mai abbastanza, quel che ci resta da fare non è mai impossibile» (Gentile 1927, pp. 193-4).

[22] Sull'influenza del *profetismo* in Pascal si rimanda soprattutto a Philippe Sellier (2013, pp. 409-29).

le che Gesù Cristo ha date agli antichi perché le trasmettessero ai fedeli» (*Ibid.*, fr. 903, p. 457).

È forse proprio questa concezione del cristianesimo che sostiene l'atteggiamento scettico di Pascal di fronte alla natura:

> «Ecco quello che vedo e mi turba. Guardo da ogni parte e non vedo che buio. La natura non mi offre nulla che non sia materia di dubbio e di inquietudine. Se non ci vedessi niente che m'indicasse una Divinità, mi deciderei per la negativa; se vedessi dappertutto i segni di un Creatore, riposerei in pace nella fede. Ma vedendo troppo per negare e troppo poco per essere sicuro, mi trovo in uno stato pietoso nel quale cento volte ho desiderato che, se un Dio sostiene la natura, questa dovrebbe indicarmelo senza equivoci, e che, se i segni che essa ne dà sono fallaci, dovrebbe sopprimerli completamente; che dicesse tutto o niente, affinché io vegga qual partito seguire. Al contrario, nello stato in cui mi trovo adesso, nell'ignoranza di che cosa sono e di che cosa debbo fare, non conosco né il mio stato né il mio dovere. Il mio cuore aspira tutt'intero a conoscere dov'è il vero bene, per seguirlo; niente mi costerebbe troppo caro per l'eternità. Invidio coloro che vedo vivere nella fede con tanta negligenza e che usano così male il dono di cui credo farei un uso molto diverso» (*Ibid.*, fr. 229, pp. 198-9).

Non ha dunque alcun senso il cercare la natura delle cose, la loro origine naturale; posiamo solo avvicinarci al loro nascimento, alla loro "*genealogia*"; perché l'unica natura è, proprio, il nascimento.

### c) *Indeterminatezza della condizione umana*

Molto più tardi, Paul Valery, nel 1919, avrebbe affermato che è il desiderio, la tensione al superamento continuo e allo sconfinamento, ciò che caratterizza e distingue l'uomo; è questa "atopia" ciò che, paradossalmente, lo "localizza", è questa indeterminatezza che più lo determina. E riferiva questa tensione ad una particolare, e paradossale, antropologia che, in qualche modo, già prefigurava quella «mancanza-ad-essere» (*manque-a-être*) che avrebbe più tardi, come si è accennato, interessato Lacan (1974, vol. II, p. 625). L'uomo, affermava Valery,

> «è quell'animale separato, quello strano essere vivente che si è opposto a tutti gli altri, che si innalza al di sopra di tutti gli altri grazie ai suoi ... *sogni*, grazie all'intensità, alla concatenazione, alla diversità dei suoi *sogni*! grazie ai loro straordinari effetti che modificano addirittura la sua

natura e non solo la sua natura, ma anche la natura stessa che lo circonda e che egli cerca instancabilmente di sottomettere ai suoi sogni» (Valery 1994, p. 41).

E subito dopo aggiungeva:

> «Voglio dire che l'uomo è continuamente e necessariamente in opposizione rispetto *a ciò che è*, a causa di *ciò che non è*! Egli crea con fatica, oppure con genialità, quello di cui hanno bisogno i suoi sogni, cioè la forza e la precisione stessa della realtà, e, nel contempo, cerca di imporre a questa realtà quelle alterazioni crescenti che la avvicinano ai suoi sogni. [...] L'uomo ha in sé ciò che lo porta ad essere insoddisfatto di quello che un tempo lo soddisfaceva. Egli è, in ogni momento, diverso da ciò che è. Non forma un *sistema chiuso* di bisogni e di soddisfacimento di questi bisogni. Egli trae da tale soddisfacimento un siffatto eccesso di potenza che capovolge il suo stesso appagamento. Non appena il suo corpo e il suo appetito si sono calmati, in fondo a lui stesso qualcosa si agita, lo tormenta, lo illumina, lo comanda, lo stimola, lo manovra segretamente. Ed è proprio il Pensiero, il Pensiero armato di tutti i suoi inesauribili interrogativi ...» (*Ibid.*, pp. 41-42).

Valéry pone dunque il "*songe*", il sogno cosciente o incosciente – in quanto, comunque, attività di pensiero – come origine della condizione di radicale separazione che caratterizza, a differenza di tutti gli altri esseri viventi, l'essere umano.

Vi è allora un'originaria mancanza ontologica (*ciò che non si è*) – "spazio" nel quale e per il quale sorge il desiderio – che espone l'uomo a se stesso, a *ciò che egli è*. «Di lui possiamo dire che *gli manca perennemente tutto ciò che non esiste*» – così scriveva in un altro saggio, *La politica del pensiero*, del 1932 (*Ibid.*, p. 65). E questo continuo mancare (ciò che si sottrae alla mera presenza) definisce, nel suo lato più esposto – quello del desiderio –, l'*appetito* dell'*Homo europoeus*, l'uomo che più di ogni altro ha fatto di questa mancanza il tratto della sua identità.

In realtà, se volessimo attraversare altri percorsi psicologici sul tema trattato, dovremmo oltretutto ricordare, per restare nell'ambito culturale francese, che già nel 1902 Jules De Gaultier descriveva nel suo *Le Bovarysme* (saggio che deve il suo nome alla celebre *Madame Bovary* di Flaubert) la facoltà di «credersi diversi da ciò che si è», indicando così, nella nostra interiorità, un luogo dove l'essere viene a mancare. Non sapremo mai dove risiede la nostra autenticità: ciò che ha sede nel nostro mondo interiore e, dunque, ciò che realmente «siamo» (De Gaultier 1992). Oltretutto, la «legge del Bovarismo», curiosa idea di questo studioso vissuto a cavallo di due secoli, ha trovato un ulteriore sviluppo nel concetto di «esotismo essenziale» elaborato tra il 1904 e il 1918 da Victor Segalen (2001). Un percorso, nella sua linea ideale, che attraverso gli studi di George Bataille sul problema dell'*Altro* e dell'*alterità radicale*, arriva fino a Jean Baudrillard (1987, pp. 59-72).

A tal riguardo, oltre a quello psicoanalitico, avremmo anche potuto far riferimento a differenti percorsi: quello antropologico-filosofico di Scheler, Plessner[23] e di Gehlen[24], ad esempio, dove, appunto, i temi della mancanza, della precarietà e dell'assenza risultano abbondantemente trattati. Ma torniamo per un momento a Lacan: là dove la riflessione "poetica" di Valéry pone il «sogno», la teoria psicanalitica di Lacan inserisce il linguaggio (e in tal modo si ripercorreva una posizione – per la quale la forma di vita propria dell'essere umano è legata indissolubilmente al linguaggio – che già a partire dagli anni '20 del secolo scorso accomunava, secondo percorsi epistemologici diversi, filosofi come Wittgenstein, Cassirer, Heidegger e Benjamin).

Come sappiamo, infatti, per Lacan il linguaggio è, all'origine, essenzialmente struttura di separazione fra il naturale e l'antropologico, determinando la costituzione del soggetto in quanto «essere-di-linguaggio» e, per ciò stesso, in quanto essere separato. Detto altrimenti, il soggetto, nella riflessione di Lacan, appare immerso in una rete di rapporti di significazione determinati storicamente dall'appartenenza ad un linguaggio, ad un ordine simbolico che lo trascende e lo separa dal resto della vita naturale[25].

---

[23] L'antropologia filosofica di Plessner, ad esempio (e qui si può menzionare un suo saggio del 1931), ci presenta una concezione dell'uomo quale essere "esposto", fondato primariamente sul distacco e la cui situazione rimane imprescrutabile, indeterminata, aperta al rischio e all'estraneo (Plessner 2006: 101-110).

[24] Per quanto riguarda Arnold Gehlen, è significativo segnalare, in questa sede, il suo libro *L'uomo. La sua natura e il suo posto nel mondo* (1940-50), dove appunto vi si espone una concezione dell'uomo, dal punto di vista biologico, come "essere carente" (Gehlen 1983).

[25] A tal riguardo, di notevole interesse sono senza dubbio anche le riflessioni che Émile Benveniste ha dedicato al rapporto tra simbolo, linguaggio e pensiero nelle sue analisi volte allo studio dei problemi teorici della linguistica generale (si pensi ai *Problèmes de linguistique générale*, I, 1966, e II, 1974), soprattutto nella misura in cui tali analisi hanno contribuito in modo essenziale non solo alla

Tale condizione espone il soggetto ad una "mancanza" essenziale,

---

comprensione dei meccanismi generali e del funzionamento del linguaggio ma anche ad indagare le relazioni intercorrenti fra il campo biologico e quello culturale, fra la soggettività e la socialità, fra il segno e l'oggetto. In *Tendences récentes en linguistique générale* del 1954, presente nei *Problèmes de linguistique générale*, riflettendo sul rapporto tra l'espressione linguistica e la situazione (tra l'espressione e il mondo) Benveniste ha cercato di chiarire come la lingua empirica non sia altro che un processo di simbolizzazione a più livelli, per cui il «dato» linguistico non è un «dato primo» di cui ci sia soltanto da separare le parti che lo costituiscono, ma è già un complesso, alcuni valori del quale risultano dalle proprietà particolari di ciascun elemento, altri dalle condizioni del loro assetto, altri ancora dalla situazione oggettiva. Da questo punto di vista la linguistica non si presenta come scienza dei fatti empirici, ma come scienza delle relazioni e delle deduzioni, «che ritrova l'unità del piano nell'infinita diversità dei fenomeni linguistici» e, proprio per questo, «dovrà allora definire la natura propria dei simboli linguistici servendosi di una formalizzazione rigorosa e di una metalingua distinta» (Benveniste 1990, p. 25). Detto altrimenti, oltre ogni prospettiva "sostanzialista" delle scienze della cultura, secondo Benveniste (debitore in qualche modo delle analisi antropologiche di Claude Lévi-Strauss) la lingua è già strutturata ed «informata» di significato, e proprio per questo in una lingua, come in una cultura, «esiste un insieme di simboli di cui vanno definite le relazioni» (*Ibid.*, p. 20). Possiamo considerare tali considerazioni come premessa a ciò che più tardi, in un saggio del 1963 (*Coup d'oeil sur le développement de la linguistique*), verrà sviluppato da Benveniste in relazione al rapporto tra lingua, individuo e società. È, infatti, nella lingua e con la lingua che, per Benveniste, individuo e società si determinano reciprocamente. Individuo e società, detto altrimenti, sono insieme e per la stessa necessità «*fondati*» nella lingua. Benveniste ci dice ancora che la fonte di questo potere fondante che risiede nella lingua risiede proprio nel fatto che il linguaggio rappresenta la forma più alta di una facoltà che è inerente alla condizione umana: la facoltà, appunto, di *simbolizzare*. In tal senso, il simbolo non instaura alcuna «relazione naturale» con ciò che simboleggia ovvero, tra significante e significato: la capacità simbolizzatrice non è altro che la facoltà di costruire rappresentazioni delle cose e di operare su di esse. «La trasformazione simbolica degli elementi della realtà o dell'esperienza in *concetti* è il processo grazie al quale il potere razionalizzante dello spirito si realizza». Per questo il pensiero non è un semplice riflesso del mondo, ma categorizza la realtà: «in questa funzione organizzatrice esso è così strettamente associato al linguaggio che, da tale punto di vista, si sarebbe tentati di identificare pensiero e linguaggio» (Benveniste 1990b, pp. 35-6). Vi è dunque una condizione storica, culturale e sociale del linguaggio. Sebbene offra il modello di una struttura relazionale, estendibile astrattamente ad ogni contesto storico determinato, il suo significato rimane ancorato a dimensioni culturali e sociali particolari e concrete. Ed è proprio l'esistenza di un simile sistema di simboli che ci rivela uno dei dati essenziali della condizione umana, forse – come specifica ancora Benveniste – il più profondo: ci rivela, cioè, che «non esiste relazione naturale, immediata e diretta fra l'uomo e il mondo, né fra l'uomo e l'uomo» (*Ibid.*, p. 39).

ad una «mancanza-ad-essere» (*manque-a-être*) – concetto assai vicino a ciò che Maurice Blanchot chiamava «l'assenza d'essere»: «Il potere di parlare», scriveva appunto Blanchot, «è legato (…) alla mia assenza d'essere» (Blanchot 1983, p. 29). Ma qui la *mancanza*, quale spazio nel quale e per il quale sorge il desiderio, si riferisce non già a ciò che si è, ma a ciò che, appunto, *non si è* (come se ci fosse soltanto una «logica della mancanza» a guidare la dinamica del desiderio (Lacan 1974, vol. II, p. 625). Un po' ciò che, in termini diversi, aveva già intuito Valéry.

Di qui, pertanto, un'idea dell'essere umano quale luogo indeterminato di una soggettività paradossalmente fondata sulla *mancanza*, quale soggetto di un continuo mancare, attraversato e costituito dall'assenza, in opposizione all'essere di natura, all'essere puramente biologico. Poiché proprio tale *mancanza ontologica*, a ben vedere, si dispone quale struttura stessa dell'essere umano (e non quale mera sottrazione empirica all'esistente).

Se, dunque, come apprendiamo nel saggio *Aldilà del "principio di realtà"*, «la "natura" dell'uomo è la sua relazione con l'uomo» (Lacan 1974, vol. II, p. 83), i termini di tale rapporto rinviano, inconfessabilmente, ad un originario "mancare". Ad un sempre mancare, prima di tutto, rispetto a ciò che si sottrae alla mera presenza, ma anche rispetto a ciò che si dà come *Altro*, come inappartenente, inappropriabile, incommensurabile. Se l'uomo è nella *relazione*, lo è in quanto *separazione*[26].

Per altre vie, non meno illuminanti e vertiginose, Georges Bataille era giunto a simili conclusioni. Maurice Blanchot, che ha saputo leggere in profondo il suo pensiero, ne ha restituito l'intimo significato evidenziando, attraverso l'intera opera del filosofo francese, il nesso paradossale che lega l'«esigenza comunitaria» (l'«appello della o alla

---

Occorre, altresì, un intermediario, «quell'apparato di simboli che ha reso possibili il pensiero e il linguaggio. Fuori dalla sfera biologica, la capacità simbolizzatrice è la capacità più specifica dell'essere umano» (*Ibid.*).

[26] Mi riservo qui, solo in nota, di ricordare l'interpretazione data da Lacan alla *Scommessa* di Pascal nel suo *Seminario* del 1968-1969. Un'interpretazione basata essenzialmente sulla questione etica, rilevante per la psicoanalisi, del posto riservato al godimento e al piacere di fronte a un Altro e che riconosce il portato assunto dalla scommessa in relazione al gioco, o a un pensiero, dell'alternanza, dell'alternativa e della scelta ovvero, in relazione a una riflessione che non segue uno sviluppo, come nella dialettica hegeliana (la composizione degli opposti che fonda l'identità), ma impone (e si interroga su) una decisione da prendere (una strada da percorrere) di fronte a un bivio (Lacan 2019, pp. 101-179).

comunità») al principio di incompletezza o di insufficienza ontologica. Prendendo avvio dall'interrogazione bataillіana circa il senso della "comunità", così scrive Blanchot:

> «La risposta è data abbastanza chiaramente: "Alla base di ogni essere esiste un principio di insufficienza ..." (principio di incompletezza). È un principio, notiamolo bene, quel che comanda e ordina la possibilità di un essere. Da cui risulta che questa mancanza per principio non va di pari passo con la necessità di una completezza. L'essere, insufficiente, non cerca di associarsi a un altro per formare una sorta di integrità. La coscienza di insufficienza viene dalla sua propria messa in questione, che ha bisogno dell'altro o di un altro per essere effettuata. Solo, l'essere si chiude, si addormenta e si tranquillizza. O è solo, o si sa solo perché non lo è. "La sostanza di ogni essere è contestata da ogni altro senza pausa. Anche lo sguardo che esprime l'amore e l'ammirazione mi aderisce come un dubbio concernente la realtà". "Ciò che penso, non l'ho pensato solo". Vi è qui un intreccio di motivi dissimili che giustificherebbe un'analisi, ma che ha la sua forza in un assieme di differenze associate. È come se si pressassero, a un battente, pensieri che non possono essere se non insieme, mentre la loro moltitudine ne impedisce il passaggio. L'essere cerca, non d'essere riconosciuto, ma d'essere contestato: va per esistere verso l'altro che lo contesta e talvolta lo nega, per cominciare a essere solo in questa privazione che lo rende cosciente (è questa l'origine della coscienza) dell'impossibilità di essere se stesso. Di essere come *ipse* o, se si vuole, come individuo separato: così forse esisterà, provando se stesso come esteriorità fondamentale, o come riserva senza riserva infranta, il cui comporsi è solo in forma di un decomporsi, costantemente, violentemente e silenziosamente. Così, l'esistenza di ogni essere fa appello all'altro o a una pluralità d'altri (perché è come una deflagrazione a catena che ha bisogno di un certo numero di elementi per prodursi ma rischierebbe, se questo numero non fosse determinato, di perdersi nell'infinito, al modo stesso dell'universo, che si compone solo illimitandosi in una infinità di universi). Fa appello, con questo, a una comunità: comunità finita, perché essa ha, a sua volta, il suo principio nella *finitezza* degli esseri che la compongono e che non sopporterebbero che essa (la comunità) omettesse di portare a un più alto grado di tensione la finitezza che li costituisce» (Blanchot 1984, pp. 15-6).

In un breve testo del 1939-40, intitolato *L'amitié*, chiosando la *Fenomenologia dello spirito* di Hegel, Georges Bataille scriveva: «Il solo compimento possibile della conoscenza umana ha luogo quando affermo che l'esistenza umana è un inizio che non sarà mai compiuto. [...] L'incompiuto, la morte, il desiderio, l'implacabile sono per l'essere una ferita mai chiusa, senza la quale non differirebbe da un vuoto privo di luce» (Bataille 1999, pp. 14-15). E ancora leggiamo: «Nella misura in cui le esistenze appaiono perfette e compiute, rimangono separate, chiuse su se stesse. Si aprono soltanto attraverso la ferita, che è in loro, del non compimento dell'essere. Ma attraverso quel che si può chiamare non compimento, nudità animale, ferita, esseri innumerevoli e separati gli uni dagli altri *comunicano* e nella *comunicazione* dall'uno all'altro prendono vita perdendosi» (*Ibid.*, p. 19). Gli esseri attraverso la «comunicazione» non sono più chiusi su loro stessi: ciò che comunicano è il «folgorante bisogno di perdersi». L'esistenza, pertanto, non si trova dove gli uomini si considerano isolatamente, ma comincia con «il riso condiviso, l'amicizia, l'erotismo – essa ha luogo solamente *nel passaggio dall'uno all'altro*» (*Ibid.*, p. 36).

La «comunicazione», detto altrimenti, riposa su una necessaria perdita di sé; la «comunità» (nella misura in cui si dà come «comunità di coloro che non hanno comunità») si basa sull'incompiutezza dell'essere, sulla sua insufficienza, sull'impossibilità di essere completamente se stessi. Anche sul piano della *relazione*, dunque, l'essere si espone sempre come mancanza, insufficienza, lacerazione, separazione; come ciò che, pur nella sua *finitezza* essenziale, non può avere "de-finizione" ontologica.

Ecco, allora, il punto: l'unica definizione ontologica di cui disponiamo per comprendere l'uomo (la "natura" dell'uomo) riesce soltanto ad indicare l'indefinibilità della sua paradossale condizione. La nozione dell'uomo appare tanto più definita quanto più rimane, paradossalmente, indefinita. «Perché io non tendo ad altro che a conoscere il mio niente», scriveva Pascal (Pascal 2013, fr. 372, p. 247).

## d) *Critica del razionalismo cartesiano*

Tali tratti, che abbiamo già riscontrato nei *Pensées*, visti anche alla luce della loro contraddizione, definiscono allora, ancor più nel profondo, il profilo dell'uomo *gettato* nel nuovo corso dell'età moderna. Un nuovo corso che proprio attraverso Pascal trova un'interpretazione originale, non riducibile agli aspetti portanti del giusnaturalismo o del razionalismo moderni, ma capace di aprire il pensiero, nel recupero di alcuni temi agostiniani, non tanto all'astratta conoscenza del mondo e dei sistemi d'idee, ma alla comprensione della condizione esistenziale dell'uomo.

La condizione dell'uomo, per dirla con atre parole, trova, in questa direzione, una sua riduzione all'esistente e non alla ragione astratta.

Al contempo scienziato rigoroso, lettore di Descartes e ammiratore di Montaigne, teologo nutrito di san'Agostino, Pascal – dice Sellier – ha elaborato ai margini di quella vasta corrente di pensiero che da Galileo arriva a Spinoza, Malebranche, Leibniz, ecc., «una teoria originale della ragione, la cui parentela con la prima *Critica* kantiana è stata frequentemente sottolineata» (Sellier 2013, p. 347). Giacché la «critica» – in senso kantiano – «è onnipresente nei *dossiers* realizzati da Pascal. Una mazzetta come *Vanità* è dedicata a distruggere le pretese della ragione» (*Ibid.*). La ragione è immaginazione e potenza; essa vorrebbe governare le altre potenze, «ma subisce facilmente la loro dominazione; si trova sbalzata giù "dal suo seggio", o compromessa nelle alleanze più equivoche. È così debole che "non occorre il rombo di un cannone per impedire i suoi pensieri. Basta il cigolio di una banderuola o di una carrucola". Una mosca che "ronza" tiene "in scacco" la ragione» (*Ibid.*, p. 349). Leggiamo in un frammento:

> «La mente di questo sovrano giudice del mondo [l'uomo] non è tanto indipendente da non essere capace di turbarsi al primo rumore che si fa attorno a lui. Non c'è bisogno del rombo d'un cannone per impedire i suoi pensieri: basta il rumore di una ruota o di una carrucola. Non stupitevi se adesso non ragiona: una mosca ronza vicino al suo orecchio, e questo basta a renderlo incapace di una buona decisione. Se volete che possa trovare la verità, cacciate via quell'animale che immobilizza la sua ragione e turba quella potente intelligenza che governa la città e i regni: Ecco il ridicolo dio! *O ridicolissimo eroe*» (Pascal 2013, fr. 366, p. 245).

Si comprende, così, la critica a Cartesio e al suo «metodo corretto» condotta nei *Pensieri*. Cartesio, secondo Pascal, avrebbe sbagliato nel pretendere di applicare universalmente un metodo nato dalla matematica (da quelle concatenazioni di ragioni semplici e facili di cui si servono i geometri). Esperto di geometria, l'autore dei *Pensées*, considerava la progressione matematica (senza dubbio insostituibile nel suo campo) inutile, difettosa, incerta e inadatta alla comprensione dell'esistenza umana e della complessità "inaccessibile" del reale. E si burlava del «romanzo della natura» del filosofo del *Discorso sul metodo*, «simile pressappoco alla storia di Don Chisciotte» (*Ibid.*, p. 240). L'ironia, la risata, che ne *Le Provinciali* accompagnava la «teologia accomodante» (secondo i «diversi mutamenti dei tempi») dei gesuiti, facile – come si legge nella *Dodicesima lettera* – da «mettere in ridicolo» (Pascal 2008, p. 307), si adatta ora bene anche al razionalismo di Descartes, «il principe dei filosofi moderni». «Scrivere contro coloro – annota Pascal – che approfondiscono troppo le scienze: Cartesio» (Pascal 2013, fr. 76, p. 146). «Cartesio inutile e incerto» (*Ibid.*, fr. 78, p. 147). E ancora: «Non posso perdonarla a Cartesio, il quale in tutta la sua filosofia avrebbe voluto fare a meno di Dio, ma non ha potuto evitare di fargli dare un colpetto al mondo per metterlo in moto; dopo di che non sa più che farne di Dio» (*Ibid.*, fr. 77, p. 147).

Non vi è certo una condanna della fisica meccanicistica cartesiana, ma una critica della sua assolutizzazione, perché proprio questa assolutizzazione finisce con il compromettere lo stesso valore scientifico della fisica meccanicistica. Per Pascal (che in ciò sostiene lo spirito delle scienze sperimentali) non si può ricondurre ogni spiegazione a un fenomeno unico e dare così alla scienza un valore di certezza esauriente e assoluta e un carattere di sistematicità totale e completa. La scienza non esaurisce il suo oggetto, non può giungere alla certezza totale, ma solo a certezze parziali e frammentarie; non può ricondursi a un principio assoluto, non può cogliere un primo principio, perché la ricerca, disposta ad una regressione infinita, non permette di arrestarsi a un solo principio che possa pretendere di dichiararsi ultimo.

Certo, Pascal concorda con Cartesio su un punto essenziale: «Il pensiero costituisce la grandezza dell'uomo» (*Ibid.*, fr. 346, p. 240). «L'uomo è evidentemente fatto per pensare: sta qui tutta la sua dignità e il suo mestiere; e tutto il suo dovere consiste nel pensare come si deve. Orbene, l'ordine del pensiero sta nel cominciare dal proprio io, dal proprio autore e dal proprio fine» (*Ibid.*, fr. 146, p. 174)[27]. Ma l'uomo non è soltanto pensiero puro, chiaro e distinto[28]. Il *cogito*,

---

[27] Scrive ancora Pascal: «Posso immaginare benissimo un uomo senza mani, senza piedi, senza testa (infatti soltanto l'esperienza ci insegna che la testa è più necessaria dei piedi). Ma non posso concepire l'uomo senza pensiero: sarebbe una pietra o un bruto. Cos'è che sente piacere dentro di voi? È forse la mano o il braccio, la carne o il sangue? Si vedrà che dev'essere qualcosa di immateriale» (Pascal 2013, fr. 339, p. 239).

[28] Scrive Cassirer: «Nelle *Pensées* l'indagine porta all'infinità del progresso, e la coscienza che non è mai possibile raggiungere una conclusione né dal lato dell'aumento né da quello della divisione conduce all'autoannichilimento del pensiero e delle sue leggi fondamentali. L'io, avendo perduto ogni punto d'ap-

per Cartesio è un principio metafisico su cui ricostruire tutta la realtà, che è poi la realtà in cui si realizza il pensiero e da cui il pensiero non può prescindere senza negare se stesso. «Ma a che cosa pensa il mondo? Non pensa mai – così Pascal continua il frammento – a questo, ma a danzare, a suonare il liuto, a cantare, a scrivere versi, a far tornei, ecc., a duellare, a diventar re senza pensare che cosa è un re e che cos'è un uomo» (*Ibid.*)[29]. Ecco il punto:

> «Tutta la dignità dell'uomo – sostiene Pascal – consiste nel pensiero. Il pensiero è dunque un cosa meravigliosa e incomparabile per natura. Avrebbe dovuto avere degli strani difetti per essere disprezzabile; ma ne ha alcuni di cui non c'è niente di più ridicolo. Com'è grande per natura! Com'è basso per i suoi difetti! Ma che cos'è questo pensiero? Quanto è stolto!» (*Ibid.*, fr. 365, p. 245).

## e) *Errore, immaginazione, ragione*

Più complessa è, dunque, l'antropologia esistenziale di Pascal: «*Incostanza*. – Toccando l'uomo, crediamo di toccare un organo ordinario. A dir vero, gli uomini sono organi, ma bizzarri, mutevoli, variabili [le cui canne non si susseguono in una graduazione continua]. Quelli che sanno toccare soltanto organi ordinari non riuscirebbero a trarre armonie dagli altri. Bisogna sapere dove sono [i tasti]» (*Ibid.*, fr. 111, pp. 161-2). Più avanti leggiamo:

---

poggio, non cerca più di svelare il mistero dell'essere; l'intelletto si è messo in una contraddizione insolubile con se stesso, in tutto l'ambito delle sue facoltà o dei suoi problemi» (Cassirer 1952, pp. 563-4).

[29] Scrive ancora Cassirer: «Mentre per Cartesio il pensiero era l'unico fatto fondamentale che avesse un'intrinseca certezza, su cui il dubbio teoretico universale non aveva presa, per Pascal diventa il centro morale dell'individuo, un fatto nel quale il suo pessimismo etico trova un limite che non può oltrepassare» (*Ibid.*, p. 565). E poco dopo leggiamo: «Nell'istante in cui il problema etico diventa per Pascal d'interesse vitale, la scienza teorica e i tentativi di risolverla con la speculazione perdono per lui ogni significato. Da questo momento ci troviamo completamente nell'ambito dell'atteggiamento agostiniano: "Deum et animam scire cupio. Nihilne plus? Nihil omnino". [...] L'ideale cartesiano della ricerca empirica viene rifiutato: possiamo stabilire che i fenomeni fisici avvengono per mezzo della forma e del movimento, ma è ridicolo voler scoprire il loro meccanismo nei particolari. [...] La conoscenza dell'unicità del problema morale comporta il disprezzo spiritualistico per il mondo fisico e le sue leggi particolari» (*Ibid.*, pp. 566-7).

«L'uomo non è che una canna, la più debole della natura; ma è una canna pensante. Non c'è bisogno che tutto l'universo s'armi per schiacciarlo: un vapore, una goccia d'acqua basta a ucciderlo. Ma anche se l'universo lo schiacciasse, l'uomo sarebbe ancor più nobile di chi lo uccide, perché sa di morire e conosce la superiorità dell'universo su di lui; l'universo invece non ne sa niente.

Tutta la nostra dignità consiste dunque nel pensiero. È con questo che dobbiamo nobilitarci e non già con lo spazio e il tempo che potremmo riempire. Studiamoci dunque di pensar bene: questo è il principio della morale» (*Ibid.*, fr. 347, p. 240).

Scrive ancora Pascal: «*Canna pensante.* – Non devo chiedere la mia dignità allo spazio ma al retto uso del mio pensiero. Non otterrei nulla di più col possesso delle terre; mediante lo spazio, l'universo mi circonda e mi inghiottisce come un punto; mediante il pensiero, io lo comprendo» (*Ibid.*, fr. 348, p. 241). L'uomo è, al contempo, interno ed esterno allo spazio, dentro e fuori di esso attraverso il pensiero.

Vi è anche qui, come in Cartesio, la tendenza (moderna) a cogliere riflessivamente il reale nell'esercizio del pensiero (e a discapito della posizione sociale, cetuale); la prova della propria esistenza è il pensiero capace di desostanzializzare i rapporti reali (correlati essenziali delle sostanze patrimoniali): gli stessi rapporti (e le stesse sostanze) che costituiscono la trama e l'ordito giuridico dell'organizzazione feudale. Ma è qui che Pascal introduce, a differenza di Cartesio, la sua piega esistenziale: il pensiero, infatti, non è un'astratta funzione; è concreta espressione esistenziale dell'uomo (compreso nella sua storicità)[30]. E l'uomo non è sempre lo stesso, ma è anzi «bizzarro», «mutevole», in continuo cambiamento da un giorno all'altro, da un minuto all'altro; è «un essere pieno di errore: errore naturale e ineliminabile senza la grazia. Niente gli mostra la verità. Tutto lo inganna» (*Ibid.*, fr. 83, p. 152).

Non solamente l'uomo guarda le cose da lati sempre diversi (prospettivismo), ma anche con occhi sempre nuovi, giacché le cose hanno diverse qualità e l'anima diverse inclinazioni. È la diversità "naturale" ciò che, più nel profondo, caratterizza la "natura" dell'Uomo:

---

[30] Al frammento 469 leggiamo: «Sento che posso non essere esistito, perché l'io consiste nel mio pensiero; dunque io che penso non sarei esistito se mia madre fosse stata uccisa prima che io fossi stato animato; dunque io non sono un essere necessario. Non sono neanche eterno, neanche infinito, però mi accorgo che nella natura esiste un essere necessario, eterno e infinito» (Pascal 2013, p. 283). Siamo già interni alle tematiche esistenzialiste.

«Tutto è uno, tutto è diverso. Che diversità di nature in quella dell'uomo» (*Ibid.*, fr. 116, p. 163). Leggiamo nel passo finale di un frammento (che in qualche modo ci riconduce a Nietzsche): «L'uomo dunque è così abilmente congegnato che non possiede alcun principio giusto del vero e molti eccellenti principi del falso. Vediamo ora come ... Ma la causa maggiore di questi errori è la lotta tra i sensi e la ragione» (*Ibid.*, fr. 82, p. 152). Ragione e sensi (questi due principi di verità), s'ingannano, infatti, a vicenda (*Ibid.*, fr. 83). Non vi è dunque da stupirsi se l'uomo appare ancora a Pascal come «simulazione, menzogna e ipocrisia, sia in sé che rispetto agli altri». E tutte queste disposizioni, «tanto lontane dalla giustizia e dalla ragione» – leggiamo ancora – «hanno una radice naturale nel suo cuore» (*Ibid.*, fr. 100, pp. 158-9)[31].

Centrale, nell'ermeneutica antropologica di Pascal, è allora il tema dell'«errore», dell'errore utile, pragmatico, come più tardi sarebbe apparso a Nietzsche. L'immaginazione dispone di tutto, crea la bellezza, la giustizia e la felicità, che sono tutto nel mondo. Ma questa «facoltà ingannatrice», rafforzata dall'«abitudine» (che «è una nostra natura»), ci è data espressamente per indurci in un «errore necessario» (*Ibid.*, p. 151)[32]. «Quale chimera è dunque l'uomo? Che

---

[31] Ragionando sulla volontà dell'uomo di apparire diverso da quel che è, Furio Semerari costruisce un parallelo tra Pascal e Kierkegaard. Ed è proprio alla figura del «disperato» illustrata da Kierkegaard nella sua *La malattia mortale* ciò a cui pensa Semerari: «Il vestito nuovo, che il disperato di Kierkegaard cerca di cucirsi addosso, è l'immagine immaginaria di sé che l'uomo pieno di difetti ma spinto dall'amore di sé di Pascal costruisce e con la quale si presenta a se stesso e agli altri» (Semerari 1992, p. 132). E, a tal proposito, Semerari introduce anche il Nietzsche della *Genealogia della morale*: «Il rifiuto di sé è anche proprio dell'uomo malato di Nietzsche, che soffre per quello che è e il cui sogno impossibile Nietzsche esprime con le seguenti parole: "Potessi essere un altro qualsiasi! (...) Ma non c'è speranza. Sono quello che sono: come potrei liberarmi da me stesso? Eppure – *sono sazio di me*"» (*Ibid.*).

[32] Continua Pascal: «Le impressioni antiche non sono le sole a ingannarci: anche il fascino della novità ha lo stesso potere. Di qui provengono tutte le discussioni degli uomini, i quali si rinfacciano o di seguire le loro false impressioni dell'infanzia o di correre temerariamente dietro le novità. Chi sta nel giusto mezzo si faccia avanti, e lo dimostri. Non c'è principio, anche naturale, anche ricevuto fin dall'infanzia, che non si possa far passare per una falsa impressione sia dell'educazione sia dei sensi. Si dice: "Poiché avete creduto fin dall'infanzia che una cassa era vuota quando dentro non ci vedevate niente, avete creduto possibile il vuoto. Questa è un'illusione dei vostri sensi, rafforzata dall'abitudine, ma che la scienza deve correggere". Altri invece dicono: "Poiché vi è stato detto

novità, che mostro, che caos, che soggetto di contraddizioni, che prodigio! Giudice di tutte le cose e miserabile verme di terra; depositario della verità e cloaca di incertezza e d'errore; gloria e rifiuto dell'universo» (fr. 434, *ibid.*, p. 270). Leggiamo ancora al frammento n. 18:

> «Quando non si conosce la verità di una cosa, è bene che ci sia un errore comune che fissi la mente degli uomini, come, per esempio, la luna, alla quale viene attribuito il mutamento delle stagioni, l'incremento delle malattie, ecc.; infatti la malattia principale dell'uomo è la curiosità inquieta delle cose che non può sapere; ed egli non sta tanto a disagio nell'errore quanto in questa inutile curiosità» (*Ibid.*, p. 124).

La conoscenza come immaginazione, falsità, inganno, menzogna ed arbitrio, la sua limitatezza e illusorietà; temi questi che abbiamo già incontrato nella critica nietzschiana (e poi foucaultiana) dei fondamenti gnoseologici del nostro sapere e che nella riflessione pascaliana rimandano all'accidentalità dell'intelletto umano, alla sua piccolezza e autoreferenzialità[33]. L'immaginazione orienta (e a volte distorce) la nostra percezione della realtà: i sensi vedono bene gli a-

---

nelle scuole che il vuoto non esiste, si è corrotto il vostro senso comune, il quale lo comprendeva abbastanza chiaramente prima di questa cattiva impressione; questa ora deve essere corretta, ricorrendo alla vostra natura primitiva". Chi dunque ci ha ingannato: il senso o l'istruzione? Abbiamo un altro principio d'errore, e sono le malattie. Esse ci rovinano il giudizio e i sensi; e se le grandi malattie li alterano sensibilmente, non c'è dubbio che anche le piccole vi lasciano un'impronta secondo la loro proporzione» (Pascal 2013, fr. 82, p. 151).

[33] Come ricorda Bourdieu, «siamo molto lontani dall'"immaginario", ancora ai giorni nostri usato di tanto in tanto, in modo più o meno sconsiderato, e che non ha nulla in comune. Malgrado la coincidenza verbale, con quanto Pascal designa con il termine di "immaginazione" (o di "opinione"), cioè a un tempo il supporto o l'effetto nei corpi della violenza simbolica: questa sottomissione, che il corpo può peraltro riprodurre mimandola, non è un atto di coscienza orientato verso un correlato mentale, una semplice rappresentazione mentale (idee "che uno si fa") suscettibile di essere combattuta dalla sola "forza intrinseca delle idee vere", o addirittura ciò che di solito si raccoglie sotto il concetto di "ideologia", ma una credenza tacita e pratica resa possibile dall'assuefazione che nasce dall'addomesticamento del corpo. Ed è ancora un effetto dell'illusione scolastica descrivere la resistenza al dominio del linguaggio della coscienza – come fa tutta la tradizione marxista, seguita da quelle esponenti femministe che, cedendo all'abitudine del pensiero, si attendono che l'affrancamento sia il prodotto automatico della "presa di coscienza" – ignorando, in mancanza di una teoria disposizionale delle pratiche, la straordinaria inerzia che risulta dall'inscrizione delle strutture sociali nei corpi» (Bourdieu 1998, p. 180).

spetti che si mostrano loro, ma non l'insieme. Nell'universo della caduta, l'immaginazione contende alla forza il governo del mondo. Leggiamo ancora:

> «*Immaginazione.* – È la parte predominante dell'uomo, la maestra d'errore e di falsità, e tanto più ingannevole in quanto non lo è sempre; infatti essa sarebbe una regola infallibile di verità se non fosse una regola infallibile di menzogna. Ma, essendo falsa il più delle volte, non dà mai un segno della sua qualità e conferisce lo stesso carattere sia alla verità che alla menzogna.
>
> Non parlo dei pazzi, parlo dei più savi; ed è tra questi che l'immaginazione ha il gran dono di convincere gli uomini. La ragione ha voglia di gridare; essa non può attribuire valore alle cose.
>
> Questa superba facoltà, nemica della ragione, che si compiace di controllarla e dominarla, per mostrare quanto potere abbia su ogni cosa, ha stabilito nell'uomo una seconda natura. Essa ha i suoi fortunati e i suoi sfortunati, i suoi sani e i suoi malati, i suoi ricchi e i suoi poveri; fa credere, dubitare e negare la ragione; sospende le sensazioni oppure ce le fa sentire; ha i suoi folli e i suoi savi; e non c'è nulla che ci indispettisce tanto quanto il veder che colma i suoi ospiti di una soddisfazione ben più piena e completa di quella che dà la ragione. Quelli che sono abili nell'immaginazione si compiacciono di se stesi ben diversamente di coloro che possono ragionevolmente compiacersi» (*Ibid.*, fr. 82, p. 148).

L'immaginazione, che «ha stabilito nell'uomo una seconda natura», è, dunque, «maestra d'errore e di falsità», in quanto attività mentale, nel significato che le attribuisce Pascal, non significa solo invenzione (invenzione di qualcosa che sempre, e comunque, nasconde, dissimula o altera la "verità" delle cose), ma vuol dire anche inganno, falsificazione e, dunque, errore. L'autore dei *Pensieri*, in altre parole, introduce l'immaginazione entro lo schema della falsificazione: l'immaginazione presenta il falso come vero e usa quest'ultimo, in funzione del primo. L'immagine che produce la mente, traduce la realtà tradendola, distorcendola, perfino negandola. Questa realtà che "rivive" la mente è, appunto, una realtà immaginaria, illusoria, che affligge la mente dei savi come quella dei folli e che, nella sua forza tirannica, mette in scacco la stessa ragione, quale presunta facoltà di cogliere "il vero". La stessa ragione, nell'ottica in cui la vede Pascal, è essa stessa immaginazione in quanto vive (illusoriamente) se stessa come "verità". Si potrebbe anche dire, parafrasando ciò che Shakespeare nell'atto IV de *La tempesta* diceva del sogno, che la ragione ha la stessa sostanza dell'immaginazione.

Gli «effetti dell'immaginazione», scriveva Pascal, fanno «perdere il controllo della ragione»; quasi tutte le azioni degli uomini fanno forse impressione «soltanto perché colpiscono l'immaginazione»: «infatti la ragione è stata costretta a cedere, e la ragione più savia accetta come suoi principi quelli che l'immaginazione degli uomini ha temerariamente introdotto in ogni luogo». Leggiamo ancora (fr. 82):

> «Chi dispensa la reputazione? Chi conferisce il rispetto e la venerazione alle persone, ai libri, alle leggi, ai potenti, se non questa facoltà immaginativa? Come sono insufficienti tutte le ricchezze della terra senza il suo consenso!
>
> Di quel magistrato, la cui venerabile vecchiaia impone rispetto a tutti, non direste forse che si regola con una ragione pura e sublime e giudica le cose secondo la loro natura senza fermarsi a quelle superflue circostanze che colpiscono soltanto l'immaginazione degli sciocchi?» (*Ibid.*, p. 149).

L'autorità (delle leggi, dei libri, delle persone, dei potenti) non riposa su basi naturali o sulle virtù della ragione, ma sulla «facoltà immaginativa» (sul suo «potere simbolico» che s'inscrive stabilmente nei corpi sotto schemi di percezione e di disposizioni, come direbbe Bourdieu) che rimanda alla «forza» del costume, dell'abitudine ovvero, all'«educazione e all'addestramento del corpo» (Bourdieu 1998, p. 180).

> «I nostri magistrati hanno ben capito questo mistero. Le loro toghe rosse, i loro ermellini, di cui s'ammantano come gatti villosi, i palazzi dove giudicano, i fiordalisi, cioè le bandiere, tutto quell'apparato imponente era molto necessario; e se i medici non avessero palandrane e pantofole, e i dottori non avessero la berretta a quattro pizzi e ampie vesti, non avrebbero mai ingannato il mondo che non può resistere a questa così autentica ostentazione. Se quelli possedessero la vera giustizia, e se i medici sapessero la vera arte per guarire, non saprebbero che farne delle loro berrette a quattro pizzi; la maestà di queste scienze sarebbe abbastanza venerabile per se stessa. Ma poiché possiedono soltanto delle scienze immaginarie, devono pur usare quegli inutili aggeggi che colpiscono l'immaginazione, con la quale hanno a che fare; infatti in questo modo richiamano il rispetto. Soltanto i soldati non si camuffano, perché in realtà la loro parte è più sostanziale; essi si impongono con la forza, gli altri col trucco.
>
> Ed è per questo che i nostri re non hanno cercato siffatti travestimenti. Non si sono mascherati con abiti straordinari per apparire quel che sono, ma si sono fatti accompagnare da guardie e alabardieri. Quei ceffi armati che hanno mani e forza soltanto per loro, quelle trombe e

quei tamburi che marciano in testa, e quelle legioni che li circondano, fanno paura anche ai più forti. Essi non hanno soltanto le vesti ma anche la forza. Bisognerebbe avere una mente ben spregiudicata per considerare come un uomo qualunque il gran sultano circondato da quarantamila giannizzeri nel suo superbo serraglio.

Noi non riusciamo a vedere un avvocato in toga e tocco, senza farsi una opinione favorevole della sua capacità.

L'immaginazione dispone di tutto; crea la bellezza, la giustizia e la felicità, che sono tutto nel mondo.

Mi piacerebbe assai vedere il libro italiano, di cui conosco appena il titolo, e che vale da solo molti libri. *Della opinione regina nel mondo.* Lo sottoscriverei senza conoscerlo, a eccezione del male, se ce n'è. [...]

La giustizia e la verità sono due punte tanto sottili che i nostri strumenti sono troppo grossi per toccarle con esattezza. Se ci arrivano, smussano la punta e poggiano tutt'intorno, più sul falso che sul vero» (Pascal 2013, fr. 82, pp. 150-2).

L'immaginazione stabilizza l'ordine sociale, dà giustificazione (e giustizia) al dominio, diventa senso comune[34]. È l'immaginazione, più che la forza e la ragione, che dispensa gloria, autorità, rispetto, venerazione e reputazione, che rende possibile il "gioco" simbolico entro i cui termini si espone la manifestazione pubblica del potere: l'immaginazione come spazio "barocco" di illusione ("*in-lusione*"). «La vita umana non è che un'illusione continua; non facciamo che ingannarci a vicenda e adularci a vicenda» (*Ibid.*, fr. 100, p. 158). Alla verità, gli uomini preferiscono l'inganno. Lo avrebbe più tardi compreso anche Nietzsche: gli uomini odiano la verità e gli piace essere ingannati. Come nelle relazioni quotidiane, anche nei rapporti politici l'immaginazione, l'illusione, il nascondimento della verità, sono le condizioni essenziali dell'ordine e della pace sociale[35].

---

[34] Ci viene in mente, per altri percorsi (quelli della fenomenologia), il piccolo saggio di Alfred Schutz, del 1955, *Don Chisciotte e il problema della realtà*, dove appunto il senso comune viene presentato come ciò che ciascuno crede e che tutti gli altri credono, come "realtà" che crediamo reale (Schutz 1995).

[35] Ha ragione Cristian Lazzeri quando scrive: «Pascal va doublement démarquer sa problématique politique de celle de la philosophie classique: il va déplacer les prémisses anthropologiques de celle-ci en soutenant que l'homme ne peut être connu si l'on fait abstraction des vérités de la religion chrétienne et, parmi celle-ci, de celle qui concerne la double nature de l'homme avant et après la chute. D'autre part, il rompt délibérément avec le second ensemble de thèses de la philosophie politique classique en refusant à l'homme, à partir des rapports spécifiques de l'entendement et de la volonté, la capacité du produire ou

In realtà, il discorso antropologico e psicologico di Pascal, le sue riflessioni sull'uomo, sulla conoscenza, sulla scienza, rimandano a un problema essenziale, su cui ruota tutta la sua argomentazione: la mancanza di un fondamento naturale o razionale su cui poggiare l'intera esistenza storica dell'essere umano[36]. «Ridicola ragione, che un venticello ha in sua balia, in tutte le direzioni. [...] Chi volesse seguire unicamente la ragione sarebbe un pazzo secondo il giudizio della gente comune» (*Ibid.*, p. 149). La ragione, per Pascal, non riesce mai a sorpassare del tutto l'immaginazione, ed è «abbastanza ragionevole» per confessare di «non aver potuto trovare ancora qualcosa di stabile» (*Ibid.*, fr. 73, p. 145). Detto altrimenti, procedendo attraverso i suoi stessi strumenti, la ragione può dimostrare soltanto se stessa. La perfezione del ragionamento geometrico non può dominare il campo della morale e della metafisica. La ragione è incapace di fondare i "principi primi" partendo dai quali la stessa procede. La ragione non ha fondamento e, al contempo, per ciò che riguarda la vita degli uomini, non riesce a fondare alcunché: l'infinità dei fenomeni naturali è definitivamente inaccessibile alla conoscenza razionale. In *L'art de persuader*, un piccolo testo composto tra il 1654 e

---

de connaître rationnellement les normes capables de régler les rapports interhumains, ce qui débouche sur une critique du droit naturel» (Lazzeri 1993, p. XI).

[36] E in realtà, secondo Pascal, non è alla ragione che ci possiamo affidare per restituire un senso alla nostra condizione esistenziale. «"Non so chi mi ha messo al mondo, né che cosa è il mondo, né chi sono io; mi trovo in una terribile ignoranza di tutte le cose; ignoro che cosa sia il mio corpo, i miei sensi, la mia anima e questa parte del mio io che pensa quel che dico, riflette su tutto e su se stessa e ignora se stessa tanto quanto tutto il resto". [...] "Vedo quegli spaventevoli spazi dell'universo che mi tengono prigioniero, e mi trovo segregato in un angolo di questa vasta distesa, senza sapere perché sono collocato in questo luogo piuttosto che in un altro, perché il po' di tempo che m'è dato di vivere m'è stato assegnato in questo punto piuttosto che in un altro di tutta l'eternità che mi ha preceduto e che mi seguirà. Non vedo che infinità da tutte le parti, le quali mi rinserrano come un atomo e come un'ombra che dura un istante e non ritorna. Tutto quello che so è che devo presto morire; ma quello che ignoro di più è questa morte stessa che non potrei evitare» (Pascal 2013, fr. 194, p. 188). E ancora, al fr. 205, leggiamo: «Quando considero la breve durata della mia vita, assorbita nell'eternità che precede e che segue il piccolo spazio che occupo e che vedo inabissato nell'infinita immensità degli spazi che ignoro e che m'ignorano, mi spavento, e mi stupisco di vedermi qui piuttosto che là, perché non c'è ragione che sia qui piuttosto che là, adesso piuttosto che allora. Chi mi c'ha messo? Per comando e per opera di chi mi sono destinati questo luogo e questo tempo? *Memoria hospitis unius diei praetereuntis*» (*Ibid.*, pp. 193-4).

il 1660 (la cui pubblicazione integrale avvenne solo nel 1844), dove si difendevano le cause dei giansenisti, Pascal affermava: «l'arte di persuadere consiste tanto in quella di piacere quanto in quella di convincere, dato che gli uomini si governano più con il capriccio che con la ragione!» (Pascal 2008b, p. 32).

Come più tardi Nietzsche, l'autore dei *Pensées* giunge fino alla comprensione dell'instabilità che definisce la condizione umana, fino all'intuizione della mancanza di principi (ultimi e primi) su cui fondare la conoscenza razionale dell'uomo. A tal proposito vale la pena di ripercorrere alcuni passi di un lungo frammento (il 72, intitolato *Sproporzione dell'uomo*):

> «Che cos'è in fondo l'uomo nella natura? Un nulla rispetto all'infinito, un tutto rispetto al nulla, un qualcosa di mezzo tra il niente e il tutto. Infinitamente lontano dall'abbracciare gli estremi, la fine delle cose e il loro principio gli sono invincibilmente nascosti in un impenetrabile segreto, ed egli è ugualmente incapace di vedere il nulla da cui è stato tratto e l'infinito dal quale è inghiottito.
>
> [...]
>
> Quando si è istruiti, si comprende che, avendo la natura impresso la sua immagine a quella del suo autore in tutte le cose, queste partecipano quasi tutte della sua duplice infinità. Così vediamo che tutte le scienze sono infinite nell'estensione delle loro ricerche; infatti chi può dubitare che la geometria, per esempio, abbia un'infinita moltitudine di proposizioni da esporre? Inoltre esse sono infinite nella moltitudine e nella delicatezza dei loro principi; infatti chi non vede che i principi che si pongono per ultimi non si reggono da soli e si appoggiano su altri, che a loro volta, appoggiandosi su altri, non ammettono mai un ultimo? Ma con gli ultimi principi che appaiono alla ragione noi ci comportiamo, come ci comportiamo con le cose materiali, nelle quali diciamo che è un punto invisibile quello oltre il quale i nostri sensi non percepiscono più nulla, sebbene sia divisibile infinitamente per natura.
>
> [...]
>
> Rendiamoci dunque conto delle nostre possibilità: noi siamo qualcosa, ma non siamo tutto; quel tanto di essere che possediamo ci toglie la conoscenza dei primi principi che nascono dal nulla, e quel poco di essere che possediamo ci nasconde la vista dell'infinito.
>
> La nostra intelligenza nell'ordine delle cose intellegibili occupa lo stesso posto che ha il nostro corpo nell'estensione della natura.
>
> Limitati come siamo in tutto, questo stato, che è mediano tra due estremi, si trova in tutte le nostre facoltà. I nostri sensi non percepiscono nulla di ciò che è estremo: il troppo rumore ci assorda, la troppa luce ci abbaglia, la troppa distanza e la troppa vicinanza ci tolgono la vista, la troppa lunghezza e la troppa stringatezza del discorso lo rendono oscu-

ro, la troppa verità ci stupisce (conosco della gente che non riesce a capire che zero meno quattro fa zero); i primi principi hanno troppa evidenza per noi; il troppo piacere ci disgusta; troppe consonanze nella musica dispiacciono; troppi benefici ci irritano.

[...]

Questa è la nostra vera condizione, la quale ci rende incapaci di sapere con certezza e di ignorare assolutamente. Noi navighiamo in un vasto mare, sempre incerti e instabili, sballottati da un capo all'altro. Qualunque scoglio, a cui pensiamo di attaccarci e restar saldi, vien meno e ci abbandona e, se l'inseguiamo, sguscia alla nostra presa, ci scivola di mano e fugge in una fuga eterna. Per noi nulla si ferma. Questa è la nostra naturale condizione, che tuttavia è la più contraria alla nostra inclinazione: desideriamo ardentemente trovare un assetto stabile e una base ultima per edificarvi una torre che si levi fino all'infinito, ma ogni nostro fondamento si squarcia e la terra s'apre in abissi.

Non cerchiamo dunque la sicurezza e la stabilità. La nostra ragione è sempre delusa dall'incostanza delle apparenze; nulla può fissare il finito in mezzo ai due infiniti che lo incarcerano e lo fuggono.

[...]

E il colmo della nostra impotenza nel conoscere le cose sta nel fatto che queste sono semplici in se stesse mentre noi siamo composti di due nature opposte e di genere diverso: l'anima e il corpo. Perché è impossibile che la parte che ragiona in noi non sia spirituale; e se si pretendesse che noi siamo soltanto corporei, questo escluderebbe maggiormente la conoscenza delle cose, giacché è assolutamente inconcepibile asserire che la materia conosce se stessa; non sappiamo proprio come potrebbe conoscere se stessa.

E allora, se [siamo] semplicemente materiali, non possiamo conoscere nulla, e se siamo composti di spirito e di materia non possiamo conoscere perfettamente le cose semplici, spirituali o corporee.

Ed è questa la ragione per cui tutti i filosofi confondono le idee delle cose, e parlano di cose corporee spiritualmente e di cose spirituali corporalmente. Infatti essi asseriscono sfrontatamente che i corpi tendono al basso, aspirano al loro centro, fuggono la loro distruzione, temono il vuoto, hanno inclinazioni, simpatie, antipatie; cose tutte che appartengono agli spiriti. E parlando degli spiriti, li considerano come in un luogo e attribuiscono ad essi il movimento da un luogo all'altro: cose tutte che appartengono ai corpi soltanto.

Invece di ricevere le idee da queste cose pure, noi le rivestiamo delle nostre qualità e impregniamo del nostro essere composto tutte le cose semplici che contempliamo.

[...]

L'uomo è per se stesso il più prodigioso oggetto della natura; perché non può concepire che cosa sia corpo e meno ancora che cosa sia spirito, e molto meno ancora come un corpo possa essere unito a uno spirito: sta qui la sua maggiore difficoltà, e intanto è proprio questo il suo essere» (*Ibid.*, pp. 140-44).

Certo, il pensiero europeo tra la seconda metà del XVI e la prima metà del XVII secolo (soprattutto in Francia), scosso dalle guerre religiose, dal disorientamento delle riforme cristiane, dalla scoperta di nuove civiltà oltreoceano, dalla rinascita del paganesimo antico, dal crollo della fisica aristotelica, aveva perso la sicurezza (ontologica, metafisica) del fondamento e, in qualche modo, viveva una stagione d'insicurezza, tormento e ossessione per la percepita inconsistenza e incostanza di tutte le cose («quel tanto di essere che possediamo ci toglie la conoscenza dei primi principi che nascono dal nulla»).

Se gli *Essais* di Montaigne registravano, nello spirito scettico, questa visione del mondo, se il pensiero libertino, nel pirronismo più acceso, s'immergeva in un relativismo sfrenato, l'assillo dei pensatori più reattivi a questo stato di cose era quello di ritrovare, almeno sul piano del metodo, un punto solido, una base sicura su cui fondare una visione razionale e unitaria della natura e del mondo. Così Cartesio elaborò la sua strategia prendendo come punto di partenza un dubbio universale, per far emergere da questo stesso dubbio delle certezze inconfutabili: da un pirronismo provvisorio si passava, dunque, a quel «dogmatismo» denunciato (e a volte ridicolizzato) nei *Pensieri*. Solo la grazia divina, al giansenista Pascal, offriva la possibilità di sfuggire all'alternativa tra scetticismo e dogmatismo, tra pirronismo e razionalismo[37]. La scienza rimaneva inchiodata alle sue

---

[37] «Tutti i loro principi sono veri: dei pirroniani, degli stoici, degli atei ecc. Ma le loro conclusioni sono false, perché anche i principi opposti sono veri» (*Ibid.*, fr. 394, p. 253). E ancora leggiamo al frammento 432: «Il pirronismo è vero. Perché, dopo tutto, gli uomini prima di Gesù Cristo non sapevano in che stato si trovavano, né se erano grandi o piccini. E quelli che hanno affermato l'una o l'altra cosa non ne sapevano nulla e tiravano a indovinare senza ragione e a caso: e anzi erravano sempre, escludendo o l'una o l'altra. *Quod ergo ignorantes quaeritis, religio annuntiat vobis*» (*Ibid.*, p. 268). Tuttavia, è ancora su un altro fronte che Pascal cerca di trovare la strada per sfuggire all'alternativa tra pirronismo e razionalismo: la strada del «cuore». Leggiamo al frammento 282: «Conosciamo la verità non solo con la ragione ma anche col cuore; ed è in questo secondo modo che conosciamo i primi principi, e inutilmente il ragionamento, che non vi ha parte, s'industria di combatterli. I pirronisti, che hanno questo come scopo, vi si affaticano inutilmente. Sappiamo di non sognare; per questo siamo impotenti a darne le prove con la ragione, questa impotenza ci porta a concludere per la debolezza della nostra ragione, ma non per l'incertezza di tutte le nostre conoscenze, come pretenderebbero loro. Infatti la conoscenza dei

astratte asserzioni, ai suoi assiomi ideali. Per ciò che riguarda il conoscere (per una teoria della conoscenza) il mondo veniva lasciato alla sua storicità e all'esperienza concreta, incostante, mutevole, bizzarra e arbitraria dell'esistenza morale dell'uomo. Contro il metodo universale di Cartesio (che pretende di servire tutte le scienze), contro la sua "metafisica", contro l'intellettualismo del suo sistema (che perde di vista la realtà nel tentativo di dedurla tutta dal pensiero) Pascal rivendicava la singolarità dell'esistente: la realtà è varietà infinita di singolarità non riducibili all'astratto universale matematico, spoglio di tutte le differenze che costituiscono l'essere stesso del singolare. E ciò facendo Pascal, in fin dei conti, rivendicava la storia. E la rivendicava nel conflitto irriducibile tra l'individuale e il generale (da non assumersi sul piano metafisico, ma su quello storico concreto appunto), nel dissidio tra le pretese dell'io e le esigenze dell'ordine sociale, della vita associata.

> «È falso che siamo degni di essere amati dagli altri, è ingiusto volerlo. Se nascessimo ragionevoli e indifferenti e conoscessimo noi e gli altri, non daremmo questa inclinazione alla nostra volontà. Ma noi nasciamo con essa; dunque nasciamo ingiusti perché tutto viene riferito all'io. Questo è contro ogni ordine; bisogna tendere al generale; e l'inclinazione verso l'io è l'inizio di ogni disordine, nella vita associata, nell'economia, nel corpo particolare dell'uomo. Dunque la volontà è depravata.
>
> Se i membri delle comunità naturali e civili tendono al bene del corpo, le comunità stesse debbono tendere a un altro corpo più generale, di

---

primi principi, come l'esistenza dello spazio, del tempo, del movimento, dei numeri, è più salda di qualunque altra che ci viene dai nostri ragionamenti. E proprio su tali conoscenze del cuore e dell'istinto la ragione deve appoggiarsi e su di esse fondare tutto il suo ragionamento [...] Ed è tanto inutile e ridicolo che la ragione chieda al cuore di dar le prove dei suoi primi principi, per decidersi a prestare il suo assenso, quanto sarebbe ridicolo che il cuore chiedesse alla ragione un sentimento di tutte le proposizioni che essa dimostra, per decidersi ad accettarle. Questa impotenza non deve dunque servire ad altro che ad umiliare la ragione – la quale vorrebbe giudicare di tutto –, non già a combattere la nostra certezza, come se soltanto la ragione fosse capace di istruirci. Anzi, volesse il cielo che non ne avessimo mai bisogno e conoscessimo ogni cosa per istinto e per sentimento! Ma la natura ci ha negato questo dono; anzi non ci ha concesso che poche conoscenze di questa specie; tutte le altre non si possono acquistare se non col ragionamento. Per questo coloro ai quali Dio ha concesso la religione mediante il sentimento del cuore sono ben fortunati e legittimamente convinti. Ma coloro che non l'hanno, noi non possiamo darla se non col ragionamento, nell'attesa che Dio gliela conceda per sentimento del cuore, senza di che la fede è puramente umana e inutile alla salvezza» (*Ibid.*, pp. 219-20).

cui esse sono membra. Dunque bisogna tendere al generale. Dunque nasciamo ingiusti e depravati» (*Ibid.*, fr. 477, p. 285).

«Bisogna tendere al generale»: altro modo di intendere ciò che, più tardi con Nietzsche, avrebbe assunto il termine di «istinto gregario». Tuttavia, in questa direzione, non potendo basare la conoscenza dell'uomo sul fondamento della ragione (o della ragionevolezza) e su principi naturali, Pascal indaga il costume ovvero, l'abitudine come nostra «seconda natura» (non stupisce, pertanto, il richiamo di Durkheim a Pascal nel suo studio sul *Dualismo della natura umana e le sue condizioni sociali*[38]). Non esiste una natura umana stabile e indipendente dalla società data nella sua concretezza e contingenza storica; ciò che spesso scambiamo per «natura» non è che la «forza dell'abitudine» ovvero, non è che la forza, esteriore e coercitiva (come il «fatto sociale» di Durkheim) del costume.

> «L'abitudine – scrive Pascal – è una nostra natura. Chi s'abitua alla fede, ci crede e non può più non temere l'inferno, e non crede altro. Chi s'abitua a credere che il re è terribile ..., ecc. Chi dunque può dubitare che, essendo la nostra anima abituata a veder numero, spazio, movimento, crede a tutto questo e a nient'altro che a questo?» (*Ibid.*, fr. 89, p. 153).

Ancora qui Pascal tiene conto della critica indirizzata da Montaigne ai concetti di costume e di natura. Ma come i giansenisti riporta la sua attenzione sulla differenza tra una natura innocente e una natura corrotta dopo la caduta. Solo che questa differenza viene, a sua volta, problematizzata e vagliata attraverso la critica del naturalismo; sì, perché il concetto di natura (come quello di costume) gli appare ancora "naturalistico". E così può insinuare che, in fondo, la stessa idea di una natura originaria e innocente non sia che un'abitudine, un costume, come quest'ultimo non sia che una seconda natura. La natura incorrotta nello stato d'innocenza può essere essa stessa un costume, come è un costume, un'abitudine, la natura corrotta che ci affligge dopo la caduta (Gentile 1927, p. 237).

---

[38] In questo ultimo lavoro scientifico pubblicato nel 1914, Durkheim, esaminando la contraddizione interna tra ciò che in noi è individualità e ciò che in noi è società, come caratteristica propria della natura umana, richiamava l'espressione di Pascal per cui «l'uomo è allo stesso tempo "angelo e bestia" senza essere esclusivamente nessuno dei due». E ancora a Pascal si riferiva restituendo un'idea dell'uomo come «"mostro di contraddizioni" che non può mai soddisfare completamente se stesso» (Durkheim 2009, pp. 55-7).

Del resto, come si è prima ricordato, il cristianesimo stesso, per Pascal, è una religione essenzialmente «contro la natura»: i cristiani hanno appreso le loro regole «fuori di loro» e hanno dovuto «informarsi» a quelle norme che Gesù Cristo ha dato agli antichi perché le trasmettessero ai fedeli. Anche qui, dunque, ha avuto gioco l'abitudine, la trasmissione di regole "esteriori" che non hanno in sé niente di "naturale", niente di "originario".

### f) *La natura come problema. Ordine dell'abitudine e forza del costume*

È forse proprio a partire da questa concezione del cristianesimo che Pascal, rileggendo a suo modo Montaigne, ha elaborato la sua idea di abitudine e di costume. L'uomo è prigioniero delle sue abitudini: tutta una parte del suo essere è oggetto di disciplina e di addestramento. Le nostre stesse passioni, una volta consolidate e radicate, costringono le nostre velleità di decisione e deliberazione (ed è per questo che la conversione del cuore non dipende tanto dalle dimostrazioni intellettuali quanto dal rendersi libero dalle abitudini pagane, per cui ognuno non cessa di farsi «centro di tutto»).

La nostra natura è un costume, cioè un modo di essere, di comportarsi, non in quanto si è, ma in quanto ci costituiamo e ci realizziamo, come uomini, processualmente, culturalmente, storicamente e socialmente; o in quanto abbiamo un certo concetto di noi e del mondo che ci fa agire di conseguenza. E ci si abitua non solo ad agire in un certo modo, ma anche a pensare in un certo modo (più tardi la sociologia, con il "teorema di Thomas", avrebbe compreso che se gli uomini definiscono reali certe situazioni, esse saranno reali nelle loro conseguenze). «Quando vediamo un fenomeno accadere sempre allo stesso modo, ne concludiamo – scriveva Pascal – che è una necessità naturale, come: domani farà giorno, ecc. Ma spesso la natura ci smentisce e non si assoggetta alle sue stesse regole» (Pascal 2013, fr. 91, p. 154). E ancora leggiamo:

> «Che cosa sono i nostri principi naturali se non i nostri principi di abitudine? E nei fanciulli, che cosa sono quei principi che hanno ricevuto dall'abitudine dei loro padri, come negli animali il predare?
>
> Una differente abitudine ci darà altri principi naturali, come si vede per esperienza. E se ce ne sono alcuni che non possono essere cancellati dall'abitudine, ce ne sono altri che provengono dall'abitudine contro la

natura, che non possono essere cancellati dalla natura e da una seconda abitudine. Ciò dipende dalla disposizione» (*Ibid.*, fr. 92).

Il concetto che abbiamo della realtà non è un concetto nel senso intellettualistico (un concetto logico), ma un semplice istinto, una disposizione, un modo d'essere secondo il quale facciamo esperienza del mondo e attraverso il quale, al contempo, costruiamo la nostra personalità.

Anche la volontà è un «organo della credenza»: si crede quello che si vuole, quel lato della verità che ci piace vedere. «Non vedendo la verità intera, [gli uomini] non hanno potuto raggiungere una virtù perfetta» (*Ibid.*, fr. 435, p. 272). La volontà, dunque, agisce sullo spirito, ma al contempo ciò che vogliamo si dà soltanto nel modo in cui la volontà si attua, poiché la volontà (allo stadio di corruzione che viviamo) non è mai effettivamente libera.

«C'è una differenza universale ed essenziale fra le azioni della volontà e tutte le altre.

La volontà è uno dei principali organi della credenza; non già che formi la credenza, ma perché le cose sono vere o false secondo il lato da cui si considerano. La volontà, che si compiace più di una cosa che di un'altra, distoglie la mente dal considerare le qualità di quelle cose che essa non ama vedere; e così la mente, che cammina di pari passo con la volontà, si ferma a guardare il lato che piace a questa e così giudica quel che vede» (*Ibid.*, fr. 99, p. 156).

Detto altrimenti, agendo verso un fine determinato, la volontà configura il nostro essere che, a sua volta, vuole e vede la realtà e se stesso secondo il modo in cui si è configurato. Non si esce da questa circolarità paradossale: pensiero e azione, teoria e pratica si rispecchiano nella stessa dialettica. E questa dialettica, per Pascal, definisce la base su cui si struttura il costume.

«... Perché non dobbiamo dimenticare la nostra condizione: noi siamo automa e intelletto. E da questo dipende che lo strumento per ottenere la convinzione non è la sola dimostrazione. Quante sono poche le cose dimostrate! Le prove non convincono che l'intelletto. L'abitudine rende le nostre prove più forti e più credute; essa spiega l'automa, e questo trascina l'intelletto senza che se ne accorga. Chi mai ha dimostrato che domani vivremo oppure moriremo? E che cosa c'è di più creduto? Dunque è l'abitudine che ce ne convince; essa che fa tanti cristiani, così come fa i turchi, i pagani, gli artigiani, i soldati, ecc. (per i cristiani c'è, in più che per i turchi, la fede ricevuta nel battesimo). Infine bisogna ricorrere all'abitudine appena l'intelletto ha scorto dove è la verità, se vogliamo abbeverarci ed impregnarci di questa credenza che ci sfugge ogni momento, perché averne le prove sempre presenti è troppo arduo. Bisogna acquistare una credenza più facile, che è quella dell'abitudine, la quale, senza violenza, senza artificio, senza argomentazione, ci fa credere le cose e inclina tutte le nostre facoltà a questa credenza in modo che la nostra anima vi cada naturalmente. Non basta credere soltanto in base alla convinzione razionale, mentre l'automa è inclinato a credere il contrario. Bisogna far credere tutte e due le nostre parti: l'intelletto mediante le ragioni, che è sufficiente aver viste una volta nella vita, e l'automa coll'abitudine e col non permettergli d'inclinarsi nel senso contrario. *Inclina cor meum, Deus*.

La ragione agisce lentamente con tante idee e basandosi su tanti principi – i quali dovrebbero essere sempre presenti, – che ogni momento si assopisce e si svia, nell'impossibilità di avere presenti tutti i suoi principi. Il sentimento non agisce così: agisce in un istante ed è sempre pronto ad agire. Dunque bisogna riporre la nostra fede nel sentimento, diversamente sarà sempre vacillante» (*Ibid.*, fr. 252, pp. 211-2).

La vita mentale, spirituale, è dunque una vita condizionata dal corpo. Si crede sotto l'influsso della volontà, che condiziona la mente e agisce, al contempo, sotto l'influsso di sentimenti. Siamo anima e corpo, mente e sentimento, spirito e «automa»[39]. Il corpo agisce sulla mente, trascina lo spirito senza che questi ci rifletta ovvero, prima che si dia pensiero. La persuasione precede la ragione (le cui prove convincono solo l'intelletto), la forza dell'abitudine modella i sentimenti e la credenza orienta la volontà. È in questo modo che l'abitudine, diventando ragionevole, rende naturali i sentimenti, gli stessi che, paradossalmente, scompaiono mediante la ragione. «La memoria, la gioia, sono dei sentimenti; ed anche le proposizioni geometriche divengono dei sentimenti, poiché la ragione rende i sentimenti naturali e i sentimenti naturali scompaiono mediante la ragione» (*Ibid.*, fr. 95, p. 155).

In ciò, a ben vedere, risiede la forza del costume. L'abitudine s'impone come natura, come «seconda natura» capace di sopperire

[39] In realtà, pur utilizzando il concetto cartesiano di «automa» (e a volte di «macchina»), che per lo più sta ad indicare un automatismo o un meccanismo corporeo, Pascal intende affermare che nell'anima, oltre alla ragione propriamente detta, opera un principio d'attività irriflessa, simile a quello che si manifesta nel corpo, un automatismo psicologico che consiste nella disponibilità dell'anima a contrarre, mediante l'assuefazione, delle tendenze abituali.

la sua stessa assenza, o meglio, la sua disponibilità immediata. Nel ragionamento di Pascal natura e abitudine sembrano scambiarsi a vicenda, ognuna ponendosi in sostituzione dell'altra. La natura si presenta all'uomo come abitudine e quest'ultima, a sua vota, come natura. Non vi è una priorità ontologica dell'una rispetto all'altra; non vi è una natura autentica e originaria. Se volessimo dirlo in altro modo, potremmo anche affermare che tra i due termini (natura e abitudine) si stabilisce un rapporto di derivazione reciproca, o meglio, di reciprocità "genealogica":

> «I padri temono che l'amore naturale dei figli possa cancellarsi. Qual è dunque questa natura capace di essere cancellata? L'abitudine è una seconda natura che distrugge la prima. Ma che cos'è la natura? Perché l'abitudine non è naturale? Temo assai che questa natura sia essa stessa una prima abitudine, come l'abitudine una seconda natura» (*Ibid.*, fr. 93, p. 154).

Ciò che per Aristotele costituiva la prima natura dell'uomo (*zoon politikon*), per Pascal costituisce una prima abitudine (come quest'ultima è, a sua volta, una seconda natura per l'uomo).

La mente segue questa «seconda natura» perché la ritiene, appunto, "naturale", perché s'illude della sua essenzialità. Lo spirito agisce sulla materia ma quest'ultima, di converso, agisce sul primo: l'uomo, nella sua duplicità, non è che il teatro di questa lotta, non è che l'espressione vivente, concreta, di questa reciprocità, di questa doppia tensione. Tuttavia, se non vi è autenticità naturale, non vi è neanche abitudine totalmente autentica: il costume, nella sua arbitrarietà, svolge infatti anche un compito di conservazione, stabilizzazione, riproduzione e trasmissione sociale. Leggiamo al fr. 97:

> «La cosa più importante per tutta la vita è la scelta del mestiere, e tuttavia ne dispone il caso. L'abitudine forma i muratori, i soldati, i copritetti. "È un eccellente copritetti" si dice; e, parlando dei soldati, si dice: "Sono proprio pazzi"; altri invece dicono: "Niente è tanto grande quanto la guerra; il resto degli uomini sono dei conigli". A furia di sentire, al tempo dell'infanzia, lodare questi mestieri e disprezzare gli altri, si finisce con lo scegliere, perché naturalmente si ama la verità e si odia la follia; quelle parole ci impressionano, e noi sbagliamo soltanto nell'applicarle. La forza dell'abitudine è tanto grande che, mentre la natura ha fatto soltanto degli uomini, da questi invece si ottengono tutte le condizioni degli uomini: infatti ci sono paesi tutti di muratori, altri tutti di soldati, ecc. Indubbiamente la natura non è così uniforme. Dunque è

l'abitudine che produce tutto questo, perché coarta la natura; e talvolta la natura ha il sopravvento e trattiene l'uomo nel suo istinto, nonostante ogni abitudine, buona o cattiva» (*Ibid.*, p. 155).

La forza dell'abitudine ci porta a credere che la nostra condizione storica e sociale sia naturale. I principi naturali sostenuti dagli uomini non sono altro che i loro principi abituali. Basta solo considerare consuetudini vigenti in paesi diversi per accorgersi che esistono altri "principi" che gli uomini considerano "naturali". «È pietoso vedere tanti turchi, tanti eretici, tanti infedeli seguire le abitudini dei loro padri, per il solo fatto che ognuno di essi è stato prevenuto che quelle sono le migliori. Ed è questo che spinge ognuno a una particolare condizione, di fabbro, di soldato ecc.» (*Ibid.*, fr. 98, p. 156).

Gli uomini tendono, dunque, a naturalizzare principi storicamente determinati, principi che, nel ripetersi, diventano abituali. Questi principi sono falsamente naturali, ma siccome l'abitudine costituisce la vera natura dell'uomo, Pascal giunge a sospettare che perfino la natura che si pensa si possa trovare al di là della falsa naturalità dell'abitudine, sia, in qualche modo, una falsa natura, un'abitudine anch'essa, una «prima abitudine» più radicata dell'altra: qualcosa che si è prodotto nel tempo, un costrutto storico che lungi dal permanere può anche dissolversi nel susseguirsi di epoche diverse.

* * *

Foucault – si è ricordato – avrebbe detto più tardi, col suo linguaggio, che non esistono oggetti naturali, ma solo correlati di pratiche. E con il linguaggio della semiologia Roland Barthes avrebbe sostenuto, in qualche modo, la stessa posizione, ricordando appunto che la «naturalità» è sempre e soltanto un prodotto della storia. In *Miti d'oggi*, libro del 1957, il semiologo francese aveva, infatti, cercato di smascherare le mitologie della società borghese di massa, dove fenomeni culturali e ideologici venivano presentati come "naturali". «Il mito non può sorgere dalla "natura" delle cose» (Barthes 1974, p. 192). E in un paragrafo intitolato *La privazione di storia* scriveva: «Il mito priva di ogni storia l'oggetto del suo discorso. In esso, la storia evapora» (p. 231). E ciò comporta «l'irresponsabilità dell'uomo» (*Ibid.*).

La semiologia veniva dunque assunta come una «*semioclastia*», cioè come un'analisi critica dei segni manipolatori prodotti dall'ideologia piccolo-borghese. Così, riferendosi ai testi del libro composti tra il 1954 e il 1956, scriveva nella *Nota alla seconda edizione francese* del 1970:

> «Vi si vedranno due determinazioni: da un lato una critica ideologica applicata al linguaggio della cosiddetta cultura di massa; dall'altro un primo smontaggio semiologico di questo linguaggio: avevo appena letto Saussure, e ne avevo ricavato la convinzione che, trattando le "rappresentazioni collettive" come sistemi di segni, si poteva sperare di uscire dalla generosa denuncia e rendere conto *in dettaglio* della mistificazione che trasforma la cultura piccolo-borghese in natura universale» (*Ibid.*, p. VII).

L'obiettivo di Barthes era dunque quello di smascherare e «demistificare» l'ideologia borghese nella sua forma più sottile e pervasiva, quale appunto si mostrava nell'ovvietà della vita quotidiana francese, che faceva passare come "naturale" ciò che in realtà era null'altro che un prodotto (arbitrario) della storia. Nella *Prefazione* sempre dello stesso libro, ricordando la varietà del materiale raccolto (un articolo di giornale, una fotografia di settimanale, un film, uno spettacolo, una mostra) così ancora scriveva:

> «Il punto di partenza di questa riflessione era il più delle volte un senso di insofferenza davanti alla "naturalità" di cui incessantemente la stampa, l'arte, il senso comune, rivestono una realtà che per essere quella in cui viviamo non è meno perfettamente storica: in una parola soffrivo di vedere confuse ad ogni occasione, nel racconto della nostra attualità, Natura e Storia, e volevo ritrovare nell'esposizione decorativa dell'"ovvio" l'abuso ideologico che, a mio avviso, vi si nasconde.
>
> La nozione di mito mi è parsa sin dall'inizio rendere ragione di queste false evidenze; intendevo allora il termine in senso tradizionale. Ma ero già persuaso di una cosa da cui in seguito ho cercato di trarre tutte le conseguenze: il mito è un linguaggio. Così, occupandomi dei fatti in apparenza più lontani da ogni forma di letteratura (un incontro di catch, un piatto cucinato, una mostra di oggetti in plastica), non pensavo di allontanarmi da quella semiologia generale del nostro mondo borghese di cui avevo affrontato il versante letterario in saggi precedenti» (*Ibid.*, p. IX)[40].

---

[40] Non si tratta certo in questa sede di ricostruire le tappe e gli sviluppi del pensiero di Barthes ovvero, il suo complesso rapporto (sempre mutevole) con la semiologia. Ciò che a noi interessa è ripensare, in breve, la sua semiologia come critica sociale. In uno scritto del 1962, dal titolo *Sociologia e sociologica. A proposito di due recenti opere di Claude Lévi-Strauss*, presente in *L'aventure sémiologique*,

E proprio proseguendo in tale direzione, ancora Barthes, in *L'av-*

---

Seuil, Paris, 1985, testo che raccoglie un insieme di saggi scritti tra gli anni '60 e '70 del secolo scorso, attraverso la discussione dell'analogia intesa come relazione naturale tra significante e significato, Barthes sviluppa una critica del simbolo. Per far questo, riflettendo su alcune linee dell'antropologia strutturale elaborata da Lévis-Strauss, il semiologo oppone una sociologia fondata sull'analisi dei fenomeni considerati come simboli isolati, alla «socio-logica», o semiologia, che studia la società in quanto sistema di segni, di forme. Su questo piano la «socio-logica» ha il compito di analizzare i vari sistemi di classificazione degli oggetti, i modi di produzione del senso, della significazione, della loro ideologia. Leggiamo: «Ogni società classifica gli oggetti in un certo modo, e questo modo costituisce l'intellegibile stesso che essa assume: l'analisi sociologica deve essere strutturale, non perché gli oggetti siano strutturati "in se stessi", ma perché le società non cessano di strutturarli; la tassonomia sarebbe insomma il modello euristico di una sociologia delle sovrastrutture. In quanto scienza generale la tassonomia non esiste; vi sono certamente delle tassonomie parziali (botaniche, zoologiche, mineralogiche), ma oltre il fatto che queste classificazioni sono temporanee (nulla illustra meglio il carattere storico e ideologico dei tipi di classificazione, a tal punto che una storia delle forme, che resta ancora da fare, fornirebbe altrettante informazioni in proposito della storia dei contenuti sulla quale si continua a insistere), esse non sono ancora state osservate al livello della nostra società di massa: non sappiamo nulla del modo in cui questa società classifica, suddivide, collega, oppone gli innumerevoli oggetti che produce, e la cui produzione stessa è un atto immediato di classificazione; resta dunque da ricostruire un notevole numero di tassonomie particolari, ma anche da edificare, a partire da lì, per così dire, una tassonomia delle tassonomie: poiché se una società di massa esiste veramente, bisogna ammettere che vi è sempre una classificazione tipo che si estende per contagio a un'infinità di oggetti, oppure vi sono delle corrispondenze omologiche tra diversi tipi di classificazione» (Barthes 1991, p. 19). La «socio-logica», a differenza della sociologia tradizionale, è dunque sistema di classificazione e al tempo stesso storia delle forme, del modo in cui gli uomini strutturano l'intellegibile, sia producendolo che scrivendolo, e quindi oggetto dell'analisi strutturale; il suo compito non è di osservare il senso in sé, ma la sua «fattura», la sua connotazione ovvero, il modo in cui il senso si struttura attraverso un sistema di differenze al punto da non apparire più "naturale" ma costruito socialmente; e ciò significa, al contempo, smascherare l'ideologia che vorrebbe trasformare la cultura in natura. È allora proprio entro l'ordine del discorso strutturalista, ricordando il grande contributo metodologico apportato da Lévi-Strauss alle scienze sociali (lo «sganciamento» delle forme dai contenuti), che Barthes può sviluppare la sua critica del simbolo in rapporto alle procedure analitiche della tradizione sociologica. Vale la pena, in proposito, riportare l'intero brano dove, appunto, tale critica appare in modo più evidente: «Va qui ricordato che non solo l'etnologia, ma anche una buona parte della sociologia – quando si occupa di questi problemi – descrivono generalmente le corrispondenze tra il sensibile e il "resto" (idee, credenze, affetti) sotto forma di *simboli* (è il termine consacrato dalla sociologia); ora il simbolo è definito dall'unione solitaria, per

*ventura semiologica*, affermava che come le società «primitive» fon-

---

così dire, di un significante e un significato, la cui equivalenza viene letta in profondità, ogni forma essendo nient'altro che la materializzazione più o meno analogica di un contenuto specifico (per esempio, un archetipo incosciente). A questa immagine in un certo senso profonda del rapporto tra la sovrastruttura e l'infrastruttura, l'analisi di C. Lévi-Strauss tende a sostituire un'immagine estensiva del rapporto che le forme hanno tra di loro; studiando, sulla scia di C. Lévi-Strauss, innanzitutto gli "scarti differenziali" delle forme di una determinata società, e in seguito il modo in cui questi scarti si raggruppano, corrispondendo gli uni agli altri secondo alcuni procedimenti omologici, si può sperare di ottenere, non più delle immagini sparpagliate, al tempo stesso erratiche e analogiche, del sociale, ma un corpo strutturato di funzioni formali, e quindi sostituire a una sociologia dei *simboli*, una sociologia dei *segni*: contrariamente al simbolo, il segno è infatti definito non attraverso il suo rapporto analogico e in un certo senso naturale con un contenuto, ma attraverso la posizione che occupa in un sistema di differenze (di opposizioni sul piano paradigmatico e di associazioni sul piano sintagmatico). È questo sistema di segni a costituire il marchio che una società imprime al reale, al suo reale; in altre parole, la mediazione del sensibile non si stabilisce al livello dell'immagine frammentaria (simbolo), ma di un sistema generale di forme (segni). Nell'introdurre a una socio-logica, o se si preferisce a una semiologia (e non a una teoria dei simboli), l'etnologia di Claude Lévi-Strauss non fa altro che affrontare radicalmente un problema che ha sempre notevolmente disturbato la sociologia delle sovrastrutture, e che è quello della mediazione operata dalla società tra il reale e le sue immagini; finora questa mediazione sembra essere stata concepita in modo troppo ristretto; il ricorso alla dialettica non ha impedito alle sociologie storiciste di concepire, in fondo, l'immagine collettiva come una specie di prodotto analogico del reale, secondo l'idea implicita che ogni contenuto determina direttamente la sua forma. C. Lévi-Strauss invita al contrario a descrivere *in extenso* le forme di mediazione elaborate dalla società, e a sostituire alle vecchie catene causali, di modello analogico, nuovi sistemi di significazione, di modello omologico. Così, mentre per un certo periodo ci si è interrogati (senza molti risultati) circa le *ragioni* che spingevano tale clan ad assumere tale animale come totem (problema simbolico, quindi analogico), C. Lévi-Strauss propone di confrontare non tanto il clan con l'animale, ma i rapporti tra i clan e i rapporti tra gli animali; il clan e gli animali scompaiono, l'uno in quanto significato, l'altro in quanto significante: è l'organizzazione degli uni che significa l'organizzazione degli altri e il rapporto di significazione stesso rimanda alla società reale che lo elabora. Possiamo anche immaginare (semplicemente per suggerire che tale metodo può essere applicato a un materiale contemporaneo) che, in un sistema di rappresentazione come quello delle immagini attuali della monarchia (di cui conosciamo l'importanza per la stampa), ciascun "ruolo" non rimandi direttamente a un archetipo, sociale o psicologico (il Re, il Capo, il Padre), ma che la significazione cominci solo al livello del "mondo" della monarchia (famiglia allargata o "gens"), in quanto sistema formale di ruoli. Sembra dunque che almeno su due punti (specificatamente delle categorie semantiche e analisi formale degli scarti differenziali), la socio-logica invo-

dano la loro logica al fine di passare dalla natura alla cultura, nello stesso modo, ma al contrario, le società moderne, «confondendo» la loro logica, non fanno altro che ripararsi dietro un «ritorno mitico» dal culturale al naturale, che paradossalmente caratterizza la maggior parte delle ideologie e delle morali del nostro tempo. «Se questo è vero – concludeva Barthes – l'analisi formale non verrà meno alla funzione umanista del lavoro sociologico, poiché si pone come obiettivo di ritrovare, dietro alle ragioni della società di massa, o se si preferisce, nei suoi racconti, la sociologica di cui queste ragioni sono la maschera e questi racconti il veicolo» (Barthes 1991, p. 24)[41].

* * *

Ma torniamo a Pascal. Come si è detto, le sue riflessioni sull'abitudine e il costume giungono a mettere in questione il concetto stes-

---

cata da C. Lévi-Strauss possa essere estesa, *mutatis mutandis*, dalle società etnologiche alle società sociologiche» (*Ibid.*, pp. 21-3). Al posto del *simbolo*, definito attraverso il suo rapporto analogico, e in un certo senso "naturale" con un contenuto, la «socio-logica» pone allora il *segno*, definito attraverso la posizione che occupa in un sistema di differenze. Se il *simbolo* rimane catturato in un rapporto di significazione meramente «analogica», il *segno* apre ad una comprensione «omologica» della significazione del reale estesa a un sistema generale di forme; consente dunque di pensare i processi di significazione sociale attraverso un sistema di connessioni e differenziazioni reciproche. A partire da qui, lo scopo essenziale di una «socio-logica» applicata alle società moderne dovrebbe probabilmente essere quello di «stabilire, nella sua generalità più formale, il tipo di logica, binaria, complessa, seriale, o altro, che queste società usano nel pensare il loro reale» (*Ibid.*, p. 23).

[41] In tal senso si può ben affermare che «il modo in cui C. Lévi-Strauss ha descritto il contesto storico delle condizioni sul totemismo è un modello di sociologia storica». Inoltre, sul piano dell'etica stessa del sociale, possiamo ancora dire che: «la socio-logica messa in evidenza da C. Lévi-Strauss non è un esercizio mentale indifferente agli obiettivi degli uomini che la costruiscono; essa viene al contrario descritta come un tentativo da parte degli uomini di controllare la discontinuità delle cose affinché "l'opposizione, anziché essere un ostacolo all'integrazione, serva piuttosto a produrla"; su questo punto la socio-logica sarà un giorno perfino in grado di rendere conto delle ambiguità etiche della società di massa, alienata al sociale (e non più alla natura), e che tuttavia si serve di questa alienazione per comprendere il mondo» (*Ibid.*, p. 25). Infine, sul piano della cultura possiamo ancora dire con Barthes che «nella misura in cui si applica agli atti dell'intelletto, la sociologia alla quale invita C. Lévi-Strauss è una sociologia di ciò che è "propriamente umano": essa riconosce agli uomini il potere illimitato di fare significare le cose» (*Ibid.*).

so di natura: potremmo, infatti, scoprire – attraverso lo scavo genealogico – che dietro ogni idea di natura che si pensasse incontaminata, depurata dal lavoro produttivo della storia e dall'assuefazione abitudinaria, riposi soltanto un'abitudine più profonda; e così via, in un gioco ("barocco") di rimandi che finisce, appunto, per dissolvere l'idea di natura stessa (di sostanza naturale) o, quanto meno, per mostrare l'infondatezza delle elaborazioni storiche che di questa categoria si producono nel tempo.

Perché Pascal – pensatore in tal senso veramente "barocco" e "moderno" – sostituisce il "gioco" alla natura; denuncia la naturalizzazione della trascendenza, l'arbitrarietà delle regole (di una legalità normativa) che intendono conformarsi ed adeguarsi alla Natura nella sua presunta necessità universale. Come scrive Jullien, che ha ascritto alla "modernità" la capacità di decretare la "morte della Natura", «il "gioco" ribalta ogni *fondamento* non solo perché ribalta la Natura come fondamento ma anche, più strutturalmente, in quanto impedisce di pensare un possibile fondamento, privando il pensiero di ogni supporto o garanzia: di un modo definitivo, universale e normativo di funzionamento» (Jullien 2019, p. 107). E già Pascal, in realtà, aveva compreso che il gioco è l'antitesi della natura non perché la contraddice ma in quanto ne denuncia la rassicurante legalità. E di qui la sua genealogia: in principio era il gioco (il "senza fondamento" del gioco) perché non esiste un cominciamento o un principio inscritto nell'Essere, perché non vi è una originarietà della Natura a cui attingere attraverso la Ragione. Lo scarto (tra origine e natura) introdotto dal gioco sposta i termini della questione: alla ragione si sostituisce l'abitudine, l'assunzione della convenzione (e dell'arbitrario) come regola naturale e necessaria.

Come ha sottolineato Pierre Bourdieu – che ha fatto proprio il concetto di *habitus* –, Pascal non cessa di ricordare che l'ordine sociale non è altro che l'ordine dei corpi: «l'assuefazione al costume e alla legge che la legge e i costume producono con la loro stessa esistenza e la loro persistenza è sufficiente, per l'essenziale, e senza che sia necessario alcun intervento deliberato, a imporre un riconoscimento della legge fondato sul misconoscimento dell'arbitrio che ne è alla radice» (Bourdieu 1998, p. 176). Diversamente dal comando, l'ordine diviene efficiente attraverso la mediazione di colui che lo esegue, anche senza l'intervento di una scelta cosciente e deliberata ma comunque sulla base di ciò che Pascal definisce «l'automa», cioè su disposizioni preparate a riconoscerlo praticamente. Torneremo presto su tali argomenti; per ora vale la pena ricordare che lo stesso concetto di *habitus* formulato da Bourdieu, rimanda essenzialmente alle intuizioni pascaliane sull'abitudine e sul costume ovvero, a quello «schema cognitivo» che, come ha mostrato appunto Pascal, influisce sulla percezione, sull'attività teorica e su tutte le forme dell'agire (Piazzesi 2003).

Non a caso, definendo l'«habitus» come il «prodotto di un'acquisizione storica», Bourdieu ricordava come «gli strumenti di costruzione del sociale che esso investe nella conoscenza pratica del mondo e nell'azione sono socialmente costruiti, cioè strutturati dal mondo che essi strutturano» (Bourdieu 1998, p. 155). Ed è in questo senso che si riferiva a Pascal, alla sua idea di costume, cioè «all'educazione e all'addestramento del corpo» (*Ibid.*, p. 180). Un'educazione e un adattamento che rimandano, almeno in Pascal, a quel sistema di simboli su cui si adagia l'abitudine, quale sistema cognitivo appreso che determina gli apprendimenti successivi. E, a tal proposito, potremmo parlare anche di una "precomprensione" del mondo – in senso ermeneutico – che precede e determina le comprensioni successive.

* * *

Per certi versi, su tale via, e in ragione di un'apertura sul piano otologico-esistenziale già percorsa da Heidegger, si sarebbe incamminato più tardi Hans-Georg Gadamer, rivalutando il momento storico e linguistico dell'interpretazione e, dunque, ripensando l'ermeneutica come esperienza di appartenenza a una tradizione storica e a un linguaggio (Gadamer 1995).

Il riconoscimento del carattere costitutivo del «pregiudizio» in ogni comprensione, in quanto punto di partenza di ogni processo conoscitivo – punto su cui si fondava la critica di Gadamer nei confronti del razionalismo cartesiano e dell'illuminismo – se, da un lato, aveva permesso di comprendere la finitezza della nostra condizione esistenziale (come già aveva capito Pascal), dall'altro aveva aiutato a superare l'idea di una ragione astratta, assoluta ed autonoma, posta al fondamento dei rapporti sociali e, di conseguenza, aveva consentito di riconoscere il carattere storico delle forme di razionalità (terreno anche questo solcato dalle riflessioni pascaliane).

Su questo piano – lo stesso che permetteva di riconfigurare problematicamente il rapporto *traduzione/tradizione* – la comprensione veniva colta in relazione ai «preconcetti» presenti nel mondo già costituito dell'interprete. «*I pregiudizi dell'individuo* – scriveva Gadamer – *sono costitutivi della sua realtà storica più di quanto lo siano i suoi giudizi*» (*Ibid.*, p. 325). Non vi è possibilità di comprendere che non affondi in una «precomprensione».

Ora, proprio su questo orizzonte "ermeneutico" si era già mosso Pascal elevando il contesto storico-sociale (nelle vesti del costume e dell'abitudine) a "precondizione" di ogni esperienza percettiva, di ogni forma di agire e speculazione teorica. Ed è su questa stessa base che ha trovato espressione la sua "genealogia" del potere, dell'autorità, della legge e dell'idea di giustizia; una genealogia che riconduce, appunto, l'analisi dei concetti giuridici alla radice propriamente storica (e, dunque, convenzionale) dell'ordine politico e ai rapporti di forza che ne determinano la pratica.

Per certi versi, su questo piano, vale ciò che Foucault ha riferito a Nietzsche: la genealogia s'oppone al «dispiegamento metafisico dei significati ideali e delle indefinite teleologie. S'oppone alla ricerca dell'origine», perché in tale ricerca ci si sforza di «raccogliere l'essenza esatta della cosa, la sua possibilità più pura, la sua identità accuratamente ripiegata su se stessa, la sua forma immobile e anteriore a tutto ciò che è esterno, accidentale e successivo» (Foucault 1977, pp. 29-31).

Come Nietzsche, e prima di Nietzsche, Pascal, genealogista, rifiuta tale ricerca, e piuttosto che prestar fede alla metafisica (Cartesiana) prende cura d'ascoltare la storia. E così capisce che dietro le idee di diritto e di giustizia c'è tutta un'altra storia, che non ha a che fare con la loro essenza, o con il loro fondamento ideale, ma, piuttosto, con la loro mancanza di fondamento, con il fatto che sono senza essenza, o che la loro essenza fu costruita a partire da figure che le erano estranee. Prima di Nietzsche il "genealogista" capisce che la storia è sempre una storia di «errori», una storia che vanifica ogni ricerca di «verità», di «ragione», di «origine naturale».

Prendiamo in considerazione il blocco di aforismi intitolato, nella versione condotta sul testo dell'edizione Brunschvicg, *La giustizia e la ragione degli effetti*.

> «Nella lettera *Sull'ingiustizia* si può ricordare quel motto spiritoso dei primogeniti che ereditano tutto: "Amico mio, voi siete nato da questo lato della montagna; è giusto dunque che il vostro fratello primogenito abbia tutto"
>
> "Perché mi uccidete?"» (Pascal 2013, fr. 291, p. 223).
>
> «Egli abita al di là del fiume» (*Ibid.*, fr. 292).
>
> «Perché mi uccidete? – E che? Non abitate sull'altra riva? Amico mio, se abitaste da questa parte, sarei un assassino e sarebbe ingiusto uccidervi in questa maniera; ma poiché abitate dall'altra riva, io sono un prode, e il mio atto è giusto» (*Ibid.*, fr. 293).

Per certi versi, Pascal sembra giungere a quel "relativismo culturale" tipico della moderna antropologia, oppure sembra in qualche modo anticipare l'Auguste Comte del *Discours sur l'sprit positif* (1844) che evidenziava «la natura necessariamente relativa di tutte le nostre reali conoscenze» (Comte 2001, p 18). Basta spostarsi sull'altra riva, sull'altro lato della montagna, per vedere come ciò che fonda il diritto sia, in realtà, privo di ogni fondamento naturale. Il diritto del primogenito, l'ordine ereditario[42], l'omicidio («se abitaste da questa parte, sarei un assassino e sarebbe ingiusto uccidervi in questa maniera; ma poiché abitate dall'altra riva, io sono un prode, e il mio atto è giusto»), sono concezioni relative, determinate da diverse configurazioni storiche, da differenti usi e costumi territorialmente stabiliti. È una questione prospettica: basta cambiare il punto di vista per avere una diversa visione della realtà. È un problema di confini: ciò che appare gusto al di là della frontiera, diventa ingiusto al di qua della stessa.

I fenomeni giuridici, così come le istituzioni politiche, non hanno una loro origine in un'essenza ideale pura o in una necessità naturale, ma devono la loro provenienza alla storia, la loro radice ai costumi locali sedimentati nel tempo. Occorre, dunque, una «époché sceptique», come la definisce Cristian Lazzeri (1993, p. 128), o meglio, uno scavo genealogico, una genealogia dei concetti, per cogliere la posizione del diritto in tutta la sua relatività storico-culturale.

Per cogliere a pieno l'atteggiamento "relativistico" di Pascal è necessario, però, fare un piccolo passo indietro alla Francia della fine del XVI secolo, e tornare a quella nuova visione critica che, accanto alla prevalente concezione dei teorici dell'assolutismo, aveva determinato una crisi della visuale giusnaturalista cattolica discutendo sul piano empirico l'universale recezione dei principi di diritto naturale nei singoli ordinamenti positivi[43]. Una crisi che, sempre

---

[42] Si pensi al maggiorascato, ad esempio, l'istituto di diritto successorio di provenienza spagnola e diffuso nel XVI secolo, che assicurava l'integrità del patrimonio familiare attraverso la sua costituzione in fedecommesso e la trasmissione, nell'ambito della stessa famiglia, senza riguardo alla discendenza, dall'ultimo possessore al parente più prossimo di grado e, in caso di parità di grado, al maggiore di età.

[43] Anna Maria Battista ha ricostruito il ruolo esercitato da Montaigne e da Charron nel processo dissolutivo del concetto di diritto naturale ripercorrendo le influenze storico-dottrinali alla base di tale processo. «Certo – così leggiamo – il rifiuto della formula giusnaturalistica non può considerarsi una diretta filia-

in Francia, si manifesta in tutta la sua evidenza nel XVII secolo e che finisce, appunto, per caratterizzare anche il pensiero di Pascal (Battista 1979, p. 133)[44]. Proprio il "pensiero politico" di Pascal,

---

zione di quell'orientamento della giurisprudenza francese del sec. XVI che suole definirsi, con una certa approssimazione, con la qualifica di relativismo giuridico. È noto, infatti, come si manifestasse in quel periodo presso i giuristi l'esigenza di rivendicare l'autonomia del diritto nazionale francese fondato su basi consuetudinarie contro l'invadente preminenza della scuola romanistica. A tal fine, si discuteva l'opportunità di applicare un codice rigido che, sia pure validissimo in senso teorico, non poteva corrispondere alle condizioni specifiche dei singoli popoli; e dalla polemica rigorosamente giuridica si perveniva così ad individuare un principio generale di grande importanza: il rapporto esistente tra il diritto positivo e quella congerie di elementi caratteristici di ogni singolo paese, costituita da fattori tradizionali, sociologici, geografici, storici ecc. Si tratta tuttavia di un indirizzo dottrinale che va rigorosamente distinto dal relativismo giuridico in senso stretto, poiché esso si riferisce soltanto alle specifiche disposizioni del diritto positivo, mentre non intacca menomamente il carattere assoluto ed universale di quei principi basilari che mantengono intatto il loro valore di fondamento etico di ogni forma di convivenza sociale. Tutti i giuristi detti "relativistici", da Hotman a Bodin, non discutono l'esistenza del diritto naturale; essi si limitano a sostenere che le applicazioni concrete di tali presupposti devono assumere la formula più consona alle caratteristiche situazioni nazionali» (Battista 1979, pp. 133-4). Non si può escludere comunque, secondo la studiosa, l'influenza indiretta esercitata da tale orientamento giuridico su processi dottrinali capaci di giungere a negazioni più radicali che, sulla base delle indagini dei fattori storico-ambientali quali condizioni delle manifestazioni normative positive, finivano per considerare l'apparato normativo e i suoi principi ispiratori come espressioni di valori contingenti e convenzionali, non suscettibili di una valutazione fondata su un criterio oggettivo (*Ibid.*, p. 134). Tuttavia, anche una qualifica formale di neo-scetticismo politico-giuridico (l'influenza delle enunciazioni di Sesto Empirico, Pirrone e Carneade sui testi di Montaigne e Charron) non riesce a spiegare, secondo Battista, l'origine profonda della tendenza relativistica del pensiero politico-giuridico del tempo, sintomo più che altro di una crisi spirituale acuitasi nell'ambito culturale europeo, soprattutto dopo la scoperta del Nuovo Mondo, grazie anche alle ripercussioni etico-dottrinali derivanti dalle nuove conquiste geografiche. Tali conquiste, infatti, sono alla base di tutta un'evoluzione psicologica che avrebbe condotto logicamente al relativismo e al «ripudio di nozioni oggettive recepite da lunga tradizione» (*Ibid.*, p. 137); evoluzione questa, ben testimoniata, appunto, da Montaigne e Charron, e da altri libertini francesi.

[44] Discutendo le conseguenze politico-giuridiche, sul piano dottrinario, del nuovo atteggiamento mentale ("relativista" e in contrasto con l'indirizzo politico prevalente) avviatosi in Francia a partire dalla seconda metà del XVI secolo, sempre Anna Maria Battista ricordava come sia Montaigne, sia Charron adottarono il metodo elaborato dalla scuola scettica per discutere criticamente il con-

come presto vedremo, risente in qualche modo delle teorie relativistiche scettiche (specialmente pirroniane e carneadiane) riaffiorate, dopo secoli di oblio, nella Francia del XVI e del XVII secolo (assumendo connotati specifici adattabili alla situazione politica del paese e a una realtà storica scombussolata dalle recenti scoperte geografiche), e le sue posizioni sul problema della giustizia e del diritto naturale richiamano espressamente gli argomenti di Montaigne e Charron (*Ibid.*, p. 186)[45]. La sua critica, detto altrimenti, si ricon-

---

tenuto oggettivo della giustizia, del diritto naturale, dei canoni etici vincolanti l'azione politica, sviluppando argomentazioni che rivelavano una stretta coincidenza con quelli di Pirrone e Carneade, fino a demolire ogni nesso tra le manifestazioni della vita associata e i valori oggettivi. In realtà, come leggiamo, Montaigne e Charron, «muovendo da premesse filosofiche relativistiche, forniscono le premesse idonee per demolire i termini di quel rapporto etica-politica, che il Machiavelli non aveva scalfito menomamente, limitandosi ad accantonarlo. Non era più in causa, infatti, la discussa relazione di identità o di divergenza tra giusto e utile; ma era la stessa giustizia a perdere il suo connotato di valore etico assoluto per divenire strumento duttile di una realtà politica, valutata nel suo significato utilitaristico e nella sua espressione convenzionale e contingente» (*Ibid.*, p. 3).

[45] Ancora Anna Maria Battista, tornando a Montaigne, ha molto insistito sulla sua critica al valore oggettivo di quei canoni etici che la trattazione politica ortodossa assegnava a fondamento di ogni forma di regolazione sociale. «Si presentava a Montaigne – così leggiamo – il problema di conciliare l'esistenza di alcune norme di convivenza fisse ed universali, poste da Dio stesso nella natura umana, con la sconcertante realtà di popoli che di tali principi apparivano ignari, pur essendo nella loro ingenua purezza presumibilmente più atti a percepirli. La nozione tradizionale di diritto naturale sembrava, ossia, smentita dalle singolari consuetudini sociali attuate nel Nuovo Mondo che pure apparivano esprimere una adesione più diretta ed immediata all'ordine cosmico della Natura. Questo "empasse" costituisce, a nostro avviso, una delle cause latenti e profonde della crisi del giusnaturalismo cattolico che affiora alla fine del secolo XVI e che approda a una concezione relativistica, seppure grezzamente enunciata, basata sul metodo comparativo. Si trattava di problemi che non si ponevano in forma così esplicita alle generazioni precedenti. L'esistenza del diritto di natura era principio che nel Medio Evo e nell'Umanesimo non poteva dar luogo a contestazioni fondate sulla verifica comparativa, poiché i singoli ordinamenti positivi, pur presentando notevoli differenze, rispecchiavano in fondo una valutazione del "giusto" e dell'"ingiusto", del "lecito" e dell'"illecito" sostanzialmente identica» (*Ibid.*, p. 141). Soltanto con la scoperta dell'America si era aperto alla cultura europea tutto un nuovo campo d'indagini relative alle leggi e alle consuetudini dei popoli "altri", fornendo così al metodo comparativo di origine scettica una nuova possibilità di applicazione in sede di dottrina giuridico politica, e determinando altresì (nel confronto con le altre culture) un senso di sfiducia

nette a quelle forme di relativismo giuridico caratterizzate da una decisa sfiducia sull'esistenza di ogni possibile aggancio tra canoni assoluti ed universali e manifestazioni normative contingenti[46]; ma si riconnette, oltretutto, a quella prospettiva scettica che per il suo contenuto relativistico era idonea a servire, paradossalmente, la causa assolutistica (soprattutto in Francia, dove il processo accentratore dello Stato si andava delineando in modo decisivo). Come ancora ricorda Anna Maria Battista, nessuna teoria poteva, infatti, servire tale causa in modo più valido della lezione scettica pirroniana, in quanto, prescindendo dal valore etico e dal fondamento oggettivo dell'imposizione normativa, ne sottolineava l'imprescindibile funzione coercitiva, rispondendo così alla logica assolutista e autoritaria e garantendo l'obbedienza dei sudditi sottratta a qualsiasi forma di contestazione e intrinseca problematicità. Ma ancor di più, discutendo l'esistenza di quei principi, come il diritto di natura, che, secondo la teoria tradizionale, rappresentavano dei limiti invalicabili all'azione del monarca, tale dottrina sanzionava l'estensione illimitata del potere sovrano (*Ibid.*, pp. 185-6)[47].

Torneremo più tardi su tali problemi. Per ora, ripensando il "relativismo giuridico" di Pascal, non si può in ogni caso disconoscere

---

sull'esistenza di un rapporto oggettivo tra il mondo degli universali e variabili espressioni normative contingenti, e un senso di incertezza rispetto a un criterio univoco di giustizia completamente sconnesso da condizioni ambientali e sociologiche varianti nello spazio e nel tempo (*Ibid.*, pp. 142-4).

[46] A tal proposito Anna Maria Battista si riferisce esplicitamente al pensiero di Charron: «Viene così ad essere sottolineata la funzione utilitaristica dell'apparato legislativo che esprime valori puramente convenzionali, sicché il "giusto" e il "lecito" presso i singoli popoli sembrano a Charron asumere un connotato diverso, dipendente da fattori sociologici e ambientali» (*Ibid.*, p. 185).

[47] Su questo punto anche Philippe Sellier è molto chiaro: «Pascal – scrive – ha ben visto che Montaigne, nutrito [...] dal pessimismo della *Città di Dio*, trae da tale cupa visione una teoria politica conservatrice. Non esiste in questo mondo una vera giustizia. Le nostre leggi non sono che convenzioni giuridiche, nate dalla mera forza, o dall'immaginazione e dalla consuetudine. Uno dei sei ricchi mosaici montaigniani dei *Pensieri*, *La vanità delle leggi*, è interamente dedicato a questo tema. Esso si conclude naturalmente con una citazione della *Città di Dio* (IV, 31) che aveva colpito Montaigne: i politici ci mostrano che, a quest'uomo che ignora la verità liberatrice, è bene mentire, *expedit quod fallatur*. Si ritrova nei due francesi la terribile diagnosi di Agostino: "Dove non c'è vera giustizia, è impossibile che ci sia il diritto [...] perché non si possono considerare né definire diritto le ingiuste istituzioni degli uomini"» (Sellier 2013, pp. 473-4).

l'influenza esercitata da Montaigne sullo sviluppo del suo pensiero politico. Già per Montaigne (cosciente delle implicazioni relativistiche connesse alla scoperta del Nuovo Mondo) i principi del diritto naturale (posti dalla tradizione giusnaturalista a fondamento delle norme positive) non apparivano più percepibili alla mente dell'uomo che, soggetta ad abitudini e pregiudizi non emendabili dalla ragione, si trovava incapace ad attingere ai principi primi della natura. Se tali principi fossero accessibili all'uomo, non si faticherebbe a riconoscere una certa omogeneità tra i diversi ordinamenti positivi nella loro comune capacità di riflettere, almeno nelle linee generali, alcune norme ispirate a valori immutabili e universali. Ma se si analizzano comparativamente le leggi e le consuetudini sviluppate nel tempo presso differenti popolazioni, ci si accorge che nessuna delle norme dette di diritto naturale è stata mai oggetto di comune consenso. In altri termini, dal punto di vista di Montaigne, il diritto naturale non può che apparire come un'ipotesi concettuale astratta, smentita dalle manifestazioni fenomeniche che rivelano situazioni varie e contraddittorie, tali da escludere l'esistenza di un fondamento univoco e oggettivo alla base delle diverse e contingenti configurazioni normative. Le norme, le consuetudini, le usanze, le discordanti e contraddittorie valutazioni del giusto e dell'ingiusto, appaiono a Montaigne, come più tardi a Pascal, espressioni di quel «costume» il cui metro arbitrario di giudizio finisce per sostituirsi ad un criterio unico e universale. E il «costume» come, sempre più tardi, il concetto di «abitudine» utilizzato da Pascal, rappresenta per Montaigne «l'antinatura», «l'adattamento alle idee recepite, ai pregiudizi, alle forme sociali tradizionali, sì da determinare nell'individuo la incapacità di percepire i principi primi e di aderire istintivamente ad un ordine naturale» (*Ibid.*, p. 145).

Per comprendere meglio il debito contratto da Pascal nei confronti di Montaigne (debito che emerge persino nei termini e nelle locuzioni usate), basta confrontare il Capitolo XII, Libro II, degli *Essais* con alcuni dei frammenti dei *Pensées*; o basta soltanto citare il seguente passo (Capitolo XIII, Libro III):

> «Le leggi mantengono il loro credito non perché sono giuste, ma perché sono leggi. È il fondamento mistico della loro autorità; non ne hanno altri. E torna a loro vantaggio. Sono fatte spesso da gente sciocca, più speso da persone che, per odio dell'uguaglianza, mancano di equità, in ogni caso sempre da uomini, autori vani e incerti.
>
> Non c'è nulla così gravemente e largamente né così frequentemente fallace come le leggi. Chiunque obbedisca loro perché sono giuste, non

obbedisce giustamente loro come deve» (Montagne 1992, vol. II, pp. 1433-4)[48].

Leggiamo ora Pascal, fr. 294:

«... Su che cosa l'uomo baserà l'economia del mondo che vuole governare? Sul capriccio di ogni singolo? Che confusione! Sulla giustizia? Non la conosce.

Certo, se la conoscesse, non avrebbe stabilito questa massima, la più generale di quelle vigenti tra gli uomini: ciascuno segue i costumi del suo paese; lo splendore della vera equità avrebbe assoggettato tutti i popoli, e i legislatori non avrebbero preso a modello, invece di questa giustizia costante, le fantasie e i capricci dei persiani e dei tedeschi. La si vedrebbe radicata in tutti gli Stati del mondo e in tutti i tempi, mentre non si vede niente di giusto e di ingiusto che non muti di qualità mutando clima. Tre gradi di latitudine capovolgono tutta la giurisprudenza: un meridiano decide della verità; in pochi anni di un regime, le leggi fondamentali cambiano; il diritto ha le sue epoche; l'entrata di Saturno nel Leone ci indica l'origine di un certo delitto. Ridicola giustizia, limitata da un fiume! Verità al di qua dei Pirenei, errore al di là.

Ammettono che la giustizia non consiste in questi costumi e che risiede nelle leggi naturali riconosciute in ogni paese. Certamente sosterrebbero accanitamente questa opinione, se la temerità del caso, che ha disseminato le leggi umane, ne avesse incontrata almeno una che fosse universale; ma il ridicolo è questo: che il capriccio degli uomini si è così ben diversificato che non ce n'è nessuna.

Il latrocinio, l'incesto, l'uccisione dei figli e dei padri hanno avuto tutti il loro posto tra le azioni virtuose. Che c'è di più ridicolo di questo: che un uomo abbia diritto di uccidermi solo perché abita sull'altra riva e perché il suo sovrano è in lite col mio, sebbene io non ne abbia alcuna con lui?

---

[48] Così Paolo Grossi, acuto storico del diritto, commenta il passo citato: «La visione pessimistica – che Montaigne, esperto di diritto, contempla con i suoi occhi venati di un corrosivo scetticismo – si traduce in una diagnosi puntuale di che cosa sia diventata la *loy* in Francia nella seconda metà del Cinquecento: una norma che si auto legittima come legge, cioè come volizione di un soggetto sovrano. L'organismo politico, ormai assestatosi in una robusta – sempre più robusta – struttura autenticamente statuale, ha necessità di uno strumento normativo capace di contenere il fenomeno giuridico e di vincolarlo strettamente al detentore del potere, strumento indiscutibile e incontrollabile, che permetta di sbarazzarsi finalmente delle vecchie salvaguardie che parlavano, con un linguaggio sempre più irricevibile dalla Monarchia, di accettazione da parte del popolo o di organismi giudiziari e corporativi» (Grossi 2007, p. 52).

Vi sono senza dubbio delle leggi naturali; ma questa bella ragione corrotta ha corrotto ogni cosa: *Nihil amplius nostrum est; quod nostrum dicimus, artis est. Ex senatus consultis et plebiscitis crimina exercentur. Ut olim vitiis, sic nunc legibus laboramus.*

Da questa confusione proviene che l'uno afferma che l'essenza della giustizia è l'autorità, l'altro l'utilità del sovrano, il terzo il costume vigente; e quest'ultima affermazione è più sicura; nulla, stando unicamente alla ragione, è giusto per se stesso; tutto rovina col tempo. L'abitudine fonda l'equità per il solo fatto che è accettata da tutti: è il fondamento mistico della sua autorità. Chi riporta la giustizia al suo principio, la distrugge. Niente è così difettoso come quelle leggi che correggono i difetti; chi obbedisce a queste perché giuste, obbedisce alla giustizia ch'egli s'immagina ma non all'essenza della legge; la legge è tutta rinchiusa in sé, è legge e niente altro. Chi volesse indagarne il motivo, lo troverebbe così fragile e frivolo che se non è abituato a contemplare i prodigi della immaginazione umana si stupirà che sia bastato un secolo a procurare alla legge tanta solennità e ossequio. L'arte di fare la rivoluzione e di sconvolgere gli Stati consiste nello scuotere i costumi stabiliti, frugando fin nella loro prima origine, per svelare il loro difetto di autorità e giustizia. "Bisogna, si dice allora, ricorrere alle leggi fondamentali e primitive dello Stato che un costume ingiusto ha abolite". E questo è un mezzo sicuro per rovinare tutto: nulla sarà giusto su questa bilancia. Tuttavia il popolo dà facilmente ascolto a questi discorsi. Il popolo scuote il giogo appena se ne rende conto; e i grandi ne approfittano per la rovina del popolo e di quei curiosi critici delle usanze vigenti. Ma per un difetto contrario, gli uomini credono di poter fare qualche volta con giustizia tutto quello che non è senza esempio. E perciò il più saggio dei legislatori diceva che, per il bene degli uomini, spesso conviene ingannarli; e un altro buon politico: *Cum veritatem qua liberetur ignoret, expedit quod fallatur.* Non devono sentire la verità dell'usurpazione; questa è stata introdotta in passato e senza ragione, poi è diventata ragionevole; bisogna farla considerare come autentica, eterna, e nasconderne l'inizio. Se non si vuole che essa abbia rapidamente fine» (Pascal 2013, pp. 223-5).

Il relativismo di Pascal si coniuga con il pessimismo antropologico (l'immaginazione morale degli individui e della collettività è spesso crudele, perché «gli uomini si odiano per natura l'un l'altro»). Se soltanto si fosse resa presente una morale naturale, se si fosse vista «in tutti gli Stati del mondo e in tutti i tempi», l'umanità non avrebbe conosciuto l'incertezza e l'insicurezza e «lo splendore della vera equità avrebbe assoggettato tutti i popoli». Ma per Pascal, come si è visto, l'uomo non è che un soggetto pieno di errore naturale, incapace di stabilire da sé ciò che sia giusto. Dietro l'idea di giustizia non vi è che l'errore dell'immaginazione, dietro la Legge c'è il vuoto del suo fondamento. Senza le luci della rivelazione ebraico-cristiana camminiamo nell'ombra. Tutto scorre intorno a noi e in noi, "naviganti" incapaci di conoscenza certa; niente si arresta. Desideriamo un assetto stabile, una base ferma, ma ogni nostro fondamento cede, si sgretola, e la ragione è sempre frustrata dalla mutevolezza delle apparenze. Paradossalmente, la nostra condizione naturale è la più contraria alla nostra situazione esistenziale.

Nello stato di natura decaduta, gli uomini sono travolti dalle loro pulsioni e trascinati dalla consuetudine (e qui il richiamo a Montaigne appare in tutta la sua evidenza). Non esiste più una vera morale, una vera giustizia: ciò che regola la vita associata (e che distingue i popoli) è la fantasia, l'errore, le convenzioni giuridiche, l'immaginazione.

### g) *Forza e giustizia*

Ciò che l'uomo crede giustizia è tale non per natura, ma per convenzione: è prodotto di storia, non di natura, ha per origine l'abitudine, non la ragione. Lo dice bene Luigi Pareyson: «L'essenza della giustizia consiste tutta nella sua positività: non esiste la giustizia naturale conosciuta dagli uomini; esiste soltanto la giustizia positiva instaurata dagli uomini» (Pareyson 1966, pp. 43-4).

I principi della giustizia e la maestà delle leggi e dell'autorità sono creduti naturali e razionali, ma in realtà sono solo artifici degli uomini, ai quali il tempo e l'abitudine hanno conferito l'aspetto della naturalità e della razionalità. L'abitudine trasforma la storia in natura, e dunque mostra come ciò che sembra natura non sia che storia. Anzi, confondendo i confini tra storia e natura, l'abitudine ci pone di fronte ad un paradosso: nel confermare l'idea che essa sia una seconda natura, afferma, al contempo, che la natura non sia altro, in realtà, che una prima abitudine. Se la sua forza consiste nel rendere naturale ciò che è soltanto storico, allora può darsi anche il contrario ovvero, che ciò che appare naturale non sia tale, ma sia in realtà soltanto un prodotto della storia. In altri termini, mutando la storia in natura, induce a pensare che la natura non sia che storia. Di qui, dunque, ciò che riteniamo naturale può rivelarsi come, essenzialmente, storico.

Se la giù giustizia ha dunque un fondamento, questo non potrà che apparire precario, instabile, contingente. L'uomo ubbidisce alle leggi civili e ai precetti morali perché li ritiene naturali e razionali; ma appena scopre che essi non sono tali, ma hanno un'origine storica, convenzionale, radicata nella relatività dei costumi, allora è tentato di violarli e sovvertirli. Per questo chi vuole sovvertire l'ordine civile può mostrare come le leggi che governano tale ordine siano soltanto storiche e positive e contrapporvi presunte leggi razionali e naturali. Ma tale leggi, come si è detto, non sono altro che frutto di storia, dunque fallibili anch'esse. Per questo Pascal poteva affermare che la legge universale ed eterna non sia, in realtà, che un'usurpazione momentanea; meglio allora attenersi al costume, non perché esso sia naturale e razionale come crede il popolo che per questo lo segue, ma perché la sua positività è ratificata dal tempo.

L'ordine civile si basa e si regge su ciò che appare incontestabile, altrimenti nasce la guerra civile. Ed è inutile cercare una legge che sia, di per sé, secondo natura e secondo ragione. Ne nascerebbero solo dispute e controversie, perché il giudizio stesso su ciò che sia giusto, naturale ed eterno, è sempre un frutto della storia, della mutevolezza e della relatività dei costumi. Anche se non "razionale" (ovvero fondato sulla "certezza" della ragione) è allora "ragionevole" (ovvero storicamente adeguato) seguire ciò che stabilisce il costume. Ed è proprio qui che penetriamo nell'antropologia religiosa di Pascal: l'uomo è incostante e mutevole per via della sua corruzione, così come storici e corrotti sono i principi di giustizia a cui egli fa riferimento. Ma è sempre in virtù della corruzione che è possibile ragionevolmente rimediare con una nuova irragionevolezza all'irragionevolezza della condizione umana. Come scrive ancora Pareyson, «che l'irragionevolezza riesca a sanare l'irragionevolezza è prova non della bontà, ma della corruzione della natura umana» (*Ibid.*, p. 52).

Ha ragione Sellier quando ricorda che «ancor più relativista degli etnologi contemporanei agli occhi dei quali l'unica regola morale che sembra universale è il tabù dell'incesto, Pascal constata che "il furto, l'incesto, [persino] l'infanticidio e il parricidio, tutto ha trovato posto fra le azioni virtuose» (Sellier 2013, p. 379). Di qui il suo sarcasmo: «Non si vede niente di giusto e di ingiusto che non muti di qualità mutando clima. Tre gradi di latitudine capovolgono tutta la giurisprudenza: un meridiano decide della verità»; «Ridicola giustizia, limitata da un fiume! Verità al di qua dei Pirenei, errore al di là». A causa di tale incertezza si è stabilita la massima generale: ognuno osservi le usanze del suo paese. «Una differente abitudine ci darà altri principi naturali» (Pascal 2013, fr. 92, p. 154).

Ognuno, ignorante, segue i principi dei suoi padri, i pregiudizi della sua educazione: «Che cosa sono i nostri principi naturali se non i nostri principi di abitudine?» (*Ibid.*). Se vi sono fratture, cesure storiche, queste sono opera della forza, che stabilisce nuove abitudini per mantenersi al potere: si è così chiamato giusto ciò che si è costretti con la forza ad osservare. «La forza è la regina del mondo, non già l'opinione. – Ma l'opinione fa uso della forza. – È la forza che costituisce l'opinione» (*Ibid.*, fr. 303, p. 227). Come avrebbe più tardi intuito Foucault, non si dà progressione lineare dei concetti, non si dà linearità di evoluzione; sono le cesure storiche, le discontinuità, le fratture che danno origine a differenti pratiche sociali e che determinano il cammino della storia[49]. E tali fratture non sono che l'effetto di rapporti di forza. Ma continua Pascal, alludendo forse alle "prove di forza" del diritto feudale, agli ordinamenti faidali, alle contese che convertivano la forza in diritto: «La vita comoda è bella, secondo la nostra opinione. Perché? Perché chi vorrà danzare sulla corda sarà solo; e io formerò subito un gruppo più forte di persone che diranno che quella non è una cosa decorosa» (*Ibid.*).

---

[49] Nell'introduzione di L'*archeologia del sapere* (1969) Foucault scriveva: «Da decine d'anni ormai l'attenzione degli storici si è rivolta di preferenza ai periodi lunghi, come se, sotto alle peripezie politiche e ai loro episodi, incominciassero a mettere in luce gli equilibri stabili e difficili da rompere, i processi irreversibili, le regolazioni costanti, i fenomeni di tendenza che giungono al culmine e mutano direzione dopo continuità secolari, i movimenti di accumulazione e le saturazioni lente, i grandi zoccoli immobili e muti che l'intrico delle narrazioni tradizionali aveva ricoperto di tutto uno spessore di avvenimenti. [...] L'attenzione si è spostata invece dalle vaste unità che si descrivevano come "epoche" o come "secoli" verso i fenomeni di rottura [...] Dietro alla persistenza di un genere, di una forma, di una disciplina, di una attività teorica, adesso si cerca di mettere in rilievo l'incidenza delle interruzioni. [...] Il problema non è più quello della tradizione e della traccia, ma quello della frattura e del limite, non è più quello del fondamento che si perpetua, ma quello delle trasformazioni che valgono come fondazione e rinnovamento delle fondazioni. [...] ... come specificare i diversi concetti che permettono di pensare alla discontinuità (soglia, rottura, taglio, mutazione, trasformazione)?» (Foucault 1980, pp. 5-9). Tutto ciò, continuava Foucault, ha molte conseguenze. «Anzitutto l'effetto di superficie già segnalato: il moltiplicarsi delle fratture nella storia delle idee, l'emergere dei tempi lunghi nella storia propriamente detta. [...] Seconda conseguenza nelle discipline storiche la nozione di discontinuità acquista un ruolo di maggior rilievo. [...] Adesso è diventata uno degli elementi fondamentali dell'analisi storica. [...] Terza conseguenza: cominciano a perdere consistenza il tema e la stessa possibilità di una *storia globale* [...]. Il progetto di una storia globale è quello che cerca di ricostituire nel suo insieme la forma di una civiltà, il principio, materiale o spirituale, di una società, il significato comune a tutti i fenomeni di un periodo, la legge che spiega la loro coesione, ciò che si chiama metaforicamente il «volto» di un'epoca» (*Ibid.*, pp. 11-14).

Come ancora ricorda Sellier, il rigore del suo scetticismo morale «suscitò le proteste del Grande Arnauld, che accusò Pascal di essere, su questo punto, uno che professa le idee di Montaigne piuttosto che quelle di sant'Agostino» (Sellier 2013, p. 379)[50]. Il testo criticato da Arnauld era una sorta di confessione, dove Pascal, esponendo il suo itinerario, sosteneva due accezioni della parola "giustizia": la giustizia eterna della Legge divina (*justicia*), e le convenzioni giuridiche delle consuetudini umane (*iura*)[51]. Si tratta del frammento 375 (depennato):

> «[Ho trascorso parecchio tempo della mia vita a credere che ci fosse una giustizia; e non mi ingannavo, perché esiste, secondo quanto Dio ha voluto rivelarci. Ma io allora non la consideravo così, e per questo m'ingannavo, perché credevo che la nostra giustizia fosse realmente giusta e che io avessi modo di conoscerla e giudicarla. Ma così tante volte mi sono trovato a non avere un retto giudizio, che alla fine ho comincia-

---

[50] In realtà, il ricordo degli *Essais* di Montaigne è vivo in tutta l'opera di Pascal e si fa sentire anche nella formulazione stilistica dei suoi pensieri. In Montaigne, Pascal – come osserva Cassirer – vede concentrato il contenuto e il risultato di tutta la filosofia. «L'umiliazione delle forze naturali dello spirito costituisce l'inizio di ogni vera conoscenza della nostra origine trascendentale» (Cassirer 1952, pp. 576-7). È a partire da qui che si coglie il significato che assume la scepsi nell'autore dei *Pensieri*. Tuttavia, in Montaigne e Pascal il dubbio – come afferma ancora Cassirer – ha un significato generalmente opposto. «Per Montaigne è un procedimento intellettuale, applicabile in generale; il modo e l'attività incessante della ricerca, che egli ha descritto in maniera incomparabile» (*Ibid.*, p. 577). Per Pascal, invece, «il dubbio è qualcosa di più d'un tale metodo d'indagare le cose. Le istanze scettiche hanno per lui il significato di un risultato stabile da cui prendere le mosse. Esse indicano quei fatti fondamentali da cui prende inizio la sua indagine filosofica, mentre il dogma è il principio che vale a spiegarli e a motivarli. Quando si tiene conto di questo capovolgimento iniziale e basilare, si comprende il contrasto che caratterizza tutti i risultati finali. Come Pascal combatte la nuova concezione della natura e della storia che s'impersona in Montaigne, deve allontanarsi da lui anche nella sua intuizione e nella sua valutazione della vita e della realtà empirica. L'esistenza finita ha per lui un contenuto e un senso solo perché riferita a un ordine trascendentale; ma considerata di per sé è senza valore e senza significato» (*Ibid.*, pp. 577-8).

[51] Come ancora commenta Sellier, si tratta all'incirca dell'«opposizione di cui si fa forte l'*Antigone* di Sofocle. Ma precisamente, agli occhi di Pascal, tranne la fede, gli uomini non hanno accesso duraturo alla conoscenza della Legge non scritta, della Legge divina. Agli editti di Creonte, che ha la forza, Antigone non oppone che la consuetudine. Ella muore per un'illusione di trascendenza. In poco tempo, la forza di Creonte sarà sacralizzata da altre consuetudini, e se queste consuetudini sono minacciate da un altro tiranno, altre Antigoni sorgeranno, commoventi e ridicole» (Sellier 2013, pp. 379-80).

to a diffidare prima di me e poi degli altri. Ho visto che tutti i paesi e tutti gli uomini mutano; e così, dopo molti mutamenti di giudizio riguardanti la vera giustizia, ho conosciuto che la nostra natura non era che un continuo cambiamento, e da allora non ho più cambiato; e se cambiassi confermerei la mia opinione.

Il pirroniano Arcesilao che diventa dommatico]» (Pascal 2013, p. 248).

Commenta ancora Sellier: «In questo frammento di autobiografia, Pascal, contrariamente al parere di Arnauld, non fa che innestare il relativismo di Montaigne su una tesi fondamentale della *Città di Dio*: solo la fede dà accesso alla conoscenza della vera giustizia (*iustitia*); private di questa conoscenza, le collettività umane non possiedono che "delle specie di diritti". Queste "specie di diritti" Pascal le chiama "follie" o "ingiustizia"» (Sellier 2013, p. 380). Ne conosciamo qualche esempio: le guerre tra principi, semplici "assassini" glorificati dalle consuetudini; i "faceti" sistemi di eredità, il diritto del primogenito; le risibili basi della proprietà privata; le sciocchezze della monarchia, per cui qualsiasi imbecille rischia di essere incoronato.

Basandosi su una concezione della natura umana come contraddittoria ed ambigua, l'atteggiamento di Pascal appare, così, diffidente e problematico: da una parte riconosce l'ingiustizia che abita ogni umana giustizia, e dall'altra comprende che la vera giustizia (la giustizia divina), proprio a causa dell'ingiustizia di ogni possibile giustizia umana, non può attuarsi storicamente. Come dire: gli uomini non possono avere esperienza reale della vera giustizia. Esistono storicamente soltanto forme di "ingiustizia" (che assumono il nome di "giustizia"), fra loro diverse e spesso inconciliabili. Nel corso del tempo storico, e nel mutare delle condizioni geografiche, la giustizia umana assume forme differenti e molteplici, false e non giuste; e nessuna di queste forme corrisponde alla vera giustizia, alla giustizia che Dio ha rivelato: la corruzione della natura umana, a partire dal peccato originale, rende l'uomo incapace del giusto e del vero.

Detto altrimenti, è proprio su questo piano che lo scetticismo morale di Pascal (appoggiato essenzialmente sulla teologia giansenista-agostiniana della caduta e della grazia, per cui la precarietà umana rende la ragione incapace di fondare una morale: «la ragione non può stabilire nulla») incontra il relativismo antropologico di Montaigne[52]; incontra il pirronismo che, come riformulato appunto in

[52] Occorre ricordare con Cassirer che «lo scetticismo di Pascal non è l'antitesi, ma il completamento necessario della verità religiosa e l'anello di congiunzione indispensabile per comprenderla» (Cassirer 1952, p. 571).

Montaigne, trova un metodo nella pura interrogazione, senza sostituire a un'opinione che si dimostra sbagliata la certezza dell'opinione opposta. Di questo passo la conclusione non tarda ad arrivare: non esiste nel mondo una vera giustizia.

> «Quel che mi stupisce maggiormente è vedere che non tutti sono stupiti dalla propria debolezza. Ognuno agisce seriamente, e secondo la propria condizione, non già perché è realmente bene seguirla, dato che così è di moda, ma come se ognuno sapesse certamente dove sono la ragione e la giustizia. Ogni momento ci troviamo delusi; e, per una ridicola umiltà, crediamo che il difetto sia nostro e non già dell'arte che ci vantiamo sempre di possedere. Ma è bene che ci siano al mondo molte siffatte persone, che non sono pirroniane, per la gloria del pirronismo, affinché si possa mostrare che l'uomo è capacissimo delle più stravaganti opinioni, poiché è capace d credere di non trovarsi in questa debolezza naturale e inevitabile, e di credere al contrario di trovarsi nella saggezza naturale» (Pascal 2013, fr. 374, p. 247).

E al frammento 878 (*Summum jus, summa iniuria*) ancora leggiamo:

> «La pluralità è la via migliore, perché è visibile e possiede la forza per farsi obbedire; però questa è l'opinione dei meno capaci.
>
> Se fosse stato possibile, si sarebbe messa la forza nelle mani della giustizia; ma poiché la forza non si fa maneggiare come si vuole, perché è una qualità palpabile, mentre la giustizia è una qualità spirituale di cui si dispone come si vuole, si è messa la giustizia nelle mani della forza; e così si chiama giusto ciò che si è costretti a osservare. Da qui deriva il diritto della spada, poiché la spada conferisce il vero diritto. Diversamente si vedrebbe la violenza da una parte e la giustizia dall'altra (Fine della dodicesima *Provinciale*» (*Ibid.*, pp. 451-2).

Le leggi degli uomini non sono che convenzioni giuridiche nate dalla mera forza, o dall'immaginazione e dalle abitudini consuetudinarie. Non a caso, sempre seguendo Montaigne, al citato frammento 294 dei *Pensieri* troviamo una citazione tratta dall'agostiniana *De civitate dei* (IV, 27): «*Cum veritatem qua liberetur ignoret, expedit quod fallatur*». Ed è proprio di qui, anche attraverso Montaigne e il pirronismo storico, che Pascal risale ad Agostino (*De civitate dei*, XIX, 21, 1): «Dove quindi non c'è vera giustizia, non può esservi un insieme di uomini associati da un accordo giuridico e perciò non può esservi neppure un popolo, secondo la visione di Scipione, o piuttosto di Cicerone. [...] E se non vi è diritto dove non è alcuna giustizia, si conclude senza ombra di dubbio che dove non c'è giustizia non c'è Stato» (Agostino 1984, p. 976). Di qui l'impossibilità di stabilire una legge naturale[53].

---

[53] A tal proposito, si pongono alcune difficoltà, specialmente se si confrontano i *Pensieri* con *Le Provinciali*, soprattutto la *Quattordicesima lettera*, dove proprio sul tema dell'omicidio, nell'intenzione di «suscitare in tutti l'orrore» delle opinioni dei padri gesuiti su tale argomento, opinioni così lontane «dai sentimenti della Chiesa, e persino della natura» («Le licenze di uccidere da voi concesse in molti casi, fanno vedere che in questa materia avete a tal punto dimenticato la legge di Dio»), Pascal scrive: «Questi, padri, sono i principi della quiete e della sicurezza pubblica, accolti in tutti i tempi e in tutti i luoghi, e su cui tutti i legislatori del mondo, santi e profani, hanno stabilito le loro leggi senza che mai nemmeno i pagani abbiano introdotto eccezioni a questa regola, se non quando non si può evitare altrimenti la perdita della pudicizia o della vita. [...] Ma all'infuori di questa circostanza di cui non parlo qui, non è mai esistita una legge che permettesse ai privati di uccidere, e che lo tollerasse, come voi fate, per proteggersi da un affronto e per evitare la perdita dell'onore o dei beni, quando non ci si trova anche in pericolo di vita» (Pascal 2008, pp. 349-351). Leggiamo ancora: «Tutti sanno, padri, che non è mai permesso ai privati di chiedere la morte di nessuno, e che quand'anche un uomo ci abbia ridotti in rovina, storpiati, bruciate le nostre case, ucciso nostro padre, e si prepari ancora ad assassinarci e a farci perdere l'onore, in tribunale non si darebbe ascolto alla nostra richiesta di pena capitale. Per cui fu necessario porre dei personaggi pubblici che la richiedono in nome del re, o meglio in nome di Dio» (*Ibid.*, p. 365). Come ricorda Philippe Sellier, sin dalla sua apertura, la lettera insiste sul carattere «naturale» dell'orrore per l'omicidio: «Cosa c'è di più naturale di questa opinione: *Che un privato non ha diritto sulla vita di un altro? Ne siamo talmente avveduti da noi stessi*, dice san Crisostomo, *che quando Dio ha stabilito il precetto di non uccidere, non ha aggiunto che è perché l'omicidio è un male; infatti,* dice il Padre, *la Legge suppone che si è già appresa questa verità dalla natura.* Perciò questo comandamento è stato imposto agli uomini in ogni tempo: il Vangelo ha confermato quello dalla Legge, e il Decalogo non ha fatto altro che rinnovare quello che gli uomini avevano ricevuto da Dio prima della Legge nella persona di Noè, da cui tutti gli uomini dovevano nascere» (*Ibid.*, pp. 345-7). Così commenta Sellier: «Ora, Pascal conosceva bene l'estensione della pratica dell'infanticidio, e di tante usanze che smentivano l'universalità di cui parla. Pertanto si tratta proprio di una presentazione iperbolica dello splendore dei lumi naturali, destinata a svergognare i gesuiti per essere più ciechi dei pagani (in realtà, rappresentati dai soli Romani). Le perplessità cominciano, quando si paragonano queste iperboli a molti testi dei *Pensieri* sui capricci dei comportamenti e l'impossibilità di stabilire una legge naturale» (Sellier 2013, pp. 289-90). A tal proposito Sellier richiama il passo dei *Pensieri* dedicato alla «vanità delle leggi» (il 294 da noi citato), dove appunto si parla della vera giustizia. E così scrive: «Contraddizione? No, semplice fedeltà all'iperbole, in una differente prospettiva: adesso si tratta di porre sotto gli occhi del non credente l'incertezza di tutte

Su questo piano – lo suggerisce ancora Sellier – il relativismo pascaliano è diversamente radicale da quello dell'Illuminismo[54]. «Non è un relativismo provvisorio da cui si evade rapidamente per affermare che, se gli uomini hanno sbagliato nelle età barbariche, *d'ora innanzi* la ragione guiderà l'umanità verso felici conseguenze morali. Il relativismo morale di Pascal è legato alla fragilità costitutiva dell'uomo decaduto» (Sellier 2013, p. 382). Nessuna potenza umana, tanto meno la ragione, può rimediare a questo errare, a questa erranza di pratiche e teorie disseminate nella storia a seconda delle epoche, delle culture, dei climi e delle mode: «Come la moda crea il gusto, così crea anche la giustizia» (Pascal 2013, fr. 309, p. 229).

Per certi versi, la contraddizione che, come si è visto, caratterizza la vita individuale (felicità e miseria, certezza ed errore), ha un suo riverbero nella vita collettiva. Anche qui l'esigenza della giustizia appare insopprimibile, ma tutta la realtà empirica e sociale che defini-

---

le cose. D'altronde, l'apologista stabilisce i principi su cui gli è possibile far variare le prospettiva: "vi sono senza dubbio delle leggi naturali, ma questa bella ragione corrotta ha corrotto tutto". Ciò non toglie che, di fronte a tali iperboli, si provi qualche difficoltà a precisare ciò che poteva essere in Pascal il "pensiero recondito"» (*Ibid.*, p. 290). Tuttavia, a conferma di come Pascal considerasse l'impossibilità o meno di stabilire una legge naturale un problema riguardante soltanto la condizione dell'uomo dopo la caduta, si legga il passo che proprio conclude la *Quattordicesima Provinciale*: «E per concepire maggior orrore verso l'omicidio, ricordatevi che il primo crimine degli uomini decaduti è stato un omicidio nella persona del primo giusto; che il loro crimine più grande è stato un omicidio nella persona del capo di tutti i giusti; e che l'omicidio è il solo crimine che distrugge tutt'assieme lo Stato, la Chiesa, la natura, e la pietà» (Pascal 2008, p. 373).

[54] In realtà, come ha ben visto Cristian Lazzeri, alla luce della *Quattordicesima Provinciale*, la posizione di Pascal appare assai complessa. «A la différence des philosophes du droit naturel il semble s'accorder avec saint Thomas et saint Augustin sur la manière de connaître le principes de la loi naturelle; avec saint Thomas et les philosophes du droit naturelle il reconnaît qu'il existe une égalité entre les hommes quant à la possession et la capacité d'exercer leurs facultés ou puissances naturelles; avec les philosophes du droit naturelle, saint Thomas et saint Augustin, il admet l'existence d'une égalité naturelle de droit entre les hommes pour ce qui relève de leur conservation, avec les philosophes du droit naturel (Hobbes tout au moins) et saint Augustin (au moins pour la condition déchue), contre saint Thomas, il refuse l thèse d'une sociabilité naturelle entre les hommes. Enfin, concernant l'égalité ou l'inégalité naturelle du droit entre les hommes relative à l'exercice de leur pouvoir les uns sur les autres, Pascal adopte-t-il la position de saint Thomas ou celle des philosophes du droit naturel?» (Lazzeri 1993, p. 92).

sce la condizione in cui gli uomini si trovano ad agire, si trova con essa in una inconciliabile contraddizione[55]. Ogni tentativo di conciliazione ci spinge sempre verso un sofisma ingannevole, ben individuato – questa volta sì – da Cassirer: modellando e adattando la norma ideale all'autorità esistente, non facciamo che mascherare il conflitto interno (Cassirer 1952, p. 568). La giustizia è soggetta alle dispute; la forza, al contrario, è indubbia e chiaramente riconoscibile. Leggiamo Pascal al frammento 298 dei *Pensées,* intitolato *Giustizia, forza*:

> «È giusto che si segua ciò che è giusto, è necessario che si segua ciò che è più forte. La giustizia senza la forza è impotente; la forza senza la giustizia è tirannica. La giustizia senza la forza è contraddetta, perché ci sono sempre dei malvagi; la forza senza la giustizia è messa in accusa. Bisogna dunque unire la giustizia e la forza; e perciò bisogna far sì che ciò che è giusto sia forte e ciò che è forte sia giusto.
>
> La giustizia è soggetta a discussione, la forza è molto riconosciuta e indiscussa. Così non si è potuto dare la forza alla giustizia perché la forza ha contraddetto la giustizia e ha affermato che solo lei era giusta. E così, non potendo ottenere che ciò che è giusto sia forte, si è fatto sì che ciò che è forte sia giusto» (Pascal 2013, p. 226).

La genealogia di Pascal scopre che dietro la giustizia non vi è che la forza[56]; nessuna metafisica, nessun ideale immutabile ed eterno,

---

[55] Pascal già si poneva il problema sul piano teologico. Leggiamo al frammento 233 dei *Pensieri*: «L'unità aggiunta all'infinito non l'accresce di niente, non più di un centimetro aggiunto a una misura infinita. Il finito s'annienta di fronte all'infinito e diventa un puro niente. Così il nostro spirito davanti a Dio, così la nostra giustizia davanti alla giustizia divina. Non c'è tra la nostra giustizia e quella di Dio una sproporzione così grande come quella tra l'unità e l'infinito. La giustizia di Dio dev'essere enorme come la sua misericordia. Orbene, la giustizia verso i dannati è meno enorme e deve impressionare meno della misericordia verso gli eletti» (Pascal 2013, p. 200). In altri termini, di fronte al giudizio di Dio ogni esigenza della giustizia naturale ed umana deve tacere. Per comprendere tale posizione occorre ancor ricordare le premesse dogmatiche da cui Pascal prende le mosse: l'agostinismo della dottrina giansenista (l'*Augustinus* di Giansenio per dirla con più chiarezza), la dottrina della caduta, la fede nella predestinazione della grazia.

[56] Tuttavia, come ricorda Sellier, «la forza, anche se possiede una logica sua propria, nel campo che è suo – quello dell'estensione fisica – inciampa spesso sulle intimazioni dell'ordine dei valori. Per cui Pascal, pur conferendo alla forza un'apparente e temibile autonomia, può scrivere: "la forza senza la giustizia è tirannica"» (Sellier 2013, p. 361).

nessuna regola universale, nessuna trascendenza fondatrice, nessun fondamento assoluto: «si è fatto sì che ciò che è forte sia giusto», «si è messa la giustizia nelle mani della forza; e così si chiama giusto ciò che si è costretti a osservare»[57]. Il potere non è il risultato di un con-

[57] Per altri versi, e seguendo traiettorie concettuali che lo rimandavano a Giambattista Vico, Ugo Foscolo, nel suo breve opuscolo *Sull'origine e i limiti della giustizia*, testo di un'orazione tenuta all'università di Pavia nel giugno del 1809, approdava a conclusioni per certi versi simili a quelle di Pascal. Attraverso una visione antropologia pessimistica che lo spingeva a leggere la storia umana come un percorso ripetitivo e immobile, segnato dal costante uso della forza, lo scrittore finiva per considerare i rapporti sociali e politici come sempre improntati al dualismo di forza e giustizia. Solo attraverso l'uso della forza, infatti, per Foscolo, poteva affermarsi la giustizia, solo attraverso la forza del potere poteva imporsi la giustizia («Sulla terra senza forza non vi è giustizia»). E anche Foscolo, come Vico e Pascal, partiva dall'esperienza storica, dalla «certezza del fatto», non derivando la giustizia, alla maniera dei metafisici e dei pensatori giusnaturalisti, da concetti filosofici astratti. La giustizia, detto altrimenti, veniva riconnessa (machiavellicamente) alla ragion di stato, alla conciliazione degli interessi reciproci dei cittadini per la conservazione del genere umano. «Poiché gli uomini – scriveva Foscolo – sono in istato di guerra e di usurpazione progressiva e perpetua, e la sola forza è l'unico giudice, il genere umano dev'essere animale essenzialmente guerriero ed usurpatore; ma poiché gli uomini non potrebbero far guerra ed usurpazioni fra popolo e popolo senza pace e proprietà fra cittadino e cittadino, il genere umano dev'essere animale essenzialmente sociale; ma così che gl'individui si riuniscano con certi patti, e l'università stia sempre divisa, perché i patti d'una società non bastano a frenare le usurpazioni delle altre. Or queste singole società hanno bisogno ne' loro patti di alcune leggi animate dalla giustizia; ma le leggi d'ogni società sono in apparenza ed in sostanza diverse, e limitate col loro rigore alla sola società che riuniscono; dunque la giustizia è diversa e limitata, al pari delle leggi ch'ella mantiene. Dunque la giustizia sta nelle società particolari de' popoli, ma non nella società generale del genere umano» (Foscolo 1992, pp. 24-5). Foscolo citava il Vico dei *Principi di scienza nuova*, il libro IV, sezione 10, dove il filoso, seguendo Ulpiano affermava che la ragion di stato, ciò che i romani chiamavano *civilis equitatis*, «non è naturalmente conosciuta da ogni uomo, ma da pochi pratici di governo, che sappian vedere ciò ch'appartiensi alla conservazione del gener umano» (Vico 1983, p. 536). E così concludeva che «il giusto non emana se non dalla ragione di stato, non si propaga fuori della ragione di stato e si riconcentra fermamente nella ragione di stato» (Foscolo 1992, p. 28). Per mantenere la società, non si può far riferimento al «gius naturale» o alle «leggi dell'universo» («Che se io guardo l'universo non trovo assoluta giustizia»), ma occorre che «ogni legge debba essere scritta dalla forza, e mantenuta dalla forza» (*Ibid.*, p. 44). E pertanto finiva con questo elenco il suo discorso (e le sue riflessioni, a ben vedere, lo avvicinavano proprio a Pascal): «Ho quindi ricavato le seguenti conclusioni: 1° che le norme di giusto, benché facciano la gloria e la prosperità de' filosofi, non possono essere né conosciute, né

tratto, ma è reale usurpazione, abuso, sopraffazione, che riceve la sua legittimazione (il crisma della volontà generale) attraverso una forza ammantata di giustizia[58].

In tal modo la storicità, la convenzione arbitraria, contingente e mutevole, qualunque sia l'altisonante nome che gli diamo, il valore trascendentale che le attribuiamo, resta sempre la base e la norma di ogni convivenza sociale. La giustizia scaturisce dall'arbitrario, *proviene* dalla forza, e ha in questa la sua genealogia. «Chi non vede che nulla è più opposto alla verità e alla giustizia? [...] siamo nati in una evidente ingiustizia, di cui non possiamo disfarci e di cui dobbiamo disfarci» (*Ibid.*, fr. 492, p. 290). È questa la paradossale situazione dell'uomo caduto: ciò che gli appare ingiusto gli appartiene, al contempo, come qualcosa di cui si deve liberare.

Il punto prospettico, fisso, dal quale poter misurare e giudicare le singole azioni si trova, anche qui, solo nell'immaginazione, nell'opinione, nel costume, nella consuetudine e nella pretesa.

> «Le uniche regole universali sono le leggi del paese per le questioni ordinarie e l'opinione della maggioranza per le altre. Donde ciò? Dalla forza che risiede in esse. Ed è per questo che i re, ai quali la forza proviene da altrove, non seguono la maggioranza dei loro ministri.
>
> Indubbiamente, l'uguaglianza dei beni sarebbe giusta; ma non potendosi ottenere che sia giocoforza obbedire alla giustizia, si è ottenuto che sia giusto obbedire alla forza; non potendosi fortificare la giustizia, si è giustificata la forza, affinché giustizia e forza fossero insieme e si avesse la pace che è il bene supremo» (*Ibid.*, fr. 299, pp. 226-7).

---

praticate mai da' popoli, a' quali non si può parlare che per mezzo di leggi positive; 2° che non vi siano norme positive di giusto se non da cittadino a cittadino, e da governo a popolo; ma non mai da uomo a uomo, e da governo a governo; 3° che non possono né nascere né sussistere senza forza, e questa giustizia, e questa forza costituiscono la ragione di stato; 4° che quella ragione di stato è più giusta che più concilia con leggi civili gli interessi reciprochi de' cittadini, e con leggi politiche gl'interessi reciprochi de' governi, dirigendo così a comune vantaggio le umane passioni, onde mantenere concordi ed attive le forze d'un popolo, perché ei possa imporre, e non pagare, tributi ad un altro; 5° che non possa darsi equità assoluta nella sostanza di veruna legge, ma che l'equità consista nell'uguaglianza universale, religiosa, severissima dell'applicazione ...» (*Ibid.*, pp. 51-2).

[58] Secondo Augusto del Noce, la coincidenza tra le idee politiche di Pascal e quelle dei continuatori di Machiavelli, gli eruditi libertini, è davvero impressionate: «salvo che, naturalmente, queste idee sono ripensate da Pascal nella forma di pensiero del pessimismo agostiniano portato all'estremo. Più nulla dell'antico diritto naturale cristiano» (Del Noce 2010, p. 424).

«Non potendosi fortificare la giustizia, si è giustificata la forza». La forza ha la sua giustificazione e ciò, al contempo, rende forte la giustizia. La pace, «il bene supremo», non è (come sarebbe stato più tardi, nel 1795, per il Kant di *Per la pace perpetua*) un'esigenza della Ragione, un dover-essere politico-morale. Anche la pace, come la giustizia, è un effetto della forza (dei rapporti di forza). «Quando il forte armato possiede i suoi beni, ciò che possiede è in pace» (*Ibid.*, fr. 300, p. 227). E la pace è «il più grande dei beni»[59]. Il principio negativo (la forza) diventa il perno su cui si costituisce il principio positivo (la pace); un modello questo, ancora dentro – in qualche modo – lo schema del "sistema faidale" (e dunque al sistema costituzionale medievale), per cui l'inimicizia ha il primato sulla pace[60], per cui i rapporti tra gli uomini sono ancora regolati dai rapporti di forza. Ed è forse per questo che, per Pascal, non solo la forza in sé, ma anche, e soprattutto, la giustificazione della forza in quanto tale, può ottenere ("giustamente") come risultato la pace sociale, che non è altro se non, appunto, la stabilizzazione (gerarchica) di determinati rapporti di forza. Occorre soltanto che la forza appaia giusta a chi vi è sottoposto, occorre che si insinui tra le «distrazioni» del popolo[61];

[59] Occorre tener presente che la Francia del tempo era appena uscita da un lunghissimo periodo di guerre esterne ed interne, di carattere religioso, per cui il raggiungimento della pace, come garanzia di un orine sociale da conseguirsi e ottenersi in qualsiasi maniera utile, non poteva essere visto se non come «il più grande dei beni».

[60] In realtà Pascal sembrava ripercorrere concettualmente le vicende di quel diritto, prevalentemente di origine germanica, che vedeva nelle «paci territoriali» le «prime "leggi" dello Stato medioevale»; quelle paci, come ricordava Otto Brunner, che «significarono un importante passo avanti sul cammino verso lo Stato moderno e verso la "creazione di una pace disarmata della comunità» (Brunner 1984, p. 27). Sempre Brunner ricordava, in effetti, che pace e amicizia erano termini che nel Medioevo, come nella prima età germanica, indicavano uno «stato di comunanza di destini umani» ovvero, «una comunanza spirituale» (*Ibid.*, p. 31). E così scriveva: «Amicizia (inimicizia, vendetta) ed espiazione (pace) sono i concetti fondamentali del diritto faidale» (Brunner 1984, p. 34). Per quanto riguarda il problema della pace nel sistema faidale si veda specialmente la lettura di *Terra e potere* (1939) di Otto Brunner proposta da Michele Surdi (2001, pp. 15-40).

[61] Furio Semerari ricorda che il tema della *distrazione* può essere assunto in Pascal come situazione «per cui l'uomo allontana il proprio pensiero da quelle cose (la propria miseria, ignoranza, nullità, dipendenza, morte, ecc.), il pensiero delle quali sarebbe per lui insopportabile» (Semerari 1992, p. 121). Ancora qui un'assonanza con la successiva riflessione nietzschiana.

perché la pace (la stabilità dell'ordine sociale) è l'unica "giustizia" possibile per gli uomini.

Se la giustizia è sempre contestabile (e la genealogia ce lo ha insegnato), la forza, al contrario, riconosciuta in quanto tale, non è soggetta a contestazione. Per questo – spiega Pascal – non si è potuto dare la forza alla giustizia, perché la forza ha contraddetto la giustizia dicendo che questa era ingiusta ed affermando che essa solo era giusta (è sempre la forza ad avere l'ultima parola). La giustizia senza la forza è impotente, perché solo la forza *fa valere* la giustizia ponendola, appunto, come valore, come volontà che si impone, come potenza del valore. Tutto qui.

Ripercorrendo le analisi che Erich Auerbach ha dedicato al frammento dei *Pensieri* che stabilisce il rapporto tra forza e giustizia (Auerbach 2007, pp. 81-106), Carlo Ginzburg ha individuato in Machiavelli un «interlocutore invisibile» di Pascal (Ginzburg 2018, p. 156)[62].

Secondo la ricostruzione di Auerbach (che annovera l'autore dei *Pensieri* tra i pensatori vicini ai teorici della ragion di stato ma comunque distante da chi aveva dato inizio a quella tradizione, cioè Machiavelli) la riflessione di Pascal si snoda attraverso coppie simmetriche al cui interno, però, si produce un'asimmetria. A partire da questa struttura la conciliazione tra forza e giustizia appare impossibile: una di loro dovrà prevalere. La forza è più forte, e la sua evidenza è indiscutibile.

Ginzburg rimanda questa prospettiva alle frequentazioni machiavelliche di Pascal (probabilmente aveva letto *Il Principe* in italiano o nella traduzione francese di Gaspard d'Auvergne apparsa nel 1563). In Machiavelli, infatti, "legge" e "forza" appaiono come termini contigui e, al tempo stesso, eterogenei. Pascal avrebbe dunque ripreso Machiavelli nel formulare l'opposizione tra forza e giustizia, ma pren-

---

[62] In realtà, per Carlo Ginzburg il filo conduttore che lega Machiavelli e Pascal è la "teologia politica", nozione, come è noto, sviluppata più tardi da Carl Schmitt, secondo il quale «lo stato di eccezione ha per la giurisprudenza un significato analogo al miracolo nella teologia». Il passo "cerniera" dei *Pensieri* [Brunschvicg fr. 614] è il seguente: «Gli stati perirebbero se non si facessero piegare spesso le leggi alla necessità, ma la religione non ha mai ceduto a questo e non ne ha approfittato. Perciò occorrono questi adattamenti [*accomodements*] oppure dei miracoli». Ed è in tal senso, secondo Ginzburg, che il paragone di Pascal tra eccezione politica e miracolo anticipa, in qualche modo, il tema della teologia politica formulato da Schmitt (Ginzburg 2018, pp. 11-13).

dendo una strada diversa: una strada che passa per Galileo, per la sua distinzione tra «dottrine dimostrative» e «dottrine opinabili» (ciò che sarebbe diventato, nell'autore francese, la differenza tra «spirito geometrico» e «spirito di finezza»). È a partire da qui che la forza delle dimostrazioni necessarie di matematici e filosofi sarebbe dovuta diventare, letteralmente, forza. «La giustizia è opinabile – commenta Ginzburg –, la forza non lo è. Nelle leggi, nei commerci prevale la forza, travestita da giustizia. [...] Pascal, lontano sia da Machiavelli sia da Galileo, si era nutrito dei loro pensieri; non sarebbe diventato interamente se stesso senza di loro» (*Ibid.*, p. 162).

Tuttavia Pascal, se pur vicino ai teorici della ragion di stato, se ne distanzia radicalmente: nel momento stesso in cui ne espone la dottrina ne denuncia, genealogicamente, il carattere arbitrario: «Per il bene degli uomini, spesso conviene ingannarli; [...] Non devono sentire la verità dell'usurpazione; questa è stata introdotta in passato e senza ragione, poi è diventata ragionevole; bisogna farla considerare come autentica, eterna, e nasconderne l'inizio. Se non si vuole che essa abbia rapidamente fine» (Pascal 2013, pp. 223-5). Non bisogna dire agli uomini «la verità»: ma per non dirla egli, paradossalmente, l'afferma; o meglio, ciò che non si può dire, di cui non si può parlare, egli lo fa, comunque, sapere. E ciò espone bene che, poiché non ha potuto nell'enunciare la necessità del non dire imporre a se stesso il silenzio, bisogna comunque parlarne.

## h) *Iperbole, inganno e finzione*

Celebre è il paragrafo che Rousseau dedica al *Diritto del più forte* nel *Contratto sociale*, stampato nel 1762:

> «Il più forte non è mai abbastanza forte da essere sempre il padrone, se non trasforma la sua forza in diritto e l'obbedienza in dovere. Da ciò deriva il diritto del più forte, diritto considerato in apparenza ironicamente, ma in realtà stabilito come principio» (Rousseau 1991, p. 55).

L'argomentazione che ne segue, ricalca la posizione giusnaturalista che assume Rousseau nel riferirsi a norme di diritto naturali (e perciò razionali) antecedenti ad ogni norma giuridica positiva, o meglio, nel richiamare gli «accordi quale base di qualunque autorità legittima in mezzo agli uomini» (per cui «la forza non crea alcun diritto» e «nessun uomo ha per natura autorità sul suo simile»).

«La forza è un'energia fisica; non vedo assolutamente quale moralità possa ricavarsi dai suoi effetti. Cedere alla forza è un atto di necessità, non di volontà, tutt'al più potrà essere un atto di prudenza. In quale senso potrà essere un dovere?

Ammettiamo per un momento questo preteso diritto, dico che ne consegue solo un imbroglio inestricabile, perché una volta ammesso che è la forza che fa il diritto, l'effetto cambia con la causa; ogni forza che superi la precedente, le succede nel diritto. Non appena si può disubbidire impunemente, tale disobbedienza sarà legittima e, poiché il più forte ha sempre ragione, si tratterà di fare in modo d'essere il più forte. Ora, quale diritto è mai quello che vien meno quando vien meno la forza? Se bisogna obbedire alla forza, non v'è necessità di obbedire per dovere, e se non si è più forzati ad obbedire, non vi si è più obbligati. Si vede così che il termine *diritto* non aggiunge niente alla forza: anzi qui non significa assolutamente nulla.

Obbedite ai poteri. Se ciò vuol dire: "credete alla forza", il precetto è buono, ma superfluo, e posso assicurare che non sarà mai violato. Ogni potere viene da Dio, lo riconosco, ma anche ogni malattia deriva da lui; bisogna dunque concludere che è vietato chiamare il medico? Se un brigante mi sorprende nel passaggio d'un bosco, non solo bisogna dunque dargli la borsa per forza, ma ove io potessi sottrarla alla rapina, sarei in coscienza obbligato a dargliela ugualmente? perché, a ben vedere, anche la pistola di cui egli è armato è un potere.

Riconosciamo dunque che la forza non costituisce un diritto e che non si è obbligati a obbedire ad altro che ai poteri legittimi. Così il mio problema iniziale si ripresenta di nuovo» (*Ibid.*, pp. 55-6).

Torniamo a Pascal. Come si può ben capire, il suo discorso, non ancorandosi ad alcun principio naturale (ad alcun diritto di natura), e non richiamandosi ad alcuna garanzia della ragione, per ciò che riguarda il rapporto tra forza e giustizia appare più complesso ed anche, per le ragioni indicate, più incline a un percorso di critica genealogica.

Per certi versi, il pensiero pascaliano può sembrare in qualche modo il riflesso di una posizione ideologica ancora legata ad una concezione "cetuale" (e dunque pre-moderna) dei diritti. Furio Semerari, in un libro dedicato a Hobbes, Locke e, appunto, a Pascal è tornato su questo argomento, evidenziando aspetti convergenti e discordanti tra i tre autori (Semerari 1992). Secondo la sua ricostruzione, l'elaborazione del concetto di diritto soggettivo in filosofi come Hobbes e Locke, in linea con lo sviluppo di processi economici e di forze sociali che avevano, a loro modo, avvantaggiato l'ascesa della classe borghese, era riuscita a procedere verso il superamento delle precedenti concezioni che deducevano il diritto soggettivo a partire dall'appartenenza del soggetto a un determinato ceto sociale. Questo superamento, che finisce per affermare eguali diritti naturali per tutti, poggiava essenzialmente sulla deduzione della nozione di diritto soggettivo da un elemento di natura individuale, ovvero sulla "individualizzazione" del diritto soggettivo. In altri termini, il diritto soggettivo (in quanto diritto naturale di ciascun soggetto) non veniva più fatto dipendere da una condizione esteriore e accidentale rispetto al soggetto (la sua appartenenza a un dato ceto sociale, appunto), ma da un elemento che caratterizzava l'individuo in quanto tale per ciò che gli era proprio: la sua personale capacità o potenza. Se l'essere proprio del "soggetto" non era più "fuori di sé", ma "dentro di sé", la fonte del diritto soggettivo non poteva che non essere interna al soggetto, e andava dedotta dalla sua potenza. L'esercizio della potenza soggettiva, finalmente liberata dal contesto storico-sociale, assumeva dunque la forza di un diritto (ed era base, fondamento e condizione di diritti). Se pertanto nel sistema cetuale, vale la pena ripeterlo, la partecipazione o l'esclusione dal possibile godimento dei diritti dipendeva dall'appartenenza o meno del singolo soggetto a un dato ceto, adesso era dalla sua semplice appartenenza al genere umano (alla natura umana) che quella stessa possibilità o esclusione poteva derivare.

In questo modo il singolo individuo – corrispettivo ideale del borghese che cercava la sua emancipazione economica e sociale attraverso il proprio lavoro e che affermava il proprio agire come diritto – trovava nella nuova teoria giusnaturalista del diritto naturale il presupposto teorico per la sua liberazione dai vincoli sociali (dai legami di ceto e dall'ordine dei privilegi propri del sistema feudale).

Nell'ordine di un tale processo, che percorre l'intero sviluppo del pensiero moderno, si collocava, problematicamente, la stessa riflessione di Pascal. Proprio rispetto al problema dei diritti soggettivi, Semerari ha visto in questa posizione un atteggiamento ambiguo, oscillante tra il vecchio ordine dei privilegi feudali e il nuovo sistema dei meriti impresso al diritto dagli sviluppi del giusnaturalismo moderno e, al contempo, l'incapacità di cogliere a pieno i frutti di quella svolta della ragione che, invece, aveva caratterizzato i filosofi a lui contemporanei. «Se in Hobbes e Locke c'è la *tendenza* a sviluppare fino in fondo il principio della capacità personale come fondamento del diritto soggettivo, in Pascal il quadro è, a questo proposito, più articolato e sfumato» (*Ibid.*, p. 19)[63]. Vi sono certo funzioni – ammette

[63] Sempre in riferimento alla scienza politica di Hobbes, che mostra la neces-

Semerari ripercorrendo il pensiero di Pascal – che non possono essere ragionevolmente svolte se non da chi dimostri di averne effettiva capacità. Tuttavia, il principio hobbesiano e lockiano di un diritto che va a retribuire, compensare, premiare, in termini di proprietà o accesso a cose o titoli o riconoscimenti sociali, un «esercizio di potenza», è qualcosa che non trova posto nella sua visione cristiana, «per la quale l'eguaglianza dei beni è giusta, la povertà è da preferire alla ricchezza, il sentimento che conta nei rapporti fra gli uomini è la carità» (*Ibid.*, pp. 19-20).

In altri termini, Pascal è consapevole che il comportamento reale degli uomini, incline all'egoismo individuale, non si ispira ai precetti del cristianesimo, non si conforma alla sua etica. Ed è su questa base, sempre secondo Semerari, che Pascal «si schiera in difesa di un sistema sociale che, se fondato, pur esso, come ogni altro, su ineguaglianze e egoismi, assicura, tuttavia, nel suo giudizio, se non altro condizioni di stabilità e di pace meglio di quanto non faccia il sistema che pretende di riconoscere i "meriti" propri di ciascuno»[64] (*Ibid.*, p. 20). In conclusione, dunque, secondo questa lettura, se pur non in maniera assoluta, il sistema che «difende» Pascal è quello fon-

---

sità dello Stato, così Semerari, ancora, scriveva: «Il quadro, però, rimane problematico e nessuna soluzione assolutamente sicura viene indicata. Anche nelle prime, classiche teorizzazioni dello Stato moderno si ritrova, dunque, un elemento di *insuperabile criticità* dello Stato medesimo. Anche Pascal, del resto, è del tutto consapevole della carica potenzialmente distruttiva degli egoismi individuali o di gruppi nei confronti della vita della comunità e, per porre un argine contro di essi, propone la conservazione dell'istituto della trasmissione ereditaria delle funzioni (qualcosa di sicuro, che dovrebbe eliminare all'origine, nei campi in cui la trasmissione ereditaria vige, l'insorgenza di spinte individualistiche) e, in fondo, anche, la conservazione della *apparenza di naturalità, sacralità, divinità* di tale istituto e delle persone che lo incarnano – giacché tale apparenza serve a indurre gli uomini al rispetto dell'istituto in questione e delle persone che lo rappresentano e, dunque, a evitare la crisi della guerra civile, che, altrimenti, si determinerebbe» (Semerari 1992, p. 18).

[64] Ancora leggiamo: «Pascal mette a confronto due sistemi sociali: il sistema medievale dei privilegi presunti naturali e il sistema moderno fondato sul riconoscimento dei "meriti" di ciascuno, quel sistema del quale Hobbes e Locke forniscono, nella stessa età, una elaborata teorizzazione. I sistemi in questione sono gli stessi che, prima che nel pensiero di Pascal, si stanno confrontando o cominciano a confrontarsi nella realtà del suo tempo storico. In questo confronto Pascal prende una posizione precisa: la sua posizione è favorevole al vecchio sistema (sia pure in qualche modo integrato – [...] – con il sistema dei meriti), sebbene egli non manchi di sottolineare le "illusioni" che comunemente si hanno circa la reale condizione della nobiltà» (*Ibid.*, p. 136).

dato sui privilegi sociali di natura ereditaria. «Nel sistema dei privilegi, la assegnazione dei ruoli è predeterminata perché fondata sulla loro trasmissione ereditaria» (*Ibid.*). Il riferimento è chiaramente al frammento 320 dei *Pensieri*, dove, appunto, si legge:

> «Le cose più irragionevoli di questo mondo diventano le più ragionevoli a causa della sregolatezza degli uomini. Che c'è di meno ragionevole che scegliere, per governare uno Stato, il primogenito di una regina? Per pilotare una nave non si sceglie tra i passeggeri colui che discende da una migliore casata. Questa legge sarebbe ridicola e ingiusta; ma poiché gli uomini sono e saranno sempre ridicoli e ingiusti, essa diventa ragionevole e giusta. Infatti, altrimenti chi si sceglierebbe? il più virtuoso e il più capace? In questo caso si verrebbe subito alle mani e ognuno pretenderebbe di essere il più virtuoso e il più capace. Leghiamo dunque tale qualità a qualcosa di incontestabile. Questi è il primogenito del re: è chiaro e non c'è da discutere. La ragione non può fare di meglio, perché la guerra civile è il massimo dei mali» (Pascal 2013, p. 232).

Il sistema dei privilegi fondato sulla trasmissione ereditaria permetterebbe, quindi, di evitare quei conflitti sulle cariche suscitati dalla valutazione del merito e di impedire, di conseguenza, la guerra civile ovvero, «il massimo dei mali». Leggiamo ancora:

> «È un gran vantaggio la nobiltà, perché a partire dai diciotto anni mette un uomo sul candeliere, lo rende conosciuto, rispettato: cose che un altro potrebbe ottenere con i suoi meriti solo a cinquant'anni. Sono trent'anni guadagnati senza fatica» (*Ibid.*, fr. 322).

Semerari può dunque concludere che in questa soluzione del problema sociale (l'assegnazione dei ruoli fondata sulla loro trasmissione ereditaria) trova espressione, oltre a un convincimento morale, «quello che si potrebbe identificare come il *realismo* (o presunto realismo) di Pascal» (*op. cit.*, p. 20).

Potrebbe venirci anche in mente, per altre direzioni, la leggenda del *Grande Inquisitore* dei *Fratelli Karamazov* di Dostoevskij, dove l'inquisitore appunto, quasi fosse un «pianificatore», uno «scienziato sociale», facendo propria la ragione del volgo che aspira alla quiete, propone l'inquisizione come rimedio alla debolezza dell'uomo, come «medicina efficace per estirpare la causa del male che affligge l'umanità» (Zagrebelsky 2015, p. XII)[65]. Ma potremmo anche, per vie di-

---

[65] Leggiamo in un passo: L'*Inquisitore* della *Leggenda* «non ha a che fare con

verse, riandare al *Discorso della servitù volontaria* di Étienne de La Boétie[66], e risalire a quel *malencontre*, a quella sventura, a quell'evento malaugurato, del tutto accidentale, che avrebbe provocato, attraverso il passaggio dalla libertà alla servitù, l'emersione storica dello Stato[67]. Così scriveva La Boétie:

> «Per ora vorrei invece soltanto capire come sia possibile che tanti uomini, tanti paesi, tante città, tante nazioni, a volte sopportino un solo tiranno, che non ha altra potenza se non quella che essi gli concedono; che non ha potere di nuocere, se non in quanto essi hanno la volontà di

verità ed eresie, né con spettacoli di quel genere. Non ha di fronte a sé i nemici della Chiesa, ma l'umanità di cui si è assunto il governo: deve preservarla da se stessa, cioè dalle sue debolezze intrinseche. Egli ha a che fare con la pasta di cui è fatta l'umanità, della quale è al servizio. Il suo compito non è correggere e raddrizzare, ma assecondare e accontentare» (Zagrebelsky 2015, p. 30). Della *Leggenda*, anche in chiave politica, si sono occupati moltissimi autori. Qui ricordo soltanto il saggio del 1894 di Vasilij Rozanov (1989), il capitolo dedicatogli da Nikolaj Berdjaev in un libro del 1923 (Berdjaev 1945, pp. 147-166). E per l'Italia ricordo anche il libro di Luigi Pareyson, *Dostoevskij. Filosofia, romanzo ed esperienza religiosa*, Einaudi, Torino, 1993. Tuttavia, vale forse la pena di riportare questo brano nel quale Rozanov commenta il passo dei *Fratelli Karamazov* di Dostoevskij: «L'Inquisitore dice che la vita terrena dell'uomo è governata dalla legge della sofferenza, dall'eterno tentativo di rifuggirla, o, quando questo non sia possibile, dall'eterna ricerca della via che comporti la minima sofferenza. Tra la verità, che è incondizionata e propria soltanto del Dio assoluto, e questa legge della sofferenza, cui è soggetto l'uomo a causa della sua natura relativa, c'è un abisso invalicabile. L'uomo, per quanto attratto lungo la prima via, seguirà sempre la seconda: questa è l'opinione dell'Inquisitore; senza negare l'elevatezza della verità apportata dal Salvatore, egli nega soltanto la corrispondenza di questa verità con la natura dell'uomo, e nel contempo nega la sua capacità di starne al passo. In altre parole, egli respinge, giudicandola irrealizzabile, l'edificazione delle sorti terrestre dell'uomo sulla base degli insegnamenti del Salvatore e, di conseguenza, afferma la necessità della loro edificazione sulla *base* di altri principi» (Rozanov 1989, p. 87).

[66] Testo redatto probabilmente intorno al 1549 e pubblicato clandestinamente nel 1576.

[67] A tal proposito l'antropologo Pierre Clastres, in un saggio del 1976, *Liberté, Malencontre, Innomable*, scriveva: «Che cosa ci dice La Boétie? Chiaroveggente più di tanti altri, egli afferma in primo luogo che quel passaggio dalla libertà alla servitù fu *senza necessità*, che la divisione della società tra chi comanda e chi obbedisce fu *accidentale* (e che fatica allora pensare l'impensabile *melancontre*!). [...] Quello che viene qui individuato è proprio il momento della nascita della storia: quella rottura fatale che non avrebbe mai dovuto verificarsi, quell'evento irrazionale che noi moderni chiamiamo "nascita dello Stato"» (Clastres 2015, p. 77).

sopportarlo; che non saprebbe far loro alcun male, se essi non preferissero subirlo anziché contrastarlo. Si tratta di una cosa enorme, certo, e tuttavia talmente comune da doversene più affliggere che stupire: vedere un milione di uomini servire in modo miserabile, il collo sotto il giogo, non costretti da una forza superiore, ma in qualche modo (così sembra) incantati e affascinati dal solo nome d'uno, di cui non devono temere la potenza, poiché è solo, ne amare le qualità, poiché è inumano e selvaggio nei loro riguardi» (La Boétie 2015, p. 30).

Il fascino del «nome d'uno», il governo di "uno solo": è in questa fascinazione che si riconoscono i tratti di una sventura (*malencontre*), il risultato (non necessario) di una serie di circostanze che possono indurre a dimenticare quel desiderio di libertà che fa di ciascuno di noi un essere umano. «Quale sventura ha mai potuto snaturare l'uomo, il solo essere nato per vivere libero da servitù, facendogli smarrire il ricordo del suo stato originario e il desiderio di riconquistarlo?» (*Ibid.*, pp. 40-1).

Ammirato da Montaigne, precursore di una tradizione scettica e critica della filosofia politica impegnata a distruggere la legittimità illusoria della monarchia (e a svelarne, al contempo, la vera natura attraverso il tratto del dominio), La Boétie anticipava quei temi che poco più tardi, in prospettiva diversa, saranno ripresi appunto – come abbiamo già visto – da Pascal: «La debolezza di noi uomini è tale che spesso ci tocca obbedire alla forza» (*Ibid.*, p. 30)[68]. E ancora leggiamo:

«La natura dell'uomo è certo quella di essere libero dalla servitù e di volerlo; ma per natura egli mantiene anche la piega che l'educazione e il nutrimento gli imprimono.

Diciamo dunque che per l'uomo diventano naturali tutte le cose di cui si nutre e a cui si abitua; ma che gli è innato soltanto ciò a cui lo chiama la sua natura semplice e non alterata: la prima ragione della servitù volontaria è dunque l'abitudine» (*Ibid.*, pp. 47-8).

Torniamo allora al discorso di Semerari. Se Hobbes e Locke appaiono come teorici di un diritto e di una legge naturali, e se riten-

---

[68] Oltretutto, come ricorda ancora Clastres, «La Boétie è in realtà il misconosciuto fondatore dell'antropologia dell'uomo moderno, l'uomo delle società divise. Anticipa di oltre tre secoli l'impresa intellettuale di Nietzsche – più ancora che di Marx – di pensare la decadenza e l'alienazione. L'uomo snaturato esiste nella decadenza perché ha perso la libertà, esiste nell'alienazione perché deve obbedire» (*Ibid.*, p. 81).

gono che tale diritto e tale legge possono avere, in qualche modo, una realizzazione storica (sia pur sempre esposta alla possibilità di un fallimento), «Pascal si caratterizza, invece, per il fatto di negare non tanto l'esistenza di leggi naturali quanto la possibilità che l'uomo vi si adegui» (Semerari 1992, p. 20). Su questa base, secondo Semerari, Pascal si schiera dalla parte di coloro che non ritengono opportuno mostrare agli uomini il carattere immaginario della giustizia, pena il deperimento della pace sociale.

In realtà, se la lettura di Semerari è giusta, appare troppo affrettata nelle conclusioni. Come, infatti, ha dimostrato Sellier, lo stile "apologetico" di Pascal (come più tardi quello "sarcastico" di Nietzsche), è paradossale, ironico e iperbolico: si tratta di porre sotto gli occhi di chi non crede l'incertezza di tutte le cose. «L'apologista – scrive Sellier – stabilisce i principi su cui gli è possibile far variare le prospettive» (Sellier 2013, p. 290) [69].

L'iperbole, come figura retorica, porta all'eccesso il significato di un'espressione, amplificando o riducendo il suo riferimento alla realtà per rafforzarne il senso e per accrescere o diminuire qualcosa oltre la verità [70]. Ha a che fare con l'esagerazione, e mira spesso a produrre effetti ironici e paradossali. Si capisce, dunque, come tale figura, per gli effetti di "abnormità" e "meraviglia", abbia abbondantemente caratterizzato lo stile barocco. E a tale stile, in fin dei conti, attinge Pascal, che con lo spirito barocco condivide, come si è visto, il "prospettivismo", la moltiplicazione dei punti di vista («la pluralità è la via migliore»), la messa in scena di una multipolarità dell'io, quel fiorire multiplo dell'io che sostituisce l'io unico del Rinascimento [71].

---

[69] Continua Sellier: «Ciò non toglie che, di fronte a tali iperboli, si provi qualche difficoltà a precisare ciò che poteva essere in Pascal il "pensiero recondito". Comunque sia, la stranezza di un ricorso sistematico a tal punto saltava agli occhi vero il 1650-1680, in cui i teorici tolleravano a stento l'iperbole, anche se non la condannavano come "nemica della verità"; uno di loro tuonava contro queste "iperboli, che sulle prime spaventano, e che un quarto d'ora dopo non sono credute". Ma, anche se si lascia il XVII secolo, raramente nella letteratura francese questa figura di retorica è stata usata con tanta forza ed efficacia» (Sellier 2013, p. 290).

[70] Per l'uso delle iperboli in Pascal si veda anche Gérard Ferreyrolles (1984, p. 183).

[71] Certo, come "uomo moderno", Pascal, nei sui tratti essenziali, prolunga ed affina le basi ideali gettate dall'"uomo rinascimentale". Da scienziato, parla come un uomo venuto dopo il Rinascimento, un uomo che si basa sull'esperimento anziché sull'autorità, che pone il suo orizzonte nell'infinità e che non può quindi

Come la pittura barocca denunciava l'illusione nel momento stesso in cui la suscitava (si pensi soltanto all'utilizzo delle *anamorfosi*[72]),

arrestarsi mai, né trovare dei limiti, nell'autorità di un filosofo vissuto nell'antichità. (Gentile 1927, pp. 21-117). Per ciò che invece riguarda il Pascal filosofo e teologo, il moralista e lo psicologo che riflette, nei *Pensieri*, sul comportamento umano, il suo pensiero – come si è visto – assume sfumature diverse, più complesse, specialmente in rapporto alla filosofia di Cartesio ma ormai distanti rispetto all'impianto generale della filosofia Scolastica.

[72] Galileo, «feroce oppositore della poesia allegorica» – lo dice Erwin Panofsky in un suo saggio del 1954 – parlava, confrontando pittura e letteratura, di «anamorfosi» come «prospettive ingannevoli» (Panofsky 2008, p. 36). Nel 1959 Ernst H. Gombrich, discutendo l'«ambiguità della terza dimensione», annoverava la prospettiva tra gli espedienti maggiori «nel repertorio dell'arte illusionistica», e nel commentare la sua configurazione la accostava, appunto, al genere dell'«anamorfosi», termine tecnico usato per indicare le immagini oblique e curve – dunque non lineari e dritte – che soddisfano esigenze geometriche di carattere prospettico (Gombrich 2003, p. 223). Nel 1955 Jurgis Baltrušaitis dedicava all'«anamorfosi» (e alla sua evoluzione pittorica) una monografia concentrata, più che altro, sugli aspetti illusionistici e anomali della rappresentazione (e non tanto della visione), sviluppando un'analisi pragmatica degli aspetti fantastici e assurdi dell'artificio prospettico nella storia dell'arte. «Nella storia dell'arte – scriveva nell'introduzione – la prospettiva è generalmente considerata un fattore realistico che serve a restituire la terza dimensione; essa è però, anzitutto, un artificio che si presta a qualsiasi scopo. Noi ne tratteremo qui gli aspetti fantastici e il lato assurdo: una prospettiva depravata da una dimostrazione logica delle proprie leggi» (Baltrušaitis 2004, p. 15). L'anamorfosi, «la prospettiva matematicamente depravata», in quanto «dimostrazione dell'incertezza visiva», devia dalla "normalità" dell'ortomorfismo prospettico. Vi è tutto un gioco di rimandi (ben dimostrato nel famoso quadro dei due *Ambasciatori* di Hans Holbein del 1533, conservato alla National Gallery di Londra) tra il "normale" e l'"anormale", un gioco di scambi tra immagine e sguardo: un gioco, sul piano tecnico, tra la prospettiva "naturale", che proietta sulla curva, e l'"artificiale", che proietta sul piano. La veduta laterale, radente, corregge la curvatura della rétina o dello schermo; vista di fronte, l'immagine si presenta come si vedrebbe di lato, e viceversa. Un altro tipo di procedimento anamorfico, più tardo, è quello introdotto dallo specchio cilindrico sostituito al quadro come strumento di svago ottico. Al centro di un cerchio dipinto si vede un insieme insignificante di forme e colori, che diventa rappresentazione normale specchiato nella superficie curva del cilindro. Anche qui avviene ciò che si presenta (e si svela) in ogni anamorfosi: l'incertezza dell'immagine, la sua incorreggibile, demoniaca instabilità. Si dimostra che l'immaginazione inganna, rimane al livello dell'illusione e non trapassa nell'intelletto. Ciò che nota, comunque, Baltrušaitis – e per noi è di grande interesse – è che, «per una curiosa coincidenza», da un certo momento in poi (siamo già in età barocca), tutti coloro che si sono occupati di prospettive insolite (e tra questi Jean-François Niceron, auotre, nel 1638 e nel 1646, rispettivamente, della *Perspective* e del *Thaumaturgus opticis*, Emmanuel Maignan, autore

così le iperboli di Pascal denunciano l'inganno, la relatività di una prospettiva, nel momento stesso in cui l'affermano. Palesando l'illusione la si denuncia, al contempo, per quello che veramente è. Si tratta di seguire un "pensiero recondito", "segreto"[73], una «riserva mentale», delle idee nascoste («*pensées de derrière la tête*»); una traccia che ripercorrendo le immaginazioni, le abitudini, le illusioni, le convenzioni, le forme e le convenienze sociali, mostra al contempo la loro inconsistenza e vacuità (e non solo, come spesso si è affermato, l'operazione di un giudizio recondito di "machiavellica" ispirazione).

Per comprendere questo gioco ironico d'illusione e disillusione, di apparenza e verità, di finzione e certezza, basta mettere a confronto qualche aforisma dei *Pensieri* che reca il titolo *Ragione degli effet-*

---

nel 1648 della *Perspectiva horaria*, Marin Mersenne, autore nel 1651 dell'*Optique* e della *Catoptrique*), si ritrovano in rapporti più o meno stretti con Cartesio (che pubblica nel 1637 la *Dioptrique* e la *Géométrie*). Non a caso, infatti, il problema dell'illusione, in tutte le sue forme, ha costantemente occupato la mente del filosofo. «Per lui, come per Platone, esiste – scrive Baltrušaitis – una differenza tra realtà e giudizio, ma in un'accezione più generale: non soltanto le opere d'arte umane, ma anche le opere della vita sono fantasmi» (*Ibid.*, p. 83). Le sue dimostrazioni sulla fallacia dei nostri organi di percezione e sulla falsità delle apparenze del mondo fisico – quelle che scaturiscono anche dalle esperienze dei pittori prospettici del tempo che operavano con la stessa geometria ottica di Cartesio – finiscono, dunque, per risolvere la prospettiva in uno strumento incapace di fornirci rappresentazioni esatte. *La vita è sogno* di Caldéron de La Barca è del 1635. Negli stessi anni, le speculazioni sull'illusione ottica e sulla realtà sensibile, lavorando nel confronto tra ortomorfismo prospettico e anamorfismo, danno il loro contributo al dubbio, al sospetto metafisico, e svelano le divergenze tra ciò che è vero e ciò che appare. Posta entro questo orizzonte, anche la prospettiva appare come uno strumento ottico ingannevole, come una menzogna. Del resto, Cartesio non era soltanto un logico, ma anche un creatore di immagini che considerava il mondo un teatro in cui i segreti della natura si palesavano mediante giocattoli costruiti dall'uomo. E se nella *Dioptrique*, attraverso l'espediente della "camera oscura", costruiva il suo modello della visione appoggiandosi sull'immagine di un occhio posto nel foro di una finestra e capace, da questa sua posizione, di cogliere gli oggetti esterni in prospettiva, proprio quest'ultima, come mezzo di raffigurazione pittorica, gli forniva al contempo la prova della falsità delle apparenze del mondo.

[73] Secondo Semerari, il problema del «pensiero segreto» è centrale nei *Pensieri*. Chi conosce la verità relativamente alla giustizia (ossia la sua ingiustizia) deve tenere questa verità nascosta. E tale problema «si pone anche per quel che riguarda la verità sulla giustizia degli uomini: per colui che eventualmente vi pervenga, tale verità deve rimanere un pensiero segreto, se si vuole che la giustizia sia rispettata dagli uomini e si mantenga, così, la pace» (Semerari 1992, p. 22).

*ti.* Il procedimento *genealogico* di Pascal va di pari passo con la «demolizione» (*decostruzione*) del senso comune (fr. 328), con la disarticolazione delle certezze su cui si "fonda" il comportamento degli uomini.

> «*Ragione degli effetti.* – È curioso: vorreste che io non onori un uomo vestito di broccati e seguito da sette o otto valletti? E che? Mi farà dare delle bastonate se non lo saluto. Quella veste è una forza. È insomma come un cavallo ingualdrappato nei confronti di altro. È ridicolo Montaigne a non vedere quale differenza ci sia, e a meravigliarsi che ci sia, e chiederne la spiegazione: "in verità, egli dice, da che cosa dipende ecc."» (Pascal 2013, fr. 315, p. 231).
>
> «*Ragione degli effetti.* – Capovolgimento continuo dal pro al contro.
> Abbiamo dunque dimostrato che l'uomo è fatuo per la stima che fa delle cose essenziali; e quindi tutte le sue opinioni sono demolite. Poi abbiamo mostrato che queste sue opinioni sono sanissime e che per questo, essendo le sue vanità molto ben fondate, il popolo non è tanto fatuo quanto si dice; e così abbiamo demolito l'opinione che demoliva quella del popolo.
> Ma adesso bisogna demolire quest'ultima proposizione e dimostrare che è sempre vero che il popolo è fatuo, sebbene le sue opinioni siano sane; perché il popolo non coglie la verità dove essa si trova e, poiché la pone dove non è, le sue opinioni sono sempre falsissime e malamente sane» (*Ibid.*, fr. 328, p. 235).
>
> «*Ragione degli effetti.* – La concupiscenza e la forza sono le sorgenti di tutte le nostre azioni: la concupiscenza di quelle volontarie, la forza di quelle involontarie» (*Ibid.*, fr. 334, p. 237).
>
> «*Ragione degli effetti.* – Dunque è vero che tutti sono nell'illusione; perché sebbene le opinioni del popolo siano sane, non lo sono però nella sua testa, perché il popolo pensa che la verità stia dove non è. La verità è bensì nelle loro opinioni, ma non là dove essi immaginano. Per questo, è vero che bisogna onorare i nobili, ma non già perché la nascita sia una effettiva superiorità» (*Ibid.*, fr. 335).
>
> «*Ragione degli effetti.* – Bisogna avere una riserva mentale e con essa giudicare tutto, pur parlando come il volgo» (*Ibid.*, fr. 336).
>
> «*Ragione degli effetti.* – Gradazione: il popolo onora le persone di nascita illustre; i semi-intelligenti le disprezzano e dicono che la nascita non è una prerogativa della persona ma del caso; gli intelligenti le onorano, non già pensando come il popolo ma con la loro riserva mentale; i devoti che hanno più zelo che scienza le disprezzano, nonostante quella considerazione che le fa onorare dagli intelligenti, perché le giudicano con un lume nuovo che proviene loro dalla pietà. Ma i cri-

stiani perfetti le onorano per un loro lume superiore. E così le opinioni si susseguono dal pro al contro, a seconda del lume che si ha» (*Ibid.*, fr. 337, p. 238).

La nobiltà rappresenta una "grandezza istituzionale", ma tale grandezza non ha un suo fondamento in natura; la sua onorabilità è dovuta alla «fantasia», all'«immaginazione», all'«illusione» del popolo. I nobili possiedono e conservano i loro titoli e i loro privilegi non in virtù di qualche legge naturale o per qualche merito o capacità personale, ma soltanto in base a leggi dovute all'immaginazione popolare che naturalizza ciò che non è naturale, che fa del caso, dell'accidente, delle circostanze impreviste, dell'insieme casuale di circostanze, un fatto naturale. E così, a causa del travisamento degli uomini, ciò che è più insensato diventa il più ragionevole. Come per ciò che riguarda l'idea di giustizia (immaginaria, ingannevole, falsa e, pertanto, ingiusta), frutto soltanto di quella fantasia che la storia ha reso realtà abituale.

Pascal, dunque, svela l'inganno nel momento stesso in cui lo suscita, denuncia l'illusione nel momento in cui la fa vedere, in cui ne dimostra la verità (in quanto illusione). Come il genealogista Nietzsche, il genealogista Pascal traccia prospettive, sposta i punti di vista. Le iperboli denunciano l'inganno nel momento stesso in cui lo propongono come soluzione, facendo sì che, in tal modo, l'inganno non possa realmente ingannare. Si pensi al fr. 326, «*Ingiustizia*»:

> «È pericoloso dire al popolo che le leggi non sono giuste, perché il popolo intanto obbedisce alle leggi in quanto le ritiene giuste. Perciò, è necessario dirgli pure che bisogna obbedire alle leggi perché sono leggi, così come bisogna obbedire ai superiori, non perché sono giusti, ma perché sono superiori. Così si previene ogni ribellione se si arriva a far capire tutto questo e qual è la vera definizione della giustizia» (*Ibid.*, p. 234)[74].

E si legga anche il frammento 325:

> «Montaigne ha torto quando dice che la consuetudine dev'essere seguita perché è consuetudine e non perché è ragionevole o giusta. Però il

---

[74] Leggiamo ancora in un altro frammento con lo stesso titolo, *Ingiustizia*: «La giurisdizione non viene conferita per colui che la esercita ma per colui che vi è soggetto. È pericoloso dirlo al popolo; ma il popolo ha troppa fiducia in voi, questo non gli nuocerà e a voi può servire. Dunque è necessario renderlo pubblico. *Pasces oves meas, non tuas.* Voi dovete a me il nutrimento» (Pascal 2013, fr. 879, p. 452).

popolo la segue per il solo motivo che la crede giusta. Diversamente non la seguirebbe più sebbene consuetudine, perché vuole essere soggetto solo alla ragione o alla giustizia. La consuetudine, senza di esse, passerebbe per tiranna; ma l'impero della ragione e della giustizia non è più tirannico di quello del piacere: questi sono principi connaturati all'uomo.

Dunque sarebbe bene obbedire alle leggi e alle consuetudini, perché sono leggi; sempre che non ce n'è nessuna vera e giusta da introdurre; che non ne sappiamo nulla e perciò bisogna seguire soltanto quelle già accettate; in questo modo non le abbandoneremo mai. Ma il popolo non è suscettibile di questa dottrina; e per questo, siccome ritiene che la verità si può trovare e che essa sta nelle leggi e nelle consuetudini, crede a queste e scambia la loro antichità per una prova della loro verità (e non solo della loro autorità senza verità). Per questo vi sottostà; ma è pronto a ribellarsi appena gli si mostra che esse non valgono nulla: cosa che è facile dimostrare di tutte, considerandole sotto un certo aspetto» (*Ibid.*).

## i) *L'ordine dell'illusione*

L'inganno dura finché rimane nascosto. Finché qualcuno non dimostri la sua inautenticità (la sua non-verità), l'arbitrario che sta dietro la legge viene creduto e ritenuto giusto in base alla sua «antichità» e «autorità»[75]. Ecco l'inganno che fonda tutta l'autorità («senza verità») delle consuetudini e delle leggi.

---

[75] Per altri versi, su questa scia, possiamo tornare all'antropologia 'negativa' di René Girard, per cui l'ordine sociale (la convivenza pacifica tra gli uomini) pone originariamente le sue fondamenta nel sistema ambivalente del sacro: ogni società umana si costituisce attorno ai suoi "capri espiatori", riproducendo ciclicamente forme sempre più sofisticate di persecuzione e di esclusione. Tali pratiche rimangono, tuttavia, sempre dissimulate, mistificate e occultate dietro forme rituali e narrazioni simboliche apparentemente improntate al criterio della legittimità e della giustizia (il sacrificio, del resto, funziona finché il suo vero significato rimane nascosto). Proprio per questo, il compito fondamentale dell'antropologia girardiana (che ha il suo principio storico e ideale nella rivelazione cristiana) è, in fin dei conti, quello di svelare, attraverso la decostruzione delle pratiche sacrificali che da sempre accompagnano il cammino dell'uomo (e il processo di civilizzazione), *Le cose nascoste fin dalla fondazione del mondo* (Girard 1983). Se, infatti, i miti antichi riflettono costantemente la mentalità sacrificale organizzata intorno all'istituzione del capro espiatorio, i testi biblici, al contrario – ed è questa, secondo Girard, la loro reale novità storica –, interrompono definitivamente con la tradizione mitologica. Proprio nei Vangeli la demistificazione del mito, già presente, in qualche modo, nella tradizione del Vecchio Testamento, giunge al suo momento più alto. I Vangeli, infatti, ruotano intorno alla pas-

Se volessimo utilizzare una metafora ludica, potremmo dire che Pascal si presenta con lo stile del «guastafeste» ovvero, con lo stile di colui che, denunciando l'infondatezza dell'autorità, esce dallo spazio della convenzione, della sua "illusione" [76]. Per dirla con le parole di Huizinga, Pascal sembra presentarsi come colui che, sottraendosi al gioco (togliendo a questo l'illusione, l'«*inlusio*» che corrisponde proprio a «*l'essere nel gioco*»), ne «svela la relatività e la fragilità» (Huizinga 1973, p. 15) [77].

---

sione di Cristo, alla crocifissione, ossia al sacrificio di un capro espiatorio. Nei loro racconti si espone un dramma che per un verso fa della Passione un evento sacrificale simile a quello arcaico, in cui Gesù è accusato di un crimine irreparabile, ma per l'altro presentano un fatto del tutto originale: il capro espiatorio non è colpevole e non si nasconde, ma è innocente e si presenta alla luce del sole. Ed è proprio questo, secondo Girard, il risultato della Passione, il senso della sua unicità: il capro espiatorio perde ogni efficacia quando si rivela come tale, quando la sua innocenza gli fa perdere qualsiasi funzione espiatoria in senso arcaico. E se noi ancora oggi attribuiamo un valore negativo al termine "sacrificio" e all'espressione "capro espiatorio", lo dobbiamo essenzialmente a tale rivelazione. Detto altrimenti, mentre nei miti la vittima sembra sempre condannata legittimamente (Edipo merita la propria espulsione e condivide la decisione con i suoi persecutori), nei Vangeli questa prospettiva pur rimanendo presente, è discreditata. In sostanza, se i miti parlano dal punto di vista della collettività, della folla dei persecutori, i Vangeli, per la prima volta nella storia, parlano nel nome della vittima, dal suo punto di vista. Su questo piano, comprendere che la vittima è innocente, significa distruggere la sua forza di strutturazione (Girard 1980; 1987; 2004). Ha pertanto ragione anche Philippe Sellier quando afferma che Pascal stesso (insieme agli agostiniani), proclamando che in principio non vi è che la violenza, la *libido dominandi*, preannuncia in qualche modo le tesi di Girard (Sellier 2013, p. 382).

[76] Mi vengono in mente alcune frasi del finale di *Alice nel Paese delle Meraviglie* di Lewis Carroll ovvero, ciò che dice Alice dopo la sua testimonianza alla fine dell'assurdo "processo" al Fante di Cuori svolto alla presenza della Regina di Cuori, che chiede, appunto, la testa di Alice: «"A chi credete di far paura?", disse Alice (che ormai aveva raggiunto la sua statura normale). "Siete solo un mazzo di carte!". A queste parole tutto il mazzo roteò in aria, e ricadde addosso ad Alice, che lanciò un gridolino, un po' di paura e un po' di rabbia, e cercò di scuotersele di dosso, e poi si ritrovò distesa sulla riva del fiume, con la testa poggiata sul grembo della sorella, che stava pian piano togliendole dal viso alcune foglie secche cadute dagli alberi. "Svegliati Alice!", le disse la sorella. "Hai dormito tanto!"» (Carroll 1995, p. 100). A tal proposito si consiglia di leggere anche il capitolo "Lewis Carrol e Kafka" del libro di Bruno Cavallone (2016, pp. 65-76).

[77] Per comprendere meglio questo paragone, vale la pena citare l'intero passo di Huizinga: «Ogni gioco ha le sue regole. Esse determinano ciò che varrà den-

Anche Semerari ha sottolineato l'importanza che il tema dell'illusione assume nei *Pensieri* e ha riconosciuto nel concetto di uomo restituito da Pascal i tratti dell'«*attore*» che «interpreta una parte», che «finge di essere qualcosa che non è», che finisce per trovarsi in una recita che coincide «con la sua stessa intera esistenza» (Semerari 1992, p. 23). In altri termini l'uomo, in quanto attore, finisce per credere di essere ciò che, in una certa misura, finge di essere; finisce per credere alla propria illusione pur comprendendo, al contempo, che di illusione comunque si tratta.

In Pascal – ci ricorda ancora Semerari – il tema dell'illusione sul proprio essere acquista un significato sociale particolare «in quanto collegato al tema delle cariche, dei ruoli, dei riconoscimenti sociali in cui e attraverso cui si articola la organizzazione gerarchizzata della società e dello Stato» (*Ibid.*, p. 24). Detto altrimenti, cariche, ruoli, uffici, posizioni sociali, riconoscimenti vengono interpretati da chi li riveste come segno di forza e prova di qualità o poteri effettivi della propria persona. Prendiamo ad esempio, tra altri già citati, alcuni frammenti dei *Pensieri*:

---

tro quel mondo temporaneo delimitato dal gioco stesso. Le regole del gioco sono assolutamente obbligatorie e inconfutabili. Paul Valery l'ha detto incidentalmente, ed è un'idea di portata assai grande: riguardo alle regole del gioco non è possibile lo scetticismo. Infatti la base che le determina viene rivelata qui come irremovibile. Non appena si trasgrediscono le regole, il mondo del gioco crolla. Non esiste più gioco. Il fischietto dell'arbitro scioglie la malía e ristabilisce il "mondo normale". Il giocatore che s'oppone alle regole o vi si sottrae, è un guastafeste. L'idea di lealtà è inerente al gioco. Il guastafeste è tutt'altra cosa che non il baro. Quest'ultimo finge di giocare al gioco. In apparenza continua a riconoscere il cerchio magico del gioco. I partecipanti al gioco gli perdonano la sua colpa più facilmente che al guastafeste, perché quest'ultimo infrange il loro mondo stesso. Sottraendosi al gioco questi svela la relatività e la fragilità di quel mondo-del-gioco in cui si era provvisoriamente rinchiuso con gli altri. Egli toglie al gioco l'illusione, l'*inlusio* (che corrisponde in realtà a *l'essere nel gioco*), espressione pregna di significato. Perciò egli deve essere annientato; giacché minaccia l'esistenza della comunità "giocante". La figura del guastafeste è rappresentata con chiarezza maggiore che altrove nel gioco dei ragazzi. La piccola comunità non si domanda se il guastafeste diventi un rinnegato perché non osa o perché gli manca invece il permesso paterno. O piuttosto la comunità non riconosce un "non avere il permesso", e lo chiama un "non osare". Il problema dell'ubbidienza e della coscienza per i ragazzi in generale non va oltre il timore del castigo. Il guastafeste infrange il loro mondo magico, perciò è vile e viene espulso. Anche nel mondo della grave serietà i bari, gli ipocriti, i mistificatori hanno sempre incontrato più facilitazioni dei guastafeste: cioè gli apostati, gli eretici, gl'innovatori, i catturati nella propria coscienza» (Huizinga 1973, pp. 15-6).

«Che cos'è l'*io?*

Un uomo si mette alla finestra per vedere i passanti; se io passo di là, posso dire che vi si è messo per vedere me? No, perché egli non pensa a me in particolare. Ma colui che ama una persona a causa della sua bellezza, l'ama veramente? No, perché il vaiuolo, che distruggerà la bellezza senza distruggere la persona, farà si che egli non l'amerà più.

E se sono amato per il mio ingegno, per la mia memoria, è amare il mio io? No, perché io posso perdere queste qualità senza perdermi io stesso. Dove è dunque questo io, se non è nel corpo, né nell'anima? E come amare il corpo e l'anima, se non per queste qualità, le quali non sono quelle che costituiscono il mio io, per il fatto che sono periture? Si può amare la sostanza dell'anima d'una persona astrattamente, qualunque siano le sue qualità? Impossibile, e sarebbe ingiusto. Dunque non si ama mai una persona ma soltanto delle qualità.

Per questo non dobbiamo deridere coloro che si fanno onorare per le loro cariche o per il loro ufficio, perché non si ama nessuno se non per delle qualità avute in prestito» (Pascal 2013, fr. 323, p. 233).

«*Opinioni savie del popolo.* – Essere elegante non è troppo inutile, perché significa mostrare che un gran numero di persone lavorano per noi; significa mostrare coi propri capelli che si ha un cameriere, un parrucchiere ecc.; col proprio collare, il filo, il passamano ... ecc. Orbene non è semplicemente superficialità né semplicemente bardatura l'aver parecchie braccia a disposizione. Più braccia si hanno e più si è forti. Essere eleganti significa mostrare la propria forza» (Ibid., fr. 316, p. 231).

Ecco un esempio di sottigliezza psicologica, quella che più tardi incontreremo anche in Nietzsche. Qui l'illusione, secondo Semerari, «attua uno scambio fra ciò che è esteriore e ciò che è interiore, fra l'esteriorità della carica o del ruolo che si ricopre o del riconoscimento sociale che si riceve e la qualità interiore della propria persona» (Semerari 1992, p. 24). Cariche, ruoli, riconoscimenti politici e sociali, attestati di forza, alimentano e consolidano, nell'uomo, illusioni sul proprio conto; ma ci aiutano anche a comprendere il significato che Pascal riserva alla giustizia umana come «immaginazione».

Semerari ricorre alla metafora ludica del «*sogno*» e della «*finzione teatrale*»: «L'essere la giustizia immaginazione implica che, guardando alla realtà (al vero, reale significato delle cose) secondo le categorie della giustizia immaginaria, della realtà si abbia una visione, appunto, immaginaria e non reale. Ma la visione immaginaria della realtà viene scambiata per visione reale di essa; la immaginazione appare realtà» (*Ibid.*, p. 27). Ancora qui l'intercambiabilità tra finzione e realtà, tra immagine e verità, tra sogno e ragione, come nei giochi di rifrazione barocchi. Ma poi succede – ci ricorda Semerari – che il sogno e la rappresentazione teatrale finiscono e l'uomo che sognava e lo spettatore s'accorgono che quel che, da sognatore e da spettatore, avevano scambiato per realtà non era, rispettivamente, che sogno e finzione. In tal senso, nel caso della giustizia, se si facesse notare agli uomini (come agli schiavi della *caverna* di Platone) che ciò che loro credono giusto è solo il frutto della loro immaginazione, si permetterebbe loro di capire che la realtà è diversa da quella che essi pensano. E così si giunge a questa conclusione: «Ma, per Pascal, il carattere immaginario della giustizia non è conveniente mostrare agli uomini, se si vuole conservare la pace. In questo senso, l'uomo che continua a credere nella giustizia appare, in Pascal, come il sognatore che continui a credere il sogno realtà una volta che dal sonno si era ridestato o come lo spettatore che continui a pensare la finzione teatrale come realtà a spettacolo finito» (*Ibid.*, p. 28).

Di questo passo – questa sempre la deduzione di Semerari – se gli uomini, come accade in realtà, non seguono il giusto (poiché nei loro rapporti usano la forza), *diventa giusto* affermare una forza che li costringa al rispetto della giustizia. E se non è possibile costituire una forza capace di costringere gli uomini a rispettare la giustizia, diventa giusto «rispettare la forza vincente nella guerra delle forze contrapposte, perché, in questo modo, si garantisce la pace, diventata, a questo punto, l'obiettivo più elevato che si possa raggiungere» (*Ibid.*, pp. 119-20). E ancora, se non si è più in grado di garantire i fini per i quali è giusto rispettarla, diventa giusto infrangere la pace e istituire la guerra «in vista della costituzione di una pace coerente con i propri fini» (*Ibid.*, p. 120).

Tutto ciò, si è detto, non deve essere mostrato al popolo, che crede nella giustizia nella misura in cui "immagina" che ciò che sia forte sia, per ciò stesso, giusto. La forza, così, diventa giustizia. In questo senso si può dire che, per Pascal, «la giustizia fa apparire giusto qualcosa che giusto non è o, in ogni caso, nasconde o altera la verità delle cose: in e per essa, le usurpazioni non appaiono come usurpazioni, la forza viene senz'altro legittimata (non se ne mostra la originaria distinzione dalla giustizia), la concupiscenza mascherata» (*Ibid.*, p. 126).

La giustizia, così, «*cambia o nasconde il nome delle cose*»; per questo è «*immaginazione*» che «falsifica la realtà delle cose» (*Ibid.*). Anzi, la «*giustizia come immaginazione nasconde l'ingiustizia come realtà*, *l'immaginazione della giustizia* nasconde la *realtà dell'ingiustizia*» (*Ibid.*). Ed è qui – ci ricorda ancora Semerari – che la giustizia degli uomini appare, in Pascal, come «*gioco*». Un gioco che consiste nel cambiare o nascondere i nomi delle cose.

Pascal questo gioco lo ha scoperto. Bene! Ma Semerari, andando più avanti, arriva alle sue conclusioni: «Al gioco della giustizia – al gioco della giustizia-immaginazione – Pascal, ufficialmente, ci sta: intimamente, sull'argomento ha, come si è visto, un assai diverso pensiero. Quanto al popolo, è bene che esso non sappia che di gioco si tratta. Perché allora il gioco, già poco divertente, si trasforma in tragedia» (*Ibid.*, p. 127).

Il passaggio però, se ben lo intendiamo, è più sottile, il *gioco* è più affilato. Pascal non è un governante, non è un ministro, e non si atteggia affatto a consigliere di chi governa. Non è questo il suo intento e il suo scopo non è quello di ingannare il popolo. «Mostrando la verità, la si fa credere; ma mostrando l'ingiustizia dei ministri, non la si corregge. Si assicura la coscienza mostrando la falsità; non si assicura la borsa mostrando l'ingiustizia» (Pascal 2013, fr. 893, p. 455).

Pascal svela il gioco della giustizia e, a questo punto, come il "guastafeste", si sottrae al gioco smascherandone la finzione, denunciandone l'illusione. Sa bene che la ricerca della "vera" giustizia (come del "vero" diritto), porta inevitabilmente al collasso, se non alla demolizione, di ogni giustizia vigente, di ogni diritto reale: ogni giustizia si scopre come ingiustizia, ogni diritto si risolve nel suo "rovescio" (nell'arbitrario, nell'usurpazione, nel caos). Non si è più nel gioco una volta che si è tolta l'illusione (rispetto alle regole del gioco non è possibile lo scetticismo). *Chi svela il gioco non sta più al gioco.* Il gioco ora si è infranto e, con esso, si è distrutta quella che Huizinga chiama la «comunità giocante». Pascal non è il "baro" che finge di giocare al gioco (non inganna facendo finta di giocare); è il "guastafeste" che si oppone o si sottrae alle regole del gioco, o che le denuncia, le scopre e le svela per quel che sono: convenzioni. Una volta scoperto, affermato il carattere illusorio di queste convenzioni (immaginazioni, illusioni) non è più possibile crederci.

Detto altrimenti, Pascal si appella la gioco per smascherarlo. Non mette una maschera per ingannare[78]. Nel momento in cui afferma che bisogna mentire al popolo, Pascal svela la menzogna, la rende manifesta in quanto, appunto, menzogna; *dice*, paradossalmente, ciò che non dovrebbe essere detto al popolo (la verità dell'usurpazione

---

[78] Per quanto riguarda il rapporto tra maschera e gioco si veda soprattutto Roger Caillois (1981).

alla base di ciò che si crede giusto). *Dice:* la «verità» dell'usurpazione (che è all'origine della giustizia umana) deve rimanere nascosta; l'usurpazione non deve apparire come usurpazione. Ma poiché nell'enunciare questa «verità» non ha potuto imporre a se stesso il silenzio, ciò indica bene che di ciò occorre comunque parlare.

Se dovessimo utilizzare il linguaggio della teoria dei giochi, così come, ad esempio, ne ha fatto uso Gregory Bateson, potremmo affermare che Pascal, con il messaggio "questo è un gioco" (livello della *metacomunicazione*), abbia finito per comunicare e, paradossalmente, svelare l'elemento illusorio che sostiene ogni gioco, incoraggiando così una diversa definizione della realtà[79].

Per dare una conferma ulteriore alla sua tesi (ossia, l'accettazione, da parte di Pascal, del "gioco" della giustizia-immaginazione), Semerari tira in ballo un altro tema tipico della riflessione politica Secentesca e «barocca»: il tema della *dissimulazione*[80]. Si concentra, dunque, sul problema, individuato da Pascal, della «volontà di dominio» come forma ed espressione di *concupiscenza*[81]. A partire da qui, ri-

---

[79] Come osservava, appunto Bateson, non si può mai dire a qualcuno "gioca!" senza, per questo, non infrangere il gioco. Per i problemi connessi con la paradossalità del gioco si veda Gregory Bateson (1976; 1996). E a tal proposito si veda anche Paul Watzlawick, Janet Helmick Beavin, Don D. Jackson (1991, pp. 249-252).

[80] Scrive Semerari: «La necessità del dissimulare nei rapporti dell'uomo con i propri simili viene, in diversi scrittori politici e morali dell'epoca, teorizzata sulla base di una concezione dell'uomo – che la drammaticità della situazione politica, sociale, economica generale aveva contribuito ad alimentare – come essere fondamentalmente nemico dell'altro uomo: al nemico occorre nascondere il proprio vero intendimento e tutto ciò che gli può consentire o lo può agevolare nella sua azione ostile» (Semerari 1992, p. 124).

[81] In effetti, il tema della concupiscenza è abbastanza frequente nei *Pensieri* di Pascal. Basta citare soltanto alcuni frammenti. Il 660, ad esempio, dove appunto si legge: «La concupiscenza ci è diventata naturale ed è diventata la nostra seconda natura. Così in noi ci sono due nature: una buona, l'altra cattiva ...» (Pascal 2013, p. 359). O pensiamo al frammento 460: «*Concupiscenza della carne, concupiscenza degli occhi, orgoglio ecc.* – Ci sono tre ordini di cose: la carne, lo spirito, la volontà. I carnali sono i ricchi, i re, i quali hanno per oggetto il corpo. I curiosi di conoscere e i dotti hanno per oggetto lo spirito. I savi hanno per oggetto la giustizia. Dio deve regnare su tutto, e tutto deve essere riferito a lui. Nelle cose della carne, regna propriamente la concupiscenza; nelle spirituali, regna propriamente l'avidità di conoscere; nella saggezza regna propriamente l'orgoglio ...» (*Ibid.*, p. 280). Si pensi ancora al frammento 454, «*Ingiustizia.* – Essi non hanno trovato altro mezzo di soddisfare la concupiscenza senza far torto agli altri» (*Ibid.*, p. 278), o al frammento 458, «Tutto quello che c'è nel mon-

corda Semerari, «fra giustizia e concupiscenza Pascal stabilisce un rapporto nel senso di una derivazione e di una fondazione della prima nella seconda» (Semerari 1992, p. 123). E cita un frammento dei *Pensieri* in cui Pascal afferma che sulla concupiscenza si sono fondate (e da essa ricavate) «norme mirabili di ordine civile, di morale e di giustizia; ma, in realtà, questo laido fondo dell'uomo, questo "figmentum mali" è stato dissimulato, non già tolto via» (*Ibid.*, p. 124).

Anche la giustizia degli uomini, così come la morale e la politica – secondo Pascal –, trova pertanto il suo fondamento, la sua "origine bassa", nella concupiscenza dell'uomo, nella sua «*terrestrità*» (ciò che lega l'uomo alla terra allontanandolo da Dio). La giustizia, in tal senso, non è che l'espressione della concupiscenza, e ciò avviene nella forma della dissimulazione: «nella giustizia – scrive Semerari – *non si tratta altro che di concupiscenza*, ma se ne tratta *come se in realtà si trattasse di altro*» (*Ibid.*). Per certi versi, è come se l'«ingiustizia della giustizia umana» venisse «dissimulata da questa stessa giustizia» (*Ibid.*). E ancora qui, non soffermandosi abbastanza sullo stile iperbolico delle sue proposizioni, Semerari finisce per concludere che «per lo stesso Pascal, il cui fine è la istituzione e la conservazione della pace, è necessario ricorrere, per attuare tale fine, alla dissimulazione, è necessario nascondere la ingiustizia della giustizia vigente, l'origine 'laida' delle sue "norme mirabili"» (*Ibid.*, pp. 124-5) [82].

A dire il vero, anche adesso Pascal, nel ripercorrere la genealogia della giustizia (la sua provenienza "dal basso", la sua origine "laida"), pur affermando il suo occultamento, sembra paradossalmente svelare il gioco della dissimulazione, quello stesso gioco che proprio a partire dalla sua enunciazione finisce per non poter più funzionare. Enunciando la necessità di nascondere l'ingiustizia che è alla base della giustizia vigente, Pascal allo stesso tempo denuncia l'origine ingiusta della giustizia degli uomini. Palesandola rende la dissimulazione evidente: porta allo scoperto la sua "verità".

In sostanza, considerando la condizione dell'uomo decaduto dall'originario stato di perfezione, Pascal sembra consapevole che la giu-

---

do è concupiscenza della carne, concupiscenza degli occhi e superbia della vita ...» (*Ibid.*, p. 279).

[82] Leggiamo ancora Pascal al frammento 402 dei *Pensieri*: «La grandezza dell'uomo nella sua stessa concupiscenza sta nell'averne saputo ricavare un mirabile regolamento e averne fatta una figura della carità» (*Ibid.*, p. 255). E al frammento 403: «*Grandezza*. – Le ragioni degli effetti mettono in evidenza la grandezza dell'uomo, nell'aver ricavato dalla concupiscenza un ordine così bello» (*Ibid.*).

stizia – e il diritto che la sostiene – non ha fondamento; ma è altrettanto consapevole che un ordine sociale, per mantenersi stabile, ha bisogno di fondare paradossalmente se stesso su qualcosa che rimane illusorio: su una credenza, su una convenzione, su un'«immaginazione» che deve essere (consapevolmente o inconsapevolmente) tenuta comunque per vera. Pascal sa che le leggi umane, commisurate alla vera giustizia, non sono che leggi ingiuste, ma, allo stesso tempo, sa che la credenza, la convenzione, la consuetudine, la forza, rendono questa ingiustizia *giusta* e, dunque, meritevole di essere seguita[83]. Finché qualcuno (il "guastafeste") non sveli al popolo l'illusione di cui è vittima.

> «Dunque sarebbe bene obbedire alle leggi e alle consuetudini, perché sono leggi; sempre che non ce n'è nessuna vera e giusta da introdurre; che non ne sappiamo nulla e perciò bisogna seguire soltanto quelle già accettate; in questo modo non le abbandoneremo mai. Ma il popolo

[83] Così Semerari continua a svolgere le sue riflessioni. All'atteggiamento che verso le leggi vigenti deve avere chi, come Pascal, «*sa*», ben si addice un suo stesso pensiero: «bisogna avere un proprio pensiero segreto, e con esso giudicare di ogni cosa, parlando, nondimeno, come il popolo». Perciò, come il popolo convinto della giustizia delle leggi, «si deve dire che le leggi sono giuste, anche se, nel proprio intimo, ben si sa, a differenza del popolo, che giuste le leggi non sono. In altri termini, verso la legge Pascal vuole che il popolo rimanga nell'atteggiamento di fiducia, che già era stato suo ma che egli aveva superato con la scoperta di una vera e superiore giustizia» (Smerari 1992, pp. 105-6). Proprio per questo, secondo Semerari, «la filosofia politica o pubblica di Pascal prevede, dunque, un "pensiero segreto". La pace – obiettivo di tale filosofia – si regge su un nascondimento e una alterazione della verità. Il popolo non deve sapere che le leggi sono ingiuste e che all'origine del potere, che le leggi decide, si trovano atti che configurano situazioni di ingiustizia. Occorre, a tal fine, che coloro che conoscono la verità delle cose non la rivelino al popolo. Occorre che essi abbiano un pensiero *pubblico*, che *riconosce l'ingiusto come giusto*, e un pensiero *privato*, intimo, segreto, che *riconosce l'ingiusto come ingiusto*» (*Ibid.*, p. 107). Occorre, pertanto, un «doppio pensiero». E ancora leggiamo: «Se il pubblico della filosofia politica o pubblica di Pascal è il luogo del nascondimento della verità e di circolazione della non verità, per Pascal, d'altra parte, il segreto rappresenta una dimensione, cui l'uomo comunemente ricorre nel proprio rapporto con gli altri e con se stesso, allorché, per non urtare l'altrui e il proprio "amore di sé", nasconde agli altri i loro difetti e agli altri e a se stesso i propri» (*Ibid.*, p. 108). E poco più avanti: «Come, a livello politico, il nascondimento della verità si mostra condizione della pace sociale, così, a livello delle relazioni comuni e quotidiane degli uomini, tale nascondimento si mostra condizione della pace individuale, della tranquillità o della proprietà privata» (*Ibid.*, p. 109).

non è suscettibile di questa dottrina; e per questo, siccome ritiene che la verità si può trovare e che essa sta nelle leggi e nelle consuetudini, crede a queste e scambia la loro antichità per una prova della loro verità (e non solo della loro autorità senza verità). Per questo vi sottostà; ma è pronto a ribellarsi appena gli si mostra che esse non valgono nulla: cosa che è facile dimostrare di tutte, considerandole sotto un certo aspetto» (Pascal 2013, fr. 325, p. 234).

Si tratta, dunque, di ricostruire, genealogicamente, i tratti che definiscono la fenomenologia paradossale della giustizia nel suo presentarsi nei termini della legge. La giustizia si manifesta nella sua assenza, o è assente nella sua presentazione. Gli uomini «non devono sentire la verità dell'usurpazione; questa è stata introdotta in passato e senza ragione, poi è diventata ragionevole; bisogna farla considerare come autentica, eterna, e nasconderne l'inizio, se non si vuole che essa abbia veramente fine». La giustizia, detto altrimenti, non è mai presente a se stessa per ciò che è: appare sparendo o facendo sparire ciò che rappresenta, che manifesta ed espone. Mostrandosi, deve cancellare la «verità dell'usurpazione», deve nascondere le tracce della violenza che l'ha posta in essere, deve occultare il suo «inizio», la sua origine ingiusta (la sua origine non giuridica).

In altri termini, il diritto si dà nella misura in cui riesce a cancellare la sua origine non-giuridica, mostrando la giustizia come «autentica» ed «eterna», dedotta da principi universali, dalla giustezza delle proporzioni, dall'ordine della ragione; una volta svelata l'origine storica di ciò che consideriamo giusto, non c'è più diritto ma solo forza, abitudine, arbitrato, abuso, violenza e usurpazione. In tal senso, il diritto si mostra per ciò che non è, ma è solo in questo mostrarsi (e nascondersi) che si dà in quanto diritto. «È pericoloso dire al popolo che le leggi non sono giuste, perché il popolo intanto obbedisce alle leggi in quanto le ritiene giuste. Perciò, è necessario dirgli pure che bisogna obbedire alle leggi perché sono leggi, così come bisogna obbedire ai superiori, non perché sono giusti ma perché sono superiori. Così si previene ogni ribellione e si arriva a far capire tutto questo e qual è la vera definizione della giustizia».

La genealogia di Pascal ci fa comprendere (oggi diremmo nietzschianamente) che l'origine della giustizia non è "giusta", che non va ricercata nella "giustizia in sé" (disinteressata, imparziale, eterna, universale, ecc.), ma nell'esigenza giuridica di «prevenire ogni ribellione», di scongiurare la guerra civile, di mantenere l'ordine sociale. All'origine della giustizia non vi è la giustizia, ma vi è un fine non giustificabile attraverso il metro del giusto ovvero, attraverso il giudizio che la giustizia riserva a se stessa.

Alla base del diritto vi è pertanto un'assenza di fondamento, una mancanza originaria. Se la giustizia si giustifica e si legittima attraverso la credenza («ciò che gli uomini si immaginano»), attraverso l'abitudine, la consuetudine e il costume, la stessa si fonda, al contempo, sulla violenza e sulla forza, su ciò che, dunque, non deve apparire nell'ordine della sua paradossale manifestazione. Allora, la prima vera ingiustizia sta nel fatto che la giustizia *deve* apparire giusta, mostrarsi come tale occultando l'arbitrarietà del suo fondamento. In tal senso, come afferma Cristian Lazzeri, «Pascal présente une alternative non juridique à la genése du corps politique»[84] (Lazzeri 1993, p. XII). La genealogia ci mostra che il diritto non proviene da un'origine immutabile ed eterna (nella sua forma immobile, metastorica e ideale, luogo assoluto della verità, di un'immagine esattamente adeguata a se stessa) ma è emerso da dimensioni che gli erano estranee, da avvenimenti in relazione ai quali (e contro i quali) ha trovato la sua costituzione.

Non è sbagliato, dunque, richiamare ciò che Foucault affermava circa la genealogia nietzschiana che s'opponeva alla ricerca dell'origine, al «dispiegamento metastorico dei significati ideali e delle infinite teleologie»: questa, ascoltando la storia piuttosto che prestar fede alla metafisica, scopre che dietro le cose non c'è il «loro segreto essenziale e senza data», ma «il segreto che sono senza essenza, o che la loro essenza fu costruita pezzo per pezzo a partire da figure che le erano estranee». Dietro la verità e la giustizia vi è la «proliferazione millenaria degli errori». Il genealogista ha bisogno della storia, dell'esperienza storica, per scongiurare la «chimera dell'origine», e la verità e la giustizia hanno, in effetti, una storia, tutta una storia di errori, approssimazioni, cedimenti, furori, agitazioni.

---

[84] Di seguito leggiamo: «Elargissant l'usage de la notion de 'point de vue' au-delà de la géométrie des coniques où elle était employée comme instrument de découverte des multiples propriétés du cône, Pascal montrera qu'elle débouche sur une critique de la connaissabilité du contenu de la loi naturelle et de rapports de justice qui en découlent. Telle sera la raison pour laquelle, la loi naturelle et la justice étant inassignables, Pascal n'analysera plus le pouvoir en termes d'égalité de droits et de devoirs entre les hommes, de transfert contractuel des droits, d'obligation du maintien des pactes, de constitution du pouvoir souverain, de représentation juridique de la moltitude, d'unification des individus en un peuple dans l'unité de leur représentation» (Lazzeri 1993, p. XII).

In generale, dalla riflessione di Pascal sulla giustizia – e su questo concordiamo ancora con Semerari – «viene la sollecitazione a considerare con molta attenzione e cautela i discorsi di o sulla giustizia» (*Ibid.*, p. 22). E viene anche la sollecitudine a riflettere sulla *genesi* della giustizia (come idea e come istituzione) nel suo significato effettivo e nella sua reale finalità; a riflettere sulla sua *genealogia*, sulla sua provenienza spuria, bassa, laida, sul suo fondo di concupiscenza. Le leggi sono ingiuste, e all'origine del potere, che decide le leggi, si trovano soltanto atti e situazioni d'ingiustizia.

## j) *Diritto, giustizia e usurpazione*

La prospettiva genealogica di Pascal, allorché si occupa dell'origine della giustizia non si sofferma soltanto sul tema della «concupiscenza» ma, come si è visto, si concentra con attenzione sul problema dell'usurpazione (la «verità» dell'usurpazione, introdotta in passato «senza ragione» è poi divenuta, col tempo, «ragionevole») e sugli atti di forza. La critica della forza sembra qui coincidere con la critica dell'etica nobiliare fondata sull'onore e spesso opposta allo spirito evangelico (un'etica, oltretutto, che in qualche modo ispirava gli "accomodamenti" dei casisti[85]). All'epoca di Pascal l'istituto del duello, retaggio del passato feudale e dell'ordinamento faidale, profondamente radicato nelle tradizioni, segnava ancora un universo culturale e una mentalità incline a concepire la giustizia come un effetto della forza[86]. Ed è forse attraverso questa prospettiva storica

---

[85] Ancora una critica ai casisti, sulla scia delle *Provinciali*, la troviamo al frammento 931 dei *Pensieri*: «Casisti. Un'elemosina considerevole, una penitenza ragionevole. Benché non si possa stabilire ciò che è giusto, si vede bene ciò che non lo è affatto. I casisti sono buffi quando credono di poter interpretare ciò come essi fanno. Il loro grande numero, lungi dall'attestare la loro perfezione, attesta esattamente il contrario. L'umiltà di uno solo fa l'orgoglio di molti» (Pascal 2013, pp. 472-3).

[86] Leggiamo ancora al frammento 319 dei *Pensieri*: «Si è fatto bene a distinguere gli uomini dall'esteriore, piuttosto che dalle qualità interiori. Chi di noi due passerà? Chi cederà il posto all'altro? Il meno capace? Ma io sono capace quanto lui: bisognerà per questo battersi in duello. Egli ha quattro servitori, io ne ho uno solo: ecco una cosa evidente, basta contare; tocca a me cedere il posto, e sono uno stupido se lo contesto. Così siamo in pace, e questo è il più grande tra i beni» (*Ibid.*, p. 232).

che si rivela genealogicamente a Pascal l'arbitrario che fonda l'idea di giustizia[87]. È la forza il fondamento storico della giustizia[88].

> «*Veri juris*. – Non ne abbiamo più; se l'avessimo, non avremmo come regola di giustizia il seguire i costumi del proprio paese.
> Così, non potendo trovare la giustizia, si è trovata la forza» (*Ibid.*, fr. 297, p. 226).

Più che ragione e saggezza, è la forza che giustifica le nostre istituzioni, ciò che ottiene consenso, rispetto, credito e fiducia. Così leggiamo al frammento 301 dei *Pensieri*:

> «Perché si segue la maggioranza? Forse perché i più hanno maggior ragione? No, ma perché hanno maggior forza.
> Perché si seguono le leggi antiche e le opinioni antiche? Forse perché più savie? No, ma perché sono uniche ed eliminano la fonte delle divergenze» (*Ibid.*, p. 227).

E subito dopo, al frammento 302, ancora leggiamo:

> «... È effetto della forza, non dell'abitudine. Infatti gli uomini capaci di inventare sono rari: i più forti di numero vogliono solo seguire e rifiutano la gloria a quegli inventori che la sperano dalle loro invenzioni; e se questi ultimi si ostinano a volerla ottenere e a disprezzare coloro che non

---

[87] L'atteggiamento anti-casistico (anti-gesuitico), di Pascal, si spiega anche con la convinzione espressa dell'autore delle *Lettere provinciali* e dei *Pensieri* circa l'impossibilità di giustificare e di giudicare il mondo, le cose mondane, attraverso un metro naturalistico o razionale, poiché al mondo non esiste giustizia, non esiste un principio del giusto attraverso il quale poter giudicare. Forse è proprio per questa stessa ragione che Salvatore Satta, riflettendo sul *Mistero del processo* e rileggendo il Vangelo, ha affermato (prima di fare un esplicito richiamo a Pascal) che «nulla gli uomini aborriscono come il giudizio, quest'atto senza scopo che hanno messo al centro della loro esistenza» (Satta 1994, pp. 26-7). «Di quest'atto senza scopo – ancora leggiamo – gli uomini hanno intuito la natura divina, e gli hanno dato in balìa tutta la loro esistenza. Di più: tutta la loro esistenza hanno costruito su quest'unico atto. Secondo il nostro credo, quando la vita sarà finita, quando l'azione sarà conclusa, verrà Uno, non per punire, non per premiare, ma per giudicare: *qui venturus est judicare vivos et mortuos*» (*Ibid.*, p. 25).

[88] Come afferma ancora Sellier, «nei *Pensieri* il confronto giustizia-forza fa pensare alle tesi di Trasimaco all'inizio dello stesso dialogo [La *Repubblica* di Platone]. Ma reminiscenze e riferimenti espliciti possono benissimo venire da intermediari: sant'Agostino, Montaigne, Giansenio, etc.» (Sellier 2013, p. 259).

inventano nulla, gli altri li chiameranno con nomi di scherno e daranno loro delle bastonate. Dunque non dobbiamo insuperbirci di una certa acutezza d'ingegno, oppure dobbiamo essere contenti in silenzio» (*Ibid.*).

La stessa ragione, come si è visto, agli occhi del genealogista appare soltanto nella sua arbitrarietà: è uno strumento pieghevole[89], che sta a disposizione di ogni differente partito, che si lascia piegare e adattare ad ogni interesse. «Anziché costituire l'immutabile criterio di giudizio, essa si trova coinvolta nella moltitudine dei desideri e delle passioni e privata del suo particolare carattere» (Cassirer 1952, p. 568)[90].

Giansenista, agostiniano, Pascal ricordava che «questa bella ragione corrotta ha corrotto ogni cosa». Fuori dal regno della ragione, dalla regolarità delle proporzioni geometriche, non vi è che il dominio della violenza, dell'arbitrario e dell'usurpazione.

> «*Mio, tuo*. – "Questo cane è mio", dicevano quei poveri ragazzi. "Questo posto al sole è il mio". Ecco l'inizio e l'immagine dell'usurpazione su tutta la terra» (Pascal 2013, fr. 295, p. 225).

Ecco la genealogia del potere, il principio dell'ordine giuridico. Il diritto deriva dalla spada, «poiché la spada conferisce il vero diritto»; l'idea di giustizia cambia al passaggio delle frontiere, «al di là del fiume» vige un'altra giustizia[91]; la proprietà si fonda sull'usurpazione[92]. Al frammento 436 ancora leggiamo: «Tutte le occupazioni

---

[89] Scrive Pascal: «La ragione si fa avanti, ma essa è pieghevole in tutti i sensi; e così non c'è regola» (Pascal 2013, fr. 274, p. 217).

[90] Scrive ancora Cassirer: «E, in generale, ci rendiamo conto che del problema che abbiamo di fronte è impossibile ogni soluzione razionale. Cercare di dedurlo da un unico principio vorrebbe dire non risolvere il problema, ma negarlo e annullarlo, vorrebbe dire disconoscere il dualismo originario e insopprimibile di cui siamo consapevoli per il conflitto della nostra natura con se stessa. I contrasti che ci si manifestano sarebbero impossibili in un soggetto "semplice"; la contraddizione psicologica fondamentale è spiegabile solo riconoscendo una duplicità della natura metafisica e nell'origine metafisica del nostro io. [...] In tal modo il dogma del peccato originale poiché ci dimostra una scissione primordiale della nostra natura, costituisce l'unica soluzione definitiva» (Cassirer 1952, pp. 568-9).

[91] Commenta Franco Cassano: «Come ha visto con straordinaria semplicità Pascal il *proprio* della proprietà e il *proprio* dell'identità sono stranamente contigui se non la stessa cosa» (Cassano 1989, p. 8).

[92] Come ricorda Gérard Ferreyrolles, «La propriété n'est pas un droit naturel, mais elle ne contrevient pas au droit naturel. Il y aura donc deux types

degli uomini mirano all'acquisto del bene; ed essi non possono aver titolo alcuno per dimostrare di possederlo per giustizia, perché possiedono soltanto il loro capriccio di uomini e non hanno la forza di possederlo sicuramente» (*Ibid.*, cit., p. 273). La proprietà si basa sul semplice possesso di fatto derivante dal capriccio e può essere stabilita solo sulla base delle leggi degli uomini. Il diritto di proprietà, dunque, non è affatto un diritto naturale, né mai potrà esserlo: può trovare garanzia soltanto nella legge positiva e nel regime politico che, come ricorda Pascal, assicura la trasmissione ereditaria del possesso in forza della volontà del legislatore (Lazzeri 1993, p. 291).

Chi giudica lo fa in base a un «interesse» e non in nome di un alto principio morale: «Quando si tratta di giudicare se si deve fare la guerra e uccidere una quantità di uomini, condannare tanti spagnoli alla morte, chi giudica è un uomo solo e per giunta interessato; dovrebbe essere invece un terzo, ma disinteressato» (*Ibid.*, fr. 296, p. 226). Si, perché chi giudica, per dare un'incontestabile valore alla propria decisione, dovrebbe sempre apparire come un "terzo" (disinteressato) capace di trascendere le parti (e i relativi interessi) in gioco. Per tale ragione ancora oggi i giudici «si vestono della toga oppure si mettono la parrucca» ripetendo una funzione da considerarsi «molto affine alle maschere dei popoli primitivi»: perché la maschera, la toga, trasforma colui che la indossa in un «altro essere» (Huizinga 1973, pp. 91-2). Chi giudica in un tribunale ha bisogno di camuffarsi, di trasfigurarsi in un «altro essere» perché il suo giudizio sia l'espressione ("teologica") di una Giustizia eterna impersonale, inappellabile e incontestabile, perché la sua decisione ricada «sotto la spada della giustizia» (Satta 1994, p. 14) e non rimanga quella di un semplice uomo che giudica un altro uomo, perché la giustizia non sia confusa con il proprio interesse. È questa «maschera», questa «toga», che distingue il giudice dall'uomo comune o dal "mero assassino"; sono questi paramenti simbolici che trasformano la bruta violenza in «assassinio legale»[93]. Perché la sentenza sia ritenuta legit-

---

d'usurpation: la proprietè comme usurpation (fr. 64) et l'usurpation de propriété. Dans le premier cas, l'usurpation désigne hyperboliquement le fait que la propriété ne constitue pas un droit naturel (dans la perspedtive sceptique, on le sai par le fr. 905, tout ce qui n'est pas purement juste est considéré injuste); dans le second cas, l'usurpation désigne un acte qui, lui, est foncièrement injuste en ce qu'il va contre le droit naturel (qui interdit de prendre ce qui est à aytrui)» (Ferreyrolles 1984, pp. 190-91).

[93] In realtà Salvatore Satta, ricostruendo la paradossalità del processo rivoluzionario (e, in particolare, le vicende del tribunale rivoluzionario costituito in

tima, creduta valida, "terza" rispetto ad ogni particolare interesse, vi è sempre la necessità di spersonalizzare il giudizio, di fare del giudice un mero tramite umano di una verità che lo trascende, che sta fuori e al di sopra di lui. Ma l'occhio dello storico (o del genealogista), l'occhio che percorre tutt'altra prospettiva, dietro una giustizia che si appella a un «momento eterno dello spirito», a una divinità o a una verità trascendente l'umano, a una "terzietà" che trascende le parti, vede sempre la violenza, la storia di una violenza.

Alla base della giustizia, come all'origine di ogni potere politico, sta la violenza, presto occultata e rimpiazzata con l'immaginazione, la fantasia, l'abitudine e l'assuefazione. Così, al frammento 304 dei *Pensieri*, risalendo alla "volontà di dominio", Pascal ne ricostruiva il percorso attraverso le fasi della costituzione e della stabilizzazione del potere:

> «I legami che uniscono il rispetto degli uni per gli altri sono in genere legami di necessità; infatti ci devono essere diversi gradi tra gli uomini, perché tutti gli uomini vorrebbero dominare, e non tutti lo possono ma soltanto alcuni.
>
> Immaginiamo dunque di vederli quando cominciano a raggrupparsi. Senza dubbio si combatteranno fra loro finché la parte più forte opprima la più debole e si costituisca infine una classe dominante. Però, una volta raggiunto questo risultato, i padroni, non volendo che la guerra continui, comandano che la forza che è nelle loro mani si trasmetta come piace loro; gli uni la rimettono alla elezione popolare, gli altri alla successione ereditaria ecc.
>
> Ed è là che l'immaginazione comincia a funzionare. Fino a quel momento il potere suscita l'avvenimento con la forza; adesso invece la for-

Francia nel 1792 che portarono alla condanna a morte del maggiore Bachmann della guardia svizzera del re), si interrogava sul fragile limite che distingue i meri assassini (l'orda dei sanculotti armata di scuri, di picche e pugnali che in strada, davanti ad un improvvisato tribunale del popolo, uccideva le guardie svizzere che riusciva a catturare) da coloro che, come giudici, «uccidono attraverso un processo» (Satta 1994, pp. 11-37). Quest'ultimi, così osservava, al pari dei sanculotti sono anch'essi assassini, «perché sono le stesse persone, distinte appena da un mantello nero e da un cappello piumato: e se dicono "l'accusato è sotto la spada della giustizia" essi vogliono dire soltanto, e sono subito intesi, "lasciatelo stare, ci pensiamo noi ad ammazzarlo"» (*Ibid.*, p. 14). Di qui le sue considerazioni sul processo come «atto essenzialmente e per definizione antirivoluzionario», «momento eterno dello spirito» che chi fa la rivoluzione «non può non volerlo senza in qualche modo negare se stesso» (*Ibid.*, pp. 15-16). E queste, dunque, le sue considerazioni: «Gli dèi hanno sete, ma il processo è pur sempre uno schermo, sottile quanto si vuole, che impedisce di raggiungere il liquido sanguinoso» (*Ibid.*, p. 20).

za, per mezzo dell'immaginazione, conserva una determinata classe, come quella dei nobili in Francia, dei popolani nella Svizzera ecc.

Dunque questi vincoli che legano il rispetto per questo o per quello in particolare sono i vincoli di immaginazione» (Pascal 2013, p. 228).

«Si combatteranno fra loro finché la parte più forte opprima la più debole e si costituisca infine una classe dominante. Però, una volta raggiunto questo risultato, i padroni, non volendo che la guerra continui, comandano che la forza che è nelle loro mani si trasmetta come piace loro». È da tale situazione di fatto, come ha giustamente sottolineato Cristian Lazzeri, che ha il suo inizio (la sua genesi, il suo cominciamemto) lo Stato storico.

Sembra quasi la descrizione delle faide feudali del diritto germanico ricostruite, tra gli altri, da Foucault[94]: il diritto non oppone la

[94] Si rimanda, a tal proposito, al già citato, *Faida, contratto, patto. Studi sulla capacità costituente* (Surdi 2001). Ma si veda anche *Land und Herrschaft*, libro di Otto Brunner pubblicato nel 1939. Tra le preoccupazioni del giurista "medievalista", tra i fondatori della moderna storiografia costituzionale e sociale, c'era senz'altro quella di restituire la specificità costituzionale del medioevo germanico, oltre ogni proiezione della forma statale contemporanea. La vendetta, componente essenziale dell'antico "sistema faidale" germanico, veniva presentata come una pratica giuridica tipica di un mondo che ancora escludeva il monopolio della forza legittima dello Stato moderno (Weber); una pratica non riducibile ad un semplice «moto dell'anima», ad un elementare «impulso vendicativo», ma riferibile ad un «obbligo morale e giuridico», a una «legge» e a un «dovere»: «rinunciare alla vendetta – così leggiamo – significherebbe perdere l'onore» e cioè, il diritto (Brunner 1983, pp. 32-3). Continua Brunner: «La vendetta di sangue sopravvive in tutti gli strati sociali, ad onta di tutte le misure che sono state prese contro di essa, fin dentro l'Età moderna. Il collegamento col pensiero della vendetta è chiaro nella giurisdizione criminale che pure ha la funzione di sostituirla. Ma il pensiero della vendetta non è in alcun modo limitato alla vendetta di sangue: in realtà ogni offesa del diritto, cioè dell'"onore", spinge alla vendetta. La vendetta è il fine della faida come del processo giudiziale. Se la vendetta di sangue dovette poco alla volta venir considerata come opposizione all'etica cristiana, così il concetto della vendetta inteso come lotta per il diritto potè lentamente venir cristianizzato all'interno. È per questo che il pensiero della vendetta sopravvisse ancora, e si continua ancora a parlare di "vendetta divina". Infatti, tollerare l'ingiustizia, rinunciare alla vendetta, significherebbe perdere l'onore. Si capisce allora perché nei sovrani medievali viene sempre elogiata la volontà di vendetta» (*Ibid.* 1983, pp. 32-33). E ancora leggiamo: «Per chi considera lo Stato – Stato dei tempi moderni – come il Leviatano di Thomas Hobbes, per chi crede nel principio secondo cui "auctoritas non veritas facit legem", tutti i fenomeni che non possono venir compresi in questo contesto non sono altro che modi di essere dello "status naturalis" del "bellum omnium contra omnes":

guerra alla giustizia, non identifica giustizia e pace, ma, al contrario, appare come una maniera regolamentata di fare la guerra; «suppone che il diritto sia un ruolo particolare e regolamentato di condurre la guerra tra gli individui e di porre freno agli atti di vendetta» (Foucault 1994, p. 74). Si tratta, in realtà, di un sistema che tende a dimostrare non la verità o la giustizia ma, appunto, la forza: una battaglia per stabilire chi sia il più forte (una continuazione, regolamentata, ritualizzata, della guerra), e il più forte ottiene ragione o, detto in altri termini, ottiene "giustizia"[95]. Attraverso questa serie di vendette

---

lo Stato di Hobbes, infatti, è un ordinamento coattivo della pace, uno "status civilis" in cui non vi è posto per l'inimicizia. Di conseguenza, vendetta e faida vengono dichiarate fenomeni pregiuridici, presociali, a fondamento dei quali non sta un pensiero giuridico, ma un naturale e primitivo impulso di odio e di guerra. Orbene: a prescindere dal fatto che "condizioni presociali e pregiuridiche" sono una semplice negazione, della quale non è possibile dare una spiegazione scientifica al di fuori del fatto che esse sono appunto negazione di una determinata situazione, che però viene in tal modo presupposta, la connessione fra diritto, faida e vendetta ci balza agli occhi continuamente. Oltre a ciò la più antica vita giuridica conosce una serie di parole come vendetta, onore, fedeltà che indicano ad un tempo il concetto giuridico ed il rapporto psicologico che sta alla sua base. Esercitare la vendetta, difendere l'onore, rimanere fedele, sono azioni nelle quali vengono realizzate determinate conseguenze giuridiche derivanti da un comportamento psicologico che ne costituisce la spiegazione. Se gli uomini di quei tempi non fossero stati animati da un istinto di vendetta, non avrebbe certamente potuto nascere l'"inimicizia". Tale istinto tuttavia diviene impulso naturale, fenomeno presociale solamente in tempi moderni. Ci si deve ricordare a questo proposito che tanto il concetto antico di "natura" come quello medievale, ma soprattutto quello cristiano comprende in sé l'ordinamento sociale e il diritto e non conosce la moderna contrapposizione fra essere e dovere» (*Ibid.*, pp. 40-41). Nell'ottica dello storico del diritto, non si tratta di rinviare il concetto di vendetta a condizioni e fenomeni "presociali" e "pregiuridici", quanto, piuttosto, di ripensarne la funzione storica nella vita sociale, giuridica e politica del tempo in cui ne fu espressione (in questo caso nel Medioevo); compito non sempre facile e di difficile comprensione per chi voglia esclusivamente intendere ogni storia del diritto come storia dell'ordinamento giuridico contemporaneo; come storia, dunque, di un ordinamento che, in quanto tale, nei suoi presupposti ideali, non conosce "inimicizia".

[95] Nel 1872, Rudolf von Jhering, nel suo *Der Kampf um's Recht* (la decima ed ultima edizione fu pubblicata a Vienna nel 1891), discutendo il principio secondo il quale «*l'affermazione del diritto è un dovere verso la comunità*», poneva il caso in cui «la lotta in favore della legge diviene una lotta *contro* la legge»; una lotta capace di dimostrare «che non vi è accordo fra le istituzioni dello Stato e il sentimento del popolo o di un ceto». A tal proposito, il giurista tedesco, tra diversi esempi (e una splendida lettura del *Michael Kohlhaas* di Heinrich von Kleist),

rituali e reciproche, infatti, vi è sempre la possibilità di giungere ad

---

citava «la vendetta sanguinosa degli abitanti della Corsica» (Jhering 1989, p. 141). «L'abitante della Corsica, che, in osservanza del comando dello Stato, si *trattenga* – così ancora leggiamo – dalla vendetta di sangue, è, presso i suoi, scacciato; colui il quale, sotto la pressione delle vedute popolari circa il diritto, accondiscenda ad essa, cade sotto il braccio vendicatore della giustizia. La stessa cosa avviene nel caso del nostro duello. Colui il quale, in situazioni che fanno del duello un dovere d'onore, lo rifiuta, disonora il suo onore; chi lo compie, viene punito: una situazione penosa ugualmente sia per l'interessato sia per il giudice. Inutilmente cercheremmo nell'antica Roma fenomeni analoghi; le istituzioni dello Stato e il sentimento del diritto nazionale si trovavano lì in perfetto accordo» (*Ibid.*: 141-2). Il problema della vendetta, tuttavia, non interessa soltanto lo storico del diritto o, in modo più specifico, la storiografia costituzionale. Anche il giurista "formalista", attento comunque ai fenomeni antropologici e sociali, ovvero, detto in modo diverso, al "contenuto del fenomeno giuridico", indagando la mentalità dei primitivi e l'interpretazione sociale della natura, può trattenersi sul significato di tale dimensione. È il caso di Hans Kelsen nella sua "ricerca sociologica" *Society and Nature* del 1943 (tradotta per la prima volta in italiano nel 1953). Anche qui il tema della vendetta viene sottratto alla mera sfera degli "istinti naturali" e delle "emozioni primordiali", per accedere – attraverso ciò che il giurista chiama il "principio del contrappasso" – al piano della reciprocità sociale. «Il sentimento di soddisfazione – scrive Kelsen – è importante per l'istinto di vendetta. Tuttavia, una situazione del genere è possibile solo se fra le due parti esiste un rapporto di valutazione, o se almeno ne ha coscienza l'individuo in cui sorge la reazione della "vendetta": e ciò può avvenire solo in una società» (Kelsen 1992, p. 86). E subito dopo leggiamo: «La "vendetta" contro l'autore di un male (che è qualcosa di più di una difesa istintiva) si può spiegare "obbiettivamente" in base ai suoi effetti preventivi, ed è possibile solo nei rapporti fra individui che fanno parte di un'organizzazione sociale. La semplice esistenza di una causa immediata di un sentimento di pena non basta a stimolare la reazione della parte offesa. A parte il fatto che non si può supporre negli animali una nozione di causalità, le "cause" di un fatto sono sempre innumerevoli. La vendetta è una reazione contro un anello della catena delle cause, contro quello speciale anello che, se viene colpito dalla reazione stessa, perde qualche probabilità di essere nuovamente causa di male. L'individuo "che si vendica" non mira necessariamente a raggiungere tale effetto. È però necessaria una certa dose di esperienza per dirigere l'istinto verso la meta opportuna. E questa esperienza solo la vita sociale può darla. La vendetta e quindi il principio del contrappasso – nel significato specifico di reazione qualificata – sono possibili solo in seno alla società, non nella natura. Il principio del contrappasso presuppone che il male che provoca la reazione sia stato inflitto ingiustamente. Non si può stabilire una distinzione netta fra una reazione "vendicativa" e una reazione determinata dal principio del "contrappasso". Infatti la reazione contro l'autore del male (che è il particolare indirizzo che la società imprime all'istinto originale di difesa) presuppone la tendenza a considerare il male subito come una violazione di norme, una violazione dell'ordine sociale esistente nella coscienza degli

un accordo o transazione, e l'interruzione può dare luogo a un patto. Proprio a partire da qui, si può individuare una duplice tendenza caratteristica, appunto, della società feudale[96]. «Da una parte – continua Foucault – c'è una concentrazione delle armi in mano ai più potenti che cercano di impedire la loro utilizzazione da parte dei più deboli. Viceversa qualcuno è privato delle sue armi, nozione da cui proviene quella concentrazione del potere armato che conferì forza negli Stati feudali ai più potenti e, in fine, al più potente di tutti, il monarca» (*Ibid.*, p. 81)[97].

---

individui fra cui vige il principio del contrappasso» (*Ibid.*, pp. 86-7). Kelsen riconduce quindi la vendetta, la «più antica punizione socialmente organizzata» e «determinata dall'ordine sociale», al principio del contrappasso quale «forza che ovunque domina e ovunque s'insinua» nella vita sociale dell'uomo primitivo (*Ibid.*, p. 90). La colloca, dunque, ai «primordi dello sviluppo sociale», a «quello stadio dello sviluppo» in cui «non esistono ancora tribunali che processino e puniscano l'assassino» (*Ibid.*, p. 92). Non è un caso che lo stesso Max Weber, nella sua *Sociologia giuridica* (pubblicata postuma in *Wirtschaft und Gesellschaft* nel 1922), abbia visto a partire dalla vendetta lo sviluppo di «un "procedimento penale" vincolato a forme e regole fisse» (Weber 1961, II, 10). Che sia dunque un particolare momento valutabile storicamente in ordine ad un processo evolutivo capace di giungere alle soglie dei più attuali procedimenti penali, che sia l'espressione di determinate condizioni politiche e culturali definite nello spazio e nel tempo o la misura giudica di particolari ordinamenti sociali posti ai margini del diritto statale; che sia, infine, parte di un sistema più ampio caratteristico delle società premoderne (sia esso il sistema faidale medievale o quello della reciprocità arcaica), che sia ascrivibile a uno stadio "presociale" o al "prediritto", la vendetta va considerata come un "fatto normativo", come pratica regolamentata che acquisisce carattere giuridico entro l'ordine del dominio del diritto. E ciò vuol dire, al contempo, ripensarla nella sua storicità, ma non come forma conclusa in se stessa, data in quanto struttura immutabile e impermeabile ai mutamenti sociali, ma come dimensione dinamica e mutevole, come fenomeno rispondente a diverse esigenze giuridiche, politiche, sociali e culturali affermatesi nel corso del tempo.

[96] Sul piano dell'analisi etnologica della vendetta, per quanto riguarda le società arcaiche (e non solo) si rimanda senz'altro alle ricerche coordinate, a partire dal 1974 all'Università di Paris X –Nanterre, da Raymond Verdier; ricerche i cui risultati sono disponibili in quattro volumi (Verdier 1980-84). Per ciò che riguarda la Grecia arcaica si rinvia soprattutto a Gustave Glotz e al suo *La Solidarité de la famille dans le droit criminel en Grèce* (Glotz 1904). Per altri percorsi, che vanno verso l'antropologia giuridica, si può vedere anche Antonio Pigliaru e la sua ricostruzione dell'"ordinamento barbaricino" in Sardegna (Pigliaru 1959). Su tali problemi si veda anche il mio *La pratica della vendetta come esperienza giuridica. L'antropologia del diritto di Antonio Pigliaru* (Marci 2012).

[97] Dal suo canto, Norbert Elias ha ricostruito molto bene il processo di concentrazione del potere centrale (monopolio della costrizione e monopolio fisca-

Per certi versi, Pascal aveva ben compreso questo processo descrivendo genealogicamente (prima di Nietzsche) le lotte di potere che stanno dietro la realizzazione della giustizia sociale. Gli uomini vogliono esercitare il dominio gli uni sugli altri, ma essendo in pochi quelli che riescono effettivamente a dominare, si stabilisce inevitabilmente una gerarchia. Tale gerarchia, risultato di guerre, si costituisce, dunque, in base alla forza. «... Una volta raggiunto questo risultato, i padroni, non volendo che la guerra continui, comandano che la forza che è nelle loro mani si trasmetta come piace loro; gli uni la rimettono alla elezione popolare, gli altri alla successione ereditaria ecc. Ed è là che l'immaginazione comincia a funzionare».

L'immaginazione, successiva alla forza, serve alla trasmissione, alla riproduzione e alla stabilizzazione del dominio della parte risultante vincente nella lotta per il potere, fornendo quei principi e quelle regole che giustificano e legittimano tale dominio: fornendo, in altri termini, quell'ideale di giustizia (radicatasi nella coscienza degli uomini e diventata senso comune) capace di occultare l'arbitrario, la forza, la violenza e il potere da cui essa stessa proviene. «Fino a quel momento il potere suscita l'avvenimento con la forza; adesso invece la forza, per mezzo dell'immaginazione, conserva una determinata classe»[98].

---

le) che, a partire dall'XI secolo in Europa, ha portato alla costituzione degli Stati. «*Quando in un'unità sociale di una certa ampiezza* – così possiamo riassumere il fenomeno – *parecchie delle più piccole unità sociali che con la loro interdipendenza formano le unità maggiori dispongono di una forza sociale relativamente uguale e, di conseguenza, possono liberamente (vale a dire senza esserne impedite da monopoli già esistenti) entrare in competizione reciproca per garantirsi le* chances *della forza sociale (vale a dire soprattutto i mezzi di sussistenza e di produzione) è altamente probabile che alcune vincano e altre perdano, e la conseguenza è che a poco a poco un numero sempre minore di esse dispone di un numero sempre maggiore di* chances*; aumenta sempre più il numero di quelle che debbono abbandonare la lotta per la concorrenza finendo per dipendere, direttamente o indirettamente, da un numero sempre minore di unità più potenti*» (Elias 2010, p. 147).

[98] Commenta, a tal proposito, Semerari: «Principi e regole di giustizia, elaborate dalla parte vincente, sono da essa diffusi in mezzo alla parte sconfitta. Principi e regole: non sono che *parole*, ma, fatte circolare nel tessuto sociale fino a radicarsi nella coscienza degli uomini e diventare senso comune, le parole della giustizia consentono alla parte vincente di non impegnarsi più in una ulteriore lotta contro la parte sconfitta, le consentono, come dice Pascal, di evitare la continuazione della guerra: la parte sconfitta arriva a credere nei principi e nelle regole di giustizia, che la parte vincente ha creato e che giustificano i rapporti di forza stabiliti dalla guerra, e, attraverso la accettazione di quei principi e di quel-

Alla forza armata subentra un'altra forma di dominio, di direzione culturale, intellettuale e morale, esercitata dalla classe dominante; l'esercizio, se così si può dire utilizzando forzatamente l'espressione gramsciana, di una sorta di *egemonia* mirante a diffondere e a universalizzare l'ideologia specifica (e dunque parziale) del gruppo che detiene il potere.

Su questo piano, dunque, Pascal ci ricorda che la stessa giustizia degli uomini non è che perpetuata immaginazione. Ma ciò non vuol dire che a questa visione illusoria si opponga una vera giustizia accessibile all'uomo, così come non è vero che alla falsità delle leggi positive dovrebbe, in qualche modo, opporsi la verità delle leggi naturali. Nel pensiero di Pascal, si è detto, si registra la crisi del giusnaturalismo: l'esistenza delle leggi naturali è puramente ideale, perché mai, nella storia e nel mondo, la giustizia si è concretamente realizzata. La giustizia ideale (che è soltanto puro "ideale), sia pur "autentica" e "vera", non esiste concretamente, non ha realtà concreta, non trova attuazione nella realtà. Ciò che esiste "positivamente" è solo la giustizia degli uomini, diversa da quella "naturale"; e questa giustizia è "falsa" e illusoria. Non si dà più fiducia nella possibilità di una convergenza storica fra legge naturale e legge positiva. Leggi "naturali" e "positive", in Pascal, rimandano a sfere separate, inconciliabili. Ed è proprio a questa scissione, a questa contraddizione insanabile (che sfiora la paradossalità), che è destina la vita degli uomini: la storia della loro giustizia è stata, lo è, e sarà sempre la storia di questo ineluttabile dissidio. È soltanto il frutto di un processo di naturalizzazione, di un'elaborazione storica, ciò che ci consente di pensare i contenuti della giustizia vigente come immutabili, eterni, ragionevoli e veri[99].

Ancora altri frammenti ruotano intorno all'*infondatezza* (e «falsità») delle posizioni di potere, mostrando la loro «dipendenza» dall'ordine (mutevole e incostante) della fantasia, dell'immaginazione e dell'abitudine:

---

le regole, consente la riproduzione della situazione esistente. Da questo punto di vista, la giustizia rientra in una *logica di funzionalità economica del dominio*» (Semerari 1992, p. 123).

[99] Come ancora afferma Semerari, «il giusnaturalismo, in Pascal, non è più che *consapevole strumento di ricerca del consenso, consapevole artificio storico*, coscienza della necessità che le leggi si diano una apparenza di naturalità ai fini della conservazione della pace. Del giusnaturalismo seicentesco, se Hobbes, Locke e Spinoza rappresentano i momenti di maggiore validità e affermazione, Pascal, al contrario, esprime il momento di una particolarissima crisi» (*Ibid.*, p. 136).

«Poiché la dignità di duca, di re e di magistrato sono reali e necessari perché la forza regola tutto, le troviamo dappertutto e sempre. Ma poiché soltanto dalla fantasia dipende che questo o quello le abbiano, la cosa non è costante, è soggetta a mutamenti ecc.» (*Ibid.*, fr. 306).

«Il cancelliere è grave e paludato, perché il suo posto è falso; il re, no; questi ha la forza, non sa che farne dell'immaginazione. I giudici, i medici ecc. non possono contare che sull'immaginazione» (*Ibid.*, fr. 307, p. 229).

«L'abitudine di vedere i re accompagnati da guardie, tamburi, ufficiali e tutto ciò che serve a piegare la macchina al rispetto e al terrore, fa sì che il loro volto, quando talvolta accade di vederli da soli e senza quell'accompagnamento, infonda nei loro sudditi lo stesso rispetto e terrore, perché non si separano più nel pensiero le loro persone dal loro accompagnamento, a cui le vediamo di solito congiunte. La gente comune, la quale non sa che questo effetto proviene da questa abitudine, crede che provenga da una forza naturale; e di qui hanno origine le espressioni: "il carattere della Divinità sta impresso sul suo volto ecc."» (*Ibid.*, fr. 308).

L'autorità si fonda sull'immaginazione, sull'opinione o sulla forza; non occorre volgere lo sguardo in alto, ai principi primi ed eterni che, secondo ragione, dovrebbero guidare il comportamento umano. Basta guardare più in basso per comprendere quale sia la sua radice storica:

«L'autorità fondata sull'opinione e sull'immaginazione regna per qualche tempo, e tale autorità è dolce e volontaria; quella della forza regna senza interruzione. Perciò l'opinione è come la regina del mondo, mentre la forza ne è il tiranno» (*Ibid.*, fr. 311, p. 230).

### k) *La forza della giustificazione e la giustificazione della forza*

L'autorità garantisce la giustizia che, come si è visto, non ha un fondamento naturale; le leggi non hanno valore in quanto giuste, ma in quanto stabilite: non hanno altro fondamento che il fatto di essere stabilite. «La giustizia – ricorda Pascal – è ciò che è stabilito; per questo, tutte le nostre leggi da tempo stabilite vengono necessariamente tenute per giuste senza essere esaminate, perché sono stabilite» (fr. 312, *ibid.*, p. 230).

Per dirlo in altri termini, dal punto di vista di Pascal, le leggi effettivamente promulgate in base alla forza di chi ha il potere di stabilire il diritto, non diventano mai "giuste" per la semplice accettazione consuetudinaria se l'opinione collettiva, al momento della loro promulgazione, non reputi legittimo il loro contenuto o "giusto" il potere che le pone in essere. Il costume non è che l'espressione storica che alimenta e consolida tale opinione e, come ricorda Cristian Lazzeri, quanto più il costume troverà una sua stabilità nel tempo tanto più l'opinione sarà consolidata (*op. cit.*, p. 243).

Al contrario dei filosofi (giusnaturalisti[100]) che volgono lo sguardo ai principi primi, che cercano di dedurre le regole della morale (e del diritto) da astratti principi geometrici, che colgono l'origine della giustizia in una natura immutabile ed eterna, che si ostinano a spiegare il comportamento dell'uomo secondo costanti logiche e razionali, Pascal, come più tardi Nietzsche e Foucault, guarda alla storia. E la storia dell'umanità non è che il susseguirsi di usurpazioni, violenze, sopraffazioni, che tali possono essere definite, come ha giustamente sottolineato Semerari, «in rapporto alla vera ma storicamente inattuata e inattuabile giustizia»[101] (Semerari 1992, p. 21). La giustizia degli uomini non è che la giustificazione

[100] Ci riferiamo qui, più che altro, alla visione razionalistica dello Stato proposta dal pensiero giusnaturalista ovvero, a quella visione che per dare una spiegazione "scientifica" e una legittimità razionale allo Stato (quale *idea* dell'intelletto), non ricorre più all'ordine fattuale di una originaria società "naturale" (la società familiare come nucleo di tutte le forme sociali successive), ma all'individuo astratto (sciolto dal tessuto dei legami sociali) e al "contratto sociale" (verità di ragione) quale prodotto volontaristico e artificiale di soggetti-individui (essenzialmente "non-sociali"), in origine, liberi e uguali (Bobbio 1980,vol. IV a, pp. 491-558). È proprio a partire da qui, dallo sviluppo di questo particolare momento, che si registra quella trasformazione decisiva che vede nell'istituzione dello Stato un'idea regolativa per il progetto di quella futura società giuridica universale cui tende l'uomo nel suo graduale avvicinamento a una forma di esistenza sempre più conforme a ragione. Un passaggio che Norberto Bobbio non ha mancato di sottolineare: «L'atto specifico attraverso cui si esplica la razionalità dello Stato è la legge, intesa come norma generale e astratta, prodotta da una volontà razionale, quale è appunto quella dello Stato-ragione. In quanto generale e astratta la legge si distingue dal potere del principe, attraverso cui si esprime l'arbitrio del sovrano e si istituisce una legislazione di privilegio, creatrice di disuguaglianza. In quanto prodotto di una volontà razionale la legge si distingue dai costumi, dalle consuetudini, dagli usi tramandati, dalle norme cui ha dato vita la mera forza della tradizione. Ciò che caratterizza lo Stato è proprio il potere esclusivo di far leggi» (*Ibid.*, p. 546).

[101] Scrive ancora Furio Semerari: «I sistemi sociali, cui gli uomini hanno dato vita, sono ingiusti e nessuno degli ordini che si potrebbero opporre a quelli passati e presenti è giusto: non è giusto, perché è l'uomo, che il nuovo ordine elabora, a non essere giusto» (Semerri 1992, pp. 20-1).

(e la dissimulazione) di quell'*ingiustizia* storica e reale posta alla base di quei soli ordinamenti possibili che gli uomini sono, appunto, in grado di creare.

La giustizia vigente, storica, non è altro, dunque, che giustificazione dell'ingiustizia. Così, storicamente, si realizzano l'ordine giuridico e la pace sociale. Grazie alla potenza giustificatrice, razionalizzante e leggittimatrice dell'ingiustizia (ciò in cui consiste, in realtà, la giustizia umana), gli uomini si adattano a un ordine basato sulla violenza e l'usurpazione, trovandolo giusto, "naturale", legittimo e razionale; e così percepiscono, immaginano e trasformano la loro ingiustizia in giustizia[102].

La forza non può affermarsi come tale, come pura violenza, come usurpazione e arbitrio, senza giustificazione, senza legittimazione («La forza senza la giustizia è tirannica. [...] la forza senza giustizia è messa in accusa», fr. 298). Leggiamo questo frammento (il 332):

> «La tirannia consiste nel desiderio di dominio, universale e fuori del proprio ordine.
>
> Immaginate diverse abitazioni di uomini forti, di uomini belli, di uomini intelligenti, di uomini devoti, e ognuno di questi che regna nel proprio ambiente e non fuori; talvolta si incontrano, e il forte e il bello si battono stupidamente per chi sarà il dominatore dell'altro, perché la loro supremazia è di diverso genere. Non si comprendono, e il loro sbaglio

---

[102] Ricorda sempre Semerari: «Ma le considerazioni di ordine morale e di realismo politico, cui si è accennato, esigono che la giustizia degli uomini, che, pure, è immaginazione, sia, tuttavia, mantenuta e utilizzata proprio per la funzione di pacificazione sociale che assolve. Sono gli ingiusti risultati vincitori nella lotta contro gli altri ingiusti ad aver voluto la giustizia – in realtà ingiustizia – per giustificare il dominio, la violenza, l'usurpazione, la sopraffazione da loro messi in atto. La potenza vincente – è il caso di dire – detta legge, stabilisce i criteri della giustizia. Torna, qui, in Pascal, con riferimento al problema della genesi e del contenuto della giustizia, il tema della *potenza*, nel senso, questa volta, non dei "meriti" professionali e lavorativi, ma della forza dei differenti soggetti individuali o collettivi che, assecondando la loro volontà di dominio e, in generale, la loro concupiscenza, riescono a prevalere sugli altri soggetti. Nonostante siano questi la origine e il contenuto della giustizia, essa va rispettata, perché porta gli uomini a rispettare l'ordine esistente ossia ad evitare che si determinino le condizioni della guerra civile, che scoppierebbe se gli uomini, sottomessi a un certo ordine sociale, si rendessero conto della sua ingiustizia e della sua irrazionalità. Infatti, gli uomini si sottomettono a un ordine sociale solo se lo ritengono giusto e razionale. Se percepiscono la sua ingiustizia e irrazionalità, cercano il modo per rivoltarsi contro di esso» (*Ibid.*, pp. 21-2).

consiste nel voler regnare dappertutto. Questo non è possibile, neanche alla forza, la quale non intacca il regno dei sapienti e non è padrona che delle azioni esteriori.

*Tirannia*. – ... E così sono falsi e tirannici i discorsi come questo: "Sono bello, dunque devo essere temuto. Sono forte, dunque devo essere amato. Sono ...".

La tirannia consiste nel voler ottenere per una via quello che si può ottenere solo per un'altra. A differenti meriti corrispondono differenti doveri: dovere d'amore verso il piacevole; dovere di timore verso la forza; dovere di fiducia verso la scienza. Bisogna osservare questi doveri; è ingiusto sottrarvisi, è ingiusto chiederne altri. Ed è pure falso e tirannico il dire: "Non è forte, dunque non lo stimerò; non è abile, dunque non lo temerò» (Pascal 2013, pp. 236-7)[103].

Da questo punto di vista, il potere politico non può fondarsi unicamente sulla coercizione, ma richiede necessariamente una legittimazione fattuale: la forza senza giustizia è, appunto, tirannica[104].

Ogni ambizione tirannica, che mira ad assolutizzare la propria prospettiva, il suo punto di vista e a erigerlo a fondamento ultimo, generale e insuperabile (nella volontà di dominare ogni ordine al di fuori del proprio), è paradossalmente, come ha visto giustamente Bourdieu, rivendicazione di «legittimità» a volte incoerente (Bourdieu 1998, p. 110). E ciò perché, come ha mostrato appunto Pascal, «la forza senza giustizia è messa in accusa»; essa può perpetuarsi, giustificarsi e legittimarsi soltanto dietro la parvenza del diritto, in quanto il dominio («il desiderio di dominio») riesce a imporsi nel tempo solo nella misura in cui riesce a ottenere un riconoscimento, che altro non è – come ha osservato ancora Bourdieu – «se non il misconoscimento del carattere

---

[103] Scrive a tal proposito Pierre Bourdieu, rifacendosi proprio a Pascal: «Si ha tirannia, per esempio, quando il potere politico o il potere economico intervengono nel campo scientifico o nel campo letterario, o direttamente o attraverso un potere più specifico, come quello delle accademie, degli editori, delle commissioni o del giornalismo (che tende sempre più a esercitare oggi la sua influenza sui diversi campi, politico, intellettuale, giuridico e scientifico in particolare), per imporre le loro gerarchie e per reprimere l'affermazione dei principi di gerarchizzazione specifici» (Bourdieu 1998, p. 110).

[104] Tali questioni ci rimandano, in qualche modo, alla sociologia politica di Max Weber, alla sua insistenza sul potere come «possibilità per specifici comandi di trovare obbedienza da parte di un determinato gruppo di uomini» (Weber 1961, I, p.207); e ci rimandano anche a Georg Simmel e alla sua concezione del dominio come forma circolare di interazione sociale (di consociazione) tra superiori e subordinati (Simmel 1978, pp. 39-41).

arbitrario del proprio principio» (*Ibid.*)[105]. Detto altrimenti, la forza ha bisogno di essere giustificata (e, dunque, riconosciuta), ma può ottenere questo risultato, paradossalmente, solo a condizione di rinunciare a esercitarsi. Può, quindi, concludere Bourdieu: «Ne segue che poteri fondati sulla forza (fisica o economica) possono ottenere la legittimazione solo da poteri che non possono essere sospettati di obbedire alla forza; e che l'efficacia legittimante di un atto di riconoscimento (omaggio, segno di deferenza, manifestazione di rispetto) varia in funzione dell'indipendenza, più o meno grande, di colui che la concede, agente o istituzione che sia, nei confronti di chi lo riceve (e anche del riconoscimento di cui è egli stesso accreditato»[106] (*Ibid.*).

Ecco il punto: il diritto, nella misura in cui rimanda la sua legittimazione ai principi eterni di una giustizia naturale (giusnaturalismo), non è che forza giustificata.

Attraverso il problema della genesi, dell'origine storica della giustizia, Pascal elabora così una genealogia del potere che pone il diritto; una genealogia della volontà di potenza, della forza che razionalizza la propria violenza. E nella sua ricostruzione genealogica dell'ordine sociale, della giustizia e della legge, ricorda come il diritto non sia che la giustificazione dell'usurpazione da parte di coloro che nella lotta per il dominio hanno assunto la posizione dei vincitori (i sovrani o coloro che, secondo l'organizzazione gerarchizzata delle funzioni politiche, dominano il popolo). Dietro l'esigenza della stabilizzazione dei rapporti di dominio si nasconde tutta una genealogia del potere che non può essere svelata se non a rischio di dissolvere quell'ordine sociale a cui il popolo presta fiducia, credendolo (e im-

---

[105] A tal riguardo non mi sembra poi così fuori luogo ricordare ciò che la Sfinge dice a Tiresia nel *Das Sterben der Phythia* di Friedrich Dürrenmatt: «Tutti i tiranni che fondano il loro dominio su grandi princìpi, l'uguaglianza dei cittadini tra loro o l'idea che i beni di ognuno appartengano a tutti, suscitando in coloro sui quali esercitano la loro potestà un sentimento di soggezione incomparabilmente più mortificante di quelli che, anche se assai più ignobili, si accontentano come Laio di fare i tiranni, troppo pigri per addurre una qualsiasi giustificazione al proprio comportamento: essendo la loro dittatura lunatica e capricciosa, i sudditi hanno la sensazione di poter godere di una certa libertà. Non si sentono tiranneggiati da una arbitraria necessità che non consente loro speranza alcuna, ma piuttosto da un arbitrario assolutamente casuale che ancora permette qualche speranza» (*La morte della Pizia*, Adelphi, Milano,1988, p. 53).

[106] Continua ancora, più avanti, Bourdieu: «Così, occorre spendere forza per far misconoscere e riconoscere la forza e produrre quella forza giustificata che è il diritto» (Bourdieu 1998, p. 111).

maginandolo) giusto, razionale e "naturale"; quell'ordine sociale che, appunto, ottiene la sua stabilità (e legittimazione) sfruttando la credenza e l'obbedienza popolare.

A questo punto, lo scavo genealogico conduce Pascal verso quella consapevolezza che più tardi avrebbe guidato Nietzsche e Foucault: per ciò che riguarda l'agire degli uomini non vi è alcuna giustizia originaria; non vi è alcuna giustizia autentica che sarebbe poi stata tradita, stravolta o dimenticata nel corso del tempo. È quanto avrebbe scoperto appunto Foucault – come abbiamo già detto – rileggendo la genealogia nietzschiana. Al contrario della metafisica che si perde in una rete di significati ideali e in una teleologia senza fine, la genealogia consente, al contrario, di rifiutare l'origine, l'universalità, l'uniformità, tutte figure che rimandavano a un punto di vista unico e sopra-storico. Dietro le cose non c'è il loro «segreto essenziale e senza data», l'«identità ancora preservata della loro origine»; non vi è alcuna identità originaria, alcuna «radice» che non sia storicamente discutibile; non vi è «l'essenza esatta della cosa, la sua possibilità più pura, la sua identità accuratamente ripiegata su se stessa, la sua forma immobile e anteriore a tutto ciò che è esterno, accidentale e successivo». Non occorre, con slancio platonico, ritrovare «quel che era già», «lo stesso d'un'immagine esattamente adeguata a sé».

Pascal è ben consapevole che non c'è nessun passato da recuperare o rimpiangere, perché il passato è come il presente (che in forme diverse ripete il passato); e così anche in futuro: l'ingiustizia, l'arbitrario, la violenza, la forza, continuerà ad informare e alimentare la giustizia degli uomini. L'autore dei *Pensées*, lo dice bene Gérad Ferreyrolles, non auspica alcun ritorno «ad una mitica purezza originale» [107]. Lo spazio pubblico non è che il luogo nella non verità, non è che il terreno fecondo per l'inganno, l'ingiustizia, l'arbitrarietà. Per questo le consuetudini e le leggi degli Stati non sono e non saranno mai giuste. Ed è proprio per questo che la giustizia e le leggi non hanno fondamento. Come non ha alcun fondamento il potere che su tali consuetudini e leggi costruisce la sua stabilità: nessuna ragione lo può assicurare, se non la «debolezza» del popolo che

---

[107] Scrive Ferreyrolles: «Le temps ici n'est pas un élément de dégradation, mai de consolidation: c'est par lui que l'usurpation, introduite autrefois sans raison, (...) est devenue raisonnable (fr. 60). D'où l'hostilité de Pascal à l'égard de ceux qui prônent le retour a une mythique pureté originelle: loin de représenter un progrès, ce retour serait une catastrophique régression, car à l'origine il n'y a pas la justice mais la violence» (Ferreyrolles 1984, p. 270).

«immagina» giusto ciò che, al contrario, non è che espressione di forza, violenza e usurpazione[108].

> «La potenza dei re è fondata sulla ragione e sulla follia del popolo, anzi, più sulla follia. La cosa più grande e importante sulla terra ha come fondamento la debolezza, e questo fondamento è mirabilmente sicuro; perché non c'è niente di più sicuro di questo, che il popolo sarà debole. Ciò che è fondato sulla sana ragione è molto malamente fondato, come la stima per la saggezza» (Pascal 2013, fr. 330, p. 236).

Chi obbedisce alle leggi perché giuste – ricordava Pascal anticipando posizioni tipicamente nietzschiane – obbedisce alla giustizia ch'egli s'immagina ma non all'essenza della legge; «la legge è tutta rinchiusa in sé, è legge e niente altro». Chi volesse indagarne il fondamento, «lo troverebbe così fragile e frivolo che se non è abituato a contemplare i prodigi della immaginazione umana si stupirà che sia bastato un secolo a procurare alla legge tanta solennità e ossequio» (*Ibid.*, fr. 294, p. 225). «L'arte di fare la rivoluzione e di sconvolgere gli Stati consiste nello scuotere i costumi stabiliti, frugando fin nella

---

[108] Conosciamo già, in parte, l'interpretazione che ha dato di tale posizione Furio Semerari, ma vale la pena riportare ancora un suo passo che coglie – elemento per noi assai importante – una consonanza del pensiero pascaliano con quanto, più tardi, avrebbe elaborato Nietzsche. «Le leggi e le consuetudini in vigore negli Stati non sono giuste. Esse vanno, tuttavia, egualmente rispettate, perché, in questo modo, si assicura la pace, "il supremo dei beni", e si allontana la possibilità di sedizioni. Ma, se si vuole che le osservi, è essenziale che il popolo le consideri giuste. Infatti, "si vuol essere soggetti solo alla ragione e alla giustizia". L'osservazione di Pascal ricorda, per analogia, quel che, in alcuni luoghi di *Genealogia della morale*, Nietzsche scrive a proposito dell'atteggiamento dell'uomo verso la propria sofferenza. L'uomo accetta, sopporta la sofferenza – la vita stessa in quanto fondamentalmente sofferenza – solo se essa gli appare giustificata, provvista di senso: ciò che l'uomo *non* sopporta non è la sofferenza in quanto tale, ma l'*assurdità* del soffrire, la sofferenza *ingiustificata*, la sofferenza *sprovvista di senso*. Analogamente, per Pascal, quel che il cittadino non sopporta non è l'obbedienza in quanto tale, ma quella obbedienza che a lui appare ingiustificata, sprovvista di un senso razionale. L'intuizione o la coscienza della non giustizia delle leggi e consuetudini vigenti porterebbe gli uomini a rivoltarsi contro di esse. Occorre, perciò, che il popolo sia tenuto all'oscuro della loro non giustizia e non verità e indotto a considerare doverosa la loro osservanza. Pascal fa riferimento a una operazione di tipo persuasivo che, in questo senso, i governanti devono mettere in atto nei confronti dei cittadini. I governanti devono operare in modo tale da indurre il cittadino a identificare il giusto nelle leggi vigenti: per il cittadino, il giusto deve risolversi nel giusto delle leggi» (Semerari 1992, pp. 100-1).

loro prima origine, per svelare il loro difetto di autorità e giustizia. "Bisogna, si dice allora, ricorrere alle leggi fondamentali e primitive dello Stato che un costume ingiusto ha abolite". E questo è un mezzo sicuro per rovinare tutto: nulla sarà giusto su questa bilancia» (*Ibid.*).

Si è già ricordato come Pascal, debitore in tal senso di Montaigne, abbia denunciato il «fondamento mistico» dell'«autorità» delle leggi. Anche se sono ingiuste, «bisogna obbedire alle leggi perché sono leggi, così come bisogna obbedire ai superiori, non perché sono giusti, ma perché sono superiori» (*Ibid.*, fr. 326, p. 234). Le leggi vanno, dunque, rispettate perché sono leggi, al di là del loro contenuto particolare, e non importa se siano giuste o ingiuste[109]. In ciò risiede il «fondamento mistico della loro autorità»: un'autorità indiscutibile, inconfutabile, da accettare incondizionatamente. Su questo piano, il popolo vive "misticamente" il rapporto con la legge che, in tal senso, si afferma come forza "positiva" imperturbabile, come coercizione irresistibile.

Paolo Grossi ha colto in questa concezione della legge – che già appare attraverso il filtro dello scetticismo di Montaigne – tutta una fenomenologia del potere sovrano[110]. Nella seconda metà del Cin-

---

[109] Commenta ancora Semerari: «In un duplice senso, dunque, i governanti devono agire nei confronti dei cittadini: presentando le leggi come giuste e vere e, insieme, diffondendo l'idea che le leggi – come già Hobbes aveva osservato – vadano rispettate perché leggi ossia emanazione della volontà di qualcuno cui si riconosce diritto di comando, diffondendo, quindi, l'idea che la legge vada rispettata indipendentemente da come, per il suo contenuto particolare, essa possa apparire – giusta o ingiusta – a chi vi è sottoposto: l'idea, in definitiva, che è giusto rispettare le leggi anche se appaiono ingiuste» (*Ibid.*, pp. 101-2).

[110] Vi è, in effetti, una forte e significativa correlazione, chiaramente visibile a partire da un dato momento (dalla seconda metà del Cinquecento in Francia), tra processi politici e processi giuridici, che Paolo Grossi, storico del diritto, non ha mancato di sottolineare; una correlazione che stabilisce un crescente legame, in via di elaborazione tra la fine dell'età di mezzo e le soglie dell'età moderna, tra la concezione legalistica del diritto e il consolidarsi, sul piano politico, di un nuovo soggetto sovrano: lo Stato nazionale moderno (Grossi 2007). A partire da qui, ed entro le linee di uno sviluppo storico che ha visto il progressivo dispiegarsi del rapporto sempre più stretto tra ordine giuridico e potere politico (essenzialmente statale), si danno le premesse di una vicenda sociale, culturale e concettuale di cui più tardi si vedranno chiaramente gli effetti: il graduale risolversi, concentrarsi ed esaurirsi dell'intero processo di normazione giuridica nel singolare momento in cui la norma viene astrattamente prodotta. Detto altrimenti, non vi è che da registrare (tendenzialmente in linea con il processo di razionalizzazione economica moderna) il primato della produzione sull'interpre-

quecento, in Francia, la *loy* è diventata una «norma che si autolegittima come legge, cioè come volizione di un soggetto sovrano» (Grossi 2007, p. 32). L'organismo politico, ormai assestato in una robusta struttura statuale, ha necessità di uno strumento normativo «capace di contenere il fenomeno giuridico e di vincolarlo strettamente al detentore del potere, strumento indiscutibile e incontrollabile, che permetta di sbarazzarsi finalmente delle vecchie salvaguardie che parlavano, con un linguaggio sempre più irricevibile dalla Monarchia, di accettazione da parte del popolo o di organismi giudiziari e corporativi» (*Ibid.*).

La legge diventa così una pura forma, cioè un «atto senza contenuto» ovvero, «un atto cui non sarà mai un determinato contenuto a conferire il crisma della legalità, ma sempre e soltanto la provenienza dall'unico soggetto sovrano». Il quale si identifica sempre più in un legislatore, «in un legislatore ingombrante, congiungendo strettissimamente la propria persona e la sua supremazia alla qualità della sua creatura normativa» (*Ibid.*, pp. 32-3). Ed è così, appunto, che nasce quella «ipoteca pesante della civiltà giuridica moderna» che è la «mistica della legge in quanto legge», un'eredità dell'assolutismo regio che – spiega ancora Paolo Grossi – «la Rivoluzione di fine Settecento accoglierà senza batter ciglio, intensificandola e irrigidendola rispetto alle sussistenti aperture dell'antico regime sotto l'ammantamento di simulacri democratici. E, in un clima di conquista e ostentata secolarizzazione, sacra sarà la legge ingiusta, e sacra sarà la legge redatta e promulgata da un sovrano sciocco ...» (*Ibid.*, p. 33).

Il diritto si è così contratto nella legge: un sistema di regole autoritarie, di comandi rigidi e astratti, insindacabili nel loro contenuto che – come aveva intuito Pascal – traggono la loro autorità dalla qualità, dalla forza, dal potere, del soggetto legislatore. Questa «visione potestativa del diritto» è la stessa che conduce, in qualche modo, al positivismo giuridico ovvero, a una nozione di positività che rimanda ad un insieme di comandi "posti" da un'autorità formalmente inve-

---

tazione e della concentrazione statale sulla pluralità delle fonti giuridiche; una tendenza, a ben vedere, che nel corso del tempo ha trovato la sua più alta e compiuta espressione nei diversi processi di codificazione, frutto maturo della mentalità illuminista, e capace di attraversare il positivismo giuridico continentale del secolo XIX, fino a condizionare, sulla scia del successo scientifico e politico ottenuto dalle concezioni normativistiche e formaliste, larga parte della riflessione dei giuristi del XX secolo.

stita del potere[111]. Qui la legge si associa all'idea di «forza» (nel senso di coazione, coercizione) o a quella di «legalità», di validità delle leggi che vigono in base all'autorità del potere che le pone e le difende istituzionalmente. E questa autorità non ha un fondamento razionale, non è ragionevole in sé; come la «verità dell'usurpazione»: «questa è stata introdotta in passato e senza ragione, poi è diventata ragionevole».

Non vi è alcun vincolo di rappresentatività tra la volontà di colui che ha il potere di stabilire e tutelare le leggi e la volontà di coloro che a tali leggi devono soltanto obbedire; non vi è identità tra l'interesse di chi comanda e l'interesse di chi esegue gli ordini. Pascal rende evidente l'irragionevolezza di tale situazione, la denuncia: «Ridicola giustizia, limitata da un fiume! Verità al di qua dei Pirenei, errore al di là [...] Che c'è di più ridicolo di questo: che un uomo abbia diritto di uccidermi solo perché abita sull'altra riva e perché il suo sovrano è in lite col mio, sebbene io non ne abbia alcuna con lui?». Il popolo si trova irragionevolmente a fare o a subire qualcosa per ragioni che non riconosce come sue ma che, al contrario, rispondono alla volontà dei sovrani[112]. «Ma questa bella ragione corrotta – ammonisce Pascal – ha corrotto ogni cosa»; «nulla, stando unicamente alla ragione, è giusto per se stesso; tutto rovina col tempo».

Sembra quasi che Pascal abbia compreso che la ragione non è più garante di un ordinamento oggettivo (quell'ordinamento medievale ormai in via di dissoluzione), così come appare consapevole della perdita di onticità del diritto. Ed è forse per questo che alla soggettivazione della ragione cartesiana oppone la "s-ragione" storica del-

---

[111] Non a caso, Furio Semerari riporta in nota alcune osservazioni di Franz Borkenau che riconoscono nella teoria del diritto di Pascal l'anticipazione, in un senso del tutto particolare, delle teorie moderne della positività del diritto. Il diritto vi appare come il risultato della separazione di diritto statuale e di giustizia naturale. Leggiamo da Borkenau come citato da Semerari: «La teoria di Pascal della pura positività del diritto, concepita non come conseguenza della consacrazione divina del signore o della tradizione, bensì proprio della corruzione dell'intera vita dello stato, è, nella sua intima essenza, del tutto unica» (Semerari 1992, p. 102).

[112] A tal proposito, Semerari ancora ricorda che la giustizia che Pascal prospetta per l'uomo su questa terra prevede anche l'accettazione di alcune irragionevolezze o ingiustizie, perché «l'accettazione di alcune irragionevolezze o di alcune ingiustizie serve a evitarne di più drammatiche (così, la osservanza delle leggi, sia pure ingiuste e irragionevoli, evita il male peggiore della guerra civile)» (*Ibid.*, p. 105).

l'arbitrario e dell'usurpazione. Su questo fronte ci viene ancora incontro Paolo Grossi, acuto indagatore delle trasformazioni storiche (e giuridiche) della monarchia francese, attento osservatore della linea di sviluppo che corre nitida nei secoli tardo-medievali e protomoderni: «prenderà sempre più campo – così scrive – la formazione diretta del Principe, sempre più addentrantesi in zone ritenute per l'innanzi precluse; finalmente – e siamo a fine Seicento – gli atti di normazione sparsa divengono un tessuto normativo ben programmato, sorretto da un approccio organico nella disciplina di rilevanti settori dell'esperienza giuridica, che tende ormai a sostituirsi monocraticamente al vecchio pluralismo di fonti» (Grossi 2007, p. 30). A partire da questo momento campeggia il protagonismo della legge, «intesa non tanto nella accezione vaga della *lex* di San Tommaso inclinante a sfumarsi nello *ius*, ma nel significato strettissimo della *loy*, legge in senso moderno, volizione autoritaria del detentore della nuova sovranità e caratterizzata dagli attributi della generalità e della rigidità» [113] (*Ibid.*, p. 31). E se la *lex* dei medievali era contrassegnata da «ben stabiliti contenuti e ben stabilite finalità – la ragionevolezza,

---

[113] Grossi riporta la celebrata definizione di *lex*, della «essentia legis», data nella *Summa Theologica* da Tommaso d'Aquino, «assommatore e corifeo a fine Dugento della antropologia e della politologia medievali»: «un ordinamento della ragione rivolto al bene comune, proclamato da colui che ha il governo di una comunità». E così commenta: «Un dato fa spicco in essa: la dimensione soggettiva cede il passo alla dimensione oggettiva; in altre parole non è rilevante tanto il soggetto emanatore quanto il suo obbiettivo contenuto: che è doppiamente precisato; consiste in un ordinamento esclusivamente demandato alla ragione. *Ordinatio* è la parola che sposta l'asse della definizione dal soggetto all'oggetto, perché insiste non sulla sua libertà ma sui limiti alla sua libertà; ordinare è infatti una attività vincolata, giacché significa prendere atto di un ordine obiettivo preesistente e non eludibile entro il quale inserire il contenuto della *lex*» (Grossi 2007, p. 25). E di seguito leggiamo: «Ed è proprio per questo che lo strumento dell'ordinare è identificato nella ragione, cioè in un'attività psicologica prevalentemente conoscitiva: perché la conoscenza è il più grande atto di umiltà che un soggetto possa compiere nei confronti del cosmo e della società, perché la conoscenza è proiezione del soggetto al di fuori della propria individualità per scoprire nella realtà a lui esterna le verità in essa contenute, per scoprirvi l'ordine progettato e attuato dalla Divinità. Veramente essenziale è la ragionevolezza della *lex*, cioè la determinata e rigidissima corrispondenza del suo contenuto a un modello che né il Principe né il popolo né il ceto dei giurisiti creano ma sono chiamati semplicemente a scoprire nella ontologia del creato. Qui la *lex*, che ha una dimensione conoscitiva sicuramente prevalente su quella volitiva, non può essere soltanto forma e comando; è innanzi tutto un certo contenuto sostanziale perché è innanzi tutto lettura del reale» (*Ibid.*, pp. 25-6).

il bene comune», la *loy* dei moderni «si propone come realtà che non trova in un contenuto o in uno scopo né il suo significato né la sua legittimazione sociale» (*Ibid.*).

Tuttavia, in prospettiva genealogica, Pascal ci dice ancora un'altra cosa. Il fondamento della legge vigente, della legge rispettata e temuta, non può essere cercato nei principi del giusto, del naturale o del razionale, ma proprio nel loro opposto: nel puro fatto, nell'accidente, nella contingenza storica. Occorre interrogare la storia, spiegare la storia attraverso la storia: ecco la prerogativa iniziale (e basilare) di ogni prospettiva genealogica. Pascal, a suo modo, decostruisce genealogicamente il concetto di legge, lo restituisce ai fatti, agli eventi, alla storia. La legge è tale perché è stabilita: è questa la sua realtà; ma il fondamento mistico della sua autorità è la semplice assenza di ogni fondamento reale. Dopo aver decostruito le maschere, gli inganni, le convenzioni, le immaginazioni, fuori dal gioco dell'illusione, oltre la metafisica, scopriamo che dietro l'immagine della legge si nasconde l'arbitrario, la violenza, l'usurpazione.

Ecco in che consiste la genealogia (come più tardi avrebbe appreso anche Nietzsche): «nello scuotere i costumi stabiliti, frugando fin nella loro prima origine, per svelare il loro difetto di autorità e giustizia» (Pascal 2013, pp. 223-5). È inutile cercare, a ritroso, un "primo" principio puro e incontaminato: «"Bisogna, si dice allora, ricorrere alle leggi fondamentali e primitive dello Stato che un costume ingiusto ha abolite". E questo è un mezzo sicuro per rovinare tutto: nulla sarà giusto su questa bilancia" (*Ibid.*). Ma il popolo non se ne deve avvedere: lo scavo genealogico ha il suo contraltare nella "ragione" politica, giuridica; perché la società ha bisogno dell'ordine e la legge vuole la sua stabilità: «E perciò il più saggio dei legislatori diceva che, per il bene degli uomini, spesso conviene ingannarli; e un altro buon politico: *Cum veritatem qua liberetur ignoret, expedit quod fallatur*. Non devono sentire la verità dell'usurpazione; questa è stata introdotta in passato e senza ragione, poi è diventata ragionevole; bisogna farla considerare come autentica, eterna, e nasconderne l'inizio, se non si vuole che essa abbia rapidamente fine» (*Ibid.*). Nel momento stesso in cui si afferma la necessità di nascondere la genealogia della legge (rendendola autentica, eterna), Pascal ne svela l'origine storica, bassa (la verità dell'usurpazione); nel momento stesso in cui "raccomanda" l'inganno, lo svela, lo rende visibile agli occhi di tutti (fosse anche quel popolo che deve essere ingannato).

Pascal comprende che l'idea di giustizia sostenuta da chi tiene le redini del governo – giustizia parziale, ingiusta, arbitraria – si diffonde nel tessuto sociale a tal punto da diventare abitudine, costume, senso comune e far perdere di vista, così, le circostanze e il luogo della sua nascita ovvero, la sua origine in un gruppo sociale preciso (sovrani, governanti, magistrati togati, ecc.) con interessi determinati (parziali e non collettivi), e tale da indurre nel popolo la convinzione che si tratti null'altro che dell'idea eterna, naturale, di giustizia.

Compito della genealogia (se questo compito possiamo assegnare a Pascal) è allora quello di svelare e denunciare dietro questa idea di giustizia promossa e creduta (accettata) come valore eterno, naturale e assoluto, l'usurpazione e l'arbitrario; è quello di smascherare l'ingiustizia dietro ciò che si presenta con l'apparenza del diritto; è quello, infine, di dimostrare che il "fondamento" ontologico della legge ha lasciato il suo posto alla contingenza storica, all'abitudine e alla convenzione. Dietro la giustizia, il diritto e la legge degli uomini, non vi è alcuna natura, ma solo un processo storico di valorizzazione culturale, un processo arbitrario di costruzione e misurazione giuridica [114].

Su un piano diverso, che rimanda alla svolta linguistica della filosofia, possiamo a tal proposito ricordare i «giuochi linguistici» descritti da Wittgenstein nelle sue *Ricerche filosofiche* (1941– post. 1953), specialmente nel § 50, dove, stabilendo che «non abbia alcun senso parlare dell'essere (o del non essere) di un elemento», assimilava l'uso convenzionale della dominazione dei colori alla conven-

---

[114] D'altro canto, ancora ai nostri giorni, Natalino Irti, nel discutere del rapporto tra norma e luoghi, ha ben mostrato come ciò che dà luogo al diritto non abbia alcunché di naturale. «La volontà di 'far proprio' si manifesta – leggiamo – mediante l'*individuazione degli oggetti*, e dunque distinguendoli e separandoli. Qui entrano in gioco le *misure dello spazio e del tempo*, le quali concorrono nel definire le dimensioni dell'appartenenza. Ciascuna cosa non solo si trova accanto ad altre, ma, poiché di solito permane nel tempo, ha anche una *durata*, uno ieri un oggi un domani. L'interesse appropriativo si svolge nello spazio e nel tempo: cade su un oggetto e chiede una durata. La *linea* serve all'individuazione spaziale delle cose. Mediante una o più linee, gli oggetti sono ritagliati, estratti dall'originaria indistinzione, resi unici nella loro individualità. Codeste linee, ancorché coincidono come cime di monti o sponde di fiumi, nulla hanno di *naturale*. Non sono natura: ma, tracciate dalla mano dell'uomo, appaiono arbitrarie e artificiali. La storia dell'uomo le ha disegnate sull'indistinta superficie della terra. Nell'urto con la storicità dell'essere umano, lo spazio si divide e scompone nella pluralità dei *luoghi*, per ciascuno dei quali è ricostruibile una catena di *eventi fondativi*. Ne offrono esempio le mille e mille storie di catasti fondiari, questi percorsi delle cose attraverso le generazioni degli uomini. L'individuazione di un oggetto è sempre un atto storico, uno svolgersi di volontà sul mondo esterno» (Iriti 2006, pp. 96-7).

zionalità dei sistemi di misurazione. Se l'unico "metro" di cui non si può dire che misuri un "metro" – in quanto mancherebbe un'altra unità di misura per attestarne la lunghezza – è quello depositato come campione a Parigi, vuol dire che ogni misura non ha fondamento (rimanendo logicamente "infondato" il fondamento stesso dell'unità di misura): siamo nella pura e semplice convenzione linguistica [115].

È curioso notare che attraverso questa stessa porta entriamo, in qualche modo, nella logica delle finzioni giuridiche, quelle che, come ha spiegato bene Yan Thomas, esigono, in primo luogo, la «certezza del falso» (Thomas 2016, p. 17). Con la finzione, dice ancora Thomas, siamo in presenza del «mistero» più radicalmente estraneo al senso comune che possa essere offerto, non tanto dal pensiero giuridico, quanto dalla tecnica del diritto, dal suo modo di funzionare, dall'«*ars iuris*».

> «La finzione è una manifesta negazione del vero; essa trasgredisce, per fondarlo diversamente, l'ordine stesso della natura delle cose, "traendo un diritto certo da un fatto sul quale essa si pronuncia in senso contrario» (*Ibid.*, p. 20).

Nell'artificio della finzione agisce una modalità (metaforica) del «come se» che esplicita lo scarto fra costruzione giuridica e realtà naturale. Su questa base il diritto romano si «prende gioco», senza limiti di sorta, dei vincoli naturali (senza nessuno dei limiti "naturali" che, sotto l'influenza dell'antropologia cristiana, si trovano nel diritto medievale, per cui l'arte del diritto, imitando la natura, ne rimane al contempo limitata); tenendo per veri i «simulacri» della fucina giuridica (immaginando un mondo non reale come se fosse reale), si fa beffe dei vincoli della verità esteriore al diritto. Ed è così che la finzione, in alcuni casi, suppone l'esistenza di ciò che non è, e in altri casi, piuttosto che inventare ciò che non esiste, «nega ostentatamente

---

[115] In realtà così scrive Wittgenstein: «Di *una* cosa non si può affermare e nemmeno negare che sia lunga un metro: del metro campione di Parigi. – Naturalmente con ciò non gli abbiamo attribuito nessuna proprietà straordinaria ma abbiamo soltanto caratterizzato la sua funzione particolare nel giuoco del misurare con il metro. – Immaginiamo che a Parigi siano conservati, in modo simile al metro campione, anche i campioni dei colori. Definiamo perciò: "Seppia" vuol dire il colore del campione di seppia conservato sotto vuoto a Parigi. Allora non avrà alcun senso dire, di questo campione, che ha questo colore, o che non ce l'ha» (Wittgenstein 1983, p. 38).

ciò che esiste»; ma al contrario della semplice menzogna, la finzione «getta la maschera», denunciando apertamente un pieno scostamento rispetto alla natura.

Ciò che svela, dunque, la «finzione» (attestando il potere performativo delle parole nello scarto tra ciò che si fa e ciò che si dice) è che il diritto (l'intero diritto) riposa su verità convenzionali, su un «come se» metaforico che trasforma la realtà sostituendosi alla "natura". È come se, nel diritto (non solo romano), la realtà fosse già da sempre "snaturata" nei continui processi di "naturalizzazione" giuridica, poiché la stessa realtà del diritto non è mai altra che quella che esso stesso finge. E ciò perché il diritto, come suggerisce ancora Yan Thomas, costituisce una razionalità sociale a cui attribuire fittiziamente la necessità che la maggior parte delle culture attribuiscono all'*ordine della natura*[116]. Come aveva ben compreso Pascal, alla base della legge (e della sua pretesa "natura") alberga l'arbitrario, la convenzione, la finzione.

## l) *Irrilevanza del diritto naturale*

Nella misura in cui si occupa dell'emergenza storica della giustizia, della sua "origine" bassa, Pascal parla, come si è visto, di usurpazione, nozione questa, che nei suoi *Pensieri* appare intimamente correlata a quelle di forza e concupiscenza[117]. L'usurpazione, in

[116] In realtà, già nella *Teoria delle finzioni*, testo che risale a manoscritti datati 1813, 1814 e 1821, Jeremy Bentham aveva ascritto al campo del fittizio (proprio del simbolico) una dimensione incorporea, immateriale, che proprio in virtù di ciò può produrre relazioni di potere e di assoggettamento. Reale è soltanto il corpo fisico (unica cosa "naturale"), con le sue sensazioni di piacere e dispiacere. Tutto il resto è un'entità fittizia (non "naturale"), e il fittizio appartiene all'ordine del linguaggio. Senza il linguaggio non c'è finzione, come al contrario, senza finzione non c'è linguaggio: «la finzione – il modo della rappresentazione tramite cui le entità fittizie così create, nella misura in cui si possono creare entità fittizie, si travestono al modo di quelle reali e sono poste al loro livello – è un espediente senza il quale il linguaggio, o in ogni caso il linguaggio in una forma superiore a quella del linguaggio della creazione bruta, non potrebbe esistere» (Bentham 2000, p. 51).

[117] Scrive Furio Semerari: «Per quanto riguarda il rapporto fra concupiscenza, forza e usurpazione e di questi tre elementi con l'origine della giustizia, si può sostenere [...] che, per Pascal, all'origine della giustizia vi sono usurpazioni perpetrate in funzione della concupiscenza e attuate con l'uso del-

questa articolazione psicologica e storica, appare come il compimento, la concretizzazione storica, della concupiscenza[118]. Affermare che alla base della giustizia vi è l'usurpazione vuol dire, ancora in termini diversi – e su questo insiste la genealogia di Pascal –, che alla sua origine storica non vi è che l'ingiustizia ovvero, il suo esatto contrario.

L'ordine sociale, l'abbiamo già visto, si basa sull'illusione reciproca degli uomini, ma proprio questa illusione si costituisce come "realtà". Gli uomini credono che le leggi siano fondamentalmente giuste, ma in realtà non sono che opera della forza. Se, infatti, guardiamo in prospettiva genealogica, vediamo che l'ordinamento giuridico nasce dall'usurpazione. Tutti vogliono dominare ma uno solo può farlo: il più forte opprime il più debole. Di qui la giustizia, che gli uomini "immaginano" autentica, non è che l'effetto della forza. La giustizia è ciò che è stabilito (dal più forte), e le leggi devono essere ritenute giuste perché sono stabilite. Ed è così che le cose più irragionevoli diventano più ragionevoli. Chi deve succedere al re: il più virtuoso o il più abile? Invece di litigare per questo, ci fissiamo su qualcosa che può apparire incontestabile: è il figlio primogenito del re.

Federico Gentile ha dato un'interessante interpretazione di queste riflessioni di Pascal: «In tal modo, con questa dottrina profondamente realistica, Pascal – così leggiamo – giustifica non solo le rivoluzioni, ma anche il conservatorismo. Giacché le rivoluzioni accadono proprio per questo, che viene scalzato il fondamento mistico dell'autorità: basta far vedere al popolo che le leggi che egli crede giuste siano viziate all'origine e effetto della forza, perché egli senta il bisogno di liberarsene, in nome di altri principi che egli crede giusti, cioè naturali. Illusione: perché quella usurpazione che è stata una volta introdotta senza ragione è diventata ragionevole, autentica, eterna; ed occorre nasconderne l'origine perché essa non prenda su-

la forza. Nella usurpazione, nella concupiscenza, nella forza e nella loro combinazione è il fondamento della giustizia degli uomini, un fondamento che unifica le differenti incarnazioni storiche di essa. A proposito della usurpazione, che è all'origine della giustizia umana, Pascal aggiunge che la sua "verità" deve rimanere celata: l'usurpazione non deve apparire come usurpazione» (Semerari 1992, pp. 125-6).

[118] Ancora Semerari ci ricorda che secondo Pascal «per il quale giusta è "l'eguaglianza dei beni", un caso di usurpazione dovrebbe essere ogni ripartizione dei beni che contravvenga al principio dell'uguaglianza» (*Ibid.*, p. 125).

bito fine, che vuol dire il principio della guerra civile, il più grande dei mali. È necessario *piper* il popolo» (Gentile 1927, pp. 205-6)[119].

Proprio per questo occorre allora obbedire alle leggi, non perché siano giuste, ma perché sono proprio leggi. «Questo bisognerebbe dire al popolo; il quale invece crede e segue la *costume* perché la crede fondamentalmente giusta e non vuol essere soggetto che alla ragione e alla giustizia e prende ogni altro impero per tirannia: mentre proprio l'impero della ragione e della giustizia è non meno tirannico di quello della *délectation*» (*Ibid.*, p. 206).

La giustizia che domina il mondo non è una "vera" giustizia: questo comprende lo storico genealogista che guarda alle leggi del mondo con occhio diverso sia da quello del popolo che da quello del filosofo (che pensano la verità dove essa non è). Se c'è una giustizia autentica, perfetta in se stessa, questa non appartiene al regno degli uomini, non è accessibile o attuabile, ma sempre ignota alla mente incapace di coglierla (vi è un radicale dualismo nel pensiero di Pascal); la giustizia del mondo è solo un "errore" utile (per usare ancora un'espressione nietzschiana). La "*giustezza*" delle proporzioni geometriche, che rimanda ad un metodo filosofico astratto, a principi puramente intellettuali, non è in grado di cogliere la "*giustizia*" mutevole che domina e informa l'esperienza umana. Al filosofo Pascal sostituisce lo storico, alla geometria la genealogia.

Bourdieu, nelle sue *Meditazioni pascaliane*, è tornato a riflettere su queste posizioni. Pur non spingendo le sue riflessioni fino a riconoscere nella decostruzione del potere e della legge operata da Pascal l'embrione di una prospettiva genealogica, le sue osservazioni hanno colto in modo preciso il problema sollevato dall'autore dei *Pensieri*. «Il solo fondamento della legge – così leggiamo – va cercato nella storia, che, precisamente, annichila ogni specie di fondamento. All'origine della legge non v'è altro che l'arbitrario (nel doppio senso

---

[119] Tuttavia, come ha ricordato Gérard Ferreyrolles, «Pascal déplaît aux conservateurs pour ce qu'il met l'usurpation à l'origine de l'autorité et aux révolutionnaires pour ce qu'il prêche la soumission; et le même raison qui le rend insupportable aux uns ne le rend pas acceptable par les autres, car c'est simultanément qu'il dévoile les mystères du pouvoir et ordonne d'en cacher les commencements, qu'il dénie toute justice à la loi et toute justification à la désobéissance, qu'il vide l'Etat de toute prétention au droit et les lui confère tous. Trop loyaliste pour les démystificateurs, trop démystificateur pour les loyalistes, Pascal s'offre à tous les dégoûts: la politique de Pascal, c'est toujours celle de mon adversaire» (Ferreyrolles 1984, p. 10).

del termine), la "verità dell'usurpazione", la violenza senza giustificazione. L'amnesia della genesi, che nasce dall'assuefazione al costume, dissimula ciò che si enuncia nella brutale tautologia "la legge è legge e nient'altro". Chi vorrà "esaminarne il motivo", la ragion d'essere e scandagliarla "sin nella sua fonte", cioè fondarla risalendo sino al primo cominciamento, a guisa dei filosofi, non scoprirà mai altro che questa sorta di principio di "sragione" sufficiente» (Bourdieu 1998, p. 100).

In altri termini, seguendo il ragionamento di Bourdieu, riusciamo a comprendere, attraverso Pascal, che all'origine non vi è altro che il costume, cioè «l'arbitrario storico dell'istituzione storica che si fa dimenticare come tale tentando di fondarsi in ragione mitica, come le teorie del contratto, veri e propri miti d'origine delle religioni democratiche», o, in modo più banale, «naturalizzandosi e ottenendo così un riconoscimento radicato nel disconoscimento»[120] (*Ibid.*). I nostri principi naturali – ricordava Pascal – non sono che principi abituali, stabiliti e consolidati dal costume ovvero, dalle nostre abitudini. In questi territori, la pretesa della ragione di autofondarsi da sola, procedendo per deduzione rigorosa a partire da

---

[120] Secondo Bourdieu, «l'arbitrario è anche alla radice di tutti i campi, persino dei più "puri", come i mondi artistico o scientifico: ciascuno di essi ha la sua "legge fondamentale", il suo *nomos* (tradotto comunemente con "legge" ma che sarebbe forse meglio rendere con "costituzione", un termine che richiama con maggiore aderenza l'atto di istituzione arbitraria, o con "principio di visione e divisione", più vicino all'etimo). Non vi è nulla da dire di questa legge, se non, come Pascal, che "la legge è legge, niente di più". Essa si enuncia – quando capita, in via eccezionale, che lo faccia – solo sotto forma di tautologie. Irriducibile e incommensurabile a ogni altra, la legge non può essere messa in rapporto con la legge di un altro campo, e con il regime di verità che esso impone – ciò appare particolarmente visibile nel campo artistico, il cui *nomos*, così come si è affermato nella seconda metà del secolo XIX ("l'arte per l'arte") è l'inversione di quello del campo economico ("gli affari sono affari"). Stessa incompatibilità, come osservava Bachelard, tra lo "spirito giuridico" e lo "spirito scientifico" – il rifiuto di qualsiasi approssimazione, la volontà di abolire il vago, generatore di contese, può per esempio indurre il giurista a valutare il prezzo di un terreno alla lira, cosa assurda dal punto di vista dell'uomo di scienza. Ciò significa che, una volta accettato il punto di vista costitutivo di un campo, non si può assumere su di esso un punto di vista esterno: "tesi" che, per non essere mai posta come tale, non può essere contraddetta, il *nomos* non ha antitesi; principio di divisione legittima che può essere applicato a tutti gli aspetti fondamentali dell'esistenza, definendo il pensabile e l'impensabile, il prescritto e il proscritto, esso non può che restare impensato: matrice di tutte le domande pertinenti, non può produrre le domande capaci di metterlo in discussione» (Bourdieu 1998, pp. 102-3).

"primi principi", non è che una mera illusione, una vana ambizione. I filosofi – ci ricorda ancora Bourdieu – hanno creduto molto più facile arrivare a conoscere tali principi, ma tutti senza riuscirci. Di qui quei titoli, tanto comuni, «*I principi delle cose*, *I principi della filosofia*, c simili, altrettanto fastosi nella realtà, sebbene meno nell'apparenza, di quell'altro, che è un pugno negli occhi: *De omni re scibili*» (*Ibid.*, p. 101).

Pascal, come è noto (e lo ricorda ancora Bourdieu) pensa con ogni evidenza a Cartesio. «Pure, introducendo una divisione netta tra l'ordine della conoscenza e l'ordine della politica, tra la "contemplazione della verità" (*contemplatio veritatis*) scolastica e l'"uso della vita" (*usus vitae*), l'autore dei *Principi della filosofia*, per altri versi tanto intrepido, riconosce che, fuori del primo ambito, il dubbio non è opportuno: al pari di tutti i moderni settatori dello scetticismo, da Montaigne a Hume, Cartesio si è sempre guardato, con grande sorpresa dei suoi commentatori, dall'estendere alla politica – è noto con quale prudenza egli parli di Machiavelli – il tipo di pensiero radicale che egli stesso aveva inaugurato nell'ordine del sapere». Forse perché, conclude Bourdieu, «immaginava che si sarebbe condannato, conformemente alle previsioni di Pascal, alla scoperta ultima – fatta per distruggere l'ambizione di chi vuole fondare ogni cosa sulla ragione – e cioè che la "verità dell'usurpazione", "compiuta in passato senza ragione, è diventata ragionevole"»[121] (*Ibid.*).

---

[121] Scrive ancora Bourdieu: «Ma la forza del costume non annulla mai completamente l'arbitrario della forza, sostegno di tutto il sistema, che minaccia sempre di venire alla luce. Così, la polizia ricorda con la sua semplice esistenza la violenza extralegale su cui poggia l'ordine legale (e che la filosofia del diritto, soprattutto con Kelsen, teorico della "legge fondamentale", mira a occultare). Ciò vale anche, seppure in modo più insidioso, per le rotture critiche nel corso senza storia dell'"ordine delle successioni" introdotto dai colpi di stato, azioni estreme di violenza straordinaria che vengono a rompere il ciclo della riproduzione del potere, o, più banalmente, momenti inaugurali in cui un agente socialmente destinato all'esercizio legittimo della violenza fisica o simbolica (re, ministro, magistrato, professore ecc.) viene investito (di un nuovo mandato). Con il colpo di stato – inteso nel senso classico (ricordato da Louis Marin a proposito di Naudé) di azione eccezionale cui un governo ricorre per garantire quella che ritiene la salvezza dello stato, o nel senso moderno, più ristretto, di impresa violenta attraverso la quale un individuo o un gruppo si impadronisce del potere o cambia la costituzione – sono la violenza e l'arbitrario dell'origine e, quindi, il problema della giustificazione del potere che risorgono, nell'"esplosione, la violenza, lo choc dell'assoluto della forza", come dice ancora Louis Martin; è la rottura con l'esercizio "legittimo" del potere in quanto rappresenta-

In realtà, per Pascal non esiste alcun diritto naturale che possa giustificare il dominio di un uomo su un altro uomo: esiste solo la possibilità di un dominio di fatto; qualunque genere di patto o contratto sociale, esplicito o tacito, non può aver luogo: esiste solo un rapporto di dominazione fattuale. Ha ragione Crisitan Lazzeri: «*La description de la constitution d'un pouvoir de fait est pour Pascal inséparable de la critique qu'il adresse au fondement rationnel de la légitimité du pouvoir*» (Lazzeri 1993, p. 223). Di qui, allo stesso tempo, non sarà possibile invocare il diritto naturale come limite all'esercizio del potere (di fatto) esercitato dai governanti (*Ibid.*, p. 246). Solo la forza (come qualità naturale) sta alla base del corpo politico, come la violenza è alla base dello Stato; non è possibile appellarsi ad alcun diritto naturale conoscibile per costruire giuridicamente l'ordine politico. Dietro le istituzioni umane si annida tutta una storia di "errori" ("utili" o "pragmatici" come avrebbe detto più tardi Nietzsche), di "false" credenze. Gli uomini non possono fondare l'ordine politico, come al contrario sostengono i filosofi del diritto naturale, sulla sola ragione.

* * *

Anni più addietro, era tornato su questo problema Georges Sorel nelle sue famose *Réflexions sur la violence* pubblicate per la prima volta su "Mouvement socialiste" nel 1906. Non stupisce più di tanto se si considera che l'avversione all'Illuminismo, all'ottimismo della Ragione, alla certezza cartesiana è stato sempre uno dei capisaldi del suo pensiero[122]. Non stupisce se si ricorda che proprio Sorel aveva

---

zione della forza capace di farsi *riconoscere* per il solo fatto di farsi *conoscere*, di mostrarsi senza esercitarsi» (*Ibid.*, pp. 101-2).

[122] Il progresso, gli ideali umanitari e quelli cartesiani di certezza, l'utilitarismo, il positivismo erano valori che Sorel rifiutava. Come ricorda Christopher Lasch, «aveva ereditato dai suoi maestri intellettuali – Pascal, Proudhon, Tocqueville, Le Play – una profonda diffidenza per lo spirito moderno, per la sua superficialità e la sua compiacenza, con il suo senso immeritato della propria superiorità sul passato, la passione per il presente e la relativa svalutazione del futuro» (Lasch 2016, p. 341). E sempre rispetto al suo pensiero leggiamo poco più avanti: «A rigor di termini, una "moralità cartesiana non esiste", scrisse nelle *Illusioni del progresso*: si tratta solo di "una regola di proprietà che prescrive il rispetto per le usanze accettate". Era caratteristico di una concezione della vita analoga a quella del protestantesimo, come notò un suo ammiratore italiano, Giuseppe Prezzolini, il fatto che Sorel rimproverasse a Descartes di "non essersi mai preoccupato del significato della vita"» (*Ibid.*, pp. 341-2).

preso le parti di Pascal contro Descartes, il quale aveva cercato di ridurre qualsiasi cosa a formule, con delle conseguenze, a suo avviso, egualmente deplorevoli per una teoria della conoscenza e una teoria della morale (Lasch 2016, p. 341). E non stupisce ancor di più se si valuta attentamente – riconsiderando gli sviluppi di una linea genealogica del pensiero (che passa anche per la lettura nietzschiana) – cosa Sorel scrisse a Croce in una lettera datata 6 maggio 1907: «Voi avete riconosciuto benissimo quale è la grande preoccupazione di tutta la mia vita: la genesi storica della morale» (Sorel 1928).

Nella lettera del 15 luglio 1907 indirizzata a Daniel Halévy, posta poi nell'introduzione delle sue *Réflexions* (pubblicate da Marcel Rivière a Parigi nel 1910) Sorel, appunto scriveva:

> «Non posso resistere al piacere di riaccostarmi ad alcuni dei *Pensées* di Pascal, che imbarazzarono terribilmente i suoi contemporanei e che sono stati compresi a pieno soltanto ai nostri giorni. Pascal faticò assai per liberarsi delle idee sul diritto naturale che aveva trovato presso i filosofi; le abbandonò perché non le ritenne sufficientemente penetrate di cristianesimo: "Ho passato gran parte della mia vita," disse, "credendo che vi fosse una giustizia; e in ciò non mi ingannavo poiché vi è tanta giustizia quanto Dio ha voluto che a noi fosse rivelata. Ma non così io la intendevo, e in ciò io m'ingannavo; poiché credevo che la nostra giustizia fosse essenzialmente giusta e che vi fosse di che conoscerla e giudicarla" (frammento 357 [lo abbiamo già citato] dell'edizione Brunschvicg); – "Vi sono senza dubbio delle leggi naturali; ma questa bella ragione corrotta ha corrotto tutto" (frammento 294); – "*Veri juris*. A noi ciò non è più dato" (frammento 297)» (Sorel 1996, p. 98).

Sorel ricorda che tale osservazione doveva mostrare a Pascal l'assurdità della teoria del diritto naturale: «se questa teoria fosse esatta troverebbe qualche legge universalmente ammessa; ma azioni che noi crediamo come delitti altrove sono state considerate come virtuose» (*Ibid.*). Nell'impossibilità in cui ci troviamo di poter ragionare sul giusto, Pascal – dice ancora Sorel – giunge a mostrare come il giusto dipenda dalla forza. Ma aggiunge subito dopo:

> «Questa critica del diritto naturale non ha affatto quella chiarezza perfetta che potremmo dargli oggi, perché noi sappiamo che è nell'economia che bisogna ricercare il tipo della forza pervenuta ad un regime pienamente automatico e che si può quindi in modo naturale identificare col diritto, – mentre Pascal confonde in uno stesso genere tutte le manifestazioni della forza.
>
> I mutamenti che il diritto subisce nel corso del tempo avevano colpi-

to vivamente Pascal e continuano a creare molti imbarazzi ai filosofi: un sistema sociale ben coordinato è distrutto da una rivoluzione e cede il posto a un altro sistema che in modo analogo viene trovato del tutto ragionevole; e ciò che prima era giusto è diventato ingiusto. Non si è fatto economia di sofismi per dimostrare che la forza era stata messa al servizio della giustizia durante le rivoluzioni; più volte si è dimostrato che tali argomenti sono assurdi; ma il pubblico non sa risolversi ad abbandonarli, tanto è abituato a credere al diritto naturale!

Persino la guerra si è voluta porre sul piano del diritto naturale: la si è assimilata a un processo nel quale un popolo rivendicava un diritto misconosciuto da un empio vicino. I nostri padri ammettevano volentieri che nel corso delle battaglie Dio arbitrava la contesa in favore di colui che aveva ragione; il vinto doveva essere trattato alla stregua di un imputato colpevole: doveva pagare le spese della guerra e dare al vincitore garanzie tali da permettergli di godere in pace i suoi diritti restaurati. Oggi non manca chi propone di sottomettere i conflitti internazionali a dei tribunali arbitrali; si tratterebbe di una laicizzazione della mitologia antica.

I partigiani del diritto naturale non sono avversari irriducibili delle lotte civili, né soprattutto delle manifestazioni tumultuose; lo si è visto a sufficienza durante l'affare Dreyfus. Quando la forza publica è nelle mani dei loro avversari, ben volentieri essi ammettono che essa viene impiegata per violare la giustizia, e allora dimostrano che si può uscire dalla legalità per rientrare nel diritto (secondo una formula dei bonapartisti); essi cercano almeno di intimidire il governo quando non possono sognarsi di rovesciarlo. Ma combattendo in tal modo i detentori della forza pubblica, non desiderano affatto che questa venga soppressa; poiché è loro desiderio di utilizzarla un bel giorno a loro profitto; tutte le perturbazioni rivoluzionarie del XIX secolo si sono concluse con un rafforzamento dello Stato» (*Ibid.*, p. 99-101).

Pascal, ricordava Sorel, denunciava semplicemente la ridicola pretesa di ogni belligerante del suo tempo di condannare, in nome del diritto, la condotta del suo avversario. Perché dietro il diritto non vi è che la manifestazione della forza, della volontà di dominio, dell'arbitrario e dell'usurpazione. Più volte si è cercato di far luce su questa ambigua genesi del diritto, ma il pubblico non ne prende coscienza «tanto è abituato a credere al diritto naturale!». Ed oggi, ricordava ancora Sorel guardando al suo tempo (che, in qualche modo, è ancora il nostro), conviene ricercare nell'economia «il tipo della forza pervenuta ad un regime pienamente automatico e che si può quindi in modo naturale identificare col diritto».

Ancora un altro insegnamento traeva Sorel da Pascal: «un sistema sociale ben coordinato è distrutto da una rivoluzione e cede il posto a un altro sistema che in modo analogo viene trovato del tutto ragionevole; e ciò che prima era giusto è diventato ingiusto. Non si è fatto economia di sofismi per dimostrare che la forza era stata messa al servizio della giustizia durante le rivoluzioni». La «ragionevolezza» del nuovo ordinamento sorto dalla violenza rivoluzionaria finisce così per occultare la natura extra-giuridica della sua istituzione[123]; finisce, dunque, per occultare il fondamento non-giuridico (violento, arbitrario) della sua costituzione.

## m) *Paradossale fenomenologia della legge*

Michel Serres, ripensando la «Rete», lo spazio «virtuale», è di recente tornato ai luoghi di «non-diritto»: «il diritto compare a partire dal non-diritto», così scrive. «Quindi la morale nasce

[123] È stato forse Max Weber a spiegarci con più precisione, nella sua *Sociologia del diritto*, il rapporto essenziale che lega il «diritto rivoluzionario» alle concezioni del «diritto naturale», specialmente all'inizio dell'età moderna e nell'epoca della Rivoluzione. È ovvio che una volta abbattuto un regime (*l'Ancien régime*) non si possa giustificare, a partire dall'ordinamento esistente, un nuovo diritto. Per dare, dunque, una legittimità al «diritto rivoluzionario» si fa appello a un diritto «il cui contenuto non contrasta con il concetto di un ordinamento conforme a ragione» (Weber 2000, p. 178). Scrive Weber: «Il "diritto naturale" è il complesso delle norme valide indipendentemente da ogni diritto positivo e preminti rispetto ad esso, le quali non derivano la propria dignità da una situazione arbitraria, ma al contrario ne legittimano la forza obbligatoria. Esse sono quindi legittime non in virtù della loro provenienza da un legislatore legittimo, ma in virtù di qualità puramente immanenti: questa è l'unica specifica forma di legittimità di un diritto che possa rimanere, una volta che le rivelazioni religiose e la santità autoritaria della tradizione siano venute meno. Il diritto naturale è perciò la forma di legittimità specifica degli ordinamenti creati mediante rivoluzione. Il richiamo al "diritto naturale" ha sempre costituito la forma in cui le classi che si ribellavano contro l'ordinamento esistente conferivano una legittimità alle loro aspirazioni legislative, quando non si appoggiavano a norme e rivelazioni di una religione positiva. S'intende che non ogni diritto naturale è "rivoluzionario" secondo il suo senso intenzionato, cioè in quanto fornisce la legittimazione per la realizzazione di determinate norme contro un ordinamento costituito, mediante un agire violento o una resistenza passiva» (*Ibid.*, p. 176). Sta di fatto che il diritto rivoluzionario rende, dunque, positivi i principi del diritto naturale a cui si appella per trovare una sua legittimazione (che non può essere data in continuità con l'ordinamento destituito attraverso la rivoluzione), e proprio attraverso questa positivizzazione occulta l'atto di violenza originario (extra-giuridico) che ha posto storicamente in essere il nuovo ordinamento.

dall'immoralità» (Serres 2016, p. 278). Vi è ancora la genealogia di Nietzsche, e di Pascal, da opporre alla dura rigidità cartesiana. Il diritto «non deriva, fin dall'origine, da un principio sovrano, ma dal carattere insopportabile delle consuetudini» di luoghi percorsi, come le foreste di una volta, da mille e pericolosi briganti; deriva da «spazi così attraversati dalla violenza che la polizia o le guardie hanno paura di penetrarvi»; da spazzi, dunque, di «non-diritto», quelli di cui narrano gli antichi miti di fondazione, o altre narrazioni «letterarie, pseudo storiche, mitiche». E subito aggiunge: «Rousseau, ma soprattutto Hobbes, più cupo, raccontano per concetti la stessa storia, quando cercano, senza trovarla, l'origine del contratto sociale; e anche supposto che questo patto intervenga, susciterà di nuovo delle guerre di certi gruppi contro altri così giuridicamente formati» [124] (*Ibid.*).

---

[124] Ecco il discorso di Serres: «Virtuale, la Rete diventa quindi un luogo di non-diritto, potenzialmente percorso, come la foresta di una volta, da mille briganti, sparpagliati, connessi, cospiranti, dispersi. Foreste in cui ritrovo, ancor prima di tutti i pastori del mondo, il Mowgli del *Libro della giungla*, il piccolo del cacciatore-raccoglitore che viveva con i lupi, bestie altamente civilizzate, che obbedivano al re Akela e si sottomettevano alla legge della giungla, all'ombra della Rupe del Consiglio. Siccome qui il diritto e la politica ci sono già, bisogna risalire ancora più indietro nel tempo per trovare le origini di queste leggi. In Tito Livio, per esempio, dove i predecessori di Mowgli si chiamano Romolo e Remo, gemelli che poppavano alle mammelle della lupa. Loro vivevano davvero una vita selvaggia, in un luogo di non-diritto, come testimonia il nome della loro madre: Rea Silvia, figlia della foresta o delle selvaggerie. Uno assassinò l'altro, come Caino uccise il fratello Abele in un altro racconto d'origini, e così Roma dovette attendere un successore, Numa Pompilio, per veder comparire il diritto romano: questo re di diritto discende, quindi, da una stirpe senza fede né legge. Analogamente nella foresta di Sherwood, piena di malandrini, un bel giorno comparve Robin Hood, dal nome rivelatore perché ossimorico: Hood, o Wood, indica il bosco come luogo di non-diritto, ma Robin designa colui che indossa la toga del magistrato, che conosce, che amministra la legge. Robin Hood: legge del bosco, uomo di diritto in un luogo di non-diritto. I senza fede né legge, con il loro copricapo verde, ormai obbediscono a questo capo che merita rispetto, poiché rappresenta la legge. Di nuovo, ahimè, come per Mowgli o Romolo, *omnes in unum*? Non esattamente, perché Robin Hood, lungi dall'essere solo il nome di un personaggio, ci presenta una cifra, un codice, un testo oscuro da decifrare: Robin nasce da Wood; la toga nasce dal bosco; il diritto è nato da un luogo di non-diritto. [...] Come importare in questi luoghi di violenza delle regole concepite d'altrove? Né il diritto né la morale che non siano quelle specifiche del Web s'imporranno mai in rete, ma emergeranno da questo mare selvaggio, da questa foresta di non-diritto, dove regna la cofidica, dove è possibile na-

Dietro ogni mito fondatore, dietro ogni racconto d'origini vi è sempre un delitto, un atto di violenza fondativa. È a partire da qui che nascono le istituzioni, da questo luogo di «non-diritto» occultato o rimosso. E il «non-diritto» non è soltanto la foresta, la giungla, il remoto luogo selvaggio (nell'accezione che gli ha restituito Serres), non è soltanto uno spazio, un momento, antecedente il diritto, ma è anche, come aveva intuito Pascal, ciò che si oppone al diritto, ciò che lo nega e lo contraddice: la forza, la violenza, l'arbitrato, l'usurpazione.

Su questo piano, detto in termini brutali, il *diritto* si presenta come un *delitto* che, attraverso un processo di giustificazione, legittimazione e "naturalizzazione", è riuscito a cancellare le proprie tracce, a nascondere la sua origine oscura. Per questo, ricordava Pascal (2013, fr. 292), il più saggio dei legislatori diceva che, per il bene degli uomini, spesso conviene ingannarli: «non devono sentire la verità dell'usurpazione; questa è stata introdotta in passato e senza ragione, poi è diventata ragionevole; bisogna farla considerare come autentica, eterna, e nasconderne l'inizio».

È come se Pascal avesse compreso fino in fondo, sul piano genealogico, la paradossale fenomenologia della legge: non ha un fondamento assoluto, ma per esistere in quanto legge, per mostrarsi in quanto tale, ha bisogno comunque di essere fondata; e ciò per non ricadere nel dominio dell'arbitrario, del convenzionale, del contingente. Come dire che la legge, da questo punto di vista, denuncia al contempo sia l'impossibilità che la necessità del suo fondamento: la necessità e l'impossibilità di fondarsi su ciò che rimane comunque infondato.

A partire da qui, la forza deve trasformarsi in giustizia, l'usurpazione in diritto, la violenza arbitraria in violenza legittima. Ogni fondazione occulta l'arbitrarietà da cui proviene. Vi è bisogno di una trasformazione simbolica (che stabilizzi un processo di "razionalizzazione", e "naturalizzazione", dell'arbitrio storico di cui è espressione). È a partire da qui, da questo paradosso, che dobbiamo discutere, con Pascal e attraverso Pascal, il problema della legittimazione, della giustificazione e della "naturalizzazione" della legge. «È perico-

---

scondersi, diventare invisibili, dove è possibile barare senza farsi scoprire troppo, senza perdere la reputazione, senza separarsi da questo oceano di individui. Viva i pirati; qualunque benda portino sull'occhio, finiscono col darsi un codice d'onore. Che sorprendente ritorno alle origini! Nuova politica, diritto nuovo, nuova morale: ecco dei bei cantieri che non credevamo più di rivedere né di dover riaprire. Nuova materia di pensiero» (Serres 2016, pp. 277-9).

loso dire al popolo che le leggi non sono giuste, perché il popolo intanto obbedisce alle leggi in quanto le ritiene giuste. Perciò, è necessario dirgli pure che bisogna obbedire alle leggi perché sono leggi» (Pascal 2013, fr. 326, p. 234).

È proprio questo, forse, ciò che Pascal, svelando il gioco di tale *rivelazione* (ovvero insistendo sulla necessità di riporre un velo su ciò che si è svelato), ha voluto in fin dei conti mostrare: la legge, in quanto legge, deve essere fondata, sia pure con la forza, l'immaginazione, la credenza; ha bisogno di una sua giustificazione (di una «vera definizione di giustizia») per mettersi al riparo dalla sua stessa distruzione («bisogna farla considerare autentica, eterna, e nasconderne l'inizio, se non si vuole che essa abbia rapidamente fine»). Chi svela la genealogia della legge, il suo inizio (storico) nella violenza, nell'arbitrario, nell'usurpazione, dice che la legge non è fondata e, dunque, che, come legge, non *è* legge; ma in quanto riconosciuta e indicata come tale, in quanto legge, in quanto *è* la legge, occorre comunque accordargli un fondamento. Non si esce da questo paradosso. La legge non ha fondamento ovvero, si fonda soltanto su se stessa («la legge è tutta racchiusa in sé, è la legge e nient'altro»: è questo il «fondamento mistico della sua autorità»); ma esige comunque un fondamento per presentarsi in quanto legge, per esistere in quanto tale e per dare ordine alla sua stessa manifestazione. Occorre, dunque, fondare la legge.

* * *

Su questi problemi si è interrogato Jacques Derrida quando, nel suo commento alla leggenda dell'uomo davanti alla *Porta della legge* del *Processo* di Kafka, ha cercato, in termini fenomenologici, di ricondurre il problema del diritto positivo alla sua paradossale fondazione (Derrida 1996) [125].

«Davanti alla porta della legge sta un guardiano». Così inizia il racconto di Kafka. Un uomo della campagna si avvicina alla porta e chiede al guardiano di varcarla, «di essere ammesso alla Legge». Questi lo invita a non essere impaziente perché per il momento non può concedergli l'ingresso. Passano gli anni e l'uomo resta sempre davanti alla soglia della porta, stremato, tant'è che il guardiano alla fine gli dice: «Qui, nessun altro poteva ottenere il permesso: questa

---

[125] In realtà questo breve testo di Derrida, pubblicato a Parigi nel 1985, affronta la questione del giudicare in rapporto al pensiero di Jean-François Lyotard.

entrata era riservata solo a te. Adesso vado a chiuderla» (Kafka 1983, pp. 233-5).

Derrida è andato subito al cuore del problema. In questo racconto, e soprattutto nelle parole del guardiano, ha colto, in sintesi, il paradossale statuto ontologico della legge: la legge non è se non in virtù della trasgressione, di qualcuno che si assume la responsabilità di varcare la porta. Colui che infrange la legge, che la trasgredisce, si fa corico di convocarla, di portarla a un presente fenomenico attribuendole un carattere storico. La legge, «evento senza evento, evento puro in cui nulla capita», si manifesta, si fa presente, soltanto attraverso la sua effrazione.

In altri termini, non può esservi accesso alla legge se non attraverso la sua trasgressione. «La porta – scrive Derrida – non è chiusa, è "aperta" "come sempre" (dice il testo) ma la legge rimane inaccessibile e, se ciò vieta o sbarra la porta della storia genealogica, è anche ciò che tiene nell'incertezza desiderio dell'origine e pulsione genealogica, che lasciano senza fiato tanto davanti al processo di generazione della legge quanto davanti alla generazione parentale. La ricerca storica conduce la *relazione* verso l'esibizione impossibile di un sito o di un evento, di un aver-luogo in cui sorge la legge come interdetto» (Derrida 1996, p. 81).

In un altro breve libro, frutto della composizione di due testi (*Dal diritto alla giustizia* e *Nome di Benjamin*) scritti in occasione di convegni tenuti in America nel 1989-90, riflettendo soprattutto sul saggio *Per la critica della violenza* di Walter Benjamin, Derrida è ritornato sul testo di Kafka, alla «situazione nello stesso tempo ordinaria e terribile dell'uomo che non riesce a vedere né soprattutto a toccare, a raggiungere la legge» (Derrida 2003, p. 103). La conclusione a cui arriva Derrida è che non si riesce a raggiungere, ad accedere alla legge perché essa è trascendente nella misura stessa in cui è l'uomo (l'uomo della campagna del racconto di Kafka) che deve fondarla, come a venire, nella violenza. «Si "tocca" qui senza toccarlo – scrive Derrida – questo straordinario paradosso: la trascendenza inaccessibile della legge davanti alla quale e prima della quale si trova l'"uomo" sembra infinitamente trascendente e dunque teologica solo nella misura in cui, vicinissimo a lui, essa dipende solo da lui, dall'atto performativo con il quale egli la istituisce: la legge è trascendente, violenta e non violenta, perché dipende solo da chi è davanti ad essa –, da chi la produce, la fonda, l'autorizza in un performativo assoluto la cui presenza gli sfugge sempre. La legge è trascendente e teologica, dunque sempre a venire, sempre promessa, perché è immanente, finita e dunque già passata. Ogni "soggetto" si trova preso in anticipo in questa struttura aporetica»[126] (*Ibid.*).

Questo è, dunque, il paradossale statuto ontologico della legge: la legge è se non in virtù della sua trasgressione, si dà soltanto se qualcuno la fonda trasgredendola, se qualcuno la rende presente negandola. Chi trasgredisce la legge, la manifesta in tutta la sua forza, mettendo a nudo, al contempo, la violenza dell'ordine giuridico.

Capiamo così che la violenza non è esterna all'ordine del diritto, ma minaccia sempre il diritto dall'interno del diritto stesso. E qui Derrida incontra il saggio di Benjamin *Per la critica della violenza* (1921), saggio che riflettendo sulla violenza rivoluzionaria e, in particolare, sulle *Riflessioni sulla violenza* di Sorel (1906) finisce per affermare che «ogni violenza è, come mezzo, potere che pone o che conserva il diritto. Se non pretende a nessuno di questi due attributi, rinuncia da sé ad ogni validità» (Benjamin 1981, p. 16)[127].

L'attenzione di Derrida si concentra sulla parola *Gewalt*, che in lingua tedesca vuol dire tanto violenza quanto autorità, forza pubblica, violenza autorizzata, potere legale (come quando si parla di potere di Stato). E, a partire da qui, attraverso l'analisi della critica benjaminiana della democrazia liberale e parlamentare, e del concetto di diritto che ne è inseparabile, Derrida s'interroga sull'ambivalenza che espone il passaggio dalla «violenza fondatrice» alla «violenza conservatrice» di una legge che occulta la propria origine per opporsi ad altre forme di violenza. «Cominciando con il distinguere fra

[126] Questa legge trascendente e teologica, ricorda, in qualche modo, la «giustizia soprannaturale» di Pascal. Agli occhi di Pascal, infatti, tranne che per il mezzo della fede, gli uomini non hanno accesso duraturo alla conoscenza della «vera» giustizia, la giustizia divina, quella non scritta; accedono solo a ciò che la tradisce, l'annulla e la mistifica, accedono solo alla storia di questa mistificazione.

[127] Leggiamo ancora all'inizio del saggio: «Il compito di una critica della violenza si può definire come l'esposizione del suo rapporto col diritto e con la giustizia. Poiché una causa agente diventa violenza, nel senso pregnante della parola, solo quando incide in rapporti morali. La sfera di questi rapporti è definita dai concetti di diritto e di giustizia» (Benjamin 1981, p. 5). E poco più avanti: «Bisognerà [...] prendere in considerazione la sorprendente possibilità che l'interesse del diritto a monopolizzare la violenza rispetto alla persona singola non si spieghi con l'intenzione di salvaguardare i fini giuridici, ma piuttosto con quella di salvaguardare il diritto stesso. E che la violenza, quando non è in possesso del diritto di volta in volta esistente, rappresenti per esso una minaccia, non a causa dei fini che essa persegue, ma della sua semplice esistenza al di fuori del diritto» (*Ibid.*, p. 9).

due violenze, la violenza fondatrice e la violenza conservatrice, Benjamin deve ammettere a un certo momento – scrive Derrida – che l'una non può essere così radicalmente eterogenea rispetto all'altra poiché la violenza detta fondatrice è a volte "rappresentata", e necessariamente ripetuta, nel senso forte della parola, dalla violenza conservatrice» (Derrida 2003, p. 88).

Benjamin aveva in mente una specifica istituzione dello Stato moderno, la polizia (come «potere di disporre» a fini giuridici ma anche, al contempo, «potere di ordinare» con facoltà di stabilire essa stessa questi fini) quando, appunto, affermava la soppressione della distinzione «fra violenza che pone e violenza che conserva la legge» (Benjamin 1981, p. 15) [128]. Ed è da qui che Derrida può concludere, provvisoriamente, che «nella sua origine così come nel suo fine, nella sua fondazione e nella sua conservazione, il diritto è inseparabile dalla violenza, immediata o mediata, presente o rappresentata» (Derrida 2003, p. 121) [129].

In altri termini, ciò che Derrida cerca di evidenziare, è il carattere di forza permanente nella legge (operata dalla sua performatività) e la sua violenza costitutiva. Il «fondamento mistico dell'autorità delle leggi» (di cui, appunto, parlavano Montaigne e Pascal) non rimanda

---

[128] Derrida ricorda appunto che, per Benjamin, ciò che attesta in modo «spettrale» la connessione tra violenza conservatrice e violenza fondatrice è proprio l'istituzione moderna della polizia; «spettrale» perché una violenza ossessiona l'altra, perché ognuna è eterogenea all'altra. «La spettralità sta nel fatto che un corpo non è mai presente in se stesso, per ciò che è. Appare sparendo o facendo sparire ciò che rappresenta: l'uno per l'altro» (Derrida 2003, cit., p. 112). Ma poco prima Derrida ricordava anche che l'ordine del diritto si manifesta pienamente nella possibilità della pena di morte: «Ciò di cui deve testimoniare la pena di morte è che il diritto è una violenza contraria alla natura» (*Ibid.*, p. 111).

[129] Dico "provvisoriamente", perché subito dopo Derrida scrive: «Ciò esclude forse qualsiasi non violenza nell'eliminazione dei conflitti, come si potrebbe facilmente essere tentati di concludere? Niente affatto. Ma il pensiero della non violenza deve eccedere l'ordine del diritto pubblico» (*Ibid.*, p. 121). E poco più avanti ancora leggiamo: «Ciò che Benjamin sembra sognare è un ordine della non violenza che sottragga all'ordine del diritto – dunque al diritto di punire la menzogna – non solo le relazioni private ma anche certe relazioni pubbliche come lo sciopero generale di cui parla Sorel, quello che non cercherebbe di rifondare uno Stato e un nuovo diritto; o ancora certe relazioni diplomatiche in cui, in modo analogo alle relazioni private, alcuni ambasciatori regolano i conflitti pacificamente senza trattati. L'arbitrato è non violento in questo caso perché si situa "al di là di ogni ordinamento giuridico e quindi di ogni violenza"» (*Ibid.*, p. 123).

ad altro che al «silenzio murato nella struttura violenta dell'atto fondatore» (*Ibid.*, p. 63). La legge non può fondarsi che su se stessa: in tal senso è violenza senza fondamento. Ogni tentativo di purificare la legge dal suo sostrato di forza non è che impostura o illusione.

Tuttavia, ciò che a noi più interessa è che Derrida, nella sua decostruzione del rapporto tra diritto e giustizia, ha trovato un fondamentale punto di appoggio in Montaigne e Pascal; anzi, soprattutto quest'ultimo gli ha consentito di precisare la sua critica dell'ideologia giuridica focalizzando il rapporto asimmetrico tra diritto e giustizia in relazione alla forza. Là dove c'è diritto non c'è giustizia, poiché la forma giuridica non è che l'esito di rapporti di forza politico-economici. «All'inizio della giustizia, ci sarà stato il *logos*, il linguaggio o la lingua, ma ciò non è necessariamente in contrasto – scrive Derrida commentando i "pensieri" di Pascal che tematizzano il rapporto tra giustizia e forza – con un altro *incipit* che suonerebbe: "All'inizio ci sarà stata la forza"» (*Ibid.*, p. 58).

La lettura che dà Derrida dei *Pensieri* pascaliani sul rapporto tra forza e giustizia, si discosta, a suo stesso dire, da quell'interpretazione convenzionale che tende a scivolare verso «una sorta di scetticismo pessimista, relativista ed empirista» (per la stessa ragione Arnaud aveva omesso questi pensieri nell'edizione di Port Royal, sostenendo che Pascal li aveva scritti sotto l'influenza di una lettura di Montaigne, per il quale, come si è visto, le leggi non sono giuste di per sé, ma solo perché sono leggi e nulla più) (*Ibid.*, p. 60). «Il pensiero di Pascal che "mette insieme" la giustizia e la forza – leggiamo – e fa della forza una sorta di predicato essenziale della giustizia – termine con il quale egli intende più il diritto che la giustizia – va forse al di là di un relativismo convenzionalista o utilitarista, al di là di un nichilismo, antico o moderno che farebbe della legge ciò che si chiama a volte un "potere mascherato", al di là della morale cinica del *Lupo e l'agnello* di La Fontaine secondo la quale "La ragione del più forte è sempre la migliore" (*Might makes right*)» (*Ibid.*, p. 61). Abbiamo già visto, in effetti, che la critica pascaliana, nel suo principio, rimanda (sul piano teologico) al peccato originale e alla corruzione delle leggi naturali ad opera di una ragione a sua volta corrotta. «Ma se si isola – scrive ancora Derrida – il movente in qualche modo funzionale della critica pascaliana, se si dissocia questa semplice analisi dalla presupposizione del suo pessimismo cristiano, cosa che non è impossibile, allora vi si possono trovare, come d'altronde in Montaigne, le premesse di una filosofia critica *moderna*, o una critica dell'ideologia giuridica, una desedimentazione delle sovrastrutture del diritto che nascono e riflettono a un tempo gli interessi economici e politici delle forze dominanti della società. Sarebbe sempre possibile e a volte utile» (*Ibid.*, p. 62).

Come Nietzsche che, dissociando alcuni pensieri di Pascal dai presupposti del suo cristianesimo, ha riformulato *genealogicamente* la sua critica della giustizia e della morale, allo stesso modo Derrida, compiendo la stessa dissociazione, ha ricondotto la *filosofia* di Pascal al piano della decostruzione, della «desedimentazione delle sovrastrutture del diritto», della critica dell'ideologia giuridica. Ancora leggiamo: «Il sorgere stesso della giustizia e del diritto, il momento istitutivo, fondatore e giustificatore del diritto implica una forza performativa, cioè sempre una forza interpretativa e un appello alla credenza: questa volta non nel senso che il diritto sarebbe *al servizio* della forza, strumento docile, servile e dunque esterno del potere dominante, ma nel senso che intratterrebbe con ciò che si chiama la forza, il potere o la violenza una relazione più intima e più complessa» (*Ibid.*). Detto altrimenti, secondo la lettura che Derrida dà del testo pascaliano, la giustizia (nel senso del diritto) non sarebbe posta al servizio di una forza, di un potere politico, economico o ideologico che esisterebbe al di fuori o prima di essa e al quale dovrebbe piegarsi e adattarsi, come strumento malleabile, secondo l'utilità. Il suo stesso momento di fondazione o d'istituzione «non è mai inscritto nel tessuto omogeneo di una storia poiché lo strappa con una decisione».

Ora, continua Derrida, «l'operazione consistente nel fondare, inaugurare, giustificare il diritto, nel *fare la legge*, consisterebbe in un colpo di forza, in una violenza performativa e dunque interpretativa che in sé non è né giusta né ingiusta e che nessuna giustizia, nessun diritto preliminare e anteriormente fondatore, potrebbe garantire né contraddire o invalidare» (*Ibid.*, pp. 62-3). In altre parole, non vi è nessuna "natura", nessuna giustizia naturale, nessuna ragione, nessun fondamento naturale o razionale, precedente e anteriore, che può garantire (o invalidare) il diritto (e qui la distanza di Pascal dal modello giusnaturalista).

Nella struttura violenta dell'atto fondatore, vi è dunque ciò che Derrida definisce «un silenzio murato» perché «non esterno al linguaggio»; ed è in questa direzione che egli interpreta ciò che Pascal (seguendo Montaigne) chiama il «fondamento mistico dell'autorità»: «Dato che l'origine dell'autorità, la fondazione o il fondamento, la posizione della legge, per definizione, in definitiva possono basarsi solo su se stesse, esse sono a loro volta una violenza senza fondamento» (*Ibid.*, p. 63). E ciò non vuol dire che siano ingiuste in sé (nel senso di «illegali» o «illegittime»), perché non sono né «illegali» né «illegittime» nel loro istante fondatore, in quanto «eccedono l'opposizione del fondato e del non-fondato, come pure di ogni fondazionalismo o antifondazionalismo» (*Ibid.*, pp. 63-4). Anche se il successo di performativi fondatori di un diritto – scrive Derrida riferendosi, soprattutto, allo Stato come garante di un diritto – presuppone delle condizioni e delle convenzioni preliminari (nello spazio nazionale o internazionale), «lo stesso limite "mistico" risorgerà alla presunta origine di quelle condizioni, regole o convenzioni – e della loro interpretazione dominante» (*Ibid.*, p. 64).

Così, pertanto, rileggendo Pascal, Derrida può appunto affermare che il diritto è «essenzialmente *decostruibile*, sia perché è fondato, cioè costruito su strati testuali interpretabili e trasformabili (ed è la storia del diritto, la possibile e necessaria trasformazione, a volte il miglioramento del diritto), sia perché il suo fondamento ultimo, per definizione, non è fondato» (*Ibid.*).

Proprio a partire da queste premesse Derrida giunge dunque alla stessa aporia profonda che sembra attraversare i «pensieri» di Pascal: la giustizia è l'esperienza di ciò di cui non possiamo fare esperienza. Il diritto, del resto, non è la giustizia. «Il diritto è l'elemento del calcolo, ed è giusto che vi sia diritto, ma la giustizia è incalcolabile, esige che si calcoli con l'incalcolabile; e le esperienze aporetiche sono delle esperienze tanto improbabili quanto necessarie della giustizia, cioè di momenti in cui la *decisione* fra il giusto e l'ingiusto non è mai garantita da una regola» (*Ibid.*, p. 66).

Quest'assenza di regola, di origine, di fondamento naturale antecedente ogni ordine di giustizia è ciò che, dunque, espone il diritto nella sua continuità con la violenza, l'arbitrario, l'usurpazione. Ed è proprio in questo paradossale "spazio di assenza" che s'inserisce la genealogia del diritto di Pascal[130].

---

[130] In realtà non mi sembra del tutto condivisibile il giudizio, troppo superficiale, che Michel Villey dà della rilevanza del problema del diritto in Pascal nella sua brevissima trattazione del tema. «Non credo affatto che Pascal – così leggiamo – abbia mai avuto il minimo interesse personale per il diritto. Sappiamo bene in quale direzione era diretta la sua attenzione: in primo luogo alla scienza e al di sopra di questa alla religione ed alla morale. Un uomo che nella sua "prigione" gode qualche istante di vita prima della morte ha ben altre cose in testa che non il diritto. Penserà in primo luogo alla sua salvezza e quindi alla scienza, che è almeno a breve termine utile e che Pascal ha sempre amato. In lui si fondano questi due interessi, l'uno che prolunga la tradizione agostiniana cristiana e l'umanesimo, l'altro più recente, quello attorno al quale abbiamo visto gravitare

## n) *La rimozione della violenza*

Dal punto di vista genealogico (sulla base della prospettiva ge-

---

il pensiero moderno. Egli appartiene al genere di mistici o degli scienziati che sono assolutamente allergici al diritto» (Villey 1986, p. 481). Può aver ragione Villey nel sostenere che per questi motivi Pascal non dimostra un rilevante interesse per il diritto, ma per quel che riesco a comprendere, è proprio a partire da questa "s-valutazione" che l'autore dei *Pensieri* è riuscito cogliere il diritto in prospettiva genealogica, ovvero a decostruirne l'ambivalenza concettuale. Leggiamo, comunque, ancora Villey: «Non credo nemmeno che i pochi pensieri di Pascal che riguardano il diritto costituiscano un apporto notevole alla filosofia del diritto. Pascal li concepisce perché gli erano utili per ulteriori sviluppi che non concernevano per nulla il diritto, per dimostrare cioè la debolezza dell'uomo senza Dio. Per di più nella maggior parte dei casi non si tratta d'altro che di note di lettura; quasi tutte sono dedotte da Montaigne; qualche lettore si illude che siano pensieri autentici di Pascal. È vero però che qualche volta Pascal ne ritocca lo stile e che allora questi pensieri portano il segno non della trascuratezza di Montaigne, ma del rigore scientifico proprio di Pascal» (*Ibid.*). Abbiamo già detto del debito di Pascal nei confronti del pensiero di Montaigne (dal quale derivava anche un certo disprezzo per la filosofia, scienza inutile e vana), ma sappiamo anche che i temi da lui raccolti, lungi dal rimanere entro l'ambito della disquisizione scettica, trovarono un loro originario sviluppo in una concezione religiosamente tragica del mistero dell'esistenza e in un approfondimento della condizione storica della vita umana. Tuttavia, secondo Villey, nei *Pensieri* di Pascal dedicati al diritto troviamo soltanto nuove prove che «il diritto naturale classico è radicalmente estraneo allo spirito della scienza moderna, così come era lontano dallo scetticismo del XVI secolo e che è ben difficile individuare una giustizia che abbia validità universale» (*Ibid.*). E queste prove, che rivelano bene la critica dello scienziato alla vecchia idea di natura, provengono ancora da Montaigne. Ma troviamo anche dell'altro – e qui Villey dimostra di non comprendere fino in fondo lo stile paradossale e iperbolico di Pascal. «D'altra parte – sostiene ancora – proprio come Montaigne (ma ciò non è in disaccordo con il giansenismo delle *Provinciali*), Pascal predica la sottomissione alle leggi positive. [...] La giustizia è una "punta troppo morbida"; Pascal la concepisce indubbiamente (con quel dualismo latente che domina il suo pensiero) come un'essenza puramente *ideale*, o addirittura, sotto l'influenza dell'agostinismo giansenista, di carattere sovrannaturale. Dato che non possiamo conoscere la giustizia, dobbiamo rispettare le istituzioni che la provvidenza ha stabilito, anche se si fondano sulla forza» (*Ibid.*). Così Villey, nel poco spazio dedicato a Pascal nella sua *Formazione del pensiero giuridico moderno*, conclude con un'accusa di «conformismo» (la stessa riservata a Bacone), del conformismo come «una delle possibili soluzioni che il pensiero moderno può dare al problema delle fonti del diritto». E aggiunge: «È una soluzione indubbiamente riduttiva; un nuovo genere di giuspositivismo, che rinuncia a trovare un fondamento ragionevole al diritto e che per lo meno ha il vantaggio di dispensarci da ogni sorta di filosofia del dirit-

nealogica tracciata da Pascal) scopriamo dunque che l'ordine politico-sociale si costituisce sulla rimozione dell'atto di violenza che l'ha reso possibile; scopriamo che l'ordinamento giuridico si fonda sull'arbitrario, che il diritto riposa sul *non-diritto* (come delitto, si è detto, che ha cancellato le sue tracce). «"Questo cane è mio" [...], "Questo posto al sole è mio". Ecco – scriveva Pascal – l'inizio e l'immagine dell'usurpazione su tutta la terra»[131].

---

to» (*Ibid.*, p. 482). E così, di questo passo, arriviamo al finale: «Questo tipo di positivismo è destinato ad avere una grande fortuna presso i tecnici del diritto. In un filosofo come Pascal, esso significa innanzi tutto che il diritto è l'ultima delle sue preoccupazioni e che lo spirito scientifico moderno è assolutamente incapace di pensare i fondamenti del diritto» (*Ibid.*). Come abbiamo visto, dal nostro punto di vista, non si tratta tanto di uno spirito scientifico incapace di pensare i fondamenti del diritto, ma di uno spirito genealogico, rivolto alla storicità dell'esistenza, capace di mettere in discussione la pretesa della filosofia (della ragione astratta) di fondare il diritto a partire da presupposti naturali.

[131] Una traccia di questa originaria «usurpazione» la troviamo trattenuta negli strati di senso che attraversano la storia del vocabolario giuridico, a partire dall'etimo, dal significato profondo del termine *nomos*. In *Land und Meer*, pubblicato nel 1942 come "racconto" indirizzato alla figlia, Carl Schmitt anticipava alcuni dei temi poi sviluppati nel più famoso *Der Nomos der Erde* del 1950. Leggiamo: «Ogni ordinamento fondamentale è un ordinamento spaziale. Quando si parla della costituzione di un paese o di un continente, ci si riferisce al suo ordinamento fondamentale, al suo *nomos*. Ora il vero, autentico ordinamento fondamentale si basa, nella sua essenza, su determinati confini e delimitazioni spaziali, su determinate misure e su una determinata spartizione della terra. Al principio di ogni grande epoca c'è quindi una grande conquista di terra. In particolare, ogni mutamento e ogni spostamento significativo dell'immagine della terra sono legati a mutamenti politici di portata mondiale e a una nuova suddivisione della terra, a una nuova conquista di terra» (Schmitt 2002, pp. 73-4). A sostegno del suo discorso Schmitt richiamava l'etimo greco, il verbo *nemein* che, come appunto il sostantivo *nomos* da questi derivato, ha a tre significati fondamentali: innanzitutto «prendere, conquistare», e dunque, al sostantivo, «presa di possesso, conquista»; in secondo luogo «dividere, spartire» ciò di cui si è preso possesso, e quindi, al sostantivo, «spartizione del terreno»; in terzo luogo «pascolare», ovvero ciò che riguarda l'utilizzazione e la valorizzazione del terreno ottenuto con la divisione, e pertanto la produzione e il consumo. Il *nomos* in altri termini, nel significato di conquista, spartizione e utilizzazione rimanda il diritto (e l'ordinamento) non solo alla terra, al territorio, e ai suoi confini, ma anche ad una originaria presa di possesso. Quella «possesione» che già Giambattista Vico, nel Libro secondo della *Scienza Nuova* (1725), poneva alla base dell'«autorità di diritto naturale» degli uomini: «che, con l'occupare e stare lungo tempo fermi nelle terre dove si erano nel tempo de' primi fulmini per fortuna truvati, ne divennero signori per l'occupazione, con una lunga possessione, ch'è 'l fonte di tutti i domini del mondo» (Vico 1983, p. 334).

Su questo piano (quello della genealogia) diviene dunque possibile una *critica* del diritto perché il diritto, attraverso la legge, ci costituisce nella *crisi*, nella divisione, nella distinzione, nell'atto della decisione, in ciò che distingue (originariamente) il diritto dal non-diritto; in quanto ciò che, ponendosi come (prima) differenza, istituisce la distinzione fondamentale tra violenza e forza di legge (forza legittima). Alla base del diritto non vi è, dunque, un fondamento naturale, ma una differenza, una distinzione arbitraria, uno scarto, una *crisi*.

L'ordine costituito giuridicamente nasconde così la violenza costituente che l'ha posto in essere. È a partire da qui che si genera la differenza tra ordine legittimo e violenza illegittima, tra ordine legale e disordine illegale, ma questa differenza, in quanto pura distinzione prospettica, rimane sempre inscritta entro l'ordine della violenza; e ciò perché ogni ordine si fonda paradossalmente sulla stessa violenza che viene espulsa (e rimossa) all'atto stesso della sua costituzione.

Detto altrimenti, una volta costituito come ordine giuridico, il potere "legale" si differenzia (occultando la sua origine) dalla stessa violenza che l'ha "legalmente" istituito. L'ordine giuridico riposa sul mantenimento di questa differenza e, allo stesso tempo, sulla rimozione della violenza che l'ha posto in essere. Anzi, nella misura stessa in cui l'ordinamento rimuove la violenza che lo istituisce, si pone esso stesso come prima differenza rispetto al *dis-ordine* (violento) che l'ha generato; si pone come prima differenza in seno all'indifferenziato. In altre parole, si auto-istituisce come differenza che, paradossalmente, rivendica, per se stessa, il senso della totalità. E ciò che, in altri termini, ha intuito Jean-Pierre Dupuy quando, riflettendo sulle categorie di René Girard (il «meccanismo vittimario» e il «ruolo dell'arbitrario nella morfogenesi culturale») ha affermato: «La differenziazione si trasforma in indifferenziazione quando essa si pensa. Ora, è proprio questo il paradosso autoreferenziale: più lo stesso si vuole altro, più produce lo stesso» (Dupuy 1986, p. 141).

Da questo punto di vista, il pensiero dell'assoluto è sempre un pensiero del negativo, un pensiero *contro*. In Girard, scrive ancora Dupuy, «il paradosso autoreferenziale è come l'arbitrario. Non può essere guardato in viso» (*Ibid.*, p. 142).

Il discorso di Dupuy si concentra soprattutto sulla società moderna (quella che si realizza in Europa tra il XVI e il XVII secolo), dove al rifiuto di pensare il sociale in termini di manifestazione di un ordine divino, si è accompagnata la necessità di stabilire l'auto-istituzione e l'autoregolazione della società. «Questa – così leggiamo –

fu la spinta iniziale per tutti i grandi sistemi teorici che pretenderanno di liberare l'uomo dalla religione, considerandola come la confluenza di tutte le sue alienazioni» (*Ibid.*, p. 144). Il riferimento – oltre al Marx del *Capitale* – è senza dubbio ad Hobbes e Rousseau, ma anche ad altre filosofie del contratto sociale che, passando per Grotius, Pufendorf, Loke e molti altri, tenteranno tra il XVII e XVIII di spiegare l'auto-istituzione e l'autoregolazione del sociale. È di qui che si avvia la pretesa della società moderna di presentarsi come sistema autonomo capace di emancipare l'edificio dei suoi significati da ogni ultimo ancoraggio e di costituire da se stessa il suo proprio mondo dotandolo di senso. Ed è sempre di qui – possiamo aggiungere – che, insieme all'ambizione della ragione (così derisa da Pascal) di fondarsi da sola, procedendo per deduzione logica a partire da "principi primi", vengono ad affermarsi le teorie del contratto, veri e propri miti di auto-fondazione, capaci di occultare l'arbitrario storico da cui deriva, storicamente, l'istituzione del politico. Ecco, in altri termini, la giustificazione tautologica (l'auto-fondazione) della Legge, l'"auto-trascendenza" che istituisce l'ordine sociale, il «fondamento mistico» della sua autorità di cui parlava, appunto, Pascal: «chi riporta la giustizia al suo principio la distrugge» (fr. 294).

Tuttavia, per comprendere meglio le dinamiche di rimozione su cui si fonda la società moderna, Dupuy guarda a ritroso verso la «logica del sacro» – di qui il suo interesse per la teoria del sacrificio di Girard. A questa logica, infatti, corrisponde la capacità di occultare e dissimulare l'arbitrarietà che istituisce l'ordine sociale, se è vero, come sostiene Girard, che anche il pensiero umano e il senso nascono dall'espulsione del capro espiatorio ovvero, dalla violenza collettiva e unanime che sta alla base di ogni processo di istituzionalizzazione. «Ogni conoscenza – scrive Dupuy – è quindi mutilazione, esclusione, negazione». Ma, tale negazione, allo stesso tempo, «non può conoscersi da sola perché quella conoscenza di secondo grado altro non sarebbe se non la negazione della prima» (*Ibid.*, p. 141).

D'altro canto lo stesso Girad ha riconosciuto a Dupuy la capacità di cogliere alcune implicazioni logiche presenti nel suo pensiero e da lui stesso ignorate. Lo capiamo soprattutto dalla sua analisi della filosofia come forma (al pari di altre forme sociali e rituali) di espulsione del religioso. «La filosofia – scrive Girard – è questa espulsione del religioso. Ma questa espulsione è una nuova espulsione e paradossalmente essa riproduce l'espulsione religiosa, diventa una religione di secondo grado. Essa nasconde la violenza che il sacrificio mostrava ancora, non vuole più neppure la violenza buona del sacrificio in confronto alla violenza cattiva della lotta tra uomini, ma sopprime il sacrificio stesso e lo sostituisce con il linguaggio. Allo stesso modo noi sostituiamo i riti di iniziazione o le esecuzioni collettive di vittime con sistemi giudiziari estremamente complessi, ma all'interno di queste istituzioni restano sempre quelle che Jean-Pierre Dupuy ha chiamato "tracce" della violenza fondatrice: esse possono sempre percorrere la traiettoria all'indietro e trasformarsi di nuovo in violenza reale» (Girard 1991, pp. 105-6).

Non è allora un caso se proprio in questa sede ci andremo ad occupare, sia pur brevemente, del pensiero di Girard; e non solo perché in esso ritroviamo un discorso sulla «violenza fondatrice», ma anche perché, a ben vedere, le sue analisi rimandano, in parte, ad alcune intuizioni già presenti nel percorso genealogico tracciato dalle riflessioni di Pascal.

René Girard ha, in effetti, posto le basi del suo edificio teorico, sul tema del sacrificio. Dal suo punto di vista (che trae nutrimento dall'analisi critica della letteratura etnologica, dei testi mitologici e sacri della tradizione occidentale greca, giudeo-cristiana, africana, indiana e mesoamericana – ma anche dallo studio della tradizione letteraria antica e moderna) il sacrificio rappresenta l'evento fondamentale e fondatore a partire dal quale (e per mezzo del quale) si costituisce l'ordine simbolico di ogni comunità umana. Secondo la sua ipotesi, all'origine della cultura (come all'origine del nostro linguaggio e delle nostre pratiche quotidiane), sta, quale unico e fondamentale principio, un omicidio fondatore: il sacrificio di una vittima "innocente" che catalizza l'odio e la violenza di un'intera collettività. Il pensiero umano, il senso, la ragione, nascono sulle fondamenta del capro espiatorio.

La tesi antropologica di Girard si concentra, dunque, sull'origine violenta della civiltà e sull'affermazione dell'originaria identità fra violenza e sacro. Non a caso, in tutta la sua opera, la nozione di *capro espiatorio* (la vittima sacrificale, vittima di una comunità in crisi che non sa riconciliarsi se non a spese di un "terzo") è presentata come pietra angolare sulla quale poggia l'intero processo di ominizzazione. Su questo piano, il «processo vittimario» rappresenta il punto di inizio della civiltà e il luogo di congiunzione tra la violenza e l'ordine religioso.

In altri termini, Girard ha cercato costantemente di evidenziare l'aspetto inedito del rapporto tra la conflittualità e il sacro: la dimensione fondamentale, generativa e genealogica di tale rapporto. I miti e i rituali, ovvero, le prime forme di espressione sacra, così come ogni espressione culturale umana, sarebbero, dal suo punto di vista, il risultato di un processo di simbolizzazione della violenza originaria, del sacrificio fondatore su cui si ordinano i rapporti comunitari [132]. «La violenza contro la vittima espiatoria – così leggiamo – potrebbe essere radicalmente fondatrice, nel senso che, ponendo fine al circolo vizioso della violenza, dà avvio al tempo stesso ad un altro circolo vizioso, quello del rito sacrificale, che potrebbe essere proprio quello dell'intera cultura» (Girard 1980, p. 135).

In tal senso, a partire dalle comunità arcaiche, gli uomini hanno sempre cercato, attraverso l'elaborazione mitologica e le dinamiche rituali, di scongiurare il dilagare della violenza reciproca e di consolidare l'ordine sacrificale (miti, riti, sacrifici e divieti non sono altro che forme sacrali strettamente legate al potere ordinatore della violenza); hanno tentato di risolvere il caos alimentato dal dilagare della vendetta tramite pratiche altrettanto legate al sistema della violenza (una violenza, però, unanime e ordinata, orientata «sacrificalmente» entro i margini di un processo vittimario).

Detto altrimenti, René Girard ha ben mostrato come la comunità arcaica sia in fondo un'istituzione sacrificale, capace di proteggersi dalla sua stessa violenza volgendo quest'ultima verso una vittima espiatoria. Il sacrificio vi si pone dunque come quel dispositivo in grado di rimuovere il male che attraversa il tessuto sociale (e che sempre lo minaccia) per mezzo dell'espulsione di un capro espiatorio (vi è sempre, nell'ottica di Girard, un'«economia» del sacrificio). In tal modo, secondo il suo punto di vista, si può ben comprendere come la vittima sacrificale, nella cui espiazione culmina il conflitto sociale, sia quel dispositivo ambivalente, interno alla comunità, capace di trasferire la violenza all'esterno, ponendosi essa stessa al di fuori dei legami comunitari.

Si tratta altrimenti di pensare, paradossalmente, un *fondamento non comunitario della comunità*. Ben sappiamo, infatti, che, per Girard, l'istituzione del sacrificio rappresenta in ultimo quel dispositivo necessario e originario capace di costituire il legame sociale. La comunità si dispone, in tal senso, come coalizione che trova la sua identità a partire da un fondamentale processo di estraniazione; l'escluso

---

[132] La «ritualizzazione», come la «simbolizzazione», rimandano essenzialmente ad un processo di riproduzione sempre più raffinato dell'assassino fondatore, quel sacrificio originario che si pone alla base dello stesso processo di ominizzazione. Nello specifico, secondo Girard, la «simbolizzazione» costituisce un processo di razionalizzazione e misconoscimento della violenza.

è colui che la consegna al suo *Altro*, al suo differente, pur rimanendo paradossalmente in rapporto con la sua fondazione; pur rimanendone il principio interiore, che solo grazie al dispositivo espiatorio può risolvere esteriormente (e simbolicamente) una violenza ambivalente e originaria capace di legare intimamente l'interno e l'esterno, l'incluso e l'escluso. Come dire: l'escluso appartiene alla comunità dal suo esterno, mantenendo sempre con essa una relazione originaria ambivalente. Ed è proprio per questo che, pur rappresentando il suo principio costitutivo (il suo cemento fondamentale), la vittima esclusa presenta paradossalmente la comunità alla sua necessaria divisione.

Da questo punto di vista, che nell'ordine sacrificale privilegia l'escluso, la comunità si presenta come un rapporto di esclusione inclusivo, ovvero, come ciò che include, al contempo, escludendo. Al modello binario inclusione/esclusione, esterno/interno, si sostituisce il quadro più ampio dell'ambivalenza e dell'antinomia. La comunità trasferisce nella vittima espulsa il male che da sempre la abita, ma è proprio grazie a tale espulsione, ai margini di questa violenza costitutiva, che la comunità ritrova il suo fondamento.

Ecco, pertanto, il dispositivo paradossale su cui ruota tutta l'antropologia di Girard: per esistere, un ordine (sia esso politico, simbolico o sociale) deve periodicamente (e «ritualmente») distruggersi. Qualsiasi unità sociale, qualsiasi comunità politica, si struttura come ordine al cui interno persiste la violenza e l'arbitrario, e non già come residuo, ma come elemento centrale e fondante. Si dà ordine, paradossalmente, soltanto attraverso la violenza (in quanto «forza creatrice»); o meglio, per arginare e interrompere gli effetti disastrosi della violenza distruttrice (che dissolve ogni individualità e differenza nel dominio dello sterminio incontrollato) è necessario non già espellere il male, ma assumerlo nel suo aspetto di creazione.

Su questo piano, l'unico autentico legame esistenziale della comunità politica si determina attraverso l'assunzione della violenza (o del "male", in termini teologici o metafisici) come elemento creativo e rigenerativo. La violenza sacrificale non è che la base occulta (sempre mistificata) su cui si organizza l'ordine politico e sociale.

In altri termini, secondo l'antropologia «negativa» di Girard, l'ordine sociale (la convivenza pacifica tra gli uomini) pone originariamente le sue fondamenta nel sistema ambivalente del sacro: ogni società umana si costituisce attorno ai suoi «capri espiatori», riproducendo ciclicamente forme sempre più sofisticate di persecuzione e di esclusione. Tali pratiche rimangono, tuttavia, sempre dissimulate, mistificate e occultate dietro forme rituali e narrazioni simboliche apparentemente improntate al criterio della legittimità e della giustizia (il sacrificio, del resto, funziona finché il suo vero significato rimane nascosto). Proprio per questo, il compito fondamentale dell'antropologia girardiana (che ha il suo principio ispiratore nei Vangeli e nella rivelazione cristiana) è, in fin dei conti, quello di svelare, attraverso la decostruzione delle pratiche sacrificali che da sempre accompagnano il cammino dell'uomo (e il processo di civilizzazione), *le cose nascoste fin dalla fondazione del mondo* (Girard 1983).

L'ordine simbolico e culturale, in quanto ordine essenzialmente sacrificale (ogni collettività, per Girard, si presenta sempre come un'istituzione sacrificale), riposa, dunque, su una rimozione fondamentale: il sacrificio deve rimanere nascosto, se non si vuole ricadere nel disordine della violenza indifferenziata. E tale processo di rimozione ha il suo presupposto nel meccanismo sacrificale che consente alla collettività di proteggersi da se stessa spostando e concentrando la violenza che la abita su una vittima capace di catalizzare il "male" volgendolo all'esterno (Girard 1980, p. 22). «Perché il sacrificio sia possibile – sostiene Girard – è infatti necessario credere che la vittima originaria sia responsabile del disordine mimetico in prima istanza, e poi, attraverso la mediazione della violenza unanime, del ritorno all'ordine» (Girard 2004, p. 8).

Il sociale, nella prospettiva di Girard, si fonda quindi su questo paradosso: nasce dalla rimozione della violenza che impedisce la strutturazione di qualsivoglia società e, allo stesso tempo, si basa sulla violenza sacrificale che converte la conflittualità reciproca nella «giustizia» dell'esecuzione (il sacrificio esprime, all'un tempo, un'illegittimità morale – quella dell'esecuzione vittimaria, per lo più occultata – e una legittimità funzionale, strutturale – quella dell'ordine sociale).

L'ordine sacrificale mostra, nella sua essenzialità, il gioco paradossale della logica *pharmaceutica*. La vittima, che con la sua messa a morte risolve la crisi mimetica, si pone come cardine ambivalente del legame comunitario: veleno e, al contempo, antidoto, male e rimedio insieme. Da una parte essa è il prodotto di un'indifferenziazione del sistema (e come tale ne resta fuori perché incapace di differenziarsi al suo interno), dall'altra è ciò che, attraverso il suo sacrificio, restituisce le differenze al sistema. Ed è proprio a partire da qui che possiamo considerare l'espulsione della vittima come un «effetto sistemico» attraverso il quale l'ordine sociale diviene capace di «autotrascendersi» esteriorizzandosi rispetto a se stesso.

La vittima immolata (in quanto "parte maledetta"), elemento *del* sociale che *trascende*, al contempo, il sociale, fonda così l'ordine simbolico attraverso la sua stessa espulsione sacrificale. È in questi termini che il sacrificio istituisce la prima differenza, quella tra dentro e fuori, ordine e disordine, dicibile e indicibile.

È dunque il sacrificio, per Girard, quell'arbitrarietà "culturale", quella violenza unanime che deve essere sempre occultata; è il sacrificio, detto altrimenti, quel primo dispositivo arcaico di violenza fondatrice, quella violenza pre-giuridica rimossa che sta dietro la serie storica delle forme di «usurpazione» di cui parlava Pascal: gli uomini – ricordiamo cosa sta scritto al frammento 294 dei *Pensieri* – «non devono sentire la verità dell'usurpazione; questa è stata introdotta in passato e senza ragione, poi è diventata ragionevole; bisogna farla considerare come autentica, eterna, e nasconderne l'inizio, se non si vuole che essa abbia rapidamente fine» (Pascal 2013, p. 225).

* * *

La rimozione e il misconoscimento istituzionale della violenza non riguarda, però, soltanto la dinamica sacrificale delle società primitive o, comunque, pre-moderne. La forza del costume, ricordava Pascal, occulta l'arbitrario della forza, così come le teorie del contratto (miti d'origine delle "religioni" democratiche) nascondono la "verità" storica dell'usurpazione.

Anche la filosofia del diritto, nella misura in cui si svincola dall'esperienza storica cercando di approdare ad un universo concettuale puramente formale, tende a misconoscere la violenza extra-legale su cui poggia l'ordine legale. Basti solamente pensare alla *dottrina pura del diritto* di Kelsen, teorico della «norma fondamentale» («*Grundnorm*»); ma ci troviamo soltanto ad uno stadio giuridico avanzato di un percorso politico e sociale preparato e sviluppato nel corso degli ultimi secoli. E proprio a questo percorso dobbiamo rivolgere un breve sguardo.

A conclusione di quel lungo processo che si consolida in Francia alla fine del XVIII secolo, la legge, quale espressione della volontà generale e quale norma suprema posta al vertice della "piramide normativa", si annuncia come il migliore strumento politico capace di produrre e condizionare ogni espressione della giuridicità[133].

---

[133] Ricorda Grossi che «la norma suprema al vertice della piramide gerarchica, cioè la legge, è in questo progetto un contenitore vuoto, perché – essendo

D'ora in avanti il diritto finisce sempre di più per coincidere con il potere. Lo dimostra, paradossalmente, la stessa concezione «normativista» che ha, appunto, pervaso la coscienza giuridica del secolo scorso. Se l'impianto positivo del diritto finisce, in effetti, per essere concepito come un universo di comandi, posto (*positum*) da una volontà e da una autorità formalmente investita del potere e pertanto munita del crisma della ufficialità, si continua ad avere di esso una visione essenzialmente potestativa (legata al potere), astratta (svincolata dai processi sociali), legalista (legata cioè – come aveva già compreso Max Weber nella sua analisi dei processi di razionalizzazione formale del diritto – al rispetto della forma-legge[134]) e statualistica (limitata, cioè, ai confini nazionali dello Stato)[135]. Detto altrimenti, la visione imperativistica moderna, che identifica il diritto in una norma (posta al vertice di una rigidissima gerarchia), ossia in una regola autorevole e autoritaria, finisce per vincolare la legge al potere politico quale comando di un superiore a un inferiore. È la strada, come è

---

per definizione assiomatica espressione della volontà generale – non ha dai diversi contenuti alcun contributo alla sua figura essenziale. Una norma è infatti legge non in grazia di determinati contenuti ma per la sua provenienza dal detentore della sovranità che la filtra mediante un rigoroso procedimento formale» (Grossi 2007, p. 75).

[134] Ricorda Paolo Grossi che una legalità concepita in senso stretto quale rispetto della forma-legge significa sia il rispetto della legge che proibisce l'omicidio (con tutto il suo carico etico), sia della legge che sancisce il primato di una razza sull'altra e impone diminuzioni di capacità per gli appartenenti a un *etnos* ritenuto inferiore. «Ossia – leggiamo – il principio di legalità perde qui ogni sua valenza garantistica per rappresentare soltanto il fossato invalicabile che circonda perfettamente e chiude il castello mitico così edificato» (*Ibid.*, p. 76).

[135] Dove, in effetti, possiamo vedere in senso pieno la connessione fra ordine giuridico e potere politico è nel processo (illuministico, o meglio, figlio del giusnaturalismo illuminista) della codificazione post-rivoluzionaria e moderna. Lo spiega bene ancora Paolo Grossi – vale la pena ricordarlo – attraverso la ricostruzione del percorso di statalizzazione del diritto, anche del diritto civile, il più restio a farsi controllare nelle maglie del potere (si pensi al *Code civil* napoleonico del 1804). «Il giusnaturalismo – scrive lo storico del diritto – viene a sfociare nel più greve positivismo giuridico e il Codice, anche se portatore di valori universali, si riduce a voce del sovrano nazionale, a legge positiva di questo o di quello Stato» (*Ibid.*, p. 95). Alla fine di un lungo itinerario storico il diritto si è, così, definitivamente identificato con la legge. Il Codice, specchio e cemento dell'unità di un'entità statuale, fonte completa ed esclusiva, diviene ora la migliore espressione di quel "monismo giuridico" che individua la legge al di sopra di ogni altra fonte di diritto. Diviene dunque, al contempo, il migliore strumento nelle mani dello Stato accentratore.

si già capito, che conduce direttamente al formalismo astratto di uno tra i più autorevoli e influenti giuristi del Novecento: Hans Kelsen appunto[136].

Non stupisce, pertanto, se proprio qui, nel "normativismo" kelseniano, ritroviamo un'idealizzazione geometrica attraverso la quale si rende "cartesianamente" visibile la struttura gerarchica dell'intero sistema giuridico. Come, infatti, sappiamo, elemento essenziale e originario dell'esperienza giuridica è, per Kelsen, la norma, cioè la regola di diritto che esprime un dovere (di condotta): un "dover-essere" (*Sollen*) distinto dalla sfera dell'"essere" (*Sein*). Conferendo, poi, all'ordinamento giuridico una struttura a gradi, l'esistenza specifica di una norma viene legata a un più vasto sistema internormativo disposto in senso gerarchico. Una norma giuridica esiste solo se è stata prodotta in conformità ad una norma di grado superiore. Ne consegue che le norme giuridiche presentano un ordine gerarchico che procede per gradi fino alla «*Grundnorm*», la "Norma fondamentale", che fonda la validità e l'efficacia del sistema secondo una catena più o meno lunga di delegazioni.

Nella prospettiva adottata da Kelsen, la struttura complessiva dell'ordinamento giuridico si dispone, pertanto, in forma piramidale,

---

[136] È importante, in tal senso, ricordare ciò che ancora Paolo Grossi ci riferisce a proposito di questo grande giurista: «Kelsen è sempre riuscito a parlare al cuore del giurista di ieri e di oggi per parecchi buoni motivi: in primo luogo, perché non è un filosofo che parla, ma un giurista tecnico e impegnatissimo in grosse operazioni costituzionali anche se nutrito di eccellenti letture filosofiche e dotato di notevole forza speculativa; in secondo luogo, la sua è autenticamente una avventura intellettuale, rispettabilissima come tentativo appassionato di ricerca di nuove fondazioni epistemologiche per la *scientia iuris* dopo tanti dubbi demolitivi sulla sua scientificità accumulatisi nel corso dell'età moderna; in terzo luogo perché, anche se tutta la sua opera può essere vista come un grandioso esorcismo contro il potere attraverso la sua razionalizzazione formale-normativa, avendo prescelto il punto di vista della norma come perno dell'ordine giuridico, momento essenziale deve necessariamente essere il tempo della sua produzione, evento essenziale il comando, contenuto essenziale la coercizione, manifestazione essenziale la sua forma, con il risultato che il grandioso esorcismo si palesa come sostanzialmente inefficace, e il potere domina indirettamente ma con una presenza greve tutto l'itinerario kelseniano quasi come il coro dell'antica tragedia greca. Al giurista moderno imperativista e formalista sorride parecchio la costruzione kelseniana di una "Dottrina giuridica pura" anche se si risolve in un castello di forme, in una armonia astratta di linee angoli cerchi, insomma in una geometria che deve trarre forza da se stessa ma che era scaturita dal nulla e nel nulla si fondava» (*Ibid.*, pp. 56-58).

basandosi l'intero sistema su un'unica Norma fondamentale (la *Grundnorm*, appunto). Solo la Norma fondamentale, posta al vertice della piramide normativa, può dare validità ed efficacia all'intero sistema normativo. Scrive il giurista nella *Teoria generale del diritto e dello Stato* (testo del 1945):

> «Il rapporto fra la norma che regola la creazione di un'altra norma e quest'altra norma può essere raffigurato come un rapporto di sopraordinazione e di subordinazione, per avvalersi di espressioni spaziali. La norma che determina la creazione di un'altra norma è la norma superiore, la norma creata secondo tale regolamentazione quella inferiore. L'ordinamento giuridico, e specialmente l'ordinamento giuridico la cui personificazione è lo Stato, non è pertanto un sistema di norme coordinate la une con le altre, che stiano, per così dire, a fianco a fianco sullo stesso piano, ma una gerarchia di diversi piani di norme. L'unità di queste norme è costituita dal fatto che la creazione di una norma – quella inferiore – è determinata da un'altra – quella superiore –, la cui creazione è determinata da una norma ancora superiore, e questo *regressus* ha termine con la norma più alta, quella fondamentale, la quale, essendo il fondamento supremo della validità dell'intero ordinamento giuridico, ne costituisce l'unità» (Kelsen 2000, p. 126).

Al cuore del formalismo giuridico moderno ritroviamo, dunque, la costruzione della nota «Dottrina giuridica pura», quella struttura gerarchica risolta in un castello di forme che traggono forza soltanto da se stesse, quel sistema geometrico astratto fondato e scaturito dal nulla.

Ritroviamo pertanto l'artificio astratto della «Legge fondamentale» al cuore di quelle «mitologie giuridiche della modernità» (prendo ancora in prestito le parole di Paolo Grossi) che vedono ormai il diritto formalisticamente ridotto ad un sistema di norme, comandi e sanzioni, la legge indissolubilmente associata al potere e la società irrimediabilmente contratta nella cristallizzazione statale. Ma ciò che qui più ci interessa è che adesso il "mito" della «legge fondamentale», sostegno di tutta la «piramide normativa», viene a sostituire la mancanza di origine ovvero, a supplire, con un'immagine astratta di "*forza* giuridica", l'arbitrario storico della *forza*, della violenza che è alla base del processo d'istituzione politica; la supplisce, al contempo, occultandola.

Il percorso storico che abbiamo brevemente tracciato, mostra dunque il crescente legame stabilitosi tra la concezione potestativa, normativista e formalista del diritto (rafforzata dalla mentalità tipicamente illuminista, testimoniata storicamente nei diversi processi di codificazione e largamente presente nel positivismo giuridico europeo) e il consolidarsi, sul piano politico, dello Stato nazionale moderno quale nuovo soggetto sovrano capace di ridurre l'intero processo di normazione al primato della legge – come comando imperativo sovrano – rispetto alla pluralità delle fonti giuridiche. E mostra anche, sul piano giuridico, quel processo di concentrazione del potere politico e di rarefazione del diritto nella legge (nel principio di legalità, di conformità alla legge) su cui poggia, in parte, e in via generale, il principio della statualità moderna, almeno nella misura in cui lo stesso, per potersi giuridicamente esercitare, presuppone la legge come pura forma, come comando astratto, come atto indifferente ai contenuti valoriali. Ma mostra ancora, con la teoria del diritto, il processo di rimozione dell'arbitrario storico, della forza e della violenza costitutiva che si fa occultare come tale tentando di fondarsi in ragione giuridica, astratta e formale[137].

---

[137] È curioso osservare come, partendo da presupposti storici e sociali, un sociologo americano come Edwin H. Sutherland, nel suo saggio *Crime and the conflict process*, pubblicato nel 1929, cercando di descrivere il diritto nei termini di un «processo che appare essenzialmente di tipo conflittuale» (Sutherland 1986, p. 107), abbia, in un certo senso, contribuito a svelare l'arbitrarietà costitutiva delle istituzioni giuridiche. «Se il gruppo è politicamente influente, il valore minacciato importante e il pericolo consistente, i membri del gruppo si garantiscono con l'emanazione di una legge, assicurandosi così la collaborazione dello Stato nel proteggere i loro valori. Il diritto, almeno in tempi moderni, è un meccanismo messo in atto da una parte in conflitto con un'altra. Quest'ultima non ha sufficiente considerazione del valore che la norma è stata designata a proteggere, e pone in essere comportamenti che prima non erano definiti reato, ma che sono stati resi tali dall'intervento dello Stato. Tutto ciò incrementa il conflitto che la norma era stata chiamata a comporre, anzi lo amplia proprio coinvolgendo lo Stato. La pena rappresenta un ulteriore passo avanti nello stesso conflitto; anch'essa, infatti, è un espediente usato dal primo gruppo che si serve dello Stato nel conflitto con il secondo gruppo» (*Ibid.*, pp. 110-11). Il diritto dunque, ai suoi occhi, poteva essere spiegato come il prodotto di un processo che coinvolge e oppone diversi gruppi sociali, con differenti valori e interessi e non omogenee possibilità d'intervento. «L'esistenza di conflitti in una stessa cultura – ancora leggiamo – rende maggiormente necessario ad alcuni ricorrere all'intervento dello Stato per proteggere i loro valori. L'esigenza di norme regolatrici nasce dal conflitto tra culture, ma proprio per questo conflitto la norma non ha efficacia determinante sui gruppi che non si riconoscono nel valore che essa protegge; perciò, ad obblighi legali non sempre corrispondono obblighi morali universalmente riconosciuti. [...] Pertanto le leggi, le violazioni di legge, l'inefficiente amministrazione della giustizia vanno spiegate tenendo presente la complessità e i conflitti delle culture moderne» (*Ibid.*, pp. 114-5). La legge, stabilendo quali

Sono questi gli esiti del processo di riduzione del diritto a legge e della sua «trasformazione in legalità *statale*»; gli esiti della crisi della scienza giuridica europea, di quella «letale riduzione del diritto a legge», nello «stile francese», che già lamentava Carl Schmitt, con ritrovato orgoglio giuridico, nel 1943-44 (Schmitt 1996, pp. 80-88) [138].

## o) *Prospettiva genealogica*

Torniamo comunque a Pascal. Per comprendere meglio il suo

---

siano i valori e i comportamenti meritevoli di tutela o censura, segna il momento in cui un gruppo prevale sull'altro e costituisce, al contempo, uno strumento che avvantaggia nei successivi conflitti. Tramite la legge, il gruppo più influente riesce a far definire illegali certi comportamenti contrari al proprio interesse o a far rientrare nella legalità azioni sfavorevoli agli interessi di altri gruppi. In senso generale può dirsi, secondo Sutherland, che «la punizione non è in grado di portare al rispetto per l'autorità quando il colpevole è spalleggiato da un gruppo significativo, dato che essa raggiunge il suo scopo non attraverso la sofferenza fisica, ma con la disapprovazione sociale, di cui la sofferenza fisica non è che l'espressione simbolica. Per un individuo, i gruppi che sono più significativi sono quelli di cui maggiormente condivide i valori e coi quali si identifica maggiormente» (*Ibid.*, p. 113).

[138] «Non è un caso – scriveva Carl Schmitt – che la terribile espressione della letale riduzione del diritto a legge, la *légalité qui tue*, l'espressione della legalità mortale di cui muoiono governi e popoli, sia sorta proprio in Francia, la terra dei legisti, ed appunto prima dello scoppio del 1848» (Schmitt 1996, p. 86). In effetti, su questo tema, sul problema della «riduzione del diritto a legge», ritroviamo importanti riflessioni in questo saggio composto da Carl Schmitt tra il 1943 e il 1944; un saggio che rilegge la crisi della scienza (e della coscienza) giuridica europea (iniziata cento anni prima con la vittoria del positivismo giuridico) da una prospettiva prettamente giuridica centrata sul rapporto tra "scienza giuridica" e "diritto". Ed è proprio qui che troviamo un'aspra e lucida critica al «fondamento formale di validità del diritto positivo» costituito da un'attività normativa dietro la quale «è sempre situata una volontà statale». Così leggiamo all'inizio del saggio: «Parlare di una scienza del diritto europea sembra oggi, forse proprio ad un giurista, inammissibile e non scientifico. E questo non solo a causa della lacerazione politica in cui versa l'Europa, dilaniata da due guerre mondiali, ma anche per una ragione formale, apparentemente persino di natura giuridica. Per il positivismo, che da cento anni regna nella teoria e nella prassi della nostra vita giuridica, oggetto della scienza giuridica è solo la norma che vale positivamente, e questa è per esso solo la legge dello stato volta a volta presente o la norma imposta, dotata appunto di mezzi coercitivi, sancita da una volontà che intende imporsi. Il fondamento formale di validità del diritto positivo è costituito in tal caso sempre dall'attività normativa, dietro la quale è sempre situata una volontà statale volta a tale attività» (*Ibid.*, p. 33).

impianto teorico, e per rendere più evidente il taglio genealogico delle sue riflessioni sui temi della giustizia e del diritto, occorre ripercorre in breve alcuni tratti del suo pensiero. Come si è detto, da uomo profondamente religioso, convinto, sull'insegnamento di Sant'Agostino, dell'incapacità dell'essere umano di conoscere la verità e la giustizia e di conseguire la salvezza senza l'aiuto della grazia divina (grazia "efficace" e non semplicemente "sufficiente"), Pascal è venuto ad assumere posizioni assai vicine a quelle del giansenismo. Tale dottrina, che in sostanza sviluppava le tesi agostiniane contro il pelagianesimo, nonostante la condanna da parte della Chiesa, trovò un eco profonda nella cultura francese e diede luogo a numerose controversie tra i suoi seguaci e gli avversari gesuiti. Proprio le lettere *Provinciali*, scritte da Pascal per demistificare e denunciare le degenerazioni del "legalismo" etico gesuita, non sono che la testimonianza più vivida di questo scontro [139]. Al di là della critica alla casistica, quale effetto di quel "legalismo", Pascal, d'altro canto, si scagliava contro il naturalismo giusnaturalistico dei gesuiti che pretendeva di attuare naturalmente, e perciò razionalmente, la morale cristiana [140].

Tuttavia, il suo "antirazionalismo" (da non confondersi con un mero irrazionalismo), dopo la polemica delle *Provinciali* condotta contro i gesuiti, si rivolse, problematicamente, soprattutto nei confronti del pensiero libertino che trovava un suo riferimento, più o meno diretto, nel relativismo di Montaigne e di Charron e che ap-

---

[139] Jean Racine, nel suo compendio della storia di Port-Royal, scritto nel 1661 (pubblicato per intero nel 1767), ricostruisce questa vicenda, ricordando proprio come le *Lettres provinciales*, fu l'opera che contribuì maggiormente a screditare i gesuiti. Oltretutto, nelle prime tre lettere, Pascal – scrive Racine – aveva spiegato il problema della grazia «con tale vivacità e limpidezza da renderlo non solo alla portata di tutti, ma perfino attraente: l'Arnauld usciva da esse completamente riabilitato e gli stessi nemici di Port-Royal eran costretti a confessare che mai opera era stata scritta con maggior brio e maggiore perspicuità. Con lo stesso brio M. Pascal aveva creduto doveroso combattere uno dei peggiori abusi che si erano introdotti nella Chiesa: il lassismo di molti casisti, in maggior parte gesuiti, i quali, col pretesto di risolvere alcuni casi di coscienza, insinuavano nei loro libri un'infinità di massime abominevoli che tendevano a distruggere la morale di Cristo» (Racine 1977, p. 106).

[140] Oltre tutto, come ha giustamente sottolineato Carlo Ginzburg, Le *Provinciali* sono «un esempio supremo di arte del non detto». Ma anche un caso di «conseguenze non volute»: un «attacco alla casistica, scritto da una persona profondamente religiosa, contribuì nel lungo periodo a screditare non solo la casistica, ma le religioni, aprendo la strada all'Illuminismo e alla sua controversa eredità» (Ginzburg 2018, p. 188).

prodava a quello scetticismo giuridico (praticato in modo diverso fin dai tempi della Sofistica greca) antitetico al pensiero giusnaturalista. Proprio per affermare il valore della fede contro ogni forma di razionalismo, sia dogmatico (incentrato sul presupposto della perfezione della natura umana), sia scettico (basato sull'idea della ineluttabile miseria dell'uomo), Pascal concepì il progetto di una «*Apologia della religione cristiana*», opera mai realizzata, in parte elaborata e in parte in via di elaborazione, e il cui embrione costituisce, come si è detto, il corpo materiale, restituito in forma di aforismi e riflessioni frammentarie, dei *Pensées* (opera pubblicata postuma nel 1670).

A prima vista, i *Pensieri* pascaliani che hanno per oggetto la critica della giustizia e del diritto, dimostrano uno scetticismo per certi versi non dissimile a quello professato dai libertini, ma presuppongono, al contrario, una vocazione tutt'altro che libertina, in quanto orientata a una ricerca esistenziale ispirata a temi profondamente religiosi (nel progetto dell'*Apologia*, rivolta ai non credenti, vi era l'intenzione di scardinare le pretese gnoseologiche della ragione per arrivare all'evidenza della fede e della grazia). Se, infatti, i libertini giungevano a conclusioni scettiche sul presupposto di un razionalismo radicale che li portava a constatare la relatività di ogni conclusione razionale, Pascal vi arrivava attraverso una sfiducia nella ragione alimentata dal credo cristiano (agostiniano e giansenista). In altri termini, al contrario dei libertini che si servivano della ragione come vero ed unico strumento di conoscenza posseduto dall'uomo e, verificandone i limiti, procedevano verso l'ammissione dell'inesistenza di valori universali (detto altrimenti, la ragione, nel loro pensiero, non poteva sfuggire, paradossalmente, al tribunale e alla critica della ragione stessa), Pascal rifiutava alla ragione le sue pretese di certezza circa la verità assoluta, perché vedeva nella fede, ispirata non dagli strumenti della natura, non dai metodi offerti dalla deduzione razionale ma da quelli della grazia, l'unica possibile via per accedere alla conoscenza del giusto e del vero[141]. Considerato lo stato di corruzione dell'uomo dopo la caduta, misurata la contraddittorietà dei mol-

---

[141] Secondo Gérard Ferreyrolles, «Le scepticisme n'est que le moment négatif d'une dialectique qui le dépasse; et comme il s'avère en définitive que l'impossibilité de démontrer les principes ou de définir les termes premiers de la géométrie est le fondement et non le ruine de sa certitude, la mise en cause des principes naturels de la morale et du droit se retourne finalement en la reconnaissance d'une authentique justice dont la possession est aussi bien le fait des païens que des chrétiens» (Ferreyrolles 1984, p. 185).

teplici punti di vista che disorientano la conoscenza umana, valutata la relatività delle proposizioni scientifiche, Pascal non poteva certo affidare alla ragione la capacità di determinare, da se stessa, i fondamenti della morale e del diritto (Lazzeri 1993, p. 218): «la critica di Pascal contro la possibilità di conoscere la legge naturale attraverso la ragione, squalifica ai suoi occhi ogni tentativo di formulare una teoria razionale del diritto naturale» (*Ibid.*, p. 221. Trad. mia). La ragione non può, da se stessa, fondare il diritto, l'ordine politico e il legame sociale [142].

Certo, come ha sottolineato Guido Fassò, in pratica, la conclusione è la stessa degli scettici e dei libertini: «al di fuori della verità d'ordine religioso, attinte dall'anima alla rivelazione soprannaturale, una verità assoluta non esiste, e non esiste una vera giustizia. Ed anche gli argomenti cui il Pascal ricorre sono gli stessi di cui si erano valsi il Montaigne e lo Charron, ed ora i libertini suoi contemporanei: prima di ogni altro, quello antichissimo della differenza delle leggi e delle concezioni della giustizia da un luogo, da un tempo e da un popolo all'altro» (Fassò 1968, p. 138) [143]. Né Pascal accetta l'idea

[142] Che la ragione, per se stessa, non possa essere posta a fondamento dell'ordine sociale, se ne sarebbero accorti i rivoluzionari francesi (prima ancora dei sociologi), quando proprio nel clima del terrore dovettero istituire un culto alla Dea Ragione (sorta di paradosso: quella Ragione nel cui nome si è combattuto e dissolto l'oscurantismo religioso ha ora bisogno di un culto e di essere deificata per porsi alla base del nuovo legame sociale uscito fuori dalla Rivoluzione. La credenza religiosa riguadagna paradossalmente un terreno politico a discapito dell'astrattezza formale del razionalismo filosofico). Lo capiamo anche da Robespierre e dal suo appello all'«idea dell'Ente supremo», «potenza superiore all'uomo», come «richiamo continuo alla giustizia» e come strumento «sia per colpire l'immaginazione dei popoli, sia per legarli più fortemente alle loro istituzioni» (Robespierre 1984, p. 195). Non a caso, proprio nel suo discorso *Sulla religione e sulla morale*, riferendosi all'educazione pubblica del popolo francese, faceva allusione alle «feste nazionali»: «Dovreste avere feste generali più solenni, valide per tutta la Repubblica: dovreste avere feste particolari e per ogni singola località, le quali siano giorni di riposo, e possano sostituire tutto quello che gli avvenimenti hanno distrutto. [...] Dobbiamo invitare alle nostre feste la Natura e tutte le Virtù e fare in modo che tutte siano celebrate sotto gli auspici dell'Essere supremo: che esse gli siano tutte consacrate; che esse si aprano e si concludano con un omaggio alla sua potenza e alla sua bontà» (*Ibid.*, p. 205).

[143] Interessanti, a tal proposito, i commenti riservati a Montaigne nel *Colloquio di Pascal col Signor De Saci* (colloquio pubblicato, nel 1728, per la prima volta da Padre Desmolets nel quinto volume dei suoi *Mémoires de littérature et*

di una legge naturale valida al di sopra del mutare delle leggi positive; è ciò che noi chiamiamo giustizia non è altro che l'autorità del legislatore, la forza del sovrano o della consuetudine (e la forza, come ricorda Gérard Ferreyrolles, «è la sola grandezza naturale che abbia sostanzialmente qualcosa a che fare con l'ordine della politica»[144]). Se il popolo ritiene giusta tale autorità è soltanto perché la

---

*d'histoire*, tratto dai *Mémoires* allora inediti di Fontaine, segretario del signor de Saci, e ora raccolto, in taliano, da Giovanni Macchia nel suo *I moralisti classici* del 1988). Il colloquio si riferisce a un Pascal che ancora non ha scritto le *Provinciali*, ma che già lascia intravedere alcuni tratti che caratterizzeranno i *Pensieri*; un Pascal frequentatore, dopo la conversione, di Port-Royal (siamo intorno al 1655). Così leggiamo a proposito degli *Essais* di Montaigne: «Egli vi distrugge a poco a poco tutto ciò che fra gli uomini passa per più certo, non per stabilire il contrario con certezza – solo della certezza infatti egli è nemico – ma solo per far vedere che le apparenze essendo uguali da una parte e dall'altra, non si sa su che stabilire la propria credenza. In questo spirito se la ride di tutte le certezze: per esempio, combatte coloro che hanno pensato di porre in Francia un gran rimedio contro i processi con la moltitudine e la pretesa giustizia delle leggi: come se si potessero estirpare le radici dei dubbi da cui nascono i processi, e ci fossero dighe che potessero arrestare il torrente dell'incertezza e tener prigioniere le congetture! Quando dice che tanto vale il sottomettere la propria causa al primo che passa che a giudici armati di tanti decreti, non pretende che si debba cambiare l'ordinamento dello Stato; egli non ha tanta ambizione; né che il suo parere sia migliore: non crede che ce ne sia nessuno buono. È soltanto per provare la vanità delle opinioni più accette; mostrando che l'abolizione di tutte le leggi porterebbe a domininuire il numero delle liti meglio di questa moltitudine di leggi, la quale non serve che ad aumentarle, perché le difficoltà crescono a misura che vengono ponderate; che le oscurità si moltiplicano ad opera dei commentarii; e che il mezzo più sicuro per capire il senso di un discorso è di non analizzarlo e prenderlo così come si presenta: se lo si osserva solo un po', tutta la chiarezza svanisce. Quindi egli giudica a caso tutte le azioni degli uomini e dei fenomeni storici, ora in un modo, ora in un altro, seguendo liberamente il punto di vista che gli si presenta immediatamente, e senza costringere il suo pensiero alle leggi della ragione, la quale non ha che criteri falsi; felice di mostrare con l'esempio di se stesso le contraddizioni di uno stesso spirito. Seguendo questo genio liberissimo, per lui è uguale il vincere o no nelle dispute, avendo sempre, in un caso o nell'altro, un mezzo di far vedere la debolezza delle opinioni; insediato con tale vantaggio nel dubbio universale, che vi si fortifica ugualmente e con la vittoria e con la sconfitta» (Macchia 1988, pp. 348-9).

[144] Scrive Ferreyrolles: «La force est la seule grandeur naturelle qui ait substantiellement à voir avec l'ordre de la politique: aussi bien avons-nous vu qu'elle en constitue l'origine et le fondement» (Ferreyrolles 1984, p. 156). E leggiamo in un altro passo: «Pour n'être pas essentiellement juste (fr. 520), la loi positive n'est donc pas dépourvue de justice: elle est juste parce qu'elle est loi» (*Ibid.*, p. 188).

crede naturale, ma essa, in realtà, è soltanto forza senza verità, violenza che, messa al servizio della legge, diventa forza che non avrà bisogno di essere esercitata, ma solo mostrata, per essere realmente efficace (Ferreyrolles 1984, p. 277).

Come Sant'Agostino nella polemica con Pelagio, Pascal non può dunque ammettere una conoscenza razionale della giustizia, un diritto naturale acquisibile razionalmente, «per non dover ammettere, pelaginamente, il valore della natura-ragione, la "totale" grandezza dell'uomo; perché dell'uomo egli la grandezza certo l'afferma, ma non totale, bensì mista alla "miseria", che rende indispensabile l'aiuto divino» (*Ibid.*, p. 159).

Dunque, l'atteggiamento scettico di Pascal verso la giustizia e il diritto va ricercato nella svalutazione della ragione e del mondo morale degli uomini. A confronto del problema religioso della salvezza, i problemi politici e giuridici, che riguardano l'agire sociale dell'uomo, assumono un interesse minore. Per questo, e non per lo scetticismo radicale dei libertini (che nega tutti i valori), il mondo può essere svelato e, al contempo, accettato per ciò che è, senza tentare di restituirgli un valore naturale e un ordine razionale: ostinarsi in questa direzione è come voler «dar norme a un manicomio» (la condizione degli uomini dopo la caduta) dove non vige la ragione, ma soltanto follia, abitudine, credenza, concupiscenza, forza, abuso, arbitrarietà e usurpazione. D'altra parte, basti, al riguardo, il giudizio che Pascal riserva ai filosofi antichi:

> «Non si riesce a immaginare Platone e Aristotele se non con gran veste di pedanti. Erano invece delle persone comuni e ridevano, come gli altri, con i loro amici; e quando si sono divertiti a scrivere le *Leggi* e la *Politica* l'hanno fatto per divertirsi; questa era la parte meno filosofica e meno seria della loro vita, mentre la più filosofica era di vivere semplicemente e tranquillamente. Se hanno scritto di politica, l'han fatto come per dar norme per un manicomio; e se hanno finto di parlarne come cosa seria, l'hanno fatto perché i pazzi a cui si rivolgevano credevano di essere re e imperatori, ed essi si immedesimavano dei principi di costoro per rendere la loro follia meno dannosa possibile» (Pascal 2013, fr. 331, cit., p. 236).

Lo scetticismo di Pascal verso diritto e giustizia non era del resto del tutto condiviso dall'ambiente giansenista (Arnauld non condivideva questo atteggiamento, reputandolo falso e pericoloso, come il giurista Domat, e gli stessi curatori dei *Pensées* di Port Royal soppressero i frammenti in cui si denunciava la riduzione della giustizia alla forza e si affermava il relativismo giuridico). Ma è proprio attraverso questo atteggiamento che si prepara la prospettiva genealogica di cui abbiamo cercato, fino ad ora, di ricostruire ed evidenziare i tratti essenziali: uno scavo, se così si può dire in termini foucaultiani, nelle discontinuità del passato per stabilirne gli effetti sulle questioni del presente.

# Seconda Parte

# Genealogia ed etica della responsabilità

# 1
# Percorsi genealogici

## a) *Genealogia, prospettivismo, decostruzione*

Dobbiamo, dunque, a Pascal la rudimentale elaborazione di quel metodo genealogico che avrebbe esercitato una così grande influenza sul pensiero nietzschiano e, di conseguenza, su quello di Foucault; un'elaborazione *in nuce*, una preparazione iniziale, elementare, che avrebbe appunto in seguito trovato ulteriori, più compiuti e consapevoli sviluppi. Ed è proprio attraverso questi due ultimi autori che ci è stato possibile ritracciare una prospettiva teorica che proprio nei *Pensieri* di Pascal incontra la sua risalente, sia pur non sistematica, concettualizzazione. Perché, dal nostro punto di vista, la genealogia trova la sua prima emersione, come critica della ragione e del concetto di diritto naturale, in un orizzonte essenzialmente teologico e religioso, e diviene poi un metodo utilizzato per porre in questione quello stesso orizzonte da cui, appunto, aveva mosso i suoi primi passi. È proprio sul terreno teologico che il metodo genealogico ha trovato il suo più proficuo nutrimento, salvo poi ripiegare nella critica di quello stesso contesto concettuale dal quale aveva preso la sua alimentazione.

Certo, nei *Pensieri* troviamo soltanto una genealogia in embrione, che riprende e riformula temi propri della tradizione scettica e del cristianesimo agostiniano. Pascal non aveva intenzione di elaborare un metodo gnoseologico per le scienze storico-sociali o un'epistemologia di carattere filosofico. Non arriva alla genealogia come esito del suo pensiero, ma parte dalla genealogia per giungere ad una comprensione della condizione di caducità dell'uomo in relazione al problema della salvezza. Il suo ragionamento rimane tutto interno alla teologia e ruota intorno al suo progetto di apologia del cristianesimo. Come ha giustamente notato Sellier, la strategia dell'*Apologia* consiste nel far riflettere il lettore sulle esperienze contraddittorie della sua esistenza inquieta, combattuta tra disperazione e trasalimento, tra smarrimento e approssimazione al divino, tra assuefazione alle abitudini consuetudinarie e slancio verso Dio. Non siamo altro che esseri malleabili e fluttuanti, in balia delle nostre passioni e pulsioni, condizionati dai luoghi, dalle situazioni e dagli usi. «È facile mostrare al non credente che i suoi costumi morali sono tanto contingenti quanto quelli degli altri popoli. È possibile fargli prendere coscienza della sua insoddisfazione, dell'assoluto nascosto nelle sue speranze, nella sua nostalgia, e dell'interesse all'ipotesi Dio. Ma questo non credente si sente paralizzato, incapace di avanzare» (Sellier 2013, p. 386).

Detto altrimenti, l'«apologista» parte da due assi del pensiero agostiniano: l'incertezza dell'esistenza umana dopo la caduta e il peso delle abitudini. Tutto sta, allora, nel dimostrare, genealogicamente, l'inconsistenza storica delle certezze costruite attraverso le consuetudini e le abitudini del costume; tutto sta nel decostruire le pretese esplicative e omnicomprensive della ragione. Mentre, però, lo scetticismo si ferma dopo aver fatto tabula rasa di tutto (Montaigne), l'apologeta fa un passo in avanti per convincere l'interlocutore che solo nella fede (nel presentimento della fede) può vivere un autentico destino, che solo nella capacità di accoglienza della Trascendenza può sfuggire alla sua condizione corrotta e precaria.

L'uomo è misero e grande: la visione antropologica di Pascal non è certo rassicurante, non si basa sull'ottimismo (illuminista) della ragione. Solo la «scommessa», il salto nella fede, può sollevare l'uomo dalla sua inquietudine, dalla sua condizione precaria. La ragione non fonda nulla, ed è anche per questo che non può essere posta alla base dell'ordine sociale. Proprio per dimostrare questa inconsistenza della ragione Pascal si serve allora della genealogia: il senso delle istituzioni umane non può essere astrattamente dedotto da principi razionali ma va ricercato nella pluralità dei processi storici concreti. Alla base del diritto, della morale e del potere non ci sono che rapporti di forza.

Tutto sta allora nello spiegare la storia attraverso la storia; tutto sta nello sviluppare una "filosofia" storica in senso antimetafisico, non attribuendo alcun valore all'origine e non curandosi del problema del fondamento. Al contrario del pensiero metafisico, rivolto alla ricerca dell'origine come fondamento, ragion sufficiente, causa, principio primo, la prospettiva genealogica si libera da ogni esigenza di fondazione, interessandosi ai fenomeni colti nella loro storicità. Non si tratta, pertanto, di ricercare l'origine dei concetti e delle istituzioni, ma di ripercorrere la storia del loro divenire e della loro realizzazione attraverso l'analisi delle loro trasformazioni in una successione di stati.

Su questa via, come si è visto, Foucault, ripercorrendo il pensiero nietzschiano, finiva per giungere alla pura positività (ai meri rapporti di forza, di dominio, di potere). La genealogia diventava "dinastia" organizzando l'indagine storiografica intorno al discorso del potere e delle relative articolazioni della soggettività.

Nietzsche, dal suo canto, aveva fatto della genealogia una filosofia del sospetto e dell'interpretazione; aveva definito un metodo per risalire alla genesi della speculazione metafisica e della morale che non fosse esso stesso concepito in maniera metafisica. La prospettiva genealogica (il *prospettivismo* genealogico) era così diventata lo strumento euristico per demistificare la stabilità delle posizioni metafisiche e disvelare l'arbitrarietà di ogni processo di valorizzazione. Trasvalutazione di tutti i valori: la genealogia approda al disincanto pragmatista e sancisce il primato dell'ermeneutica. «Non esistono affatto fenomeni morali, ma soltanto una interpretazione morale dei fenomeni» (Nietzsche 1983, p. 75).

Pascal, invece, ruotando il suo pensiero all'interno della speculazione teologica e ripercorrendo l'antropologia agostiniana e giansenista, è arrivato alla genealogia per giustificare, sul piano storico, l'incapacità dell'uomo di fondare il reale attraverso l'ausilio della sola ragione. L'ottimismo rinascimentale cede il passo ad una concezione critica rispetto alle rappresentazioni umanistiche dell'autonomia e libertà del soggetto e, per un processo mentale lentamente dispiegato nel tempo, la prospettiva di Pascal, per certi versi riassorbita nelle filosofie esistenziali e psicanalitiche, trova adesso un terreno più fecondo per dialogare con il pensiero contemporaneo (più di quanto riescano altre, più recenti, teologie).

Diversi, dunque, e complessi, sono i percorsi della genealogia; percorsi che si diramano e acquistano nuovi nutrimenti e articolazioni specialmente sul finire della seconda decade del XX secolo, quando la crisi di ogni progetto di fondazione (razionale o naturale) del reale, il decentramento del soggetto (non più pensato nei termini puri della costituzione trascendentale della ragione kantiana) e la rinuncia del pensiero ad ogni pretesa totalizzante, finiscono per mettere in questione lo stesso fondamento antropologico della ragione.

Da qualunque prospettiva teorica – idealismo o umanismo, filosofia della vita o filosofia del linguaggio, fenomenologia o logicismo (solo per citare gli indirizzi più rilevanti nel dibattito filosofico dell'epoca) – la riflessione sulle condizioni di possibilità del pensiero e del comportamento morale sembrava ruotare su una stessa questione: il fondamento epistemologico e ideologico su cui Kant aveva edificato il suo sistema filosofico si era dissolto o richiedeva una riforma radicale (la stessa analisi wittgensteiniana del rapporto tra giochi di linguaggio e forme di vita rispondeva, in parte, a questa dissoluzione, evidenziando la diversità e frammentarietà degli innumerevoli sistemi di riferimento costitutivi della realtà, ciascuno dei quali poteva e doveva essere interpretato secondo le sue proprie relazioni interne).

Di qui, la teoria della relatività di Einstein (secondo cui spazio e tempo non potevano più essere considerati come dati a priori), in aggiunta alla concezione darwiniana dell'evoluzione (per cui l'idea di natura umana, pensata come immutabile ed eterna, non poteva più essere sottratta al divenire temporale), alla critica nietzschiana della storia come processo orientato verso un fine e guidato dalla ragione e, non ultimo, allo smarrimento provocato dalle ricerche freudiane sulla perfetta trasparenza della coscienza umana a se stessa (che smantellano il trascendentalismo kantiano), soprattutto se pensati a partire dalla catastrofe della Prima guerra mondiale, avevano in qualche modo scosso dalle fondamenta la retorica illuminista del cammino progressivo della ragione.

Così, in questo clima, aspetti riconducibili all'attitudine genealogica riappaiono nella «distruzione» heideggeriana «condotta alla luce della problematica della temporalità» come esibizione dei «certificati di nascita» dei concetti metafisici (Heidegger 1976, § 6, pp. 41-2). Una via che, oltre a Foucault, conduce alla «decostruzione» di Derrida come critica del «logocentrismo» ovvero, come smascheramento e messa in discussione del privilegio accordato dalla tradizione metafisica alla presenza e alla voce quale incarnazione del *logos* (Derrida 1969).

In Heidegger [1], e ancor più in Derrida (critico dello stesso perdu-

---

[1] In Martin Heidegger troviamo lo svolgimento filosofico più penetrante e coerente del rapporto tra storicità e linguaggio sviluppato nei termini di un'ermeneutica non più ricondotta al piano puramente epistemologico o psicologico (come ancora in Dilthey) ma propriamente ontologico; un'ermeneutica, appunto, che prende avvio dalla domanda circa la natura del soggetto in quanto essere che si pone il problema dell'essere. Troviamo, dunque, il momento in cui l'ermeneutica, «da metodica delle scienze dello spirito viene innalzata a esistenziale dell'esserci, e a fondamento dell'ontologia» (Gadamer 1995b, p. 323). Partendo dall'originaria condizione di «gettatezza» dell'uomo (dell'uomo «gettato» nel mondo), Heidegger, in *Essere e tempo* (1927) aveva pensato l'esistenza come già sempre qualificata da una certa «pre-comprensione» del mondo, incarnata in un linguaggio di cui ognuno si trova a disporre. Il *Dasein* (l'esserci) è colto nel suo essere «gettato», già da sempre coinvolto nella situazione esistenziale; l'«essere-nel-mondo» è un essere gettato: l'essere non pone il mondo (come il soggetto della metafisica tradizionale), non ne dispone in modo assoluto, ma incontra il

rante atteggiamento logocentrico heideggeriano), la genealogia incontra l'ermeneutica. Proprio qui l'esperienza ermeneutica (nel rapporto d'interlocuzione con il teso) rinvia al lavoro della «decostruzione». Una «decostruzione» che si addentra nella misteriosa molteplicità che è insita nella parola e nei suoi differenti significati o, come avrebbe detto Gadamer, nel «potenziale indeterminato dei suoi significati» (Gadamer 1995b, p. 333); che pratica una «rottura di quei vincoli in cui il linguaggio tiene legato il pensiero» (*Ibid.*, p. 353); che percorre, ancor più, una disarticolazione del *logos*, della logica istituita dal discorso filosofico di cui si nutre l'intera civiltà occidentale: il che vuol dire dipanarne gli intrecci, smascherarne i presupposti,

---

mondo nell'apertura dell'interpretazione. In tal senso, l'*interpretazione* [*Auslegung*], in quanto sviluppo del comprendere, viene a fondarsi «esistenzialmente» nella stessa comprensione (e non è già questa a derivare da quella), per cui «l'articolazione del compreso [...] *precede* ogni asserzione tematica sopra l'ente stesso» (Heidegger 1976, § 32, p. 190). «L'interpretazione di qualcosa in quanto qualcosa è fondata essenzialmente nella pre-disponibilità, nella pre-visione e nella pre-cognizione. L'interpretazione non è mai l'apprendimento neutrale di qualcosa di dato. Allorché quella tipica forma di interpretazione che è l'esegesi dei testi fa appello al "dato immediato", in realtà il "dato immediato" è null'altro che la ovvia e indiscussa assunzione dell'interpretazione, assunzione necessariamente implicita in ogni procedimento interpretativo come ciò che è già "posto" a base di ogni interpretazione nel senso della predisponibilità della preveggenza e della pre-cognizione» (*Ibid.*, p. 191). L'interpretazione è dunque l'articolazione della comprensione, che per il suo senso esistenziale stesso, è il «poter-essere dell'Esserci»; è ciò che ci costituisce come esistenti, che «costituisce un esistenziale fondamentale dell'Esserci» («dell'essere del Ci»), che «in quanto apertura al Ci, riguarda sempre l'essere-nel-mondo nella sua totalità» (*Ibid.*, pp. 192-3). La conoscenza, secondo il significato che gli attribuisce Heidegger, appare quindi come una modalità della situazione originaria dell'«essere-nel-mondo»: l'esserci precede il conoscere, che resta sempre riduttivo rispetto al darsi esistenziale. Non si può dunque riconoscere al momento cognitivo, come nelle scienze positive, una priorità nei confronti della dimensione ontologica. Di qui la consapevolezza che ogni interpretazione – in senso ontologico, come modo di essere al mondo – ha un carattere parziale e fallibile, esponendoci esistenzialmente a un darsi comune del senso, ad una comune appartenenza al senso, al senso vissuto, mai completamente ascrivibile al divenire dialettico concluso in se stesso. A partire da queste premesse, si deve pertanto riconoscere la storicità costitutiva del soggetto, la sua appartenenza al mondo dell'Essere data prima ancora che si avvii la conoscenza di se stesso e del mondo. Il soggetto, detto altrimenti, si scopre come parte dell'oggetto da interpretare, ed è su queste basi che può svilupparsi una "ontologia della comprensione" attraverso la quale il comprendere appare, appunto, come "modo d'essere" del soggetto, come tratto distintivo dell'essere che noi siamo in quanto essere nel mondo.

mostrando che mondo e storia sono effetti dell'originaria «*dif-ferenza*» stabilita dal pensiero metafisico, senza negare per questo la concettualità generale che governa il nostro essere al mondo.

Se la realtà è strutturata come un testo, occorre allora decostruire il testo per permettergli ancora di parlare nelle intersezioni, nelle fratture, nelle cancellazioni. Di qui il tentativo di Derrida di decifrare ciò che è «in-scritto» nei testi della tradizione filosofica: serie infinita di scritture che sembrano alludere costantemente a un «fuori» del pensiero, a un *altro* testo, a un'*altra* parola che la filosofia non può mai qualificare e nominare, presentare o rappresentare, in quanto resto, residuo, scarto o differenza sempre rinviata del suo stesso presentarsi ed *esserci* (Derrida 1968; 1989)[2].

---

[2] Così scriveva ancora Gadamer in *Ermeneutica sulle tracce*, testo del 1994, dove ripensava criticamente il rapporto tra ermeneutica e decostruzionismo: «Il tema della decostruzione cade certamente nell'ambito dell'ermeneutica. Solo non ci si deve figurare con l'ermeneutica un determinato metodo che caratterizzi un certo gruppo di scienze rispetto alle scienze della natura. L'ermeneutica indica piuttosto l'intero ambito della comprensione infraumana. Nei miei propri lavori non si parla in realtà solo di scienze. Lo stesso direbbe anche Derrida della decostruzione, e cioè che vuole appunto superare la strettoia del metodo» (Gadamer 1995b, p. 345). È questa tensione, dunque, che collega Derrida al pensiero ermeneutico: al pari di Gadamer, Derrida considera le diverse realtà come dei testi da interpretare. Diversamente da Gadamer, però, egli ritiene che l'ermeneutica abbia il compito di effettuare una decostruzione con l'intento di promuovere quegli innesti che per lui costituiscono il senso ultimo del lavoro filosofico. Nel corso della sua riflessione, Derrida si è d'altronde spostato dal rapporto (decostruttivo) con il testo a una teoria dell'interpretazione poggiante sul modello del dialogo interpersonale. La pratica della decostruzione, l'insistenza sui «margini» del testo (e il costante spostamento degli stessi), gli ha consentito di considerare la frontiera del discorso filosofico come linea non continua, che invece di delimitare e confinare la discorsività filosofica, la attraversa. Tutto ciò, a partire da una rilettura di Lévinas, si è tradotto come disposizione all'accoglienza nei confronti della venuta dell'altro, mediante una radicale decostruzione della metafisica della presenza e attraverso il riconoscimento del primato dell'agire etico sulla speculazione teoretica (si pensi soprattutto ai testi dell'ultimo Derrida dedicati al tema paradossale del dono, dell'amicizia, dell'ospitalità e alle aporie del diritto). Proprio la centralità che l'etica e la politica viene ad assumere negli scritti di questo periodo sembra suggerire l'idea che l'esito ultimo della speculazione derridiana (compresi i testi sul tema del tatto e dell'animalità), sotto l'aspetto di un'interrogazione continua sulla conoscenza e sull'ontologia, abbia in realtà affidato ad'indagine sulla responsabilità di fronte all'*altro*, oltre lo scacco di qualsiasi tentativo di concettualizzazione assoluta e oltre ogni pretesa di costruzione morale, un valore ermeneutico fondamentale nell'indagine sull'esserci quale condizione fondamentale del nostro rapporto con il mondo.

Per altri versi, ritroviamo un percorso ermeneutico anche in Foucault: un'ermeneutica storica, genealogica appunto, che circoscrive di fatto dati empirici positivi e che si allontana dalla svolta linguistica degli anni '60 del secolo scorso. Tale svolta, in effetti, tendeva, in generale, a far svanire in interpretazioni proiettate all'infinito le solide positività a cui si riferiva Foucault. Troviamo invece nel metodo di questo «genealogista» una specie di «positivismo ermeneutico»: non possiamo conoscere nulla di certo sull'Io, sul mondo e sul Bene, «ma ci intendiamo tra noi, vivi o morti» (Veyne 2010, p. 23). La prospettiva ermeneutica va ricercata, pertanto, nel principio d'irriducibilità del pensiero, perché non c'è esperienza che non sia una maniera di pensare. I fatti storici, sia pur connessi alle determinazioni concrete della storia sociale, possono essere esperiti solo attraverso il pensiero, attraverso le sue valorizzazioni e concettualizzazioni; devono passare attraverso il pensiero per essere vissuti, per diventare un evento, per prodursi in discorso. Il metodo di tale ermeneutica consiste nel fatto che invece di partire dagli universali come griglia di intelligibilità delle pratiche concrete, si parte da queste per poi scoprire che gli universali non esistono.

In questo senso Pascal, al cui pensiero possono essere ricondotti alcuni tratti dell'esistenzialismo moderno, può essere anche letto a partire da alcune questioni sollevate dalla svolta ermeneutica della filosofia, prima di tutto dal problema della storicità dell'esserci.

Per altri versi, ricostruendo il dibattito tedesco sulla teologia politica e discutendo il significato «genealogico» del pensiero «postmetafisico», Jürgen Habermas, in tempi recenti, è tornato a riflettere sulle attuali vicende della prospettiva genealogica a partire proprio dal problema ermeneutico della «precomprensione». Interrogando pensatori come Hans Blumenberg, Amy Allen (non lontano dal pensiero di Foucault), Imre Lakatos, e chiarendo che si tratta di un'impresa per più versi non paragonabile all'idea di genealogia sviluppata da Nietzsche (non guidata, infatti, «*dalla finalità sovversiva* di fare saltare i caratteri repressivi del pensiero dominante»), Habermas scriveva:

> «La genealogia non ha funzioni giustificativo-fondative bensì esclusivamente critiche; serve a farci prendere coscienza di quanto sia *contingente* lo sfondo da cui nacquero le conoscenze e le istituzioni che (al momento) sono ritenute valide. Questa consapevolezza del contesto si esprime, in generale, nell'autocomprensione *fallibilistica* della scienza e della filosofia: essa non cessa di ricordarci che tutti gli enunciati *prima facie* generali sono sempre relativi a un contesto. Questa coscienza falli-

bilistica è soprattutto importante nei discorsi interculturali. La genealogia della *propria* iniziale precomprensione non può che accrescere la disponibilità al *reciproco* scambio-di-prospettiva e al decentramento della propria comprensione del Sé e del mondo – un atteggiamento, questo, che è indispensabile ad ogni partito che voglia impegnarsi in questo tipo di discorsi. Al di là di questo fallibilismo, la consapevolezza del contesto ci dice ancora una cosa: la genealogia delle immagini-di-mondo mostra al pensiero post-metafisico come "filosofia" e "religione" abbiano *stesse* radici. Nella misura in cui la genealogia mette in luce il divaricarsi delle figure "secolari" e "religiose" dello spirito – nonché i rapporti di complementarità derivanti da questa differenziazione – essa consente alla filosofia di "tirare le somme" dei vari processi di apprendimento e di far presente *la possibilità* di reciproche integrazioni dialogiche.

Lo sguardo genealogico dello storico, insomma, cerca di mostrare come la *complementarietà* tra il pensiero post-metafisico e una (rinnovata) coscienza religiosa sia il frutto di una *dinamica interna* della conoscenza poggiante su processi di apprendimento» (Habermas 2015, p. 125).

Questa «coscienza fallibilistica» che Habermas attribuisce alla genealogia, più che alla filosofia di Nietzsche (come si è visto) sembra, a nostro parere, richiamare Pascal, ed è forse proprio per questo, come si è affermato, che la prospettiva percorsa nei *Pensieri* trova oggi, nel pensiero «post-metafisico» contemporaneo (più di quanto riescano altre teologie) un terreno fertile per riformulare il dialogo tra filosofia e religione.

### b) *Ricerca sociologica e genealogia dei valori*

Oltre la linea tracciata da Nietzsche, la prospettiva genealogica ha trovato diversi percorsi nell'ambito delle scienze umane, storiche e sociali. Non ultimo nell'ambito della sociologia, che proprio in origine, caratterizzandosi come scienza positiva, ha ricondotto il problema della genesi dei fenomeni sociali al piano dei rapporti fattuali, svincolando così la riflessione sull'origine dell'ordine societario dalle traiettorie del pensiero metafisico e dagli esiti illuministici del razionalismo cartesiano. La sociologia, in altri termini, sin dalla sua istituzione come disciplina accademica, ha sempre intrattenuto un certo rapporto con la genealogia.

In effetti, il XIX secolo, epoca di positivismo e di sociologia (Auguste Comte scrive il suo *Cours de Philosophie Positive* tra il 1830 e il 1842), è anche il secolo che registra, dietro l'impulso dei processi di industrializzazione, l'affievolirsi dell'autosufficienza individuale. Le società (almeno in quei Paesi in cui era in atto uno sviluppo industriale, come Francia e Inghilterra) iniziano ad essere percepite come un sistema di nessi funzionali, di rapporti di interdipendenza reciproca, ovvero, per usare un'espressione di Norbert Elias, come «contesti funzionali composti da individui interdipendenti» (Elias 1990, p. 75). Le relazioni sociali assumono un aspetto relativamente autonomo, sembrano in grado di autoregolarsi indipendentemente dal governo e dai fini che gli individui dànno al loro agire. I concetti d'azione finiscono per diventare sempre più concetti di funzione. Lo capiamo attraverso Durkheim: per mezzo della crescente differenziazione e specializzazione del lavoro e di tutte le attività sociali, ogni gruppo e ogni individuo, a causa della peculiarità della propria funzione, diventa funzionalmente dipendente da un numero sempre più elevato di altri gruppi o individui. Di conseguenza, facendosi sempre più estese, complesse e differenziate, le catene di interdipendenza funzionale che legano "organicamente" gli individui tra loro (attraverso la loro reciproca dipendenza e subordinazione), diventano più opache, imprescrutabili e incontrollabili per ogni singolo e per ogni gruppo isolatamente considerato. A tali condizioni, gli uomini che percorrono il XX secolo, iniziano a diventare consapevoli di questa opacità e, insieme, del fatto che i loro problemi, lungi dal rimanere ascrivibili alla sfera della loro responsabilità personale, presentano un carattere sociale[3]. Detto altrimenti, gli individui non riescono più

[3] Così Norbert Elias ha chiarito il legame che esiste tra lo sviluppo delle scienze sociali e lo sviluppo complessivo delle società: «Lo sviluppo delle catene di interdipendenza fra gli uomini rivela sempre più l'inadeguatezza delle spiegazioni prescientifiche degli avvenimenti sociali, basate cioè sulla considerazione che singole persone siano responsabili degli avvenimenti. La crescente opacità, la crescente complessità delle interconnessioni, la palese diminuzione della possibilità che un qualsiasi individuo – persino quello nominalmente più potente – prenda decisioni puramente per conto proprio e indipendentemente dagli altri, il fatto che le decisioni vengano prese costantemente nel quadro di prove di forza per il potere condotte da molti individui e gruppi in modo più o meno regolato – tutte queste esperienze, dunque, rendono gli uomini più intensamente consapevoli della necessità di altri modi di pensare, più impersonali, se si vogliono comprendere o addirittura controllare questi processi sociali fattisi meno trasparenti. Una delle conseguenze di questa nuova coscienza della relativa opacità dei processi sociali e della inadeguatezza delle spiegazioni direttamente fondate su singole persone, fu lo sforzo di indagare i processi sociali con un approccio analogo a quello usato dalle scienze più antiche, cioè con metodi scientifici che con-

a giustificare la propria esistenza a partire da una loro pretesa autonomia e autosufficienza individuale – come se realmente esistessero quali soggettività indipendenti e isolate, precedenti e disciolte dai legami sociali –. Le nuove condizioni sociali non permettono più di riferire l'esperienza esistenziale degli uomini al singolare ed astratto esercizio del *cogito*; l'esistenza individuale, come si inizia a comprendere, dipende sempre più dall'organizzazione sociale.

Tale situazione – la dimensione relativamente impersonale del contesto fattuale – esige dunque nuovi strumenti analitici e nuove capacità di comprensione teorica (in linea con i progressi delle scienze naturali) non più riferibili alla tradizione del pensiero filosofico. Per questo, per rimanere in Francia, la svolta di Comte nell'ambito delle scienze sociali non può che apparire di grande importanza: perché proprio attraverso il metodo del suo nuovo «spirito positivo» registriamo il passaggio da una teoria della conoscenza di tipo filosofico (specialmente di stampo metafisico) ad una *conoscenza sociologica* in grado di assumere a suo oggetto non l'individuo o l'astratta ragione, ma i nessi, i processi, i contesti di interconnessione e di intersoggettività che definiscono la società in quanto tale. A fondamento della nuova gnoseologia vi è la concezione, ancora oggi presente negli studi antropologici e sociali, della socializzazione del soggetto pensante, ovvero, che il soggetto pensante sia, in realtà, un soggetto già socializzato. Come dire: non pensiamo grazie a noi stessi, ma grazie alla società entro la quale si formano le nostre stesse strutture mentali; non vi è più possibilità per una soggettività trascendente (e precedente) i rapporti sociali: il soggetto è un "fenomeno sociale". Non possiamo spiegare le trasformazioni sociali ricorrendo semplicemente alle intenzioni dei singoli individui, o riconducendole ai parametri del "razionalismo" filosofico. In un passo del suo *Discours sur l'esprit positif* del 1844, Comte affermava:

> «Lo spirito positivo [...] è direttamente sociale, per quanto è possibile, e senza nessuno sforzo, per la sua stessa caratteristica realtà. Per esso, l'uomo propriamente detto non esiste, non può esistere che l'Umanità, poiché ogni nostro sviluppo è dovuto alla società, sotto qualunque rapporto lo si consideri. Se l'idea di *società* sembra ancora un'astrazione

---

siderano i loro oggetti come nessi funzionali obbedienti a leggi proprie, largamente capaci di autoregolarsi e dotati di relativa autonomia. Un'altra conseguenza fu la tendenza ad orientarsi, all'interno degli eventi sociali meno perspicui, con l'aiuto di sistemi di credenze ed ideali sociali relativamente impersonali, sebbene maggiormente condizionati dal punto di vista emotivo» (Elias 1990, p. 78).

della nostra intelligenza, è soprattutto in virtù dell'antico regime filosofico; giacché, a dire il vero, è all'idea di *individuo* che appartiene un tale carattere, almeno nella nostra specie. La nuova filosofia nel suo complesso tenderà sempre a fare scaturire, nella vita attiva come in quella passiva, il legame di ciascuno con tutti, in una serie di aspetti diversi, in modo da rendere involontariamente familiare il sentimento intimo della solidarietà sociale, estesa come si deve a tutti i tempi e a tutti i luoghi» (Comte 2001, p. 87).

E ad Auguste Comte tornava Durkheim nel suo ultimo lavoro scientifico pubblicato in vita nella Rivista «Scientia», XV, nel 1914: *Le dualisme de la nature humaine et ses conditions sociales*. Così scriveva il sociologo evidenziando ancora le difficoltà linguistiche e concettuali nel delineare la svolta epistemologica della sociologia quale indagine sulla natura impersonale e fattuale del contesto interpersonale entro il quale si costituiscono le singole individualità:

«La sociologia si definisce come la scienza della società, ma in realtà non può trattare dell'oggetto immediato della sua ricerca, cioè i gruppi umani, senza finire per occuparsi dell'individuo, elemento ultimo di cui tali gruppi sono composti. La società infatti può formarsi solo a condizione di penetrare le coscienze individuali e modellarle "a sua immagine e somiglianza". Anche senza esagerare con le asserzioni dogmatiche, si può tranquillamente affermare che molti dei nostri stati mentali, e fra i più essenziali, hanno un'origine sociale. In questo caso è il tutto che, in larga misura, produce la parte; di conseguenza è impossibile cercare di spiegare il tutto senza spiegare la parte, almeno di riflesso. Il prodotto per eccellenza dell'attività collettiva è quell'insieme di beni intellettuali e morali che chiamiamo la civiltà: questo è il motivo per cui Auguste Comte concepiva la sociologia come scienza della civiltà. D'altro canto, però, la civiltà è ciò che ha reso l'uomo quello che è, distinguendolo dall'animale. L'uomo è veramente tale solo nella misura in cui è civilizzato» (Durkheim 2009, p. 37).

Alla base della riflessione comtiana (proseguita dallo stesso Durkheim) vi è dunque il problema della *visibilità*: come rendere teoricamente *visibile* quell'opacità delle interconnessioni sociali che gli uomini faticano ancora a distinguere? Come dare un'*immagine* concettuale al contesto impersonale e fattuale che costituisce e determina le coscienze individuali[4]? A questa domanda, dava una prima ri-

---

[4] In tempi assai più recenti, un film di Michelangelo Antonioni, *Blow-up* (1966), riflettendo, problematizzando e ribaltando il rapporto tra apparenza e

sposta Durkheim chiamando in causa il diritto: il diritto quale «simbolo visibile» della «solidarietà sociale» in quanto «fenomeno morale».

> «La solidarietà sociale – scriveva ne *La divisione del lavoro sociale*, testo la cui prima edizione risale al 1893 è un fenomeno morale che non si presta di per sé ad un'osservazione esatta né tanto meno alla misura. Per procedere a questa classificazione e a questo confronto occorre dunque sostituire al fatto interno che ci sfugge il fatto esterno che lo simbolizza, e studiare il primo attraverso il secondo.
> Questo simbolo visibile è il diritto» (Durkheim 1989, p. 86).

Occorreva, tuttavia, un ulteriore sforzo per dare una maggiore visibilità, generale e concettuale, a quel tessuto di rapporti impersonali (superiore all'individuo e distribuito intorno alle «più fondamentali uniformità sociali») che rimaneva per lo più opaco e indistinto all'intelletto "individuale" e alla conoscenza scientifica di un'epoca ancora troppo dimensionata alla ristretta misura di quell'intelletto. A questo sforzo era chiamata, appunto, la sociologia nel tentativo di dare un'*immagine visibile* a ciò che sembrava ancora «un'astrazione dell'intelligenza». Di qui, il paradossale tentativo dello sguardo sociologico, che richiedeva ancora una torsione concettuale e un ribaltamento nelle categorie mentali: far comprendere che ciò che ancora agli uomini può sembrare pura astrazione, è in realtà concretezza. L'individuo, ciò che ci appare di più concreto, è in realtà una mera astrazione supportata «dall'antico regime filosofico» (la stessa astrazione che il pensiero giusnaturalistico aveva compiuto per rifondare una natura razionale dell'uomo, svincolata dai rapporti reali ed emancipata dal piano fattuale del contesto storico-sociale). Solo la società è *realmente* concreta, anche se ancora, per una distorsione epistemica, per il carattere reificante degli strumenti linguistici tradizionali (che oggettivizzano i processi, i rapporti, i nessi, dandogli

---

realtà, verità e finzione, restituiva, in qualche modo, una configurazione estetica al problema della "visibilità". E lo faceva attraverso la fotografia (il fotografo che scopre un delitto sviluppando i negativi delle foto scattate in un parco). La verità, il reale, si mostrava, si rendeva paradossalmente visibile nell'"oggettività" fotografica, oltre i limiti "soggettivi" dell'occhio, del punto di vista "naturale" a cui affidiamo la capacità di vedere. La realtà, detto altrimenti, si dà in ciò che noi riteniamo "finzione", oltre la "verità" di una ragione prospettica orientata alla soggettività individuale. E quella realtà è visibile nell'oggettività impersonale dello scatto fotografico, in ciò che sfugge alla vigilanza dello sguardo cosciente, alla sua pretesa di esaurire il visibile nel campo visivo dell'occhio.

l'aspetto di "cose", di costrutti rigidi e statici) e quindi delle nostre stesse operazioni mentali, non risulta visibile nella sua natura effettuale (e non solo mentale). Ora l'*astratto* (il sociale) diventa il *concreto* e ciò che più pensavamo concreto e naturale (l'individuo) diventa pura astrazione. Tutto sta in un'inversione di *sguardi*, in un ribaltamento del senso comune disposto dal modo viziato attraverso cui gli uomini osservano. Nella teoria sociologica i rapporti sociali, i nessi funzionali, i processi, devono diventare visibili (devono uscire dalla loro opacità), a scapito dell'individuo oramai quasi invisibile alla rilevazione analitica (trionfo dell'astrattismo in pittura). Occorre cambiare le lenti, smontare la superficie *prospettica* ordinata dal razionalismo moderno; la società diventa la vera "natura": l'individuo è astrazione, configurazione contingente di rapporti sociali e di nessi mentali impersonali. Il problema (annidato nell'uso linguistico che sostiene lo stesso processo di socializzazione) risiede nel fatto che ogni volta che utilizziamo concetti implicanti l'idea di un nesso impersonale, indipendente ed autonomo, siamo soliti ricondurlo e riferirlo ad altri concetti che implicano eventi e intenzioni personali, quando, invece, in realtà, avviene il contrario: i nessi impersonali precedono e qualificano gli eventi personali. Siamo in un tempo – si è già detto – in cui gli stessi individui, in condizioni storiche e sociali caratterizzate da un crescente processo di interdipendenza funzionale, hanno incominciato a percepire il carattere necessariamente sociale della loro singolare esistenza; hanno iniziato a considerare se stessi come elementi di un insieme più ampio e impersonale.

Di qui Durkheim, per spiegare la genesi dei fenomeni e delle istituzioni sociali, poteva ricorrere, sia pure non tematizzandola e in un senso molto generale, ad una prospettiva genealogica. *Le regole del metodo sociologico*, testo del 1895, da nostro punto di vista, si ordina, in qualche modo a questa prospettiva. Avendo liberato l'indagine sociologica da ogni spiegazione di carattere metafisico e di tipo psicologico, Durkheim collocava l'analisi dei «fatti sociali» in un terreno puramente storico, positivo e sociale. «La causa determinante di un fatto sociale – così scriveva – deve essere cercata tra i fatti sociali antecedenti, e non già negli stati della coscienza individuale» (Durkheim 1996, p. 106).

Non a caso, considerando «istituzione ogni credenza e ogni forma di condotta istituita dalla collettività», Durkheim poteva definire la sociologia «come la scienza delle istituzioni, della loro genesi e del loro funzionamento» (*Ibid.*, p. 20).

La sociologia dunque, da questo punto di vista, si pone in qualche modo come genealogia delle istituzioni sociali. Ciò che le interessa è, in fin dei conti, la genesi storica dei fenomeni che istituiscono i rapporti sociali. E tale genesi – come aveva affermato Pascal – va ricercata essenzialmente nelle credenze e nelle abitudini. Queste ultime, infatti, «ci dominano, ci impongono certe credenze e certe pratiche».

> «L'abitudine collettiva – scrive ancora Durkheim – non esiste soltanto allo stato di immanenza negli atti successivi che determina ma, in virtù di un privilegio del quale non troviamo esempio nel dominio biologico, si esprime una volta per tutte in una formula che si ripete di bocca in bocca, che si trasmette mediante l'educazione, che si fissa perfino per iscritto. Tale è l'origine e la natura delle regole giuridiche e morali, degli aforismi e dei detti popolari, degli articoli di fede in cui le sette religiose o politiche condensano le loro credenze, dei codici di gusto che le scuole letterarie redigono, e così via» (*Ibid.*, p. 29).

L'abitudine, dunque, risiede nella società che la produce e non già nelle coscienze dei singoli, ed è capace di esercitare una costrizione esterna sull'individuo. Per questo la sociologia, in prospettiva genealogica, poggia sul principio che le cause dei fenomeni sociali sono interne alla società, e quindi, storicamente determinate.

A ben vedere, la prospettiva genealogica ha trovato ancora ulteriori sviluppi nell'ambito della scuola durkheimiana. Basti soltanto pensare, ad esempio, all'antropologia di Marcel Mauss, nipote di Durkheim, e al suo celebre *Saggio sul dono*. In questo saggio, scritto tra il 1923 e 1924, Mauss ricostruiva la morale del dono a partire da usanze sociali basate sull'antagonismo e la rivalità, come quelle praticate dalle popolazioni indigene nord americane. Detto altrimenti, si dimostrava come nelle società primitive il *potlach*, ovvero la pratica del dono e del contro-dono ("fatto sociale totale"), abbia dato luogo ad una sorta di lotta per il riconoscimento di tipo agonale, con un vincitore che si impone sul vinto mediante la superiorità dei suoi doni e delle sue prestazioni (o meglio, mediante la sua maggiore capacità di sprecare e distruggere). Per liberarsi dal potere del dono (dall'obbligo introdotto dal dono), la controparte avversaria era convocata a restituire in modo superiore, pena la perdita della sua libertà (Mauss 1965). In questo modo il *potlach* accresceva il prestigio attraverso il potere di dare, di consumare e di distruggere per l'altro e di fronte all'altro: si trattava di una sfida sacrificale, che "pro-vocava" l'altro a perdere, a sua volta, il suo patrimonio. Come più tardi avrebbe visto Bataille, vi era tutta la scena di una reciprocità paradossale che si risolveva nel sacrificio di ogni eccedenza (Bataille 1992). Ciò che importava era il consumo vistoso, la dissipazione, la sfida e il prestigio. Ogni eccedenza era destinata allo spreco (alla distruzione rituale), alla provocazione; o meglio la ricchezza, l'eccedenza, era funzionale alla distruzione, alla perdita. Su tale perdita si fondava il prestigio sociale, ciò che appunto veniva genealogicamente ricondotto alla base della morale del dono; una morale che ancor più trovava il suo presupposto genetico nell'obbligazione gratuita, nel potere che produce asservimento e assoggetta attraverso la generosità.

* * *

Non serve certo ricordare che un tale passaggio trovava già una sua formulazione nella genealogia nietzschiana. E proprio in linea con il *prospettivismo* nietzschiano Georg Simmel, attraverso altri percorsi e secondo una diversa tradizione di pensiero, giungeva, a suo modo, a ridefinire il campo genealogico della sociologia, il suo «metodo genetico». In un passo di *Grundfragen der Soziologie*, testo del 1917, riferendosi ai fenomeni di formazione sociale, così scriveva:

> «Quei fenomeni hanno origine dalla vita sociale, nel duplice senso del termine: dalla reciprocità fra individui (che fa nascere *in* ciascuno ciò che *da* lui solo non trarrebbe spiegazione) e dal succedersi delle generazioni, i cui retaggi e lasciti si fondano indissolubilmente col patrimonio della persona, consentendo che, a differenza di tutte le specie interiori, l'uomo sociale sia non solo un discendente, ma anche un erede. Affermandosi anche al livello della conoscenza, la produzione sociale – a mezza strada fra quella puramente individuale e quella trascendente – ha fatto sì che, nelle scienze dello spirito, prendesse piede un metodo genetico, come nuovo strumento per la soluzione dei problemi scientifici (inerenti allo Stato o all'organizzazione ecclesiastica, alla lingua o alle leggi morali). La sociologia non è solo una scienza dotata di oggetti suoi propri (distinti operativamente da quelli di altre scienze), ma è divenuta anche un metodo, valido in generale per tutte le discipline storiche e dello spirito» (Simmel 1983, p. 45).

Ma è soprattutto a Max Weber che, sempre in prospettiva nietzschiana, dobbiamo guardare per cogliere più a fondo il contributo della genealogia alla riflessione sociologica (e non mi rifersico ovviamente soltanto a *L'etica protestante e lo spirito del capitalismo*); al Weber della *Scienza come professione*, conferenza del 1918, dove appunto la scienza viene definita come «tecnica per il dominio della vita»: «Tutte le scienze naturali dànno una risposta a questa domanda: che cosa dobbiamo fare *se* vogliamo dominare *tecnicamente* la vita?» (Weber 1948, p. 26). Ecco così spiegata la genesi del pensiero scientifico (posizione poi ripresa e sviluppata dai sociologi *francofortesi*): la volontà di dominio. E dobbiamo anche guardare, ancor di più, al Weber della *Sociologia del diritto* (Weber 2000). Sappiamo, in effetti, l'importanza che, sul piano della riflessione teorica, nella sociologia weberiana assume il concetto di procedura (non assunto nell'accezione meramente "formalistica" e "desostanzializzante", ma come paradigma capace di dar conto della dimensione dinamica del reale) nel conferire un significato a quel procedimento pratico (processo) rappresentato dal porsi, prodursi e costituirsi in «forma tipica» del diritto (Andrini 1990, p. 13). Tanto più che attraverso tale concetto si è potuto mostrare non soltanto lo stato nascente del diritto nella sua condizione sociale (il passaggio dalla società al diritto), ma anche l'elemento genetico, il punto di partenza (sia logico che storico), dello sviluppo differenziato in senso razionale del diritto moderno (*Ibid.*, p. 24)[5].

Seguendo ancora Weber scopriamo oltretutto che, sul piano della prassi, il momento centrale della procedura è proprio il processo "selettivo" attraverso il quale l'agire (sociale) riesce a "tipicizzare" se stesso, ovvero, a consolidarsi in "forma tipica" e, dunque, a porsi come prima realtà del diritto. Da questo punto di vista, anche in ordine ad un agire orientato in senso normativo, acquista un valore essenziale il processo di selezione (e di tipicizzazione) per mezzo del quale si costituiscono le forme giuridiche, ovvero, in ordine al quale il "mondo" giuridico realizza le sue figurazioni; e ciò non soltanto a livello cognitivo, ma anche a livello pratico (a livello dell'agire sociale e giuridico).

Non a caso, il tema della proceduralità (e del processo), pur con timbri diversi, percorre tutta l'opera di Weber e rappresenta un momento costitutivo delle sue categorie logiche e metodologiche (*Ibid.*, p. 17). Anche il concetto di «tipo ideale», quale forma specifica della concettualizzazione nel campo della conoscenza storico-

---

[5] Scrive Simona Andrini: «La dimensione procedurale, costitutiva dell'agire giuridico, si mostra come qualcosa di originario rispetto allo sviluppo stesso del diritto, e perciò non quale momento accessorio del sistema giuridico (la procedura e il processo intesi come finalizzati all'applicazione di norme). La dimensione procedurale è alla base dello sviluppo del diritto, costituendone l'aspetto dinamico; ma può presentarsi in tal modo proprio perché è all'origine dell'azione sociale come tale» (Andrini 1990, p. 27).

sociale, e quale risultato di un procedimento logico di astrazione, rimanda a un processo (e a un criterio) di selezione (tra l'infinita molteplicità dei dati empirici). In altri termini, sul piano metodologico, la tipologia delle forme concettuali, in quanto costruzione tipico-ideale che opera mediante «concetti-limite», rinvia a un processo selettivo attraverso il quale la realtà si lascia oggettivamente e razionalmente comprendere[6].

Come però si è visto, le stesse procedure concettuali e conoscitive che rimandano, sul piano metodologico, alla costruzione di «tipi ideali», trovano una loro corrispondenza (e un loro accordo semantico), sul piano pratico, nel processo di selezione attraverso il quale il reale stesso si costituisce e si consolida «in forma tipica»[7]. E qui un ruolo fondamentale lo ricopre ancora il diritto quale forma tipicizzata dell'agire, nella misura in cui non solo chiarisce la rilevanza della dimensione processuale e procedurale rispetto all'attività conoscitiva (razionale) svolta nell'interpretazione della prassi, ma anche rispetto all'attività pratica dei soggetti sociali. Attraverso l'agire giuridico, infatti, nella processualità selettiva dei tipi di azione più idonei a realizzare scopi specifici (e a conseguire risultati effettivi), si costituisce un "mondo" all'interno del quale si realizzano forme "oggettive". E ciò vuol dire che già sul piano della prassi giuridica si può riscontrare un

---

[6] A proposito del «tipo ideale» scriveva Weber nel saggio *L'"oggettività" conoscitiva della scienza sociale e della politica sociale* del 1904: «Esso non è una rappresentazione del reale, ma intende fornire alla rappresentazione un mezzo di espressione univoco. [...] Esso è ottenuto mediante l'accentuazione unilaterale di uno o di alcuni punti di vista, e mediante la connessione di una quantità di fenomeni particolari diffusi e discreti, esistenti qui in maggiore e là in minore misura, e talvolta anche assenti, corrispondenti a quei punti di vista unilateralmente posti in luce, in un quadro concettuale in sé unitario» (Weber 1967, p. 108). E più avanti scriveva: «Esso rappresenta un quadro concettuale, il quale non è la realtà storica, e neppure la realtà "vera e propria", ma tuttavia serve né più né meno come schema in cui la realtà deve essere sussunta come esempio: esso ha il significato di un puro concetto-limite ideale, a cui la realtà deve essere misurata e comparata, al fine di illustrare determinati elementi significativi del suo contenuto empirico. Questi concetti costituiscono delle formazioni in cui noi costruiamo, impiegando la categoria di possibilità oggettiva, connessioni che la nostra fantasia, orientata e disciplinata in vista della realtà, giudica adeguate» (*Ibid.*, p, 112).

[7] Del resto, come scrive, ad esempio, ancora Simona Andrini: «Quale infatti può essere il significato del ricorso da parte di Weber, per poter definire l'agire sociale come tale, al tipo ideale, se non viene presupposta una dimensione originariamente "tipica", procedurale, dell'azione stessa?» (Andrini 1990, p. 26).

processo interpretativo (interpretativo-costruttivo), ovvero, detto in altre parole, un processo ermeneutico selettivo, capace di dare una certa *figurazione* al reale; prima ancora che intervenga un'ermeneutica meramente cognitiva, dispiegata al livello delle categorie e delle astrazioni concettuali (tipico-ideali). Detto altrimenti, ancor prima di essere soltanto proiezioni metodologiche e categoriali elaborate a livello cognitivo, i «tipi ideali» sono costruzioni e *figurazioni giuridiche* (e perciò, allo stesso tempo, anche *estetiche*) della realtà sviluppate al livello della prassi. Come dire: la realtà si costituisce attraverso un processo "pratico" di tipicizzazione dell'agire dispiegato nella sua storicità ovvero, attraverso una proceduralità ermeneutica e selettiva già data nel processo costitutivo (e *figurativo – figurazionale*) del reale.

Su questa prospettiva "genealogico-ermeneutica" torneremo più tardi. Occorre qui soltanto ricordare come anche per Weber alla base delle costruzioni giuridiche non si pone la ragione astratta o un principio di natura, ma procedure sociali sviluppate nella loro storicità.

* * *

Tuttavia, per comprendere ancora come, in diverse maniere, la visione genealogica abbia in qualche modo influenzato il ragionamento sociologico, basta volgere lo sguardo a Marx, specialmente al giovane Marx e alla sua critica della proprietà privata e dei fondamenti ideologici dei diritti dell'uomo condotta in nome del carattere eminentemente sociale proprio dell'essenza umana. Nei *Manoscritti economico-filosofici del 1844*, nel discutere il superamento della proprietà fondiaria e il capitale industriale come «forma oggettiva della proprietà privata, giunta al proprio compimento», Marx poteva ricondurre la genesi di questa forma divenuta la più generale potenza della storia mondiale nel suo compiuto dominio sugli uomini, non certo ad un astratto inalienabile diritto naturale, ma ad una forma storica di sfruttamento del lavoro.

> «La *proprietà privata* è quindi il prodotto, il risultato, la conseguenza necessaria del *lavoro alienato*, del rapporto di estraneità che si stabilisce tra l'operaio, da un lato, e la natura e lui stesso dall'altro.
>
> La *proprietà privata* si ricava quindi mediante l'analisi del concetto di *lavoro alienato*, cioè dell'*uomo alienato*, del lavoro estraniato, della vita estraniata, dell'uomo *estraniato*.
>
> Certamente abbiamo acquisito il concetto di *lavoro alienato* (di *vita alienata*) traendolo dall'economia politica come risultato del *movimento*

> *della proprietà privata.* Ma con un'analisi di questo concetto si mostra che, anche se la proprietà privata appare come il fondamento, la causa del lavoro alienato, essa ne è piuttosto la conseguenza; allo stesso modo che *originariamente* gli dei non sono la causa, ma l'effetto dell'umano vaneggiamento. Successivamente questo rapporto si converte in un'azione reciproca.
>
> Solo al vertice del suo svolgimento, la proprietà privata rivela il suo segreto, vale a dire, anzitutto che essa è il *prodotto* del lavoro alienato, in secondo luogo che è il *mezzo* con cui il lavoro si aliena, è la *realizzazione di questa alienazione*» (Marx 1968, pp. 82-3).

È in questi termini che Marx trasforma "genealogicamente" il problema dell'origine della proprietà privata «nel problema del rapporto del *lavoro alienato* con lo sviluppo storico dell'umanità» (*Ibid.*, p. 85). Leggiamo in un altro passo:

> «Questa proprietà privata *materiale*, immediatamente *sensibile*, è l'espressione materiale e sensibile della vita *umana estraniata.* Il suo movimento – la produzione e il consumo – è la rivelazione *sensibile* del movimento di tutta la produzione sino ad oggi, cioè della realizzazione o realtà dell'uomo. La religione, la famiglia, lo stato, il diritto, la morale, la scienza, l'arte, ecc. non sono che modi *particolari* della produzione e cadono sotto la sua legge universale» (*Ibid.*, p. 112).

Del resto, anche la critica marxiana dei diritti dell'uomo segue uno stesso svolgimento genealogico. In *La questione ebraica,* piccolo testo sempre del 1844, tornando alle considerazioni hegeliane circa la nascita dello Stato moderno, frutto della Rivoluzione francese, e la conseguente contrapposizione tra società civile e Stato, Marx coglieva proprio nell'individualismo materialistico insito nella società civile (ovvero nella sfera dell'azione egoistica contraddistinta dalle disuguaglianze sociali) l'emergere dell'ideologia dei diritti dell'uomo. In modo più specifico, riconducendo il problema alla differenza tra *droits de l'homme* e *droits du citoyen* (sanzionata dalla stessa *Déclaration*), Marx vedeva proprio nella particolarità del *bourgeois*, l'individuo della società civile assunto come rappresentazione concreta dell'*homme*, dell'uomo in senso proprio, dell'uomo naturale, il fondamento ideologico dei diritti umani.

> «Innanzitutto costatiamo il dato di fatto che i cosiddetti *diritti umani*, i *droits de l'homme*, a differenza dei *droits du citoyen*, non sono altro che i diritti del *membro della società civile*, cioè dell'uomo egoista, dell'uomo separato dall'uomo e dalla comunità» (Marx 2003, p. 75).

Si tratta, dunque, dei diritti dell'individuo isolato, limitato a se stesso, del diritto alla proprietà privata che consente di «godere arbitrariamente, senza alcuna relazione con gli altri uomini, indipendentemente dalla società, del proprio patrimonio e di disporre dello stesso. È il diritto all'utile privato» (*Ibid.*, p. 77). Di qui le conclusioni:

> «Nessuno dei cosiddetti diritti umani va dunque oltre l'uomo egoista, oltre l'uomo quale membro della società civile, e cioè individuo ritirato in se stesso, nel proprio interesse e arbitrio privato, isolato dalla comunità. In essi si è ben lontani dal concepire l'uomo come un membro della collettività e la vita collettiva stessa, la società, sembra piuttosto una cornice esterna agli individui, una limitazione della loro autonomia originaria. L'unico legame che li tiene insieme è la necessità naturale, il bisogno e l'interesse privato, la *conservation* delle loro proprietà e della loro egoistica persona» (*Ibid.*, p. 81).

Ecco, così, "una critica genealogica" dei diritti umani; una critica che affonda le sue radici nell'idea che lungi dall'essere l'espressione dell'universale umanità, tali diritti non siano altro che la rappresentazione del *citoyen* quale *bourgeois* «servo dell'*homme* egoista», l'«essere parziale» (considerato come «l'uomo *vero* e *proprio*») frutto storico della Rivoluzione francese e della separazione tra Stato politico e società civile.

Anche qui, per altri versi, torna l'idea che l'oggetto del diritto e della conoscenza giuridica sia sempre storico e non "naturale". Conoscere, in tal senso, è già in sé *decostruire* genealogicamente le ideologie giuridiche (e giusnaturaliste) che rimandano a rapporti di forza storicamente determinati e tendono a "naturalizzare" particolari forme di valorizzazione sociale.

In realtà, il materialismo storico e la filosofia della prassi che ad esso si aggancia, ha sempre svolto il suo compito intellettuale riferendosi a presupposti genealogici. Basta solo citare questa considerazione di Gramsci (*Quaderno 4, 1930-32: Appunti di filosofia I*) per comprendere tale passaggio: «Come filosofia il materialismo storico afferma teoricamente che ogni "verità" creduta eterna e assoluta ha origini pratiche e ha rappresentato o rappresenta un valore provvisorio. Ma il difficile è far comprendere "praticamente" questa interpretazione per ciò che riguarda il materialismo storico stesso» (A. Gramsci, *Quaderni del carcere,* I, Einaudi, Torino, 1975, p. 465).

* * *

Al di là del marxismo, del materialismo storico e della filosofia della prassi (che ne rappresentano comunque un'importante espressione), gran parte della filosofia del XIX secolo (soprattutto post-hegeliana) si è posta come critica dei valori e dei processi storici di valorizzazione (si pensi soltanto a Nietzsche). Il valore vi è dunque apparso come l'espressione di una forza che tende alla sua realizzazione. In tal senso il valore non è apparso come dotato di un essere in sé, bensì di una validità. «Il valore non è, ma vale» scriveva più tardi Carl Schmitt nel 1960. E ciò implica «un impulso tanto più forte alla realizzazione». E subito dopo aggiungeva: «Il valore aspira apertamente a essere posto in atto. Non è reale, ma è senza dubbio riferito alla realtà, e attende con impazienza ad essere attuato ed eseguito» (Schmitt 2008, p. 47).

Proprio questo riferimento alla realtà, o meglio, ad una validità che aspira ad essere storicamente realizzata e attende di essere posta in atto, ha indirizzato la filosofia verso una genealogia dei valori. Una volta compreso che il valore in sé non ha un essere in quanto tale, ciò che interessa è la sua formazione storica, la sua realizzazione in quanto valore. La storia non è che storia di valorizzazioni che variano da una cultura all'altra (e anche da un individuo all'altro): perché la storia – lo avrebbe ribadito Foucault – non implica problemi eterni, di carattere essenziale o dialettico, ma appunto, soltanto, valorizzazioni successive. La ragione stessa, una volta posta come valore universale (e così sottratta al mero calcolo strumentale), non è che il frutto di un processo di valorizzazione. E processo di valorizzazione vuol dire – come già aveva capito Pascal – che la ragione non si regge su se stessa, ma su un valore che la qualifica come forza, o meglio, come potenza rivoluzionaria.

La sociologia – specialmente con Weber, un altro nietzschiano – avrebbe compreso questa lezione: la razionalità non è che un processo di valorizzazione di determinate azioni e interazioni sociali basate sul calcolo, sul controllo, sulla prevedibilità, sulla generalizzabilità, per rendere intellegibile e dominabile la realtà. Dalla Ragione universale si passa al processo di razionalizzazione del mondo (occidentale), alle procedure razionali (come il capitale o il diritto) tese a ridurre le relazioni umane in schemi prevedibili di azione. Al posto della ragione non troviamo altro che una volontà di razionalizzazione. Così un'altra volta il diritto, invece di essere espressione di una Ragione universale ed eterna, diventa l'espressione di una potenza ordinante: potere che pone il diritto. E di qui, attraverso Nietzsche, ritroviamo Pascal. E ritroviamo la genealogia, ciò che dietro ai valori universali non vede altro che processi storici di valorizzazione.

### c) *Critica genealogica*

Merita un discorso a parte, rilevante ai fini della nostra ricostruzione dei diversi percorsi della genealogia, la posizione assunta dalla «critica» di Walter Benjamin nei riguardi del problema dell'«origine». Procediamo, comunque, per gradi.

Contemporanea al lavoro di Wittgenstein, Heidegger e Cassirer, la riflessione di Benjamin, ben più frammentaria e "a-sistematica", si discostava dalla "svolta linguistica" che in modo più o meno profondo attraversava gli studi di tali filosofi, e ritrovava il problema del simbolo a partire da una reinterpretazione originale (per certi versi legata alle avanguardie artistiche e letterarie del periodo) delle basi teoriche del materialismo storico e del messianismo ebraico[8].

L'approccio di Benjamin consisteva, in realtà, nell'interpretare il proprio oggetto (qualunque esso fosse), come una monade leibniziana, la cui essenza contiene l'intero universo, passato presente e futuro. «L'idea è monade», scriveva Benjamin: «ogni idea contiene l'immagine del mondo. Alla sua rappresentazione è posto come compito niente di meno che quello di disegnare in scorcio precisamente questa immagine del mondo» (Benjamin 1980, p. 27). E più avanti leggiamo:

> «Le idee intrattengono con le cose un rapporto simile a quello che c'è tra le immagini delle stelle e le stelle. Il che significa innanzitutto: esse non sono né i concetti né le leggi delle cose. [...] Le idee sono costellazioni eterne, e in quanto gli elementi vengono concepiti come punti dentro simili costellazioni, i fenomeni vengono suddivisi e insieme salvati» (*Ibid.*, p. 11).

Ancora più avanti leggiamo: «L'idea è un che di linguistico, più precisamente: qualcosa che, nell'essenza della parola, coincide col momento in cui questa è simbolo. [...] È compito del filosofo ripristinare nel suo primato, mediante la rappresentazione, il carattere simbolico della parola, col quale l'idea perviene all'autotrasparenza» (*Ibid.*, pp. 13-4).

In ciò, a ben vedere, riposava la peculiarità del metodo di Benjamin. La sua visione del mondo era profondamente simbolica: ogni

---

[8] Per una ricostruzione dello svolgimento della filosofia di questi autori tra il 1919 e il 1929 si rimanda al libro di Wolfram Eilenberger, *Il tempo degli stregoni* (Eilenberger 2018).

essere umano, ogni opera d'arte, ogni oggetto di uso comune era per lui un segno da decifrare. E occorreva considerare ognuno di questi segni in un rapporto dinamico con tutti gli altri segni (e qui incontriamo il suo "materialismo storico"). In tal senso, secondo Benjamin, il compito della filosofia risiedeva nell'interpretare, e sviluppare in forma di teoria, il vero significato di un segno, mostrandone il rapporto vivente, organico, con la totalità dei segni (Eilenberger 2018, p. 33).

Il metodo di Benjamin, se pur difficilmente interpretabile nel suo stile "enciclopedico" e nel carattere vario, concreto e contraddittorio della sua scrittura, poneva dunque una precisa modalità di conoscenza; modalità, oltretutto, rafforzata dalla convinzione che siano proprio i segni, i simboli, gli oggetti, le figure più marginali e trascurate dalla riflessione filosofica, a portare il marchio più autentico della "totalità sociale". Le sue celebri "immagini di pensiero" (influenzate dalla "flânerie" di Baudelaire o Aragon, dalle "memorie" di Proust o dai romanzi di Dostoevskij, solo per citare dei nomi), in opere, ad esempio, come *Strada a senso unico* o *Infanzia berlinese*, testimoniano una simpatia "romantica" per l'effimero, il fuggevole, il labirintico e, allo stesso tempo, per le tecniche di interpretazione della Qabbalah ebbraica; il tutto intessuto, secondo i casi, di materialismo marxista o di un idealismo ispirato a Fichte, Novalis o alla filosofia della natura di Shelling.

A partire da questi autori Benjamin rielaborava un concetto di «critica» come attività che non lascia immutato né il soggetto criticante né l'oggetto criticato (nel processo della critica subiscono entrambi una trasformazione, che nel caso ideale è un avvicinamento al vero). La «critica», detto altrimenti, non consistendo nel giudizio critico, ma in un processo di perfezionamento, integrazione e sistemazione, diventava «sviluppo del linguaggio formale dell'opera» (Benjamin 1980, p. 23); un'opera che modificava dinamicamente il suo possibile significato nel corso della storia. E il critico, dal suo canto, diveniva esso stesso parte attiva nel processo di creazione dell'opera.

Si trattava, in fin dei conti, di pensare una via praticabile (seppur nella frammentazione e nell'incoerenza) verso una possibile conoscenza "post-metafisica" del mondo e di se stessi. Dalla "Premessa gnoseologica" di *Il dramma barocco tedesco*, opera composta nel 1925, non a caso apprendiamo che la filosofia deve far venir fuori dagli estremi più remoti, dagli apparenti casi-limite, la configurazione dell'idea intesa come quella totalità in cui gli opposti possono coesistere sensatamente, anche se questo modo di rappresentare l'idea è destinato a fallire finché non venga percorso per intero il cerchio delle sue possibilità esterne. Il filosofo, in questi termini, «occupa un punto intermedio tra il ricercatore e l'artista» (*Ibid.*, p. 9).

All'ideale di una chiarificazione logica del mondo (Wittgenstein, Cassirer) subentra, dunque, l'esplorazione di una simultaneità contraddittoria. «Mentre Cassirer mira all'unità di un sistema polifonico sulla base di un concetto di simbolo scientificamente definito, troviamo in Benjamin la ricerca di costellazioni cognitive contrastanti, in una tensione dinamica irrisolta» (Eilenberger 2018, p. 35); e ciò, sullo sfondo di una filosofia della storia d'intonazione messianica, sempre aperta alla possibilità della redenzione, ma senza illusione di poter provocare o anche solo prevedere il momento salvifico (in un senso marxista volgare).

Sulla base di queste premesse, e rimanendo al *Dramma barocco tedesco*, interessante per noi è appunto il rapporto che Benjamin individua tra la «critica» filosofica e il problema dell'origine.

> «L'origine – scrive Benjamin –, benché sia una categoria pienamente storica, non ha nulla in comune con la genesi. Con origine non s'intende un divenire del già nato, bensì un divenire e un trapassare di ciò che nasce. L'origine sta nel fiume del divenire come un vortice e trascina dentro la propria ritmica il materiale della nascita. Nella nuda e palese compagine del fattuale, l'originario non si dà mai a conoscere, e la sua ritmica si dischiude soltanto a una duplice visione. Essa vuol essere conosciuta quale restaurazione, come ripristino da un lato, e, dall'altro e proprio per questo, come un che di imperfetto e non conchiuso. In ogni fenomeno d'origine si determina la forma sotto la quale un'idea sempre di nuovo si confronta col mondo storico, fino a quando non sia lì, compiuta, nella totalità della sua storia. Così, dunque, l'origine non è emergente dai dati di fatto, essa ne investe la preistoria e la storia successiva. Le direttive della considerazione filosofica sono indicate nella dialettica che è intrinseca all'origine. Da essa risulta, in tutto ciò che è essenziale, come l'unicità e la ripetizione si condizionino disordinatamente. Sicché la categoria dell'origine non è, come ritiene Cohen, una categoria puramente logica, bensì storica» (Benjamin 1980, p. 24).

La categoria dell'origine è pertanto propriamente storica. Ogni atteggiamento, anche autenticamente idealistico, attinge «una propria sicurezza a patto di rinunciare al nucleo centrale dell'idea di origine. Perché ogni prova dell'origine dev'essere elaborata sopra la questione dell'autenticità di quanto è ostensibile. Se questo non riesce ad accreditarsi come autentico, vuol dire che si fregia ingiustamente del proprio titolo» (*Ibid.*, pp. 24-5).

Con questa riflessione – suggerisce Benjamin – sembra venire meno, nelle massime questioni della filosofia, la «distinzione tra *quaestio juris* e *quaestio facti*» (*Ibid.*, p. 25). La conseguenza, tuttavia, non è che ogni «fatto» precedente sia da prendere come un momento costitutivo dell'essenza. Piuttosto, «il compito del ricercatore comincia con questo: che egli può ritener garantito un simile fatto soltanto quando la sua più intima struttura appare tanto essenziale da mostrarlo in quanto origine» (*Ibid.*).

Ecco, dunque, il problema della storia filosofica in quanto scienza dell'origine: «ciò che è abbracciato nell'idea dell'origine ha una storia ma soltanto ancora come un contenuto, e non più come un accadere che lo concerna. Soltanto dentro conosce la storia, e ciò non più nel senso dello sconfinato, bensì in un senso che è in rapporto con l'essere essenziale, quel senso che permette di caratterizzarla come la preistoria e la storia futura dell'essere medesimo» (*Ibid.*). Continua Benjamin:

> «La preistoria e la storia futura di tali essenze sono, a segno della loro salvazione o della loro assunzione entro l'ordine del mondo delle idee, non una storia pura, bensì una storia naturale. La vita delle opere e delle forme, che sotto questa protezione soltanto si dipana chiara e non disturbata dalla vita umana, è una vita naturale. Quando si constata quest'essere salvato nell'idea, la presenza della preistoria come della storia futura, inautentiche e cioè naturali, è virtuale. Essa non è più prammaticamente reale bensì soltanto riscontrabile in quanto storicità naturale nello stato perfetto e pervenuto ormai alla quiete, nell'essenzialità. Così si ridetermina nell'antico senso la tendenza di ogni conformazione concettuale filosofica: la tendenza a constatare nel suo essere il divenire dei fenomeni. Poiché il concetto d'essere della scienza filosofica non si satura nel fenomeno, bensì soltanto attraverso una consumazione della sua storia. L'approfondimento della prospettiva storica in simili ricerche non conosce per principio confini, né quanto al passato, né quanto al futuro. Essa attribuisce il totale all'idea. La cui struttura, quale è plasmata dalla totalità in contrasto col suo inalienabile isolamento è monologica» (*Ibid.*, pp. 25-6).

L'idea dell'origine ha, dunque, una storia, e questa «storia filosofica» è la forma che fa emergere la configurazione dell'idea in quanto configurazione di una totalità. L'idea dell'origine si comprende, pertanto, attraverso l'«idea» e non come sua origine (non come originarietà storicamente determinata), ma come sua forma «monologica» ovvero, ideale. Tutto sta, per il genealogista, nel comprendere la base valoriale di tale idealità, al di fuori di ogni riconduzione metafisica.

## d) *Genesi e genealogia dei concetti*

Per certi versi, è proprio sulla base di una prospettiva attenta ai processi di valorizzazione che le scienze sociali hanno aperto il campo a tutta un'indagine "genealogica", a una genealogia dei concetti e delle idee, capace di ricondurre la riflessione sociologica al rapporto tra storia, società, processi psichici e mentalità.

In questi ultimi tempi Axel Honneth, nel primo capitolo (intitolato "Storia delle idee e storia dei concetti") del suo libro sul *Riconoscimento*, ripensando i percorsi metodologici di diversi pensatori (tra i quali Reinhart Koselleck, Michel Foucault, Quentin Skinner e Robin G. Collingwood), ha ricondotto i suoi studi a una linea d'interpretazione e ricostruzione storica tesa a chiarire la genesi delle categorie chiave del discorso politico. In tal senso, ha proposto una «storia delle idee» in cui si parte «da un nucleo concettuale di base, cercando di seguirne gli sviluppi e gli arricchimenti» (Honneth 2019, p. 16). Ciò che viene posto al centro di questo campo di studi è l'analisi delle condizioni socioculturali attraverso le quali si articola, con sfumature e tonalità specifiche, lo «sviluppo argomentativo di un'idea» (*Ibid.*, p. 17); e ciò, a ben vedere, ricolloca la ricerca storico-sociale nell'ambito di una prospettiva genealogica tesa a ricondurre le formazioni concettuali al loro processo di costituzione culturale.

Ma si pensi anche alle analisi che Norbert Elias, nel 1969, dedicava al *processo di civilizzazione* (Elias 2010). In questo studio di sociologia storica, Elias ha mostrato come gli habitus e l'economia psichica degli affetti, sulla cui base oggi ci definiamo «uomini civili», non siano che il frutto di determinati processi storico-sociali affermatisi con la civiltà moderna. Proprio in tal senso, quei costumi che definiscono la sfera affettiva degli uomini, e che oggi diamo per scontati, non hanno niente di naturale, né hanno carattere razionale ma, al contrario, rimandano ad una precisa «*sociogenesi*» da cui dipende la loro affermazione ed evoluzione.

Tuttavia, andando più indietro nel tempo, ritroviamo le tracce di una prospettiva genealogica tesa alla comprensione degli sviluppi sociali, anche nel contesto culturale italiano, dove appunto la sociologia è riuscita ad affermarsi con lentezza e fatica. Ridiscutendo le posizioni del «positivismo critico» (nella direzione indicata da Roberto Ardigò ovvero, non degenerato in una nuova metafisica e non trasceso in una *iperfilosofia* capace di obliare il senso vivo delle cose) e sottolineando come la nascita della sociologia sia coincisa con l'apparire di quei fenomeni sociali che la stessa si proponeva di spiegare, Alessandro Groppali poteva già affermare che «la vera storia della sociologia sarà la storia genetica di essa» (Groppali 1899, p. 127). Vale la pena di ripercorrere in breve le linee concettuali di tale discorso.

Secondo Groppali, il tratto dominante della fisionomia intellettuale del XIX secolo consisteva nel concepire la natura e la vita storicamente: mentre nel secolo precedente si era bandito quasi del tutto ogni criterio storico e tradizionale per far ricorso soltanto ai principi della ragione astratta con i quali si pretendeva di ricostruire, dai loro fondamenti, la scienza, l'arte, la religione, ecc., nel secolo XIX si tendeva, invece a spiegare questi fenomeni collocandoli nel circolo perenne della vita universale sempre in moto, sempre in evoluzione (*Ibid.*, p. 15).

In realtà, la ricostruzione di Groppali risaliva a periodi più remoti, a Vico e a Pascal, e proprio a partire da quest'ultimo tracciava una linea che avrebbe portato al positivismo di Comte.

> «Intorno al noto aforisma di Pascal che "tutta la successione degli uomini durante il lungo seguito dei secoli deve essere considerata come un solo uomo che sussiste sempre e che apprende continuamente" si è formato, come intorno ad un nucleo, una vera corrente di teorie volte a mettere in più chiara luce la portata e l'estensione di tale principio assai esatto e fecondo. Anzi il Comte dell'azione graduale e continua delle generazioni le une sulle altre in tutti i campi dell'attività umana ha fatto, si può dire, il tessuto peculiare della storia, in essa riassumendo il carattere specifico onde l'uomo primeggia fra tutti gli altri fenomeni dell'evoluzione generale. Perciò, a suo giudizio … anche la scienza considerata dinamicamente, vale a dire nella sua evoluzione, è una successione e filiazione di momenti storici regolata dalla famosa legge dei tre stadi, teologico, metafisico e positivo, la quale, come ha osservato il Wundt, è una semplice *esposizione schematica* (*schematiche Darstellung*) e non, come dovrebbe essere, una *spiegazione causale* (*Kausale Erklärung*) della realtà storica» (*Ibid.*, pp. 35-6).

Ciò che, dunque, si voleva evidenziare in questa traiettoria, era la concezione "genealogica" per cui non vi è nulla di eterno e immanente, ma tutto «*si muta*» nei rapporti degli uomini tra loro, cosicché le esperienze e i prodotti, sia materiali che spirituali e morali dell'attività sociale, si trasmettono nella «indefinita e perenne elaborazione della civiltà» (*Ibid.*, p. 36).

In realtà, Groppali era più che altro interessato a ricostruire la «genesi sociale della scienza» secondo una visione sociologica in grado di riconoscere, in ogni epoca storica, «una stretta corrispondenza fra il programma della scienza e i bisogni politici, estetici, tecnici, morali, religiosi, industriali, economici, filosofici della società in quel dato periodo di tempo» (*Ibid.*, p. 65).

> «Bisogna spingere lo sguardo ancora più avanti – scriveva – e connettere la storia delle scienze colla storia della civiltà. Allo studio dell'evoluzione interna del pensiero, che si estrinseca nei sistemi, occorre aggiungere lo studio dell'evoluzione esterna dei processi scientifici, che sempre suppongono specificati ambienti storici corrispettivi» (*Ibid.*, p. 75).

Detto altrimenti, ai fini della comprensione profonda della storia vera ed effettuale della genesi e della formazione delle scienze, occorreva analizzare e studiare sistematicamente «il come e il perché i dati della natura e del vivere sociale si riverberino nelle menti degli uomini e il come e il perché questi dati, variamente modificati, combinati e colorati, si trasfondano e si incorporino nei sistemi scientifici» (*Ibid.*, pp. 76-7); occorreva, in altri termini, considerare la storia delle scienze come «una serie graduale ed organica di *successive approssimazioni*» (*Ibid.*, p. 24).

Di qui, come scriveva Roberto Ardigò nella sua prefazione al libro, Groppali, nel considerare la storia della scienza dal punto di vista genetico (e potremmo anche dire "genealogico") ovvero, in relazione alla civiltà, si riferiva alla dottrina del materialismo storico di Marx, della quale presentava la sua interpretazione, concludendo che, per essa, «si spiega la storia non coll'isolare gli elementi e col disporli in una serie lineare e meccanica di cause e di effetti, così come fa, ad esempio, la sociologia spenseriana, bensì interpretandola nella sua totalità e unità, risolvendola nel flusso di un processo vivo e organico» (*Ibid.*, p. X).

In effetti, secondo Groppali, la legge dialettica dell'azione reciproca delle varie forze costituiva la spina dorsale del materialismo storico, «manifestazione più recente e matura del relativismo moderno» capace di abbandonare ogni concetto aprioristico e innato e di spiegare ogni fenomeno come il prodotto corrispettivo del proprio ambiente. Di qui poteva ritornare alle formazioni mentali dei periodi storici, alla relatività della nostra conoscenza non riducibile a processi aprioristici e al rapporto essenziale tra pensiero e società, tra configurazioni concettuali e «necessità perenni della cooperazione sociale» (*Ibid.*, p. 24). Poteva pertanto ritornare, attraverso il materialismo storico, ai presupposti (originari e autentici) dell'indirizzo positivo delle scienze sociali, «fugando definitivamente ogni dato originario *a priori* della mente» e dimostrando come «questi altro non fossero che formazioni naturali, acquisizioni *a posteriori*, prodotti dell'esperienza individuale, collettiva e storica» (*Ibid.*, p. 84). Da ciò si poteva quindi affermare che per avere una comprensione esatta dei fenomeni, materiali e spirituali, «bisognava ricostruirgli intorno geneticamente le condizioni determinanti» (*Ibid.*, p. 86); occorreva, in altri termini, spiegarli attraverso una prospettiva "genealogica", non più riferendoli a principi aprioristici generali ed astratti, non più rimandandoli a una cieca fiducia nell'onnipotenza della ragione ragionante (atteggiamento tipico della coscienza scientifica del XVIII secolo e del successivo illuminismo), ma riconducendoli alla storia, allo sviluppo perenne e dinamico dei processi storico-sociali. E spiegare, appunto, i fenomeni attraverso la storia, spiegare la *storia* attraverso la *storia*, è proprio il compito assegnato alla "genealogia".

Di qui, su diversi fronti già suggeriti e attraversati da Pascal, si apre la possibilità di una critica delle ideologie, dei valori, dei processi di valorizzazione, valutazione e naturalizzazione, delle convinzioni morali e delle abitudini convenzionali, delle interpretazioni e delle rappresentazioni.

Tutto sta nel non confondere l'ordine naturale con l'ordine culturale, nel riconoscere il potere istituzionalizzante delle *valorizzazioni* e dei processi di *naturalizzazione*. Tutto sta nel ritrovare la storia (e la storicità) dietro il presupposto di una natura originaria[9].

---

[9] In realtà, la natura in se stessa non conosce "contro-natura" (tutto è natura dal punto di vista della natura) se non in base a valorizzazioni (storiche, culturali) che ne qualificano il suo essere in quanto "naturale". Dopotutto, il rapporto tra cultura e natura, tra valorizzazione culturale e realtà naturale è stato più volte evidenziato negli studi antropologici. Lévi-Strauss, come è noto, in *Le strutture elementari della parentela* (testo del 1948) ha identificato nella proibizione dell'incesto e nell'esogamia (matrimonio con individui esterni alla propria famiglia) le costanti universali che segnano il passaggio dal puro stato di natura a una società umana organizzata. La proibizione dell'incesto, che costituisce il legame essenziale, tra l'esistenza biologica e l'esistenza sociale è dunque «il passo fondamentale grazie al quale, per il quale, e soprattutto nel quale, si compie il passaggio dalla natura alla cultura. In un certo senso essa appartiene alla natura, giacché costituisce una condizione generale della cultura: di conseguenza non bisogna meravigliarsi che essa ritenga dalla natura il suo carattere formale, ossia l'universalità. Ma in un certo altro senso essa è già la cultura che agisce e impone la propria regola in seno a fenomeni che inizialmente non dipendono da lei» (Lévi-Strauss 2003, p. 67). La distinzione tra natura e cultura consiste nella presenza di regole, di istituzioni e la dimensione culturale nasce e si caratterizza proprio in base all'esistenza della regola, mentre l'ordine della natura è caratterizzato dall'assenza di regole comportamentali, istituzioni, e dall'universalità dei fenomeni (umani) che si sottraggono al costume, alla regola, alla cultura del gruppo umano.

## e) *Svolta ermeneutica e prospettiva genealogica*

La genealogia dei concetti, e potremmo anche dire la sociologia dei concetti, cerca dunque di comprendere il pensiero (come processo di formazione concettuale) non a partire da astratti principi filosofici, metafisici, non da un'origine pura, ma dalla sua emersione storica. Tuttavia tale prospettiva – specialmente in sociologia – ha trovato una sua più compiuta consapevolezza dopo la cosiddetta "svolta ermeneutica" della filosofia.

Non si può, infatti, trascurare il contributo che l'esperienza ermeneutica (ovvero la svolta ermeneutica nell'ambito del pensiero filosofico) ha apportato allo sviluppo della comprensione sociologica, riportando al centro della riflessione la situazione originaria dell'"essere-nel-mondo" e la storicità concreta dei processi conoscitivi. Proprio a partire da questo momento, il rapporto tra la storicità costitutiva dell'essere del soggetto e il linguaggio, tra agire e rappresentazioni simbolico-concettuali, tra esperienza vissuta e riflessività del pensiero, ha trovato una nuova prospettiva di indagine.

Le premesse teoriche di questo percorso vanno rintracciate nella critica del sistema hegeliano (che risolveva il rapporto tra coscienza soggettiva e mondo storico nella forma sintetica – conciliativa – dello spirito assoluto) sviluppata da tutte quelle correnti (riferibili, in modo diverso, a Nietzsche, Marx, Freud, Kierkegaard, ecc.) volte a smascherare l'assolutizzazione della coscienza come identità immediata; e vanno ancora cercate nel solco tracciato da un pensiero già penetrato nel carattere storico dell'esperienza della vita e, dunque, aperto alla comprensione del mondo sociale nella sua storicità concreta (Dilthey).

Nietzsche, ad esempio, aveva già compreso il carattere interpretativo e prospettico della conoscenza e fissato i limiti entro i quali la stessa può esercitarsi, appunto, come interpretazione; aveva compreso come l'attività interpretativa della conoscenza si fondi su un "testo" (inesauribile) che si presenta all'interpretazione stessa come suo correlato fenomenico; che si presenta cioè sì in quanto manifestazione dell'essere reale, ma mai in un'evidenza unica e immediata. Per questi versi la conoscenza gli appariva come un aggiustamento prospettico che non può darsi al di fuori dell'interpretazione, o meglio, della pluralità delle interpretazioni.

Tutto ciò, in alcuni audaci passi (aforismi) della sua filosofia, veniva ripensato, sul piano "fisiologico", come rapporto ermeneutico tra corpo e coscienza, cervello e pulsioni. Il corpo (luogo degli impulsi e del loro incontro – e non dunque "proprietà" dell'io) si esprime attraverso un linguaggio di segni che la coscienza decifra, interpreta, in modo errato. Quest'ultima, dunque, strutturata come codice semantico, può soltanto filtrare, erroneamente, tutto ciò che si esprime attraverso il corpo. Detto altrimenti, la coscienza non è altro che il "cifrario" dei messaggi trasmessi dagli impulsi, e la decifrazione non è che quell'"errore utile", "pragmatico", che rende possibile il senso e, con esso, la sopravvivenza degli individui. È qui che, in fin dei conti, si svela il principio ingannatore dell'attività cerebrale, atta soltanto a selezionare nel corpo ciò che è necessario alla sua conservazione. Lo spiega bene Pierre Klossowski:

> «Il corpo, nella misura in cui è afferrato dalla coscienza, si *desolidarizza* dagli impulsi che lo attraversano e che, avendolo formato solo fortuitamente, continuano a mantenerlo in modo non meno fortuito – soltanto che l'organo da essi sviluppato alla sua estremità "superiore" prende questo sostentamento fortuito, apparente, per qualcosa di necessario alla sua conservazione. La sua attività "cerebrale" seleziona le forze che ormai lo conservano, o meglio lo *assimilano esclusivamente a tale attività*. Il corpo adotta dei *riflessi* che lo *mantengono solo per l'attività cerebrale*, al modo stesso che questa adotta il corpo come *proprio prodotto*.
>
> Per capire Nietzsche, è importante vedere qui il *rovesciamento* a cui giunge l'organismo: *l'organo più fragile che abbia sviluppato* lo domina, proprio a causa della sua stessa fragilità» (Klossowski 1981, pp. 57-8).

L'attività cerebrale, dunque, la quale fa sì che il corpo assuma e mantenga la "stazione eretta", si "appropria" del corpo (prodotto degli impulsi assoggettati, organizzati, gerarchizzati) come suo strumento al fine di mantenere l'identità dell'io.

> «Poiché tutto arriva alla "testa" (stazione eretta), il messaggio viene decifrato per mantenere la posizione "verticale": *non vi sarebbe messaggio in quanto tale*, se quella posizione non fosse abituale, specifica. Il *senso* si forma sulla base della stazione eretta, secondo i criteri di *alto, basso, davanti, dietro*» (*Ibid.*, p. 57).

Nell'"ermeneutica fisiologica" di Nietzsche, dunque, la coscienza si presenta come processo di selezione e interpretazione (erronea) della corporeità pulsionale, e la conoscenza stessa (nel suo sviluppo logico deduttivo) si profila come un apparato euristico finalizzato alla sopravvivenza, alla conservazione, e non a ciò che l'ontologia metafisica presenta come "verità"; e si profila anche, al contempo, come dispositivo (e "filtro") di decifrazione e interpretazione che definisce il rapporto dell'uomo con l'essere e con il suo stesso esistere.

* * *

Su tali basi, come si può ben capire, si prepara quel percorso filosofico che conduce alla teorizzazione del rapporto ermeneutico come orizzonte ontologico della comprensione. Tuttavia, come prima si è appena accennato, i presupposti della svolta ermeneutica vanno ricercati anche, e soprattutto, sulla traccia di un percorso storicistico, o meglio di quel pensiero volto ad assumere a sua base il carattere storico dell'esperienza concreta e della mediazione linguistica. Proprio sulla linea aperta da Schleiermacher e Dilthey si collocano, infatti, alcune delle più significative teorie dell'interpretazione sviluppate nel corso del Novecento, più o meno sensibili all'elemento della storicità e del linguaggio. Proprio Dilthey, come ha evidenziato Carlo Antoni, riconduceva al concetto di *Erlebnis* un'«atteggiamento anteriore ad ogni distinzione, matrice comune delle successive attività o momenti», non identificabile con l'intuizione «perché questa è già conoscenza», né con il sentimento, «che è già una delle forme della psiche», e neanche con la «pura possibilità soggettiva» o con l'«indeterminato puro essere, anteriore ad ogni definizione»; è ciò perché nella struttura dell'*Erlebnis* si trovano già collocati i germi della distinzione e le radici di quegli atteggiamenti «che si manifesteranno in seguito come conoscenza, sentimento, volontà». Su questa base, l'*Erlebnis* non rimaneva confuso con «la realtà immediata della vita», come evento immediato e indistinto, ma riceveva già i germi dell'esercizio intellettuale, lo stato embrionale del successivo sviluppo delle operazioni logiche elementari: «l'intelletto nasce dall'*Erlebnis*, l'astratto e già vivo e presente nel concreto. Quando il pensiero disarticola e distingue, altro non fa che definire una realtà che è già una struttura, una vita che è già un complesso di funzioni» (Antoni 1951, pp. 11-22). Per questa via lo storicismo tedesco si risolveva nell'avventura ermeneutica, ovvero – detto ancora con le parole di Carlo Antoni – «nella dottrina del "capire", nel tentativo di definire in sede psicologica il metodo della conoscenza storica e di trarre dall'irrazionale intuizione le categorie di tale sapere» (*Ibid.*, p. 38).

Avremmo dovuto, comunque, aspettare Martin Heidegger per trovare lo svolgimento filosofico più penetrante e coerente del rapporto tra storicità e linguaggio sviluppato nei termini di un'ermeneutica non più ricondotta al piano puramente epistemologico o psicologico (come ancora in Dilthey) ma propriamente ontologico; un'ermeneutica, appunto, che prende avvio dalla domanda circa la natura del soggetto in quanto essere che si pone il problema dell'essere. Avremmo, dunque, dovuto aspettare il momento in cui l'ermeneutica, da metodica delle scienze dello spirito, sarebbe stata innalzata a «esistenziale dell'esserci, e a fondamento dell'ontologia» (Gadamer 1995b, p. 323).

Partendo dall'originaria condizione di "gettatezza" dell'uomo (dell'uomo "gettato" nel mondo), Heidegger, in *Essere e tempo* (1927) aveva pensato l'esistenza come già sempre qualificata da una certa "pre-comprensione" del mondo, incarnata in un linguaggio di cui ognuno si trova a disporre. Il *Dasein* (l'esserci) è colto nel suo essere «gettato», già da sempre coinvolto nella situazione esistenziale; l'«essere-nel-mondo» è un essere gettato: l'essere non pone il mondo (come il soggetto della metafisica tradizionale), non ne dispone in modo assoluto, ma incontra il mondo nell'apertura dell'interpretazione. In tal senso, l'*interpretazione* [*Auslegung*], in quanto sviluppo del comprendere, viene a fondarsi «esistenzialmente» nella stessa comprensione (e non è già questa a derivare da quella), per cui «l'articolazione del compreso [...] *precede* ogni asserzione tematica sopra l'ente stesso» (Heidegger 1976, § 32, p. 190).

> «L'interpretazione di qualcosa in quanto qualcosa è fondata essenzialmente nella pre-disponibilità, nella pre-visione e nella pre-cognizione. L'interpretazione non è mai l'apprendimento neutrale di qualcosa di dato. Allorché quella tipica forma di interpretazione che è l'esegesi dei testi fa appello al "dato immediato", in realtà il "dato immediato" è null'altro che la ovvia e indiscussa assunzione dell'interpretazione, assunzione necessariamente implicita in ogni procedimento interpretativo come ciò che è già "posto" a base di ogni interpretazione nel senso della predisponibilità della pre-veggenza e della pre-cognizione» (*Ibid.*, p. 191).

L'interpretazione è dunque l'articolazione della comprensione, che per il suo senso esistenziale stesso, è il «poter-essere dell'Esserci»; è ciò che ci costituisce come esistenti, che «costituisce un esistenziale fondamentale dell'Esserci» («dell'essere del Ci»), che «in quanto apertura al Ci, riguarda sempre l'essere-nel-mondo nella sua totalità» (*Ibid.*, pp. 192-3).

Su questo piano, dunque, l'esserci si costituisce essenzialmente come *pre-comprensione*, come apertura, e perciò come poter-essere. «Esso è nel mondo nella forma del progetto e della precomprensione; è solo su questa base che le cose possono essere incontrate e possono porsi poi come semplici realtà determinate. La conoscenza è così *interpretazione*, attività ermeneutica che ha come momento iniziale e finale l'apertura del significato; essa non è mai un semplice porre l'oggetto da parte di una coscienza distinta da esso» (Bixio 1975, pp. 11-2).

La conoscenza, secondo il significato che gli attribuisce Heidegger, appare quindi come una modalità della situazione originaria dell'«essere-nel-mondo»: l'esserci precede il conoscere, che resta sempre riduttivo rispetto al darsi esistenziale. Non si può dunque riconoscere al momento cognitivo, come nelle scienze positive, una priorità nei confronti della dimensione ontologica. Di qui la consapevolezza che ogni interpretazione – in senso ontologico, come modo di essere al mondo – ha un carattere parziale e fallibile, esponendoci esistenzialmente a un darsi comune del senso, ad una comune appartenenza al senso, al senso vissuto, mai completamente ascrivibile al divenire dialettico concluso in se stesso.

A partire da queste premesse, si deve pertanto riconoscere la storicità costitutiva del soggetto, la sua appartenenza al mondo dell'Essere data prima ancora che si avvii la conoscenza di se stesso e del mondo. Il soggetto, detto altrimenti, si scopre come parte dell'oggetto da interpretare, ed è su queste basi che può svilupparsi una "ontologia della comprensione" attraverso la quale il comprendere appare, appunto, come "modo d'essere" del soggetto, come tratto distintivo dell'essere che noi siamo in quanto essere nel mondo.

È in questi termini che allora si espone il rapporto tra l'"essere-nel-mondo" e l'attività conoscitiva del soggetto; ed è così che si sviluppa, ontologicamente, l'ermeneutica. Se sono «gettato» in un mondo che mi precede, che precede la mia comprensione, che viene prima di ogni conoscenza e cosciente consapevolezza di me stesso e del mondo, allora il rapporto con me stesso e con il mondo non può essere che un rapporto ermeneutico, definito esistenzialmente dal carattere dell'interpretazione. E di qui si chiarisce anche il concetto di "circolo ermeneutico", per cui le anticipazioni di senso dell'interprete diventano parte integrante dello stesso senso da interpretare.

> «Il circolo della comprensione non è un semplice cerchio in cui si muova qualsiasi forma di conoscere, ma l'espressione della *pre-struttura* propria dell'Esserci stesso. [...] Poiché la comprensione, per il suo senso esistenziale stesso, è il poter-essere dell'Esserci, le presupposizioni ontologiche del conoscere storiografico trascendono in modo essenziale l'idea di rigore delle scienze esatte. [...] Il "circolo" del conoscere appartiene alla

struttura del senso, che è un fenomeno radicato nella costituzione esistenziale dell'Esserci, nella comprensione interpretante. L'ente per cui, in quanto essere-nel-mondo, ne va del suo essere stesso, ha una struttura circolare di carattere ontologico» (Heidegger 1976, § 32, pp. 194-5).

* * *

Alla base della svolta ermeneutica di Heidegger sta la riflessione fenomenologica di Husserl. Già Husserl, infatti, aveva sottolineato la dimensione "pre-riflessiva" dell'intenzionalità che precede l'intenzionalità "riflessiva" e aveva mostrato, nell'ultima fase del suo percorso filosofico, che il soggetto esperisce se stesso sin dall'inizio all'interno di un mondo a lui estraneo, un mondo costituito nell'*intersoggettività*. Tuttavia, nello sviluppo originario dell'indagine fenomenologica con Husserl e Scheler, nonostante l'attenzione al mondo della vita, il linguaggio, come ha sottolineato Gadamer, «era rimasto completamente in ombra» (Gadamer 1995b, p. 323). E oltretutto, mentre Husserl aveva posto al centro della sua riflessione la vita della coscienza, Heidegger aveva assunto come fulcro della sua analitica esistenziale l'essere dell'ente, ovvero il senso dell'essere in generale. In altri termini, all'impostazione "coscienzialistica" di Husserl, Heidegger ne aveva opposta una "ontologico-esistenziale": da una "fenomenologia della coscienza" si era dunque passati a una "fenomenologia dell'esserci". Husserl si era preoccupato di assicurare la presenza del fenomeno alla coscienza soggettiva, Heidegger si era impegnato ad accentuare l'assenza del fenomeno (cioè l'essere) nel suo donarsi alla comprensione da parte dell'esserci. Così se entrambi i filosofi avevano tematizzato la relazione fra il soggetto e il mondo, Heidegger aveva ricondotto il fulcro della sua riflessione sul piano dell'interpretazione ovvero, dell'esperienza ermeneutica come dimensione costitutiva dell'esistenza.

Su tale via, e in ragione di quest'apertura sul piano otologico-esistenziale, si sarebbe incamminato più tardi Hans-Georg Gadamer, rivalutando il momento storico e linguistico dell'interpretazione e, dunque, ripensando l'ermeneutica come esperienza di appartenenza a una tradizione storica e a un linguaggio. Gadamer, infatti, tornando all'ermeneutica di Heidegger (e soprattutto ai concetti di «precomprensione» e «circolo ermeneutico»), aveva posto al centro della sua riflessione il problema dell'interpretazione, sviluppata soprattutto sul piano dell'estetica e della storia, nel tentativo di recuperare un orizzonte dell'esperienza della verità più ampio di quello definito dal modello positivistico delle scienze naturali (e sociali). A partire da tale orizzonte, la verità, nella sua radicale storicizzazione, veniva pensata come "evento" comprensibile solo attraverso la sua integrazione nel mondo di colui che lo interpreta e, dunque, come rapporto attivo, in una situazione storica concreta, tra il soggetto interpretante e l'oggetto del suo comprendere. Di qui l'ermeneutica, lungi dall'essere una semplice tecnica interpretativa, poteva apparire come ambito "ontologico" delle diverse forme del sapere scientifico, filosofico, estetico e morale. E di qui il ritorno al concetto di «precomprensione». Leggiamo da *Verità e metodo*, testo del 1960:

> «Heidegger prese ad occuparsi del problema dell'ermeneutica e della critica storica solo per sviluppare su quella base, con intenti ontologici, la struttura della precomprensione. Per noi il problema si pone invece in senso inverso, e cioè ci domandiamo come l'ermeneutica, una volta liberata dagli impacci del concetto di oggettività derivato dalle scienze, sia riuscita a riconoscere nella sua giusta portata la storicità del comprendere. Il metodo tradizionale in cui l'ermeneutica si era sempre interpretata si fondava sul suo carattere di disciplina tecnica. Ciò vale anche per la generalizzazione, operata da Dilthey, dell'ermeneutica a organo universale delle scienze dello spirito. Si può domandarsi, ovviamente, se una tale dottrina tecnica della comprensione esista davvero; ma su ciò torneremo. In ogni caso è lecito chiedersi quali siano le conseguenze che la fondazione heideggeriana della circolarità della comprensione sulla temporalità dell'esserci ha per l'ermeneutica delle scienze dello spirito. Queste conseguenze non vanno necessariamente pensate nel senso dell'applicazione di una certa teoria in base a cui la pratica ermeneutica debba venir semplicemente corretta per adeguarvisi. Esse possono anche configurarsi nel senso che la consapevolezza interna al lavoro del comprendere si chiarisce e si libera da atteggiamenti inadeguati: il che in modo indiretto si riflette positivamente sull'arte del comprendere come tale» (Gadamer 1995, p. 312-3).

L'attività del comprendere, l'interpretazione, per Gadamer, comincia sempre «con dei preconcetti i quali vengono via via sostituiti da concetti più adeguati» (*Ibid.*, p. 314); preconcetti presenti nel mondo già costituito dell'interprete: un mondo che si dispiega come un testo. «C'è dunque un senso positivo nel dire che l'interprete non accede al testo semplicemente rimanendo nella cornice delle presupposizioni già presenti in lui, ma piuttosto, nel rapporto col testo, mette alla prova la legittimità, cioè l'origine e la validità di tali presupposizioni» (*Ibid.*). Questa fondamentale regola va intesa come la «radicalizzazione di un modo di procedere che di fatto già sempre realizziamo quando comprendiamo» (*Ibid.*). Tuttavia, affinché il testo possa presentarsi nella sua «alterità» e far valere così il suo contenuto di verità, disponendo in tal modo un effettivo incontro tra l'interprete e l'oggetto della sua interpretazione, occorre che l'interprete prenda coscienza delle sue presupposizioni, aprendosi all'ascolto che il testo gli vuole dare. «Solo il riconoscimento del carattere costitutivo che ha il pregiudizio in ogni comprensione pone il problema ermeneutico nei suoi veri termini estremi» (*Ibid.*, p. 317).

Occorre, pertanto, affermare che «*i pregiudizi dell'individuo sono costitutivi della sua realtà storica più di quanto lo siano i suoi giudizi*» (*Ibid.*, p. 325). Attraverso questa prospettiva Gadamer fonda la sua critica dell'illuminismo (e dello storicismo che si regge esso stesso nel suo terreno) nella sua presa di posizione rispetto ai pregiudizi e alla tradizione. L'idea di poter superare i pregiudizi conduce, infatti, inevitabilmente alla assolutezza della ragione alla ragione assoluta e autonoma. «Proprio questo è il punto – continua Gadamer – da cui deve muovere criticamente il tentativo di costruire un'ermeneutica storica. Il superamento di tutti i pregiudizi, che è una specie di precetto generale dell'illuminismo, apparirà esso stesso come un pregiudizio, dalla cui revisione dipende la possibilità di una adeguata conoscenza della finitezza che costituisce non solo la nostra esistenza di uomini, ma anche la nostra coscienza storica» (*Ibid.*, p. 324). L'ideale di una ragione assoluta non costituisce una possibilità per l'umanità storica. «La ragione esiste per noi solo come ragione reale e storica; il che significa che essa non è padrona di se stessa, ma resta sempre subordinata alle situazioni date entro le quali agisce» (*Ibid.*).

A differenza di una teoria ermeneutica dominata dall'idea di un procedimento soggettivo da svolgere secondo un determinato metodo, si deve pertanto mettere in luce che la comprensione non va intesa come un'azione del soggetto, quanto come «*l'inserirsi nel vivo di un processo di trasmissione storica*, nel quale passato e presente continuamente si sintetizzano» (*Ibid.*, p. 340). In altri termini, dal punto di vista filosofico, all'ermeneutica la comprensione si rivela come essa stessa un accadere storico. «Un pensiero autenticamente storico deve essere consapevole anche della *propria* storicità» (Idi, p. 350).

Così rincontriamo in Gadamer il «circolo ermeneutico» come rapporto dialogico (sempre aperto a nuove possibilità) che si stabilisce tra l'interprete e il suo oggetto e produce trasformazioni sia nei pregiudizi dell'interprete che nei significati dell'oggetto. Per comprendere meglio tale passaggio conviene tornare al concetto di gioco («filo conduttore della esplicazione ontologica»), così come Gadamer lo considera in rapporto all'esperienza estetica (in quanto problema ermeneutico, per cui l'opera d'arte deve essere compresa come ogni altro testo); il gioco come «processo mediale», come «l'essere» stesso «dell'opera d'arte» in quanto «esperienza che modifica colui che la fa» (*Ibid.*, pp. 132-3). Leggiamo: «Quando, a proposito dell'esperienza dell'arte, parliamo di gioco, questo termine non indica il comportamento o lo stato d'animo del creatore o del fruitore, e in generale la libertà di un soggetto che si esercita nel gioco, ma l'essere dell'opera stessa» (*Ibid.*, p. 132). E poco più avanti: «L'opera d'arte non è un oggetto che si contrapponga a un soggetto. L'essenza dell'opera risiede piuttosto propriamente nel fatto che essa diviene un'esperienza che modifica colui che la fa. Il *subjectum* dell'esperienza dell'arte, quello che permane e dura, non è la soggettività di colui che esperisce l'opera, ma l'opera stessa. Proprio su questo punto diventa significativo per noi il concetto di gioco. Il gioco ha infatti una sua essenza propria, indipendente dalla coscienza di coloro che giocano. [...] Il soggetto del gioco non sono i giocatori, ma è il gioco che si pro-duce attraverso i giocatori» (*Ibid.*, p. 133).

Come per l'opera d'arte, il rapporto dialogico e dialettico dell'esperienza, nel suo carattere vitale di continua trasformazione reciproca del soggetto e dell'oggetto (così come evidenziato attraverso il modello del gioco), mostra anche il linguaggio come «*medium* della comprensione», come «*medium* in cui gli interlocutori si comprendono e in cui si verifica l'intesa sulla cosa» (*Ibid.*, p. 442). Proprio il linguaggio (la «fondamentale preminenza del linguaggio»), infatti, in quanto legato indissolubilmente al pensiero, appare come la funzione universale di mediazione di ogni esperienza (*Ibid.*, p. 461). L'ontologia ermeneutica, da questo punto di vista, si fonda proprio su ciò, sul carattere del linguaggio come mediazione universale entro i cui termini s'inscrive la finitezza e la storicità dell'esperienza: «l'immediatezza del nostro intuire il mondo e noi stessi [...] trova nel linguaggio la sua garanzia e la sua continuità perché noi, come essere finiti, proveniamo sempre da qualche parte. Nel linguaggio si fa visibile ciò che è reale oltre la coscienza del singolo» (*Ibid.*, p. 514). E il linguaggio fa questo non in quanto prodotto del pensiero riflesso, ma in quanto «entra a costituire il rapporto col mondo entro il quale noi stessi viviamo» (*Ibid.*).

Nel linguaggio, detto altrimenti, si presenta il mondo stesso: «L'esperienza linguistica del mondo è "assoluta". Essa oltrepassa la relatività di ogni posizione d'essere, giacché abbraccia ogni in sé, quali che siano i rapporti (relatività) in cui esso si mostra» (*Ibid.*). In tal senso «la linguistica della nostra esperienza del mondo» precede tutto ciò che è enunciato e riconosciuto come essente. Tuttavia, «*il rapporto fondamentale tra linguaggio e mondo non significa perciò che il mondo divenga oggetto del linguaggio*. Ciò che è oggetto di conoscenza e di discorso è invece già sempre compreso nell'orizzonte del linguaggio, che coincide col mondo. La linguistica dell'esperienza umana del mondo non implica in sé l'oggettivazione del mondo» (*Ibid.*, pp. 514-5). Detto altrimenti, il linguaggio non si esaurisce nell'insieme di forme simboliche determinate e neanche come razionalità comunicativa (Habermas).

Nella sua risposta alla conferenza tenuta in suo onore da Reinhart Koselleck (*Istorica ed ermeneutica*) invitato dall'Accademia delle Scienze di Heidelberg il 16 febbraio 1985 a festeggiare l'ottantacinquesimo compleanno dell'anziano filosofo, Gadamer, richiamando l'«ermeneutica dell'"effettualità", dell'autointerpretazione dell'esser-ci» attraverso la quale Heidegger poneva al centro la linguistica, ricordava che in ogni conoscenza storica è insito un *comprendere*. E ritornando all'ermeneutica filosofica come dottrina che «cerca di cogliere il suo fondamento nel mondo della vita», ricordava anche che «la linguisticità che l'ermeneutica considera un punto centrale, non è solo quella dei testi», in quanto «essa intende anche la condizione fondamentale di ogni fare e agire umano» (Koselleck-Gadamer 1990, pp. 46-7). Ma aggiungeva ancora qualcosa attribuendo all'esperienza ermeneutica la capacità di suscitare in noi la possibilità riconoscerci nell'altro, «in ciò che è altro dell'uomo, in ciò che è altro dell'avvenimento». Un riconoscimento che presuppone la distanza e, contemporaneamente, l'annulla; che ci permette sia di collaborare alla formazione di quel «tessuto comune che si esprime in ciò che per noi ha senso, in ciò che per noi è il bene, il meglio, il giusto» e di «indirizzare il nostro sguardo intelligente a ciò che abbiamo in comune e che riconosciamo nell'altro meglio che in noi stessi»; ma che presuppone anche il linguaggio, ciò «che non parla di sé, ma di ciò che è o che è supposto», che è dunque «orientato verso l'aperto» cui «il tutto e l'ampiezza del tempo e del futuro, della libera scelta» si delinea come «l'ampio orizzonte del "ci" di mondi umani» (*Ibid.*, pp. 48-9). A partire da qui, per i soggetti coinvolti nel rapporto ermeneutico, si apre la disponibilità a decentrare le proprie prospettive attraverso un processo di comprensione e apprendimento reciproco nel corso del quale i punti di vista particolari si fondono in un orizzonte allargato.

C'è comunque ancora qualcosa che, secondo Gadamer, valeva la pena di ricordare. Qualcosa che, nella distanza che possiamo sperimentare grazie al linguaggio, andava imputata all'ermeneutica stessa e cioè l'elaborazione di una capacità «tanto stupenda quanto pericolosa»: «la possibilità di non prendere posizione di fronte a qualcosa, di non emettere necessariamente un giudizio definitivo»; e così continuava: «soppesarla e riconsiderarla sempre nuovamente nelle sue possibilità è qualcosa di più di una sola utile dote naturale dell'essere vivente» (*Ibid.*, p. 45).

Tale capacità «tanto stupenda quanto pericolosa» avrebbe prodotto i suoi effetti in alcuni dei futuri sviluppi degli studi ermeneutici, studi comunque che, al di là di questa sospensione, avrebbero trovato nel tema dell'alterità il loro terreno di elezione.

* * *

Alcuni aspetti del percorso ermeneutico hanno incontrato, ad esempio in Francia, alcune interessanti elaborazioni. Paul Ricoeur è tornato più volte sulla svolta ermeneutica (Ricoeur 1967; 1977; 1992) sottolineando (nel rimando a Husserl, Heidegger e Gadamer) il carattere previo del nostro essere-al-mondo e l'insormontabile situazionalità della nostra condizione storica a cui siamo sempre e comunque esposti. La condizione storica della nostra appartenenza, ci dispone all'interrogazione circa il nostro appartenere, circa le fonti e forme dell'appartenenza e circa il ruolo del «pre-giudizio» come condizione data entro l'orizzonte della «pre-comprensione»; e ci dispone anche alla consapevolezza della distanza del nostro essere storicamente in rapporto alla tradizione storica: ciò che ci consente di interpretare criticamente la nostra stessa appartenenza nei termini di una relazione che oscilla fra la prossimità e l'allontanamento.

È a partire da questi presupposti ermeneutici che Ricoeur elabora la sua teoria del testo (del «mondo del testo» secondo l'espressione di Gadamer), o meglio, che si offre alla sua riflessione la «mediazione del testo» come modalità di distanziazione «autenticamente creatrice». «Interpretare», dal suo punto di vista, significa allora comprendere realtà simboliche, e rendere «prossimo ciò che è lontano (dal punto di vista temporale, geografico, culturale, spirituale)» (Ricoeur 1989, p. 51). Nella stessa interpretazione si costituiscono, allora «in termini polari il proprio e l'estraneo». Ed è su queste basi che il cammino ermeneutico (che ha nei testi i suoi luoghi privilegiati) inizia la sua interrogazione sulla leggibilità dei mondi concreti, estendendo il modello del testo all'azione, alla comprensione dell'agire in tutta la sua dimensione simbolica (allo stesso titolo di un'opera letteraria). Ed è sempre su queste basi che l'esperienza ermeneutica si dispiega sul piano dell'etica (entro un orizzonte etico-morale quale sfondo di senso dell'azione, o meglio, dell'interazione), risolvendo il problema dell'alterità dell'altro («costitutiva dell'ipseità stessa») nel «primato etico dell'altro da sé sul sé» (Ricoeur 1993, p. 262), e ripensando l'interazione (nel senso di Lévinas) come «infinito *indebitamento reciproco*» (*Ibid.*, p. 300).

Un altro percorso, soprattutto nel solco di Husserl, della riflessione heideggeriana, della linguistica e dello strutturalismo, l'avrebbe intrapreso, come si è già ricordato, Derrida ripiegando e rinviando l'esperienza ermeneutica (nel rapporto d'interlocuzione con il teso) al lavoro della «decostruzione» (Derrida 1969). Una «decostruzione» che si addentra nella misteriosa molteplicità che è insita nella parola e nei suoi differenti significati o, come avrebbe detto Gadamer, nel «potenziale indeterminato dei suoi significati» (Gadamer 1995b cit., p. 333); che pratica una «rottura di quei vincoli in cui il linguaggio tiene legato il pensiero» (*Ibid.*, p. 353); che pratica, ancor più, una disarticolazione del *logos*, della logica istituita dal discorso filosofico di cui si nutre l'intera civiltà occidentale: il che vuol dire dipanarne gli intrecci, smascherarne i presupposti, mostrando che mondo e storia sono effetti dell'originaria «*dif-ferenza*» stabilita dal pensiero metafisico, senza negare per questo la concettualità generale che governa il nostro essere al mondo.

Se la realtà è strutturata come un testo, occorre allora decostruire il testo per permettergli ancora di parlare nelle intersezioni, nelle fratture, nelle cancellazioni. Di qui il tentativo di Derrida di decifrare ciò che è «in-scritto» nei testi della tradizione filosofica: serie infinita di scritture che sembrano alludere costantemente a un «fuori» del pensiero, a un *altro* testo, a un'*altra* parola che la filosofia non può mai qualificare e nominare, presentare o rappresentare, in quanto resto, residuo, scarto o differenza sempre rinviata del suo stesso presentarsi ed *esserci* (Derrida 1968; 1989).

Così scriveva ancora Gadamer in un testo del 1994 in cui ripensava criticamente il rapporto tra ermeneutica e decostruzionismo:

> «Il tema della decostruzione cade certamente nell'ambito dell'ermeneutica. Solo non ci si deve figurare con l'ermeneutica un determinato metodo che caratterizzi un certo gruppo di scienze rispetto alle scienze della natura. L'ermeneutica indica piuttosto l'intero ambito della comprensione infraumana. Nei miei propri lavori non si parla in realtà solo di scienze. Lo stesso direbbe anche Derrida della decostruzione, e cioè che vuole appunto superare la strettoia del metodo» (Gadamer 1995b, p. 345).

È questa tensione, dunque, che collega Derrida al pensiero ermeneutico: al pari di Gadamer, Derrida considera le diverse realtà come dei testi da interpretare. Diversamente da Gadamer, però, egli ritiene che l'ermeneutica abbia il compito di effettuare una decostruzione con l'intento di promuovere quegli innesti che per lui costituiscono il senso ultimo del lavoro filosofico.

Nel corso della sua riflessione, Derrida si è d'altronde spostato dal rapporto (decostruttivo) con il testo a una teoria dell'interpretazione poggiante sul modello del dialogo interpersonale. La pratica della decostruzione, l'insistenza sui «margini» del testo (e il costante spostamento degli stessi), gli ha consentito di considerare la frontiera del discorso filosofico come linea non continua, che invece di delimitare e confinare la discorsività filosofica la attraversa. Tutto ciò, a partire da una rilettura di Lévinas, si è tradotto come disposizione all'accoglienza nei confronti della venuta dell'altro, mediante una radicale decostruzione della metafisica della presenza e attraverso il riconoscimento del primato dell'agire etico sulla speculazione teoretica (si pensi soprattutto ai testi dell'ultimo Derrida dedicati al tema paradossale del dono, dell'amicizia, dell'ospitalità e alle aporie del diritto). Proprio la centralità che l'etica e la politica vengono ad assumere negli scritti di questo periodo sembra suggerire l'idea che l'esito ultimo della speculazione derridiana (compresi i testi sul tema del tatto e dell'animalità), sotto l'aspetto di un'interrogazione continua sulla conoscenza e sull'ontologia, abbia in realtà affidato ad un'indagine sulla responsabilità di fronte all'*altro*, oltre lo scacco di qualsiasi tentativo di concettualizzazione assoluta e oltre ogni pretesa di costruzione morale, un valore ermeneutico fondamentale nell'indagine sull'esserci quale condizione fondamentale del nostro rapporto con il mondo.

* * *

Nello sviluppo del pensiero filosofico italiano, soprattutto del dopoguerra, l'esperienza ermeneutica ha senza dubbio esercitato un ruolo importante. Si pensi soltanto a Luigi Pareyson, alla centralità accordata alla «problematica dell'interpretazione» nella filosofia contemporanea e al ruolo da lui ancora affidato, nel libro *Esistenza e persona* (1ª ed. 1950), alla «conoscenza degli altri come interpretazione». Si tratta, così spiegava, di «temi connessi con la constatazione storicistica della condizionalità storica del pensiero filosofico, la quale, pregiudicando la possibilità stessa della filosofia, invita a rinnovarne il concetto, suggerendo come base il riconoscimento d'una sua intrinseca e costitutiva molteplicità» (Pareyson 2002, p. 8).

Di qui, dunque, il primato dell'interpretazione (dell'«esercizio d'interpretazione») nell'esperienza conoscitiva, specialmente rivolta alla comprensione degli altri nella loro irriducibile singolarità.

> «La conoscenza degli altri ha tutto i caratteri dell'*interpretazione*, cioè di una conoscenza in cui soggetto e oggetto sono singoli e in cui l'oggetto si rivela nella misura in cui il soggetto si esprime, e d'una conoscenza che non segue il suo scopo se non col rischio del fallimento, e che, lungi dall'essere unica e definitiva, non può presentarsi che come il risultato d'un continuo sforzo di revisione e d'approfondimento» (*Ibid.*, p. 199).

Da questo punto di vista l'interpretazione si presenta come, insieme, relativa ed espressiva: «essa è una conoscenza in cui l'oggetto si rivela nella misura in cui il soggetto si esprime» (*Ibid.*, p. 206). E ciò vuol dire, in altri termini, che l'interpretazione si dà come «una forma di conoscenza costitutivamente non unica, ma molteplice e infinita, senza perciò essere arbitraria, perché l'oggetto non cambia se cambia l'aspetto in cui è visto o la prospettiva da cui è guardato» (*Ibid.*, p. 208).

Per evitare, dunque le opposte presunzioni dell'unicità e dell'arbitrarietà (che distruggono la possibilità stessa dell'interpretazione), Pareyson riconosceva all'interpretazione «sicurezza di possesso» e «necessità di dialogo». Questa consapevolezza lo spingeva ad affermare:

> «L'interpretazione unica non esiste, pur restando inalterata l'identità della forma. Posta l'interpretabilità, viene con ciò stesso posta la possibilità di infinite interpretazioni, le quali, piuttosto che compromettere l'identità della forma, ne svolgono l'infinità, e, piuttosto che denunciare l'arbitrarietà di deformazioni personali, mostrano quale inesauribile ricchezza di rivelazioni possa promettere l'uso della personalità come organo di penetrazione» (*Ibid.*).

A partire da tali considerazioni, focalizzando, sul piano della conoscenza, il rapporto tra interpretazione, forma e personalità, Pareyson giungeva a riflettere, ermeneuticamente, sul carattere costitutivo della società:

> «Per quanto riguarda la società, il carattere evidentemente interpretativo della conoscenza interpersonale conferma che la personalizzazione è elemento essenziale e costitutivo della società: entrare in società signi-

fica entrare come persona in rapporto con persone, cioè non rinunciare a sé, ma sviluppare in sé quella congenialità che ci permette di comprendere gli altri e farci simili a loro, contribuendo così a instituire la società come colloquio e affinità» (*Ibid.*, p. 209).

Su tali basi, la teoria generale dell'interpretazione, così come sviluppata da Pareyson, riconosceva ai rapporti sociali fondati su un'ermeneutica interpersonale, i caratteri della «congenialità», dell'«affinità», del «dialogo» e del «colloquio». Tratti questi che, nella loro intonazione etica, sarebbero confluiti più tardi, attraverso una rilettura critica e problematica dell'ermeneutica heideggeriana, nelle diverse sfaccettature del «pensiero debole».

Se, infatti, agli inizi degli anni '80 del secolo scorso il dibattito filosofico sembrava convergere sulla crisi dei fondamenti («non si dà una fondazione unica, ultima normativa»), diversi erano gli atteggiamenti («post-metafisici», «post-strutturalisti», «post-moderni») che, rispondendo ai problemi della «crisi della ragione», dell'«oblio dell'essere» o della «complessità», cercavano di inaugurare nuovi percorsi di pensiero, riconoscendo quanto meno alla filosofia il compito di riformulare i suoi fondamenti gnoseologici ed epistemologici, di ripensare le sue pretese euristiche (e interpretative) e di riflettere sulle condizioni (teoriche e pratiche) di possibilità (e "scientificità") del suo processo discorsivo.

Ad esempio, *Il pensiero post-metafisico* (raccolta di saggi pubblicata nel 1988), testimoniava ancora l'interesse di Habermas (già abbondantemente dimostrato nella *Teoria dell'agire comunicativo* del 1981 e nell'*Etica del discorso* del 1983) verso una ragione linguisticamente incarnata e storicamente situata, capace di orientare gli studi sociali verso quei presupposti universali della comunicazione e dell'argomentazione in grado di consentire il conseguimento di un'intesa (e di un consenso) fra soggetti agenti, capaci di parlare e di agire. Si trattava, in tal senso, di ripensare, alla luce della crisi del fondamento e dell'ontologia (che segnalava l'impossibilità di tornare a forme di pensiero metafisico) e a partire dalla svolta linguistico-pragmatica nella riflessione filosofica, l'idea di una razionalità comunicativa nel contesto delle teorie del significato e delle azioni, difendendo «un concetto scettico di ragione, anche se non disfattistico» (Habermas 1991, p. V).

In modo diverso il «pensiero debole», ripensando il rapporto (problematico) tra essere e linguaggio così come sviluppato nell'ermeneutica di Heidegger e considerando l'aspetto di impasse in cui la riflessione (nei confronti del mondo, e dunque anche della società) si era venuta a trovare alla fine della sua avventura metafisica, aveva cercato di svincolarsi da ogni tentazione di ricaduta nei tratti metafisici del pensiero soprattutto connotati da quell'atteggiamento di «forza» che proprio quest'ultimo aveva sempre creduto di doversi attribuire in nome del suo accesso privilegiato all'essere come fondamento; e non nel tentativo di ritrovare l'essere originario, vero, che proprio la metafisica aveva dimenticato nei suoi esiti scientistici e tecnologici, «ma come una via per incontrare di nuovo l'essere come traccia, ricordo, un essere consumato e indebolito (e per questo soltanto degno di attenzione)» (Vattimo-Rovatti 1983, p. 9). Proprio l'esperienza ermeneutica, paradossalmente, dava così la sua forza alla debolezza del pensiero.

Su questa strada, l'«indebolimento» della filosofia ritrovava una sua «curvatura etica», sempre sulle tracce di Heidegger ma contro, questa volta, la tentazione di quel pensiero «forte» (quel pensiero che vuole dire la verità) che lo stesso Heidegger (si pensi al *Discorso* con cui inaugurò nel 1933, in sintonia "politica" con il Nazional Socialismo, il suo Rettorato all'Università di Friburgo) aveva in più occasioni sostenuto (Dal Lago-Rovatti 1989, pp. 5-6).

Tuttavia, sempre ad Heidegger e al suo percorso ermeneutico si continuava a guardare, per ritrovare quell'«intonazione etica» che, sul dissolvimento della metafisica, riportava al centro della riflessione filosofica il problema della responsabilità e dell'apertura all'*altro*.

Del resto, le questioni che, specialmente nell'ultimo Heidegger investivano il linguaggio e il cammino della parola poetica, non potevano non apparire di primaria importanza, non fosse altro perché, dietro i temi del «rischio», della «separazione» e dell'«Aperto» si scorgeva di nuovo un rinvio a quell'esperienza ermeneutica che, mai come in questo caso, definiva con più precisione, il nostro stesso modo di essere-al-mondo, il nostro stesso dimorare nei territori dell'etica. Sebbene, in effetti, Heidegger stesso avesse, in qualche modo, aggirato nei suoi scritti la questione dell'etica, e malgrado il suo diniego di considerare la stessa come una «disciplina», non era, da ultimo, sfuggito ad alcuni come proprio l'«etica originaria» non fosse che il nome più appropriato per definire la sua «ontologia fondamentale» (Nancy 1996, p. 36).

In realtà, già da qualche tempo Andrea Bixio aveva evidenziato questa particolare correlazione: «Se l'etica – scriveva Bixio – è infatti originariamente intesa come il "soggiorno" dell'uomo, il pensiero che pensa la verità dell'Essere come l'elemento del suo soggiorno costituisce già un'etica in senso essenziale» (Bixio 1975, pp. 32-3). Un'etica, oltretutto, che espone propriamente l'*ethos* al piano della relazione e dell'intersoggettività.

E ancora Bixio, ritornando all'«essere-nel-mondo» come a un «*essere gettato*» – per cui l'«esserci» è già un «essere-con», un «essere-con-gli-altri», costituito nell'interazione – svolgeva in tal senso il tema dell'esperienza ermeneutica rinviandolo, se facciamo bene attenzione, al campo della riflessione sociologica.

> «In questa condizione esistenziale l'esserci – leggiamo – non incontra solo semplici strumenti, ma anche enti che hanno la sua stessa costituzione esistenziale. L'esserci e un essere-con, e l'essere-con-gli-altri si realizza prima di tutto a partire dall'*essere gettato*, in una situazione cioè in cui l'uomo esperisce se stesso solo come uno fra i tanti. Egli perciò incontra gli altri in un mondo in cui si perde la specificità di se stessi, in cui cioè prevale l'impersonale, lo smarrimento nella pubblicità, il *si*. Poiché dunque questo stato rappresenta come uno sfondo dell'esistenza, l'esserci è *deietto*, si proietta cioè a partire dalla pubblica opinione» (*Ibid.*, pp. 12-3).

La sociologia, d'altro canto, non ha tardato ad avvalersi dei contributi dell'esperienza ermeneutica. In parte perché, come presto vedremo, alcuni dei tratti tipici di questo indirizzo erano già stati sviluppati, in modo originale ed autonomo, dai sociologi, specialmente tedeschi (Simmel, Weber) che si erano posti il problema dell'interpretazione; e in parte perché l'influenza di Heidegger e Gadamer non avrebbe tardato a produrre i suoi effetti su alcune delle più importanti espressioni della riflessione sociologica del dopoguerra, specialmente quelle orientate a riconoscere la rilevanza dei nostri vincoli con la tradizione storica e l'esigenza di una costante apertura all'Altro.

* * *

In effetti, già la filosofia di Husserl (e, in parte, anche di Scheler) aveva fornito le basi per fondare una sociologia fenomenologica attenta ai problemi della «pre-comprensione» e orientata ai «mondi di vita». La riflessione di Alfred Schütz, ad esempio, elaborando una sociologia fenomenologica della vita mondana oltre i termini della fenomenologia trascendentale (husserliana), aveva dato origine a numerosi sviluppi, specialmente in ambito statunitense (si pensi a sociologi come Peter L. Berger e Thomas Luckman, ad Erving Goffman e alle rielaborazioni dell'etnometodologia di Harold Garfinkel). Ma è soprattutto in ambito europeo che i contributi del pensiero ermeneutico (ancor più di quello fenomenologico) hanno dato nuovi impulsi alla riformulazione di una cultura sociologia, specialmente in autori che, se pur provenienti da una tradizione marxista, hanno ricondotto ai fondamenti ermeneutici le basi stesse della loro ricerca. Si pensi, in tal senso, ad Habermas, che pur provenendo dalla sociologia critica della Scuola di Fancoforte (di chiaro impianto marxista), oltre agli stimoli della filosofia del linguaggio ha accolto nella sua riflessione molti dei contributi teorici propri dell'ontologia ermeneutica (specialmente di matrice gadameriana).

In realtà, per vie diverse, Kostas Axelos aveva già tentato di mettere in dialogo il pensiero marxiano e quello heideggeriano, e ciò a partire dal loro comune sforzo di comprendere «lo storico nell'Essere».

> «Marx – scriveva Axelos – parla molto esplicitamente dell'esteriorizzazione, dell'alienazione, dell'oggettivazione, dell'estraniazione dell'uomo moderno. Heidegger parla dell'oggettivazione di tutto l'essente tramite la volontà della soggettività, della mancanza di patria dell'uomo moderno, dell'abbandono dell'Essere, dell'oblio dell'Essere. Marx dice che il lavoro tecnico conduce alla negazione dell'uomo ed estrania non solo l'uomo dalla sua essenza, ma anche le cose dalla loro essenza. Dell'uomo è detto: "che le sue manifestazioni di vita sono l'alienazione della sua vita, che il suo realizzarsi è il suo annientarsi, è una realtà estranea". Ciò che si estrania sono le forze essenziali dell'uomo, "l'essenza ontologica della passione umana", "... dato che ogni umana attività è stata finora lavoro, e quindi industria, cioè attività resa estranea a se stessa – noi abbiamo dinanzi a noi *oggettivate le forze essenziali* dell'uomo sotto forma di oggetti *sensibili, estranei, utili*, sotto forma dell'estraniazione"» (Axelos 1977, p. 97).

E che dice Heidegger? Axelos lo ricorda ancora:

> «Egli dice: "il tramonto [della verità dell'essente] si compie insieme mediante il crollo del mondo improntato dalla metafisica e attraverso la devastazione della terra cui la metafisica ha dato origine. Crollo e devastazione trovano il loro coronamento adeguato nel fatto che l'uomo della metafisica, l'*animal rationale*, è posto e fissato come l'animale che lavora", Heidegger dice: il lavoro "perviene oggi al rango metafisico di oggettivazione incondizionata di tutte le cose presenti, le quali dispiegano il loro essere nella volontà di volontà"» (*Ibid.*, p. 98).

Certo, Marx pensa «onticamente» e in modo logico-dialettico (cioè storico-storiografico); pone i problemi in termini sociologici, economici, antropologici e politici. Il suo pensiero è ricerca delle condizioni effettuali, pratiche, oggettive che riguardano l'uomo naturale-sociale. Heidegger, al contrario, pensa «ontologicamente» e speculativamente, cioè sul piano della storia dell'Essere e della storia del mondo. Egli interroga, oltre la "metafisica", la differenza tra l'Essere e l'essente; in lui ne va del pensiero dell'Essere, dell'Essere che giace nell'oblio dell'Essere. Ma entrambi, ricordava ancora Axelos, «stanno sul terreno senza fondamento della storia moderna, dell'epoca della soggettività; entrambi osano il tentativo di superare la filosofia; entrambi lottano per una nuova comprensione dell'Essere» (*Ibid.*, p. 99).

È superfluo ricordare che non è questa la via seguita da Habermas. Per certi versi, sembrava ancora agire nel suo atteggiamento critico la posizione assunta da Adorno rispetto al problema del significato (anche e, forse, soprattutto "politico") dell'esito mistico-negativo dell'ontologia hedeggeriana che vedeva rovesciarsi in un'apologia indiretta della società tardo-capitalistica dell'organizzazione totale. Una posizione tesa a rivalutare (nella *Dialettica Negativa*) la critica della ragione per mezzo della stessa ragione, e non la sua oscurazione o eliminazione, e tesa a rimandare il pensiero di Heidegger al rango dell'ideologia: «il gergo dell'autenticità è ideologia sotto forma di linguaggio ancor prima di ogni contenuto particolare» (Adorno 1989, p. 110).

Proprio in tal senso Adorno, malgrado la riconosciuta necessità di mantenere, nelle forme discorsive della ragione, un'apertura all'altro (ciò che in qualche modo, lo avvicinava alle posizioni ermeneutiche), finiva per rifiutare una differente modalità dell'uso del linguaggio filosofico, come quella appunto tentata da Heidegger e dall'ermeneutica. Così Habermas, proseguendo sulla stessa linea, ed invitando a «pensare con Heidegger contro Heidegger», poteva affermare:

> «È facile vedere come Heidegger – proiettando sulle esperienze spirituali di Hölderlin e Nietzsche il pathos successivo degli anni Venti, nonché la smisurata coscienza di una missione personale e nazionale – giochi l'uomo eletto e forte contro il "bourgeois", il pensiero dell'origine contro il "common sense", il rischio mortale della situazione straordinaria contro la normalità di ciò che è garantito. E come, nel farlo, egli esalti sistematicamente il primo termine screditando il secondo. È anche superfluo aggiungere come questo autore non possa non apparire, nelle condizioni del nostro secolo, agitatore e propagandista ideologico e, nelle condizioni esaltate del 1935, addirittura profeta» (Habermas 2000 p. 69).

Diverso, invece, il giudizio riservato all'ermeneutica filosofica di Gadamer, non intesa come una dottrina metodologica, ma come il tentativo – dopo Hegel e, dunque, «dopo la fine ambigua della metafisica» – di rinnovare la «pretesa di verità», propria della filosofia, di ristabilire un «ponte» oltre la frattura della tradizione, oltre le tre rotture (storicismo ottocentesco, fisica seicentesca e visione-del-mondo moderna rinascimentale) che ci hanno allontanato dalla filosofia classica dei greci.

Certo, Gadamer ha seguito Heidegger nella «svolta» con cui ha rivisto l'autocomprensione trascendentale di *Essere e tempo*. Tuttavia, secondo Habermas, la «rammemorazione» del misticismo heideggeriano difesa da Gadamer non si è abbandonata «al vortice informale di un essere senza peso», ma, interpretando l'*essere* nei termini di una *tradizione*, ha reso ragione «del flusso massiccio di parole oggettive, concrete, effettivamente pronunciate in un certo luogo e in un certo tempo (*Ibid.*, p. 259)». Di qui, possiamo comprendere, la sua vicinanza al Gadamer di *Verità e metodo*:

> «Egli ha sempre sottolineato che l'ermeneutica filosofica non deve ridursi a teoria epistemologica e che il fenomeno della "comprensione" caratterizza, *prima* di qualsiasi scienza, le diverse modalità con cui una forma-di-vita comunicativa si rapporta al mondo. Tuttavia la *Wirkungsgeschichte* [storia effettuale] del suo libro ha influenzato profondamente il quadro sia dell'epistemologia scientifica sia delle scienze umane. Più che avvicinare le scienze all'ambito esperienziale della filosofia e dell'arte, la discussione aperta da questo libro ha contribuito a mettere in evidenza come esiste una dimensione ermeneutica *interna* alle stesse scienze, soprattutto alle scienze della società e della natura. Negli ultimi anni l'ermeneutica filosofica [...] ha influenzato non poco la discussione anglosassone [...]. Essa si è unita a impulsi che sono stati liberati anche dal movimento di protesta degli studenti. Mentre sono stati individuati punti di contatto con l'analisi linguistica del tardo Wittgenstein e con l'epistemologia postempirista di Thomas Kuhn, l'ermeneutica filosofica di Gadamer si è anche congiunta alle prospettive fenomenologiche, interazionistiche ed etnometodologiche della sociologia comprendente. Tutti questi risultati non rovesciano per nulla il senso polemico che era implicito al titolo del libro: verità contro metodo. Al contrario, essi mostrano come l'ermeneutica abbia persino contribuito a rischiarare dall'interno il pensiero metodologico, a liberalizzare l'epistemologia, a differenziare le pratiche di ricerca scientifica» (*Ibid.*, p. 260).

Gadamer, dunque, si è spinto più avanti di Heidegger nella formulazione di un'ermeneutica filosofica capace di far chiarezza sul carattere imprescindibile di ogni pre-comprensione. E alla luce del suo pensiero, si capisce anche come Habermas abbia sottolineato la capacità dell'ermeneutica filosofica di chiarire le modalità con cui «una forma-di-vita comunicativa» si rapporta al mondo. «Così come la fenomenologia e l'analisi linguistica – ancora leggiamo –, anche l'ermeneutica evidenzia rapporti quotidiani di vita e promuove il rischiaramento di strutture profonde del mondo vitale» (*Ibid.*). Ma ancor di più, sempre a giudizio di Habermas, «l'ermeneutica di Gadamer mette in luce quell'*intersoggettività linguistica* che collega preliminarmente individui socializzati in maniera comunicativa» (*Ibid.*, pp. 260-1). Essa, detto altrimenti, «cerca ostinatamente di individuare forma e contenuto di una "solidarietà che lega tra loro tutti quelli che si servono del linguaggio» (*Ibid.*, p. 261).

È su questo piano, in fin dei conti, che l'ermeneutica filosofica incontra la sociologia critica. E ce ne accorgiamo specialmente ai nostri giorni, quando la «colonizzazione del mondo vitale» da parte degli «imperativi di un'incontrollata crescita economica», delle «intromissioni burocratiche» e dei «costi esterni di una settorializzazione formalizzata e giuridificata della società» minacciano le forme storiche della vita. Qui, come evidenzia Habermas (riferendosi probabilmente all'Horkheimer e all'Adorno della *Dilettica dell'illuminismo*), «la critica heideggeriana della tecnica si coniuga con una critica della ragione strumentale che ha origini diverse» (*Ibid.*). Entrambe le critiche, infatti, concordano «nell'attribuire la caratterizzazione filosofica della *soggettività* alla violenza unilaterale del pensiero oggettivante». Ed entrambe concepiscono la soggettività come «un'autocoscienza fattasi rigida, un'"autonomia indurita" che può essere strumentalizzata a fini di autoaffermazione» (*Ibid.*).

Gadamer, infatti, estende all'intera realtà sociale la critica heideggeriana del «soggettivismo della modernità»: osserva l'autonomizzarsi di sottosistemi sociali che, essendo caratterizzati dall'autoregolazione, rimandano a una vita organizzata in cicli disciplinati, e riconosce la volontà di dominio che si esprime in questi nuovi metodi di controllo sulla natura e sulla società. Tuttavia, proprio attraverso questa prospettiva critica, inserendosi nel solco di una «tradizione assolutamente tedesca», Gadamer, secondo Habermas, finisce per accettare (acriticamente) una lettura della modernità «contro cui sono state sollevate obiezioni da parte di chi, di questa modernità, intende invece difendere le ragioni di legittimità».

Detto altrimenti, se Gadamer, da un lato, attualizza la tradizione umanistica orientata alla formazione del libero spirito (tradizione che pur attraversa tutta la modernità come elemento di sotterranea e concorrente integrazione rispetto alla forza strutturante della scienza moderna), dall'altro tende a misconoscere la dignità della modernità stessa che ha accolto nella tradizione umanistica proprio l'illuminismo e l'universalismo del XVIII secolo. Tuttavia, così conclude Habermas, «Gadamer è il primo a riconoscere l'infinita apertura del discorso. Da lui possiamo tutti apprendere la fondamentale saggezza ermeneutica per cui è illusorio supporre di *poter* mai disporre dell'ultima parola» (*Ibid.*, p. 262).

In realtà lo stesso Habermas sembra essersi mosso sempre entro lo spazio aperto da questa biforcazione: da una parte le ragioni "storicistiche", sostenute dall'ermeneutica filosofica, di una tradizione la cui forza risiederebbe nella ragionevolezza, per cui, secondo le stesse indicazione di Gadamer, ci si muoverebbe sempre entro una tradizione mai difesa soltanto perché ci è trasmessa, ma assunta, in quanto sviluppo della vita etico-sociale, attraverso una presa di coscienza che si fa carico nella libertà; dall'altra le ragioni "illuministiche" e universalistiche della modernità, che impostate con spirito scientifico – ma lungi dal ridursi agli schemi oggettivanti delle scienze positive – hanno favorito una comprensione discorsiva del mondo e del Sé.

Il pensiero di Habermas sembra, in effetti, aver sempre oscillato tra queste due posizioni: da un lato l'atteggiamento autoriflessivo orientato a elaborare il sapere mondano, capace di decentrare la propria prospettiva e di aprirsi a un processo ermeneutico di apprendimento reciproco nel corso del quale i punti di vista particolari si fondono in un orizzonte comune; dall'altro la pretesa di universalità della ragione ovvero, la valorizzazione di un presupposto universale della comprensione, implicito nel linguaggio, come criterio di razionalità sostanziale (diversa dalla razionalità strumentale e funzionale di tipo tecnologico) e fondamento di verità e giustizia.

Di qui la messa a punto del modello teorico dell'«agire comunicativo» (agire orientato alla comprensione e fondato sul libero scambio tra soggetti razionali), ricostruito intorno al concetto di «ragione comunicativa» ed elaborato sulla base della svolta «linguistico-pragmatica» ovvero, a partire dalla prospettiva aperta non solo dall'ermeneutica filosofica di Gadamer, ma anche da Wittgenstein riguardo al rapporto tra forme di vita e regole grammaticali relative a giochi linguistici. E di qui, anche, l'accostamento alla teoria dell'a-priori della comunicazione formulata da Apel e sviluppata come teoria del linguaggio fondato sull'a-priori della comunità illimitata della comunicazione, della comunità di tutti i soggetti parlanti che osservano, nel loro parlare, le regole comuni del linguaggio.

La teoria marxista, nella sua dimensione dialettica, come esigenza critica di un'attività conoscitiva capace di riconoscere riflessivamente la sua posizione interna alla totalità sociale, incontra dunque, nella sociologia di Habermas, le posizioni fenomenologiche, linguistiche ed ermeneutiche le quali, sulla base di una prospettiva storica, rimandano il problema della comprensione all'interazione comunicativa tra soggetti che, nel continuo scambio tra loro, trasmettono un sapere sempre interpretano (e tradotto) a partire dalla loro situazione.

Tuttavia, una volta stabilita l'identità tra linguaggio, comunicazione e senso, Habermas finisce per "assolutizzare" la forma dello scambio puramente linguistico e, su questa base, il modello della situazione linguistica ideale, malgrado il riferimento all'ermeneutica, sembra ancora muoversi entro la cornice di una filosofia del superamento delle contraddizioni e del fondamento assoluto della razionalità; una filosofia che dunque assume ancora la ragione (il primato della ragione) a fondamento dell'ordine sociale. Su questa strada la stessa idea della razionalità comunicativa, di una comunicazione non strumentale, senza potere, finisce, paradossalmente, per affermare il potere della comunicazione.

Sembra pertanto che Habermas, tenendosi fermo sul piano della dimensione linguistica ovvero, sulla riduzione del senso e della comunicazione al codice linguistico, non si sia fermato a riflettere abbastanza sul fatto che proprio l'esperienza concreta, data nella sua storicità, sia alla base di quella produzione e configurazione di forme di razionalizzazione simboliche "altre" e "diverse" che prende luogo a partire dal rapporto (ontologico-esistenziale) che l'uomo intrattiene con il suo mondo di vita ovvero, detto in termini ermeneutici, con una situazione originaria pre-linguistica, pre-comprensiva e preriflessiva (che si anticipa, dunque, al momento riflessivo). Del resto, proprio a partire da questa prospettiva, tra gli anni '70 e '80 del secolo scorso, lo sviluppo di una riflessione sociologica impegnata a far proprie le prospettive gnoseologiche, epistemiche e ontologiche della "svolta ermeneutica", non ha tardato ad evidenziare le fallacie nascoste dietro i paradigmi teorici e le pretese "scientifiche" impegnate a formulare un progetto totale di trasformazione della realtà sociale o a dare di questa un'interpretazione appiattita sugli schemi univoci di una razionalità efficientistica condivisa anche da quelle teorie che, pur restando nell'ambito ermeneutico (Apel, Habermas), sembravano muoversi ancora, essenzialmente, entro la tradizione del trascendentalismo kantiano. Ed è così, che anche la concezione della «razionalità comunicativa» proposta da Habermas (una razionalità che emergerebbe una volta tolte di mezzo le coazioni e le distorsioni legate all'autorità della tradizione e ispirata a un modello ideale di trasparenza e di superamento delle contraddizioni attraverso un libero scambio comunicativo), poteva apparire come una nuova frontiera del "razionalismo" moderno, impegnato a rifondare positivamente la razionalità (secondo il primato riconosciuto a una ragione capace di imporsi per la sua stessa evidenza). Poteva, dunque, apparire come un ritorno all'idealismo kantiano che, sotto le vesti della comunicazione, riaffermava il «primato del momento cognitivo su quello ontologico» (Crespi 1989, pp. 97-8).

* * *

Anche per quanto riguarda l'Italia, lo sviluppo del pensiero ermeneutico, specialmente tra la fine degli anni Settanta e gli inizi degli anni Ottanta del secolo scorso, ha dato nuovi impulsi alle scienze sociali e alla teoria sociologica nella sua funzione critica e progettuale.

In un arco di tempo in cui si registrava la crisi del pensiero dialettico e, al contempo, il superamento della prospettiva strutturalista (prospettiva "ordinante", essenzialmente basata sulla valorizzazione della funzione regolatrice dello scambio), sembrava non esservi più spazio per quelle concezioni sociologiche, di matrice marxista o positivistica, ancora dominanti fino agli anni Sessanta, che pensavano il superamento finale delle contraddizioni prodotte dal sistema capitalista, e neanche per quelle correnti sociologiche ispirare all'individualismo metodologico e alla sua idea (coerente con l'ideologia del libero mercato) di un ordine spontaneo capace di armonizzare tra loro i diversi interessi scaturiti nella competizione sociale.

Ci si muoveva in un momento culturale di relativa incertezza che rifiutava, da un lato, di cogliere le dinamiche sociali e i processi politici nei termini della composizione dialettica, rigettando così ogni tentativo di sottomettere il reale a una ragione ordinante, di ricondurre i conflitti sociali alla sintesi, all'unificazione, all'ordine instaurato dalla «macchina statale» e, dall'altro, di riconoscere un fondamento antropologico assoluto, un principio ideale, sulla cui base costruire la critica della società esistente.

Tale atteggiamento, speculando intorno alla crisi (o all'assenza) di ogni fondamento irrevocabile e assoluto, non solo recideva ogni riferimento teorico al carattere trascendentale della ragione (e del razionalismo moderno), non solo comportava la rinuncia a teorizzare un progetto totale di trasformazione della realtà sociale, ma contribuiva anche, in qualche modo, a denunciare il carattere "metafisico" delle tendenze empiriche (neopositiviste) impegnate nelle tecniche di organizzazione e pianificazione (e che rimandavano ad una tecnologia e ingegneria sociale che non poteva più apparire "neutrale").

Per certi versi, la frammentazione delle classi "tradizionali" (così come definite e schematizzate nelle teorie del conflitto d'ispirazione marxista) e i più recenti sviluppi delle tendenze neocorporative della società industriale, non solo aiutavano a smascherare la retorica classista dei gruppi garantiti, ma anche a rimettere in questione quelle griglie analitiche e quei rigidi schemi concettuali che, troppo spesso sottratti alla critica, non riuscivano a cogliere a fondo i mutamenti in atto di una realtà sociale che appariva molto più complessa di quanto l'eccessiva semplificazione dei paradigmi teorici impiegati a comprenderla volesse dare ad intendere. In altri termini, la consapevolezza che l'esperienza reale sfugge, per la sua complessità, a ogni intenzionalità progettuale, permetteva di riconoscere i limiti del sapere scientificamente orientato, sia dispiegato attraverso il modello positivistico ("*vedere per prevedere*"), sia articolato secondo gli schemi dialettici, sistemici, funzionalisti o strutturalisti.

Non a caso, è proprio in questo periodo (prima che si tornasse a paradigmi teorici totalizzanti e unificanti come quelli che, negli ultimi anni, vanno sotto l'etichetta della "globalizzazione") che le teorie della complessità (soprattutto riferite al "discorso scientifico") vivacizzavano il dibattito delle scienze sociali, sia sul piano epistemologico che su quello metodologico (si pensi, tra gli altri, a Edgar Morin, Michel Serres, ai riferimenti continui al pensiero di Ilya Prigogine o alla *condizione post-moderna* di Jean– François Lyotard). La teoria e il "metodo" della complessità richiedeva, infatti, di pensare senza mai chiudere i concetti, di spezzare le sfere chiuse, di ristabilire le articolazioni fra ciò che è disgiunto, di elevare il paradosso a categoria gnoseologica, di comprendere la multidimensionalità, «di pensare con la singolarità, con la località, con la temporalità, di non dimenticare mai le totalità integratrici». Si trattava, detto altrimenti, di ripensare la tensione verso il sapere totale, con la coscienza, allo stesso tempo, che la totalità – come aveva già detto Adorno – «è la non verità» ovvero, che «la totalità è nello stesso tempo verità e non verità»; si trattava, pertanto, di riconoscere la complessità «nella congiunzione di concetti che si combattono reciprocamente» (Morin 1985). Su questa strada, e per altri percorsi, si registrava anche in Italia il tentativo sociologico di destrutturare, attraverso «esercizi di autorelativizzazione», il fondamento etnocentrico della gnoseologia e di ricostruire, su un piano interdisciplinare, i lineamenti di un'etica dell'«avvicinamento all'altro», dell'«approssimazione» (Cassano 1989).

Non stupisce, dunque, se in un simile clima culturale sensibile alle diverse traiettorie aperte nel solco del pensiero "post-metafisico" e "post-moderno", soprattutto in Italia, Paese che registrava in maniera più forte, sul piano sociale, le contraddizioni di un capitalismo che si andava affermando attraverso il consumo di massa (col relativo indebolimento dei diritti civili e la frammentazione della classe operaia) e sul piano politico, la crisi di una progettazione che faticava a guidare il mutamento sociale e a governare, nel "compromesso", le tensioni (e il conflitto) tra radicalismi ed estremismi da un lato, e spinte conservatrici (e tradizionaliste) dall'altro, l'ermeneutica filosofica abbia contribuito, in qualche modo, a riformulare le basi epistemologiche, metodologiche, ideologiche e, finanche, ontologiche di una sociologia della comprensione e dell'interpretazione (ormai lontana dal proseguire la prospettiva di superamento finale delle contraddizioni promossa dalle grandi concezioni sociologiche, specialmente di matrice positivistica, funzionalista e marxista).

Non a caso, registrando la crisi di ogni progetto di fondazione (razionale o naturale) del sociale, riscontrando il decentramento del soggetto (ancora pensato nei termini puri della costituzione trascendentale della ragione kantiana) e avvertendo la rinuncia del pensiero ad ogni pretesa totalizzante, Franco Crespi aveva segnalato l'ermeneutica come una tra le più importanti linee generali della riflessione teorica in sociologia.

> «L'analisi wittgensteiniana del rapporto tra giochi di linguaggio e forme di vita pone soprattutto in evidenza la diversità e frammentarietà degli innumerevoli sistemi di riferimento costitutivi di realtà, ciascuno dei quali va interpretato secondo le sue proprie relazioni interne. In questo contesto sembra dissolversi la possibilità di mantenere la continuità della conoscenza storica e delle stesse basi comuni della comprensione tra sistemi di riferimento diversi. L'ermeneutica in quanto arte dell'interpretare e analisi dei problemi di comunicazione tra mondi diversi, assume quindi rilevanza centrale» (Crespi 1985, pp. 238-9).

Di qui, pertanto, il recupero dell'ontologia ermeneutica di Gadamer, ripensata e svolta nella sua capacità di rispondere all'esigenza d'interpretazione (e integrazione) tra mondi culturali diversi, tra epoche diverse e, dunque, di riconfigurare problematicamente il rapporto *traduzione/tradizione*. E ciò, come si può ben capire, offriva, sul piano gnoseologico, la possibilità di riconsiderare unitariamente (ma attraverso l'apertura alle differenze) un'esperienza sociale, come quella italiana, ancora comprensibile entro l'orizzonte di un processo di trasformazione storica nel quale passato e presente, conservatorismo tradizionale e istanze progressiste di modernizzazione, rimanevano esposti ad una continua opera di sintesi (politica) mai definitivamente conclusa e irriducibile ad un progetto uniforme e compiuto di razionalizzazione.

In un paese, dunque, segnato da spinte centrifughe e centripete, in cui stentava ad affermarsi un processo di razionalizzazione dei rapporti sociali, la logica (politica) del "compromesso" e della "concertazione" (tra le parti sociali) trovava un corrispettivo simbolico in una teoria (e in una sociologia) della comprensione (e non del conflitto, come ancora nella tradizione marxista) basata sui presupposti ermeneutici della comunicazione; una teoria, quindi, in grado di cogliere (e di restituire concettualmente) la situazione storica particolare entro i cui margini si svolgevano le vicende di una società in continua formazione (e trasformazione). Di qui si capisce il valore accordato all'interpretazione come elemento costitutivo della comprensione, quale rapporto dialogico in grado di connettere l'esercizio della traduzione con il valore riconosciuto alla tradizione; e di qui l'idea di un *coinvolgimento* nell'«inconciliabiltià» dell'esistenza storia e di una *gestione* (precaria e instabile) delle contraddizioni.

Per certi versi, il riconoscimento del carattere costitutivo del «pregiudizio» in ogni comprensione, in quanto punto di partenza di ogni processo conoscitivo – punto su cui si fondava la critica di Gadamer nei confronti dell'illuminismo – se, da un lato, aveva permesso di comprendere la finitezza della nostra condizione esistenziale, dall'altro aveva aiutato a superare l'idea di una ragione astratta, assoluta ed autonoma, posta al fondamento dei rapporti sociali e, di conseguenza, aveva consentito di riconoscere il carattere storico delle forme di razionalità.

Ed è proprio per questo che, attraverso l'esperienza ermeneutica, si tornava al linguaggio (e non al concetto habermasiano di "metalinguaggio" inteso come sistema generale di regole a cui ricondurre le grammatiche dei diversi giochi linguistici). Il concetto gadameriano di ontologia ermeneutica poneva, infatti, le basi (sociologiche) per ripensare un rapporto dialogico (né conflittuale né dogmatico) tra interlocutori diversi sempre aperto a nuove possibilità interpretative. Si trattava, pertanto, di considerare il linguaggio come medium universale fondato su un continuo processo interpretativo, su una continua capacità di traduzione tra diversi mondi di vita e tra differenti, e specifiche, forme di esperienza.

Su questa linea, avvalendosi appunto dei contributi dell'ermeneutica (da Heidegger fino a Gadamer e Ricoeur), Franco Crespi proponeva una teoria sociologica dell'azione (con indicazioni riguardo al metodo e alla ricerca empirica) in grado di evidenziare il carattere pre-categoriale dell'agire (ovvero la sua relativa irriducibilità ad ogni forma di determinazione simbolica) e il nesso tra azione e situazione esistenziale (Crespi 1989).

> «La tematica della pre-comprensione in Heidegger e Gadamer, ponendo l'accento sul coinvolgimento del soggetto in una situazione che si anticipa al momento riflessivo e interpretante, consente di riconoscere il luogo in cui ha origine l'azione e permette di comprendere come quest'ultima, proprio perché collegata alla complessità di una situazione pre-data, rimanga in parte una dimensione in cui non si dà mai una conoscenza esaustiva e trasparente» (*Ibid.*, p. 95).

Si evidenziava, così, la storicità dell'esserci, «l'appartenenza dell'esserci a una situazione originaria pre-linguistica e pre-riflessiva» quale carattere proprio dell'essere gettato, e di qui si denunciava il limite radicale della riflessione e delle forme di oggettivazione simbolica e sociale. «Tale critica – scriveva ancora Crespi – nasce dalla coscienza dell'impossibilità di assolutizzare le forme determinate del simbolico come *verità* e, al tempo stesso, dalla consapevolezza che ogni forma di determinazione ha, come tale, un carattere assolutizzante» (*Ibid.*, p. 104). In altri termini, il riconoscimento della dimensione pre-categoriale dell'azione (ciò che pone in luce l'incomprensione che alberga sempre nel comprendere), se da un lato poneva in evidenza il rapporto contraddittorio che sussiste tra l'azione e le forme di determinazione simbolico-normativa, dall'altro mostrava anche che «proprio la necessità pratica di gestire tale contraddizione è una parte essenziale del senso stesso dell'agire sociale» (*Ibid.*, p. 113).

Ecco, dunque, il punto: il riconoscimento della storicità costitutiva dell'essere del soggetto, la consapevolezza dell'appartenenza al mondo, prima ancora di conoscere se stesso e la realtà in maniera determinata, segna un punto di partenza essenziale per la comprensione dell'irriducibilità stessa dell'agire rispetto alla dimensione razionale e all'ordine simbolico oggettivo. Attraverso tale esperienza (per cui l'interprete si scopre come parte integrante dell'oggetto da interpretare) poteva allora svilupparsi una «*ontologia della comprensione*, nella quale il conoscere appare come modo di essere del soggetto in stretta unione con la dimensione dell'agire» (Crespi 1999, pp. 113-4).

Il carattere ermeneutico della teoria dell'azione, sottolineando (in senso heideggeriano) il primato della dimensione «ontologica», permetteva così di considerare la conoscenza e la capacità rappresentativa come alcune tra le diverse modalità della situazione originaria dell'essere-nel-mondo; e, di conseguenza, evidenziando il carattere sempre limitato delle nostre interpretazioni, consentiva sia di mostrare il tratto ambivalente del rapporto tra azione e forme della mediazione simbolico-normativa, sia di riconoscere la capacità della coscienza individuale di negare o prendere le distanze dalle forme di oggettivazione. Ed è appunto in tale prospettiva che l'esperienza ermeneutica, riconoscendo al contempo la rilevanza dei nostri vincoli con la tradizione storica e l'esigenza di una costante apertura all'Altro, poteva apparire anche come «la forma epistemologica» che meglio si adattava «allo studio del mutamento sociale» (Crespi 1993, p. 161). Un mutamento, dunque, come prima si è visto, non considerato (secondo una filosofia della storia) nell'ottica di uno sviluppo necessario, lineare e progressivo, di una ragione ordinante (capace di risolvere in sé ogni contraddizione), né, tanto meno, pensato attraverso la prospettiva del conflitto e della *contrapposizione*, ma colto «ermeneuticamente» come dinamica di esposizione all'Altro, e di *comprensione* del diverso, nel solco (aperto al *compromesso*) della tradizione storica; ovvero ripensato, sul piano gnoseologico, secondo il primato accordato al processo (e all'esperienza) di traduzione e di interpretazione.

* * *

In realtà la sociologia, specialmente quella maturata nel solco delle correnti storicistiche, aveva dal suo canto attribuito al problema epistemologico dell'interpretazione un ruolo essenziale, prima ancora che si potesse parlare, sul piano filosofico, di vera e propria svolta ermeneutica. Si pensi soltanto a Simmel, il sociologo che forse con più rigore aveva attribuito alle procedure mentali la capacità di penetrare i fenomeni fin nella loro sostanza e di ricavarne delle conoscenze sociologiche. Nel definire *il campo della sociologia* (1917), alla domanda sul senso da attribuire alle formazioni sociali così rispondeva:

> «È ovvio che a domande di questo tipo non si può rispondere con la semplice osservazione dei fenomeni. Si tratta, semmai, di *interpretarli* e di ridurre gli aspetti relativi e problematici della realtà sociale a una visione d'insieme che, a sua volta, non contrasti con l'empiria, anche perché mossa da tutt'altre esigenze» (Simmel 1983, p. 59).

È nota, in realtà, l'influenza esercitata della filosofia nietzschiana sul pensiero di Georg Simmel, come è altrettanto nota la stessa influenza esercitata sulla sociologia di Max Weber. Proprio quest'ultimo, infatti, nel discutere nella sua conferenza *La scienza come professione* (1917), dei «presupposti» (etici, valoriali, logici) della conoscenza scientifica – presupposti che non potevano essere a loro volta dimostrati «con i mezzi della scienza» (Weber 1948, pp. 25-7) – faceva eco a Nietzsche (al suo "prospettivismo") che nell'aforisma 344, libro quinto, di *La gaia scienza* (1887) ricordava appunto che «non esiste affatto scienza "scevra di presupposti"», e «che è pur sempre una *fede metafisica* quella su cui riposa la nostra fede nella scienza» (Nietzsche 1984, pp. 206-7).

Anche qui, come si può ben vedere, attraverso la critica del modello positivistico delle scienze (sia naturali che storico-sociali), prima ancora che la fenomenologia e l'ermeneutica parlassero di «pregiudizio» e «pre-comprensione», si evidenziava il carattere costitutivo dei «presupposti» nel processo di comprensione, in quanto punti di partenza di ogni attività conoscitiva (sia pure delle scienze esatte che pretendevano di essere "neutrali").

Nell'ultima fase della sua riflessione, Norbert Elias, mediante una sociologia «processuale», o «delle configurazioni» ovvero, attraverso lo studio di «processi a lungo termine», avrebbe, a suo modo, accentuato il carattere ontologico del processo di comprensione, giungendo a risultati non del tutto dissimili da quelli raggiunti dall'ermeneutica filosofica.

> «Gli esseri umani – scriveva – si sono sviluppati *dentro* al mondo. Le loro funzioni cognitive si sono sviluppate in un contatto continuo con oggetti da conoscere. L'emancipazione simbolica nel corso della quale mezzi di comunicazione acquisiti socialmente hanno prevalso su quelli determinati geneticamente ha reso gli uomini capaci di adattare il loro giudizio e le loro azioni a una varietà di situazioni pressoché infinita. Gli uomini non sono entrati nel mondo come alieni. Soggetto e oggetto fanno parte dello stesso mondo. La predisposizione biologicamente determinata degli uomini a formare simboli sonori di tutto ciò che essi esperiscono e su cui possono provare il desiderio di comunicare, testimonia questo fatto. Le categorie che usano in ogni momento nelle loro comunicazioni si sono sviluppate e possono ulteriormente svilupparsi nella ininterrotta comunicazione con il mondo non-umano» (Elias 1998, p. 159).

Anche Elias, nel tracciare un quadro socio-biologico della capacità umana di creare simboli (ridefinendo i confini tra sfera naturale e sfera sociale), aveva accordato una centralità al linguaggio, al carrattere processuale del linguaggio nel suo rapporto essenziale con la mente, il parlare, il conoscere e il pensare. Non siamo poi così distanti dalle teorie ermeneutiche (su cui convergevano, per certi versi, anche le riflessioni di Wittgenstein) che ponevano un'unità di linguaggio e mondo. Dopotutto, l'assonanza tra la sua sociologia e le posizioni ermeneutiche non la riscontriamo soltanto nella critica del trascendentalismo kantiano, ma anche nell'accento posto sul carattere esperienziale della comprensione.

> «Ho cercato di descrivere – leggiamo ancora – il duplice carattere del mondo che esperiamo come mondo indipendente da noi ma nel quale siamo compresi e come mondo in cui la nostra comunicazione è mediata da una rete di rappresentazioni simboliche create dall'uomo e predeterminate dalla propria struttura naturale, che si materializza soltanto con l'aiuto di processi di apprendimento sociale» (*Ibid.*, p. 199).

Non serve, dunque, aggiungere altro per comprendere come la cultura sociologica, almeno per ciò che riguarda alcune delle sue elaborazioni concettuali e traiettorie di pensiero, si era già, in qualche modo, aperta alla riflessione ermeneutica.

* * *

Per tornare ancora al contesto italiano, Franco Crespi, come in parte si è già accennato, aveva ricondotto le basi ermeneutiche della sua sociologia alle vicende teoriche e culturali del «pensiero debole».

> «La mancanza di assolutizzazione che caratterizza il riconoscimento sia del limite radicale del pensiero, che dell'inconciliabilità esistenziale, è ciò – così scriveva – che costituisce la connotazione *debole* di un pensiero che si contrappone per la sua natura a ogni trionfalismo logico o storicistico» (Crespi 1983, p. 247).

Letta in questa prospettiva, la modalità «*debole*» dell'esperienza ermeneutica avrebbe, dunque, consentito l'uscita dalla logica dell'assolutizzazione e l'accettazione dell'«inconciliabiltà» propria dell'ex-sistere, e ciò verso un «coinvolgimento» nelle contraddizioni non in vista del loro occultamento, ma per la loro «*gestione*» in quanto «forma precaria e instabile di sostenimento temporaneo di una situazione, in ultima analisi, insostenibile» (*Ibid.*).

Secondo l'analisi sociologica di Crespi, tale esperienza poteva emergere in un orizzonte storico-sociale che aveva registrato, attraverso lo sviluppo dell'attività economica, scientifica e tecnica, il miglioramento delle condizioni materiali e strutturali delle società sviluppate. A tali condizioni, infatti, l'esperienza della «fine del fondamento» poteva apparire come il risultato (solo apparentemente paradossale) del relativo rafforzamento delle condizioni materiali della vita umana, dovuta all'affrancamento progressivo dalle esigenze primarie della sopravvivenza e dal regno della necessità.

> «L'allentamento del regno della necessità affievolisce i vincoli territoriali e consente una più ampia circolazione tra forme di società diverse, rendendo così più facile la relativizzazione delle forme culturali. L'aumento della differenziazione delle funzioni e dei ruoli sociali, accentuando i caratteri individuali, provoca anche l'allargamento del margine di discrezionalità dei valori e delle norme sociali» (*Ibid.*, p. 248).

La radicale relativizzazione delle forme culturali e, quindi, il riconoscimento della pluralità di tali forme, avrebbe, pertanto, denunciato il carattere necessariamente convenzionale di ogni mediazione simbolica e, su questa base, la relativa discrezionalità delle procedure di trasformazione-manipolazione tecnico-scientifiche. A partire da qui, scoprendo in sé possibilità insospettate, il pensiero avrebbe paradossalmente percepito la propria parzialità: «il metodo scientifico applicato alle stesse modalità della conoscenza rivela i limiti sostanziali di quest'ultima» (*Ibid.*, pp. 248-9).

In tal senso, e in tale direzione, Crespi recuperava la critica della razionalità tecnico-scientifica così come sviluppata sia in Weber che in Adorno: una critica che metteva in evidenza il carattere distruttivo (e irrazionale) di un pensiero che, non riconoscendo i propri limiti, assumeva la propria efficacia operativa come regola assoluta votata al dominio del mondo. E a tale concezione contrapponeva, appunto, un pensiero che, rifiutando di imporsi sulla realtà, tendeva a stabilire con essa un «più cauto rapporto ermeneutico ispirato dall'attenzione» ovvero, che cercava di cogliere «l'interazione di dimensioni complesse», non riducibili agli schemi univoci della razionalità efficientistica; un pensiero, dunque, capace di procedere per «tentativi ed errori, riflettendo sulle conseguenze che esso stesso può scatenare»; un pensiero, pertanto, in grado di «considerare errore la certezza» (*Ibid.*, p. 249).

Ora però, il problema che un tale pensiero avrebbe dovuto inevitabilmente affrontare era quello riguardante la possibilità di fondare un ordine sociale in base a principi relativistici ed esplicitamente convenzionali, ma capace, in ogni modo, di ammettere un certo grado di assolutizzazione nell'assicurare ordini di certezza riguardo al senso della vita e alle regole dell'agire.

«La condizione essenziale della *prevedibilità* dell'agire per il costituirsi del sociale – scriveva ancora Crespi – non può essere assicurata, almeno per quanto riguarda le esigenze primarie dell'autoconservazione e della convivenza pacifica, che da regole del gioco certe e indiscutibili, cioè assolutizzate. Ogni incrinatura riguardo alla certezza di queste regole minerebbe infatti la base stessa dell'ordine sociale. Di qui la costante tendenza della cultura a sacralizzarsi, presentandosi come *natura* o come fondata sulle basi immutabili della *Teologia*, della *Religione* o delle *Leggi* scientifiche, nella ricerca di una legittimazione assoluta che le permetta di rimuovere il suo carattere di prodotto storico convenzionale e di stabilire un automatismo dei riflessi dell'agire individuale e collettivo di forza pari a quello dei meccanismi di tipo istituzionale. Ovviamente la cultura, proprio in quanto è mediazione, non riesce mai a essere assolutizzata completamente, e di conseguenza riemerge sempre nella dinamica sociale un margine più o meno ampio di imprevedibilità e di incertezza. Resta comunque il fatto che senza un certo grado di assolutizzazione non potrebbe esservi società» (*Ibid.*, pp. 255-6).

Di qui, pertanto, si mostra la profonda contraddizione che sussiste tra l'esperienza dei limiti del pensiero ("post-metafisico" e "post-moderno"), orientata ad evidenziare il carattere convenzionale e riduttivo di ogni forma determinata di mediazione, e quella dell'ordine sociale, che può mantenersi solo grazie a regole assolutizzate (per cui la consapevolezza della mancanza di fondamento assoluto delle regole può esistere solo al di fuori del "gioco" sociale).

Sul piano della teoria sociale, dunque, secondo Crespi, occorreva al contempo riconoscere accanto al limite delle forme di mediazione simbolica, anche la necessità della loro assolutizzazione; occorreva, pertanto, riconoscere la tensione tra determinato e indeterminato (entro la quale si mantiene ogni ordine sociale) come ineliminabile elemento di una contraddizione non tanto di ordine teorico, ma di ordine pratico. Di qui la difficoltà a sostenere radicalmente la modalità «debole» del pensiero che, ove portasse fino alle sue estreme conseguenze la promozione della consapevolezza della convenzionalità degli ordini simbolici, scoperchierebbe «l'ansia dell'insicurezza esistenziale» e provocherebbe la fine di ogni ordine sociale.

L'unica posizione praticabile a livello dell'organizzazione sociale, come esperienza collettiva, sembrava quindi essere quella «intermedia tra la lotta contro le assolutizzazioni eccessive e l'esigenza di conservare le condizioni di prevedibilità, che sole consentono il mantenimento dell'ordine sociale» (*Ibid.*, p. 257). E ciò – lo riconosceva lo stesso Crespi – avrebbe riportato a una posizione di tipo elitistico (sia pur nel rifiuto di una logica del potere ripiegata su se stesso e comunque aperto alla comunicazione sociale), segnando la «fine di ogni prospettiva di una radicale emancipazione collettiva» (*Ibid.*); avrebbe cioè ricondotto a un modello di società differenziata tra chi sa e chi non sa, «tra la consapevolezza di chi dirige e l'inconsapevolezza di chi vene diretto, tra chi sa relativizzare e chi ha bisogno di assolutizzare» (*Ibid.*, pp. 257-8). Malgrado tutto, continuava Crespi, «anche l'esperienza della fine del fondamento si trova a essere ancora una volta una forma di illuminismo» (*Ibid.*, p. 258).

> «La riflessione sulla natura dell'ordine sociale infligge quindi un duro colpo alle prospettive dell'eliminazione del potere e dell'emancipazione assoluta e obbliga a riformulare più chiaramente il problema adorniano della promessa di redenzione nel senso di una tensione progressiva, che mai potrà giungere a compimento, verso l'adesione all'oscillazione del rapporto determinato-indeterminato, una tensione che metta in evidenza al tempo stesso la necessità e il limite delle forme di mediazione. La crisi che ha investito l'età postmoderna, mentre sembra per certi aspetti favorire questa esperienza, per altri sembra minacciarla a causa delle forti correnti regressive verso nuove forme di assolutizzazione (fideismo mistico, fanatismo politico, feticismo tecnologico e consumistico, evasione estetizzante ecc.). Tali aspetti contrapposti hanno del resto un loro ovvio collegamento: quanto più cresce la consapevolezza circa l'assenza di fondamenti assoluti, tanto più aumenta l'ansia dovuta all'insicurezza che tale consapevolezza genera inevitabilmente» (*Ibid.*).

In conclusione Crespi, nella consapevolezza che non esiste alcuna dimensione che non sia del tutto immune dai rischi del dominio, proponeva quindi una «linea illuministica *debole*», capace di riconoscere nella realtà democratica la possibilità di una forma di società «in cui l'assolutizzazione è riservata solo ad alcune regole fondamentali della convivenza, che consentono una pluralità di giochi» (*Ibid.*). L'esperienza ermeneutica (e la consapevolezza dell'assenza di fondamenti assoluti) lo portava così ad accettare, e questa volta sì in senso «debole», «l'insostenibilità come condizione normale dell'esistenza» (*Ibid.*); ad accettare dunque, come prima si è visto, un «coinvolgimento» nelle contraddizioni in vista della loro «*gestione*». Ed è così, in fin dei conti, che l'esperienza ermeneutica finiva per diventare, soprattutto, prospettiva politica, lasciando sullo sfondo la sua portata etica, culturale e concettuale. Finiva, detto altrimenti, per aprirsi al territorio dei processi politici di mediazione ovvero, all'esperienza del potere come mediazione. Come Habermas, nell'idealizzare una teoria della comunicazione non strumentale, finiva per incontrare la strumentalità della comunicazione, così l'ermeneutica sociologica, nel formulare la fine dell'ontologia e di ogni fondamento assoluto del potere, finiva per accettare (e legittimare) l'assolutizzazione di un potere di mediazione (e traduzione) come pratica del compromesso e gestione (politica) della contraddizione.

Crespi, in effetti, era partito da un presupposto teorico: la crisi del fondamento e la fine dell'ontologia hanno messo in discussione la capacità critica della teoria sociale, nonché la base portante della socialità e cioè la condizione di prevedibilità dell'agire, fino a poco tempo fa assicurata da forme di assolutizzazione del momento simbolico normativo. Era dunque tornato al significato che assume in Heidegger la fine della metafisica (come fine, al contempo, della storia dell'essere): il soggetto non appare più come «centro fondante» e, di conseguenza, ogni progetto non può più essere pensato nei termini puri della costituzione trascendentale della ragione kantiana. Ogni problema connesso alla dimensione trascendentale andava quindi pensato in stretta connessione alla «gettatezza» storica finita che si dispiega tra nascita e morte. Di qui, nella sua analisi dell'organizzazione sociale e culturale (che può mantenersi solo in virtù di regole assolutizzate) era giunto a riconoscere una contraddizione di ordine pratico: l'esperienza (teorica) dei limiti del pensiero (come effetto della fine della metafisica) e, di conseguenza, il riconoscimento del carattere convenzionale di ogni forma di mediazione simbolica, si scontra con l'esigenza sociale di conservare le condizioni di prevedibilità (fondate su un certo grado di assolutizzazione) che sole consentono il mantenimento dell'ordine sociale. La capacità di gestire praticamente tale contraddizione (pensata in ordine ad una «linea illuministica *debole*») veniva allora affidata alla mediazione politica, che sul piano della riflessione sociologica trovava un corrispettivo nel riconoscimento dell'«oscillazione tra determinato e indeterminato entro la quale si mantiene ogni ordine sociale».

In modo differente Andrea Bixio, muovendo sempre dall'esperienza ermeneutica ma rimandando lo svolgimento sociologico del problema ontologico ed esistenziale al piano della storicità concreta dei rapporti sociali, aveva percorso sentieri diversi, rivolgendo la sua riflessione teorica al momento concettuale delle configurazioni culturali, statuali, etiche e sacrali.

L'ermeneutica sociologica di Bixio, muoveva dunque dalla prassi, dalla concretezza storica dei rapporti sociali. La stessa sociologia del resto, per fare solo degli esempi, vuoi rivolta alla comprensione dei fenomeni morali, mentali e concettuali come prolungamento della società nella vita individuale (Durkheim), vuoi impegnata a cogliere il senso individuale dell'agire sociale e il suo configurarsi in forma tipica (Weber) o vuoi disposta a cogliere gli *a-priori* dell'esperienza sociale (Simmel) aveva sempre, in qualche modo, ammesso il carattere ermeneutico del rapporto vita/società. Così come nell'interazionismo simbolico, nella teoria dell'agire comunicativo mediato dal linguaggio (Habermas), o perfino nel concetto di «riduzione di complessità» come elemento centrale del rapporto sistema-ambiente-mondo (Luhmann), si evidenziava il ruolo centrale accordato ai processi di selezione, interpretazione e traduzione. In tal caso però, il processo ermeneutico veniva ricondotto all'orizzonte storico-sociale ovvero, alle forme di mediazione simbolico-normativa e alle dinamiche culturali entro i cui margini si costituiscono i soggetti. Era, pertanto, il piano dell'intersoggettività, nella sua configurazione storica concreta, che veniva ad assumere un valore sociologicamente importante; era il momento della socialità, sia essa pensata in forma di interazione o di sistema, che definiva il piano ermeneutico della riflessione sociologica; una riflessione, potremmo anche dire, che trovava il suo spazio di comprensione concettualizzando, in termini critici, il rapporto tra la socialità e il sociale, tra l'esperienza della socialità e l'oggettivazione dei rapporti sociali.

Andrea Bixio, ritornando al linguaggio della fenomenologia e dell'ermeneutica filosofica, aveva colto il significato profondo di questo passaggio nelle sue riflessioni sul senso della storicità (Bixio 2011, pp. 7-18); ed aveva compreso che, con l'avvento della società moderna, il momento della storicità non poteva più presentarsi come processo, ma era costretto a mostrarsi in un modo opposto, ovvero come pura e semplice sospensione, come «*epoché*», come «epoca storica». In questo modo, lo storicismo si convertiva surrettiziamente in «ontologismo», poiché l'«epoca» consentiva proprio «quell'arresto della temporalità solo grazie al quale è possibile cogliere ciò che è permanente, l'essere e non più il divenire» (*Ibid.*, p. 11).

> «L'epoca storica, perciò, pone al centro dell'attenzione un essere che, essendo non quello astratto della 'filosofia', ma appunto quello concreto della storia, si risolve e non può non risolversi che nella socialità in quanto tale.
>
> La traduzione della storicità in esperienza del primato dell'epoca storica, questa traduzione che viene operata già all'interno dello storicismo, segna una nuova condizione della società moderna; una condizione

caratterizzata dal fatto che essa non ha più bisogno di storia e che dunque sia quasi costretta a risolvere la storia stessa nel processo del proprio mutamento interno» (*Ibid.*).

Bixio aveva colto il modo più compiuto di questo fondamentale passaggio nella percezione della storicità, attraverso una rilettura dei rapporti fra autori come Weber, Husserl, Dilthey e Heidegger; ed aveva altresì mostrato come nozioni quali *Erlebniss*, soggettività, individualità, azione, comprensione, temporalità avessero, appunto, subìto una torsione a causa di una trasformazione dell'esperienza della storicità nel primato dell'epoca storica (intesa nel senso specifico che si ritrova in Husserl e, pur con coordinate differenti, in Martin Heidegger). Tutti questi concetti, prima intesi in un senso soggettivistico ed individualistico, venivano, infatti, riproposti in un orizzonte opposto; e questo mutamento era dovuto appunto ad una surrettizia «"sospensione" della storicità intesa come un inarrestabile trascorrere» (*Ibid.*).

Come è ovvio, il discorso di Bixio non si arrestava a questo momento: insieme a tale torsione del senso dell'individualità, richiamava, infatti, l'attenzione su un analogo mutamento di prospettiva in ordine ad alcune categorie epistemologiche tese a sottolineare il superamento dell'ottica «soggettivistica tipica dello storicismo»:

> «Un mutamento che possiamo indicare come un superamento polemico dello psicologismo; un polemico cambiamento di orizzonte che caratterizza lo stesso Weber, ma soprattutto Husserl e che per vie diverse ritroviamo anche alle origini della sociologia francese nei rilievi critici elevati da Durkheim contro Gabriel Tarde e Herbert Spencer» (*Ibid.*, p. 12).

Se la storia si viene a trovare in una dimensione di sospensione, il ricorso alla psicologia risulta fuorviante. Rispetto ad una realtà che sospende il trascorrere è necessario tornare a «privilegiare l'organo capace di comprendere l'esistente, la vita, l'*Erlebniss* nel suo permanere, nel suo essere, nella sua capacità di sospendere la freccia del destino». È necessario abbandonare la psicologia e tornare a «privilegiare la teoria della conoscenza, l'io trascendentale, quello non più proiettato verso una storicità futura» (*Ibid.*).

> «La ripresa di una epistemologia anti-psicologica, quale si ritrova nel tentativo weberiano di fondare l'"oggettività' del mondo sociale e del correlativo conoscere, quello mengeriano diretto a superare oltre l'economia storica, lo psicologismo nella scienza economica, tutta la costruzione di Husserl diretta a scindere il legame fra intuizione e soggettivi-

smo, fra quest'ultimo e l'idea di *Erlebniss*, fra io trascendentale ed io empirico, la stessa trasformazione dell'idea di *Erlebniss* compiuta da Dilthey medesimo nel corso del suo itinerario e nella direzione di una desoggettivizzazione di quella stessa nozione, tutto ciò implica una trasformazione della temporalità. L'affermarsi della temporalità come sospensione e il privilegiamento del "presente" rispetto al suo trascorrere e al suo costante dissolversi nel "futuro"» (*Ibid.*).

L'intuizione soggettivisticamente intesa diviene, allora, «intuizione eidetica», capace di cogliere il permanere delle essenze mediante una sospensione del mondo della vita. Lo stesso «comprendere» da atteggiamento soggettivo viene inteso (in Weber) come momento della spiegazione, al fine di poter raggiungere un sufficiente grado di «oggettività» del sapere sociologico. «Esso e l'interpretazione vengono concepiti come intendimento processualmente non soggettivo, ma, appunto, inter-soggettivo» (*Ibid.*). A sua volta il vissuto, l'*Erlebniss*, «da esperienza irripetibile e soggettiva già nel secondo Dilthey ed ancor più in Husserl viene colto come il momento di una "oggettiva" sfera di esperienza» (*Ibid.*).

Detto altrimenti, secondo la ricostruzione di Bixio, tutte queste categorie venivano prese in considerazione non più nel loro valore psicologico e soggettivo, ma nel loro significato cognitivo e «oggettivo»; tutti questi momenti venivano cioè presi in considerazione rispetto ad una analisi del loro «essere», del loro «presente» e non del loro risolversi in un trascorrere volto al «futuro». E in che cosa consisteva, però, questo «essere»? Questa, la spiegazione sociologica di Bixio:

> «L'epoca storica, costituendo una sospensione della freccia temporale e consentendo di far emergere l'esistente, rende possibile il primato della potenza data, "oggettiva" per antonomasia, la "società"; quella, in particolare, che si è cominciato a dubitare di poter superare in modo totale.
>
> E se un tale superamento comincia ad essere considerato qualcosa di dubbio, allora meglio è cercare di intendere la struttura profonda di una società che (a differenza dai fondatori della sociologia) non appare più, realisticamente, trascendibile.
>
> Meglio è cercare di comprendere le precondizioni logiche e ontologiche del suo costituirsi. Precondizioni logiche che vengono colte nella struttura "sociale" dell'io trascendentale husserliano, precondizioni ontologiche che possono essere individuate mediante un riferimento al *Mitsein* heideggeriano» (*Ibid.*, p. 13).

L'"io" attraverso il quale Husserl superava lo psicologismo (in quanto non soggettivo alla maniera di Cartesio), fondando l'oggettività del conoscere, era, infatti, anche subito l'"altro": era, dunque, pura intersoggettività. E allo stesso modo l'*esserci* (*Dasein*), mediante il quale Heidegger andava al di là del residuo psicologistico presente in Scheler, dandogli un'interpretazione ontologica, non era qualcosa di solipsistico, ma era subito, e prima di tutto, un *essere con gli altri* (*Mitsein*). Per dar conto di questo passaggio, Bixio citava direttamente gli autori:

> «L'io che attingo nell'epoché, e che equivale all'"ego", che potrebbe esser raggiunto attraverso un rinnovamento e una rettifica critica dell'epoché cartesiana, è denominato "io" solo per un equivoco ... È questo che in realtà insegna l'auto-esplicitazione filosofica nell'epoché. Esso mostra come l'io ... costituisca una prima sfera oggettuale in virtù della quale una modificazione intenzionale di se stesso e della sua primordialità perviene alla validità d'essere sotto il titolo di "percezione dell'estraneità", percezione dell'altro, di un altro io, che per se stesso è un io come io sono io per me» (Husserl 1968, pp. 210-211).

E analogamente Heidegger:

> «La caratterizzazione dell'incontro con gli Altri non potrà ... che ... prendere le mosse dall'Esserci sempre di *qualcuno*. Ma in tal caso, non finirà per muovere anch'essa dalla delimitazione e dall'isolamento dell'"io", per tentare poi un passaggio da questo soggetto isolato agli Altri? Per ovviare a questa erronea interpretazione, è necessario chiarire il senso in cui qui si parla di "Altri". "Gli Altri", in questo caso non sono coloro che restano dopo che io mi sono tolto. Gli Altri sono piuttosto quelli dai quali per lo più non ci si distingue e fra i quali, quindi, si è anche ... Sul fondamento di questo essere-nel-mondo "con", il mondo è già sempre quello che io con-divido con gli Altri. Il mondo dell'Esserci è con-mondo. L'in-essere è un con-essere con gli Altri» (Heidegger 1969, p. 205).

Ciò che, dunque, in ambedue i casi veniva privilegiato per poter tracciare i caratteri ultimi del nostro mondo – come evidenziava Bixio – era, appunto, l'intersoggettività, l'apertura all'altro nel senso più radicale di questa espressione, ovvero la socialità. Detto altrimenti, mentre con Husserl venivano posti i fondamenti epistemologici di un mondo in cui il sociale appariva sempre più intrascendibile, con Heidegger venivano chiarificati quelli ontologici. Ma questa operazione diventava possibile, «perché mediante la sospensione della temporalità, ci si può concentrare non sul superamento della società attuale, ma sulla sua "permanenza", sulle più profonde condizioni di possibilità del nostro mondo sociale» (Bixio 2011, p. 14).

La contingenza della storia si trasformava così in contingenza sociale. Ma quest'ultima stava, appunto, ad indicare, «che è il "permanente", la società, che è la condizione e l'origine della mutabilità; non più l'opposto (per tutti, Edgard Morin e Niklas Luhmann). Non la storia intesa come successione dei fatti, delle formazioni sociali e delle epoche, non il mutamento in quanto tale ed il suo primato» (*Ibid.*).

È in questo senso, dunque, che Bixio, attraverso una sociologia dei concetti di «storicità», «*Erlebniss*», «epoché», «*Mitsein*», riportava il ragionamento ermeneutico nell'ordine della riflessione sociologica; ed è sempre in questi termini che riconduceva l'ermeneutica ontologica al piano della socialità, al rapporto storia/società, storicità/mondo sociale. Tuttavia, per altri versi, questo ritorno alla dimensione ontologica, più ancora che antropologica, lo avrebbe condotto, di nuovo a riflettere sulla condizione esistenziale dell'essere umano; un ritorno, però, non segnato dall'heideggerismo ormai di maniera, né, tanto meno, ripensato e ricomposto nei termini di un'antropologia filosofica troppo spesso chiamata in causa a giustificare interessi che esulano dall'analisi dei rapporti sociali. Perché è proprio da tali rapporti che Bixio partiva, sia pur con uno sguardo ormai critico rispetto a quel tipo di *analisi* sociologica attraverso la quale, come spiegava, l'uomo «appare sempre più esistere solo come *nome* attribuito a specifici, determinati complessi di relazioni; di modo che qualcosa come l'"uomo" è sempre più difficile da percepire» (Bixio 2010, p. 17). Di qui il recupero di uno "sguardo distante", l'unico capace di cogliere, storicamente e concettualmente, le dinamiche sociali della nostra esistenza oltre il mero dato fattuale, oltre il semplice "fatto" dell'associazione. E di qui, anche, la necessità di ripensare il divenire sociale nella sua storicità, nel suo costituirsi storico non meramente effettuale: ciò che, appunto, presuppone "distanza", una frattura entro l'ordine societario, una discontinuità entro la temporalità sociale; l'assunzione, dunque, di una *crisi* quale presupposto di *critica* e di analisi sociologica. Ma si tratta sempre di una critica, di una distanza maturata entro l'orizzonte sociale. Perché il sociale, nel bene e nel male, è diventato il terreno della nostra attuale condizione esistenziale; è il nostro orizzonte "totale".

Proprio questa critica, estesa anche all'«immanentismo contemporaneo» (specialmente di matrice spinoziana), aveva spinto Bixio a riconsiderare il primato dell'etica e della religione (e non della politica e del potere) nel definirsi dei rapporti sociali. Anche, e soprattutto, in tale immanentismo, infatti, poteva ritrovarsi, nella sua paradossale manifestazione, il tratto tipico di un'esperienza religiosa mai del tutto sottratta ai nodi problematici del pensiero moderno. Vale la pena di rivisitare in breve il tragitto concettuale che percorre tale esperienza.

* * *

La prospettiva di un «immanentismo religioso» attraversa gran parte della riflessione moderna: la si trova in Giordano Bruno e poi in Spinoza, riemerge nel concetto di spirito oggettivo in Hegel, la si ritrova anche in Marx e, con le dovute differenze, in moltissimi aspetti del pensiero più recente, da Heidegger a Gentile. Sul piano sociologico si può trovare una spiegazione di tale percorso «nel fatto – spiega Bixio – che quell'immanentismo interpreta il sorgere di un nuovo tipo di società, quella fondata sullo scambio, nella quale la sostanzialità concreta dei singoli enti viene oscurata a favore di un'altra sostanzialità totale e comune (in ciò spinoziana) che emerge a causa del reciproco rapporto funzionale che lega gli enti e che deriva proprio dal prevalere di quel medesimo scambio» (*Ibid.*, p. 187). Se tutti, dunque, appaiono come funzioni di una sostanza comune, se i soggetti, detto altrimenti, non sono veri enti ma mere modalità funzionali dello spazio sociale, la nuova metafisica non potrà essere che «metafisica dell'essere sociale», e non potrà costruirsi se non «sull'idea di un'univoca sostanzialità di cui i singoli enti non sono altro che delle semplici *modalità*» (*Ibid.*, p. 188).

È proprio in tal senso, allora, che lo spinozismo viene a costituire la «metafisica presupposta» di gran parte della cultura moderna; in particolare, ci ricorda Bixio, «di quella essenzialmente anti-individualista, sostenitrice del primato della totalità sociale e di un universo di rapporti chiusi nella propria immanenza» (*Ibid.*).

Non che a partire da tali presupposti si sia sviluppata una prospettiva univoca dell'immanentismo moderno; a seconda, infatti, di come vanga concepito il rapporto fra sostanza (la totalità sociale) e le sue modalità, si possono individuare (ed è così che le individua Bixio) due tendenze antitetiche: l'una conservatrice (che concepisce, sul piano formale, il sociale – in quanto totalità positiva – come il luogo dell'affermarsi di una ferrea logica dello scambio e del capitalismo) e l'altra rivoluzionaria (tesa, più che altro, a sottolineare «l'infinità dell'istituzione delle modalità possibili», ovvero, una originaria produttività del sociale autonoma da qualsiasi sua forma predefinita, una materialità autonoma da qualsiasi formalizzazione dei rapporti).

Questa seconda tendenza, quale testimonianza più evidente del riaffermarsi del pensiero spinoziano nella cultura degli ultimi decenni (si pensi, ad esempio, a Gille Deleuze in Francia e a Toni Negri in Italia), desta per noi un maggiore interesse sociologico. Perché, per certi versi, risulta più incline a cogliere quella trasformazione sociale che, come prima si è ricordato, ha visto l'affermarsi di una «classe totale dei servizi» capace di eliminare la rilevanza di qualsiasi determinazione al suo interno, compresa quella relativa alla contrapposizione di classe; ha visto, cioè, trasformarsi la «massa» nella pluralità indefinita degli elementi che la compongono, ovvero, nel carattere indeterminato della *moltitudine*. In altri termini, tale prospettiva, secondo le parole di Bixio,

> «alla fine consente, da un lato, di pensare una società in continua trasformazione anche rispetto ai rapporti formalizzati in cui è costituita, secondo le indicazioni che ci vengono dalla fase attuale del processo storico (la globalizzazione), dall'altro lato di ipotizzare un continuo processo dissolutivo e ad un tempo creativo (al di là di ogni formalizzazione) di tipo antagonistico. In ogni caso consente di recuperare l'idea di una creatività sociale immanente, in una situazione in cui tale funzione non è più ascrivibile direttamente alle originarie classi borghesi e proletarie» (*Ibid.*, pp. 189-90).

Da questo punto di vista si può allora comprendere come, sul piano ideologico, il modello spinoziano, così riaffermato, si offra come tentativo di interpretare una condizione storica in cui il paradigma hegeliano (troppo legato alla concezione di una dialettica storica che sembra ormai tramontata con il socialismo reale) e il paradigma positivista (troppo legato all'idea di una «società data» e, pertanto, incapace di cogliere ogni «produttività della sostanza sociale originaria») sembrano ormai superati. Ed è proprio in una simile condizione che, attraverso il recupero di questo immanentismo, «tende ad essere esaltata quella forza prometeica dei nuovi processi di globalizzazione, a cui fa riscontro la nuova soggettività ritenuta antagonista, ovvero la moltitudine delle megalopoli metropolitane, quella delle migrazioni di ogni tipo, quella che si fa soggetto di eventi planetari di massa» (*Ibid.*, pp. 190-91). Una forza, però, che non essendo più orientata alla costituzione di una specifica palingenesi dei rapporti socio-politici diretti a generare una nuova forma di organizzazione, rivela appunto – ed è questo il paradosso – la sua tensione verso un significato religioso dell'agire sociale. Scrive Bixio:

«Ancora una volta, se si guarda all'orizzonte ultimo di questo tipo di esperienza sociale, vediamo emergere un momento di tipo religioso. Perché, se nella potenza dei processi di globalizzazione e, soprattutto, nell'affermazione di una potenza creativa della moltitudine vediamo l'emergere di una produttività originaria trascendente ogni determinata forma delle modalità sociali, non possiamo evitare di pensare che qui ci si riferisca ad una sostanzialità così autenticamente tale (ovvero capace di essere assolutamente indipendente da ogni tipo di forma organizzativa), da non essere rinvenibile mai nel sociale propriamente detto, ma solo nel religioso autenticamente concepito: cosa che si rende manifesta laddove la moltitudine non a caso, viene pensata come capacità di recupero di una propria azione assolutamente autentica secondo la formula spinoziana: *homo hominis Deus*» (*Ibid.*, p. 191).

Ecco, dunque, al fondo del pensiero neo-spinoziano contemporaneo, un nuovo tentativo, riemergente in termini paradossali, di "risacralizzazione" del mondo (e non, come correntemente si pensa, di abbandono del sacro), un'ulteriore forma di interpretazione radicale del cristianesimo. Per questo, aggiunge Bixio,

«l'immanentismo di origine spinoziana può essere assunto come una metafora della disposizione moderna rispetto all'assoluto. Poiché, riassumendo ogni rapporto in un'univoca sostanza, ovvero nella forma 'oggettivata' dell'esperienza dell'essere, riafferma metafisicamente il primato dell'oggettività sul soggetto che è tipico dell'età nostra, in cui la società e il diritto, intesi come ordinamenti, appunto, oggettivi e immanenti, si presentano come il "fondamento", la realtà ultima rispetto a cui poter misurare l'esperienza umana» (*Ibid.*, p. 193).

E subito dopo leggiamo: «Così come i singoli enti non hanno una loro vera esistenza ma sono solo modalità dell'unica sostanza, allo stesso modo i singoli soggetti sociali costituiscono mere fi(u)nzioni della totalità sociale» (*Ibid.*).

* * *

Se ci siamo un po' dilungati nel ripercorrere l'itinerario concettuale che caratterizza le vicende dell'immanentismo contemporaneo è perché attraverso questa lettura si evidenzia un modo diverso di pensare sociologicamente, che suggerisce forse la possibilità di fondare un nuovo paradigma per le scienze sociali. Si tratta, in realtà, di rivalutare un aspetto paradossale e complesso della nostra vicenda intellettuale ed esistenziale, che la razionalità moderna, nella sua vana pretesa di rendersi autonoma e autosufficiente, ha cercato, senza riuscirvi del tutto, di ridurre e subordinare alle esigenze della propria vocazione storica e sociale: l'esperienza religiosa.

Bixio ci ha mostrato come la dialettica del sacro, momento essenziale dell'esperienza religiosa, non sia mai riducibile a quelle forme determinate in cui si oggettivano i rapporti sociali, ma resti sempre in costante tensione con quella «assoluta alterità», con quel distacco dai propri allacci societari, con quella estraneità al mondo e a se stessi, con quella indeterminatezza fondamentale che definisce la nostra stessa esistenza sociale concreta. E lo ha mostrato a partire dagli esiti paradossali a cui giunge, nei modi più vari, la stessa razionalità moderna.

Non si tratta dunque di pensare il religioso e il sacro come dimensioni precedenti, sottostanti o eccedenti il pensiero razionale moderno, ma come momenti attraverso cui si sviluppa, al suo limite paradossale, quella stessa razionalità. Perché l'esperienza religiosa, quale continua dialettica tra immanenza e trascendenza, tra appartenenza e distacco, alterità e contingenza, *ethos* e *logos*, non è tanto ciò che si pone, sul piano di una sua positivizzazione morale o sul versante dell'elaborazione teologica, alla radice del pensiero moderno, ma quanto ciò che *espone* questo stesso pensiero alla sua paradossale e irriducibile alterità, in quanto inconfessabile orizzonte della stessa razionalità, in quanto momento che riconduce la "retta" ragione (distolta dal piano meramente strumentale) ai termini del suo originario rapporto con l'essere e il sociale.

Attraverso una prospettiva orientata all'esperienzialità religiosa, non più cercata oltre l'ordine della ragione ma nelle pieghe stesse del discorso razionale (modo certo diverso, rispetto al dibattito attuale, di leggere il nostro rapporto con la dimensione sacrale), Bixio ha proceduto, dunque, ad una sociologia del pensiero (colto nei suoi fondamenti storici e culturali) che, nella misura in cui approda ad un'indagine sui processi costitutivi del sociale, si pone, a sua volta, come autentica sociologia dell'essere. Di un «essere» – il sociale quale orizzonte ontologico della nostra stessa esistenza – ripensato a partire dalla più autentica situazione che, paradossalmente, definisce, oggi, l'esistente, la nostra condizione finita: l'«inesistenza dell'uomo», la «positività data dell'essere». Temi questi che, come spiegava Bixio, vanno compresi e riproposti

> «nel loro significato più autentico, come luoghi in cui l'*ab-solutus*, il discioglimento, il *trans-ascendens* si manifestano come la vera esperienza in cui l'esistente consiste. Come luoghi che consentono di percepire la

trasvalutazione del mero finito, il progressivo disvelamento di quest'ultimo, il suo trascendimento, non come eterno ritorno del medesimo, ma come sacrificio del mondo e sua tensione verso una più alta forma» (*Ibid.*, p. 198).

Detto altrimenti, contro ogni ricaduta nel determinismo sociologico, Bixio ha cercato di rileggere nella dialettica del divenire sociale non l'oggettivazione della nostra costituzione esistenziale, ma un modo d'essere (o di esserci) indeterminato che «lungi dall'essere costituito da noi, ci costituisce fin dalla nostra stessa origine» (p. 138). Una prospettiva, dunque, tesa a riconoscere nell'essere sociale ciò che eccede la mera reificazione dei rapporti societari, ciò che li trascende in vista di ulteriori e più alte (dal punto di vista etico) configurazioni. E ciò vuol dire pensare la società non soltanto come sistema di scambi, non soltanto come totalità di processi funzionali e non soltanto come positività di rapporti che traggono il loro valore dalle loro reciproche connessioni; vuol dire, al contrario, pensare la società in rapporto all'incondizionato, all'*ab-solutus*, ovvero, a quell'esperienza (religiosa e sacrale) del discioglimento che implica, nello svolgimento della nostra esistenza sociale, una paradossale tensione verso il distacco dai limiti delle condizioni oggettive in cui quella stessa esistenza finisce per ripiegare.

Proporre oggi questa paradossale ermeneutica del sociale, ci consente di pensare l'essere del sociale stesso (il senso dell'autentica sostanzialità del sociale) nella fenomenicità delle sue condizioni attuali; attraverso, dunque, il darsi di una sostanza che, nella nostra età, si lascia paradossalmente mostrare, grazie al primato dei rapporti funzionali, nei termini della virtualità (e non più in quelli, come presupponeva una certa sociologia, delle mera positività). Ed è proprio l'«essenza della virtualità» che la sociologia, se non vuol rimanere ancorata e chiusa nel paradigma positivista, deve oggi interrogare.

«Ma per farlo correttamente – scriveva ancora Bixio –, bisogna comprendere che la potenza nullificante delle determinazioni funzionali deriva dal fatto che esse vengono percepite come l'autentica forma della virtualità, quando all'opposto rappresentano solo un'assolutizzazione indebita del lato inautentico di quest'ultima. Essendo la virtualità non il sistema funzionale dato, ma semmai ciò che ne è al fondo: la virtualità non come mera esperienza dell'irrealtà delle forme in cui si articola, ma come *originaria potenza di realizzazione*, come eccellenza di una tale potenza. Se la società e la natura sono realtà virtuali, bisogna pensare che al loro fondo alberghi la potenzialità che le fa essere e che è non una mera idealità, ma la vera sostanzialità, non qualcosa dotato di valore sempre relativo, ma qualcosa che ha la propria sostanzialità nell'essere pura e *absoluta* fonte di validità» (*Ibid.*, p. 195).

E subito dopo leggiamo: «È di qui, da questo inizio, da un nostra sostanza intesa come virtù, da una virtù che altro non è che un sostanziale, che si può ritrovare anche la superiorità incondizionata di ciò che è valido e che ci chiama piuttosto che mediante il suo potere, grazie al suo valore» (*Ibid.*, pp. 195-96).

È in questi termini, allora, attraverso un'ermeneutica capace di interrogare la nostra condizione sociale la quale, ai giorni in cui viviamo, manifesta la sua sostanziale autenticità non entro i margini della mera positività (quelli che ancora registrano il primato della produzione) ma in quelli della virtualità (che registrano il primato sì della inconsistenza funzionale, ma anche quello, ad essa sotteso, della potenza realizzatrice), che si profila, come prima si è detto, un nuovo percorso paradigmatico per la riflessione sociologica. Un percorso capace di superare quella residualità positivistica ancora presente (sia pure in forma latente) in gran parte della nostra sociologia e che proprio per questo, stando al disorientamento lamentato dagli stessi sociologi, rappresenta un modello ormai in crisi.

* * *

Fino e un po' oltre la metà del secolo scorso, la sociologia poteva ancora cogliere nella dinamica sociale il porsi di una razionalità tutta compiuta nella sua stessa fattualità positiva; ma ha finito per costruire su questa una metafisica della società che noi, ancora adesso, abbiamo acriticamente ereditato. Una metafisica che ha finito, oltretutto, per fare della ricerca sociale soltanto un metro per stabilire la propria validità e, dunque, null'altro, che l'espressione della propria autoreferenzialità.

Questa prospettiva, al contrario, intrecciando un dialogo con la cultura sociologica e filosofica di questi ultimi tempi, non solo ripercorre i problemi fondamentali della modernità ricollocando l'esperienza paradossale del sacro al centro delle attuali dinamiche sociali, ma interrompe anche un modo consueto di fare sociologia al cui gergo (positivista, funzionalista, sistemico, relazionale, ecc.) siamo ancora acriticamente abituati. E offre anche, a chi voglia intenderlo seriamente, una indicazione programmatica, epistemologica e metodologica, aprendo il campo ad un esegesi sociale che non si limita alla registrazione positiva dei fatti, ma procede a cogliere concettualmente in essi quell'esperienza di «indeterminatezza» esistenziale che, sottraendosi alle diverse forme determinate di realizzazione e oggettivazione societaria, ontologicamente li costituisce.

Del resto, mai come oggi, la sociologia è chiamata a confrontarsi con i problemi ontologici e con le grandi questioni dell'etica che interessano la nostra società: biotecnologie, manipolazione genetica, ecc. E mai come oggi, la questione ontologica circa le condizioni "essenziali" della nostra esistenza è diventata un problema sociale che chiama in causa i valori preposti alle stesse procedure scientifiche. Non sarà certo, infatti, sfuggito che proprio in questi ultimi tempi ci stiamo avviando verso la soglia di un mutamento epocale. Un problema che, se facciamo attenzione, può essere socialmente compreso soltanto a partire dal particolare significato che, sul piano biologico, assume il concetto stesso di "mutamento" in ordine alla specifica "natura" dell'essere umano. Concetto, a ben vedere, che va riconosciuto e compreso non soltanto in relazione alla realtà storica e sociale, ma anche in base ai cambiamenti registrabili sul piano della struttura genetica dell'uomo. Perché se è vero che le attuali biotecnologie e gli sviluppi dell'ingegneria genetica consentono adesso la possibilità di pensare e realizzare mutamenti nella costituzione biologica dell'uomo, se è vero, come afferma anche Habermas, che non è «irrealistico pensare che la specie umana possa, a breve termine, prendere nelle sue mani la propria evoluzione biologica» (Habermas 2002, p. 24), anche la comprensione della nostra esistenza sociale non può far a meno di ripensare la nostra particolare condizione esistenziale dal punto di vista ontologico.

Ecco perché la sociologia, se si dispone a riconosce weberianamente la propria necessaria relazione ai valori, non può rimanere, più che mai ai giorni nostri, "positivisticamente" indifferente al problema ontologico della nostra esistenza sociale; un problema, a ben vedere, che rinvia a condizioni che oltrepassano l'ordine puramente fattuale della vita associata e il mero piano dell'"oggettivazione" sociologica (piano al cui schema il positivismo scientista ha, invece, sempre voluto ricondurre rigidamente i termini e i limiti dell'indagine sociale). Ed ecco perché, anche in questa direzione, un'ermeneutica concettuale, in quanto indagine sulla vera esperienza in cui l'esistente consiste, costituisce un importante modello attraverso cui ripensare il nostro modo di leggere l'attuale condizione sociale e il nostro modo di ricostruire il sapere sociologico.

Non è certo un caso se abbiamo ricollocato la dimensione concettuale all'interno del percorso ermeneutico, lo stesso attraverso il quale si sviluppa questa linea sociologica. Come scriveva Gadamer, «il problema che ci guida è quello dell'*aspetto concettuale di ogni comprensione*» (Gadamer 1995, p. 463). Poiché «l'interpretazione concettuale è il modo di attuarsi dell'esperienza ermeneutica stessa», anche se «l'interprete non è consapevole del fatto che, nella interpretazione, egli mette sé stesso e i propri concetti» e anche se «la formulazione in parole è così intimamente intrecciata con il pensare stesso dell'interprete che non è mai tematizzata come tale» (*Ibid.*).

Gadamer cercava, in effetti, l'unità indissolubile di pensiero e linguaggio già incontrata nell'esperienza ermeneutica come unità di comprensione e interpretazione. E, dunque, scriveva: «l'interprete non si serve delle parole e dei concetti come un artigiano si serve dei suoi strumenti. Si tratta di riconoscere che ogni comprensione è intimamente intessuta di concetti, respingendo ogni teoria che non riconosca l'intima unità di parola e cosa» (*Ibid.*). E così, seguendo la via heideggeriana del significato nel linguaggio, poteva vedere come «dal parlare stesso, dalla sua "sede nella vita", venga fuori il concetto» (Gadamer 1995b, p. 353).

È in questa attenzione ai "mondi vitali" che la sociologia concettuale ritrova il suo orizzonte ermeneutico se è vero, come si è visto, che «l'interpretazione concettuale è il modo di attuarsi dell'esperienza ermeneutica stessa»; un'interpretazione non limitata alla registrazione positiva dei fatti o alla costruzione numerica dei dati, ma intenzionata a cogliere concettualmente nei processi costitutivi del sociale quell'esperienza storica e esistenziale che, oltre le diverse forme determinate di realizzazione e oggettivazione societaria, costituisce il nostro *ethos*, il senso concreto del nostro soggiorno nel mondo, gli uni con gli altri.

Se la svolta ermeneutica ci ha aiutato a capire, nella convergenza tra comprensione e interpretazione, l'unità indissolubile di pensiero e linguaggio, lo sguardo sociologico ci aiuta a cogliere nella mediazione concettuale l'attualizzazione storica di un'interpretazione sociale della realtà. E non si tratta di considerare la società come un testo (da interpretare), ma di vedere nel sociale un modo dell'esperienza ermeneutica stessa come interpretazione concettuale dell'esserci in quanto società. È in questi termini che possiamo ripensare un'ermeneutica dei concetti volta alla comprensione sociale; ed è in questi termini che possiamo rimodulare il compito della sociologia nel suo rapporto con il mondo, l'esistenza, la storia e il pensiero. Un'ermeneutica che non è affatto "rappresentazione" del sociale, ma "comprensione" e, dunque, propriamente, "interpretazione".

Un compito questo assai importante, specialmente se pensato alla luce dei repentini mutamenti culturali, economici e politici che stanno attraversando le nostre società. Mai come oggi, infatti, il crescente e complesso fenomeno delle migrazioni riflette le sue ambivalenze, le sue contraddizioni, non solo su contesti semantici e linguistici in continua elaborazione, ma anche su quei processi di inclusione/esclusione sociale che sempre più rimodellano e trasformano il tessuto "multietnico" delle configurazioni societarie moderne. In un simile scenario, la prospettiva ermeneutica, nella misura in cui evidenzia il carattere dialogico e dialettico dell'esperienza, nel suo tratto vitale di continua trasformazione reciproca tra soggetti appartenenti a contesti linguistici e culturali diversi, non solo può mostrarci il linguaggio come il «medium» universale che, nella capacità di traduzione da una lingua all'altra, rende possibile la comprensione tra interlocutori diversi e la verifica delle intese intersoggettive riguardo alle cose e ai loro significati; non solo può servirci a mettere a fuoco i problemi legati alla pre-comprensione, al pregiudizio e all'interpretazione; ma può anche aiutarci a ridefinire le basi epistemologiche ed etiche di una scienza sociale in grado di sottrarsi all'egemonia dell'etica neoliberale e alle concezioni sociologiche di tipo individualistico. Se è vero, infatti, come ha visto Andrea Bixio, che a partire dagli anni Ottanta del secolo scorso, «l'impossibilità di principio della guerra totale», l'«intensificazione della competizione pacifica» (che ha portato al dissolvimento dell'Unione Sovietica), il potenziamento della competizione economica fra gli stati (insieme alla crisi del "protezionismo" connaturato con lo stato sociale), il rilancio degli scambi internazionali, «in una parola la globalizzazione», ha condotto al «rilancio del modello concorrenziale e sul piano epistemologico di quello individualista» (Bixio 2006, vol.11p. 10796), a una riflessione sociologica di impianto ermeneutico non rimane che il compito di mostrare genealogicamente i limiti di tali concezioni e di riorganizzare il sapere in ordine ad una più aperta e dinamica comprensione dei mutamenti sociali.

* * *

Come prima si è accennato, la svolta ermeneutica della filosofia, promuovendo uno scavo nelle precondizioni concettuali e nei presupposti valoriali del pensiero, non solo ha dato nuovi e importanti impulsi alla riflessione sociologica, ma, proprio su questa spinta, ha prodotto una più marcata consapevolezza circa la prospettiva genealogica della sociologia già indirizzata, a partire dai presupposti antimetafisici della sua epistemologia, a un recupero della dimensione storica (e della tradizione), o meglio, dell'*esperienza* storica data nella sua indisponibilità – vi è sempre qualcosa di *indisponibile* nell'esperienza, qualcosa di cui non si può disporre (con la semplice ragione), qualcosa di *altro*, di *sacro*, che ci lega, ci obbliga e ci costituisce come esseri finiti.

Proprio questa concatenazione tra esperienza, ermeneutica, storicità e genealogia, la ritroviamo ancora nella riflessione genealogica di Andrea Bixio. Se l'esperienza è anche e comunque il costituirsi dei valori come forme che ci obbligano, se l'ermeneutica pone il problema dei presupposti valoriali della conoscenza – presupposti storici –, allora la genealogia interviene come riflessione sui valori che determinano la nostra conoscenza del reale (che è sempre una valoriazzazione del reale). Per questo la genealogia di Bixio è più vicina a Pascal che a Nietzsche e Foucault: perché nell'esperienza del valore vede una storicità virtualmente determinata ma non esauribile nella potenza o nella positività. È questa relazione tra virtuale e reale caratterizza l'intera sociologia di Bixio. La positività, la ragione, rimandano sempre ad una valorizzazione storica di determinati rapporti, mai esauribile alla pura effettualità. La storia stessa non è mai pura effettualità, perché rimanda sempre a qualcosa che eccede il piano dei rapporti fattuali, perché veicolo di ciò che è e si dà in modo mai totalmente determinato. Per questo la storicità non è mai riducibile a pura immanenza e il divenire storico non si risolve nella mera positività materiale.

Del resto, la genealogia di Pascal, come si è visto, proponendo una riduzione all'esistente (e non alla mera ragione astratta), rimandava ad una visione "storica" che oltre le deduzioni astratte della filosofia metafisica e alla fiducia incondizionata nella capacità cognitiva della Ragione (il riferimento, in particolare, è a Cartesio), cercava di cogliere l'origine dei fenomeni morali, sociali, giuridici e politici, non a partire dai presupposti universali ed astratti di un diritto naturale posto a loro fondamento, ma (qui in linea con lo "scetticismo" di Montaigne) sulla base dell'arbitrarietà e contingenza dei processi culturali, richiamando così ("agostinianamente") il pensiero alla caducità e precarietà della condizione umana e alla relatività della situazione storica in cui si formano i concetti e le istituzioni sociali.

Al posto della *natura* Pascal non vedeva altro che un processo di *naturalizzazione* ovvero, di valorizzazione della natura (il diritto naturale), che non poteva mai esaurire la comprensione (razionale) del mondo. Di qui l'invito a varcare la soglia dei significati, delle strutture semantiche entro i cui termini s'incaglia la nostra ineffabile, indeterminabile, più autentica esperienza sociale. Solo la mancanza di sottigliezza, di *finezza*, ci dà la fissità (la *naturalità*) del concetto (noi vediamo l'albero, ma non il continuo mutamento che caratterizza quella forma in continuo sviluppo in cui l'albero si dà).

Proprio su questo piano la sociologia ermeneutica di Bixio incontra la genealogica. Poiché proprio l'"esperienza ermeneutica" (ciò che ci costituisce nella nostra storicità), se da un lato ci spinge a dubitare dei fondamenti assoluti e a riconoscere la rilevanza dei nostri vincoli con il mondo storico-sociale a cui apparteniamo (e le sue forme di mediazione simbolica), dall'altro ci espone a una costante apertura all'"altro", a una dimensione «altra» rispetto a quello stesso mondo, aperta all'«esperienza della trascendenza» e alla sua interpretazione.

Si potrebbe parlare, a tal proposito di un'*ermeneutica genealogica* se al termine "genealogia", come si è visto, non dovessimo restituire il senso che, in prospettiva nietzschiana, gli ha attribuito Foucault. Qui non si tratta, infatti, di ritornare "archeologicamente", oltre le razionalizzazioni e le reificazioni oggettive costruite dal sapere "scientifico", al piano delle relazioni materiali, delle "pratiche" sociali, e ritrovare in esse il senso dell'autentica storicità. Si tratta, caso mai, di cogliere nel tessuto delle relazioni sociali, nelle pratiche discorsive, ciò che da esse si ritrae, pur nella storicità che attesta questa sottrazione. Si tratta di comprendere, nel costituirsi stesso di una storicità dinamica mai totalmente riducibile alle sue determinazioni positive, il momento di distacco, di *discioglimento* da ogni condizione. In altri termini, si tratta di cogliere nel darsi immanente il gioco stesso della trascendenza, nell'attualizzazione storica l'esposizione virtuale, nella condizione data i presupposti dell'incondizionato. Se vi è, dunque, prospettiva genealogica, questa non approda ad una positività storica conchiusa in se stessa, ma risale ontologicamente ad un orizzonte di indeterminatezza quale momento stesso di ogni determinazione storica effettuale; ad un indeterminato che sfugge al mero prodotto della fattualità positiva, mettendo in scena la virtualità dei possibili come gioco su cui si articola e realizza l'esperienza sociale.

In effetti, Foucault, critico del positivismo scientifico e sociologico, finiva, come si è visto, per radicalizzare il concetto stesso di positività, riproponendo, a sua volta, un positivismo storicistico e materialistico, scevro sì di residui naturalistici e deterministici, ma comunque interamente risolto nell'ordine della datità fattuale. Dal suo punto di vista, per compiere un positivismo realmente radicale, occorreva eliminare gli ultimi oggetti non storicizzati, le ultime tracce di metafisica; occorreva riconoscere la positività come l'insieme delle condizioni secondo cui si esercita una pratica. Tutto è storia, ma nella sua totale immanenza, o meglio, nella sua esclusiva accezione immanente. Non vi è alterità, ma solo specificazioni oggettive, correlati di pratiche, differenze prodotte da successive configurazioni di relazioni storicamente determinate.

Al contrario, nella prospettiva genealogica di Bixio (nella sua genealogia dei concetti), vi è sempre il gioco di un'alterità, di un'eccedenza, di una trascendenza, di una virtualità che, quale momento stesso dell'attualizzazione e positivizzazione storica concreta, si "rivela", paradossalmente, nella sottrazione ad ogni sua mera determinazione effettuale (e ad ogni suo significato precostituito). È qui che, forse, va ricercato il senso più profondo dell'esperienza religiosa e sacrale: in questa fenomenologia paradossale che espone, al contempo, il dato immanente al suo ineluttabile trascendimento, al suo *discioglimento* dai limiti della fattualità positiva.

# 2
# L'etica dopo la genealogia

## a) *Fede religiosa e morale in Pascal*

Vi è un abisso che separa, in Pascal, la morale dalla religione. Al contrario di quanto più tardi avrebbe cercato di stabilire l'"illuminista" Kant, fede e morale appaiono inconciliabili. Per quanto riguarda l'agire degli uomini, nulla accade sotto il dominio della pura ragione.

Ne *La religione nei limiti della semplice ragione* (testo del 1793) Kant cercava, infatti, di conciliare la «fede storica», fondata semplicemente sui fatti, sui dati sensibili e conoscibile per mezzo di una rivelazione, con una «fede religiosa pura», fondata del tutto nella ragione e dimostrabile da se stessa, capace di accordarsi con «le regole pratiche universali di una religione razionale pura» (Kant 1989, p. 146), ovvero, «coi principi della fede morale universale» (*Ibid.*), e comunicabile esteriormente e universalmente. E ciò poiché, come altrimenti leggiamo, «la comunicabilità universale costituisce il carattere essenziale di una religione che vuole essere obbligatoria per ogni uomo» (*Ibid.*, p. 179).

In altri termini, secondo la prospettiva kantiana, dovremmo considerare la fede cristiana da una parte come una *fede rivelata* (fondata su fatti) ma dall'altra, soprattutto, come una *fede razionale* (fondata su concetti della ragione). Nessuno dei due elementi, comunque, può essere separato dall'altro in quanto principi essenziali a caratterizzare la religione cristiana in quanto tale. Tuttavia, secondo Kant,

> «la vera e unica religione non contiene altro che leggi, cioè principi pratici tali che noi possiamo conoscerne da noi stessi la necessità incondizionata e li riconosciamo, quindi, come rivelati dalla ragion pura (e non in modo empirico). Solo in vista di una Chiesa – e ce ne possono essere diverse forme ugualmente buone – si promulgano statuti, cioè prescrizioni ritenute d'origine divina, ma che, per il nostro giudizio morale puro, sono arbitrarie e accidentali» (*Ibid*, p. 188).

Il discorso kantiano è, indubbiamente, di ordine morale e, in tal senso, il problema religioso viene sciolto in riferimento alle imprescindibili esigenze dell'etica. Di qui, inevitabilmente, la scoloritura di tutti quegli aspetti (sacri) dell'esperienza religiosa che non si lasciano ordinare in tale prospettiva, e l'affermarsi di un'argomentazione condotta prevalentemente sul versante metafisico-religioso piuttosto che su quello teologico-religioso.

La morale costituisce il perno centrale della riflessione filosofica che attraversa il testo kantiano.

> «Se si deve riuscire – è Kant che scrive – a fondare una religione morale, che non consiste in dogmi e in osservanze, ma in una disposizione del cuore ad osservare tutti i doveri umani come comandi divini, bisogna che tutti i *miracoli*, che la storia mette in rapporto con la sua introduzione, rendano infine superflua la fede stessa nei miracoli; giacché, significa rivelare un grado d'incredulità degno di castigo non voler riconoscere alle prescrizioni del dovere, così come sono scritte originariamente dalla ragione nel cuore dell'uomo, un'autorità sufficiente se esse non sono inoltre accreditate per mezzo di miracoli» (*Ibid.*, p. 127).

Una religione di semplice culto e osservanza deve dunque cedere il posto a una «religione fondata sullo spirito e sulla verità (sull'intenzione morale)» (*Ibid.*). Secondo il filosofo «ogni specie di esseri razionali è, infatti, oggettivamente destinata, nell'idea della ragione, ad un fine comune, alla realizzazione cioè del sommo bene, che è un bene comune a tutti» (*Ibid.*, p. 136). In tal senso, non c'è che una sola vera religione (pur nella sussistenza di diverse specie di fede), ovvero, non c'è che una sola e medesima vera religione nella pluralità delle Chiese distinte, le une dalle altre, per la diversità delle loro credenze speciali. E ciò anche se «l'uomo comune intende sempre per religione la sua fede ecclesiastica, che colpisce i suoi sensi, mentre, invece, la religione è nascosta nell'intimo dell'uomo e dipende da sentimenti morali» (*Ibid.*, p. 144). Ecco il punto:

> «La religione – sostiene Kant – in quanto è una morale (dal punto di vista della libertà del soggetto), collegata col concetto dell'essere che può dare efficacia al suo fine supremo (col concetto di *Dio* come autore morale del mondo) e messa in rapporto con una durata della vita umana proporzionata a tutto questo fine (cioè con l'immortalità), è un concetto pratico puro della ragione, il quale, nonostante la sua infinita fecondità, presuppone tuttavia sì poca capacità razionale teoretica, che ogni uomo se ne può convincere praticamente in modo sufficiente, e gliene si può richiedere almeno la pratica come un dovere. Essa possiede il grande ca-

rattere richiesto per la vera Chiesa, cioè la proprietà dell'universalità, se con ciò s'intende la validità per ciascuno in particolare (*universitas vel omnitudo distributiva*), cioè l'unanimità universale» (*Ibid.*, p. 180).

A ben vedere, il pensiero religioso kantiano riposa su un'antropologia filosofica orientata ad un discorso sull'uomo (nel senso di specie umana) valutato non solo attraverso la sua disposizione all'*animalità*, all'*umanità* e alla *personalità*, in quanto «essere ragionevole e, nello stesso tempo, *capace d'imputazione*» (*Ibid.*, p. 82) – ovvero capace di «sentire rispetto per la legge morale, considerata *come motivo di per se stesso sufficiente del libero arbitrio*» (*Ibid.*, p. 83) – ma anche in ragione della sua tendenza al male. Anzi, proprio l'idea del male radicale e l'esigenza di una possibile liberazione spingono il filosofo a considerare il fondamentale dovere dell'uomo di uscire dal suo stato di natura per diventare membro di una comunità non solo *giuridico-civile* (lo Stato), ma anche *etico-civile* (la Chiesa). Così come possiamo, infatti, parlare di uno *stato di natura giuridico* (lo stato hobbesiano di guerra di tutti contro tutti) superato da una società politico-civile (lo Stato), possiamo anche parlare di uno *stato di natura etico* (stato di ostilità reciproche pubbliche contro i principi della virtù) superato dalla Chiesa. Dovere dell'umanità verso se stessa è di superare lo stato di natura etico attraverso la realizzazione del sommo bene in quanto bene comune a tutti. E se la comunità giuridica implica un'obbligazione legale suscettibile di costrizione, la comunità etica si basa, invece, su leggi che esigono una libera adesione interiore e che, in quanto leggi etiche, non possono essere imposte in alcun modo (poiché, al contrario, il dovere conforme ad esse non sarebbe più una libera virtù). Il legislatore di tale comunità non potrà dunque che essere colui del quale si deve pensare che tutti i doveri morali siano suoi comandi e il quale sappia leggere le intenzioni di coloro che li eseguono. E questo non è altro «che il concetto di Dio in quanto sovrano del mondo», per cui una «repubblica morale» può essere concepita soltanto «come un popolo sottoposto a comandi divini, cioè come un *popolo di Dio*, governato da *leggi morali*» (*Ibid.*, p. 138). Un popolo da intendersi in prospettiva universale, poiché se «i doveri morali riguardano tutto il genere umano, il "concetto di repubblica morale si riferisce sempre all'Ideale di un Tutto che comprende tutti gli uomini e si distingue, così, dal concetto di repubblica politica» (*Ibid.*, p. 135).

Si tratta, dunque, di riferire l'agire virtuoso (al contempo libero – non soggetto a costrizioni – e doveroso) non più al principio della *grazia*, ma al principio ordinante della Ragione, di quella ragione orientata alla realizzazione del bene comune quale suo fine eticamente imprescindibile. E tale fine, non riconoscendo alcuna esteriorità (essendo appunto soltanto «qualcosa *d'interiore*»), ha scopo soltanto in se stesso.

Al «*mistero*» di una «santità» non accessibile alla ragione teoretica, non dimostrabile pubblicamente e, dunque, non *comunicabile* universalmente, si sostituisce allora il «mistero» di una Ragione ripiegata e risolta in se stessa, che non riconosce alcun fine che non sia in se stessa (che sia fuori di sé). Poiché se lo scopo di tale Ragione (di una ragione puramente morale capace di dimostrarsi da sé) è solo quello di affermare se stessa, quale bene morale spremo (quale sommo bene, comune e comunicabile a tutti), non esiste più scopo esteriore, ovvero, uno scopo dato "fuori" del suo stesso dispiegarsi in quanto ragione. E se scopo della ragione non è altro che affermare se stessa (se ha uno scopo, dunque, lo ha in se stessa), essa non ha alcuno scopo, poiché scopo di ogni atto, a rigore logico, è qualcosa che sta necessariamente fuori dell'atto.

Tale discorso non è solo da intendersi in seno al fondamentale processo di secolarizzazione per cui la Ragione finisce per dissolvere il principio di Dio, ma anche in ordine al contrario processo di divinizzazione della Ragione, per cui la stessa, quale atto senza scopo, finisce per rivelare, paradossalmente, la sua natura divina quale puro atto al di là di ogni scopo, quale fine morale compiuto in se stesso. La necessità ontologica di una Ragione che assume quale suo ultimo fine il suo stesso principio, finisce, infatti, per ordinare formalmente una moralità senza azione, la stessa che proprio in virtù del suo essere priva di scopo (di uno scopo fuori di sé) non può più presentarsi come autentica azione.

Questo processo, così come assunto nell'economia del discorso kantiano, non tarda comunque a mostrare il suo correlato pratico in ordine ad una filosofia della storia orientata in senso progressivo (il progresso della ragione capace di liberare la vera «fede religiosa pura» dal giogo delle «fedi storiche» esposte all'arbitrio delle dottrine e interpretazioni ecclesiastiche). Processo importante se è vero, come afferma Kant, che tale «lavoro, non scorto da occhi umani, ma sempre progressivo, fatto dal buon principio per costituirsi nel genere umano», forma una «repubblica governata dalle leggi della virtù, una potenza e un regno che attestano la sua vittoria sul male e assicurano al mondo, sotto la sua dominazione, una pace perpetua» (*Ibid.*, p. 156).

Tale discorso, come si può immaginare, non avrebbe potuto trovare un riscontro nella religiosità di Pascal. Data la corruzione dell'uomo dopo la caduta, nessuna morale ha valore assoluto, ma è soggetta alla relatività storica; e non vi è, d'altro canto, nessun principio di fede riducibile ai termini della ragione. Come si è detto, vi è un abisso incolmabile che separa fede e ragione, inconciliabile nei termini di un agire morale. Rimane soltanto una scelta che ha bisogno di un "salto" nella fede (come, più tardi, nel Kierkegaard di *Timore e tremore*). Se c'è una via per l'etica, questa (come in modo diverso per Nietzsche) passa dopo la genealogia dei valori morali, e si apre al campo di una responsabilità inseparabile dal problema teologico della salvezza dell'uomo (e non, come in Nietzsche, per il suo superamento nella dissoluzione). Ma procediamo per gradi.

Nel pensiero di Pascal il problema della morale ruota, in prima istanza, attorno ai limiti del sapere scientifico: la scienza, valida in sé, è inutile alla morale; l'uomo progredisce nella scienza ma non nella morale. Il progresso, detto altrimenti, riguarda soltanto l'attività scientifica che trova un suo fondamento nella propensione umana verso l'infinito.

Ora, come ha sottolineato Pareyson, è proprio questa la ragione per cui l'uomo nel campo morale si trova sempre in continuo stato di minorità. «Il fatto che l'uomo è "fatto solo per l'infinito" produce due effetti opposti, a seconda che si tratti del campo scientifico o del campo morale: nel campo scientifico l'effetto è che le conoscenze si possono accumulare con un progresso illimitato; nel campo morale l'effetto è che i desideri dell'uomo mai soddisfatti lo spingono incessantemente e vanamente da una ricerca all'altra; nel primo caso si ha un progresso illimitato, un incremento continuo, un avanzamento e una maturazione dell'uomo, nel secondo una dissipazione illimitata, una dispersione continua, un perpetuo stato d'infanzia e di minorità, cioè l'assenza di progresso» (Pareyson 1966, pp. 7-8).

Ritroveremo una simile posizione, declinata in modo diverso, nel Weber di *La scienza come professione*, conferenza del 1918, dove appunto il progresso viene attribuito soltanto all'attività scientifica («l'attività scientifica è inserita nel corso del *progresso*») da cui deriva la «progressiva intellettualizzazione e razionalizzazione» e il conseguente processo di «disincantamento del mondo». Al progresso come tale non può riconoscersi un significato che vada al di là della tecnica orientata scientificamente; nessun progresso si attua nel campo dei valori (Weber 1948, pp. 5-43).

Ma torniamo a Pascal. La scienza, si è detto, valida in sé, è inutile dal punto di vista della morale. In quest'ambito, che vede l'uomo incostante, annoiato e inquieto a causa del fatto che nessun bene finito è in grado di colmare il suo bisogno d'infinito, permane uno stato di minorità. La conoscenza scientifica nulla può dire intorno alla condotta e alla salvezza dell'uomo, l'unica cosa che sarebbe importante sapere. La "verità" intorno all'anima, infatti, nell'ottica di Pascal, è assai più decisiva sulla nostra condotta e sul destino della nostra vita di quanto non sia la "verità" sulle proposizioni geometriche. «La verità in campo scientifico non si traduce nella scelta d'un comportamento piuttosto che d'un altro, mentre invece la verità sul destino dell'uomo si traduce immediatamente in un'opzione decisiva in campo morale» (Pareyson 1966, p. 26).

Si può dunque vivere bene ignorando la verità scientifica, ma non si può vivere ignorando la verità morale; dal che consegue che lo studio dell'uomo e della condizione umana è più importante dello studio delle scienze astratte ovvero, delle cose esteriori. Le ragioni del «cuore» sono più importanti di quelle del mero intelletto e ciò vuol dire, nel senso che gli attribuisce Pascal, primato dell'«istinto» e del «sentimento» sulla mera discorsività della ragione; di una ragione che, su questo piano, non può che sottomettersi ad una conoscenza integrale, immediata e spontanea: quella del «cuore» appunto.

Tuttavia, lo studio della condizione umana, come prima si è visto, approda ad una concezione dell'uomo e della sua esistenza che non ha nulla di rassicurante: gli inganni e i vaneggiamenti dell'uomo nel campo della morale sono così evidenti che sembra di non poterne trarre altra conseguenza che un relativismo e uno scetticismo morale. Di qui l'impossibilità di fondare una morale filosofica.

La mutevolezza e l'instabilità dell'uomo (la sua precarietà), porta con sé la contraddittorietà delle leggi e la relatività dei costumi. L'uomo, per via della corruzione della sua natura, ignora il bene, non ha alcuna concezione della virtù e della giustizia che non sia mutevole e passeggera. Non ci sono comportamenti oggi giudicati viziosi che non siano stati un tempo considerati come virtuosi, e viceversa: uno spostamento nello spazio e nel tempo capovolge il valore di un atto.

Non vi è nulla di certo, dunque, nel campo della giustizia e della morale: tutto è contestabile e incerto. Nessuna prescrizione morale ha valore assoluto e incondizionato, nessuna legge vale per sempre, non vi è alcuna massima la cui applicazione sia universale: manca un punto fisso a partire dal quale poter giudicare. In altri termini, nessun bene si presenta se non come parziale e compromesso con il male.

Ora, proprio la contraddittorietà e mutevolezza delle opinioni in campo morale attesta che, anche ammesso che vi siano una virtù e una giustizia naturali, queste non sono conoscibili se non in modo imperfetto. Di qui la convinzione che le concezioni morali degli uomini sono storiche e convenzionali, sì che non resta che accettarne la storicità e attenersi al costume.

Da tali considerazioni prende, dunque, avvio la riflessione pascaliana sul problema morale: il motivo per il quale non conosciamo principi immutabili, eterni e universali della virtù e della giustizia si deve al fatto che nulla di sicuro la ragione umana può dire circa l'esistenza di Dio e l'immortalità dell'anima, che a suo giudizio sono i principi fondamentali su cui ruota l'intera morale. Proprio per questo non si può fondare una morale filosofica: la ragione non può decidere nulla, né in ambito metafisico né, di conseguenza, in ambito etico.

Dio, come sommo bene, come norma suprema della condotta umana e fine ultimo della ricerca di felicità è il fondamento della morale. Proprio per questo, in ordine alla costituzione dell'agire morale (e non solo sul piano della mera speculazione filosofica), diventa importante stabilire l'esistenza di Dio. Da ciò dipende tutto il destino dell'uomo. Ed è per questo carattere impegnativo e decisivo della nostra esistenza che la soluzione al problema di Dio prende l'aspetto di una «scommessa». La «scommessa», come ancora ricorda Pareyson, «muove dunque dal presupposto che l'esistenza o inesistenza di Dio non è soltanto un problema speculativo, ma è anzitutto un problema di vita, e quindi risponde alla domanda se per la propria vita e il proprio destino sia meglio puntare sull'infinito rischiando di perdere il finito, cioè vivere moralmente rinunciando ai beni mondani reali, o puntare sul finito rischiando di perdere l'infinito, giacché l'infinito, anche se solo possibile, trascende infinitamente il finito, anche se presente e reale» (*Ibid.*, p. 59).

Si può, dunque, solo scommettere sull'esistenza di Dio, perché in questo ambito, come si è visto, la ragione abbandonata a se stessa non può decidere nulla, come nulla, allo stesso modo, può stabilire di certo circa l'immortalità dell'anima (di qui l'impossibilità di una fondazione filosofica della morale). In questo modo – ricorda ancora Pareyson – Pascal sembra mettere in dubbio non soltanto l'efficacia pratica delle prove razionali, ma anche la loro validità logica, «escludendo in tal modo la possibilità di una dimostrazione razionale e metafisica dell'esistenza di Dio» (*Ibid.*, p. 68). Non si può dimostrare razionalmente l'esistenza o la natura di Dio partendo dall'ordine della natura. Solo la religione può aiutare in tal senso, sostituendo la fede alla mera ragione. Perché la ragione (dianoetica e non noetica), come si è visto, è una facoltà puramente formale, proceduralità senza contenuto, discorsività priva di propri principi, mera strumentalità: può dimostrare tutto ciò che vuole in base a principi che le vengono forniti dall'esterno ma, allo stesso tempo, in quanto priva di principi suoi propri, è incapace di trovarli da sé.

Ora, l'impossibilità di dimostrare razionalmente l'immortalità dell'anima e l'esistenza di Dio implica, come scrive Pareyson, «l'impossibilità della metafisica razionale, la quale a sua volta porta con sé l'impossibilità d'una morale filosofica, essendo la morale strettamente legata a una chiara conoscenza del destino dell'anima e di Dio come sommo bene» (*Ibid.*, p. 89). Di qui, per ciò che riguarda la condotta morale, l'uomo viene a trovarsi nella più ampia incertezza. «Dovrà rassegnarsi a questa situazione?» – continua Pareyson – «Dovrà disinteressarsi dei fondamenti della morale, cioè rinunciare a cercare se non sia in qualche modo possibile dirimere le questioni aperte dell'immortalità dell'anima e dell'esistenza di Dio?» (*Ibid.*).

Come è si è visto, non trattandosi di un problema meramente filosofico ma di qualcosa che mette in gioco l'intera esistenza dell'uomo, per Pascal, di fronte a queste domande, l'uomo non può rimanere indifferente. L'ignoranza, i dubbi, le abitudini, le convenzioni sociali, le storture dell'immaginazione, certo non aiutano nella ricerca della vera moralità. Non aiuta neanche la ragione, impotente com'è sia a trovare il vero che a raggiungere il bene. Occorre allora un'analitica esistenziale della condizione umana per restituire un significato antropologico alle questioni sollevate dal problema morale.

Per Pascal l'uomo è immerso in una condizione paradossale di essere e non essere: non è il tutto ne il nulla, anzi, di fronte al tutto è un nulla (cioè non è niente) e di fronte al nulla è un tutto (cioè qualcosa). In tal senso, preso fra l'infinitamente grande e l'infinitamente piccolo, fra il tutto e il nulla, l'uomo è insieme grande e misero, cioè – ricorda Pareyson – «come un sovrano spodestato, possiede, nella miseria presente, i segni dell'antica grandezza, i quali, se per un verso aumentano la sua attuale miseria, per l'altro lo destinano a un definitivo recupero della grandezza originaria» (*Ibid.*, p. 112).

Rispetto all'essere l'uomo *è* e *non è*, così come nei confronti del conoscere *sa* e *non sa*. Tale dualismo e contraddizione caratterizza la situazione dell'uomo nell'ordine dell'essere e nell'ordine del conoscere. Su quest'ultimo piano egli non si trova né in una completa ignoranza né in una totale conoscenza ovvero, detto altrimenti, ha una naturale capacità di sapere correlata, al tempo stesso, a un'ineluttabile impossibilità di ottenere e raggiungere una piena conoscenza. Di qui il suo insanabile conflitto interiore (fonte di frustrazione): a un desiderio sconfinato di conoscere (e all'impossibilità di rinunciare a tale desiderio) corrisponde un'effettiva impossibilità di conseguire quanto desiderato.

Quest'oscillazione gnoseologica tra sapere e ignorare riflette, sul piano ontologico, la paradossale condizione dell'uomo: un misto di essere e non essere, di grandezza e miseria, un «mostro incomprensibile», un «paradosso dinanzi a se stesso», un essere «duplice». Lo spiega bene ancora Pareyson: «Se l'uomo ha l'idea della verità, l'immagine del bene, l'istinto della felicità, se ha il desiderio della verità e l'aspirazione al bene, se ha la capacità di conoscere e di essere felice, ciò è perché egli è grande, cioè un sovrano; se ciononostante egli ignora la verità e il bene e vive nell'infelicità, se è incapace di scienza e di virtù, se non riesce a raggiungerle, ciò è perché è misero, cioè è un re spodestato» (*Ibid.*, p. 113).

Tale condizione, come si è visto, rimanda alla visione agostiniana e giansenista di Pascal, per cui la miseria dell'uomo, la sua ignoranza e impotenza sul piano della conoscenza e della morale, si deve alla sua originaria corruzione. In tal senso sembrerebbe che l'uomo non possa che abbandonare ogni presunzione scientifica di conoscere e di sapere, e con sgomento lasciarsi andare ad una rassegnata accettazione della sua ignoranza.

Tuttavia, proprio questa corruzione spiega anche, paradossalmente, la grandezza dell'uomo in quanto consapevole della propria miseria e dunque, desideroso di abbandonare, in tutta la sua inquietudine, una situazione al tempo stesso di luce e tenebre, illuminazione e accecamento, chiarezza e oscurità. Di qui l'inizio di una ricerca che rinvia il problema morale dall'ambito filosofico a quello religioso.

Ecco il punto: l'uomo, in base alla grandezza e miseria della sua natura e poiché la sua situazione tra il tutto e il nulla è al contempo di essere e non essere, si trova nella condizione di sapere e non sapere, di vedere e non vedere a anche di volere e non potere, amare e non amare; di qui, se è vero che egli si trova in uno stato di impotenza, indegnità e infelicità a causa della sua corruzione, è anche vero che egli «ha una capacità naturale di Dio, cioè conserva, in virtù della sua natura, un'idea della verità, un'immagine del bene, un istinto di felicità, insomma dei sentimenti naturali a cui può attingere per conseguire la verità, elevarsi al bene, raggiungere la felicità, purché sorretto da un aiuto efficace, che rinvigorisca e renda fruttuosi tali sentimenti naturali in lui» (*Ibid.*, p. 134).

D'altro canto, alla duplicità della condizione umana (luce/oscurità), corrisponde il modo di rivelarsi di Dio attraverso il suo nascondimento (*Deus absconditus*), presente nei veli che lo celano e nascosto nella sua stessa manifestazione, consegnato all'ambigua significanza dell'allegoria, del simbolo, della cifra, che dev'esser interpretata per diventare eloquente; sì che i segni della sua rivelazione sono eloquenti solo per chi crede in lui, rimanendo opachi per il non credente. La conoscenza di Dio, da questa prospettiva, non chiama in causa l'intelletto, ma la fede. Ed è per questo che i principi della morale, che non possono prescindere dalla conoscenza di Dio, anziché nella deduzione filosofica trovano fondamento nella fede religiosa.

È, dunque, all'esperienza della fede che occorre far riferimento per orientare la condotta morale, ben oltre le pretese della ragione, incapace com'è di risolvere il problema del destino dell'uomo dopo la morte e inadeguata a dare una dimostrazione coerente dell'esistenza di Dio.

Come ha giustamente sottolineato ancora Pareyson, seguendo questa prospettiva, agli occhi di Pascal le prove filosofiche dell'esistenza di Dio non potevano che essere inefficaci sia speculativamente che conoscitivamente, soprattutto perché cercando di dimostrare l'esistenza di Dio tralasciando l'esperienza di Gesù Cristo, finivano soltanto per riflettere, inadeguatamente, l'astratto Dio dei filosofi. Su questo piano ovvero, dal punto di vista esclusivamente filosofico, non poteva sussistere che l'alternativa tra deismo e ateismo; alternativa consistente nella possibilità, totalmente estranea al cristianesimo e al suo spirito religioso, di conoscere Dio senza considerare la miseria dell'uomo, o di conoscere la miseria dell'uomo senza considerare Dio. L'unica via autenticamente religiosa sarebbe stata invece quella del teismo, consistente appunto nel conoscere insieme e inseparabilmente Dio e la miseria umana per mezzo di Gesù Cristo.

I deisti, in altri termini, esagerano la grandezza e la dignità umana vedendo nell'uomo solo la capacità e non l'indegnità di Dio; finiscono così per celebrare la potenza degli uomini omettendone la corruzione e culminando pertanto nella superbia. Gli atei, al contrario, esagerano la miseria e la bassezza umana: vedono l'uomo in stato d'ignoranza, e in mancanza di un termine divino ne avvicinano l'abiezione fino a quella dei bruti. «Ora, la presunzione – scrive Pareyson – porta con sé la divinizzazione dell'uomo e la sua tentazione di credersi simile a Dio, e l'indolenza porta con sé la degradazione dell'uomo e la sua tentazione di farsi simile ai bruti: questa è l'alternativa che i filosofi offrono all'uomo» (*Ibid.*, p. 144). In poche parole i deisti esagerano la grandezza umana, e gli atei la miseria della natura corrotta: all'interno di questa alternativa meramente filosofica le due posizioni sono simmetriche. Solo il teismo, sul piano religioso, riconosce e comprende la necessità di tratti sia di eccellenza che di bassezza, non cercando un'improbabile sintesi fra contrari, ma unendoli insieme nella rispettiva contraddizione, perché la miseria è della natura corrotta, e la grandezza è della grazia divina (che sola può far rivivere il «lume» estinto nell'uomo a causa della sua corruzione). E solo il teismo cristiano assicura del destino dell'uomo dopo la morte, cioè dell'esistenza di Dio e dell'immortalità dell'anima, offrendo dunque, nell'ottica di Pascal, un saldo ancoraggio alla morale. La morale, infatti, come si è accennato, è strettamente connessa alla definizione religiosa dell'uomo e di Dio: dell'uomo confermato nella sua immortalità e di Dio accertato nella sua esistenza; su tale conferma l'uomo (nella sua grandezza e miseria) può regolare la propria condotta indirizzandola al bene supremo e fine ultimo della sua vita, cioè Dio conosciuto (nella sua concretezza) attraverso Gesù.

La fondazione della morale è, quindi, essenzialmente religiosa: procede dalla fede quale dono gratuito di Dio, di Dio che si svela nel suo nascondimento. Per questo non c'è passaggio dalla ragione alla fede, perché quest'ultima non può fondarsi sulla certezza di prove razionali, ma soltanto sul "salto" compiuto nella «scommessa».

La ragione presuppone il «cuore» (immediatezza dell'istinto e del sentimento), il quale va oltre la ragione stessa e le fornisce qualcosa che la supera e di cui non può far senza; ha bisogno del «cuore», poiché altrimenti, girando a vuoto su se stessa, rimarrebbe senza contenuti e principi. Ed è in tal senso che la ragione, sul piano dell'agire morale, non può che sottomettersi al «cuore» come organo della fede e, dunque, come espressione esistenziale e concreta della religione.

In questa prospettiva la religione recupera la sua ragionevolezza concreta a scapito della vuota (ed astratta) razionalità. «Tutto risale, dunque, al cuore. Nulla di affettivo, di emotivo, di psicologico – scrive Pareyson – in questo concetto, e, soprattutto, nulla di sentimentale» (*Ibid.*, p. 173). Il «cuore» di cui parla Pascal risponde ad una nozione ben precisa che trova il suo significato in una serie di opposizioni: «cuore» in opposizione a «testa», «sentimento» in opposizione a «ragionamento», «istinto» in opposizione a «ragione», «giudizio» (o «intuito») in opposizione a «spirito» (o «intelletto»), «spirito di finezza», in conclusione, in opposizione a «spirito di geometria». Il «cuore», in altri termini, è la facoltà dei principi e dei contenuti, mentre la ragione è puramente discorsiva, di per sé priva di contenuti e principi. «Il cuore attinge con un atto solo la verità, mentre invece la ragione ne svolge aspetti frammentari e slegati con una catena deduttiva. Il cuore precede la distinzione delle facoltà, perché è al tempo stesso fonte di conoscenza e stimolo di desiderio, principio comune e indiviso delle facoltà distinte di conoscere e desiderare, cioè dell'intelletto da un lato e della volontà dall'altro» (*Ibid.*, pp. 173-4).

Il «cuore», dunque, al contempo il fondo del nostro essere e facoltà dell'infinito, è la sede del nostro contatto, intimo e diretto, con l'essere, con l'assoluto, con la verità, insomma con Dio. Per questo il suo contenuto è virtuale, potenziale, implicito: possiede quell'infinito che si può svolgere, sviluppare e manifestare solo indefinitamente. Per questo il suo procedimento è istantaneo, e nulla deve all'analisi, al discorso, alla riflessione, perché possiede tutto già inizialmente. Il «cuore», facoltà che resiste alla corruzione della nostra natura e all'amore di sé, può aprirsi alla grazia divina (grazia caritatevole, riparatrice, restauratrice) che dona l'amore infinito oltre i termini della mera ragione; ed è per questo, e solo per questo, che il «cuore», e non l'«intelletto», è il vero fondamento della morale. Il «cuore», pertanto, è la vera sede della morale, proprio perché può prescindere «da leggi generali da cui dedurre i precetti particolari, come succede nella scolastica, e da casi particolari da decidere in base a leggi generali, come succede nella casistica» (*Ibid.*, p. 179); aperto a una coscienza ordinata alla grazia (che lo redime indirizzandolo verso l'infinitezza divina), fa, infatti, derivare spontaneamente i suoi precetti personali, oltre i sistemi di regole generali, da quella fondamentale ispirazione morale che è l'amore di Dio, che guida alla verità e alla giustizia.

Da questo punto di vista, la religione (la conoscenza della natura dell'uomo e di Dio come bene supremo) e la morale (la conoscenza della virtù come dovere dell'uomo) sono dimensioni inseparabili. Il che vuol dire che solo il teismo cristiano, che non conosce Dio senza insieme conoscere la miseria dell'uomo, è in grado di fondare la morale, perché esorta l'uomo, al di là del suo egoismo, a non amare che Dio, che è il suo sommo bene, e a odiare se stesso, che nella miseria e nella corruzione della natura dopo il peccato originale, è caduto nell'errore e nella concupiscenza. Proprio in tal senso l'amore di Dio e l'odio di sé si rivelano come i due principi fondamentali della morale cristiana con i quali la religione indica il dovere dell'uomo offrendo il rimedio alla sua concupiscenza. Ma tali principi presuppongono un atto di fede, una «scommessa», un salto al di là della ragione. Perché la ragione non rappresenta mai un buon motivo né per accettare né per respingere la fede, «giacché né la fede non può essere accettata per ragione né la ragione riesce a confutarla non essendo competente nel suo campo» (*Ibid.*, p. 186). Se la fede è accolta lo è, in fin dei conti, per grazia divina, se è rifiutata lo è a causa della corruzione umana. Il che chiama in causa un atteggiamento morale da cui nasce un'obbligazione: «Adoperatevi dunque – diceva Pascal – a convincervi non già con l'aumento delle prove di Dio, ma con la diminuzione delle vostre passioni». E qui la morale presuppone un'ascesi, un abbandono, un distacco, come primo movimento (salto, scommessa) verso il riconoscimento (e la riconoscenza) della grazia divina.

Se dovessimo usare altre parole, differenti da quelle utilizzate da Pascal, potremmo anche affermare che solo sfuggendo alla ristretta, contingente e precaria, sfera dell'"Io", l'uomo può ritrovare "se stesso" nel rapporto infinito con Dio (essere reale e concreto dell'uomo). Nell'incontro con l'"alterità" di Dio, può ritrovare appunto "se stesso" oltrepassando gli angusti limiti del suo "io", della sua "egoicità", del suo solipsismo monolitico. Questo incontro originario con l'"alterità assoluta", con Dio in quanto "Altro" che esiste per l'uomo, è ciò che istituisce la soggettività rendendola propriamente se stessa, perché vi è sempre un'"alterità" da incontrare per essere e divenire se stessi (in questa prospettiva rinunciare all'"Altro" vuol dire, paradossalmente, rinunciare a se stessi). Tale passaggio presuppone un agire morale, chiama in causa una responsabilità, non ponderata, però, sul calcolo offerto dal ragionamento e dalla ragione, ma ordinata (in virtù della grazia) alla fede, che è, al tempo stesso, salto, conquista, azzardo, «scommessa», incontro fatale con l'"Altro".

### b) *Nietzsche e la "trasvalutazione" di tutti i valori. Verso un'etica superiore*

Come si è visto, l'etica di Pascal è comprensibile ancora e soltanto entro un orizzonte religioso (agostiniano e giansenista) compiuto nella grazia e dischiuso dal salto nella fede. La genealogia, da questo punto di vista, non è che una decostruzione delle argomentazioni fallibili e astratte della ragione (nelle sue pretese costitutive dell'etica) in vista di una rifondazione, riaffermazione e riappropriazione della morale come superamento concreto della condizione precaria (misera e corrotta) della natura umana. Lo scavo genealogico, l'indagine "esistenziale" che va ad esplorare lo *scarto* tra storicità e natura, tra contingenza e ragione, tra cuore e intelletto, per l'*apologeta* non è che un metodo per porre finalmente l'uomo di fronte a se stesso nel suo rapporto con la miseria umana e l'infinità di Dio; non è che uno strumento per ricondurre l'uomo alla propria responsabilità nei confronti del suo destino dopo la morte, oltre gli schemi generali e rigidi della scolastica o le giustificazioni flessibili della casistica gesuita.

Ora, il problema del rapporto tra etica e genealogia assume una diversa caratterizzazione non appena la riflessione sull'agire morale abbandona l'orizzonte religioso e si addentra nel terreno "post-metafisico" della critica dei valori (e del loro fondamento). E allora al pensiero di Nietzsche che dobbiamo, in primo luogo, guardare per cogliere il tratto decostruttivo (e "trasvalutativo") di una prospettiva genealogica che, liberata dalla religione, si pone sul piano della mera storicità opponendosi al dispiegamento metafisico dei significati ideali e ad ogni tentazione di riconsiderare il destino dell'uomo al di fuori della forza creativa (positiva e immanente) della pura potenza.

Dobbiamo allora tornare alla critica genealogica della morale, a quella prospettiva decostruente, sviluppata in primo luogo da Nietzsche in *Al di là del bene e del male* (1886) e in *Genealogia della morale* (1887). È in questi due testi, infatti, che emerge in piena luce la radicalità della messa in questione dell'uomo, della filosofia, della morale e dei loro fondamenti, fino alla demolizione della loro più profonda, basilare, ragion d'essere. È in questi libri che Nietzsche affonda la sua critica alla vecchia «supposizione» dell'«io», compreso ormai come un processo d'interpretazione che può essere spiegato soltanto attraverso una serrata decostruzione genealogica di tutte le sue certezze intellettuali e morali, mostrando altresì lo *scarto* (genealogico appunto) tra le fragili basi della vita intellettuale e morale e le più recondite sorgenti e finalità dell'agire umano. Ed è sempre qui, attraverso una tagliente dissezione concettuale e psicologica impegnata a ricondurre false apparenze a un sottosuolo inconfessabile e profondo e a dissolvere tante credenze infondate, che si cerca di mostrare, con particolare riferimento alla morale, la vera "natura" dei principi e delle convinzioni che godono di un riconoscimento generale e assoluto.

Come si è visto, fare la critica dei valori significa, per Nietzsche, accertarne la genealogia[1]. La filosofa genealogica si concentra nella

---

[1] Come ricorda Jean Granier, «La genealogia è "*la storia delle origini*". Ma

destituzione delle morali ovvero, dei codici di valore attraverso i quali un certo tipo di vita esalta le condizioni di esistenza che gli sono favorevoli. Così, per rovesciare un sistema di valori bisogna cambiare le condizioni di esistenza da cui procede. Come ha visto Jean Granier, «le strutture esistenziali sono rappresentate empiricamente da "tipi" umani» (Granier 1982, p. 62). La critica genealogica si apre così sulla questione d'imputazione: chi è l'autore di tale o talaltra morale? Chi produce il codice dei valori di cui constatiamo che governa il comportamento di un gruppo sociale, o anche l'insieme di una cultura? Tale interrogativo attraversa, prima di tutto, la critica della filosofia (della metafisica) e si indirizza al *cogito* che la sostiene. Così, dal momento in cui l'erosione genealogica sbaraglia le ragioni del *cogito*, cadono le tradizionali evidenze della coscienza e si frantuma l'unità dell'«Io» definito come sostanza pensante o Appercezione trascendentale. L'«Io» si rivela soltanto come una convenzione del linguaggio per riassumere, in una parola, la turbolenza delle passioni che determinano la vera realtà di un essere.

Si scopre, pertanto, che l'«Io» non è che l'espressione di un eterogeneo gruppo di pulsioni che si incontrano e si scontrano nei recessi interni dell'individuo, che la volontà, lungi dall'essere lo strumento della ragione per controllare, governare e domare gli istinti, non è che anch'essa un istinto, e che la coscienza è qualcosa di vago, limitato e incerto. Ed è passando proprio dallo smascheramento e dalla demolizione di questi concetti che l'edificio della morale tradizionale, fondato appunto sulle idee dell'io, della coscienza, del libero arbitrio e della volontà, comincia a vacillare. E continua a vacillare ancor di più sotto i colpi inferti al suo "codice" dalla critica genealogica dei valori e delle valutazioni (ciò che pone in questione il valore stesso dei valori morali). Perché i giudizi di valore rappresentano non altro che la proiezione, nelle arti, nelle istituzioni, nelle religioni,

---

una tale storia non ha niente di storico nel senso di una raccolta degli avvenimenti reali dietro i quali si cercherebbe di riconoscere un'origine *empirica*. I riferimenti alla *storia* hanno solamente lo scopo di fornire delle immagini e degli indizi per un'indagine che si interessa meno all'esperienza che alla "natura" di cui questa esperienza è come il *simbolo*. Essa lavora preferibilmente su dei "giudizi di valore", che vuole comprendere in funzione di ciò che li legittima, vale a dire cha dà assicurazione sulla loro *validità*. Mettere in luce l'origine è, così, non rendere ragione dei fatti ricollegandoli a degli altri fatti considerati come la loro ragione esplicativa, ma *fondare* un valore su ciò che gli conferisce il suo significato proprio di valore» (Granier 1982, p. 61).

nelle morali particolari, della lotta che attraversa le pulsioni, e riflettono la gerarchia che scaturisce da tali conflitti.

Jean Granier, con le parole di Nietzsche, ricapitola così le tappe e i concetti maggiori dell'esplorazione genealogica: «Il nostro intelletto, la nostra volontà, come le nostre impressioni dipendono dai nostri giudizi di valore, questi corrispondono alle nostre pulsioni e alle loro condizioni d'esistenza. Le nostre pulsioni sono riducibili alla volontà di potenza. La volontà di potenza è l'ultimo fatto al quale possiamo risalire» (*Ibid.*, pp. 62-3).

La volontà di potenza, dunque, nel modo in cui si dispiega secondo la pluralità delle prospettive assegnate ai diversi organismi, pone e fonda i valori, che non sono altro che accrescimento di quella stessa potenza che è tale in quanto atto di oltrepassamento, espansione, eccedenza. Da questo punto di vista, i valori non esistono se non entro una scala, una gradazione, della volontà di potenza nel suo movimento di superamento infinito. La morale, nella sua particolarità storica, non è che «interpretazione» valoriale (giudizio di valore) della realtà pulsionale riconducibile alla potenza e alla volontà che su di essa si attiva.

Per il genealogista tutto sta, allora, nello scavare nella gradazione e figurazione simbolica assunta dai valori e nell'evidenziare ciò che opera "sotto" la morale, ciò che la genera, le sue figure, le sue categorie, i suoi ingranaggi. Perché il metodo genealogico, come si è detto, consiste appunto nel mostrare che certe figure, categorie e ingranaggi della morale sono in realtà l'espressione (stravolta) di finalità e interessi ben diversi da quelli ufficialmente esibiti e conclamati e che rimandano a determinate situazioni economico-giuridiche. Su questo piano, la morale appare, da un lato, come una costruzione-reazione degli individui mediocri (il «gregge») contro i migliori e, dall'altro, come un territorio di scontro e contrapposizione tra «schiavi» e «signori». Vi è, infatti, una «morale degli schiavi» e una «morale dei signori». Quest'ultima privilegia i valori del disinteresse, dell'orgoglio, della fierezza (valori aristocratici), mentre la prima valorizza interessi collettivi, sociali, gregari, utilitaristici (valori del «gregge»), espressioni (subdoli) di una ideologia della maggioranza che trova la sua ultima ragione nello spirito di risentimento. Tale morale, come «custode della verità – ebbe a scrivere Thomas Mann – si oppone alla vita, perché questa si fonda essenzialmente sull'apparenza, l'arte, l'inganno, la prospettiva, l'illusione, e il padre della vita è l'errore» (Mann 1980, p. 79); oltretutto, conta sul supporto degli «ideali ascetici» promossi dalla religione (giudeo-cristiana): ideali che dietro le mentite spoglie della bontà e dell'altruismo, nascondono una volontà di dominio e affermazione capace di asservire l'uomo alla legge del «gregge».

La decostruzione genealogica dei valori morali riconduce, dunque, la questione dell'etica al di fuori dell'orizzonte religioso. Tuttavia, la condizione spirituale della coscienza moderna, dopo la «morte di Dio» e la corrosione dei valori, agli occhi di Nietzsche (dell'ultimo Nietzsche), ha irrimediabilmente gettato l'uomo nella spirale del nulla e del nichilismo. Quest'ultimo, immanente negli stessi valori, ha finito per distruggerli, giacché proprio il nichilismo, giunto alla sua maturazione, non è che la logica, pensata sino alla fine, dei «nostri grandi valori e ideali», non è che la lucida e disperata constatazione che né con la nozione di «scopo» né con quella di «unità» può essere interpretato il carattere complessivo dell'esistenza. Esso esprime, detto altrimenti, «il fallimento di tutte le pretese dell'uomo di individuare fondamenti necessari e universali, logiche ferree e indubitabili, valori eterni e indiscutibili, teleologie cristalline e rassicuranti» (Moravia 1985, p. 61).

Non rimane altro, allora, che tentare un superamento, una «trasvalutazione» di tutti i valori per consentire una trasformazione dell'uomo in vista di un'etica (e di un'epoca) superiore, capace di erigersi, nella decadenza, oltre la decadenza. Su questo piano, l'«immoralismo» di Nietzsche non è che, paradossalmente, una moralità che sopprime se stessa per amore della ricerca e della «sperimentazione». Sentenziando la morte di Dio, dopo aver ricondotto genealogicamente i principi e i valori del cristianesimo alle loro sorgenti storiche e terrene, Nietzsche non poteva certo ripensare l'etica entro un orizzonte metafisico-religioso. Doveva rivolgerla altrove, o meglio, verso un altrove (*Über*), un supermanto, irriducibile alla religione così come all'organizzazione politica e sociale. E ciò poteva fare appello soltanto a un regime (un nuovo, inderogabile e inaudito regime) della responsabilità. Prima, però, di affrontare questo discorso, dobbiamo ancora spendere alcune parole sull'itinerario genealogico nietzschiano in relazione, soprattutto, alla questione morale.

Nell'introdurre questo problema, Karl Jaspers, acuto interprete del pensiero di Nietzsche, in un testo del 1974 dedicato alla *comprensione del suo filosofare*, dà questa definizione di morale:

> «La morale è l'insieme delle leggi alle quali gli uomini si sono sottoposti nel loro agire o nel loro intimo sentire, sicché in quel modo soltanto sono divenuti ciò che sono. Il mondo presente si comporta come se

approvasse la morale cristiana. Chi è incerto nella fede, approva comunque la "morale", come se fosse qualcosa di ovvio. La modernità, che va facendosi atea, ritiene di avere nella morale un solido terreno su cui restare e vivere secondo le sue leggi» (Jaspers 1996, p. 136).

Subito dopo Jaspers chiarifica la posizione di Nietzsche ricordando che, consapevole del significato della domanda sul *valore* della morale, il filosofo ne attacca (mettendole in discussione in modo radicale) tutte le forme che questa assume nel suo tempo, non, però, per togliere agli uomini le loro catene, ma per costringerli a salire, con un carico più pesante, ad un rango più elevato.

> «Attaccando e negando ciò che vigeva come legge morale e come libertà nella coscienza dell'uomo, Nietzsche vuole concepire *con nuove esigenze* un modo autentico di essere uomo. Ciò che si chiamava libertà, diventa per lui "*creazione*". In luogo del dovere morale, egli vuole la "*natura*", in luogo di ciò che per il cristiano si chiama grazia e redenzione dal peccato, egli vuole la "*innocenza del divenire*", in luogo di ciò che per gli uomini è universalmente valido, vuole la *individualità storica*» (*Ibid.*).

Capiamo subito, allora, qual è la posta in gioco, e capiamo, al contempo, perché la genealogia.

L'obiettivo di Nietzsche – ci spiega Jaspers – è, in realtà, la «molteplicità delle morali» e la possibilità di indagarne, genealogicamente, l'emersione storica; il suo bersaglio, a partire da tali presupposti, è la pretesa di assolutezza che da tali istanze viene accampata. Torna qui, a ben vedere, un tema scettico, lo stesso che, in modo diverso, attraversa gli scritti di Montaigne e Pascal: il fatto che le morali siano particolari e molteplici le priva del loro carattere di assolutezza e validità generale. Da questo punto di vista, ogni giudizio morale non rimanda ad una pretesa universalità del genere umano, ma a «popoli» e «ceti» storicamente determinati, impegnati a distinguersi e a delimitarsi gli uni rispetto agli altri. Ogni morale determinata è pertanto solo una morale storica particolare, una possibilità tra le altre, divenuta storicamente reale. E ancor di più, dietro lo scavo genealogico, non si scopre soltanto la relatività di ogni atteggiamento morale, ma anche che *la moralità scaturisce dall'immoralità*, è un caso specifico d'immoralità; si scopre che la morale sarebbe sorta, fin dall'inizio, da qualcosa d'immorale.

Ciò non vuol dire, comunque, che questo argomento conduca Nietzsche al rigetto della morale in assoluto (la critica nietzschiana della morale avviene mantenendo pur sempre un legame con la morale stesa), ma, più che altro, a respingere la supposta verità (il dovere universalmente valido) che sostiene le *valutazioni* e i *giudizi* morali. Nel negare la morale Nietzsche non vuole affatto annullare la moralità. Lo smascheramento psicologico (e genealogico) dell'origine dei giudizi morali non ha bisogno di colpire la morale in quanto tale. Se il bersaglio nietzschiano è la morale dominante in Europa, quella di Socrate e quella ebraico-cristiana, che con lui s'identifica, se egli attacca questa morale *incondizionata* che eleva il proprio contenuto a massima universale, ciò non vuol dire che la morale in sé sia superabile in senso assoluto; ma soltanto nella misura in cui si ammetta che la morale non è un fatto, qualcosa che ha a che fare con l'«in sé», e neanche un fenomeno.

Certo, non esistono fenomeni morali, ma solo un'*interpretazione* morale dei fenomeni. La moralità è soltanto opinione, valutazione, valorizzazione, *interpretazione* (o meglio, *falsa interpretazione*); è un modo per *interpretare* le pulsioni, le passioni, la realtà (che è sempre e soltanto *interpretazione*). Tuttavia, ricorda ancora Jaspers, la morale combattuta da Nietzsche era fondata su una sostanza comune a tutti gli uomini, su Dio e sulla ragione. A ciò Nietzsche contrappone una "morale" capace di sottrarre sempre più all'uomo il suo carattere generale e di renderlo più incomprensibile agli altri, più «individuo» nella sua singolarità. In altri termini, «Nietzsche si spinge nel profondo della storicità esistenziale, per far percepire la legge nella forma in cui essa può essere ascoltata nella concreta situazione dell'esistenza. Con la parola "individuo" Nietzsche intende allora non la persona privata isolata, bensì il singolo che è consapevole di sé» (*Ibid.*, p. 144). Il singolo, dunque, che vuole raggiungere una «specie superiore all'uomo».

Ed è a partire da qui, a ben vedere, che l'«immoralismo» nietzschiano sembra approdare ad una nuova e diversa forma di responsabilità che fa paradossalmente capo all'«innocenza del divenire». Scrive Jaspers commentando Nietzsche: «Non abbiamo bisogno di incolpare altri – né Dio, né la società, né i genitori e gli antenati –, non abbiamo bisogno di soggiacere al nostro istinto di vendetta, al bisogno di trasformare in capro espiatorio tutto ciò che è indesiderato, e ad altri impulsi di questo genere, ma dobbiamo invece avere lo sguardo assolutamente affermativo che accoglie tutto, anche ciò che per un momento era stato respinto, nell'insieme dell'esserci» (*Ibid.*, p. 145).

Solo quando si è acquisita la piena consapevolezza dell'innocenza del divenire, si aprono le più alte possibilità, verso una libertà responsabile ("necessaria" senza trascendenza), una creatività (il vero e proprio essere, il fondamento di ogni fare esistenziale) che permette all'uomo di produrre se stesso (e di progredire al di là della morale comune).

La critica di Nietzsche alla morale, la sua lotta contro la «millenaria oppressione cristiana», si propone, dunque, di rendere nuovamente possibile l'essere libero: la libertà di produrre se stesso non significa null'altro che creare e ciò, nel mondo storico in cui dominano le valorizzazioni assolute (i valori posti e pensati come definitivi, che esistono come un'entità in sé, che aspettano soltanto di essere scoperti), vuol dire creativa «trasvalutazione di tutti i valori», «morale sperimentatrice, che procede per tentativi», che abbraccia ogni possibilità.

Su questo piano, l'espressione libera e creatrice di questa nuova moralità dell'uomo che produce se stesso è il «contrario della mera vita amorale» (*Ibid.*, p. 152).

> «Il creare senza trascendenza – l'essere se-stesso, senza Dio – porta necessariamente a due conseguenze, che Nietzsche effettivamente trae. Se la finitezza dell'essere umano è diventata invisibile come finitezza, poiché non è più circoscritta da alcuna infinitezza, vale a dire, se la libertà del creare sta di fronte non alla trascendenza, bensì al nulla – poiché ciò che ha fuori di sé soltanto il nulla è tutto, e la sua finitezza non è considerata seriamente –, allora il creare o viene *assolutizzato* in quanto *realtà temporale*, senza un valido criterio, oppure viene *divinizzato*. Le naturalizzazioni sono l'espressione della prima conseguenza, l'*hybris* è l'espressione della seconda. Entrambe sono, *anziché* rapporto con la trascendenza, il modo di essere della realtà della *fiducia* nel limite, il quale ormai non è più limite nei confronti di qualcos'altro, bensì è *compimento*. Entrambe le conseguenze hanno trovato in Nietzsche un linguaggio sorprendentemente audace, che capovolge ogni modo di pensare razionale» (*Ibid.*, p. 154).

Se Pascal, come si è visto, poteva ancora superare l'alternativa tra deismo e ateismo (alternativa consistente nella possibilità, totalmente estranea al cristianesimo e al suo spirito religioso, di conoscere Dio senza considerare la miseria dell'uomo, o di conoscere la miseria dell'uomo senza considerare Dio), attraverso la prospettiva del teismo (consistente appunto nel conoscere insieme e inseparabilmente Dio e la miseria umana per mezzo di Gesù Cristo), Nietzsche, di fronte al nulla lasciato dalla morte di Dio, non può più percorrere la strada di un *ethos* di esseri finiti, i quali conducono il loro cammino nella tensione con la trascendenza, nel legame determinato dalla storicità. Di qui lo spirito, che si vincola per il fatto di essere consapevole della finitezza, sembra dissolversi rimanendo esposto o alla possibilità della divinizzazione o a quella del nulla. Ma in realtà, proprio di fronte a tale alternativa (e in virtù di tale alternativa), Nietzsche sembra riconoscere ancora all'uomo la possibilità di ritrovare un *cammino* oltre l'autolimitazione nel mondo (e pur sempre, in questa consapevolezza): un cammino verso un'oltre umanità, verso esseri superiori all'uomo. «Secondo Nietzsche, dobbiamo attenderci questi esseri superiori, che vanno oltre l'uomo, *pur sempre e soltanto dall'uomo* che si trasforma nel mondo. È l'*immagine dell'uomo* che, al posto della divinità e di ogni morale, assume il significato di farci salire più in alto» (*Ibid.*, pp. 155-6). E ciò, a ben vedere, ci riconduce ad un'etica, ad *un'etica della responsabilità* non più supportata e protetta da valori definitivi e assoluti, ma aperta al superamento della morale convenzionale verso un cammino che espone l'uomo ad una continua «trasvalutazione».

Non a caso, Simona Andrini, in un libro dedicato a Max Weber, nel ripercorrere il problema dell'etica nel pensiero del sociologo tedesco, ha ricordato «gli uomini eroici, i grandi portatori di dolore dell'umanità» esaltati da Nietzsche. «L'etica dei portatori di dolore – scrive Simona Andrini – è un'etica della responsabilità. Essa guarda negli occhi la necessità, il conflitto e lo assume. Non lo rifiuta, lo innalza a momento produttivo dell'agire. Di un agire però liberato da ogni morale autoritaria, da ogni organizzazione politica di dominio. È, questa organizzazione politica, quella fondata sull'etica dell'intenzione ed è contro di essa che Nietzsche sviluppa il suo pensiero sul nichilismo. Il nichilismo è un movimento purificatore rispetto all'assolutizzazione dell'etica della convinzione propria del Cristianesimo. Esso non ha affatto il fine dell'abolizione dell'etica, piuttosto si propone di liberarla dal dominio dell'intenzione nel suo rovesciarsi in intenzione del dominio» (Andrini 1990, pp. 120-1).

Come più tardi Weber, Nietzsche accoglie un'*etica della responsabilità* contro un'*etica dell'intenzione* (riferita all'idea, alla convinzione, all'assoluto, alla fede). Tuttavia, ricorda ancora Simona Andrini, le differenti tonalità spirituali tra l'uno e l'altro emergono nella diversa valutazione che si deve dare a un medesimo atteggiamento morale ovvero, nel modo diverso in cui i due pensatori pongono l'etica della responsabilità rispetto all'etica dell'intenzione. Se in Weber c'è un tentativo di vivere un'etica dell'intenzione come etica della responsabilità (più incline all'agire politico), in Nietzsche, al contrario, l'etica della responsabilità viene assunta come tentativo estremo di poter vivere un'etica dell'intenzione. «Weber esprime l'esigenza di un'etica dell'intenzione nelle forme della responsabilità. Nietzsche la esprime nella *trasvalutazione* della responsabilità nell'intenzione: "'Io offro me stesso al mio amore, e ai *prossimi come me*!' – così sentono di parlare tutti coloro che creano» (*Ibid.*, p. 122). Così, in un'epoca di potenza degli Stati, Weber, di fronte all'affermarsi di un'etica dell'intenzione come dominio, rivendica le ragioni dell'etica della responsabilità; Nietzsche, a causa della medesima esperienza, «compie il tentativo estremo di una trasvalutazione dell'etica dell'intenzione e nel far ciò eleva al più alto grado l'etica della responsabilità» (*Ibid.*, p. 123). Detto altrimenti, in Nietzsche la volontà di potenza diviene legge fondamentale manifestantesi come tendenza al massimo dispiegamento della propria forza; «diviene fine quindi, e non come per Weber, solo mezzo» (*Ibid.*). Il problema valutativo, come prima si è visto, si traduce in problema creativo; al «tu devi» il creatore risponde «io voglio» (dal «così fu» al «così volli che fu»).

Dopo la decostruzione genealogica della morale Nietzsche faceva appello ad un'etica della responsabilità vissuta come volontà creatrice capace di innalzare l'uomo oltre i limiti della moralità gregaria. Weber, altro genealogista, così terminava, con tono "stoico", la sua conferenza del 1919, *La politica come professione*:

> «La politica consiste in un lento e tenace superamento di dure difficoltà, da compiersi con passione e discernimento al tempo stesso. È perfettamente esatto, e confermato da tutta l'esperienza storica, che il possibile non verrebbe raggiunto se nel mondo non si ritentasse sempre l'impossibile. Ma colui il quale può accingersi a quest'impresa deve essere un capo, non solo, ma anche – in un senso molto sobrio della parola – un eroe. E anche chi non sia l'uno né l'altro, deve foggiarsi quella tempra d'animo tale da poter reggere anche al crollo di tutte le speranze, e fin da ora, altrimenti non sarà nemmeno in grado di portare a compimento quel poco che oggi è possibile. Solo chi è sicuro di non venir meno anche se il mondo, considerato dal suo punto di vista, è troppo stupido o volgare per ciò che egli vuole offrirgli, e di poter ancora dire di fronte a tutto ciò: "Non importa, continuiamo!", solo un uomo siffatto ha la "vocazione" (*Beruf*) per la politica» (Weber 1948, p. 121).

Di fronte a quel «politeismo dei valori» denunciato da una critica genealogica della morale volta a cogliere la relatività di ogni posizionamento valoriale assoluto, si apre il difficile cammino di una responsabilità politica capace di accettare la forza come il suo «mezzo decisivo», il conflitto come suo orizzonte e la contraddizione come sua espressione, senza il supporto, la giustificazione e il riparo di una fede, di un Dio, di un ideale assoluto, di una certezza indiscutibile. «Nessuna etica del mondo – scriveva Weber – può prescindere dal fatto che il raggiungimento di fini "buoni" è il più delle volte accompagnato dall'uso di mezzi sospetti o per lo meno pericolosi e dalla possibilità o anche dalla probabilità del concorso di altre conseguenze cattive, e nessuna etica può determinare quando e in qual misura lo scopo moralmente buono "giustifichi" i mezzi e le altre conseguenze moralmente pericolose» (*Ibid.*, p. 110).

### c) *Foucault e la "cura di sé"*

L'uomo liberato dalle giustificazioni di una morale astratta, gregaria, assoluta, rimane, allora, esposto alla responsabilità, a un'etica della responsabilità che non ammette più deleghe, deroghe, rinvii, supporti divini o imperativi astratti.

Parlando dell'ultimo Foucault e dei suoi studi sugli stoici, Paul Veyne ricordava la sua attrazione (come Nietzsche) verso l'antichità greco-romana: «In definitiva, l'eleganza antica ha rappresentato per Foucault, in segreto, l'immagine di un'arte di vivere, di una morale possibile» (Veyne 1998, pp. 67-8).

Ma era possibile – si chiedeva ancora Veyne – una morale all'interno della sua filosofia? E ciò rimanda, in qualche modo, alla questione più generale che abbiamo posto all'inizio di questo capitolo: è possibile una morale dopo la genealogia?

Secondo Veyne, non bisogna affatto attribuire a Foucault il progetto di un rinnovamento della morale stoica dei greci. «È impossibile trovare la soluzione di un problema attuale – Veyne cita dall'ultima intervista rilasciata da Foucault – in un problema che, posto in un'altra epoca, sembra lo stesso solo in virtù di una rassomiglianza ingannatrice. Foucault non ha mai pensato che nell'etica sessuale dei greci si dovesse vedere un'alternativa all'etica cristiana. Non esistono problemi analoghi attraverso i secoli, così come non esistono natura e ragione: l'eterno ritorno è anche eterno inizio (Foucault amava questa espressione di René Char) ed esistono solo valorizzazioni successive. In un *new deal* sempiterno, il tempo ridistribuisce di continuo le carte» (*Ibid.*, p. 68).

In tal senso, l'affinità tra Foucault e la morale antica si riduce al «riapparire moderno di una sola carta all'interno di una partita completamente diversa. Si tratta della carta del lavoro di sé sul sé, di una estetizzazione del soggetto attraverso due morali e due società estremamente diverse fra loro» (*Ibid.*).

Ecco, allora, la morale di Foucault: una morale senza alcuna pretesa di universalità. Una morale – dice Veyne – da «guerriero». E il «guerriero», appunto, «è un uomo che può infischiarsene della verità, che conosce solo dei partiti presi, il suo e quello dell'avversario, e che ha l'energia sufficiente per battersi senza doversi dare delle ragioni che lo rassicurino» (*Ibid.*, pp. 68-9).

La morale del «guerriero» (come quella dell'«eroe» di Weber, o dell'«uomo superiore» di Nietzsche) è, dunque la morale del genealogista: è la morale che si staglia sul fondo dell'assenza di valori universali. Per Foucault, «il corso della storia implica non problemi eterni, di carattere essenziale o dialettico, ma valorizzazioni che variano da una cultura all'altra e anche da un individuo all'altro. Valorizzazioni che, come amava ripetere, non sono né vere né false: sono, ecco tutto, e ognuno è il partigiano dei propri valori» (*Ibid.*, p. 69).

Attraverso Nietzsche e Max Weber arriviamo, pertanto, a Foucault. La storia può essere solo interpretazione e il passato cela la genealogia della nostra attualità. La storia è un continuo processo di interpretazioni e valorizzazioni. «Che cosa importa se il tempo passa e la sua frontiera cancella le nostre valorizzazioni? Il patriottismo di un guerriero non è mai stato minimamente intaccato dall'idea che se fosse nato sull'altro versante della frontiera il suo cuore avrebbe battuto per il campo opposto» (*Ibid.*, p. 70).

Il «guerriero» conosce, come Pascal, «la ridicola giustizia, limitata da un fiume! Verità al di qua dei Pirenei, errore al di là» (Pascal 2013, pp. 223). Accetta il conflitto, la contraddizione, e la fa sua. «Per un guerriero, le verità sono inutili» (Foucault – ci dice Veyne – amava ricordare che la filosofia di Nietzsche non si presenta come filosofia della verità, ma del dire il vero). Credendo di cercare la verità delle cose, ci si limita soltanto a fissare le regole che presiedono alla distinzione fra dire il vero e dire il falso. «In tal senso, il sapere non è semplicemente legato ai poteri come arma del potere o come potere che è allo stesso tempo sapere. Il sapere è solo potere, in termini radicali, in quanto è possibile dire il vero solo in forza di regole imposte, in un determinato momento, da una storia di cui gli individui sono allo stesso tempo, e reciprocamente, attori e vittime. Per verità si devono quindi intendere non le proposizioni vere, da scoprire o da accettare, ma il complesso di regole che permettono di dire e di riconoscere le proposizioni ritenute vere» (Veyne 1998, p. 70).

Occorre dunque denunciare, genealogicamente, la vanità delle valorizzazioni, delle razionalizzazioni e dei ragionamenti. Le libertà e i diritti dell'uomo trovano un fondamento più sicuro nelle azioni degli uomini decisi ad affermarli e a difenderli che nell'affermazione dottrinale della ragione o dell'imperativo kantiano. Non vi è più possibilità di appellarsi alla natura umana, alla ragione, all'essenza, al funzionalismo. Gli uomini, chiusi nella loro finitudine e nel loro tempo, attraverso il continuo processo delle *valorizzazioni*, possono solo battersi per i propri *valori*. La genealogia non mostra altra ragione nella storia che non sia il conflitto degli uomini per ciò che s'impone come «vero da dire». Una critica genealogica può soltanto dire, ci ricorda Veyne, non «Io ho ragione e gli altri sbagliano», ma «Gli altri hanno torto nel pretendere di avere ragione» (*Ibid.*, p. 75).

La critica genealogica dell'ultimo Foucault (*L'uso dei piaceri*, *La cura di sé*), finisce dunque per affermare che, nel mondo moderno, la fondazione filosofica di una morale sembra divenuta impossibile. Non vi è più una natura o una ragione a cui conformarsi, e nemmeno un'«origine» con la quale stabilire una relazione autentica. La tradizione è soltanto una pratica convenzionale, che trova la sua ultima ragion d'essere (come aveva compreso Pascal) nell'abitudine. Ma non vi è neppure la possibilità di far risorgere la morale greca, se non soltanto nel recupero di un significato "attuale" da attribuire nuovamente all'idea di un "lavoro del sé su di sé". E ciò presuppone una svolta "estetica" (nel senso, singolare, di "stile di esistenza") della morale: «L'io, nell'assumere se stesso come opera d'arte da portare a compimento, può sorreggere una morale che né la tradizione né la ragione sono in grado di supportare; artista di se stesso, l'io godrebbe quindi di quell'autonomia di cui la modernità non può fare a meno. [...] In fin dei conti, se l'io ci libera dall'idea che fra la morale e quella che si è soliti definire società esiste un legame analitico e necessario, non sarà più necessario attendere la Rivoluzione per iniziare ad attualizzarci» (*Ibid.*, p. 77).

Di qui l'io, compreso nel compimento di uno "stile di esistenza" (altra declinazione dell'"estetica"), diventa «nuova possibilità strategica» per la morale: per una morale "stoica", però, che rinuncia a cambiare la società, il mondo (rivoluzionandolo), per trasformare soltanto la soggettività "creatrice", di un «guerriero» lasciato all'impegno della «cura di sé».

Così Foucault, rinunciando ad offrire soluzioni "vere", universali e definitive, non preoccupandosi affatto di "fondare" le proprie convinzioni, si limitava a suggerire soltanto una «via d'uscita» per l'attualità (unico compito riconosciuto, nel campo morale, alla filosofia):

«la verità classica è morta e nello stesso tempo dalla confusione storicista moderna si libera l'idea di attualità» (*Ibid.*). E l'«attualità» non è mai un'attualità qualsiasi: essere filosofi, sul piano dell'impegno etico, significa soltanto «diagnosticare i possibili attuali e tracciarne la carta strategica. Con la segreta speranza di influenzare la scelta dei cambiamenti» (*Ibid.*, p. 75).

In realtà, ancora a questi temi faceva appello Foucault quando indirizzava le sue riflessioni sull'etica ad un *ethos* filosofico caratterizzato come «*atteggiamento limite*», e procedendo, in tal senso, secondo l'ordine della sua visione archeologica-genealogica. Ci riferiamo a *Che cos'è l'Illuminismo?*, testo del 1984 che, proponendo una critica non trascendentale, non orientata alla ricerca di strutture formali con valore universale, e non impegnata a rendere possibile la metafisica, la ridefiniva come indagine storica attraverso gli eventi che ci hanno condotto a costituirci e a riconoscerci come soggetti di ciò che facciamo, pensiamo e diciamo. Tale critica, secondo Foucault,

> «è genealogica nella sua finalità e archeologica nel suo metodo. Archeologica – e non trascendentale – nel senso che non cercherà di cogliere le strutture universali di ogni azione morale possibile; ma cercherà di trattare i discorsi che articolano ciò che noi pensiamo, diciamo e facciamo come altrettanti eventi storici. E tale critica sarà genealogica nel senso che non dedurrà quello che ci è impossibile fare o conoscere dalla forma di ciò che noi siamo; ma coglierà, nella contingenza che ci ha fatto essere quello che siamo, la possibilità di non essere più, di non fare o di non pensare più quello che siamo, facciamo o pensiamo» (Foucault 1998, p. 228).

Foucault presentava questa visione «storico-critica», in termini etici, come una «ontologia storica di noi stessi» e come un atteggiamento «sperimentale» capace di metterci alla prova della realtà e dell'attualità. E ciò al fine di afferrare i punti in cui il cambiamento è possibile e auspicabile e, al contempo, per determinare la forma precisa da dare a questo cambiamento. Tale prospettiva, lungi dal rincorrere quei progetti che pretendono di essere globali e radicali, doveva «rispondere ad una serie aperta di domande» che avrebbero avuto a che fare con un «numero indefinito di indagini» circa il modo in cui «abbiamo costituito noi stessi come soggetti morali delle nostre azioni» (*Ibid.*, pp. 230-1).

In tal senso, la critica genealogica si presentava come analisi dei limiti e riflessione su di essi. Perché se la questione kantina, secondo

Foucault, era ancora quella di sapere quali siano i limiti che la conoscenza deve rinunciare a superare, ora si tratta di capire quale sia la parte di ciò che è singolare, contingente, dovuto a costrizioni arbitrarie in quello che ci è dato come universale, necessario e obbligato. «Si tratta, insomma, di trasformare la critica esercitata nella forma della limitazione necessaria – scriveva Foucault – in una critica pratica nella forma del superamento possibile» (*Ibid.*, p. 228).

Tale critica, in sostanza, non cercava di rendere possibile la metafisica divenuta scienza, ma cercava «di rilanciare il più lontano e il più diffusamente possibile il lavoro indefinito della libertà» (*Ibid.*). Ed è proprio questo ciò che, in fin dei conti, avrebbe dovuto definire l'*ethos* filosofico proprio dell'ontologia critica: una «prova storico-pratica dei limiti che possiamo superare» e, dunque, un «lavoro di noi stessi su noi stessi in quanto esseri liberi» (*Ibid.*, p. 229).

Solo in questo modo, secondo questo rinnovato "stoicismo", sembra allora possibile superare quel "nichilismo" attraverso il quale, in un dato momento storico, consapevole della relatività delle civiltà e della storicità delle valorizzazioni, il pensiero non sembra altro che constatare che le "verità" non siano altro che "favole" (illusioni, convenzioni, abitudini, né vere ne false, non opponibili ad una presunta realtà) senza fondamento.

Ma è veramente possibile fare a meno del fondamento e della verità? E realmente possibile mantenere quella nietzschiana "serenità senza cattiva coscienza" che resiste di fronte al crollo di ogni fondamento e delle verità credute del passato? Quando si deve constatare che non è possibile fondare nulla, nessuna norma, quando non ci si può più richiamare né a una natura, né a una ragione, quando non ci si può più affidare allo svolgimento di una dialettica, ad un funzionalismo o a uno strutturalismo, non ci resta altro che rimandare la responsabilità verso gli altri alla cura di noi stessi (in quanto altri degli altri). Con l'unica consapevoleza (e non certezza) che l'apertura ad un tale orizzonte non ammette lacune.

> «Per cogliere l'assenza di fondamento come lacuna – suggerisce ancora Paul Vayne – è necessario essere certi che le norme siano, in qualche maniera, fondabili. Ma per quale motivo esse dovrebbero essere necessariamente fondabili? Forse perché siamo noi a volerlo. Ma nulla ci è stato promesso. E ancora, affinché si possa parlare, in proposito, di lacuna filosofica è necessario che il solo ruolo attribuibile alla filosofia sia quello di fornire norme e di dirci quello che dobbiamo fare. Per Foucault, la cura nel fondare era caratteristica dell'età "antropologica": è da Kant a Husserl che si tenta di fondare, di ritornare all'*arché* inquestio-

nabile. Uscire dall'età antropologica significa abbandonare il progetto di fondare a favore di qualcos'altro» (Veyne 1998, p. 85).

Di fronte alla filosofia "antropologica che si chiedeva: "come fondare?", la posizione di Foucault era piuttosto: «Traiamo le conseguenze dell'impossibilità di fondare, rendiamoci conto che è inutile quanto impossibile» (*Ibid.*). Se, allora, la filosofa non può fondare (fuori di un orizzonte metafisico o religioso) non resta, dunque, che vivere e volere ciò che si vuole senza giustificarsi e dire di aver ragione. Non resta che "scommettere" su un'etica della *responsabilità* capace di non demandare più ad altro (valore universale, immutabile, eterno) la legittimazione delle proprie convinzioni; non resta che rinviare a noi stessi la capacità di costruire un agire responsabile nel riconoscimento degli (o meglio, nella *riconoscenza* per gli) altri (o il "mondo") con i quali entriamo in continua relazione.

## d) *L'etica dopo la decostruzione genealogica*

Certo, oggi leggiamo Pascal attraverso una nuova consapevolezza – e una nuova sensibilità concettuale – che passa per la genealogia di Nietzsche e di Foucault e, non ultimo, per il decostruzionismo di Derrida.

Cosa vuol dire, dunque, rileggere Pascal dopo Nietzsche, Foucault e Derrida? Vuol dire, in qualche modo, renderlo "attuale" (*attualizzare* la sua lettura, la sua interpretazione), disarticolare il suo linguaggio, decentralizzare il suo discorso dislocandolo rispetto al suo contesto "originario"; vuol dire ripensarlo nello scarto delle differenze che la sua riflessione assume nell'irruzione delle diverse genealogie e decostruzioni che riconfigurano la trama e il testo dei suoi *Pensieri*.

Ed è così che, attraverso le diverse "meditazioni pascaliane", ripercorriamo una genealogia che denuncia il fondamento amorale della morale e che demistifica la "rigida" opposizione tra diritto naturale e diritto positivo. Comprendiamo che non esiste un diritto di natura che non sia il frutto di una narrazione e figurazione storica, che non sia l'effetto di una "naturalizzazione" e "positivizzazione" giuridica. A partire da ciò, alla questione morale sollevata dall'interrogativo: "è giusto disubbidire alla legge ingiusta?", senza fare appello ad un presunto diritto di natura, si può rispondere cambiando prospettiva: se il diritto è una concretizzazione di rapporti sociali storicamente determinati, se è un processo di valorizzazione che risponde alle mutevoli esigenze che pone l'agire conforme ad esigenze di giustizia, è allora possibile rivederne continuamente il contenuto in vista di una sua approssimazione ad una vocazione umanitaria mai data per scontata ma sempre a venire, sempre in attesa di una sua realizzazione storica concreta.

Ed è proprio, paradossalmente, in questi termini che, per fare ancora un appello alla dimensione etica dopo la critica genealogica, dobbiamo prendere sul serio la prospettiva "decostruttivista", nella misura in cui la stessa si presenta sì, da un lato, come rimodulazione radicale dell'ermeneutica e della genealogia, ma anche, dall'altro, come ripresa del tema della responsabilità.

Tale percorso, soprattutto nel solco delle fenomenologia di Husserl, dell'ermeneutica esistenziale heideggeriana, della svolta linguistica e delle tendenze oggettivanti dello strutturalismo, lo ha, senza dubbio, intrapreso Derrida ripiegando e rinviando la tradizione ermeneutica (nel rapporto d'interlocuzione con il teso) al lavoro della «decostruzione» (Derrida 1969); una «decostruzione» intesa, prima di tutto, come interpretazione "destrutturante" che si addentra nella misteriosa molteplicità insita nella parola e nei suoi differenti significati o, come avrebbe detto Gadamer, nel «potenziale indeterminato dei suoi significati» (Gadamer 1995b, p. 333); che pratica una «rottura di quei vincoli in cui il linguaggio tiene legato il pensiero» (*Ibid.*, p. 353); che provoca, ancor più, una disarticolazione del *logos*, della logica istituita dal discorso filosofico di cui si nutre l'intera civiltà occidentale: il che vuol dire dipanarne gli intrecci, smascherarne i presupposti, mostrando che mondo e storia sono effetti dell'originaria «*dif-ferenza*» stabilita dal pensiero metafisico, senza negare per questo la concettualità generale che governa il nostro essere al mondo.

Se la realtà è strutturata come un linguaggio, occorre allora decostruire il testo su cui quest'ultimo si esercita per lasciarlo ancora parlare nelle intersezioni, nelle fratture, nelle cancellazioni. Di qui il tentativo di Derrida di decifrare ciò che è «in-scritto» nei testi della tradizione filosofica: serie infinita di scritture che sembrano alludere costantemente a un «fuori» del pensiero, a un *altro* testo, a un'*altra* parola che la filosofia non può mai qualificare e nominare, presentare o rappresentare, in quanto resto, residuo, scarto o differenza sempre rinviata del suo stesso presentarsi ed *esserci* (Derrida 1968; 1989).

Così scriveva ancora Gadamer nel suo testo del 1994 in cui ripensava criticamente il rapporto tra ermeneutica e decostruzionismo:

> «Il tema della decostruzione cade certamente nell'ambito dell'ermeneutica. Solo non ci si deve figurare con l'ermeneutica un determinato metodo che caratterizzi un certo gruppo di scienze rispetto alle scienze della natura. L'ermeneutica indica piuttosto l'intero ambito della comprensione infraumana. Nei miei propri lavori non si parla in realtà solo di scienze. Lo stesso direbbe anche Derrida della decostruzione, e cioè che vuole appunto superare la strettoia del metodo» (Gadamer 1995b, p. 345).

È questa tensione, dunque, che collega Derrida al pensiero ermeneutico: al pari di Gadamer, Derrida considera le diverse realtà come dei testi da interpretare. Diversamente da Gadamer, però, egli ritiene che l'ermeneutica abbia il compito di effettuare una decostruzione con l'intento di promuovere quegli innesti che per lui costituiscono il senso ultimo del lavoro filosofico.

Nel corso della sua riflessione, Derrida ha comunque progressivamente spostato il suo interesse dal rapporto ("decostruttivo") con il testo a una teoria dell'interpretazione poggiante sul modello del dialogo interpersonale. La pratica della "decostruzione", l'insistenza sui «margini» del testo (e il costante spostamento degli stessi), gli ha consentito di considerare la frontiera del discorso filosofico come linea non continua, che invece di delimitare e confinare la discorsività filosofica la attraversa. Tutto ciò, a partire da una rilettura di Lévinas, si è tradotto come disposizione all'*alterità* mediante una radicale decostruzione della metafisica della presenza e nel riconoscimento del primato dell'agire etico sulla speculazione teoretica (si pensi soprattutto ai testi dell'ultimo Derrida dedicati, tra l'altro, ai temi del dono, del perdono, dell'amicizia, dell'ospitalità e alle aporie del diritto). Proprio la centralità che l'etica viene ad assumere negli scritti di quest'ultimo periodo sembra suggerire l'idea che l'esito ultimo della speculazione derridiana (compresi i lavori sul tema del tatto e dell'animalità), sotto l'aspetto di un'interrogazione genealogica continua della conoscenza e dell'ontologia, abbia in realtà affidato ad un'indagine sulla responsabilità di fronte all'*altro*, oltre qualsiasi tentativo di concettualizzazione assoluta e oltre ogni pretesa di costruzione morale, un valore ermeneutico fondamentale nell'analitica dell'*esserci* quale condizione del nostro rapporto con il mondo. Vediamo, però, in che termini tale filosofia sia riuscita a ripensare, appunto, l'etica dopo la decostruzione genealogica.

In una conferenza tenuta a Irvine, in California, nel 1986, ribadendo la distanza della "decostruzione" dalle cosiddette "filosofie postmoderniste", Jacques Derrida ricordava come la sua prassi filosofica (il proprio modo di leggere i testi della tradizione) consistesse in una riconduzione di un discorso alla sua genesi istituzionale, mostrando sempre la labilità del confine che separa la teoria dalle pratiche, e in un rilancio continuo di una sfida teorica pura.

«La decostruzione, allora, resiste alla teoria perché dimostra l'impossibilità della chiusura, ovvero della chiusura di un insieme o di una totalità entro una rete organizzata di teoremi, leggi, regole, metodi. La coerenza o la compattezza della gettata decostruttiva non è un insieme teorico, né un sistema, poiché il sistema, in senso stretto, è una forma molto determinata di assemblaggio o coesistenza di una serie di proposizioni teoriche. E non è un *sistema* perché la gettata decostruttiva, in sé, non è affatto proposizionale, così come non è *posizionale*. Decostruisce proprio la *thesis*, sia come *thesis* filosofica (e la decostruzione non è più filosofica che scientifica), sia come tema. A dire il vero, essa ha incluso, come uno dei suoi sentieri essenziali nel campo della letteratura, la decostruzione della lettura tematica, o piuttosto tematicista» (J. Derrida 2002, pp. 46-7).

Di qui la necessità, per la decostruzione, di trattare i testi in maniera diversa dal modo in cui si trattano dei contenuti discorsivi, dei temi o delle tesi, e di considerarli invece sempre come strutture istituzionali e come entità politiche, giuridiche, storiche e sociali. L'interesse di ogni pratica decostruttiva rispetto a questioni come la realtà, la storia, la società, la legge, la politica, riposa, infatti, su un'idea di testo basata sulla decostruzione del «logocentrismo»; si tratta di qualcosa che è irriducibile al discorso, al libro, a ciò che ancora, comunemente, viene inteso e delimitato come meramente «testuale», cercando di opporlo al reale, al sociale, allo storico, al giuridico, ecc. «La gettata decostruttiva – dice ancora Derrida – non è essenzialmente teorica, tetica o tematica, perché è anche etico-politica» (*Ibid.*, p. 48).

Detto altrimenti, la decostruzione si presenta come un'ermeneutica, mai teoricamente definibile (dal punto di vista dogmatico), capace di sviluppare una pratica di lettura-scrittura *responsabilmente* attenta alle diverse implicazioni politico-istituzionali legate ai testi e alla lingua nonché a quella che Derrida ha definito una «dimensione dell'interpretazione performativa» ovvero, «di una interpretazione che trasforma quel che interpreta» (Derrida 1994, p. 69). Su questo piano, la decostruzione ci appare come una pratica impegnata sia sul fronte delle istituzioni che si strutturano attraverso i testi (e che al contempo ne dettano i canoni di lettura), sia sul fronte dei processi storici in atto che la appellano come risposta e responsabilità, di volta in volta irriducibilmente singolare. Lungi dal ripercorrere una critica filosofica interna ai testi e ai discorsi, la pratica decostruttiva si espone a ciò che accade fuori di essi, alle implicazioni politico-istituzionali che, appunto, la espongono all'*altro* nel sempre *differire* dallo stesso, all'*altro* in quanto eccedenza, supplemento, scarto. Si tratta di un pensare *fuori* dalla «cornice» (fuori dal contenuto o dalla struttura interna dell'opera, del testo, del discorso).

«Coerentemente con la sua logica, la decostruzione – scrive ancora Derrida nel 1978 – non fa riferimento solo all'edificazione interna, contemporaneamente semantica e formale dei filosofemi, ma anche a ciò che le si attribuirebbe a torto come una ubicazione esteriore, come sue condizioni estrinseche di esercizio: le forme storiche della sua pedagogia e le strutture sociali, economiche o politiche di quella stessa istituzione pedagogica. È proprio perché fa riferimento a strutture consolidate, ad istituzioni "materiali" e non semplicemente a discorsi o a rappresentazioni significanti, che la de-costruzione si differenzia sempre da una analisi o da una "critica". E che, per essere pertinente, essa opera quanto più rigorosamente le è possibile proprio sul punto in cui il collegamento cosiddetto "interno" del filosofico si articola in modo necessario (interno *ed* esterno) con le condizioni e le forme istituzionali dell'insegnamento. Fino al punto di sottoporre lo stesso concetto di istituzione al medesimo trattamento di decostruzione» (Derrida 1981, p. 23).

Lo stesso slittamento de-costruttivo, spostato sul piano di un *diritto alla filosofia* in grado di esporsi all'*altro* superando le chiusure di ogni pretesa di fondazione culturalista, nazionalista o etnicista, lo rincontriamo quando Derrida, nel corso di una conferenza pronunciata sotto gli auspici dell'UNESCO, si è interrogato sulle condizioni di possibilità di un discorso universalista capace di non ricadere entro i termini di una certa cultura, lingua, tradizione, nazione che sia pensata come universale e cosmopolita.

«Ciò che accade oggi, e credo da molto tempo, sono le formazioni filosofiche che non si lasciano rinchiudere in questa dialettica essenzialmente culturale, coloniale o neocoloniale, dell'appropriazione e dell'alienazione. Vi sono altre vie per la filosofia che non sono quelle dell'appropriazione come espropriazione (perdere la propria memoria assimilando la memoria dell'altro, opponendo l'una all'altra, come se una *es-appropriazione* [*ex-appropriation*] non fosse possibile, la sola *chance* possibile).

Non solo vi sono altre vie per la filosofia, ma la filosofia, se ce n'è, è l'altra via.

E questa è sempre stata l'altra via: la filosofia non è mai stata lo svolgimento responsabile di un'unica assegnazione originaria legata ad un'unica lingua o al luogo di un solo popolo. La filosofia non ha una sola memoria. Sotto il suo nome greco e nella sua memoria europea, è sempre stata bastarda, poliglotta e noi dobbiamo adattare la nostra pratica della storia della filosofia, della storia e della filosofia, a questa realtà che fu anche una *chance* e che resta più che mai una *chance*. Quello che dico qui della filosofia può dirsi egualmente, e per le stesse ragioni, del diritto e della democrazia» (Derrida 2003b, pp. 36-7).

Si tratta allora di ripensare la filosofia, dal punto di vista cosmopolitico (nei termini e oltre i termini esposti da Kant nel suo *Idea per una storia universale dal punto di vista cosmopolitico*), attraverso l'evento e l'irruzione dell'*altro*, attraverso la traduzione nella cultura e nell'idioma dell'*altro*, oltre ogni filosofia della differenza che non pensi se stessa *in differenza* fin dal suo emergere nell'orizzonte del pensiero. Si tratta di reinventare «una politica del diritto alla filosofia» che non sia solo «una politica della scienza e della tecnica ma una politica del *pensiero* che non ceda né al positivismo né allo scientismo né all'epistemologismo e ritrovi, all'altezza di nuove sfide, nel suo rapporto alla scienza ma anche alle religioni, al diritto e all'etica, un'esperienza che sia al contempo di provocazione o di rispetto reciproco ma anche di *irriducibile autonomia*» (*Ibid.*, p.40).

In tal senso, il motivo dell'ideazione di un diritto alla filosofia «dal punto di vista cosmopolitico» procede di pari passo con il motivo di una «*democrazia a venire*» (tema questo, molto caro a Derrida), e ciò nella misura in cui un movimento di effettiva democratizzazione diventi realmente la posta in gioco della riflessione filosofica (al di là della sovranità statuale-nazionale ma entro uno spazio politico-giuridico internazionale). Questa «*democrazia a venire*», questa *prossimità* – potremmo anche dire – sempre attuale, contemporanea, presente, nell'istanza etica che reca con sé, svincolata dai suoi modelli del passato, e dai «fatti che sono stati classificati sotto questo nome, e che conservano in sé la traccia delle egemonie», deve sfuggire ad ogni teleologia e ad ogni futuro possibile, deve conservare la sua fedeltà all'evento di cui nessun sapere può riappropriarsi; deve essere lasciata al suo evento, al suo «*a venire*» come posta della sua costitutiva *différance*, della sua *differenzialità* che si sottrae, nello scarto del suo *essere* appunto sempre *a venire*, al dato della mera presenza: dovere etico e politico che lascia essere l'*altro* nella decostruzione costante delle forme date, e sempre inadeguate, della democrazia *presente*.

Non si può, dunque, disconoscere che la decostruzione ha un'etica, o meglio che, nella filosofia di Derrida, essa intrattenga uno stretto rapporto con la questione dell'etica: un'etica intesa come atteggiamento (e non come fondazione di norme o elenco di prescrizioni), che si risolve nel tentativo di «ospitare» ciò che rende possibile tanto l'interrogazione sul giusto e l'ingiusto, quanto l'interrogazione sulle condizioni del soggetto che è chiamato, di volta in volta, alla *responsabilità*[2]. Si tratta di un'etica senza dubbio inconcludente (perché incapace di indirizzare immediatamente verso un agire razionalmente motivato), ma correlata con l'atteggiamento che caratterizza, nel profondo, l'intero impianto ermeneutico e genealogico della decostruzione.

La decostruzione infatti, da questo punto di vista, come in parte si è visto, è un tentativo di mettere in questione quel complesso di discorsi che, all'interno di una data tradizione, servono a legittimare l'agire di soggetti particolari o di istituzioni collettive. In tal senso reca sempre con sé anche l'esigenza di interrogare ciò che di volta in volta un soggetto dice del proprio agire, facendo appello a postulati di cui non riesce mai a rendere conto in modo completo, perché sia pur argomentabili, rimangono sempre intrecciati a quel tessuto di interessi e passioni, a quei presupposti valoriali, che spingono e motivano l'agire.

In altri termini, proprio in quanto atteggiamento etico, la decostruzione pone in questione l'istituzionalizzazione e la legittimazione dei discorsi, denuncia le regole di inclusione e di esclusione che ne permettono la visibilità, la riproduzione o la cancellazione; anzi, diviene analisi mirata delle modalità attraverso le quali diventa possibile trasformare un discorso in strumento di legittimazione, in mezzo di giustificazione di determinate pratiche politiche, giuridiche e sociali. Su questo piano la decostruzione, nella sua vocazione etica, smascherando genealogicamente ogni pretesa di fondazione morale, naturale o razionale della giustizia, si risolve in una prassi discorsiva che invece di richiamarsi a massime universali o a imperativi categorici generali, rimane intenzionata a chiarire sempre il proprio intento, la propria destinazione, la propria finalità e i propri limiti; detto altrimenti (se dovessimo utilizzare il linguaggio weberiano), denuncia sempre la sua posizione valoriale, la sua relazione ai valori, ed anche (se dovessimo invece richiamare il linguaggio della fenomenologia) la sua sospensione, *epoché*.

---

[2] Il tema dell'ospitalità attraversa molti dei testi dell'ultimo Derrida. Tra questi ricordiamo soltanto *Cosmopoliti di tutti i paesi, ancora uno sforzo!* (Derrida 1997); *Addio a Emmanuel Lévinas* (Derrida 1998); *Sull'ospitalità* (Derrida 2000).

In tal senso, si diceva, la decostruzione è una continuazione, radicale, della genealogia, e ciò nella misura in cui si pone come analisi critica delle contaminazioni reciproche che attraversano tutti i discorsi riguardanti, da un lato, la fondazione e l'origine e, dall'altro, i fini ultimi; o meglio, nella misura in cui riesce a smantellare, sul versante della prassi (e della storicità), i fantasmi dell'origine e del fine ultimo. Ed è così che ciò che Derrida chiama la «gettata decostruttiva» ritrova quell'*etica della responsabilità* che lungi dal ripararsi dietro lo schermo delle legittimazioni e delle giustificazioni offerte dai rinvii discorsivi ai presunti fondamenti naturali e universali dell'agire morale, si apre incondizionatamente all'*altro*, all'irruzione dell'*alterità* nel suo sempre *differire* dall'ordine dell'appartenenza e dell'identità.

In questa prospettiva, l'attenzione si sposta allora sulla necessità di focalizzare l'attenzione sulla questione dell'*alterità*, intesa come problema dell'*eccedenza*. E ciò in due direzioni. Prima di tutto l'*altro* rispetto al pensiero, ciò che il pensiero non riesce ad assimilare e a ridurre in maniera univoca al concetto, diviene la prospettiva principale attraverso la quale interrogare la tradizione filosofica per meglio evidenziare quali strategie discorsive siano state adottate al suo interno per escludere ciò che si trova oltre i margini del tessuto filosofico classico, canonico e autorizzato. In secondo luogo – e ciò ci interessa particolarmente – spostare l'attenzione verso l'*eccedenza* vuol dire, in quale modo, conferire alla pratica filosofica una determinata valenza etica, la quale si lascia cogliere non tanto nella tematizzazione di una teoria del bene, della giustizia o della vita buona, ma nello smontare, attraverso analisi testuali puntuali, localizzate e precise, ogni forma di retorica dell'*altro*. Grazie a tale smontaggio si evidenzia in che modo l'*altro* possa diventare una funzione discorsiva capace di delimitare e confermare gli statuti, le posizioni e le modalità di autocomprensione del soggetto che enuncia il discorso. In tal senso, visto che tale soppressione della differenza tra l'altro e il medesimo non risponde mai soltanto a esigenze di natura teorica, ma è sempre connessa alla funzione della teoria in quanto discorso di legittimazione, Derrida cerca di dimostrare come mettere in questione le retoriche dell'*alterità* acquisti sempre una valenza etica, seppure mediata da un processo di interpretazione decostruttiva. Invece di parlare in nome dell'*altro*, con lo scopo di far sentire la sua voce (sempre occultata dalla "volontà di verità" propria del pensiero metafisico), la decostruzione si prefigge il compito di rendere visibile la differenza, di mostrare l'irriducibilità *dell'alterità* nello scarto che l'*altro* produce nel discorso del medesimo. Lungi dal supportare le pratiche tese al discorso dell'inclusione (sia pure il più *ospitale*) dell'*altro*, la critica decostruttiva, interrogando le condizioni di possibilità del pensiero e riportando la differenza all'interno della riflessione filosofica svincolandola da ogni tentativo di conciliazione dialettica, si sforza così di smascherare il calcolo e le ambiguità (sia pure irriflesse e rimosse) che abitano le narrazioni atte a legittimare la produzione di un sapere teso all'omologazione e all'appropriazione.

Non è allora un caso che in anni più recenti segnati da conflitti interetnici, dalla crisi dei rapporti internazionali e dalla precarietà delle relazioni multiculturali, rileggendo il pensiero di Emmanuel Lévinas, Jacques Derrida abbia riproposto la cultura e l'etica dell'ospitalità a margine del cosmopolitismo kantiano, ovvero, al di là di quei limiti giuridici entro i quali l'aveva confinata Kant. E non è un caso che, sottraendolo al momento progettuale della ragione e al suo schema formale, l'abbia riportata al piano dell'esperienza, a quel territorio che registra l'irruzione dell'alterità radicale sulla scena dell'incontro concreto con l'altro[3].

Se al dispiegamento tecnico della ragione (al potenziamento del suo calcolo e della sua economia) non fa seguito la realizzazione di un'effettiva integrazione sociale tra estranei; se, in altri termini, all'esperienza della ragione non corrisponde quella della libertà e il "progresso" della razionalità non coincide con quello della pace, occorre dunque, al di là di una filosofia della storia, ripensare il rapporto ospitale in ordine alla riformulazione di un'ospitalità incondizionata (non limitata da diritti, politiche ed economie) capace di accogliere l'altro in tutta la sua paradossale ambivalenza e alterità. Occorre, in altri termini, riconsiderare l'ospitalità fino al limite del suo paradosso e della sua contraddizione: un'ospitalità che sia tale (che sia veramente tale) soltanto se esposta illimitatamente alla possibilità della sua stessa negazione, se aperta ad accogliere perfino l'inospitale, ciò che irrimediabilmente la spinge sino ai margini della sua stessa cancellazione; un'ospitalità, dunque, che, nel momento stesso in cui si offre, sia capace di accettare la possibilità di essere contraddetta, sconfessata, dissolta e rovesciata nell'ordine del suo capovolgimento

---

[3] In effetti Derrida, ripensando ultimamente la questione della giustizia in un'epoca che ha visto l'affievolirsi (e l'esaurirsi) dello scontro tra capitalismo e socialismo reale, ha sostituito ad una visione conflittuale una visione fondata sull'ermeneutica dell'alterità. Un'ermeneutica, oltretutto, che dal suo punto di vista non può non registrare il decentramento del soggetto tradizionale e la decostruzione della soggettività.

speculare: il rovesciamento nell'ostilità che da sempre la minaccia e che da sempre mantiene con essa un necessario rapporto di tensione.

Si tratta, pertanto, di ripensare ciò che Derrida ha chiamato l'*ospitalità incondizionale*: l'ospitalità *impossibile*, eterogenea al *politico*, al *giuridico* e perfino all'*etico*, ma non per questo "irreale", in quanto comunque disposta a qualcosa che può sempre accadere. Un'ospitalità, dunque, che si espone senza limite alla venuta dell'altro, al di là del diritto (al di là dell'ospitalità condizionata dal diritto d'asilo, dal diritto all'immigrazione, dalla cittadinanza), sia pure il diritto all'ospitalità universale di cui parla Kant, e che resta ancora controllata dal diritto politico o cosmopolitico. Poiché, ed è qui il paradosso, solo un'ospitalità incondizionata, esposta oltre i limiti di ciò che le dà condizione, può dar spazio all'evento dell'alterità nel suo manifestarsi sul piano dei rapporti sociali.

Come dire: l'ospitalità "*incondizionale*" eccede il calcolo economico, la misura giuridica, il confine politico, ma nulla e nessuno possono, in realtà, capitare senza di essa. Se, infatti, il diritto – e, a misura maggiore, il "diritto ospitale" – con le sue regole, le sue condizioni e le sue restrizioni, sembra sempre comprimere, e perfino dissolvere, ogni etica autentica dell'ospitalità, è soltanto paradossalmente su questa, attraverso la sua illimitata apertura, che lo stesso può, in ogni modo, accadere. Soltanto nella misura in cui ci permette di accedere al senso più autentico del *dovere*, dell'*obbligo*, del *debito* nei confronti degli altri, il diritto si rivela realmente per ciò che esso è e che sempre deve essere: ciò che definendo le nostre pretese, tutelando i nostri interessi, stabilendo la nostra posizione e la nostra identità, ci pone immancabilmente in rapporto agli *estranei*, gli *uni* nei confronti degli *altri*. Ogni volta che, infatti, ci viene attribuito o riconosciuto un *diritto*, ci troviamo, al contempo, in *dovere*, in una situazione di *debito*: ponendo un diritto si afferma incondizionatamente un dovere.

In fin dei conti, è in questi termini che possiamo riscontrare nei testi derridiani degli ultimi anni una presenza sempre più significativa del problema etico della responsabilità la cui insistenza, attraverso ad esempio le analisi dell'ospitalità, del dono, della testimonianza, dell'invio, della traccia, della destinazione, della differenza, dell'alterità, ecc., confermerebbe un avvicinamento (se non una sovrapposizione) di Derrida alle tesi di Lévinas. Si pensi, se non altro, al libro *Adieu à Emmanuel Lévinas* (Derrida 1998), dove appunto Derrida riprende il temi del rapporto tra etica, politica e diritto, della giustizia e della responsabilità data e presa «senza alcuna garanzia di fondazione ontologica» (*Ibid.*, p. 82). Rimandando al tema dell'*alterità assoluta in quanto unicità* (asse portante dell'etica di Lévinas) così scriveva Derrida:

> «L'etica intima una politica e un diritto; questa dipendenza e la direzione di tale derivazione condizionale sono tanto irreversibili quanto incondizionali. Ma in compenso il *contenuto* politico e giuridico così assegnato rimane indeterminato, sempre da determinare al di là del sapere e di ogni presentazione, di ogni concetto e di ogni intuizione possibile, singolarmente nella parola e nella responsabilità *assunte* da ciascuno, o in ogni situazione e a partire da un'analisi ogni volta unica – unica ed infinita, unica ma *a priori* esposta alla sostituzione, unica e tuttavia generale, interminabile, malgrado l'urgenza della decisione. L'analisi di un contesto e delle motivazioni politiche non ha infatti mai fine dal momento in cui include nel suo calcolo un passato e un avvenire senza limite. Come sempre la decisione resta eterogenea al calcolo, al sapere, alla scienza, e alla coscienza che tuttavia la condizionano. [...] Lo iato, il silenzio di questa non-risposta a proposito degli schemi tra l'etico e il politico, resta. È un fatto che resta, e questo fatto ne è una conseguenza empirica, è un *Factum*» (*Ibid.*, pp. 185-6).

Ed è di qui, come si è visto, che l'esperienza o la condizione dell'ospitalità, in quanto apertura all'altro, accoglienza dell'irruzione dell'idea dell'infinito nel finito, al di là delle condizioni politiche e giuridiche, si manifesta come l'eticità stessa, «il tutto e il principio dell'etica» (*Ibid.*, p. 114).

Anche in rapporto al pensiero di Jankélévitch, le questioni della risposta e della responsabilità hanno ritrovato una propria dimora nella riflessione di Derrida: nell'appello ad un'etica iperbolica, un'etica al di là dell'etica, che deve esporsi al pensiero di un perdono incondizionale, accordato oltre ogni calcolo, oltre ogni economia del simbolico, oltre ogni restituzione (Derrida 2004).

Ecco, dunque, in conclusione, dove riemerge l'etica dopo il "rasoio" (o la demolizione) della genealogia: in una *responsabilità* tesa a rendere possibile l'impossibile, denunciando, al contempo, la tensione aporetica, irreconciliabile, tra un diritto sempre condizionale e un'esigenza e un principio di giustizia incondizionali (che disegna sempre l'orizzonte di una «democrazia a venire»). Se la decostruzione genealogica ha smascherato il diritto che si spaccia per giustizia, denunciando le condizioni poste all'ospitalità (la pretesa di far valere un principio di giustizia producendo, invece, il suo contrario), la stessa ha aperto anche, e al contempo, la strada verso un'etica della responsabilità aperta all'irruzione dell'altro senza i filtri dell'appropriazione identitaria (categoriale, morale, politica, giuridica, economia, ecc.).

Questa apertura, che rimanda a un *debito* incondizionato nei confronti dell'altro (colui che mi precede, a cui devo la costituzione della mia stessa soggettività, della mia identità singolare), ad una *obbligazione* senza remore e senza "limiti contrattuali", indirizza la responsabilità verso una *riconoscenza* (etica) che anticipa il *riconoscimento* (teoretico, gnoseologico); e permette, al contempo, al soggetto di uscire fuori di sé nel momento in cui si costituisce come soggettività.

Si tratta allora di ripensare una *cura* dell'altro che, per altri versi, incontra altri percorsi genealogici della decostruzione che radicalizzano il tentativo derridiano di spingersi ai margini della filosofia (del "non-filosofico" per ripensare un "luogo" dove si soffermava, a suo modo, anche Pascal); quei percorsi, ad esempio, che rifiutandosi di articolare in termini naturali qualcosa di culturale, hanno portato di recente François Jullien a interrogarsi sulla categoria "feconda" dell'alterità (o dell'"estraneità") nello "scarto" dischiuso dall'incontro con l'altro (Jullien 2018) [4]. Dopo la critica genealogica, dopo la deco-

[4] Così Jullien comincia il suo discorso sull'Altro: «Lo *scarto* non è la differenza. Utilizzare la nozione di *scarto* significa tentare di non pensare in termini di comparazione, differenza o somiglianza. Comparare è sterile. Sia lo *scarto* sia la differenza indicano una separazione, ma, mentre la differenza dice una distinzione, lo *scarto* dice una distanza. La differenza mira a una definizione [...], quindi a una identità. Essa è uno strumento di classificazione e ordinamento (*rangement*), che dispone gli elementi attraverso la distinzione di identità differenti. Al contrario lo *scarto* perturba (*dérange*). Aprire uno *scarto* significa dischiudere uno spazio fecondo dove avventurarsi per incontrare l'alterità. Ma fino a dove va lo *scarto*? Si tratta di una figura euristica, che volge all'esplorazione e alla scoperta, che tende a uscire da ciò che è già noto. La differenza si determina, mentre lo *scarto* si apre, si scava, si esplora. Lo *scarto* non si sbarazza dell'Altro, lo tiene a vista, tiene lo sguardo sull'Altro. Lo *scarto* è intensivo, è apertura a un Altro possibile che mette in tensione. Pensiamo alla vicinanza etimologica tra il francese *renard* e *égard*, sguardo e riguardo. Lo *scarto* non è separazione, divisione, *gap*. Anzi, è il contrario, è la distanza che si apre tra due elementi, i quali rimangono alla portata dello sguardo, l'uno riguardo all'altro» (Jullien 2018, pp. 25-6). Da questo punto di vista, lo *scarto* va oltre la decostruzione derridiana, per cui la differenza di pone come "crepa" che destruttura il sistema di pensiero espresso da un testo dal suo interno. Jullien cerca di compiere una decostruzione dal di fuori, capace di smontare la costruzione discorsiva nel suo rapporto (nello *scarto*) con l'alterità che la destabilizza (la mette in tensione, la perturba). Come studioso della Cina, Jullien richiama al pensiero un'alterità capace di decostruire dal fuori le pretese di ogni identità culturale, costringendo la

struzione dei valori, non è più il soggetto Cartesiano, Kantiano o Husserliano – il soggetto trascendentale capace di esercitare la sua intenzionalità sovrana su un oggetto contrapposto e disponibile – a parlare. E ciò richiama la riflessione filosofica ad un'altra *responsabilità*, costretta a interrogarsi su di sé (sulle proprie condizioni) e su quell'alterità che, paradossalmente, la rende propriamente se stessa.

> «È ormai finita l'epoca – scrive ancora Jullien – in cui l'etica è stata pensata dal punto di vista della prescrizione, del comandamento, dell'imperativo categorico. Ora occorre mettere in campo un'etica della promozione e dello sviluppo, che apra sempre nuove possibilità di esistenza per il soggetto, dove ex-istenza è da intendersi letteralmente, come il gesto di mantenersi fuori da se stessi. L'esistenza è un movimento contrario alla chiusura, alla limitazione e al possesso. Vi è una distinzione tra soggetto e io: il soggetto ha la capacità di tenersi fuori di sé e di stare al di là dell'io. Il soggetto è, al contempo immanente, nel senso di *im-manere*, ossia restare nel mondo, ed ex-istente, poiché sporge fuori da sé. Immanente ed esistente (non trascendente), questo è il paradosso fecondo dell'umanità» (*Ibid.*, pp. 69-70).

E di questa umanità ci dobbiamo ricordare quando pensiamo ai «diritti umani» delineatisi nell'illuminismo non come una versione definitiva per tutta l'umanità a venire, ma come «una forza portatrice di universalità» (*Ibid.*, p. 57), se per questa intendiamo un orizzonte verso cui tendere, mai universalmente dato ma sempre aperto ed esposto all'evento dell'Altro; dell'Altro come «risorsa» inappropriabile e inesauribile[5].

Su questo piano, invece di essere integrato o riassorbito nella re-

---

riflessione filosofica a riformulare i confini, le categorie, a spostare i concetti di ogni discorso votato allo schema assimilazione/contrapposizione.

[5] Jullien introduce la nozione di *risorsa* distinguendola dal altri concetti come, valore, ricchezza, radice. «In senso nietzschiano, possiamo pensare di ribaltare i valori morali, mentre le *risorse* si possono attivare o trascurare, sfruttare o ignorare. Esse si pensano nell'ordine della promozione, non del progresso. I valori si combattono, o si celebrano, o si predicano, Sono esclusivi: se sono ateo, non posso essere religioso. Mentre le *risorse* non si escludono, sono additive e cumulative» (*Ibid.*, p. 35). Allo stesso modo, la *risorsa* si distingue dalla radice. «Il termine radice ha un effetto disastroso perché pretende di articolare in termini naturali qualcosa di culturale. Parlare di radice significa richiamarsi all'idea di un'origine mitica di una cultura. Il cristianesimo non è interessante come radice, bensì come *risorsa*» (*Ibid.*). Proprio a partire da qui possiamo, allora, promuovere un'etica dopo la critica genealogica.

lazione, l'Altro si mantiene nella sua alterità, sempre pronto a «ravvivarsi». «Ecco perché, tra l'Altro e il sé, in questo *tra* intensivo aperto (*entrouvert*) dall'oltrepassamento reciproco di sé da parte dell'Altro che rimane Altro, può svilupparsi, di fronte (*en regard*) all'Altro, un riguardo (*égard*) condiviso» (*Ibid.*, p. 86).

In realtà, anche qui, vi è un ritorno al Lévinas di *Totalità e infinito*, a un pensiero dell'Essere come esteriorità, alterità, estraneità: perché, nella prospettiva di Lévinas, l'Essere può pensarsi solo a partire dall'Altro. E Jullien si concentra, a partire da queste premesse e nel solco dell'apertura fenomenologica, sul tema dell'*incontro* (con l'Altro) come principio stesso dell'etica, come ciò che consente un «estendersi dalla conoscenza all'etica» (*Ibid.*, p. 83).

> «Si sa, d'altronde, che il pensiero moderno – scrive Jullien – ha fallito nel suo tentativo di rintracciare un fondamento per la morale nell'imperativo (il dovere kantiano) o nel sentimento (la pietà di Rousseau, di Kant o di Schopenhauer). L'imperativo è stato accusato di essere una forzatura idealista e il sentimento si è rivelato incapace di raggiungere la generalità e di legittimarsi come universale. Ora, *incontrare* può costituirsi come categoria etica, dal momento che, se dipende dalla mia inscrizione singolare nel mondo ed è circostanziale, come lo è la pietà, nondimeno, l'incontro fa appello a un impegno volontario e a una scelta che, come tali, sono appunto la determinazione della morale. Incontrare non è solo reattivo, ma chiama una mia iniziativa e mi promuove come soggetto. Posso accettare oppure no di incontrare l'Altro. Allo stesso tempo, anche se non mi si impone come un dovere (come accade con l'imperativo della morale), l'incontro, se diviene effettivo, implica di per se stesso un'esigenza. La moralità della condotta, per cui tratto l'Altro egualmente come soggetto, non è altro che il risultato dell'incontro e, come tale, sfugge a tutto ciò che è sempre rimasto sospetto nell'intenzionalità morale e nella buona volontà. Nel momento in cui incontro l'Altro, e nella misura in cui incontro l'Altro, dal fatto stesso dell'incontro, ossia dall'effrazione e dallo schiudimento dell'io che provoca l'incontro, deriva una presa in considerazione dell'Altro in quanto Altro, debordante l'io, che disfa l'egocentrismo, la cui necessità non si può sciogliere se non rinunciando all'incontro. La qualità morale della condotta non è altro che una conseguenza della condizione che instaura l'incontro. Così se mi comporto male verso qualcuno, è perché non ho ancora cominciato a incontrarlo, o perché mi sono ritirato dall'incontro. Nell'attualità dell'incontro, la possibilità di un'azione immorale si trova di per se stessa esclusa, eliminata» (*Ibid.*, pp. 83-5).

In questo senso, per Jullien, *incontrare* si pone all'inizio dell'etica perché contiene un'alternativa. L'etica si origina, fin dal principio, in una divisione: «o incontro, o passo al lato». E «passare al lato» significa fallire l'incontro (*Ibid.*, p. 85). Su questo piano l'etica abbandona l'astrattezza dei principi generali (già scardinati dalla genealogia), si libera delle rigide codificazioni, e si limita al fattuale, inscrivendo immediatamente la condotta nell'immanenza della situazione. E solo in tal modo l'etica *incontra* l'Altro (senza pretesa di assimilarlo) lasciando che l'Altro, a sua volta, in quanto Altro inappropriabile, disappropri di sé colui che lo trova nell'incontro.

Si tratta allora di ripensare un decentramento, una dislocazione molto simile a quella che Roland Barthes attribuiva all'«*atopia*» (socratica): «L'atopia resiste alla descrizione, alla definizione, al linguaggio, che è *maya*, classificazione di Nomi (di Colpe). Essendo atopico, l'altro fa tremare il linguaggio: non si può parlare *di* lui, *su* lui; qualsiasi attributo è falso, doloroso, goffo, imbarazzante: l'altro è *inqualificabile* (e questo sarebbe il vero significato di *atopos*)» (Barthes 1979, p. 39). Ma si tratta di ripensare al contempo, in questo *scarto*, in questa *atopia*, un'etica capace di assumersi la responsabilità per l'altro, e che sia capace, proprio in questa direzione, a mantenersi nello spazio (*atopico*, *eterotopico*) dell'*immaginazione*.

Di questa "*immaginazione*", allora, dobbiamo ancora parlare, nella misura in cui la stessa può ancora permetterci di riconfigurare (o *rifigurare*) non solo un rapporto etico con l'altro (un «riguardo condiviso» con l'Altro), ma anche di ridefinire un compito per la sociologia – e per la sociologia del diritto in particolare – rispetto al suo orizzonte scientifico-culturale.

A conclusione di questo lavoro, che ridiscute, come si è visto, i fondamenti del diritto alla luce di quella critica "genealogica" che già emerge nei *Pensieri* di Pascal, mi permetto, dunque, di suggerire brevemente alcuni spunti di riflessione utili forse a ridefinire concettualmente, nei limiti di una tradizione ben consolidata nella cultura giuridica italiana, il campo degli studi sociologici tesi ad indagare (e a promuovere) il rapporto tra diritto e società.

## 3

# Una *chance* all'immaginazione

### a) *Immaginazione e figurazione teoretica della sociologia del diritto*

Attraverso lo scavo nei *Pensieri* di Pascal si è cercato, in questo lavoro, di ripercorrere una genealogia delle formazioni concettuali che definiscono il campo della riflessione sociologico-giuridica; detto altrimenti, si è cercato di ricostruire una prospettiva genealogica articolata intorno ad alcuni problemi sollevati soprattutto dall'ermeneutica e dal decostruzionismo, al fine di ridefinire i presupposti concettuali della sociologia del diritto. Proprio al ruolo di tale disciplina nel dibattito scientifico-culturale attuale verranno dedicate, in conclusione, alcune brevi osservazioni.

Il rinato interesse per la sociologia del diritto nel dopoguerra italiano (come in altri Paesi), si è dovuto soprattutto all'esigenza di dare una nuova configurazione ai rapporti giuridici, più sensibile ai mutamenti sociali allora in atto. In tal senso, la Sociologia del diritto, lungi dal definirsi soltanto come specifica disciplina (di carattere accademico), si è posta anche come tendenza, o meglio, come orizzonte scientifico-culturale (capace di coinvolgere sia sociologi che giuristi) entro il quale riformulare teoreticamente e pragmaticamente il rapporto tra diritto e società. Proprio la dialettica tra questi due differenti momenti, quello disciplinare e quello più generale, scientifico-culturale, ha permesso, sia pur non senza difficoltà, di sviluppare e arricchire il panorama degli studi sociologico-giuridici, sia in vista di una maggiore consapevolezza "identitaria" della disciplina, sia in direzione di una trasformazione della Sociologia del diritto da mera prospettiva di osservazione a strumento di produzione di cultura giuridica e sociologica.

Detto altrimenti, nel costante riferimento alla cultura giuridica e sociologica, la Sociologia del diritto, riformulando un concetto "sociologico" dell'esperienza e dell'ordinamento giuridico, si è potuta porre come una nuova fonte di "*immaginario*" sociale teso alla figurazione teoretico-concettuale e pragmatico-effettuale di nuovi scenari giuridici capaci di riformulare, in modo critico e costruttivo, il rapporto tra società e diritto.

A tale spirito, e a tale dialettica, occorre adesso tornare, special mente alla luce del periodo di crisi culturale, politica, istituzionale, economica, sociale e morale che oggi stiamo vivendo e soprattutto in relazione alle sfide che il sapere sociologico-giuridico deve affrontare nel processo di trasformazione dell'università.

Occorre tornare, in un senso più ampio, a quella dialettica tra «immaginario sociale» e realtà (istituzione del reale) che struttura, secondo Cornelius Castoriadis, la democrazia (e il politico) come attività umana riflessiva sempre aperta all'interrogazione; a quella creazione incessante ed essenzialmente *indeterminata* (sociale-storica e psichica) di figure/forme/immagini, a partire da cui soltanto si può parlare di "qualche cosa" (quelle che noi chiamiamo "realtà" e "razionalità" non sono che le opere di questo immaginario); perché «l'istituzione della società è, ogni volta, istituzione d'un magma di significati immaginari sociali» (Castoriadis 1995, p. XXXVIII).

Su questo piano l'*immaginazione*, in quanto incessante interrogazione, non è che esercizio teoretico, *teoresi*, attività speculativa costruttiva del reale.

### b) *Visibilità concettuale della sociologia*

Vale la pena notare che proprio la sociologia, nella sua impalcatura originaria, si è sempre sforzata di dare un'immagine ai processi sociali che, proprio in quanto processi "immateriali", sfuggono ad una loro immediata visualizzazione.

Non a caso, come si è già ricordato, il XIX secolo, epoca di positivismo e di sociologia (Auguste Comte scrive il suo *Cours de Philosophie Positive* tra il 1830 e io 1842), è anche il secolo che registra, dietro l'impulso dei processi di industrializzazione, l'affievolirsi dell'autosufficienza individuale. Le società (almeno in quei Paesi in cui era in atto uno sviluppo industriale, come, ad esempio, Francia e Inghilterra) iniziano ad essere percepite come un sistema di nessi funzionali, di rapporti di interdipendenza reciproca, ovvero, per usare un'espressione di Norbert Elias, come «contesti funzionali composti da individui interdipendenti» (Elias 1990, p. 75). Le relazioni sociali assumono un aspetto relativamente autonomo, in grado di autoregolarsi indipendentemente dal governo e dai fini che gli individui danno al loro agire. I concetti d'azione finiscono per diventare sempre più concetti di funzione. Lo capiamo attraverso Durkheim: per mezzo della crescente differenziazione e specializzazione del lavoro e di tutte le attività sociali, ogni gruppo e ogni individuo, a causa della peculiarità della propria funzione, diventa funzionalmente dipendente da un numero sempre più elevato di altri gruppi o individui. Di conseguenza, facendosi sempre più estese, complesse e differenziate, le catene di interdipendenza funzionale che legano "organicamente" gli individui tra loro (attraverso la loro reciproca dipendenza e subordinazione) diventano imprescrutabili e incontrollabili per ogni singolo e per ogni gruppo isolatamente considerato. A tali condizioni, gli uomini del XX secolo iniziano a diventare consapevoli dell'opacità che li circonda e, insieme, del fatto che i loro problemi, lungi dal rimanere ascrivibili alla sfera della loro responsabilità personale, presentano un carattere sociale. Detto altrimenti, gli individui non riescono più a giustificare la propria esistenza a partire da una loro pretesa autonomia e autosufficienza individuale – come se realmente esistessero quali soggettività indipendenti e isolate, precedenti e disciolte dai legami sociali –. Le nuove condizioni sociali non permettono più di riferire la propria esperienza esistenziale al singolare ed astratto esercizio del *cogito*; l'esistenza individuale, come si inizia a comprendere, dipende sempre più dall'organizzazione sociale.

Tale situazione – la dimensione relativamente impersonale del contesto fattuale – esige dunque nuovi strumenti analitici e nuove capacità di comprensione teorica (in linea con i progressi delle scienze naturali) non più riferibili alla tradizione del pensiero filosofico. Per questo, per rimanere in Francia, la svolta di Comte nell'ambito delle scienze sociali non può che apparire di grande importanza: perché proprio attraverso il metodo del suo nuovo «spirito positivo» registriamo il passaggio da una teoria della conoscenza e della scienza di tipo filosofico (specialmente di stampo illuminista) ad una *conoscenza sociologica* in grado di assumere a suo oggetto non l'individuo, ma i nessi, i processi, i contesti di interconnessione e di intersoggettività che definiscono la società in quanto tale. A fondamento della nuova gnoseologia vi è la concezione, ancora oggi presente negli studi antropologici e sociali, della socializzazione del soggetto pensante, ovvero, che il soggetto pensante sia, in realtà, un soggetto già socializzato. Come dire: non pensiamo grazie a noi stessi, ma grazie alla società entro la quale si formano le nostre stesse strutture mentali; non vi è più possibilità per una soggettività trascendente (e precedente) i rapporti sociali: il soggetto è un “fatto sociale”. Non possiamo spiegare le trasformazioni sociali ricorrendo semplicemente alle intenzioni dei singoli individui, o riconducendole ai parametri del “razionalismo” filosofico.

Alla base della riflessione comtiana (proseguita dallo stesso Durkheim) vi è dunque il problema della *visibilità* concettuale: come rendere teoricamente *visibile* quell’opacità delle interconnessioni sociali che gli uomini faticano ancora a distinguere? Come dare un’*immagine* concettuale al contesto impersonale e fattuale che costituisce e determina le coscienze individuali? A questa domanda, come abbiamo già visto, dava una prima risposta Durkheim chiamando in causa, guarda caso, il diritto: il diritto quale «simbolo visibile» della «solidarietà sociale» in quanto «fenomeno morale»: «La solidarietà sociale – scriveva ne *La divisione del lavoro sociale*, testo la cui prima edizione risale al 1893 – è un fenomeno morale che non si presta di per sé ad un’osservazione esatta né tanto meno alla misura. Per procedere a questa classificazione e a questo confronto occorre dunque sostituire al fatto interno che ci sfugge il fatto esterno che lo simbolizza, e studiare il primo attraverso il secondo. Questo simbolo visibile è il diritto» (Durkheim 1989, p. 86).

Occorreva, tuttavia, un ulteriore sforzo per dare una maggiore visibilità, generale e concettuale, a quel tessuto di rapporti impersonali (superiore all’individuo e distribuito intorno alle «più fondamentali uniformità sociali») che rimaneva per lo più opaco e indistinto all’intelletto “individuale” e alla conoscenza scientifica di un’epoca ancora troppo dimensionata alla ristretta misura di quell’intelletto. A questo sforzo era chiamata, appunto, la sociologia nel tentativo di dare un’*immagine visibile* a ciò che sembrava ancora «un’astrazione dell’intelligenza». Di qui, il paradossale tentativo dello sguardo sociologico, che richiedeva ancora una torsione concettuale e un ribaltamento nelle categorie mentali: far comprendere che ciò che ancora agli uomini può sembrare pura astrazione, è in realtà concretezza. L’individuo, ciò che ci appare di più concreto, è in realtà una mera astrazione supportata «dall’antico regime filosofico» (la stessa astrazione a cui era giunto il pensiero giusnaturalistico per rifondare una natura razionale dell’uomo, svincolata dai rapporti reali ed emancipata dal piano fattuale del contesto storico-sociale – dai rapporti e dai privilegi feudali). Solo la società è *realmente* concreta, anche se ancora, per una distorsione epistemica – ovvero, per il carattere reificante degli strumenti linguistici tradizionali (che oggettivizzano i processi, i rapporti, i nessi, dandogli l’aspetto di “cose”, di costrutti rigidi e statici) e quindi delle nostre stesse operazioni mentali – non risulta visibile nella sua natura effettuale (e non solo mentale). Ora l'*astratto* (il sociale) diventa il *concreto* e ciò che più pensavamo concreto e naturale (l'individuo) diventa pura astrazione. Tutto sta in un'inversione di *sguardi*, in un ribaltamento del senso comune disposto dal modo "viziato" attraverso cui gli uomini osservano. Nella teoria sociologica i rapporti sociali, i nessi funzionali, i processi, devono diventare visibili (devono uscire dalla loro opacità), a scapito dell'individuo oramai quasi invisibile alla rilevazione analitica. Occorre cambiare le lenti, smontare la superficie *prospettica* ordinata dal razionalismo moderno; la società diventa la vera "natura": l'individuo è astrazione, configurazione contingente di rapporti sociali e di nessi mentali impersonali. Il problema (annidato nell'uso linguistico che sostiene lo stesso processo di socializzazione) risiede nel fatto che ogni volta che utilizziamo concetti implicanti l'idea di un nesso impersonale, indipendente ed autonomo, siamo soliti ricondurlo e riferirlo ad altri concetti che implicano eventi e intenzioni personali, quando, invece, in realtà, avviene il contrario; i nessi impersonali, precedono e qualificano gli eventi personali.

E ciò appare chiaro dal momento in cui, in condizioni storiche e sociali caratterizzate da un crescente processo di interdipendenza funzionale, gli uomini hanno incominciato a percepire il carattere necessariamente sociale della loro singolare esistenza; hanno iniziato a considerare se stessi come elementi di un insieme più ampio e impersonale.

### c) *Immaginazione giuridica*

Ora, che immagine dare al mondo, alla nostra realtà? L'attuale crisi che, a livelli diversi, sta ancora attraversando, sul piano locale e globale, la sfera dei rapporti sociali, è anche – se così si può dire – una crisi di immaginazione.

L'immaginario sociale, la costruzione di immagini (e la proliferazione di immagini), sembra sempre più affidata ai dispositivi tecnologici e ai supporti mediatici che, in linea con le esigenze della produzione capitalistica, definiscono una realtà percepita sempre più come una dimensione autonoma rispetto ai soggetti (sia individuali che collettivi) che interagiscono nello spazio sociale (contribuendo così a dissolvere la distinzione tra virtuale e reale che fino a poco tempo fa ha continuato a caratterizzare la modernità). Questa nuova forma di "oggettivazione", di "reificazione" della realtà sociale, ha finito per porsi (e per essere percepita) come una sorta di "realtà naturale", imprescindibile e necessaria, contribuendo a diffondere la sensazione (più o meno cosciente) che l'immaginazione sia un prodotto (un dato, un fatto) estraneo, separato e indipendente dall'attività dei soggetti (e dalla loro interazione sociale) e che la realtà, altrimenti che un processo storico-sociale, sia qualcosa di sempre già dato e costituito, al quale adeguare (in modo acritico) la mente. Proprio tale tendenza, come poco prima si è detto, si traduce nella crisi di immaginazione ovvero, nella incapacità dei soggetti di sentirsi artefici dei processi di trasformazione del reale.

Tuttavia, come si è già accennato, l'immaginazione, se ben la intendiamo, è potenza che trasforma il reale, condizione fondamentale delle attività mentali, ed anche un modo per dare una certa figurazione – e costruzione – al reale.

Non si è forse riflettuto abbastanza sulla "forza" dell'immaginazione, sul potere delle immagini, sulla loro *concretezza*. Non vi è vita intellettuale senza la mediazione dell'immagine: l'immagine è una dimensione rilevante che investe la vita pratica, i nostri comportamenti, la nostra vita individuale e sociale ed anche, come si è visto, giuridica. L'immagine, come scrive Jean-Jacques Wunenburger, dà senso al mondo, partecipa «ai progetti e alle strategie più importanti della vita attiva» (Wunenburger 1999, p. 365). Nel *Salon del 1859*, Baudelaire ricordava che «l'immaginazione è l'analisi, è la sintesi»; ciò che «crea un mondo nuovo, produce la sensazione del nuovo». E aggiungeva: «Poiché ha creato il mondo (lo si può proprio affermare, credo, anche in un'accezione religiosa), è giusto che lo governi. [...] L'immaginazione è la regina del vero, e il *possibile* è una provincia del vero. Essa è concretamente congiunta con l'infinito» (Baudelaire 1992, p. 223). Ancora Wunenburger, ragionando sulla «qualità della vita spirituale», ricordava in proposito che «senza la mediazione dell'immagine la morale, la politica, il religioso e l'arte non prenderebbero forma o quanto meno muterebbero natura» (Wunenburger 1999, p. 366). E noi, a tali campi aggiungiamo, il diritto.

Su questo piano, la relazione tra rappresentazioni mentali e costruzioni giuridiche (in quanto figurazioni dello spazio sociale, ovvero, forme del conoscere connesse all'attività del pensiero) non può che apparirci essenziale. L'immaginazione giuridica è, da sempre, organizzazione costruttiva.

Nella sua capacità performativa, il diritto è, infatti, figurazione, produzione e organizzazione dei rapporti sociali. Rimanda a quelle "forme simboliche" che nella loro concretizzazione storica contribuiscono a dare coordinate spazio-temporali alla costruzione della nostra realtà.

Ma ancor di più il diritto è sempre espressione di una "positività virtuale" che attende di essere effettivamente attualizzata, di diventare "positività effettuale". Nella sua dinamica temporale, l'enunciato performativo, quale istanza differenziale del diritto, si presenta, paradossalmente, come una sorta di presente senza presente (per usare le espressioni di Derrida), come un "tempo" che attende la sua realizzazione in forza di legge, che aspetta di essere convocato al suo presente fenomenico. È allora proprio in questo scarto tra presenza e sospensione, tra potenzialità e attualizzazione, tra l'enunciato del comando e la sua realizzazione ovvero, tra la "positività virtuale" e la "positività effettuale" che definiscono insieme la temporalità della legge (e la sua fenomenologia paradossale), che trova spazio l'*immaginazione* come capacità ideativa e costitutiva – e come forza istitutiva – delle forme simboliche che danno luogo al diritto.

Si tratta allora di restituire al diritto la sua capacità di costituire autonomamente il suo mondo e di dotarlo di senso (attraverso un'auto-regolazione sempre aperta e indeterminata). Si tratta di pensare l'"immaginazione giuridica" come continua ideazione (e non semplice specularità, immagine riflessa di qualcosa di già istituito); come potenza "figurazionale", costruzione formale in grado di andare oltre la semplice visualizzazione oggettiva di immagini precostituite; come creazione incessante di figure/forme/immagini che danno luogo a un determinato concetto di realtà. Ciò che chiamiamo "realtà" non è che l'opera, più o meno limitata e condizionata, di questo immaginario; una forza simbolica, se si vuole, capace di trasformare la storia della nostra convivenza associata.

In quanto produzione di forme, la "potenzialità immaginativa" rappresenta, in effetti, una delle condizioni essenziali della tecnica, della pratica e dell'esperienza giuridica. Pensiamo, ad esempio, alla "finzione", il *modus operandi* più tipico e proprio del diritto: immaginare un mondo non reale "come se" fosse reale (autonomia e artificialità caratterizzano il sapere di cui la finzione è tecnica speciale). Nella sua performatività, la finzione giuridica attesta, affermandolo, lo scarto tra ciò che si fa e ciò che si dice e funge dunque da ponte tra le parole e le cose (Thomas 2016). L'ordine giuridico stesso si costituisce in ragione di una "finzione" originaria, quella che rende diritto una parola "qualunque", e proprio tale istituzione fittizia è il fondamento stesso del suo rapporto originale con il mondo.

In linea con il rapporto essenziale che il diritto intrattiene con la finzione, l'immaginazione giuridica si concretizza allora come dimensione istitutiva e costitutiva di quella realtà formale che da millenni consente agli uomini di accedere ad un ordine sociale, ben prima che intervenga la scrittura lineare e la speculazione del concetto. E ciò perché, se facciamo attenzione, il carattere vincolante e *normativo* del diritto non si deve tanto al suo aspetto puramente morale, quanto, piuttosto, al suo principio "formale" (alla sua condizione "estetica" potremmo anche dire) ovvero, alla sua capacità di dare "immagini", "forme" (e "norme") all'interazione sociale, le stesse "forme" entro le quali si costituisce il suo *ethos*.

E ciò tanto più perché le immagini, come tali – secondo quanto ci ha insegnato la psicoanalisi jungiana sviluppata da James Hillman –, «sono le presenze della necessità che hanno preso forma» [1] (Hillman 1991, p. 107). Il diritto, allora, da questo punto di vista, non è che *immaginazione* (*immagine-azione*), forza che dà forma ad una *necessità*, che rende presente il reale (una situazione reale) conferendo appunto un'immagine alla *necessità* di cui è espressione. Me è anche, al contempo, *immaginazione* in quanto capacità di "invenzione" ovvero, se pensato in rapporto al politico, di "promozione", "sviluppo" e "ideazione" di quelle "forme sociali" in grado sì di ordinare il reale, ma anche di creare fratture, discontinuità, con ciò che è già dato e presente; ed è ancora, se orientato al suo farsi universale, potenza in grado di "attivare" i diritti come forze portatrici di umanità. In tal senso il diritto ci appare come processo di universalizzazione in atto, come potenza capace di accogliere l'Altro in quanto «risorsa» (nel senso datogli da Jullien [2]) del suo farsi attuale.

## d) *Figurazione giuridica*

A margine del problema affrontato, rimane pertanto la volontà di suggerire a quanti nel diritto vedono soltanto un'attività confinata

---

[1] «La realtà è tale – sostiene ancora Hillman – solo se è necessaria. L'uso della parola "realtà" implica una condizione ontologica che non può essere altrimenti. Di conseguenza le immagini devono possedere una qualità di inalterabile necessità, talché la realtà psichica, che consiste in primo luogo di immagini, non può essere costituita semplicemente di immagini a posteriori di impressioni sensoriali. Le immagini sono primordiali, archetipiche, realtà ultime in se stesse, l'unica realtà immediata di cui la psiche ha esperienza» (Hillman 1991, p. 107).

[2] Rimando ancora a Jullien e al suo testo sull'alterità (Jullien 2018, pp. 34-5).

entro specifici ambiti operativi, che la cultura giuridica (in ciò che ha di più originario e profondo – e, dunque, paradossalmente, al livello "superficiale" delle forme) è parte, se non fondamento, dei nostri stessi processi di costruzione della realtà; gli stessi processi che trovano sul piano estetico la loro immediata *figurazione* e, al contempo, la loro "*epoché*" performativa, per dirla nel linguaggio fenomenologico. Se, infatti, guardiamo ancor più nel profondo, ci accorgiamo ben presto che la dimensione giuridica più vincolante e *normativa*, non è tanto quella che conferisce al diritto il suo aspetto morale, ma quella che costituisce lo stesso appunto nel suo carattere "estetico" (nella sua esistenza estetica più che morale, nel suo principio "formale", nella sua "morfologia"), ovvero, nella sua capacità ontologica di dare "forme" (e "norme") al reale, le stesse "forme" entro le quali si dispiega il suo *ethos* e si orienta (e si ordina) l'agire morale. I "pubblicisti" hanno fatto tesoro di questa virtù del diritto, e hanno per lo più ricondotto i sistemi politici, in quanto fenomeni storici, in uno schema di "forme". Così, ad esempio, nei suoi *Lineamenti di diritto pubblico tedesco* del 1865, Carl Friedrich von Gerber, tra i giuristi più attenti al significato e al valore della costruzione giuridica, indicava il compito specifico della scienza del diritto pubblico: «Definire lo Stato come organismo non significa altro che dare una *figurazione plastica* [il corsivo è mio] alla realtà naturale» (Gerber 1971, p. 198). E già Rudolf von Jhering, attento studioso del diritto romano, parlava di una «forma artistica-civilistica» indicando, nella prima fase della sua produzione, i compiti sistematici di una giurisprudenza concettuale (Wilhelm 1974, p. 125).

Dobbiamo, in effetti, ammettere che nel diritto (e specialmente nella sua elaborazione dogmatica) vi è sempre in gioco una certa definizione di ciò che è "natura", "storia" e "potere", come vi è in gioco una certa *figurazione*, *formazione* e *formalizzazione* (se non *uniformazione*) del reale. Lo capiamo bene anche attraverso gli studi analitici del linguaggio giuridico ovvero, attraverso quella svolta semiotica dell'indagine giuridica che, a partire dalla seconda metà del secolo scorso, ha presentato al mondo dei giuristi l'esigenza di un approccio di tipo semantico basato sugli strumenti dell'analisi logica del linguaggio. Come scriveva Karl Olivecrona in un suo saggio del 1962 (*Linguaggio giuridico e realtà*), lo scopo primario del linguaggio giuridico non è quello di «rappresentare» il reale, ma di «modellarlo»; perché tale linguaggio non «rispecchia» semplicemente la realtà, ma la costruisce (e la "performa") attraverso figurazioni e convenzioni linguistiche, come un testo (o contesto) semantico in cui si inscrive la sua stessa capacità ordinante e costituente il reale (Olivecrona 1976, p. 283).

## e) *Capacità costruttiva dell'immaginazione*

Dunque, nella sua capacità performativa, il diritto, quale "forma mentale" che si costituisce nei processi storico-sociali, è produttore di figurazioni ovvero, conferisce un'immagine alla nostra realtà sociale.

Potremmo anche affermare – e richiamo in tal senso la prospettiva genealogica che ci ha condotto fin qui – che il diritto, lungi dall'essere una realtà "naturale", è una realtà "simbolica" (una "forma simbolica" potremmo anche dire[3]); è un dispositivo "culturale" che si serve di "elementi naturali" per "simbolizzare" rapporti sociali dati nella loro storicità. Poiché attraverso il diritto (e i suoi processi di valorizzazione) si tratta di pensare "la natura" come "simbolo" di una certa configurazione storica, sociale e culturale, e non il contra-

---

[3] Mi riferisco a *La filosofia delle forme simboliche*, opera di Ernst Cassirer in 3 volumi uscita in Germania tra il 1923 e il 1929 e sviluppata nel contesto culturale dell'attività della biblioteca Warburg ad Amburgo. Il punto di partenza di quest'opera (che rispecchia il neocriticismo di Cassirer), è che ciò che accomuna le diverse sfere della cultura (linguaggio, mito, religione, arte, ecc.) è il loro essere, appunto, «*forme simboliche*» capaci di rappresentare, mediante segni simbolici, il contenuto dello spirito. Per «*forma simbolica*» dobbiamo, allora, intendere ogni energia spirituale mediante la quale un segno sensibile viene collegato a un contenuto spirituale significativo: è correlazione essenziale di significato e segno. Attraverso tale concetto si individua quella attività spirituale capace di dare espressione al pensiero e costruzione al reale. In altri termini, la «forma simbolica» – in quanto «mondo concettuale della conoscenza» o «mondo intuitivo dell'arte, così come quello del mito o del linguaggio» – è energia dello spirito mediante la quale acquista un senso il reale. «Il linguaggio – leggiamo nell'*Introduzione e posizione del problema* posta all'inizio del Primo volume di *La filosofia delle forme simboliche* – sembra potersi compiutamente definire e pensare come un sistema di simboli costituiti da suoni; il mondo dell'arte e quello del mito sembrano esaurirsi nel mondo delle forme particolari sensibilmente intuibili che entrambi ci pongono dinanzi. E così si ha effettivamente un medio omnicomprensivo nel quale si incontrano tutte le forme spirituali pur così diverse. Il contenuto dello spirito si dischiude solo nella sua estrinsecazione; la forma ideale si riconosce solo dal complesso e nel complesso dei simboli sensibili di cui essa si serve per la sua espressione» (Cassirer 2004, p. 21). Dal nostro punto di vista possiamo allora considerare il modo in cui si realizza il diritto – così come il modo in cui si esprime il pensiero, si definisce l'immagine e si sviluppa la comunicazione umana (attraverso il linguaggio) – come un'esperienza di simbolizzazione.

rio. Come dire che il diritto eleva il "naturale" a simbolo di assetti sociali particolari e concreti che proprio in virtù di tale processo di simbolizzazione acquistano un valore giuridico "generale" ed "astratto".

Proprio la Sociologia del diritto, per la sua conformazione epistemologica e per le sue capacità euristiche ed ermeneutiche è in grado di cogliere l'esperienza giuridica come «forma simbolica» o, anche, come «forma significante» che evolve come evolvono i contesti sociali e le "forme di vita" nelle cui trame continuamente si colloca.

Del resto, la sociologia – come si è già accennato – ci ha insegnato che le stesse categorie della mente, lungi dall'essere forme immutabili, eterne, autonome e astratte, hanno una storia che si sviluppa nei processi sociali. Anche il pensiero più concettuale, teorico e ideale è un pensiero già socializzato; e se è comunque in grado di trascendere il piano "positivo" dei rapporti sociali è perché in quegli stessi rapporti alimenta la sua capacità di negazione e distacco, la sua possibilità di accedere ad "altro" e di assumere una distanza critica.

Da questo punto di vista, non si tratta, pertanto, di ripercorrere le vicende concettuali di quel "formalismo" (soprattutto di matrice kantiana) che tanto ha condizionato la riflessione giuridica moderna; non si tratta di ripensare la "forma" nella sua configurazione metastorica e astratta in contrapposizione ad una sua costituzione dinamica e concreta nello sviluppo di una storicità immanente sempre mutevole e destinata al superamento continuo. Proprio l'assunzione di questa prospettiva ha finito, infatti, per radicalizzare quella rigida dicotomia che ha visto, da un lato, l'ipostatizzazione della forma (specialmente nel pensiero neokantiano) e, dall'altro, la sua dissoluzione (soprattutto nel pensiero post-hegeliano). Si tratta, se mai, di ripensare problematicamente la "forma", oltre questa polarizzazione riduttiva, nella sua capacità *figurazionale* (ovvero nella sua originaria capacità "morfologica", nella sua capacità di costituire "simbolicamente" e "spazialmente" il reale). E si tratta, altresì, di vedere come tale capacità *figurazionale* registri gli sviluppi della "ragione" moderna (il processo di razionalizzazione moderna, in senso weberiano) e, per altri versi, la sua dissoluzione (la sua "crisi", la sua "eclissi").

Nel 1999 Pierre Legendre, nel suo libro (dal titolo per noi molto significativo) *Il giurista artista della ragione*, riflettendo, appunto, sulla «questione dell'immagine», definiva lo «stile» una «*scelta di rappresentazione*». E considerando il legame normativo come «forma» istituita delle relazioni sociali, richiamava appunto il diritto alla sua originaria capacità rappresentativa (alla questione della rappresentazione) e, al contempo, costruttiva: la capacità di «*istituire la vita*».

Pertanto, con un linguaggio preso in prestito dalla psicoanalisi, scriveva: «Se la logica del Terzo [del *Terzo normativo* inscritto anch'esso nella logica simbolica della costruzione umana e destinato a mantenere e rendere abitabile per l'uomo lo spazio di rappresentazione che lo separa da sc stcsso] è inseparabile dalla logica della specularità, ne consegue che la società assume statuto metaforico (analogamente allo specchio separatore del soggetto) e che il diritto traccia il suo valore antropologico di essere lo strumento che istituisce le immagini nella cultura» (Legendre 2000, p. 142).

Il diritto, dunque, come «strumento che istituisce le immagini nella cultura»; le immagini che da millenni consentono agli uomini di accedere ad un ordine sociale (e anche "cosmico"), ben prima che intervenga la scrittura lineare e la speculazione del concetto. Nel 1959 Charles Wrigtht Mills, pubblicando in America il suo «*L'immaginazione sociologica*», richiamava l'attenzione degli scienziati sociali sul rapporto tra arte e sociologia. Il compito che affidava a tale «immaginazione» era quello (già, in parte, sentito dall'arte e dalla cultura dei primi anni del XX secolo) di trasformare la storia. «La consapevolezza che l'uomo contemporaneo – scriveva nella prefazione del libro – ha di se stesso come elemento esterno, se non addirittura estraneo, si fonda in gran parte sull'assorbimento del concetto della relatività sociale e del potere di trasformazione della storia. L'immaginazione sociologica è la forma più feconda di tale consapevolezza» (Mills 1973, p. 17).

Siamo quasi agli inizi degli anni '60: la coscienza storica del capitalismo maturo avverte la spinta di una società (quella occidentale) in ascesa. Sembra dunque realmente possibile realizzare l'esigenza marxiana di trasformazione del mondo. Ed è così che la sociologia critica fa leva sulla capacità costruttiva dell'«immaginazione» per ripensare una svolta sociale in grado di superare il dato effettuale dell'estraniazione (si pensi soltanto, per altre vicende, a Marcuse e alla sua idea di un'arte capace di creare un mondo più reale della stessa realtà). Il sociologo, dunque, come l'artista e il giurista, fa il suo ritorno alle «immagini» per ridefinire un'"estetica" della trasformazione politica, economica e culturale.

Il nostro compito – almeno per noi che viviamo e avvertiamo la "crisi" sociale, culturale, politica ed economica della seconda decade del XXI secolo – è assai più modesto e meno ambizioso: torniamo a interrogare e interpretare la storia (che è sempre la nostra attuale «esperienza», la nostra dimora). E lo facciamo cercando genealogicamente dietro il patrimonio di «immagini» che ci circonda – e che ci ha consegnato il passare del tempo – la traccia materiale e concreta di quelle «costruzioni mentali» entro i cui margini si dispiega lo spazio e la figurazione sociale. E ciò, appunto, vuol dire un ritorno al piano dell'esperienza e della storicità: un ritorno alle «forme di vita», a quelle esperienze del diritto capaci di restituire una dimensione temporale e una figurazione spaziale al reale.

A tale impresa, allora, richiamiamo l'attenzione dei Sociologi del diritto, perché tale disciplina, nelle sue varie correnti, nelle sue differenti tendenze, nei suoi diversi approcci, empirici e teorici, nel tentativo di descrivere e comprendere (considerato l'intreccio tra scienza giuridica e sociologia) i rapporti reali tra diritto e società, non ha mai perso la sua vocazione a ridefinire l'immagine sociale del diritto.

### f) *Le condizioni epistemologiche della sociologia giuridica*

Come si è detto, le trasformazioni sociali, politiche, economiche e culturali hanno contribuito, a partire dagli anni '80 del secolo scorso, a modificare in modo profondo il nostro mondo di vita.

Proprio tali mutamenti ci spingono a ripensare, in termini critici e problematici, le condizioni epistemologiche della sociologia del diritto. Come riconsiderare i fondamenti epistemici del sapere e della conoscenza sociologica giuridica in un'epoca che registra la progressiva espansione della razionalità tecnologica e delle procedure di amministrazione scientifica della realtà?

Tale riflessione non può tradursi soltanto in un semplice esame critico, ma in un'attenzione, in un compito e in un impegno, sia teorico che pratico.

Sul piano teorico, quest'impegno è finalizzato ad accrescere una solida consapevolezza circa i modi di procedere della Sociologia del diritto quale dispositivo di analisi, interpretazione e costruzione della realtà sociale. Se non si vuole ridurre la conoscenza sociologica ad una mera registrazione dei fatti sociali, ad una semplice tecnica di rilevazione dei dati irriflessivamente ordinata alla produzione di un sapere proceduralizzato secondo la logica di un formalismo schematico e astratto, svincolato da ogni rapporto con la storicità e i suoi sviluppi; detto altrimenti, se non si vuole assumere la società come un ordine ("naturale") già dato nella sua contingenza, del quale è soltanto possibile attestare, attraverso la "correttezza" del metodo, il funzionamento, tale consapevolezza acquista un ruolo centrale. E ciò specialmente in vista della riconfigurazione di una Sociologia del diritto capace di ripensare (re-immaginare, riformulare e ricostruire) concettualmente, e continuamente, il sociale oltre il dato della sua mera e contingente fattualità.

Una forte consapevolezza teorica circa la dimensione epistemologica della sociologia, non esclude importanti ricadute pratiche e, an che, strategiche. Viviamo in un contesto politico, sociale, economico e culturale che vede sempre di più lo spostarsi (e il radicarsi) dei conflitti dal piano ideologico a quello epistemologico (fatta salva la possibile reinterpretazione degli stessi attraverso prospettive ideologiche). Potremmo anche parlare di ideologie come epistemologie (o, inversamente, di epistemologie come ideologie): sta di fatto che ai nostri giorni, in linea di tendenza, la radicalità del conflitto non si concentra più tanto sulla disputa per l'affermazione di valori e ideali o nella lotta per la soddisfazione di interessi materiali, ma coinvolge la possibilità di legittimare letture scientifiche e tecniche, che riguardano i processi oggettivi attraverso i quali si costruisce il reale e che permettono di formulare decisioni che incidono, per fare degli esempi, sul modo in cui definiamo (giuridicamente) la vita (specialmente sul piano biologico, medico, etico, sociale, politico e finanziario). Si pensi anche, per altri versi, alla radicalizzazione del conflitto epistemologico così come si presenta in alcune delle più recenti tendenze sociologiche "post-colonialiste", dalla decostruzione epistemica dei *Subaltern Studies* (Spivak 1988, pp. 66-111), alla revisione critica del sapere egemonico occidentale, identificato con una serie di discorsi, narrative, pratiche, rappresentazioni e relazioni politiche che perpetuano ed alimentano la distribuzione asimmetrica del potere e della ricchezza a livello globale (Susa Santos 2016).

Al di là di tali percorsi, occorre comunque ammettere che dalla capacità di ripensare, sul piano epistemologico, il sapere sociologico, dipende non solo la possibilità di partecipare e di incidere, con maggiore efficacia, nel dibattito culturale e scientifico attuale, ma anche la possibilità di ottenere un più solido riconoscimento in sede accademica (dove, al contrario, sono le cosiddette "scienze dure" ad ottenere il più vasto consenso, tradotto anche in termini di finanziamenti erogati per ricerche, progetti, ecc.). Su questo piano, l'attenzione riservata ai presupposti epistemologici del nostro modo di conoscere e comprendere il reale, non può che favorire la riformulazione di un sapere sociologico-giuridico in grado di porsi come prospettiva, non tanto alternativa allo "scientismo" egemone nella cultura contemporanea, ma, soprattutto, comprensiva di quei processi socio-culturali entro i quali si specifica il pensiero scientifico stesso.

### g) *Immaginazione, critica, responsabilità*

*Immaginazione*, dal punto di vista adottato in queste brevi conclusioni, vuol dire dunque non solo figurazione, ma anche interrogazione critica, interpretazione, scavo genealogico, capacità di suscitare domande, di intravedere percorsi utili alla comprensione e alla riformulazione giuridica della realtà sociale.

Se alla politica è dato il compito di dare risposte alle aspettative sociali, alla cultura e alla scienza è assegnato il dovere di interrogare, di formulare domande. Se alla politica spetta la responsabilità di governo, a noi spetta il *governo della responsabilità*. E per *governo della responsabilità* s'intende, in via generale, stimolare l'assunzione di una posizione responsabile nel formulare (*immaginare*) questioni che abbiano una rilevanza concreta sia nei processi di costruzione della nostra posizione scientifico-disciplinare, sia nel contesto di una visione più ampia in grado di ridefinire continuamente e responsabilmente (sul piano scientifico ma anche etico) la nostra posizione nei confronti dei problemi reali che attraversano la società, ridefinendo così, consapevolmente, il ruolo critico della Sociologia del Diritto nell'orizzonte della cultura giuridica e sociologica. Un ruolo questo che rimanda ad uno sforzo collettivo, che ci riguarda sia come studiosi, sia come cittadini. Soltanto attraverso la condivisione responsabile dei temi e dei problemi che siamo oggi, in quanto sociologi del diritto, chiamati ad affrontare, possiamo concretamente restituire alla nostra disciplina quella spinta "*immaginifica*" che da sempre sostiene, weberianamente, il nostro "lavoro intellettuale".

# Appendice

## Breve *excursus* sulla Grecia

I problemi discussi nel corso della nostra trattazione ci riportano, in qualche modo, a questioni già dibattute in epoche che hanno preceduto il periodo di cui ci siamo occupati. Si trattava, senza dubbio, di questioni sollevate da esigenze politiche e sociali diverse, che attendevano risposte differenti e che si riferivano a un contesto culturale non certo assimilabile a quello vissuto nella Francia del XVII secolo da Pascal. La prospettiva genealogica ci ha insegnato che nel corso del tempo non si presentano mai gli stessi problemi.

Nessuna pretesa, dunque, di trovare linee di continuità storica tra momenti che rimandano ad orizzonti di riflessione differenti e distanti tra loro; nessuna pretesa di ripercorrere la traiettoria di una filosofia della storia sviluppata in senso progressivo; nessun tentativo di riconoscere il dispiegamento evolutivo di un tempo lineare e continuo (come ricordava Foucault, non esistono problemi analoghi attraverso i secoli, così come non esistono natura e ragione: esistono solo valorizzazioni successive). Qui si tratta soltanto di mettere in luce, senza alcuna pretesa di sistematicità e completezza, come in determinati periodi storici l'emersione di alcuni problemi abbia suscitato interrogazioni confrontabili tra loro: quelle, ad esempio, sul rapporto tra forza e giustizia, tra usurpazione e diritto, tra indagine storica e speculazione metafisica, temi, come si è visto, centrali in alcuni frammenti dei *Pensieri* di Pascal, ma anche frequenti nella riflessione culturale della Grecia tra il V e IV secolo a.C.

Non sbaglia, pertanto Philippe Sellier quando, in questa direzione, nella sua citata monografia dedicata al pensiero di Pascal (*Pascal e Port-Royal*, cit.) ricordava come è proprio dei filosofi e dei teologi la convinzione che sia difficile trovare la verità, che questa cambi secondo le prospettive. «Socrate – così leggiamo – ricorreva ad un processo lungo e delicato: la maieutica; e molti dei primi dialoghi, detti "aporetici", non sfociano in alcuna conclusione chiara. Una delle seduzioni dei grandi dialoghi platonici scaturisce dal vigore della vita delle parti che si fronteggiano, una vita tanto intensa che le tesi di certi avversari di Socrate non hanno smesso di riapparire all'improvviso nella storia della filosofia: così dallo scetticismo sofistico nel *Protagora* o dal pre-nietzschianesimo di Callicle (*Gorgia*) e di Trasimaco (*La Repubblica*)» (Sellier 2013, p. 255).

In realtà, sebbene Pascal non sia mai stato propenso ad accordare alcuna autorità ai filosofi greci[1] (ponendo il suo orizzonte nell'infinità, il pensiero di Pascal non poteva trovare dei limiti nell'autorità di filosofi vissuti nell'antichità)[2], alcune suggestioni provenienti da quel mondo sembrano riecheggiare nei suoi *Pensieri*: prime tra tutte quelle che ruotano intorno alle posizioni sofistiche circa il problema del rapporto tra diritto e natura.

Prendiamo, ad esempio, alcuni passi tratti dai dialoghi platonici che sembrano, in qualche modo, trovare una certa risonanza nelle pagine di Pascal. Si pensi al *Protagora* (337 [c] [d]):

> «Dopo di lui parlò Ippia il sapiente: – Voi qui presenti, disse, io ritengo che siate tutti quanti parenti, familiari, concittadini per natura, non per legge. Per natura il simile è parente del suo simile, mentre la legge, tiranna degli uomini, compie molte violenze contro natura. È dunque vergognoso che voi, pur conoscendo la natura delle cose, per essere

---

[1] Come si è già ricordato, era questo il giudizio che Pascal riservava ai massimi filosofi del mondo greco, almeno così come possiamo apprendere dal frammento 331 dei *Pensieri*: «Non si riesce a immaginare Platone e Aristotele se non con gran vesti di pedanti. Erano invece delle persone comuni e ridevano, come gli altri, con i loro amici; e quando si sono divertiti a scrivere le *Leggi* e la *Politica* l'hanno fatto per divertirsi; questa era la parte meno filosofica e meno seria della loro vita, mentre la più filosofica era di vivere semplicemente e tranquillamente. Se hanno scritto di politica, l'han fatto come per dar norme per un manicomio; e se hanno finito di parlarne come di cosa seria, l'hanno fatto perché i pazzi a cui si rivolgevano credevano di essere re e imperatori, ed essi si immedesimavano dei principî di costoro per rendere la loro follia meno dannosa possibile» (Pascal 2013, p. 236).

[2] In realtà, già nella prefazione incompiuta di una delle sue prime opere a carattere scientifico, il *Trattato sul vuoto* (1647), ponendo una differenza tra il modo di procedere della scienza e quello della religione, Pascal affermava che mentre nelle materie che utilizzano la memoria, come le discipline storiche e filologiche, il diritto, la teologia, vige l'autorità (ovvero il puro fatto o l'istituzione divina o umana), e dunque gli antichi sono i soli testimoni attendibili, nelle materie che usano il ragionamento, il solo giudice è la ragione, e la testimonianza degli antichi non conta nulla, poiché in quel campo essi rappresentano l'infanzia dell'umanità rispetto a quanto ha aggiunto il pensiero moderno. Detto altrimenti, secondo Pascal, la ricerca scientifica non è tenuta a rispettare alcuna autorità, al contrario della religione (cristiana) che non può che riferirsi ai testi sacri e alle decisioni conciliari.

i più sapienti dei Greci, e per questa ragione riuniti ora qui, in questo quasi Pritaneo della sapienza della Grecia, in questa casa, la più illustre e la più ricca di questa città, è vergognoso che non diciate nulla degno di tanto credito, ma contendiate tra di voi come gente di nessun valore» (Platone 1971, p. 109).

Oppure pensiamo alle argomentazioni esposte da Callicle nel Gorgia (482 [e], 483 [a] [b] [c] d] [e], 484, [a]):

«Sì, Socrate, tu, veramente, sostenendo di correre dietro alla verità, spingi il discorso a codeste affermazioni rozze e proprie da oratore popolare, che belle non sono certo per natura, ma per legge. In molti casi, anzi, natura e legge sono in pieno contrasto tra loro. Chi, dunque, abbia pudore e non osi dire quello che pensa, è costretto a contraddirsi. Ebbene, tu, scoperto questo trucco, disonestamente lo usi nel corso della discussione: se uno intende dire 'secondo la legge', tu incalzi con una domanda insinuando 'secondo natura', e se, invece, l'altro intende dire 'secondo natura', tu intendi 'secondo legge'. Così hai fatto ora, discutendo sulla questione: 'commettere ingiustizia e patire ingiustizia'. Polo, dicendo che più brutto è commettere che subire ingiustizia, intendeva secondo la legge, tu, invece, proseguivi il discorso come se Polo avesse inteso dire 'secondo natura'. Sì, perché in natura tutto quel che è più brutto è, ad un tempo, più malvagio, ossia il subire ingiustizia; per legge, invece, commetterla. Né da vero uomo, ma da servo, è subire ingiustizia senza essere capaci di ricambiare, e meglio è morire che vivere se, maltrattati ed offesi, non si è capaci di aiutare se stessi e chi ci stia a cuore. Secondo me la questione è tutta qui: quelli che fanno le leggi sono i deboli, i più; essi, evidentemente, istituiscono le leggi a proprio favore e per propria utilità, e lodi e biasimi dispensano entro questi termini. Spaventano i più forti, quelli che avrebbero la capacità di prevalere, per impedire, appunto, che prevalgano, dicendo cosa brutta e ingiusta è voler essere superiori agli altri e che commettere ingiustizia consiste proprio in questo, nel tentativo di prevalere sugli altri. Essi, i più deboli, credo bene che si accontentano dell'uguaglianza!

Ecco perché la legge dice ingiusto e brutto il tentativo di voler prevalere su molti, ecco perché lo chiamano commettere ingiustizia. Io sono invece convinto che la stessa natura chiaramente rivela esser giusto che il migliore prevalga sul peggiore, il più capace sul meno capace. Che davvero sia così, che tale sia il criterio del giusto, che il più forte comandi e prevalga sul più debole, ovunque la natura lo mostra, tra gli animali e tra gli uomini, nei complessi cittadini e nelle famiglie. Con quale diritto Serse mosse guerra alla Grecia, o suo padre mosse guerra agli Sciti? Infatti altri esempi si potrebbero portare! tutta questa gente, io penso, così agisce secondo la natura del giusto, e sì, in nome di Zeus, per legge, ma secondo la legge di natura, non per quest'altra legge, per la legge che noi istituiamo! accalappiandoli fin da bambini, mediante tale legge, plasmiamo i migliori, i più forti di noi, e, impastoiandoli e incantandoli come leoni, li asserviamo, dicendo loro che bisogna essere uguali agli altri e che in tale uguaglianza consiste il bello e il giusto. Ma, io credo, qualora nascesse un uomo che avesse adeguata natura, scossi via da sé, spezzati tutti questi legami, liberatosi da essi, calpestando i nostri scritti, i nostri incantesimi, i nostri prestigi, le nostre leggi, tutte contro natura, emergendo, da nostro schiavo, lo vedremo nostro padrone, e qui, allora, di luce limpidissima il diritto di natura splenderebbe» (*Ibid.*, pp. 196-7).

Callicle, che avrebbe lasciato un ricordo forte in molti lettori e che presenta alcune affinità con Nietzsche, è un personaggio misterioso, totalmente ignoto al di fuori di Platone. Nella sua critica contro la legge attacca direttamente e violentemente Socrate, ed anche su questo piano si distingue dai sofisti[3]. Se, infatti, il suo discorso, come per i sofisti, prende spunto dall'opposizione tra legge e natura, tra *nomos* e *physis*, al contrario di questi sceglie una via che ubbidirebbe solo alla natura, come gli "immoralisti" dell'epoca, ed è «il primo e il solo a esaltare apertamente la rivolta contro la legge e a desiderare profondamente un uomo capace di rifiutarla» (De Romilly 2005, p. 86).

In altri termini Callicle, nel *Gorgia*, se richiama la distinzione sofistica tra legge e natura, lo fa solo per definire, di fronte al giusto secondo la legge (le legge di "deboli"), un giusto secondo la natura (la giustizia dei "forti"), che ne sarebbe del tutto opposto. Di qui, in qualche modo, il disprezzo delle leggi coincide con l'ostilità alla democrazia e alle sue istituzioni politiche.

Non sbaglia allora ancora De Romilly nel vedere in Callicle ele-

---

[3] Si è ipotizzato che tale personaggio servisse da prestanome, ad esempio a Policrate, autore di un libello contro Socrate. Tuttavia, che sia esistito o meno, che sia stato formato o meno secondo le caratteristiche di Policrate, come afferma Jacqueline De Romilly, «rappresenta in parte una creazione di Platone; e costui ne fa il rappresentante di idee che non poteva attribuire a uomini più conosciuti. Come nella *Repubblica* ha dovuto sostituire Trasimaco con portavoce incaricati di difendere una tesi praticamente anonima, quando ha voluto discutere a fondo l'amoralismo del suo tempo, non ha più potuto attribuirlo ad alcuno dei sofisti e ha dovuto mettersi alla ricerca di un personaggio non conosciuto e fittizio, che potesse incarnare la rivolta totale: ha inventato Callicle» (De Romilly 2005, p. 86). In altri termini, sembra che Platone sia ricorso ad un personaggio che non fosse un sofista per attribuire un'importanza simbolica, un'immagine viva, agli elementi sparsi della rivolta contro la legge che, al tempo di Socrate, rappresentavano un sentimento abbastanza diffuso.

menti in comune con tutti gli autori del V secolo a.C. e con la vita stessa di questo secolo. «Posto alla confluenza tra l'insegnamento sofistico e l'esperienza dell'epoca, riassume in sé – così leggiamo – il processo della legge. Con lui, per la prima volta, l'idea di una legge di natura che sancisce la vittoria del più forte si oppone alla legge scritta dagli uomini» (*Ibid.*, p. 103).

Del resto, il pensiero greco si è sviluppato ed è maturato in uno scambio costante tra testi letterari, politici, filosofici, opere teatrali e trattati storici. Lo stesso Tucidide, la cui opera attesta come si fosse aperta in Atene una crisi della legge, utilizza, in più occasioni, formule vicine a quelle di Callicle: nell'ambito della politica estera (che conosce solo "principi di lealtà" e alcune "leggi comuni dei Greci") vale solo la regola che i più forti (come nelle "relazioni naturali") abbiano la meglio. Così, nel libro V (§ 89) delle *Storie*, parlano gli Ateniesi: «Nelle considerazioni umane il diritto è riconosciuto in seguito a una uguale necessità per le due parti, mentre chi è più forte fa quello che può e chi è più debole cede» (Tucidide 2017, p. 937). E ciò basta a giustificare l'imperialismo ateniese: i rapporti tra città si basano sulla forza. In questo ambito il diritto è solo una convenzione di poca importanza: l'ordine della politica è quello della forza, si basa solo sulla forza (Libro V, § 105).

> «Noi crediamo infatti che per legge di natura chi è più forte comandi: che questo lo faccia la divinità lo crediamo per convenzione, che lo facciano gli uomini, lo crediamo perché è evidente. E ci serviamo di questa legge senza averla istituita noi per primi, ma perché l'abbiamo ricevuta già esistente e la lasceremo valida per tutta l'eternità, certi che voi e altri vi sareste comportati nello stesso modo se vi foste trovati padroni della nostra stessa potenza» (*Ibid.*, p. 945).

Tucidide, in altri termini, descrive un mondo – e ne dà argomentazione – in cui prevale il regno della forza (e in questi termini Hobbes, traduttore di Tucidide, descrive lo stato di natura). La crisi politica, che porta con sé la crisi della legge, del *nomos* politico, fondamento ed emanazione della democrazia, è così chiaramente denunciata (Libro III, § 84): «Sconvoltosi in questa occasione il modo di vivere nella città, allora la natura umana, solita a commettere ingiustizie anche contro le leggi, ebbe il sopravvento su di esse e volentieri si mostrò incapace di dominare i propri sentimenti, più forte della giustizia e nemica di chiunque fosse superiore» (*Ibid.*, p. 587). La *physis* trionfa sul *nomos*. Come nel discorso di Callicle.

In realtà i Greci, fieri della loro indipendenza, hanno sempre tendenzialmente proclamato la loro obbedienza alla legge (come garante della libertà, perché proprio quest'ultima si definiva come obbedienza alle leggi): ritenevano, detto in modo sommario, che la propria città, contrariamente alle tirannie orientali, dovesse essere retta da una propria regola e non da un solo uomo. Tuttavia ciò non bastava a dare alla legge un fondamento assoluto: se, infatti, per essere obbedita, la legge traeva la sua forza da un presunto consenso iniziale (e dalla credenza che la legge fosse esclusiva opera dei cittadini), il suo rispetto si doveva soltanto alle convenzioni e alle abitudini umane. In tal senso, non vi era alcun garante (esteriore, eteronomo) su cui potersi appoggiare[4]. E proprio quest'assenza di garante sa-

[4] Possiamo trovare, più tardi, un riflesso di tali problemi in un passo dell'*Etica Nicomachea* di Aristotele dedicato al principio di "reciprocità". Siamo nell'Atene del IV secolo a.C., una città in cui la riflessione politica registra, appunto, la crisi dell'idea di Legge (specialmente dopo la condanna e la morte di Socrate, evento che segna, in qualche modo, il divorzio tra politica e filosofia). Perché sia possibile una comunità, secondo Aristotele, è necessario che tra i suoi membri si sviluppi un comportamento orientato alla "grazia" (*karis*). Leggiamo al punto 1133a: «Per questo è costruito, ben in vista, un tempio delle Grazie, perché vi sia corrispondenza. Questo è infatti proprio della grazia: giacché bisogna contraccambiare servigi a chi ha dato il suo favore, e a nostra volta iniziare noi a dar favore» (Aristotele 1986, I, p. 347). Senza amicizia (*philia*) non vi è comunità, e l'amicizia si fonda sulla grazia (*kharis*), su quella paradossale attitudine che pone il vincolo politico-sociale attraverso la gratuità del donare, al di là di ogni possibile arricchimento economico. Dalla *philia* dipende il mantenimento "spontaneo" della reciproca benevolenza tra i membri di un gruppo, senza la quale il legame sociale e l'ordine politico cesserebbe di esistere. Amicizia, dunque, oltre i vincoli della legge, oltre le simmetrie imposte dal diritto. In altri termini, la *koinonia politike* presuppone la doverosità del comportamento spontaneo, l'obbligatorietà della benevolenza reciproca. Obbligo insieme a spontaneità. Come dire: occorre rendere la generosità obbligatoria. Ecco il paradosso che espone la questione del politico: ogni comunità riposa sulla necessità e sulla doverosità di un'amicizia che è tale solo in quanto non può darsi necessariamente; che è tale solo in quanto rimane libera e spontanea, orientata eticamente all'indisponibilità della grazia (*kharis*). Lo scambio sociale è possibile soltanto a partire da questa indisponibilità essenziale. La *karis*, detto altrimenti, dispone la capacità di donare – di dare, ricevere e ricambiare – e su tale capacità essa stessa si fonda. Nel circolo immanente del dono, la gratuità si inscrive nel vincolo degli scambi reciproci pur trascendendo l'ordine dei rapporti sociali: dispone l'obbligo della benevolenza reciproca pur sottraendosi, paradossalmente, all'ordine di questa stessa obbligatorietà. È infondatezza che fonda l'ordine della reciprocità. Poiché la "grazia", pur nella sua gratuità – e in virtù della stessa – esige sempre di essere, paradossalmente, restituita (*re-istituita*). Del resto, come apprendiamo da Emile Benveniste (1976), nel mondo greco l'idea della *kharis* rimanda ad una

rebbe diventato il punto debole attraverso il quale la critica dei sofisti avrebbe attaccato il *nomos*, rischiando di distruggerlo[5].

Questa circostanza suscitò, in effetti, intorno alla legge (specialmente alla legge politica, alla legge della città) dibattiti, riflessioni e,

---

vasta e complessa costellazione semantica sedimentata nello strato di senso delle parole che ne circoscrivono il significato. Si tratta di una nozione che esprime, innanzitutto a livello religioso, un "valore di reciprocità", e ciò a partire proprio dalla considerazione della stretta correlazione semantica che lega il senso della gratuità a quello della riconoscenza. Tuttavia, come prima si è detto, la reciprocità degli amici, se è veramente tale, deve poggiare sulla "grazia", sulla capacità "spontanea" di donare. Senza quest'ultima, verrebbe a mancare il fondamento stesso di un autentico riconoscimento reciproco. È forse questo il senso paradossale della *kharis* che ripercorre Aristotele: ciò che introduce la distanza, la sproporzione, rende allo stesso tempo gli uomini più vicini, più simili nella dismisura, nell'assenza di calcolo e profitto, nella mancanza di equivalenza economica. Esterna al rapporto sociale, la "grazia" ne è dunque, al contempo, il fondamento costitutivo; ma solo in quanto capace di inscrivere, paradossalmente, la gratuità nel circolo delle obbligazioni reciproche. Si tratta, pertanto, di ripensare la logica paradossale dei "vincoli gratuiti", dei legami che si costituiscono (e si alimentano) in base alla gratuità reciproca. Una logica che precede (ed eccede) il diritto, la misura instaurata dalla legge, la simmetria dello scambio e la disponibilità del contratto, ma che, non per questo, elimina la conflittualità del dono. Soltanto un'idea di concordia ordinata all'agire virtuoso poteva, in effetti, nell'etica aristotelica, sostenere un'amicizia capace di sviluppare la *kharis*. Perché se è vero che senza *philia* non si dà comunità politica – in quanto verrebbe a mancare il presupposto della reciprocità – è altrettanto vero che senza benevolenza reciproca, senza la spontanea capacità di ciascuno di comportarsi con liberalità verso gli altri (la *kharis*), non si dà possibilità di *philia*. Ora, proprio in questa accezione etica e politica, la *philia* trattiene per intero l'antico significato greco del "vincolo di appartenenza" e del valore di reciprocità; ma diventa, ancor di più, il prototipo ideale del rapporto "giusto" e virtuoso (esteso fino al genere delle amicizie fondate sull'utile o costituite sul semplice piacere). Se gli uomini, infatti, difficilmente riescono a collaborare pacificamente tra loro, il problema che riguarda la *polis* e la sua costituzione ruota intorno ad una questione politica fondamentale: la questione delle istituzioni che deve accettare la città per far nascere tra i suoi membri un'amicizia, una *philia* che non può darsi sul piano meramente "naturale". Senza *philia* non si può pensare la concordia politica, ma la concordia stessa, in quanto reciprocità orientata a ciò che è giusto e al comune vantaggio, è ciò che definisce e istituisce l'"amicizia politica".

[5] Con il termine *nomos*, nella sua accezione politica restituitale da Jacqueline De Romilly (accezione assunta nell'Atene classica a partire dal momento in cui la legge diventa fondamento ed emanazione della democrazia), intendiamo una designazione della legge fondata su uno stato di fatto, espressione di un diritto positivo che non comporta alcun riferimento a un legislatore, umano o divino (De Romilly 2005, p. 49).

come abbiamo visto, attacchi e giustificazioni. Concetti e definizioni riferiti all'universo del diritto e della giustizia, nel pieno sviluppo del pensiero critico e sotto gli effetti dell'influenza sofistica e della ricerca storiografica, trovarono molti elementi di discussione. Specialmente a partire dall'ultimo quarto del V secolo, ad Atene, si registrarono, infatti, i sintomi di un'insofferenza che avrebbe progressivamente portato alla crisi morale della città (corrispondente alla crisi politica e alla rovina dell'impero ateniese). E questa crisi, sul piano del pensiero, avrebbe appunto trovato, come si è accennato, una fertile sponda nella riflessione dei sofisti; una riflessione che dietro il relativismo filosofico (professato soprattutto da Protagora) avrebbe affermato, in maniera radicale, l'opposizione tra la nozione di legge e quella di natura. Solamente allora gli ateniesi avrebbero appreso quanto fragile fosse quel *nomos* di cui fino allora avevano fatto il perno di tutto il loro edificio morale e politico.

* * *

Ha ragione De Romilly quando afferma che l'opposizione tra natura e regole, tra *physis* e *nomos*, è apparsa solo quando è stata chiaramente posta la distinzione tra l'essere e l'apparire (specialmente nella filosofia eleatica e in Parmenide). «E si scopre così che non solo la relatività dei costumi si applica alle leggi scritte [...], ma che costumi e leggi scritte cominciano ad apparire come espressione di valori propri dell'uomo in generale o del gruppo specifico di uomini che le pratica» (De Romilly 2005, p. 68). Se l'uomo diventa "misura di tutte le cose", diventa anche misura del *nomos*, della legge: si contrappongono così due ordini, dei quali l'uno naturale e indipendente da ogni giudizio umano, l'altro artificioso e fittizio. A partire da qui, con Protagora, si pone in tutta la sua forza il problema della legge e dei suoi fondamenti. «Da allora, la nozione di giusto in sé non ha più ragione d'essere; e il giusto può definirsi solo in relazione alle convenzioni particolari di un determinato gruppo: il giusto si riconduce a ciò che è legale, al *nomimon*» (*Ibid.*, p. 69).

Nelle loro speculazioni, sofisti come Protagora, Ippia o Antifone avevano elaborato un pensiero che negava ogni valore assoluto alla legge, ma avevano, al contempo, cercato di ricostruire una morale sulla base di un legame sociale che assicurava la salvaguardia di tutti. «Il loro atteggiamento – scrive ancora De Romilly – non era né un rifiuto della morale né un rifiuto della legge: tendeva solamente a rinnovare le basi sulle quali le leggi si fondavano» (*Ibid.*, p. 84). Tuttavia, la loro decostruzione critica del fondamento del *nomos* rifletteva una crisi di ordine morale e politico che se aveva altrove le sue vere origini, trovava in altri più audaci pensatori il presupposto per un atteggiamento di rivolta contro la legge molto più marcato, radicale e deciso. Se diamo credito a Platone (*La Repubblica*, libro I), tra questi pensatori troviamo Trasimaco (che prepara, tra l'altro, il personaggio di Callicle), colui che per primo si erge contro la legge e, contrariamente a Protagora, Ippia o Antifone, ammette un comportamento incurante della giustizia.

In realtà Trasimaco non era affatto un filosofo (non faceva parola della distinzione *physis-nomos*), ma basandosi sulla "realtà" dei fatti, rifletteva una critica corrente, «una critica banale, benché eminentemente rivoluzionaria, contro la legge» (*Ibid.*, p. 85). Ed è proprio in questa critica che l'opposizione della legge e della natura, nata dalla riflessione filosofica, affermata dagli storici, problematizzata dai tragici e consolidata dall'analisi sofista, trovava la sua voce più dissonante e temibile, fatta propria da coloro i quali, in un campo o in un altro, cercavano di affrancarsi dalle leggi. Attraverso l'influenza esercitata dall'insegnamento sofistico (che permetteva una critica razionalistica e sistematica della legge), la crisi politica era ormai denunciata, e ciò scoperchiava un atteggiamento amoralistico che aveva le sue premesse nell'esperienza imperialistica e nella disgregazione progressiva del legame civico. Alla fine del V secolo, la legge a cui gli ateniesi avevano guardato con fierezza, sembrava in qualche modo caduta in disgrazia. «Senza la protezione di un assoluto divino, non aveva resistito né alla crisi politica né alla crisi intellettuale, né soprattutto alla combinazione delle due. Dopo l'età degli atteggiamenti innocentemente fieri, doveva venire quella delle giustificazioni razionali» (*Ibid.*, p. 104).

Platone, come altri pensatori (non soltanto filosofi) del IV secolo, non poteva rimanere indifferente al problema della legge e agli attacchi da questa ripetutamente subiti. Ma già prima di lui, in pieno V secolo, il suo maestro Socrate, conoscitore degli argomenti e della critica dei sofisti, si era impegnato nella difesa di quel *nomos*, di quella legge scritta che proprio quest'ultimi rischiavano di far vacillare. Ma per far questo si doveva paradossalmente collocare sullo stesso piano dei sofisti (suoi avversari) ovvero, sulla loro concezione positiva della legge in quanto convenzione.

Secondo il Socrate di Senofonte (*Memorabili*, libro IV), infatti, si trattava di far coincidere (lo apprendiamo dal suo dialogo con Ippia, IV, 4, 12s.) «ciò che è giusto» con «ciò che è secondo la legge» (Senofonte 1989, p. 347). Occorreva, dunque, giustificare il rispetto delle leggi, l'obbedienza a quelle regole scritte che rappresentavano ciò che i cittadini, accordandosi, avevano convenuto di osservare (leggi positive, dunque, e perciò relative), richiamando l'interesse della città e dei singoli individui per quella «concordia» che sola avrebbe permesso armonia e felicità. Si sarebbe, allora, dovuta accettare la legge per il suo aspetto convenzionale, perché proprio (e solo) la convenzione (l'accordo) poteva garantire la democrazia nel rispetto delle regole in quanto emanazione e simbolo della sovranità popolare.

Il Socrate del *Critone* di Platone radicalizza questa posizione: la legge è convenzione, accordo, e proprio per questo, lungi dall'affrancarci dalla sua obbedienza, ci obbliga risolutamente ponendoci in una continua situazione di debito. Il cittadino che disobbedisce alla legge distrugge il fondamento stesso della città, che proprio sull'accordo, sul "tacito contratto", trova la sua ragion d'essere. Ma questo contratto non è originario, dato una volta per tutte (come nelle posteriori filosofie politiche della modernità): va sottoscritto concretamente giorno dopo giorno, e solo in questa continuità si afferma e consolida il legame civico.

Doveva risultare troppo fragile, però, questo fondamento "convenzionale" attribuito alla legge se Atene aveva potuto offrire a Socrate solo la morte. Proprio il processo e la morte di Socrate, infatti, evidenziano una scissione, un dissidio, un divorzio insanabile (che più tardi, in un contesto politico cambiato, produrrà i suoi effetti più evidenti nelle correnti ciniche, scettiche e stoiche) tra il politico e la filosofia, tra ordine della legge e speculazione filosofica. Le giustificazioni delle leggi legate alla vita e alle convenzioni della città non potranno più avere il supporto di una filosofia pratica orientata alla disputa politica e all'utilità (per il mantenimento delle istituzioni democratiche)[6]. La reazione al discredito sofistico del *nomos*, ormai

[6] Tuttavia, ancora nel IV secolo, soprattutto nelle orazioni di Demostene (si pensi specialmente al *Contro Midia*, risalente al 348), permane l'idea dell'utilità delle leggi, fatte appunto per impedire a coloro che lo potrebbero di innalzarsi al di sopra degli altri. Tutte le funzioni della città sono esercitate solo grazie all'autorità delle leggi: vi è in gioco il concetto steso di democrazia. Le argomentazioni addotte, a ben vedere, rovesciano la posizione di Callicle sul rapporto tra la forza e la legge: la coalizione dei deboli deve dominare i forti. Solo in tal modo la legge può presentarsi (garantendolo) come principio d'ordine. Così De Romilly scrive di Demostene: «Lui, che si era fatto cantore della legge come oppo-

accettato come invenzione umana, avrà bisogno di nuovi e più forti ancoraggi epistemici. Verrà dunque il momento – e già siamo nel IV secolo – di dare un valore filosofico, un fondamento metafisico e un principio d'ordine alla legge, al prezzo, però, di far perdere ad essa il contatto con la storicità ovvero, con la vita cittadina concreta.

* * *

Tutta la questione ruota adesso intorno ai concetti di "proporzione" e "misura", a ciò che consente di accedere ad un ordine cosmico immutabile, stabile e universale: un ordine astratto, geometrico, che deve trovare il suo corrispettivo ideale nella legge concreta degli uomini. Così, nel *Gorgia* (507, 508), Platone, per bocca di Socrate, replica a Callicle:

> «Ecco la mia tesi, ecco come in realtà stanno le cose, e questa, dico, è la verità; e se tale è la verità, chi vuole essere felice deve, evidentemente, cercare di esercitare la temperanza, fuggire a piè veloce la dissolutezza e, innanzi tutto, volgersi con ogni cura a non aver bisogno di castighi; ma se ne avesse bisogno, egli o chiunque gli stia a cuore, privato cittadino o stato, deve pagare il suo debito alla giustizia, dev'essere castigato, se vuole essere davvero felice. Questo, sono convinto, il fine a cui bisogna tenere fisso lo sguardo nella vita, a questo scopo volgere ogni sforzo, nostro e dello stato, perché giustizia e temperanza mettano radice in chi voglia essere felice, e in tal modo agire, non lasciando andare senza freno alcuno gli appetiti, dando a tutti piena soddisfazione – male senza rimedio –, in una vita da vero scellerato. Simile uomo, anzi, non può essere amico né agli uomini né a Dio; impossibile è vivere in una umana relazione se non c'è amicizia. Chi se ne intende invece dice, o Callicle, che cielo, terra, dèi, uomini, sono collegati in un tutto grazie all'unione, all'amicizia, all'armonia, alla temperanza, alla giustizia, e che per tale ragione, amico mio, questo tutto è chiamato 'cosmo' [ordine], e non 'acosmia' [disordine] e dissolutezza. Ma tu, mi sembra, non poni attenzione a questo motivo, pur intendendotene, ma oscuro ti resta quale mai grande potenza abbia tra uomini e dèi l'uguaglianza geometrica, e perciò credi si debba, invece, usare la strapotenza: ecco perché non consideri la geometria» (Platone 1971, pp. 228-9).

---

sta all'arbitrio e che ne aveva fornito la più straordinaria delle giustificazioni politiche, è anche colui che, tra tutti, si sarebbe elevato al di sopra di questo livello, per affermare l'utilità delle leggi in quanto manifestazione tangibile della ragione umana, opposta al disordine della natura» (*Ibid.*, p. 138).

«L'uguaglianza geometrica», la «geometria»: su questi termini dovremo tra poco tornare; perché proprio in questi termini le leggi scritte, le leggi della città, trovano un ordine stabile, un fondamento universale sottratto alla mutevolezza del costume, alla relatività degli usi, alla variabilità delle consuetudini storiche, alla fragilità delle convenzioni umane. Per ora basta ricordare che la legge scritta, la legge posta, diventa il riflesso di un ordine naturale: e la "natura" adesso non è più quel regno disordinato e irregolare, dove trionfa come "giusta" la forza, la stessa forza esaltata da Callicle o da Tucidide. La "natura" è ora espressione di un ordine universale e armonioso, dotato di regolarità, proporzione e misura; è espressione di un *nomos* e di un *logos* accessibile per la via della ragione.

Di qui la legge trova il suo fondamento in una ragione sovrana e assoluta: discende dall'alto e abbandona i bassifondi della storia. Ed è in questo movimento, in questa discesa, che la giustizia stessa può porsi come norma. Alla critica dei sofisti, che a differenza dell'Antigone di Sofocle non si impegnavano a svalutare la legge di fronte alla giustizia, ma si sforzavano di porre in questione la legge come espressione del giusto, Platone non poteva che reagire concentrando la sua attenzione sulla giustizia in quanto tale prima di restituire valore alla legge.

In altri termini, più che la legge, il problema di Platone era il concetto di giustizia e la sua corretta definizione. Se le leggi di Atene, dopo la morte di Socrate, apparivano corrotte, la legge in quanto tale non poteva essere difesa per se stessa. Occorreva rivolgersi ad un ordine superiore, all'ordine della giustizia appunto, sottratto alla mutevolezza degli usi e dei costumi. Ed è forse per questo che all'"immoralismo" dei sofisti il *Gorgia* e la *Repubblica* sembrano rispondere in termini di giustizia piuttosto che di legge (De Romilly 2005, p. 163). Piuttosto che alla ragion pratica, percorsa essenzialmente dagli storici, Platone sembra aspirare alla «ragion pura» (*Ibid.*, p. 168).

Il rispetto delle leggi, detto altrimenti, deve ora passare per la conoscenza della giustizia in sé e per l'idea del bene. I governanti (preferibilmente filosofi) devono approssimarsi a questa idea, consapevoli che le leggi non sono che soltanto un riflesso della conoscenza del bene. La legge, in quanto generale e definitiva e in quanto, al contempo, espressone di una condizione storica determinata, non è che approssimativa rispetto alla realtà superiore del bene, non è che imperfezione rispetto al modello. Tuttavia, sebbene imitazione imperfetta del modello (di giustizia) ideale, la legge diviene necessaria in qualità di sostituto, di simulacro, di *pharmakon*, di rimedio e, al contempo, veleno[7]: si dà in quanto necessario supplente di un'assenza reale di bene assoluto e di universale giustizia; è virtù che sostituisce, paradossalmente, una mancanza di virtù; ma questo sostituto non è che il più importante di tutti i beni degli uomini. Diviene, così, «l'intermediario tra il mondo delle idee e quello degli uomini: in assenza dello stato politico ideale essa [la legge] rappresenta ciò che vi si avvicina maggiormente, a condizione però che sia stabilita a questo scopo» (*Ibid.*, p. 175).

La "sovranità" della legge, invece che una fiducia relativa e spontanea, ritrova così un suo fondamento filosofico nel suo rapporto con il bene. È legge ormai filosoficamente stabilita, ricondotta, per via farmaceutica, al suo modello ideale: ciò che si pone, idealmente, come universale giustizia.

Svincolata, in origine, da ogni fondamento trascendentale, affidata a un diritto assolutamente positivo e per questo consegnata alla relatività dei costumi e contestata nel suo principio, la legge greca (riflesso della ragione) può trovare ora una giustificazione metafisica, qualcosa che la mette al riparo dalla mutevolezza storica e dalla contingenza politica: sottratta all'instabilità della storia e all'incertezza del divenire, diviene ora misura stabile capace di resistere alla critica sofistica e al relativismo storiografico; ma al prezzo di un'idealizzazione che trasforma e sublima la sua natura storica in qualcosa di immutabile e eterno.

* * *

Ed è proprio sulla base di questa "idealizzazione" che possiamo rileggere problematicamente – e a distanza – la concezione storica del diritto così come si venne ad affermare, ancor prima della critica dei sofisti, nella Grecia del V secolo.

L'opera di Erodoto, a ben vedere, insistendo sull'ambiguità legata al termine *nomos*, ne costituisce un'interessante testimonianza. Proprio adesso, infatti, si compie un decisivo passo che conduce all'idea della relatività della legge: il termine *nomos* può essere, infatti, impiegato per descrivere la varietà degli usi e dei costumi tradizionali, per connotare ogni sorta di regole (compresa la legge politica) osservate presso ogni sorta di popolo. Le leggi cambiano a seconda del

---

[7] Per quanto riguarda la logica ambivalente del *pharmakon* nei dialoghi platonici si veda soprattutto Jacques Derrida (1985).

contesto culturale di cui sono espressione[8]. Così, ad esempio, leggiamo dal libro III, 38, delle *Storie*, opera probabilmente giunta a compimento nel 478 a. C.:

> «Poiché, se si proponesse a tutti gli uomini di fare una scelta fra le varie tradizioni e li si invitasse a scegliersi le più belle, ciascuno, dopo - opportuna riflessione, preferirebbe quelle del suo paese: tanto a ciascuno sembrano di gran lunga migliori le proprie costumanze» (Erodoto 1988, p. 285).

Da questo punto di vista la legge, ricondotta ad una semplice convenzione umana, poteva essere spiegata nella sua emergenza storica ovvero, detto altrimenti, compresa attraverso la sua "genealogia", la sua provenienza da pratiche sociali. Erodoto, storico, "genealogista" *ante litteram*, riconduceva il diritto all'esperienza, alla prassi, a una "ragion pratica" precedente la speculazione teorica. In un passo molto importante per la nostra ricostruzione del problema, vedeva proprio nella prassi giuridica, nell'esigenza ordinante del diritto, la genesi della riflessione scientifica ovvero, del pensiero geometrico. Anziché essere mera speculazione teorica, la geometria doveva avere un fondamento pratico, giuridico, basso. E lo capiamo tornando all'Egitto. Così leggiamo nel libro II, 109, delle *Storie*:

> «Raccontavano, poi, che questo re aveva distribuito la terra fra tutti gli Egiziani, assegnando a ciascuno, in misura uguale, una porzione di terreno in forma quadrangolare; e si era procurato in questo modo delle entrate con lo stabilire un tributo che dovevano pagargli ogni anno.
>
> Se il fiume asportava una parte qualsivoglia della porzione assegnata ad uno, questi andava di volta in volta dal re a segnalargli l'accaduto; e il re mandava degli addetti a fare sopralluoghi e a misurare di quanto risultasse ridotto l'appezzamento, affinché, per l'avvenire, il cittadino riducesse proporzionalmente il contributo stabilito.
>
> Di qui, secondo me, ha avuto origine la scoperta della geometria che, poi, fu introdotta in Grecia; poiché l'orologio solare, la meridiana e la divisione del giorno in dodici parti i Greci la ricevettero dai Babilonesi» (*Ibid.*, p. 216).

Come i Greci hanno importato dai Babilonesi l'arte di misurare il tempo, così hanno ricevuto dagli Egiziani la capacità di misurare la

[8] «Verità al di qua dei Pirenei, errore al di là», come ricordava, appunto, Pascal.

terra. A partire da qui, da ragioni giuridiche e fiscali, il genealogista ricostruisce la nascita del pensiero scientifico. Guardando all'antico Egitto, Erodoto rintraccia la funzione pratica del diritto nella capacità di restituire una forma "geometrica" al caos, all'indifferenziazione, e all'indistinzione; nella capacità di ristabilire, con certezza analitica (e scientifica), un ordine giuridico dopo la cancellazione dei confini "legali" dovuta alle alluvioni del Nilo[9].

---

[9] È questa la storia che Michel Serres, tornando *dalla parte dell'Egitto*, ci narra attraverso Erodoto; una storia che lascia intendere l'origine della geometria e, insieme, della Legge. «Venuto regolarmente il momento – scrive Serres –, le piene del Nilo sommergevano i confini dei campi coltivabili nella valle alluvionale fecondata dal fiume: poi, con il dileguarsi delle acque, i funzionari reali detti arpedonapti, agrimensori, geometri, misuravano di nuovo le terre mescolate dalla mota e dal limo per suddividerle e distribuirle di nuovo. La vita riprendeva. Ognuno ritornava a casa per attendere alle proprie faccende» (Serres 1991, p. 71). Il diluvio riporta il mondo al disordine, al caos originario; la misura corretta riordina la natura e la fa rinascere alla cultura (quella agricola almeno). Se è qui che nasce la geometria, come sembra alludere Erodoto, «allora la geometria ha potere di cominciamento, perché non è dell'origine della geometria che si tratta bensì della geometria come origine» (*Ibid.*). Il diluvio, dunque, cancella i confini dei campi coltivati e indifferenzia i limiti che definiscono la proprietà. Gli arpedonapti, gli inviati del Faraone, ridistribuiscono il terreno e lo restituiscono ai proprietari: fanno quindi rinascere il diritto cancellato. «Il diritto – dice Serres – riappare insieme alla geometria; o, piuttosto, l'una e l'altro nascono con la nozione di limite, di confine e di definizione, con il pensiero analitico. La definizione della forma analitica implica la proprietà di essa, per la geometria quelle del quadrato e del rombo, per il diritto il proprietario: uno solo è il termine, una l'operazione su cui si radica il pensiero analitico, da cui si dipartono due rami, il diritto e la scienza» (*Ibid.*, p. 73). In altri termini, secondo questa leggenda d'origine, il legislatore, colui che dice, decide e fa applicare il diritto, compie il gesto originario da cui nasce la geometria e, insieme, il contratto giuridico. Il diritto precede la scienza e, forse, la genera; o meglio, sostiene Serres: «Un'origine comune, astratta e sacra, unisce l'una all'altro. Prima di essa, possiamo immaginare solo il diluvio, la gran piena primaria o ricorrente delle acque, cioè il caos che mescola le cose del mondo, le cause, le forme, le relazioni di attribuzione confondendo i soggetti» (*Ibid.*, p. 74). Vi è, dunque, un'origine pratica, giuridica, della geometria e, con essa, della scienza analitica. Il diritto precede la scienza, o meglio, v'è un'origine comune che li unisce tra loro. La *giustizia* (giuridica, etica) procede insieme alla *giustezza* (geometrica, analitica): diritto e scienza condividono la stessa logica, la stessa ragione. La logica del diritto – la procedura, il giudizio – è la stessa logica della scienza: «Niente storia generale delle scienze senza registrazione giudiziaria. Niente scienza senza processo. Niente verità senza giudizio, non importa se interno o esterno al sapere. La sua storia non può fare a meno dei tribunali» (*Ibid.*, p. 84). Come dire: sin dalle origini, la questione della giustizia procede di pari passo con quella della scienza.

Non è allora del tutto infondato (sia pur rischiando forzature) mettere in relazione questo passo di Erodoto con la successiva riflessione platonica sul significato teoretico della geometria, e non solo per quel che si è già registrato nel passo citato del *Gorgia*, ma, soprattutto, per come il problema viene trattato nel libro VII de *La Repubblica* (dialogo probabilmente scritto circa un secolo dopo le

---

Sotto il quadrante solare, o sotto le piramidi (all'ombra delle loro proiezioni), il diritto naturale ritrova la sua forma geometrica, la sua misura astratta, celeste, l'esattezza delle sue proporzioni; così come, al contempo, la scienza, l'esattezza geometrica, il calcolo analitico, ritrova nel diritto, nella sua prassi e nella sua procedura, il suo principio logico, la sua ragione tecnica, la sua pratica originaria. La logica del *nomos* è quella della divisione, della spartizione: è la logica che si definisce con la nozione di limite, di confine, con il pensiero geometrico ed analitico. La stessa logica che si svilupperà, più tardi, nello *jus* romano: quel diritto che contiene in sé l'idea della *regula* (riga) e della *norma* (squadra) e che, costruito sull'idea di direzione (*directum*), sarà capace di unire alla nozione di giustizia quella di linea di condotta. In effetti, come ha mostrato Mario Bretone, ancora ai "razionalisti" seicenteschi (e, in primo luogo, a Leibniz), il diritto romano appariva fortemente impregnato di spirito geometrico: nel modo di argomentare dei giureconsulti romani si intravedeva, in altri termini, la logica tipica dei geometri. Scrive Bretone: «Il pensiero giuridico classico emergeva, dunque, come pensiero 'matematico' dalle rovine della Compilazione giustinianea. I giureconsulti antichi erano in fondo (così si pensava) dei 'razionalisti', che avevano coltivato a loro modo una scienza, che ora veniva ricompresa, a giusto titolo, fra quelle 'necessarie e dimostrative'. Il giusnaturalismo tardo-seicentesco e settecentesco poteva proclamarsi loro erede» (Bretone 2004, p. 97). E come ha giustamente sottolineato Alain Supiot ragionando sui concetti geometrici di "riga", "squadra", "linea" e "angolo retto", «con il Diritto, la giustizia diviene una questione di tracciato geometrico e non di casistica; essa deriva più da una misurazione che non da un arbitraggio, anche se in fondo si tratta sempre, come recita la celebre formula del *Digesto*, di attribuire a ciascuno il suo (*suum cuique tribuere*)» (Supiot 2006, p. 63). Questa storia, in fin dei conti, è la stessa che, a differenza di quanto è avvenuto nei paesi di *common law*, ha conosciuto lo sviluppo del Diritto continentale europeo (nella sua accezione di architettura normativa) e che Max Weber ha magistralmente ascritto ad un più vasto processo di razionalizzazione formale (Weber 1961, II, pp. 1-200). Se vi è, dunque, una storia del Diritto, questa storia è la stessa che intreccia la scienza, il diritto e il potere, o meglio, che interseca, fin dalle origini, il sapere giuridico con quello analitico, l'assegnazione dei limiti (la delimitazione) con l'esatta misurazione, la condotta morale con il tracciato geometrico, la *giustizia* con la *giustezza*; una storia, dal principio, svelata nell'esattezza dell'ombra proiettata dalle piramidi e destinata a tornare, proprio attraverso i diversi e molteplici significati che queste stesse immagini acquistano nel corso del tempo, nel cammino dell'uomo e delle scienze umane. Una storia, oltretutto, che risale nell'etimo (come ha visto ancora Benveniste) al sacro, al religioso.

*Storie* di Erodoto, tra il 385 e il 375 a.C. e che, quasi sicuramente, segue la composizione del *Gorgia*).

Possiamo allora immaginare un colloquio a distanza, una conversazione prolungata nel tempo che attraversa la critica sofistica e che forse mira, nelle intenzioni di Platone, a proporre, in forma dialogica, un nuovo modello (epistemico e politico) capace di sanare i conflitti che avevano lacerato la società ateniese tra il V e il IV secolo. Qui (mi riferisco sempre al VII libro de *La Repubblica*) Socrate dialoga con Adimanto e Glaucone (esponenti della giovane aristocrazia ateniese influenzata dalla cultura sofistica del circolo di Crizia e fratelli di Platone), che non rappresentano tanto, come Trasimaco, degli avversari del filosofo, quanto, piuttosto, i destinatari del suo insegnamento. Non si tratta, dunque, di confutare un pensiero, ma di convincere coloro i quali per ceto sociale (e tra questi, appunto, Adimanto e Glaucone) possono aspirare alla guida politica di una città giusta (e non tirannica), che il principio normativo supremo al quale la loro condotta dovrebbero attenersi è l'idea del Bene. Ma per raggiungere la conoscenza del Bene necessaria al governo, occorre un sapere scientifico (*episteme*) ordinato alla formazione dialettica e capace di attraversare l'intero campo delle scienze matematiche; poiché proprio tale campo favorisce il progressivo distacco dalla mera conoscenza empirica (a cui è connesso un sapere pratico provvisorio e instabile, ciò che Platone chiama *doxa*, opinione) permettendo l'accesso ad una riflessione puramente neoetico-ideale quale è appunto la dialettica. Consideriamo questo passo preso dal libro VI, 500:

> «– Si Adimanto, perché chi pensa seriamente alle "cose che sono", non ha nemmeno tempo libero per abbassare lo sguardo [*c*] alle cose degli uomini, riempirsi di invidia e di astio combattendo con loro. Tali persone guardano invece a oggetti ordinati e sempre invariabilmente costanti e osservano che non si fanno reciproca ingiustizia, ma che se ne stanno tutti ordinati secondo un principio razionale; e perciò li imitano e si fanno simili a loro quanto più possono. Credi che si possa evitar d'imitare ciò con cui si vive in armonia e che si ammira? – È impossibile, rispose. – Se dunque il filosofo vive in armonia con ciò che è [*d*] divino e ordinato, egli diviene ordinato e divino, per quanto è possibile a un uomo» (Platone 2018, pp. 214-5).

Di qui trova spunto un processo di formazione scientifica che vede, paradossalmente, il filosofo distaccarsi dall'impegno politico (che dovrebbe costituire lo scopo della sua educazione) per dedicarsi a uno studio puramente teorico.

Tale distacco progressivo dal mondo, dalla fiducia ingenua nelle testimonianze fallaci delle sensazioni, dalla credenza nelle opinioni diffuse su ciò che sia vero e che abbia valore, consente dunque al filosofo di elevarsi pian piano al rango di un sapere in grado di aprire la mente alla comprensione (ideale) del Bene, ciò che mette in rapporto l'orizzonte della verità teorica con il mondo dei valori etico-politici. Un primo passo verso tale traguardo è permesso delle scienze matematiche (aritmetica, geometria, astronomia, ecc.), in quanto proprio tali scienze mostrano l'esistenza di un livello di razionalità del tutto distaccato dalle percezioni, dagli oggetti fisici, dalla mutevolezza delle percezioni, dall'arbitrarietà dei costumi e dalla contingenza storica.

Le matematiche, detto altrimenti, introducono alla conoscenza di un mondo ideale, che può venire descritto da enunciati teorici perfetti e universalmente veri (come, ad esempio, l'idea del triangolo, percepibile dall'intelletto ma non colta dai sensi). Ed è così, allora, come si è detto, che il filosofo (educato dalla razionalità matematica) potrà finalmente accedere al vero sapere, quello "dialettico", che verte esclusivamente sul mondo dei modelli ideali, e ottiene in tal senso verità universali e perfette. Soltanto il possesso di tale sapere conferisce al filosofo il diritto di governare, perché gli consente di costruire una teoria politica rigorosa e incontrovertibile modellata sugli assiomi geometrici e non compromessa con la mutevolezza e l'arbitrarietà del mondo storico-sensibile.

Su questo piano, pertanto, proprio il sapere geometrico può istituire il fondamento teoretico, il meta-criterio universale e astratto, incontrovertibile e certo, sulla cui base articolare le leggi che attendono al governo degli uomini. Ma ciò soltanto se la geometria, colta per la sua purezza ideale, eviti di servirsi dei procedimenti dimostrativi basati sull'impiego di strumenti grafici e di manipolazioni manuali delle figure, ovvero, di ciò che inevitabilmente la riporterebbe ad un utilizzo pratico e ad un'origine bassa, mondana. Ecco dunque il passo (*La Repubblica*, VII, 526, 527) che vorrei mettere, come prima dicevo, in relazione ad Erodoto. È Socrate che parla rivolgendosi a Glaucone:

«– Ecco dunque stabilita, ripresi, una prima disciplina [l'aritmetica]. Per seconda esaminiamo poi quella che le è collegata, e vediamo se ha per noi qualche lato conveniente. – Quale? Intendi di parlare della geometria?, chiese. – Proprio di questa, risposi. – Se consideriamo, disse, quella [*d*] sua sezione che trova applicazione in guerra, è chiaro che questa convenienza c'è. Per i vari modi di porre il campo, di occupare località, di concentrare e spiegare truppe, e per tutte le altre formazioni assunte dagli eserciti nelle battaglie e nelle marce, ben differente uno sarebbe a seconda che fosse o no esperto di geometria. – È vero però, risposi, che per tali scopi potrebbero bastare anche conoscenze ridotte di geometria e di calcolo. Occorre invece esaminare la sezione più vasta e di più larga [*e*] applicazione, per vedere se in qualche modo può farci scorgere più facilmente l'idea del bene. A questo fine, possiamo dire, tende tutto ciò che costringe l'anima a volgersi verso il luogo dove ha sede la parte più felice dell'essere, quella che essa deve assolutamente vedere. – Hai ragione, ammise. – Ora, se costringe a contemplare l'essere, la geometria è conveniente, se la generazione, non lo è. – Possiamo ben dirlo. – Ebbene, feci io, [*a*] tutti coloro che s'intendono anche un poco soltanto di geometria non verranno a negarci che questa scienza sia proprio l'opposto di come la descrivono coloro che la praticano. – Come?, chiese. – La descrivono in un modo ridicolissimo e meschino, comportandosi da persone pratiche e non rivelando nei loro discorsi che scopi pratici. Parlano di 'quadrare', di 'costruire su una linea data', di 'aggiungere per apposizione', usano ogni sorta di simili espressioni. Invece tutta questa disciplina va coltivata in [*b*] funzione della conoscenza. – Assolutamente, rispose. – Ora, dobbiamo convenire anche su un altro punto, questo? – Quale? – Che la si coltiva in funzione della conoscenza di ciò che perennemente è, ma non di ciò che in un dato momento è o finisce d'essere qualcosa. – D'accordo! Rispose; la geometria è conoscenza di ciò che perennemente è. – Allora, mio nobile amico, attirerà l'anima alla verità e sarà capace di produrre pensiero filosofico, per mantenere in alto ciò che ora (e non si dovrebbe) teniamo in basso. – Sì, nel più alto grado possibile, rispose. – Allora, ripresi, dobbiamo raccomandare più [*c*] che possiamo gli abitanti del tuo bello stato di non trascurare assolutamente la geometria» (*Ibid.*, pp. 242-3).

La geometria, dunque, si depura, si purifica, si libera di ogni suo carattere storico, si astrae dall'ordine pratico della razionalità strumentale, si svincola dalla contingenza mutevole dell'agire sociale e, solo in tal modo, assurge a prospettiva ideale capace di fondare un sapere rigoroso, garante di un ordine (politico ed etico) eterno e immutabile. Da questo punto di vista, il problema rimane sì politico, ma assume, soprattutto, un significato epistemologico.

Platone propone una tesi che ristabilisce così, ridefinendo l'ordine del sapere geometrico, le coordinate filosofico-spaziali: l'alto, il regno perenne delle idee, delle speculazioni teoriche pure, e il basso, il campo della pratica, delle congetture mutevoli e arbitrarie, il campo della storia e della genealogia, diremmo noi reinterpretando Erodoto e le sue indagini storiografiche.

È come se Platone, consapevole della crisi politico-morale dell'Atene del V-IV secolo a.C. (che, si è visto, si esprime soprattutto come crisi della legge) avesse voluto in qualche modo rispondere a quel relativismo storiografico che, alimentato dalla critica (e dalla "decostruzione") sofistica, finiva per negare un fondamento filosofico incontrovertibile alla stabilità dell'ordine sociale. Quel relativismo, tuttavia, avrebbe ritrovato più tardi, in età ellenistica, una sua riformulazione, quando le spedizioni di Alessandro Magno misero di nuovo a contatto «gli orgogliosi depositari di una tradizione "civile" con popoli la cui vita associativa rispecchiava canoni etici e sociali autonomi e, come tali, suscettibili di problematiche implicazioni» (Battista 1979, p. 136); fenomeno, oltretutto, che, in modo differente, avrebbe ancora registrato più tardi, nell'ambito culturale europeo del XVI secolo, dietro gli stimoli delle nuove conquiste geografiche (tra cui, soprattutto, la scoperta dell'America) e le spinte di diverse esigenze sociali, una manifestazione importante nelle opere di Montaigne, Charron e anche, poco più tardi, nei *Pensieri* di Pascal.

Tuttavia, per tornare in Grecia, non possiamo di certo affermare che la crisi morale e politica di Atene non fosse altro che il prodotto culturale del relativismo storiografico e sofistico. Anzi, potremmo anche affermare che proprio la consapevolezza della crisi abbia in qualche modo favorito il pensiero relativista, ma non tanto come elemento degenere di una presunta, e idealizzata, unitaria armonia istituzionale e politica, quanto, piuttosto, come tentativo di riconsiderare criticamente e problematicamente le basi di un legame politico non più capace di dare giuridicamente espressione all'alterità introdotta dai mutamenti sociali.

Certo, non sbaglia Nicole Loraux quando, più che altro concentrata sui testi di Aristotele, cerca di riportare alla luce quel conflitto, inscritto all'interno del politico, che i greci hanno preferito dimenticare «attraverso il consenso» (Loraux 2006, p. 61). Ma forse è anche vero che i greci, consapevoli della crisi morale, istituzionale e politica del loro tempo, abbiano in qualche modo cercato di dar voce al conflitto inscrivendolo nei termini di una riflessione aperta alla complessità e alla contraddizione, e rinviandolo al pluralismo giuridico, politico e morale, sia esponendone la problematicità, sia assumendone la potenzialità critica e "decostruttiva", sia denunciandone la pericolosità. Lo stesso Platone, sia pure nella sua progressiva costruzione "metafisico-politica" giunta, nelle sue diverse e sempre più sofisticate versioni, fino alle profondità della nostra attuale cultura, lascia spazio, nei sui dialoghi, a Socrate, figura "atopica", provocante e non salvifica, inquieta e sempre mobile, dinamica, "straniera", mai riducibile a un punto statico e fisso, produttrice di effetti "eterotopici", di scarti semantici, di dislocamenti concettuali.

Come si è detto, Il pensiero greco cresce e matura in uno scambio costante tra testi letterari, teatrali, politici, storici e filosofici. Atene, per qualche decina di anni, nel V secolo a.C., sperimenta e sviluppa la prima esperienza storica della democrazia, ed è proprio a partire da tale esperienza che la cultura, ad ogni suo livello, inizia a riflettere sui fondamenti posti alla base delle istituzioni democratiche cittadine. Su questo piano, il pensiero politico, nelle sue diverse fonti e figure narrative, non può che ripercorrere il problema fondamentale che adesso, più che mai, sembra attraversare la coscienza morale del popolo ateniese: il rapporto tra autonomia ed eteronomia, tra convenzione e diritto, tra legge e natura. Come scrive François Ost, «assumendosi esplicitamente l'incertezza che costituisce l'orizzonte teorico d'ogni democrazia, la città greca inventa simultaneamente sia la democrazia, che è azione politica istituente, sia la filosofia, che è la ripresa riflessiva dell'interrogativo sul meta-criterio della verità e della giustizia (ciò che significa essere vero o essere giusto, qual è il criterio del vero e del giusto se non viene dato in anticipo?), sia la storiografia, che non si contenta più di riferire la cronaca degli eventi ma spiega il loro perché (poiché avrebbero potuto svolgersi diversamente), sia la tragedia, che pone sulla scena tutti questi interrogativi» (Ost 2004, p. 59).

Già con le riforme di Dracone (VII sec a.C.) la scrittura delle leggi aveva istituito, ad Atene, dei limiti alla giustizia familiare esercitata dal ceto aristocratico. Poi con Solone e Clistene, e soprattutto con Pericle (eletto ininterrottamente tra il 461 al 429), il *demos* (formato da tutti gli uomini liberi) si costituisce come soggetto politicamente sovrano: è *autonomos* (si regge su proprie leggi adottate nelle assemblee), *autotelés* (si autogoverna con l'intermediazione di magistrati eletti o tirati a sorte) e *autodikos* (si attribuisce una giurisdizione indipendente). Tuttavia, allo stesso tempo, la storiografia, la tragedia e la filosofia riflettono criticamente sul significato da attribuire all'autonomia, all'autogoverno e alla giurisdizione. La tendenziale emancipazione dall'orizzonte della necessità (dalle leggi divine come dalle leggi del *genos*, le consuetudini familiari), espone il rischio della contingenza, ciò che mina ogni possibilità di fare affidamento su un fondamento politico certo, stabile e sicuro, in grado di garantire l'ordine sociale. Non a caso, alla problematizzazione tragica di Eschilo e Sofocle corrisponde, in qualche modo, la storiografia, che non si accontenta più di registrare gli eventi come opera del caso o del destino ma cerca di indagare la storia come frutto di un'agire umano condizionato dagli usi sociali, e la riflessione filosofica dei sofisti che, attraverso una concezione autoreferenziale della società, discute il fondamento stesso del sociale (e delle leggi della città) attraverso il modello del contratto (*Ibid.*, p. 63). Proprio a questa concezione autoreferenziale della società – che ha contribuito a diffondere l'idea della legge come convenzione e, dunque, come fragile e contingente – non poteva che rispondere Platone, che attraverso un criterio di giustizia eterna, necessaria e ideale (a cui le leggi degli uomini dovevano avvicinarsi per approssimazione), cercava un ancoraggio forte in una dimensione astratta (e sottratta alla contingenza) capace di garantire un fondamento stabile all'ordine sociale svincolandolo dall'arbitrio della forza e dal pericolo della violenza. L'abbiamo già detto ripercorrendo, con altre parole, il paradosso che traspare dai *Pensieri* di Pascal: se il diritto non ha fondamento (se rimane sempre una struttura infondata), ha comunque bisogno di essere fondato per esistere in quanto diritto e non ricadere, così, nella violenza, nell'arbitrarietà, nella convenzione, nella contingenza e nella relatività storica.

Nella "riflessione dialogica" inscenata da Platone, correlata alla crisi della legge nell'Atene tra il V e il IV secolo a.C., si evidenziava dunque, come si è visto, la differenza – detto in senso schematico – tra due posizioni di pensiero orientate l'una alla relatività storiografica e al relativismo filosofico e l'altra alla fondazione metafisica; ciò che più tardi, in una condizione sociale mutata, troverà una sua nuova manifestazione nell'opposizione, evidenziata soprattutto nei *Pensieri* di Pascal, tra prospettiva scettica e razionalismo giusnaturalista ovvero, tra indagine genealogica e comprensione metafisica del mondo.

# Bibliografia


Adorno T.W. (1989), *Il gergo dell'autenticità*, Bollati Boringhieri, Torino.
Agostino (1984), *La Città di Dio*, Rusconi, Milano.
Andrini S. (1990), *La pratica della razionalità*, Franco Angeli, Milano.
Antoni C. (1951), *Dallo storicismo alla sociologia* (1ª ed. 1940), Sansoni, Firenze.
Aristotele (1986), *Etica Nicomachea* (a cura di M. Zanatta), BUR, Milano.
Auerbach E. (2007), *Sulla teoria politica di Pascal*, in *La corte e la città. Saggi sulla storia della cultura francese*, Carocci, Roma.
Axelos K. (1977), *Marx e Heidegger*, Guida, Napoli.

Baltrušaitis J. (2004), *Anamorfosi o Thaumaturgus opticus*, Adelphi, Milano.
Barthes R. (1974), *Miti d'oggi*, Einaudi, Torino.
— (1979), *Frammenti di un discorso amoroso*, Einaudi, Torino.
— (1981), *Lezione*, Einaudi, Torino.
— (1991), *L'avventura semiologica*, Einaudi, Torino.
Bataille G. (1992), *La parte maledetta preceduta dalla Nozione di dépense*, Bollati Boringhieri, Torino.
— (1999), *L'amicizia*, SE, Milano.
Bateson G. (1976), *Verso un'ecologia della mente*, Adelphi, Milano.
— (1996), *"Questo è un gioco"*, Raffaello Cortina, Milano.
Battista A. M. (1979), *Alle origini del pensiero politico libertino. Montaigne e Charron*, Giuffrè, Milano.
Baudelaire C. (1992), *Scritti sull'arte*, Einaudi, Torino.
Baudrillard J. (1977), *Dimenticare Foucault*, Cappelli editore, Bologna.
— (1987), *L'altro visto da sé*, Costa & Nolan, Genova.
Benjamin W. (1980), *Il dramma barocco tedesco*, Einaudi, Torino.
— (1981), *Per la critica della violenza*, in *Angelus Novus*, Einaudi, Torino.
Bentham J. (2000), *Teoria delle finzioni*, Cronopio, Napoli.
Benveniste E. (1976), *Il vocabolario delle istituzioni indoeuropee*, Einaudi, Torino.
— (1990), *Tendenze recenti nella linguistica generale*, in *Problemi di linguistica generale*, Il Saggiatore, Milano.
— (1990b), *Uno sguardo allo sviluppo della linguistica* in *Problemi di linguistica generale*, Il Saggiatore, Milano.
Berdjaev N. (1945), *La concezione di Dostoevskij*, Einaudi, Torino.
Birault H. (1978), *Nietzsche et le pari de Pascal*, in "Commentaire", n.3.
Bixio A. (1975), *Introduzione* a M. Heidegger, *La dottrina di Platone sulla verità* e *Lettera sull'umanismo*, SEI, Torino.

— (2006), "*Sociologia*", voce dell'*Enciclopedia Filosofica*, Fondazione Centro Studi Filosofici di Gallarate, Bompiani, Milano, vol.11.
— (2010), *Lettera sull'"inesistente"*, Rubbettino, Soveria Mannelli.
— (2011), *Storia della storicità e società moderna*, in "Sociologia", n. 1/2011.
Blanchot M. (1983), *Da Kafka a Kafka*, Feltrinelli, Milano.
— (1984), *La comunità inconfessabile*, Feltrinelli, Milano.
— (1988), *Michel Foucault come io l'immagino*, Costa & Nolan, Genova.
Bloch M. (1987), *La società feudale*, Einaudi, Torino.
Bobbio N. (1980), *Il Giusnaturalismo*, in *Storia delle idee politiche economiche e sociali*, diretta da L. Firpo, Utet, Torino.
— (1990), *L'età dei diritti*, Einaudi, Torino.
Bourdieu P. (1998), *Meditazioni pascaliane*, Feltrinelli, Milano.
Bretone M. (2004), *Diritto e tempo nella tradizione europea*, Laterza, Roma-Bari.
Brunner O. (1983), *Terra e potere*, Giuffrè, Milano.

Caillois R. (1981), *I giochi e gli uomini. La maschera e la vertigine*, Bompiani, Milano.
Carroll L. (1995), *Alice nel Paese delle Meraviglie e Attraverso lo Specchio Magico*, Newton Compton, Roma.
Cassano F. (1989), *Approssimazione*, Il Mulino, Bologna.
Cassirer E. (1952), *Storia della filosofia moderna*, vol. 1, Einaudi, Torino.
— (2004), *La filosofia delle forme simboliche. I. Il Linguaggio*, Sansoni, Milano.
Castoriadis C. (1995), *L'istituzione immaginaria della società*, Bollati Boringhieri, Torino.
Cavallone B. (2016), *La borsa di Miss Flite. Storie e immagini del processo*, Adelphi, Milano.
Clastres P. (2015), *L'anarchia selvaggia. Le società senza stato, senza fede, senza legge, senza re*, elèuthera, Milano.
Comte A. (2001), *Discorso sullo spirito positivo*, Laterza, Roma-Bari.
Crespi F. (1983), *Assenza di fondamento e progetto sociale*, in *Il pensiero debole* (a cura di G. Vattimo e P.A. Rovatti), Feltrinelli, Milano.
— (1985), *Le vie della sociologia*, Il Mulino, Bologna.
— (1989), *Azione sociale e potere*, Il Mulino, Bologna.
— (1993), *Evento e struttura. Per una teoria del mutamento sociale*, Il Mulino, Bologna.
— (1999), *Teoria dell'agire sociale*, Il Mulino, Bologna.
Cusano N. (1995), *Il Dio nascosto*, Laterza, Roma-Bari.

Dal Lago A.-Rovatti P.A. (1989), *Elogio del pudore*, Feltrinelli, Milano.
De Gaultier J. (1992), *Il Bovarismo*, SE, Milano.
Delogu P. (1983), *Germani e Carolingi*, in L. Firpo (a cura di), *Storia delle idee politiche economiche e sociali*, vol. II, Utet, Torino, pp. 3-54.
De Romilly J. (2005), *La legge nel pensiero greco. Dalle origini ad Aristotele*, Garzanti, Milano.

Del Noce A. (2010), *Il problema Pascal e l'ateismo contemporaneo*, in *Il problema dell'ateismo*, Il Mulino, Bologna.
Deleuze G. (1984), *Logica del senso*, Feltrinelli, Milano.
— (1987), *Foucault*, Feltrinelli, Milano.
— (1992), *Nietzsche e la filosofia*, Feltrinelli, Milano.
Derrida J. (1968), *La voce e il fenomeno*, Jaca Book, Milano.
— (1969), *Della grammatologia*, Jaca Book, Milano.
— (1981), *La verità in pittura*, Newton Compton, Roma.
— (1985), *La farmacia di Platone*, Jaca Book, Milano.
— (1989), *La disseminazione*, Jaca Book, Milano.
— (1994), *Spettri di Marx*, Raffaello Cortina, Milano.
— (1996), *Pre-giudicati. Davanti alla legge*, Abramo editore, Catanzaro.
— (1997), *Cosmopoliti di tutti i paesi, ancora uno sforzo!*, Cronopio, Napoli.
— (1998), *Addio a Emmanuel Lévinas*, Jaca Book, Milano.
— (2000), *Sull'ospitalità*, Baldini &Castoldi, Milano.
— (2002), *Come non essere postmoderni*, Medusa, Milano.
— (2003), *Forza di legge*, Bollati Boringhieri, Torino.
— (2003b), *Il diritto alla filosofia dal punto di vista cosmopolitico*, Il Melangolo, Genova.
— (2004), *Perdonare*, Raffaello Cortina, Milano.
— (2006), *Breve storia della menzogna*, Castelvecchi, Roma.
Dreyfus H.L.-Rabinow P. (1989), *La ricerca di Michel Foucault*, Ponte alle grazie, Firenze.
Dupuy J.-P. (1986), *Ordini e disordini. Inchiesta su un nuovo paradigma*, Hopeful Monster Editore, Firenze.
Durkheim E. (1989), *La divisione del lavoro sociale*, Edizioni di Comunità, Milano.
— (1996), *Le regole del metodo sociologico*, Edizioni di Comunità, Milano.
— (2009), *Il dualismo della natura umana e le sue condizioni sociali*, Edizioni ETS, Pisa.
Dürrenmatt F. (1988), *La morte della Pizia*, Adelphi, Milano.

Eilenberger W. (2018), *Il tempo degli stregoni. 1919-1929. Le vite straordinarie di quattro filosofi e l'ultima rivoluzione del pensiero*, Feltrinelli, Milano.
Elias N. (1990), *Che cos'è la sociologia*, Rosenberg & Sellier, Torino.
— (1998), *Teoria dei simboli*, Il Mulino, Bologna.
— (2010), *Potere e civiltà. Il processo di civilizzazione II*, Il Mulino, Bologna.
Erodoto (1988), *Storie*, Mondadori, Milano.
Esiodo (1985), *Opere e giorni*, a cura di G. Arrighetti, Garzanti, Milano.

Fassò G. (1968), *Storia della filosofia del diritto. Volume II: l'età moderna*, Il Mulino, Bologna.
Ferreyrolles G. (1984), *Pascal et la raison du politique*, Presses Universitaires de France, Paris.
Fink E. (1977), *La filosofia di Nietzsche*, Mondadori, Milano.

Foscolo U. (1992), *Sulla giustizia*, Ibis, Como-Pavia.
Foucault M. (1972), *L'ordine del discorso*, Einaudi, Torino.
— (1976), *Sorvegliare e punire*, Einaudi, Torino.
— (1977), *Nietzsche, la genealogia, la storia*, in *Microfisica del potere*, Einaudi, Torino.
— (1980), *L'archeologia del sapere*, Rizzoli, Milano.
— (1988), *La volontà di sapere*, Feltrinelli, Milano.
— (1994), *La verità e le forme giuridiche*, La Città del Sole, Napoli.
— (1994b), *Poteri e strategie*, Mimesis, Milano.
— (1998), *Che cos'è l'illuminismo?* (1984), in *Archivio Foucault. Interventi, colloqui, interviste. 3. 1978-1985. Estetica dell'esistenza, etica, politica*, Feltrinelli, Milano, pp. 217-232.
— (2005), *Corso al Collège de France (1977-1978)*, Feltrinelli, Milano.
Frigo A. (2010), *La vittima più istruttiva del cristianesimo. Nietzsche lettore e interprete di Pascal*, in "Giornale critico della Filosofia Italiana, 6 (2).

Gadamer H.-G. (1995), *Verità e metodo*, vol. I, Bompiani, Milano.
— (1995b), *Verità e metodo*, vol. 2, Bompiani, Milano.
Gentile F. (1927), *Pascal. Saggio d'interpretazione storica*, Laterza, Bari.
Gehlen A. (1983), *L'uomo. La sua natura e il suo posto nel mondo*, Feltrinelli, Milano.
Gerber C.F. v. (1971), *Diritto pubblico*, Giuffrè, Milano.
Ginzburg C. (2018), *Nondimanco. Machiavelli, Pascal*, Adelphi, Milano.
Girard R. (1980), *La violenza e il sacro*, Adelphi, Milano.
— (1983), *Delle cose nascoste fin dalla fondazione del mondo*, Adelphi, Milano.
— (1987), *Il capro espiatorio*, Adelphi, Milano.
— (1991), *La violenza fondatrice*, in *La narrazione delle origini* (a cura di L. Preta), Laterza, Roma-Bari.
— (2004), *Il sacrificio*, Raffaello Cortina, Milano.
Glotz G. (1904), *La Solidarité de la famille dans le droit criminel en Grèce*, Albert Fonteming, Paris.
Gombrich E.H. (2003), *Arte e illusione*, Leonardo Arte Mondadori Electa, Milano.
Gramsci A. (1975), *Quaderni del carcere, I*, Einaudi, Torino.
Granier J. (1982), *Genealogia dei valori e verità nella filosofia di Nietzsche*, in AA.VV., *Friedrich Nietzsche e il destino dell'uomo* (a cura di G. Penzo), Città Nuova, Roma.
— (1984), *Nietzsche*, Feltrinelli, Milano.
Groppali A. (1899), *La genesi sociale del fenomeno scientifico*, Fratelli Bocca Editori, Torino.
Grossi P. (2003), *L'ordine giuridico* medievale, Laterza, Roma-Bari.
— (2007), *Mitologie giuridiche della modernità*, Giuffrè, Milano.
Habermas J. (1991), *Il pensiero post-metafisico*, Laterza, Roma-Bari.
— (2000), *Profili politico-filosofici*, Guerini e Associati, Milano.
— (2002), *Il futuro della natura umana. I rischi di una genetica liberale*, Einaudi, Torino.

— (2015), *Verbalizzare il sacro. Sul lascito religioso della filosofia*, Laterza, Roma-Bari.

Heidegger M. (1976), *Essere e tempo*, Longanesi, Milano.

— (1994), *Nietzsche*, Adelphi, Milano.

Hillman J. (1991), *Ananke e Atena. La necessità della psicologia anormale* in *La vana fuga dagli dei*, Adelphi, Milano.

Honneth A. (2019), *Riconoscimento. Storia di un'idea europea*, Feltrinelli, Milano.

Horkheimer M.-Adorno T.W. (1966), *Lezioni di sociologia*, Einaudi, Torino.

Hughes H.S. (1967), *Coscienza e società. Storia delle idee in Europa dal 1890 al 1930*, Einaudi, Torino.

Huizinga (1973), *Homo ludens*, Einaudi, Torino.

Husserl E. (1968), *La crisi delle scienze europee e la fenomenologia trascendentale*, Mondatori, Milano.

Irti N. (2006), *Norma e luoghi.Problemi di geo-diritto*, Laterza, Roma-Bari.

Isidoro di Siviglia (2004), *Etimologie o Origini* (a cura di A. Valastro Canale), Utet, Torino.

Jaspers K. (1996), *Nietzsche. Introduzione alla comprensione del suo filosofare*, Mursia, Milano.

Jhering R. von (1989), *La lotta per il diritto e altri saggi*, Giuffrè, Milano.

Jullien F. (2018), *Alterità*, Mimesis, Milano-Udine.

— (2019), *Il gioco dell'esistenza. De-coincidenza e libertà*, Feltrinelli, Milano.

Kant I. (1989), *La religione nei limiti della semplice ragione* (1793), in *Scritti di filosofia della religione* (a cura di G. Riconda), Mursia, Milano.

Kafka F. (1983), *Il processo*, Einaudi, Torino.

Kantorowicz, E.H.(1989), *I due corpi del re*, Einaudi, Torino.

Kelsen H. (1992), *Società e natura*, Bollati Boringhieri, Torino.

— (2000), *Teoria generale del diritto e dello Stato*, Etas, Milano.

Klossowski P. (1981), *Nietzsche e il circolo vizioso*, Adelphi, Milano.

— (1999), *Nietzsche, il politeismo e la parodia*, SE, Milano.

Koselleck R.-Gadamer H.-G. (1990), *Ermeneutica e istorica*, Il Melangolo, Genova.

La Boétie (2015), *Discorso della servitù volontaria*, Feltrinelli, Milano.

Lacan J. (1974), *Scritti*, Einaudi, Torino.

— (2019), *Il seminario. Libro XVI. Da un Altro all'altro. 1968-1969*, Einaudi, Torino.

Lasch C. (2016), *Il paradiso in terra. Il progresso e la sua critica*, Neri Pozza, Vicenza.

Lazzeri C. (1993), *Force et justice dans la politique de Pascal*, Presses Universitaires de France, Paris.

Legendre P. (2000), *Il giurista artista della ragione*, Giappichelli, Torino.

Lévi-Strauss C. (2003), *Le strutture elementari della parentela*, Feltrinelli, Milano.

Loraux N. (2006), *La città divisa*, Neri Pozza, Vicenza.

Macchia G. (1988), *Colloquio di Pascal col signor de Saci* (Padre Desmolets, *Mémoires de littérature et d'histoire*, 1728), in *I moralisti classici*, Adelphi, Milano.
Mann T. (1980), *Saggi. Schopenhauer, Nietzsche, Freud*, Mondadori, Milano.
(1997), *Considerazioni di un impolitico*, Adelphi, Milano.
Marci T. (2012), *La pratica della vendetta come esperienza giuridica. L'antropologia del diritto di Antonio Pigliaru*, in "Sociologia. Rivista Quadrimestrale di Scienze Storiche e Sociali", Anno XLVI, n. 1, pp. 11-33.
Marx K. (1968), *Manoscritti economico-filosofici del 1844*, Einaudi, Torino.
— (2003), *La questione ebraica*, Massari editore, Bolsena (VT).
Mauss M (1965), *Saggio sul dono*, in *Teoria generale della magia e altri saggi*, Einaudi, Torino.
Mills C.W. (1973), *L'immaginazione sociologica*, Il Saggiatore, Milano.
Montagne M. de (1992), *Saggi*, Adelphi, Milano.
Moravia S. (1985), *Itinerario nietzscheano*, Guida Editori, Napoli.
Morin E. (1985), *Le vie della complessità*, in *La sfida della complessità* (a cura di G. Bocchi e M. Ceruti), Feltrinelli, Milano.

Nancy J.-L. (1996), *L'"etica originaria" di Heidegger*, Cronopio, Napoli.
Nietzsche F. (1971), *Frammenti postumi 1887-1888*, Volume VIII, tomo II delle "Opere di Friedrich Nietzsche", Ed. italiana condotta sul testo critico stabilito da G. Colli e M. Montinari, Adelphi, Milano.
— (1981), *Verità e menzogna e altri scritti giovanili*, Newton Compton Editori, Roma.
— (1981b), *Umano troppo umano. Volume secondo*, Adelphi, Milano.
— (1982), *Umano troppo umano. Volume primo*, Adelphi, Milano.
— (1983), *Al di là del bene e del male*, Adelphi, Milano.
— (1983b), *Il crepuscolo degli idoli*, Adelphi, Milano.
— (1983c), *Ecce homo*, Adelphi, Milano.
— (1984), *La gaia scienza*, Adelphi, Milano.
— (1984b), *Genealogia della morale*, Adelphi, Milano.
— (1984c), *Aurora*, Adelphi, Milano.
— (1984d), *L'anticristo*, Adelphi, Milano.
— (2005), *La volontà di potenza. Frammenti postumi ordinati da Peter Gast e Elisabeth Förster-Nietzsche* (a cura di M. Ferrarsi e P. Kobau), Bompiani, Milano.
Olivecrona K. (1976), *Linguaggio giuridico e realtà*, in *Diritto e analisi del linguaggio* (a cura di U. Scalpelli), Ed. di Comunità, Milano.
Ost F. (2004), *Dal Monte Sinai al Campo di Marte. Il sé e l'altro a fondamento del diritto*, Rubbettino, Soveria Mannelli.
Panofsky E. (2008), *Galileo critico delle arti*, Abscondita, Milano.
Pareyson L. (1966), *L'etica di Pascal*, Giappichelli, Torino.
— (1993), *Dostoevskij. Filosofia, romanzo ed esperienza religiosa*, Einaudi, Torino.
— (2002), *Esistenza e persona*, Il Nuovo Melangolo, Genova.

Pascal P. (1983), *Frammenti* (a cura di E. Balmas), Rizzoli, Milano.
— (2007), *Discorso sulle passioni dell'amore*, La Vita Felice, Milano.
— (2008), *Le Provinciali*, Einaudi, Torino.
— (2008b), *L'arte di persuadere*, Passigli Editore, Firenze.
— (2013), *Pensieri*, Mondadori, Milano.
Pigliaru A. (1959), *La vendetta barbaricina come ordinamento giuridico*, Giuffrè, Milano.
Piazzesi C. (2003), *Abitudine e potere. Da Pascal a Bourdieu*, ETS, Pisa.
Platone (1971), *Opere complete*, vol. 5, Laterza, Roma-Bari.
— (2018), *La Repubblica*, Laterza, Roma-Bari.
Plessner H. (2006), *Potere e natura umana*, Manifestolibri, Roma.

Racine J. (1977), *Port-Royal*, Einaudi, Torino.
Revel J. (1996), *Foucault, le parole e i poteri*, Manifestolibri, Roma.
Ricoeur P. (1967), *Dell'interpretazione*, Il Saggiatore, Milano.
— (1977), *Il conflitto delle interpretazioni*, Jaca Book, Milano.
— (1989), *Dal testo all'azione*, Jaca Book, Milano.
— (1992), *Dell'interpretazione. Saggio su Freud*, Il Nuovo Melangolo, Genova.
— (1993), *Sé come un altro*, Jaca Book, Milano.
Robespierre M. (1984), *Discorso Sulla religione e sulla morale* pronunciato alla Convenzione il 7 maggio 1794, in *La rivoluzione giacobina* (a cura di U. Cerroni), Editori Riuniti, Roma.
Rousseau J.-J. (1991), *Il contrato sociale*, Rizzoli, Milano.
Rozanov V. (1989), *La leggenda del Grande Inquisitore*, Marietti, Genova.

Satta S. (1994), *Il mistero del processo*, Adelphi, Milano.
Schmitt C. (1996), *La condizione della scienza giuridica europea*, Pellicani, Roma.
— (2002), *Terra e mare*, Adelphi, Milano.
— (2008), *La tirannia dei valori*, Adelphi, Milano.
Schutz A. (1995), *Don Chisciotte e il problema della realtà*, Armando Editore, Roma.
Segalen V. (2001), *Saggio sull'esotismo*, Edizioni Scientifiche Italiane, Napoli.
Sellier P. (2013), *Pascal e Port-Royal*, Morcelliana, Brescia.
Semerari F. (1992), *Potenza come Diritto. Hobbes Locke Pascal*, Edizioni Dedalo, Bari.
Senofonte (1989), *Memorabili*, Rizzoli, Milano.
Serres M. (1991), *Il contratto naturale*, Feltrinelli, Milano.
— (2016), *Il mancino zoppo. Dal metodo non nasce niente*, Bollati Boringhieri, Torino.
Simmel G. (1978), *Il dominio*, Bulzoni, Roma.
— (1983), *Il campo della* Sociologia, in *Forme e giochi di Società*, Feltrinelli, Milano.
Sorel G. (1928), *Lettere di Georges Sorel a B. Croce*, in "La Critica", XXVI.
— (1996), *Riflessioni sulla violenza*, in *Scritti politici*, Utet, Torino.
Susa Santos B. De (2016), *Epistemologies of the South. Justice against Epistemicide*, Routledge, New York.

Spivak G.C. (1988), *Can the subaltern speak?*, in *Colonial Discourse and Post-colonial Theory. A Reader*, Columbia University Press, New York, pp. 66-111.
Supiot A. (2006), *Homo juridicus. Saggio sulla funzione antropologica del diritto*, Bruno Mondadori, Milano.
Surdi M. (2001), *Faida, contratto, patto. Studi sulla capacità costituente*, Giappichelli, Torino.
Sutherland E.H. (1986), *Il crimine come processo conflittuale*, in *La criminalità dei colletti bianchi e altri scritti*, Edizioni Unicopli, Milano.

Thomas Y. (2016), *Fictio legis*, Quodlibet, Macerata.
Tucidide (2017), *La guerra del Peloponneso*, Rizzoli, Milano.

Vattimo G. (1983), *Il soggetto e la maschera. Nietzsche e il problema della liberazione*, Bompiani, Milano.
Vattimo G.-Rovatti P.A. (a cura di) (1983), *Il pensiero debole*, Feltrinelli, Milano.
Valery P. (1994), *La crisi del pensiero*, Il Mulino, Bologna.
Verdier R. (dir.) (1980-84), *La vengeance: etudes d'ethnologie, d'histoire et de philosophie* (4 volumi), Editions Cujas, Paris.
Veyne P. (1998), *Michel Foucault. La storia, il nichilismo e la morale*, Ombre corte ed., Verona.
— (2010), *Foucault. Il pensiero e l'uomo*, Garzanti, Milano.
Vico G. (1983), *Scienza Nuova*, in *Autobiografia, Poesie, Scienza Nuova*, a cura di P. Soccio, Garzanti, Milano.
Villey M. (1986), *La formazione del pensiero giuridico moderno*, Jaca Book, Milano.

Watzlawick P.-Beavin J.H.-Jackson D.D. (1991), *Pragmatica della comunicazione umana*, Astrolabio, Roma.
Weber M. (1948), *Il lavoro intellettuale come professione*, Einaudi, Torino.
— (1961), *Economia e società*, Ed. di Comunità, Milano.
— (1967), *Il metodo delle scienze storico-sociali*, Einaudi, Torino.
— (2000), *Sociologia del diritto*, in *Economia e società*, III, Ed. di Comunità, Torino.
Wilhelm W. (1974), *Metodologia giuridica nel secolo XIX*, Giuffrè, Milano.
Wittgenstein L. (1983), *Ricerche filosofiche*, Einaudi, Torino.
Wunenburger J.-J. (1999), *Filosofia delle immagini*, Einaudi, Torino.

Zagrebelsky G. (2015), *Liberi servi. I Grande Inquisitore e l'enigma del potere*, Einaudi, Torino.

Finito di stampare nel mese di febbraio 2020
nella Stampatre s.r.l. di Torino
Via Bologna, 220

BIBLIOTHECA

*Biblioteca di studi giuridici politici e sociali*

*Collana diretta da*
Andrea Bixio, Pietro Rescigno, Francesco Riccobono

1 JEAN CARBONNIER, *Sociologia giuridica.* Traduzione e introduzione di Fedele Cuculo, 2012, pp. XXVI-248.

2. GAETANO CALABRÒ, *Storia e ragione politica. Tra antico e moderno,* 2012, pp. 320.

3. MARINA LALATTA COSTERBOSA, *Una bioetica degli argomenti,* 2012, pp. X-214.

4. CHARLES A. REICH, *La nuova proprietà.* Traduzione e introduzione di Francesco D'Urso, 2014, pp. XXXIV-110.

5. TITO MARCI, *Codificazione artistica e figurazione giuridica. Dallo spazio prospettico allo spazio reticolare*, 2014, pp. X-938.

6. GIORGIO RIDOLFI, *Figure del socialismo neokantiano. Tra rigore morale, ragione giuridica e realtà politica*, 2015, pp. VIII-272.

7. PIERO BELLINI, *Sede Apostolica e realtà politiche fra l'Evo Medio e l'Epoca Moderna*, 2015, pp. VI-170.

8. DONATO CARUSI, *Tentativi di legiferazione in materia di «testamento biologico»*, 2016, pp. VI-138.

9. ALF ROSS, *Democrazia, potere e diritto. Contributi al dibattito odierno.* Introduzione e traduzione di Alessandro Serpe, 2016, pp. XXXVI-172.

10. BRIAN H. BIX, *Filosofia del diritto. Idee e contesti. VII edizione.* Edizione italiana a cura di Andrea Porciello, 2016, pp. XXVIII-428.

11. HANS KELSEN, *I termini della pace tedesca e altri scritti.* Edizione italiana a cura di Fernando D'Aniello, 2017, pp. VIII-136.

12. TOMMASO EDOARDO FROSINI, *Declinazioni del governare*, 2018, pp. X-166.

13. VALERIA MARZOCCO, *Nella mente del giudice. Il contributo di Jerome Frank al realismo giuridico americano*, 2018, pp. XII-260.

14. LORENZO MILAZZO, *Liberi tutti? Alcune considerazioni su libero arbitrio e colpevolezza*, 2018, pp. XII-180.
15. PIERO BELLINI, *Mare Hibericum. Considerazioni canonistiche sulla spartizione alessandrina dell'Oceano Atlantico*, 2018, pp. VI-74.
16. HANS LINDAHL, *A-legalità, Autorità, Riconoscimento. Riconfigurazioni giuridiche nell'epoca della globalizzazione*. Introduzione, traduzione e cura di Ferdinando G. Menga, 2020, pp. VI-170.
17. ALESSANDRO SERPE, *Il pensiero filosofico e giuridico danese. Tra comunità democrazia e diritto*, 2020, pp. XVIII-286.
18. TITO MARCI, *Pascal e la genealogia. Prolegomeni ad una sociologia concettuale del diritto*, 2020, pp. XVIII-438.